Rosa-Luxemburg-Stiftung

Texte 42

Rosa-Luxemburg-Stiftung

ULRIKE FREIKAMP, MATTHIAS LEANZA,
JANNE MENDE, STEFAN MÜLLER, PETER ULLRICH,
HEINZ-JÜRGEN VOß (HRSG.)

Kritik mit Methode?

Forschungsmethoden und Gesellschaftskritik

Karl Dietz Verlag Berlin

Ulrike Freikamp, Matthias Leanza, Janne Mende, Stefan Müller,
Peter Ullrich, Heinz-Jürgen Voß (Hrsg.):
Kritik mit Methode? Forschungsmethoden und Gesellschaftskritik
(Reihe: Texte / Rosa-Luxemburg-Stiftung; Bd. 42)
Berlin: Karl Dietz Verlag 2008

ISBN 978-3-320-02136-8

Satz: Elke Sadzinski
Umschlag: Heike Schmelter unter Verwendung eines Fotos von Thorben Mämecke
Druck und Verarbeitung: MediaService GmbH BärenDruck und Werbung
Printed in Germany

Inhalt

Einleitung

Mit der *Kritischen Diskursanalyse,* der *Kritischen Psychologie* und der *Kritischen Theorie* gibt es Wissenschaftskonzeptionen, die sich in ihrer Grundanlage als explizit *gesellschaftskritisch* begreifen. Gerade die beiden erstgenannten sind im engeren Sinne *Methodenprogramme*, die das kritische Selbstverständnis einlösen sollen. Diesen Anspruch nahm der HerausgeberInnenkreis zum Anlass, in einem Sammelband das Verhältnis von (sozialwissenschaftlichen) Methoden und Gesellschaftskritik zu beleuchten. Viele Fragen stellten sich, zu deren Beantwortung der vorliegende Band einen ersten Schritt gehen möchte. Welche Methoden erheben explizit den Anspruch kritisch zu sein und worin begründet sich dieser? Gibt es Methoden, die, auch ohne diesen Anspruch zu erheben, über ein besonderes kritisches Potenzial verfügen? Welche Kritikbegriffe liegen diesen zugrunde? Von welchem Standpunkt kritisiert die KritikerIn?

Kritische Forschung unterscheidet sich in vielerlei Hinsicht (trotz ihrer großen internen Heterogenität) von der »unkritischen« Normalwissenschaft. Sie bezieht in ihre methodologischen Überlegungen bspw. andere Gütekriterien ein als die rein dem Wissenschaftssystem immanenten, weil sie sich auch für die Folgen ihres Tuns und den Nutzen der Forschung für die »Beforschten« interessiert – so beginnt kritisches Forschen schon bei der Wahl des Gegenstands. Kritische Methoden setzen oft höhere Maßstäbe in puncto Forschungsethik, wie beispielsweise im Bereich Datenschutz. Vor allem aber vertreten kritische Forschungsprogramme den Anspruch, mit ihren methodischen Instrumentarien erkenntnistheoretische Positionen der traditionellen Wissenschaften zu hinterfragen, deren Einschränkungen zu erkennen und ihre Grenzen zu überwinden. Bei aller Gegensätzlichkeit ist es doch einigendes Merkmal aller Methodiken, die sich epistemologisch auf einem Kontinuum zwischen einer marxistisch-materialistischen Dialektik und dem poststrukturalistischen Konstruktivismus abbilden lassen, mit ihren Mitteln zu zeigen, dass nicht alles so ist, wie es scheint und dass nicht alles so sein muss, wie es ist. Kritische Wissenschaft will Macht und Herrschaft, Gewalt und Unterdrückung, Unfreiheit und Ausschließung aufdecken und bietet dafür ihre eigenen Methoden an.

Im Rahmen der Tagungen des Arbeitskreises »Qualitative Methoden« in der Rosa-Luxemburg-Stiftung setzen sich die AutorInnen mit diesem weiten und heterogenen Feld von Fragen und Problemen auseinander. Es erstreckt sich von Überlegungen zur Qualitätssicherung kritischen Forschens über fachspezifische Methoden- und Wissenschaftskritiken bis zu erkenntnistheoretischen Fragen. Großen Raum nehmen dabei empirisch orientierte, anwendungsbezogene Arbeiten ein, die einzelne Aspekte der Methodenreflexion kritischen Forschens im Prozess beleuchten und somit Einblick in die Praxis gewähren. Diesem Ziel dienen auch die Darstellungen sich als kritisch begreifender Einzelmethoden. Gemeinsamer Rahmen und Referenzpunkt all dieser Ansätze und Perspektiven ist die Reflexion auf die wechselseitige Beziehung von Methoden und Gesellschaftskritik. Diese Beziehung ist durch drei Momente gekennzeichnet. Erstens sind Methoden hinsichtlich ihres gesellschaftskritischen Potenzials nicht neutral. Zweitens sind sie unterbestimmt, denn die »richtige« Methode allein macht noch nicht die Kritik. Zum Dritten unterscheiden sich die Kritikbegriffe und somit auch die Erkenntnismöglichkeiten und Zielstellungen der jeweils gewählten kritischen methodischen Instrumente.

1. Die Nicht-Neutralität von Methoden

Mit der Methodenwahl für die Untersuchung eines Forschungsgegenstandes wird der Rahmen dessen absteckt, was als mögliche und gültige Erkenntnis überhaupt in der Analyse auftauchen kann. So ist es beispielsweise in einer quantitativ angelegten Studie nur schwer möglich, sinnhafte Zusammenhänge adäquat zu rekonstruieren. Zu stark ist hier die Forderung, rechenbare Kategorien – also Zahlen – zu produzieren, mit denen sich dann weitere statistische Verdichtungen durchführen lassen, als dass für am konkreten Material entwickelte Kategorien und Taxinomien Platz wäre. Aber auch umgekehrt gilt: Mit qualitativen Methoden lassen sich keine Verteilungsdiagramme erstellen oder statistische Generalisierungen vornehmen, auch wenn man davon ausgehen kann, dass die qualitative Kenntnis eines Gegenstandes zunächst die Voraussetzung schafft, um seine quantitative – und mit statistischen Werten bezeichenbare – Dimension untersuchen zu können.[1] Um dies an einem Beispiel aus der Antisemitismusforschung deutlich zu machen: Die Frage nach der Verbreitung und dem Ausmaß antisemitischer Einstellungen und Vorurteile in einer gegebenen Bevölkerung setzt immer ein Verständnis von Antisemitismus voraus, vor dem es erst möglich wird, konkrete Aussagen als antisemitisch einzustufen. Hierfür bedarf es eines ausreichend elaborierten Konzeptes dessen, was als Antisemitismus anzusehen ist und was nicht. Dies lässt sich nur durch qualitative Untersuchungen oder theoretische Überlegungen, welche selbst wieder konkrete Äußerungen inhaltlich-qualitativ deuten müssen, gewinnen und stellt die Voraussetzung für eine quantitative Untersuchung dieses Phänomens dar. Umgekehrt gilt, dass eine Untersuchung, die mit einem i. w. S. hermeneutischen Zugang die Sinnstruktur antisemitischer Denk- und Kommunikationsmuster untersucht, noch nichts über deren statistische Verteilung aussagen kann (vgl. Holz 2001:127).

1 Vgl. dazu auch Ulrich Oevermann (2002: 13 ff., allgemein auch ders. 1981), der eine quantitative und qualitative Form der Generalisierung mit ›je eigenem Recht‹ unterscheidet.

Die hier angeschnittene Debatte zwischen VertreterInnen qualitativer und quantitativer Methoden und Methodologien illustriert, was auch im Allgemeinen gilt: dass nämlich die jeweils eingesetzten methodischen Instrumentarien aktiv und jeweils auf ihre spezifische Art an der Wissensproduktion beteiligt und daher bezogen auf bestimmte Problemstellungen auch unterschiedlich geeignet sind. Methoden bestimmen mit, welche Erkenntnisse, Fragestellungen und Perspektiven auf einen Gegenstand möglich sind, indem sie bestimmte Fragen überhaupt erst *erforschbar* machen, während andere sich dem je spezifischen methodischen Zugriff entziehen. Nicht jede Frage lässt sich mit jeder Methode erforschen und bearbeiten.[2] Mehr noch: Bestimmte Fragen werden sich in einem je spezifischen methodischen Setting gar nicht erst stellen. Die Wahl eines nach bestimmten Prinzipien geleiteten Vorgehens – und damit die Wahl einer Methodologie, vor deren Hintergrund die jeweiligen Methoden überhaupt erst Sinn ergeben – ist daher immer durch ihre *Nicht-Neutralität* in Bezug auf das Forschungsergebnis gekennzeichnet und als solche bei ihrer Anwendung auch stets mitzureflektieren.

2. Die Unterbestimmtheit von Methoden

An dieser Stelle könnte der Schluss gezogen werden, dass Methoden aufgrund ihrer aktiven Rolle bei der Produktion von Erkenntnissen schon hinreichende Bedingungen für eine Gesellschaftskritik darstellten. Demnach wäre mit der Entscheidung für oder gegen eine bestimmte Methode auch schon entschieden, ob gesellschaftskritische Aussagen getroffen werden (können) oder nicht. Träfe diese Annahme zu, ließe sich eine Klassifikation zwischen denjenigen Methoden erstellen, die als kritisch einzustufen wären, und denjenigen, die als affirmativ gelten würden, neben einigen eventuellen Mischformen. Kurz: wir befänden uns in einer angenehm geordneten und einfach strukturierten Situation, in der mit der Methodenwahl schon die Frage des kritischen Gehalts der Forschung entschieden wäre.

In diesem Sinne wurde gelegentlich postuliert, dass die entscheidende Differenz zwischen quantitativen und qualitativen Methoden liege, was sich möglicherweise aus der Randständigkeit letzterer in einigen Fächern, bspw. der Psychologie, erklärt, während qualitative Methoden und die qualitative Methodologie in anderen Bereichen, bspw. der Soziologie, immer fester etabliert werden. Dann wären qualitative Methoden, da sie »Lebenswelten ›von innen heraus‹ aus der

2 Dieses Argument wird auch von Andreas Diekmann (2002) in seinem Standardwerk zur empirischen Sozialforschung betont. In Rückgriff auf Theodor Harder (und nicht Michel Foucault) werden Methoden mit Werkzeugen verglichen, die falsch eingesetzt sogar zu Schaden führen können: »Mit einer einmal erlernten und für begrenzte Anwendungen durchaus zweckmäßigen Methode werden alle Probleme ›erschlagen‹. Sinnvoller ist dagegen, vor dem Griff in die Werkzeugkiste genau zu prüfen, welche Methode(n) sich bei dem ins Auge gefassten Untersuchungsziel als am besten geeignet erweisen.« (ebd.: 18). Dass Diekmanns eigene Werkzeugkiste fast nur quantitative Methoden enthält, beweist nur, wie sehr die Forderung nach der jeweils zu bestimmenden Adäquanz der einzusetzenden Methoden nicht zuletzt auf seine eigenen anzuwenden wäre.

Sicht der handelnden Menschen« (Flick/Kardorff/Steinke 2003: 14) beschreiben bzw. »die Sichtweise der beteiligten Subjekte, die subjektiven und sozialen Konstruktionen ihrer Welt« (ebd.: 17) mitberücksichtigen, als kritische einzustufen. Denn im Gegensatz zu quantitativen Methoden sind qualitative Methoden an der Subjektperspektive und damit letztlich am Menschen und seinen Bedürfnissen und Wünschen interessiert, statt an abstrakten Merkmalsträgern und Korrelationskoeffizienten von Variablen.

Solch eine Sicht auf das Verhältnis von Methoden und Gesellschaftskritik mag jedoch nicht zu überzeugen. Näher liegt der Gedanke, dass Methoden Spielräume und Möglichkeiten für eine kritische Gesellschaftsbeschreibung eröffnen und nicht allein festlegen, ob eine Analyse tatsächlich gesellschaftskritisch ist oder nicht. Schon durch einen flüchtigen Blick wird deutlich, dass durchaus quantitativ arbeitende Studien existieren, welchen nur schwerlich ihre gesellschaftskritischen Implikationen abzusprechen sind.[3] Auch *vice versa* scheint es mehr als fragwürdig, qualitative Untersuchungen als per se gesellschaftskritisch zu bezeichnen; man denke nur an qualitativ arbeitende Marktforschung, wo Beobachtungen, Fokusgruppen und offene Interviews mittlerweile zum Standardrepertoire gehören.

Wenn also Methoden auch nicht als neutral bezeichnet werden können, so sind sie doch *unterbestimmt in Bezug auf den kritischen Gehalt der Forschungsergebnisse*. Ob eine Forschung zu kritischen Ergebnissen gelangt, hängt von weiteren Entscheidungen und Spezifizierungen ab. Auf drei wichtige Faktoren sei im Folgenden eingegangen:

a) In jeder Forschung wird sich nicht nur für eine bestimmte Methode, sondern primär für einen bestimmten Analysegegenstand und daran anschließende Fragestellungen entschieden. Das *Erkenntnisinteresse* jedweder Forschung, welches nicht unbeeinflusst vom Entstehungs- und Verwendungskontext bleibt, ist mitzureflektieren und ist ein zentrales Moment hinsichtlich des kritischen Gehalts einer Untersuchung. Es macht einen großen Unterschied, ob etwa Möglichkeiten für die bessere Verbreitung und Umsetzung neoliberaler Wirtschaftsmodelle untersucht werden oder ob nach Herrschafts- und Dominanzstrukturen und Strategien für deren mögliche Überwindung gefragt wird. Siegfried Jäger bspw. sieht in seiner Kritischen Diskursanalyse in der Bearbeitung »gesellschaftlich brisanter Themen« (Jäger 2004: 224) einen zentralen Ausgangspunkt für eine kritische Analyse. Als weiteren inhaltlichen Maßstab führt Jäger an, dass »das, was getan wird bzw. ›geschieht‹ [...] der Existenz, des Daseins der Menschen und eines jeden einzelnen Menschen auf diesem Globus dienlich« sein müsse (ebd.: 228).

Ohnehin sei, so Jäger, »Diskursanalyse als per se kritisch« (ebd.: 223) zu bezeichnen, da sie gängige Selbstbeschreibungen, Wahrheiten und Machtmechanis-

3 Vgl. die Studien von Michael Hartmann zur Eliteforschung (1997) oder denjenigen Teil der Sozialstrukturforschung, der mit der Mode der Lebensstilanalyse nicht automatisch die Untersuchung sozialer Ungleichheit aufgegeben hat (bspw. Geißler 2002).

men hinterfragt. Diesem Punkt ist insofern zuzustimmen, als dass jede Analyse mit einem Anspruch auf Gültigkeit und Adäquanz formuliert wird und daher – wenn auch implizit – immer schon eine Kritik an davon abweichenden Selbstbildern im Gegenstandsbereich selbst liefert. Die konkreten methodischen Verfahren der Diskursanalyse lassen sich aber genauso zur Verfeinerung von Herrschaftstechniken nutzen, wenn sie mit dieser Intention zum Einsatz gebracht und ihre Ergebnisse entsprechend appliziert werden.

b) Jede Analyse gelangt an den entscheidenden Punkt, unter Berücksichtigung spezifischer methodischer Vorgehensweisen und anhand des jeweiligen empirischen Datenmaterials *Kategorien bilden zu müssen*. Diese sind durch die Methode jedoch nicht vorgegeben und können es auch gar nicht sein. In der Grounded Theory beispielsweise werden nach bestimmten Verfahrensregeln zunächst offene, dann axiale und schließlich selektive Codes und Kategorien gebildet. Welche inhaltlich-konkreten Kategorien dabei schließlich gebildet werden, bleibt offen und ist methodisch nicht geregelt. Vielmehr werden hierfür Konzepte aus Alltagsdiskursen oder aus sozialwissenschaftlichen Theorietraditionen herangezogen und für die Deutung des konkreten Falles genutzt. Auch die ›kritischste‹ Fragestellung führt zu ›affirmativen‹ Ergebnissen, wenn die *ergebnisformenden Beschreibungsmuster* keine kritische Erkenntnis ermöglichen. Aus diesem Grund erarbeitet die Kritische Psychologie für in den traditionellen Wissenschaften verwendete Begriffe eine Funktions- und Interessenkritik, da »die dargestellten Funktionsbestimmungen und Interessenbezüge der [begrifflichen] Unterstellungen hier keineswegs reflektiert und analysiert, sondern im Gegenteil bei den terminologischen und statistischen Präzisierungs- und Prüfaktivitäten unhinterfragt vorausgesetzt werden.« (Holzkamp 1997: 47)

c) Es stellt eine alltägliche Erfahrung und soziologische Binsenweisheit dar, dass Handlungen zu nicht intendierten Effekten führen können. Dies wirft die Frage nach dem kritischen Gehalt einer Forschung auf, wenn sie auf jene Effekte wenig Einfluss hat. Die Studie selbst mag zwar in ihrer textlichen Struktur und als textuelle Praxis kritische Erkenntnisse zu Tage fördern – und in diesem Sinne wäre sie stets eine kritische zu nennen –, dennoch bestimmt der *Rezeptionskontext*, ob eine kritisch intendierte Forschung tatsächlich zu positiven Veränderungen führt oder vielleicht zu deren Gegenteil. An dieser Stelle wird die Grenze der eigenen Handlungsmacht und Einflussmöglichkeit deutlich. Dennoch kann kritische Wissenschaft mit ihren Daten behutsam umgehen, so dass Missbrauch schwieriger wird, worum sich bspw. partizipative Forschungskonzepte bewusst bemühen.[4] Inwieweit jedoch die durch eine Studie angestoßenen ›kritischen Impulse‹ tatsächlich weitergehende Effekte haben, bleibt immer offen.

4 Als Beispiel für eine partizipative Forschung vgl. das Kritisch-psychologische Projekt Rassismus/Diskriminierung (Osterkamp 1996).

3. Die Vieldeutigkeit des Kritikbegriffes

Mit dieser allgemeinen Methodenreflexion einhergehend stellt der Sammelband zudem die Frage nach dem *Kritikbegriff* selbst, welcher bei gesellschaftskritischen Methodenprogrammen voraus- und eingesetzt wird. Was meint Kritik an Gesellschaft? Wie lässt sie sich begründen? Welche Konsequenzen folgen daraus für Methoden?

Sprachgeschichtlich bedeutet Kritik – ausgehend vom griechischen χςιτιχή [τέχνη] – zunächst einmal nur die »Kunst der Beurteilung«. In der Tat scheinen auch heute alle sich ›kritisch‹ gerierenden Aussagen etwas skeptisch zu hinterfragen, zu beurteilen, zu prüfen oder zu verwerfen. Kritik als solche steht nicht spezifisch für eine bestimmte Gruppe oder einen bestimmten gesellschaftlichen Bereich. Es geht in diesem Sammelband jedoch nicht darum, allgemeine Reflexionen über den Kritikbegriff und seine unterschiedlichen Facetten anzustellen. Vielmehr wird hier der Frage nach einer spezifischen Form von Kritik – nämlich der Kritik an Gesellschaft – und deren Beziehung zu sozialwissenschaftlichen Methoden nachgegangen. Kritik an Gesellschaft meint zunächst, dass soziale Realitäten – wie man diese auch genauer bestimmen mag – analysiert, hinterfragt, ggf. abgelehnt und als überwindbar beschrieben werden. Konkret kann damit die Rekonstruktion von Machtstrukturen, herrschaftssichernden Ideologien, Exklusions- und Diskriminierungsprozessen, kolonialen oder sexistischen Wahrnehmungs- und Handlungsmustern etc. gemeint sein. Demgegenüber wird dann versucht, alternative Möglichkeiten aufzuzeigen. Die Rede ist hier und auch allgemein im Bereich »kritischer Wissenschaft« also immer von einer im weitesten Sinne linken, emanzipatorischen Gesellschaftskritik – verstanden als ein heterogenes und umkämpftes Projekt der Moderne. Diese grenzt sich klar von einer oberflächlichen oder gar einer rechten oder völkischen Kritik an aktuellen Vergesellschaftungsprozessen ab.

Diese Form von emanzipatorischer Kritik ist jedoch weit davon entfernt, einen homogenen Aussagenzusammenhang darzustellen. Das, was Freiheit, Gleichheit, Emanzipation, Gerechtigkeit, Solidarität etc. heißen können und wie diese Werte oder Ziele in ihrer Relevanz zu gewichten sind, ist umstritten. Dennoch lassen sich momentan zwei Grundpositionen herausarbeiten, die das Spektrum der wichtigsten kritischen Methodenprogramme strukturieren. Den einen Pol dieses Kontinuums bilden an Karl Marx und Spielarten des Marxismus orientierte Ansätze, welche als Zielorientierung dem Marx'schen Imperativ folgen, alle Verhältnisse umzustürzen, »in denen der Mensch ein erniedrigtes, ein geknechtetes, ein verlassenes, ein verächtliches Wesen ist« (MEW, Bd. 1: 385). Von Marx übernehmen diese Positionen, zu denen besonders auch neuere Dialektikkonzeptionen in der Tradition der Kritischen Theorie der Frankfurter Schule gehören, auch die objektivistische Epistemologie. Sie beharren, gegen die Postmoderne, auf der Annahme einer prinzipiellen Existenz und Erkennbarkeit einer materiellen Welt sowie auf der Möglichkeit, einen objektiven Wertmaßstab für Kritik bestimmen zu können.

Den anderen Pol bilden Ansätze, die sich von ersteren nicht so sehr im ethischen Imperativ unterscheiden, wohl aber entgegengesetzte erkenntnistheoretische Positionen vertreten. Diese poststrukturalistischen Wissenschafts- und Methodenkonzeptionen sehen gerade in einer gewissen ›Standpunktlosigkeit‹, im radikalen Hinterfragen jedweder Gewissheit (auch hinsichtlich der prinzipiellen Möglichkeit von Erkenntnis) und aller ›großen Erzählungen‹ ihr eigentliches Kritikpotenzial. Die meisten kritischen Methoden pendeln hinsichtlich ihrer erkenntnistheoretischen Orientierung letztlich zwischen diesen Polen, da sie in der Regel Gegebenes hinterfragen und Normalitäten dekonstruieren, gleichzeitig aber auch häufig den eigenen Standpunkt und somit den Maßstab, von und in dem die Kritik geübt wird, explizieren.

Aufbau des Bandes

Der Sammelband nähert sich dem Verhältnis zwischen sozialwissenschaftlichen Forschungsmethoden und Gesellschaftskritik in vier thematisch geordneten Abschnitten. *Teil eins* widmet sich kommunikationsorientierten, insbesondere diskurstheoretischen Ansätzen und fragt nach deren kritischen Impulsen.

Peter Ullrich gibt in seinem einleitenden Beitrag einen Überblick über Grundzüge der Diskursforschung. Dabei unterscheidet er zwei Hauptströmungen: eine stark an Foucault angelehnte, kritische ›diskurstheoretische‹ Analyse von Diskursen und eine aus der Öffentlichkeitssoziologie kommende Analyse öffentlicher Debatten. Zugleich zeigt er aber auch Kompatibilitäten beider Perspektiven auf, die insbesondere in den kombinierbaren heuristischen Instrumentarien zu finden sind.

Der Beitrag von *Ludwig Gasteiger* setzt sich mit der »interpretativen Analytik« Michel Foucaults auseinander. Ausgehend von der Rekonstruktion Foucaults methodologischer Haltung und Wissenschaftsauffassung wird von Gasteiger das Forschungsprogramm der Diskursanalyse dargestellt und eine Bestimmung seiner Grenzen versucht. Zudem thematisiert er die Erweiterung der Diskurs- zu einer Dispositivanalyse als möglichen Schritt, um zu einer sozialwissenschaftlich adäquaten Machtanalyse zu gelangen. Zuletzt wird Foucaults Versuch, eine »unbestimmte Haltung der Kritik« einzunehmen, reflektiert. Der Autor stellt dabei die Notwendigkeit einer dialogischen Praxis zur Erarbeitung einer normativen Selbstverortung und eines emanzipativen Praxisbezugs fest.

Am Beispiel einer empirischen Untersuchung der linken medialen Nahostdiskurse stellen *Daniel Bartel, Peter Ullrich* und *Kornelia Ehrlich* mit der Kritischen Diskursanalyse eine Methode ›im Einsatz‹ vor. Die Kritische Diskursanalyse des Duisburger Instituts für Sprach- und Sozialforschung unter Leitung Siegfried Jägers ist stark von Foucault beeinflusst, zeichnet sich aber dadurch aus, dass sie kritischen ForscherInnen anders als Foucault ein explizit ausgearbeitetes Rezeptwissen für empirisches Vorgehen an die Hand gibt. Der Artikel führt in die grundlegenden Schritte einer empirischen Diskursanalyse á la DISS ein, und expliziert diesen ›Leitfaden‹ an im Forschungsprozess konkret zu treffenden Entscheidungen und Materialinterpretationen. Die AutorInnen kritisieren dabei einige Undeutlichkeiten in der Terminologie Siegfried Jägers und erarbeiten eine eigene Systematik der Stufen und jeweiligen Ziele des Forschungsprozesses.

Matthias Leanza stellt die Objektive Hermeneutik Ulrich Oevermanns vor. Ihr kritisches Potenzial sieht der Autor in der Herausarbeitung latenter Regelstrukturen von Sozialität und in dem Aufweis ihres kontingenten Charakters unter weitgehendem Verzicht auf subjekttheoretische Annahmen. Dies demonstriert Leanza durch eine Sequenzanalyse der Sinnstruktur eines Zeitungsartikels zur Arbeitszeitdebatte aus der ZEIT. Die Analyse arbeitet heraus, dass die zunächst sehr balanciert wirkende Position sich dem klugen Einsatz rhetorischer Mittel verdankt und zentral durch eine neoliberale Standortlogik gekennzeichnet ist, die arbeitnehmerInnenunfreundlich ist.

Während im ersten Teil soziale Strukturen das Zielobjekt der kritischen Methoden darstellten, widmet sich der *zweite Teil* den Subjekten und Subjektivierungsprozessen, die in ihrem sozialen Kontext aus psychologischer (aber immer auch sozialwissenschaftlich angereicherter) Perspektive rekonstruiert werden.

Tobias Pieper beschäftigt sich mit der sozialen Positionierung von MigrantInnen und Flüchtlingen durch deren Internierung in Lagern und Abschiebegefängnissen in der BRD. Dieser sozial engagierte Ansatz weist auf methodische Fallstricke der Forschung mit sozial unsichtbar gemachten Menschen hin. Aufgrund der Exklusion dieser Personengruppe aus der ›Mehrheitsgesellschaft‹ müssen auch die Methoden – eben gegenstandsadäquat – dieser besonderen Lage angepasst werden. Die Hürden, welche errichtet wurden, um Migrantinnen und Flüchtlingen aus dem gesellschaftlichen ›Normalbetrieb‹ auszuschließen, müssen auch vom Forscher bzw. der Forscherin überwunden werden. Wie dies geschieht und was dies über den Gegenstand und dessen Positionierung innerhalb der gesellschaftlichen Totalität aussagt, ist Teil der Reflexionen dieses Beitrages.

Antje Krueger stellt in ihrem Beitrag die Ethnopsychoanalyse und die darin anknüpfenden Methoden vor und zeigt anhand eines konkreten Beispiels die Brauchbarkeit für eine kritische Rekonstruktion von sozial eingebetteten Subjektbildungsprozessen. Die Ethnopsychoanalyse, als Kombination von Ethnologie und Psychoanalyse, hat den Anspruch, Dynamiken im gesellschaftlichen Feld zu erkennen, zu reflektieren und methodisch auszuwerten. Dabei fokussiert sie vor allem die unbewussten Strukturen, die der Begegnung zwischen Forschenden und dem interessierenden Gegenüber inhärent sind. Krueger zeigt, wie die Analyse des »subjektiven Faktors« methodisch mit der ethnopsychoanalytischen Deutungswerkstatt (Maya Nadig) umgesetzt werden kann.

Der Beitrag von *Christoph H. Schwarz* stellt mit der Ethnoanalyse einen psychoanalytisch orientierten Ansatz in den Sozialwissenschaften vor, in dem Überlegungen der Gruppenanalyse und Ethnopsychoanalyse zusammengeführt werden. Eine kritische Erforschung des Sozialen und der Einbindung des Individuums in kollektive Formationen kommt aus dieser Perspektive nicht ohne eine systematische Reflexion der Forschungsbeziehung und der darin auftretenden Affekte und Irritationen aus. Ziel des Beitrags ist es, die methodischen Implikationen dieses Ansatzes vorzustellen als auch die Relevanz der aus dieser Perspektive ausgearbeiteten Ergebnisse für die Sozialforschung aufzuzeigen.

Janne Mende kritisiert die eklektizistische Verwendung psychoanalytischer Methoden und fordert, sie eingebettet in ihrem theoretischen Rahmen zu betrachten. So lassen sich die Grenzen des kritischen Potentials psychoanalytischer Herangehensweisen herausarbeiten, insbesondere die Vorstellungen des Mensch-Welt-Zusammenhangs und der menschlichen Entwicklung betreffend. Auf der Grundlage Kritisch-psychologischer Forschung stellt Mende demgegenüber Konzepte vor, die den Menschen als Teil und Produzenten gesellschaftlicher Verhältnisse begreifen und in denen sich eine Person bewusst zu den ihr gegebenen Bedingungen verhalten kann. Am Beispiel der Ethnopsychoanalyse soll kurz aufgezeigt werden, welche Implikationen die Benutzung psychoanalytischer Methoden mit sich bringt.

Katrin Reimer verdeutlicht, ebenfalls auf der Grundlage der Kritischen Psychologie, dass Gegenstandverständnis und Methodik eng zusammenhängen und gegenstandsadäquat zu entwickeln sind. An einem Forschungsprojekt über Rechtsextremismus stellt sie die methodische Herangehensweise einer Kritisch-psychologisch fundierten Forschung vor, indem sie vom Konzept der Entwicklungs/Stagnationsfigur als idealtypischer Form subjektwissenschaftlicher Forschung ausgeht, welches Wissenschaftlichkeit und Gesellschaftskritik jenseits von experimentellen und qualitativen Anordnungen ermöglicht.

Der dritte und vierte Teil des Buches verlassen den Bereich der Auseinandersetzung mit einzelnen Methoden. Der *dritte Teil* wendet sich wissenschafts- und besonders methodenkritisch einzelnen Feldern der existierenden Normalwissenschaft zu, um deren Methodenanwendungen nach ihren ausschließenden und ideologischen Effekten zu durchleuchten.

Der Beitrag von *Ulrike Freikamp* wirft die Frage auf, inwiefern kritisches Forschen spezielle Qualitäts- und Gütekriterien braucht. Die Grundlage der Diskussion bildet das Verständnis qualitativer Methoden und Methodologien und der qualitativen Forschung zugrunde liegender konstruktivistischer Positionen. Darauf aufbauend werden die verschiedenen Grundpositionen über die Gültigkeit und Konsequenzen qualitativer Forschung diskutiert. Die Entwicklung eigener Bewertungskriterien für die qualitative Sozialforschung wird, unter Beachtung ihrer speziellen Grundlagen, auf eine mögliche Beliebigkeit wissenschaftlicher Forschung befragt. So werden zwei bekannte Konzepte spezieller Gütekriterien für die qualitative Forschung vorgestellt und hinsichtlich ihres Beitrags für die Qualitätssicherung qualitativer und kritischer Sozialforschung analysiert.

In dem Beitrag von *Heinz-Jürgen Voß* werden, exemplarisch am Beispiel der Naturwissenschaft Biologie, feministische Wissenschaftskritiken in den Blick genommen. Seit Mitte des 19. Jh., an deutschen Universitäten seit Anfang des 20. Jh., haben Frauen die Möglichkeit, sich an Universitäten regulär zu immatrikulieren – ein Recht, welches zuvor allein Männern vorbehalten war. Vor diesem Hintergrund wird die androzentrische Prägung moderner westlicher Wissenschaften thematisiert, die sich bis heute in Strukturen, Methoden und Inhalten darstellt und immer wieder von neuem hergestellt wird. Konfrontiert wird diese Bestandsaufnahme mit Visionen, die feministische WissenschaftskritikerInnen für eine zukünftige Wissenschaft formuliert haben. Voß macht verdeutlicht die Notwendigkeit, sich stets der androzentrischen Prägung moderner westlicher Wissenschaft im Forschungsprozess bewusst zu werden und feministische Wissenschaftskritiken als *Methode der Analyse* in den eigenen Forschungsprozess zu integrieren.

Im dritten Beitrag dieses Kapitels stellt *Irina Schmitt* die methodische Reflexion einer eigenen Forschungsarbeit mit Jugendlichen vor dem Hintergrund der Bedeutung von Gender-Geschlecht-Sexualität dar. Selbst Essentialisierungen von Geschlecht in Frage stellend, sah sich Schmitt mit einer heteronormativen Prägung des Feldes konfrontiert. Sie musste abwägen, wie sie sich selbst verortete, da die Jugendlichen auch von ihr als Forscherin eine Positionierung zu Gender-Geschlecht-Sexualität erwarteten. Schmitt vollzieht den Forschungsprozess nach und wägt zwischen einer zurückhaltenden Verortung und Möglichkeiten der eigenen Positionierung der Forschenden als Bestandteil heteronormativitätskritischer, queerer und dekonstruktivistischer Methodologie ab. Dabei verweist sie auch auf mögliche institutionelle Begrenzungen im Kontext universitärer Forschung.

Antonia Davidovic hinterfragt in ihrem Artikel die Methoden der Archäologie. Sie betont in Anschluss an Latour, dass Methoden als Aktanten den Forschungsprozess beeinflussen. Methoden sind Teil eines Übersetzungsprozesses, denn sie transformieren das Ausgangsmaterial in Papier, in Statistiken, in Tabellen, und sie sind soziale Praxis, da immer in sozialen Interaktionen eingebettet. Damit sind sie zugleich situationsabhängig, weil soziale Interaktionen immer auch eine konkrete Lokalisierung haben. Als *tacit knowledge* sie sind mit implizitem, nicht festschreibbarem Wissen verbunden, das man braucht, um die Methoden überhaupt ausführen zu können. Entsprechend ist zu überlegen, was durch welche Methode abbildbar wird und was verborgen bleibt. Mit diesem kritischen Blick können Konstruktionsleistungen der Archäologie, bspw. bei der ›Entdeckung‹ untergegangener ›Ethnien‹ kritisiert werden.

Der *vierte Teil* schließlich entfernt sich vom Methodenbegriff der empirischen Sozialforschung. Dem klassischen Methodenverständnis entzieht sich die Dialektik, indem sie gleichsam ›aus der Sache selbst‹ (Hegel) Begriff und Kritik ableitet.

Welche Probleme einer gesellschaftswissenschaftlich relevanten Dialektik es zu berücksichtigen gilt, untersucht *Stefan Müller* in seinem Beitrag. Er kommt zu dem Ergebnis, dass die formallogische Ausweisbarkeit einer dialektischen Argumentation nicht selten vernachlässigt wird, obwohl eine syntaktische Darstellung möglich ist. Dabei gilt es insbesondere das Verhältnis zur aristotelischen Logik genauer zu betrachten. Es zeigt sich, dass sich in der Diskussion um strikte Antinomien der Hinweis auf die formallogische Minimalbedingung einer dialektischen Argumentationsfigur nachzeichnen lässt. Gleichzeitig operiert eine hegelmarxistische Dialektik, wie sie beispielsweise Theodor W. Adorno vorlegt, stets vor dem Hintergrund spezifischer sozial- und moralphilosophischer Grundannahmen, die im Begriff der ›versöhnten Gesellschaft‹ zusammengezogen sind.

Ingo Elbe zeichnet ausführlich und in systematisierender Absicht die Auseinandersetzungen um die Rolle der Dialektik in der Marxschen Ökonomie- und Wertkritik nach. Diese kaum zu überschauende Debatte wird an einigen zentralen Prämissen dargestellt, um die Fallstricke einer gesellschaftstheoretisch und formallogisch verkürzten Dialektik genauer zu betrachten. Indem unterschiedliche marxsche Rezeptionslinien aufgezeigt werden, können die verschiedenen Grundpositionen herausgearbeitet und ihre methodologischen Prämissen präzise untersucht werden. Das Kapitel insgesamt stellt letztlich die Frage, unter welchen Bedingungen die Dialektik als Methode darstellbar und begreifbar werden kann, ohne allerdings die Probleme, die einer Dialektik als Methode zugrunde liegen, aus dem Blick zu verlieren.

Das Anliegen des Sammelbandes ist es, der Leserin bzw. dem Leser ein breites Spektrum von möglichen Blickwinkeln auf das vorgestellte Problem aufzuzeigen. Der Anspruch besteht daher weniger darin, einen homogenen systematisierten Erklärungs- und Deutungsrahmen bzw. eine repräsentative Gesamtschau möglicher Zugänge zu entwickeln. Vielmehr sollen, als Möglichkeiten zum Weiterdenken und -forschen, einige ›Schneisen‹ in das Dickicht möglicher Ansätze geschlagen werden, wie sich das Verhältnis von Methoden und Gesellschaftskritik analytisch in den Blick rücken und bestimmen lässt. Der Sammelband nimmt ein Thema auf, das nicht zuletzt aufgrund neoliberaler Umbauten der Gesellschaft und insbesondere auch der Wissenschaft selbst erneut auf Interesse stößt – nämlich die Frage nach kritischer Wissenschaft – und zeigt in Form einer Methodenreflexion mögliche Wege kritischer Wissenschaft auf.

Die HerausgeberInnen

Literatur

Diekmann, Andreas: Empirische Sozialforschung. Grundlagen, Methoden, Anwendungen, Reinbek bei Hamburg 2002.

Flick, Uwe/Kardorff, Ernst v./Steinke, Ines: Was ist qualitative Forschung? Ein Überblick, in: dies. (Hrsg.): Qualitative Forschung. Ein Handbuch, Reinbek bei Hamburg 2000, S. 13-29.

Geißler, Rainer: Die Sozialstruktur Deutschlands, Bonn 2002.

Hartmann, Michael: Soziale Öffnung oder soziale Schließung. Die deutsche und die französische Wirtschaftselite zwischen 1970 und 1995, in: Zeitschrift für Soziologie, 1997, Jahrgang 26, H. 4, S. 296-311.

Holz, Klaus: Nationaler Antisemitismus. Wissenssoziologie einer Weltanschauung, Hamburg 2001.

Holzkamp, Klaus: Persönlichkeit. Zur Funktionsbegriff eines Begriffes, in: Schriften I, Argument-Verlag, Hamburg/Berlin 1997.

Jäger, Siegfried: Kritische Diskursanalyse. Eine Einführung, Münster 2004.

Oevermann, Ulrich: Fallrekonstruktionen und Strukturgeneralisierung als Beitrag der objektiven Hermeneutik zur soziologisch-strukturtheoretischen Analyse, 1981, als Download auf der Internetseite des Vereins Objektive Hermeneutik e.V. www.agoh.de verfügbar.

Ders.: Klinische Soziologie auf der Basis der Methodologie der objektiven Hermeneutik – Manifest der objektiv hermeneutischen Sozialforschung, 2002, als Download auf der Internetseite des Vereins Objektive Hermeneutik e.V. www.agoh.de verfügbar.

Osterkamp, Ute: Rassismus als Selbstentmächtigung, Berlin/Hamburg 1996.

Peter Ullrich

Diskursanalyse, Diskursforschung, Diskurstheorie. Ein- und Überblick

Einleitung

Vor einiger Zeit fragte mich ein Bekannter, woran ich gerade arbeite. In meiner Schilderung fiel auch der Begriff »Diskursanalyse« und veranlasste ihn – einen Anhänger der Kritischen Theorie und Marxisten mit Hegelaffinität – zu der Äußerung, dass es sich bei der Diskursanalyse um eine »Verfallsform der Ideologiekritik« handele. Diese im Ton unpassende Äußerung deutete ich ihm zu Liebe als eine Kritik an den relativistischen und letztlich zum Solipsismus führenden radikalkonstruktivistischen Auswüchsen des Poststrukturalismus. Dem vielfältigen Phänomen der Diskursforschung und seinen gewinnbringenden Einsichten für eine kritische Wissenschaft wird das Pauschalurteil allerdings nicht gerecht. Hier soll ein einführender und ordnender Überblick über die vielfältigen Strömungen, Anliegen, theoretischen Hintergründe, die damit verbundenen Probleme und den Nutzen der Diskursforschung erfolgen, bevor sich die beiden folgenden Beiträge detailliert zwei konkreten diskursanalytischen Forschungsprogrammen widmen.[1] Deutlich wird dabei sowohl ihr kritisches Potenzial als auch ihre fundierte und überprüfbare Wissenschaftlichkeit.

1. Sprache und Soziale Wirklichkeit – Theorie und andere Hintergründe

Ausgangspunkt der meisten wissenschaftlichen Ansätze, die mit dem Diskursbegriff arbeiten, ist die Annahme, dass kommunikative Prozesse, insbesondere die Sprache, entscheidenden Anteil an der sozialen Konstitution der Welt haben. Forschungsprogramme mit »Diskurs« im Namen beschäftigen sich mit 1) der Produktion gesellschaftlich akzeptierten Wissens und 2) mit (politischen) Deutungs- und Aushandlungsprozessen. Hinter diesen beiden damit erwähnten Hauptsträngen der Diskursforschung stehen unterschiedliche Wissenschaftstraditionen, theoretische Grundannahmen, Forschungsinteressen, Institutionen und politische Ausrichtungen der Forschenden. Unterschiedliche Wissenschaftskulturen werden deutlich. Mit diesen Strängen sind zu heuristischen Zwecken zwei Pole des

1 Für hilfreiche Anmerkungen zu früheren Textversionen danke ich Susanne Kuhnt, Thomas Kachel, Udo Hagedorn.

Raumes der Diskursforschung herausgearbeitet, die in dieser Reinform so selbstverständlich nicht existieren. Sie sind beide in der Lage, interessante Einsichten zu vermitteln.[2] Es kann zwischen der (›kritischen‹) Diskurstheorie Foucaults und seiner NachfolgerInnen (zu 1) sowie der demokratietheoretisch inspirierten Analyse öffentlicher Debatten (zu 2) unterschieden werden. Der kritische Impetus der einen Richtung und die empirischen Konzepte der anderen können – und sollen im Folgenden – gemeinsam fruchtbar gemacht werden.

1.1. Diskurstheoretische Analyse von Diskursen: Regeln, Macht und innere Struktur

Entscheidend für jenen mit dem Begriff des Poststrukturalismus verknüpften ersten Strang ist die wissenschaftliche Orientierung auf die Verwobenheit von Kognition, Perzeption und Handeln mit kommunikativen Praxen – dem Diskurs. Der französische Philosoph und studierte Psychologe Michel Foucault entwickelte das Konzept der Diskursanalyse, auf das insbesondere im deutschen Sprachraum von den meisten DiskursanalytikerInnen immer wieder Bezug genommen wird, in den Büchern »Archäologie des Wissens« (1995 [1973]) und »Die Ordnung des Diskurses« (1974). Entscheidende Quelle seiner Theorieentwicklung war die strukturalistische Sprachtheorie von Ferdinand de Saussure.[3] Ausgangspunkt der diskursanalytischen Sicht ist die Erkenntnis, dass sprachliche Zeichen ihre Bedeutung aus den strukturierten Relationen bzw. der Differenz zu anderen Zeichen erhalten und nicht als Abbild einer den äußeren (nichtsprachlichen) Dingen anhaftenden Realität.[4]

Die Vertreter dieser neuen Ansätze verwiesen insbesondere darauf, dass die vorhandenen sprachlichen Kategorien bestimmen, was überhaupt denk- und wahrnehmbar ist. Was nicht sprachlich bezeichnet ist, existiert nicht. Jäger (2001: 91) illustriert das Phänomen mit einem weidmännischen Beispiel: Der von einem Förster bemerkte Vogel ist für den ornithologisch unbedarften Wanderer vielleicht nur ein roter Fleck. Andererseits kann ein Brett oder ein Baumstamm auf dieser

2 Zu der Unterscheidung in zwei Stränge vgl. auch die ähnliche Herangehensweise Angermüllers (2001). Er unterteilt in eine (amerikanische) pragmatische Richtung mit den Leitwissenschaften Soziologie/Sozialpsychologie und eine (französische) poststrukturalistische Richtung mit Wirkung v. a. in der Literatur- und Sprachwissenschaft. Eine etwas andere Unterteilung nehmen Keller et. al. (2001a) vor. Einen guten und umfangreichen Überblick über das Spektrum an Theorien, Methoden und Anwendungen der sozialwissenschaftlichen Diskursanalyse gibt das »Handbuch sozialwissenschaftliche Diskursanalyse« von Keller, Hirseland, Schneider und Viehöver (2001, 2003), siehe außerdem die Sammelbände von Brünner et al. (1999, 1999a) und Angermüller et al. (2001)

3 Foucault stand natürlich nicht allein am Anfang dieser Theorietradition. Zu nennen sind neben ihm der marxistische Strukturalist Louis Althusser, der Psychoanalytiker Jacques Lacan und der Philosoph Jacques Derrida, die (zumindest im Fall Lacans und Derridas) für die US-amerikanische Rezeption und Konstruktion des Poststrukturalismus vielleicht sogar wichtiger waren als Foucault.

4 Diese Einschätzung wurde auch in neueren Erkenntnissen über den Spracherwerb bestätigt, wo gezeigt werden konnte, dass Kinder sich ihren Wortschatz eben nicht durch Verweise auf Gegenstände oder Tätigkeiten aufbauen, sondern durch Verinnerlichung gebräuchlicher Relationen und Kombinationen (Donati 2001:149).

Wanderung durchaus ein »Tisch« sein, jedoch nur für die hier rastenden und sich stärkenden Wanderer. Jedoch: »Ein Ding, dem ich keine Bedeutung zuweise, ist für mich kein Ding, ja, es ist für mich völlig diffus, unsichtbar oder sogar nicht existent; ich sehe es nicht einmal, weil ich es übersehe« (ebd.). Und wenn es nicht übersehen wird, ist die kommunikative Selektion wichtig. Fleck oder Vogel, Baumstumpf oder Tisch – das sind handlungsrelevante Unterscheidungen. Diese Position ist eine konstruktivistische, beinhaltet jedoch nicht notwendigerweise ein Bekenntnis zum *radikalen* Konstruktivismus und postmodernen Relativismus. Zwar sind solche Auffassungen in der Diskurstheorie verbreitet, aber eben nicht notwendigerweise. Michel Foucault (1973: 182) selbst sagte sogar, er sei ein »glücklicher Positivist«. Ohne sich in dieser Auseinandersetzung, ob es überhaupt eine außersprachliche Realität gibt, zu entscheiden – wichtig ist das Bewusstsein dafür, dass Kommunikation/Sprache, sprich der Diskurs, die Realitätsdefinitionen der Menschen und damit auch Machtstrukturen in der Gesellschaft (mit-)bestimmt; entscheidend ist der sprachlich vermittelte *Zugang*. Die diskursanalytische Methode ist entsprechend an den schriftlichen und mündlichen Texten (den Medien des Diskurses) ausgerichtet. Das Untersuchungsfeld der Diskursforschung bilden jedoch weniger einzelne Äußerungen oder einzelne Texte, denen sich inhaltsanalytisch zugewandt wird, als vielmehr Konstellationen von Äußerungen, die Beziehungen zwischen Diskursbeiträgen und die Koalitionen von Diskursen (Anschlussdiskurse). Diese werden mittels verschiedener, bislang kaum kanonisierter, meist qualitativ-rekonstruktiver und hermeneutischer Verfahren erschlossen.

Der konstruktivistische Impuls der Diskurstheorie fand seine Zuspitzung in ihrer dekonstruktivistischen Anwendung. Gemeint sind die gegen die Annahme überhistorischer Universalien gerichtete und mit diskursanalytischen Mitteln praktizierte »Historisierung« von Wissen (Bublitz 2001: 256) und das Aufzeigen der macht-, zeit- und ortsbezogenen Bedingtheit von Annahmen über die Realität. So sind Vorstellungen der Zusammengehörigkeit gesellschaftlicher Phänomene diskursive Produkte. Kategorien wie ›geisteskrank‹ spiegeln bspw. keinen natürlichen oder notwendigen Zusammenhang der damit bezeichneten Phänomene wider. Der Wille scheinbar ahistorische Universalien zu dekonstruieren und scheinbar Substanzielles zu deontologisieren ist denn auch »theoriepolitische [Vor-, P. U.] Entscheidung« (Bublitz 2001: 225) der DiskursanalytikerInnen. Dass die dem Sozialen eingeschriebenen Vorstellungen zu (negativen) Folgen für bestimmte Gruppen führen können, die beispielsweise systematisch von Machtpositionen ausgeschlossen werden, verweist darauf, dass Diskurse nicht einfach »Reden« und »Diskussionen« sind, sondern machtbestimmte soziale Prozesse, die als materiell wirksam begriffen werden. Diskurse, so Michel Foucault, sind »Praktiken [...], die systematisch die Gegenstände bilden, von denen sie sprechen« (Foucault 1995: 74).

Dieser Strang der Diskursanalyse (für den Feld oder Netz vielleicht bessere Metaphern wären) ist gesellschaftstheoretisch orientiert und begreift sich als gesellschaftskritisch, weil er gegen machtbestimmte Diskurse anderen, marginalisierten Diskursen zur Wahrnehmbarkeit verhelfen will. Entsprechend gibt es auch theoretische und methodologische Konzeptionen, die »Kritik« im Namen führen wie *Kritische Diskursanalyse* (Jäger 1999, 2001) oder die theoretisch etwas anders gelagerte *Critical Discourse Analysis* (Faiclough 2001: 346 ff., Fairclough/Wodak 1997). Beide implizieren trotz Betonung wissenschaftlicher Gütekriterien eine Parteinahme für die Ausgeschlossenen und Opfer vermachteter Diskurse.

Diskurs – um auf den zentralen Begriff zurückzukommen – wird also verstanden als der Prozess der sprachlichen Erzeugung von Realität. Er ist »eine Menge von Aussagen, die einem gleichen Formationssystem zugehören« (Foucault 1995: 156) und mehr als die simple Auseinandersetzung über ein Thema. Er ist eine strukturierte (regelgeleitete) und strukturierende kommunikative Praxis. Gerade der Aspekt der Regelgeleitetheit oder auch Reglementierung von Diskursen interessiert für den Begriff des Dispositivs. Diese »Macht-Wissens-Formation«, metaphorisch kann man sie vielleicht als verfestigte Gemengelage diskursiver und nichtdiskursiver Praxen bezeichnen, sorgt dafür, dass ganz bestimmte Äußerungen »immer wieder gelesen, zitiert, kommentiert und interpretiert werden« (ebd.). Den äußeren Rahmen für Diskurse und Dispositive bildet das Archiv – ein dritter Kernbegriff der Diskurstheorie. Mit ihm ist die Gesamtheit des verfügbaren Diskursrepertoires zu einem bestimmten Zeitpunkt und in einer bestimmten Kultur gemeint. Entscheidend für das kritische Potenzial der Diskursanalyse sind zwei Punkte:

Alle diskurstheoretischen Arbeiten gehen von einer machtbestimmten Regelgeleitetheit des Diskurses, also von einer inneren Struktur aus. Die Rede über ein Thema ist nicht frei, sondern vorstrukturiert.

Zum Begriff des Diskurses gehört nicht nur all das Gesagte und Geschriebene, sondern auch das, was zu sagen und zu schreiben nicht erwünscht und erlaubt ist, sowie auch all das durch Nichtthematisierung überhaupt Undenk- und Unsagbare.[5]

Das Kritikpotenzial der Diskursanalyse liegt entsprechend in der Relativierung des Absolutheits- und Wahrheitsanspruchs des aus der eigenen SprecherInnenposition heraus oft als »natürlich«, »normal« oder selbstverständlich Angenommenen. Die Diskursanalyse untersucht also die notwendigen Grenzen unseres Denkens und Argumentierens.

Standardisierte Vorgaben für die methodische Umsetzung von Diskursanalysen dieser Art gibt es kaum, zwei Varianten werden in diesem Band von Gasteiger (Foucaults Methodik) und Bartel/Ullrich/Ehrlich (Kritische Diskursanalyse nach Jäger) in diesem Band beschrieben.

5 Entsprechend ist anzunehmen, dass auch subkulturelle und oppositionelle Gegenentwürfe, wie beispielsweise linke Gesellschaftskritik und Gesellschaftsbilder, sich mehr oder weniger in den Grenzen des Diskurses ihrer Umwelt bewegen. Sie können ein bloßes Abbild sein, oder eine Radikalisierung, eine Umkehrung oder sonstige Spezifizierung des Diskurses der sie umgebenden Mehrheitsgesellschaft, aber niemals einfach anders oder außerhalb.

1.2. Analyse öffentlicher Debatten: Diskurs als Teilhabe an Öffentlichkeit

Während die grundlegende sprachlich-konstruktivistische Orientierung Dreh- und Angelpunkt der Diskurstheorie ist, hat der zweite hier zu behandelnde Strang einen anderen Grund, sprachlichen Aspekten des Sozialen Aufmerksamkeit zuteil werden zu lassen. Dieser Strang unterscheidet sich vom ersten zunächst durch seine fachliche Herkunft. Er ist deutlich positivistischer, mit Anwendungen v. a. in der politischen Soziologie, der Bewegungsforschung, der Politikwissenschaft und der Kommunikations- und Medienwissenschaft. Diesen Strang interessiert der Diskurs unter dem Gesichtspunkt der Herstellung von Öffentlichkeit bzw. der Produktion öffentlicher Meinung. Allerdings wird der Begriff Diskurs – und das ist die entscheidende Differenz zum Diskursforschungsstrang Foucault'scher Prägung – eher im traditionellen Sinne gebraucht. Diskurs dient als Bezeichnung für die öffentliche »Diskussion«, »Debatte« oder »Auseinandersetzung«. Beispielhaft beschreiben Ferree et al. (2002: 9) *public discourse* als »öffentliche Kommunikation über Themen und Akteure in Bezug auf entweder bestimmte Politikfelder oder auf breitere Interessen und Werte.« (Übersetzung P. U.).

Dies findet auch in der Terminologie seine Entsprechung. In diesem zweiten Strang geht es nicht um »herrschende Diskurse« oder »gesellschaftlich verbindliche Sinnhorizonte«,[6] die beschrieben und kritisiert werden, sondern um Prozesse der Ausfechtung von Deutungs*konflikten*. Theoretische Wurzeln finden sich im symbolischen Interaktionismus, im Pragmatismus und in der ethnomethodologischen Konversationsanalyse. Der Aufmerksamkeitsschwenk zum Diskurs hat in diesem Strang seine Grundlage nicht in theoretischen Entwicklungen (obwohl in jüngerer Zeit Einflüsse aus der Diskurstheorie durchaus vorliegen), sondern in der wachsenden Erkenntnis, dass öffentlichen Meinungsbildungsprozessen in Demokratien westlichen Musters eine hohe Bedeutung zukommt. Diese Demokratien gestehen ihren Mitgliedern formal Partizipation und Gestaltungsrechte (v. a. über Wahlen) zu. Dieses formale Recht bedeutet jedoch keineswegs, dass autonome, selbstbestimmte Individuen vollkommen »frei« und unbeeinflusst die ihren Interessen am besten entsprechende Wahl treffen. Vielmehr ist davon auszugehen, dass eine Vielzahl gesellschaftlicher AkteurInnen, ausgestattet mit unterschiedlichen Ressourcen, versuchen, öffentliche Deutungsmacht zu erlangen und ihre Meinung als hegemoniale, allgemein gültige zu platzieren (hier ergibt sich ein Zusammenhang mit dem ersten Strang). In den Forschungen wird Öffentlichkeit oft mit der Metapher der Arena beschrieben: mit einem Publikum, einer Galerie für die »Draht-zieher« und eben der Auseinandersetzung im Forum. An diesem Prozess Öffentlichkeit beteiligt sind PolitikerInnen, Parteien, Medien, soziale Bewegungen, Verbände, LobbyistInnen, Bürgerinitiativen und viele mehr. Öffentlichkeit wird, zumindest was die Forschungsschwerpunkte angeht, primär als politische Öffentlichkeit begriffen. Dabei

6 So Maasen (2003: 126) über Luhmanns »Liebe als Passion«.

dominierten die Debatte bisher normative Öffentlichkeitstheorien[7] und es gibt nur Ansätze einer empirischen Soziologie der Öffentlichkeit (Gamson/Modigliani 1989, Gerhards 1993, Gerhards et al. 1998, Ferree et al. 2002).

Die meisten der empirischen Arbeiten konzentrieren sich auf den massenmedialen Diskurs. Dieser gilt als Hauptarena der Bildung öffentlicher Meinung und wichtiger Austragungsort politischer Konflikte. Typischerweise wird für eine solche Untersuchung ein Sample aus einigen Zeitungen, meist aus den großen, so genannten »Qualitätszeitungen« zusammengestellt. In diesem werden alle für das jeweils interessierende Thema relevanten Artikel analysiert. Es wird dabei erforscht, welche Arten von SprecherInnen vorkommen (ein so genanntes *standing* haben), wie diese sich zum Thema äußern, welche Begründungsstrategien sie verwenden. Eine kulturtheoretisch interessierte Richtung untersucht besonders, welche *resonnance* das Kommunizierte hat, also auf welche kulturell oder politisch anschlussfähigen Themen und Konflikte die jeweils gewählte Diskursstrategie verweist.

2. Forschungspraxis

2.1. Empirische Elemente

Da der Diskurs, wie er auch definiert werden mag, ein abstraktes Konzept bleibt, muss er zu Erhebungszwecken vor der Rekonstruktion operationalisiert, in kleinere empirisch zugängliche Einheiten gegliedert werden. Dies kann nach unterschiedlichen Gesichtspunkten erfolgen. Die erste mögliche Untergliederung betrifft die einzelnen Diskurs*beiträge*, also besonders (schriftliche und mündliche) Texte. Diese lassen sich nach formalen Kriterien weiter in Sätze, Satzteile, Worte usw. einteilen. Die zweite Möglichkeit der Untergliederung ist eine thematische; untersucht wird dann ein *Diskursstrang*. Wichtiger für die Analyse von Diskursen sowohl hinsichtlich der Produktion gültigen Wissens als auch hinsichtlich der öffentlichen Debatte über Entscheidungen ist diese inhaltliche Seite, die aber gleichzeitig mit formalen Spezifika einhergehen kann. Also: welche semantischen Elemente strukturieren den Diskurs? Welche Praktiken, welche Art von Äußerungen geben ihm seine spezifische Gestalt? Wie ist der Diskurs gesellschaftlich eingebettet? Es gibt für die Forschungspraxis kein Instrumentarium, auf das man ohne weiteres zurückgreifen könnte, sondern eine Vielzahl an möglichen und empirisch ertragreichen Perspektiven auf den Diskurs.

Die Differenzierungen der Diskurstheorie und Diskursanalyse in zwei verschiedene Stränge findet sich auch im methodischen Instrumentarium wieder. Je-

7 Gerhards et al. (1998) und Gerhards (1997) unterscheiden zwischen deliberativen und liberalen Öffentlichkeitstheorien. Erstere sind besonders mit dem Werk von Jürgen Habermas und seinem Ideal des herrschaftsfreien Diskurses verbunden (Habermas 1989, 1992, vgl. auch Peters 1994), letztere haben ihre Wurzeln in der Systemtheorie (Luhmann 1971, 1990, Marcinkowski 1993), welche die Selbstreferentialität von Öffentlichkeit betont, und in normativen liberalen Modellen (Dahrendorf 1967, Rawls 1993, Ackermann 1980, 1989).

doch ist eine klare Trennung hier noch weniger möglich. Vielmehr überlappen sich die verwendeten analytischen Begrifflichkeiten und verschiedenartigen Vorgehensweisen, die sich in der Regel auch konzeptuell nicht ausschließen, sondern ergänzen können. Die folgende Übersicht (Grafik 1) zeigt die Unordnung der verschiedenen kursierenden Konzepte und hilft bei der Orientierung im Dschungel der Diskursforschung. Das erste Ordnungskriterium stellt dabei die »fachkulturelle« Herkunft dar, die *auch* gewisse Implikationen für die Orientierung auf eine entweder eher sprachlich-formale oder eher semantische Ausrichtung des Begriffs hat. Das zweite Kriterium bildet die Aggregations- bzw. Disaggregationsebene innerhalb des Diskurses, auf der das jeweilige Konzept anzusiedeln ist. Die zweidimensionale Gliederung ist mehr dem Ausgabemedium als dem Darzustellenden geschuldet. Die grafische Darstellung wird den einzelnen Begriffen notwendigerweise nicht ganz gerecht, sondern soll die Orientierung vereinfachen. Es werden nur die textbezogenen Analysekategorien vorgestellt, alles was sich auf den Kontext der Diskurse, ihre Entwicklung im Zeitverlauf und ihren Wandel bezieht, bleibt hier ausgeklammert (einiges dazu wird in der Box oben rechts genannt).

Abbildung 1: *Elemente empirischer Diskursanalysen (textbezogen)*

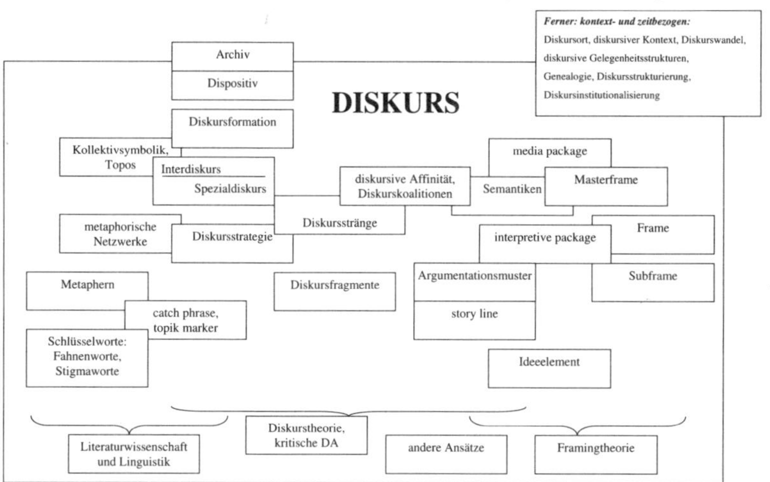

Die Termini im linken Bereich stammen von linguistisch und literaturwissenschaftlich orientierten Forschungsprogrammen wie Jürgen Links literaturwissenschaftlicher Diskursanalyse (Link 1983) bzw. der korpusbasierten kritischen Diskursanalyse nach Teubert (Teubert 2003, ähnlich Niehr/Böke 2000, Böke et al. 2003), die (linke) Mitte bilden die an Foucault orientierten noch deutlicher sozialwissenschaftlichen Ansätze incl. die kritische Diskursanalyse (nur beispielhaft: Foucault 1974, Jäger 1999, Bublitz 2001). Die rechte Mitte bilden die mehr an der

Framingtheorie orientierten Konzepte, die auch diskurstheoretische Gesichtspunkte verarbeiten (Gamson/Modigliani 1989, Donati 2001, vgl. Ullrich 2005) und rechts stehen die »Pragmatischen« (Ferree et al. 2002, Gerhards 2003).

Hier ist nicht der Platz, all diese Konzepte ausführlich zu erläutern. Die grafische Darstellung mit den vielen Überschneidungen und Berührungspunkten visualisiert vielmehr einige Charakteristika der konzeptuellen Vielfalt, in welcher sich eine diskursanalytische Arbeit bewegt:

Die je nach Ansatz verwendeten empirischen Analyseeinheiten stehen in vielfältigen Beziehungen zueinander; teilweise bestehen nur kleine inhaltliche Nuancen.

Es gibt jedoch »Ballungen« von Begriffen hinsichtlich Aggregierfähigkeit und fachlicher Herkunft und damit Analysefokus (Wahrnehmungsmuster, Argumentationsmuster, sprachliche Struktur etc.).

Die Übereinstimmungen zwischen verschiedenen Begrifflichkeiten haben allerdings nur manchmal Modifikationen zur Ursache, die auf Kenntnis des verwandten Konzepts fußen. Die fachlich und z. T. auch national getrennten *scientific communities* haben jedoch auch das Entstehen von Parallelbegrifflichkeiten zur Folge. Die Aufgabe zu Beginn einer jeden Diskursanalyse ist deshalb – wie in jeder wissenschaftlichen Arbeit – eine möglichst klare Definition der Termini.

Viele der hier aufgeführten Begriffe können auf einer Mikro-Makro-Achse auf verschiedenen Stufen ansetzen; die Makroebene kann also bspw. sowohl einen kollektiven Akteur wie eine soziale Bewegung als auch die Gesellschaft als Ganzes meinen. Dennoch zielt der Anspruch der Diskurstheorie nach Foucault i. d. R. auf »Höheres«, die Produktion gesellschaftlich legitimen Wissens (s. o.). Also bspw.: Wie definiert eine Gesellschaft/ein Diskurs Wahnsinn und schließt damit große Gruppen von Menschen, Gedanken, Ideen aus dem Bereich des »Normalen« und »Richtigen« aus?

2.2. Vorgehen

Unterschiedlich ist das konkrete empirische Vorgehen. Die »Korpusbasierte Diskursanalyse« (Teubert 2003) beispielsweise bestimmt in Pilotstudien eine Anzahl von Schlüsselwörtern, die dann im gesamten Korpus aufgesucht und in ihren jeweiligen Bedeutungsgehalten und Beziehungen bestimmt werden. Manche Projekte ergänzen dies um detaillierte Sequenzanalysen im Sinne der Objektiven Hermeneutik. Die an Framingtheorien orientierten Diskursanalysen erheben zuerst als kleinste im Textmaterial aufzufindende empirische Einheiten Ideeelemente (Ferree et al. 2002) oder Sinnelemente (alle verschiedenen Arten der Äußerungen zu einem Thema) und Ideen (als erste komplexere Aggregationsstufe von Sinnelementen, Schäfer 2001) oder bei anderen die Frames selbst (Gamson/Modigliani 1989). Vielen diskursanalytischen Ansätzen gemein ist eine Orientierung an der *Grounded Theory* in der Tradition von Barney Glaser und Anselm Strauss. Dies bedeutet, dass mit großer Offenheit an die Daten herangegangen, also ergebnisoffen codiert wird. Die Verdichtung, Interpretation, Aggregation und Abstraktion befindet sich in einem Kreislauf mit immer wieder neuer Arbeit »ganz nah an den Daten«, was die immerwährende Möglichkeit der Veränderung des Kategoriensystems bietet. Diese Orientierung wird aus forschungspragmatischen Gründen allerdings verschieden eingeschränkt.[8] So kann man an den Textkorpus gleichzeitig auch unter spezifischen theoretischen Fragestellungen herangehen, muss aber deshalb die Offenheit für eine Veränderung und Erweiterung des Kategoriensystems nicht aufgeben. Damit ist man näher am Vorgehen der qualitativen Inhaltsanalyse. Gerade für größere Textkorpora kommt es ab einem bestimmten Punkt auch in Frage, das Kategoriensystem, wenn es sich als stabil erweist, also alle bisher relevanten Aussagen erfasst, nicht mehr zu variieren, um das dadurch notwendig werdende erneute aufwändige Auswerten bereits ausgewerteter Texte zu umgehen. Dies ist das adäquate Vorgehen, wenn quantifizierende Aussagen über größere Textmengen getroffen werden sollen und deswegen mehrere CodiererInnen mitarbeiten. Letztlich ist es Praxis und auch angemessen, ein dem Gegenstand bzw. Erkenntnisinteresse möglichst angepasstes Instrumentarium zu wählen; fertige Rezepte gibt es nicht.

3. Bedeutung und Kritik

Welche Ergebnisse bringt Diskursforschung im Sinne einer kritischen Wissenschaft? Ich will nur drei empirische Beispiele anführen. Andreas Musolffs (1996) historische Rekonstruktion der politischen Diskurse über Terrorismus in Deutschland und Großbritannien legt den Schluss nahe, dass diese Diskurse selbst entscheidenden Anteil an der Entstehung des Phänomens hatten, welches sie thematisierten. Sowohl die IRA als auch die RAF (so seine Beispiele) entstanden aus einer nicht bewaffneten, mehrheitlich gewaltlosen Protestbewegung heraus, die aber von PolitikerInnen und Medien der Gewaltbereitschaft beschuldigt wurde. Erst diese Stigmatisierung führte zur Aufnahme des bewaffneten Kampfes und zu einer Quasi-Kriegsdynamik zwischen »den TerroristInnen« und dem Staat, die Zwischentöne, Verständigung und Ausgleich nicht mehr zuließ, so Musolff (ebd.: 297).

In einem zweiten Beispiel geht es darum, welche Bilder über bestimmte Menschengruppen kursieren. Untersuchungen des DISS (Jäger und Jäger 2003) zeigten z. B., dass das Israelbild in deutschen Medien auch von antisemitischen Stereotypen beeinflusst ist. Und ebenso erscheinen PalästinenserInnen fast nur im Umfeld negativer Wörter und semantischer Kontexte: als Opfer, als Terroristen,

8 Ohnehin ist der Bezug zur grounded theory oft recht selektiv und eklektizistisch, weil i.d.R. nur die Ergebnisoffenheit, das Kreiseln und manchmal das theoretische Sampling übernommen werden, obwohl die Theorie eigentlich ein komplettes Forschungsdesign insbesondere für Feldforschungen/Beobachtungen darstellt. Somit ist die Grounded Theory hier oft auch ein Autorität verleihender Platzhalter.

als Mörder. Aber kaum als ganz normale Menschen. Die Wichtigkeit dieser Erkenntnis liegt darin, dass diese Bilder die Voraussetzungen oder Möglichkeitsbedingungen dessen darstellen, was in das kollektive Unbewusste eingehen kann, in den Schatz der von allen geteilten Annahmen, die so immer weiter tradiert werden. Denn der Diskurs regelt, was kommunizierbar ist.

Das dritte Beispiel ist die schon erwähnte Abtreibungsstudie von Ferree et al. (2002). Diese ist wegen ihres Vergleichsdesigns interessant. So konnten die beteiligten WissenschaftlerInnen bspw. zeigen, dass in Deutschland, obwohl Religiosität nicht so verbreitet ist wie in den USA, das Lebensschutzargument im Abtreibungsdiskurs viel verbreiteter war. Es konnte gezeigt werden, dass dies eine direkte Folge der Erfahrungen des Nationalsozialismus, der Euthanasiedebatte usw. darstellt. Die Erhebung des Diskurses stellt sich also als ein Schlüssel zur (politischen) Kultur dar, zu den Denkbildern einer Gesellschaft.

Ungeachtet dieser Vorzüge und Möglichkeiten bleibt die Diskursanalyse nicht unwidersprochen. So soll Alan Sokal (Der »Erfinder« des gleichnamigen berühmt gewordenen Scherzes gegenüber der sozialkritisch ambitionierten Postmoderne) einmal sinngemäß gesagt haben: »Die Erkenntnis, dass alles Text und Konstruktion ist, nützt niemandem, der hungert.« Damit benennt er den Schwachpunkt der Diskursforschung. Wenn DiskursanalytikerInnen glauben, sie haben den privilegierten und einzig aussagefähigen Zugang zur gesellschaftlichen Wirklichkeit, dann liegen sie falsch. Ich greife das oben erwähnte Beispiel der diskursiven Produktion von RAF und IRA noch einmal auf. In diesem hat nicht nur »Diskurs« gewirkt, sondern auch Repression, massive Polizeigewalt, ein erschossener Student, ungleiche Macht – Verfügungsgewalt über den Diskurs, aber auch über Geld und Repressionsorgane.

Ebenso geht eine Analyse, die allein materielle Interessen und Bedürfnisse als Ursache menschlichen Handelns anerkennt, fehl. Die Diskursanalyse liefert eine entscheidende Ergänzung. Es gibt Hunger, Schmerz etc. Doch ob das ein Grund zur Rebellion oder ein Anlass für asketische Freude bzw. duldsames Hinnehmen ist, ist eine Frage von kommunikativer Aushandlung, Deutung oder auch Indoktrination. Es ist ein Bestandteil im diskursiven Kampf um Deutungsmacht. Die Diskursanalyse kann aber nur die Diskurse analysieren und von diesen Rückschlüsse auf sie bedingende Strukturen ziehen bzw. die Gesellschaftsanalyse mit ihrer spezifischen Sicht ergänzen. Denn der Diskurs hat eine gewisse Eigenmächtigkeit, die als innere Struktur beschrieben wurde; er ist in gewissem Sinne also auch eine Art »Selbstläufer«.

Für die politische Relevanz der Diskursanalyse lassen sich zwei entscheidende Argumente in Anschlag bringen. Das eine ist mit dem pragmatischeren Strang verbunden, der insbesondere in der Bewegungsforschung erfolgreich angewandt wurde. Diese Forschung produziert für die Selbstbeobachtung von Bewegungen nützliche Erkenntnisse und funktionales Wissen bspw. darüber, wie ein Bewegungsinhalt (also kritische Kommunikation) erfolgreich platziert werden kann.

Viel wichtiger ist jedoch ein anderes Element. Die Erkenntnisse besonders der kritischen Diskursforschung betonen die Bedeutung des eigenen *Sprechortes*. Zu oft werden in Diskussionen Standpunkte als Ausdruck »reiner Theorie« deklariert, obwohl sie ebenso eine Spiegelung der herrschenden Diskurse darstellen, diskursive Prägungen der eigenen Umwelt, sehr oft der eigenen Subkultur oder politischen Splittergruppe transportieren, und somit letztlich kontingent sind. Insbesondere die vergleichende Diskursanalyse kann so für die begrenzte Gültigkeit der eigenen Position sensibilisieren. Das Wissen um diese Relativität wiederum ist die Voraussetzung für die Fähigkeit zur Gestaltung solidarischer kommunikativer Aushandlungsprozesse, die für eine emanzipatorische Gesellschaft ebenso wichtig sind wie der Versuch einer möglichst umfassenden Erkenntnis realer Möglichkeiten und Grenzen sowie tatsächlich sich abzeichnender Entwicklungen. Die Geschichte der Linken kennt beide Extreme, die Unterordnung der Menschen unter objektive Notwendigkeiten in einigen Spielarten des Marxismus und den ins Obszessive gesteigerten Subjektivismus des radikalen Konstruktivismus. Um die praktische Unauflösbarkeit dieser Dialektik nach einer Seite hin wissen wir aber heute erst, nachdem beide Extreme Paradigmenwechsel angestoßen haben.

Literatur

Ackermann, Bruce A.: Social Justice in the Liberal State, New Haven/London 1980.

Ackermann, Bruce A.: Why Dialogue?, in: Journal of Philosophy, 1989, H. 86, S. 5-22.

Angermüller, Johannes: Einleitung. Diskursanalyse: Strömungen, Tendenzen, Perspektiven, in: Angermüller, Johannes; Bunzmann, Katharina; Nonhoff, Martin (Hrsg.): Diskursanalyse. Theorien, Methoden, Anwendungen, Berlin/Hamburg 2001.

Angermüller, Johannes; Bunzmann, Katharina; Nonhoff, Martin. (Hrsg.): Diskursanalyse. Theorien, Methoden, Anwendungen, Berlin/Hamburg 2001.

Böke, Karin; Jung, Matthias; Niehr, Thomas; Wengeler, Martin: Vergleichende Diskurslinguistik. Überlegungen zur Analyse national heterogener Textkorpora, in: Niehr, Thomas; Böke, Karin (Hrsg.): Einwanderungsdiskurse. Vergleichende diskurslinguistische Studien. Wiesbaden 2000, S. 11-36.

Brünner, Gisela; Fiehle, Reinhard; Kindt, Walther (Hrsg.): Angewandte Diskursforschung. Band 1: Grundlagen und Beispielanalysen, Opladen/Wiesbaden 1999.

Brünner, Gisela; Fiehle, Reinhard; Kindt, Walther (Hrsg.): Angewandte Diskursforschung. Band 2: Methoden und Anwendungsbereiche, Opladen Wiesbaden 1999a.

Bublitz, Hannelore: Differenz und Integration. Zur diskursanalytischen Rekonstruktion der Regelstrukturen sozialer Wirklichkeit, in: Keller, Rainer; Hirseland, Andreas; Schneider, Werner; Viehöver, Willy: Handbuch sozialwissenschaftliche Diskursanalyse, Bd. 1. Theorien und Methoden, Opladen 2001, S. 225-260.

Bublitz, Hannelore; Bührmann, Andrea D.; Hanke, Christian; Seier, Andrea (Hrsg.): Das Wuchern der Diskurse. Perspektiven der Diskursanalyse Foucaults, Frankfurt a. M. 1999.

Dahrendorf, Ralf: Aktive und passive Öffentlichkeit. Über Teilnahme und Initiative im politischen Prozess moderner Gesellschaften, in: Merkur, 1967, H. 21, S. 1109-1122.

Donati, Paolo R.: Die Rahmenanalyse politischer Diskurse, in: Keller, Rainer; Hirseland, Andreas; Schneider, Werner; Viehöver, Willy (Hrsg.): Handbuch sozialwissenschaftliche Diskursanalyse. Bd. 1. Theorien und Methoden, Opladen 2001, S. 145-175.

Faiclough, Norman: Globaler Kapitalismus und kritisches Diskursbewußtsein, in: Keller, Rainer; Hirseland, Andreas; Schneider, Werner; Viehöver, Willy: Handbuch sozialwissenschaftliche Diskursanalyse, Bd. 1. Theorien und Methoden, Opladen 2001, S. 335-351.

Fairclough, Norman; Wodak, Ruth: Critical Discourse Analysis, in: van Dijk, Teun A.: Discourse as social interaction, London/Thousand Oaks/New Delhi 1997.

Ferree, Myra Marx; Gamson, William A.; Gerhards, Jürgen; Rucht, Dieter: Shaping Abortion Discourse. Democracy and the Public Sphere in Germany and the United States, Cambridge 2002.

Foucault, Michel: Die Ordnung des Diskurses. Inauguralvorlesung am Collège de France – 2. Dez. 1970, München 1974.

Foucault, Michel: Archäologie des Wissens, Frankfurt a. M. 1995 [1973].

Fricke, Matthias: Empirische Diskursanalyse nach Foucault: Diskussion neuerer Foucault-basierter Verfahren der Diskursanalyse anhand von empirischen Analysen von Printmedientexten, Oldenburg, Univ., Diss 1999.

Gamson, William; André Modigliani: Media Discourse and Public Opinion on Nuclear Power. A Constructionist Approach, in: American Journal of Sociology, 1989, 95, H. 1, S. 1-37.

Gerhards, Jürgen: Neue Konfliktlinien in der Mobilisierung öffentlicher Meinung: eine Fallstudie. Studien zur Sozialwissenschaft Band 130, Opladen 1993.

Gerhards, Jürgen: Diskursive versus liberale Öffentlichkeit: Eine empirische Auseinandersetzung mit Jürgen Habermas, Kölner Zeitschrift für Soziologie und Sozialpsychologie 49, 1, 1997, S. 1-39.

Gerhards, Jürgen: Diskursanalyse als systematische Inhaltsanalyse. Die öffentliche Debatte über Abtreibungen in den USA und in der Bundesrepublik im Vergleich, in: Keller, Rainer; Hirseland, Andreas; Schneider, Werner; Viehöver, Willy (Hrsg.): Handbuch sozialwissenschaftliche Diskursanalyse. Bd. 2. Forschungspraxis, Opladen 2003.

Gerhards, Jürgen; Dieter Rucht: Mesomobilization Contexts: Organizing and Framing in Two Protest Campaigns in West Germany, American Journal of Sociology 1992, 98, 3, S. 555-589.

Gerhards, Jürgen; Neidhardt, Friedhelm; Rucht, Dieter: Zwischen Palaver und Diskurs: Strukturen öffentlicher Meinungsbildung am Beispiel des Abtreibungsdiskurses in der Bundesrepublik, Opladen 1998.

Habermas, Jürgen: Volksouveränität als Verfahren. Ein normativer Begriff von Öffentlichkeit, Merkur 1989, H. 43, S. 465-477.

Habermas, Jürgen: Faktizität und Geltung. Beiträge zu einer Diskurstheorie des Rechts und des demokratischen Rechtsstaats, Frankfurt a. M. 1992.

Jäger, Siegfried: Kritische Diskursanalyse. Eine Einführung, Duisburg 1999.

Jäger, Siegfried: Diskurs und Wissen. Theoretische und methodische Aspekte einer kritischen Diskurs- und Disposi-

tivanalyse, in: Rainer Keller, Andreas Hirseland, Werner Schneider, Willy Viehöfer (Hrsg.): Handbuch Sozialwissenschaftliche Diskursanalyse. Band 1. Theorien und Methoden, Opladen 2001, S. 81-112.
Jäger, Siegfried; Jäger, Margarethe: Medienbild Israel. Zwischen Solidarität und Antisemitismus, Münster 2003.
Keller, Reiner; Hirseland, Andreas; Schneider, Werner; Viehöfer, Willy (Hrsg.): Handbuch sozialwissenschaftliche Diskursanalyse. Bd 1. Theorien und Methoden, Opladen: 2001.
Keller, Reiner; Hirseland, Andreas; Schneider, Werner; Viehöfer, Willy: Zur Aktualität sozialwissenschaftlicher Diskursanalyse – Eine Einführung, in: dies. (Hrsg.): Handbuch sozialwissenschaftliche Diskursanalyse, Bd 1. Theorien und Methoden, Opladen 2001a, S. 7-27.
Keller, Reiner; Hirseland, Andreas; Schneider, Werner; Viehöfer, Willy (Hrsg.): Handbuch sozialwissenschaftliche Diskursanalyse, Band 2: Forschungspraxis, Opladen 2003.
Link, Jürgen: Elementare Literatur und generative Diskursanalyse, München 1983.
Luhmann, Niklas: Öffentliche Meinung, in: ders.: Politische Planung, Opladen 1971, S. 9-34.
Luhmann, Niklas: Komplexität und Öffentliche Meinung, in: ders.: Soziologische Aufklärung 5. Konstruktivistische Perspektiven, Opladen 1990, S. 9-34.
Maasen, Sabine: Zur Therapeutisierung sexueller Selbste. »The Making Of« einer historischen Diskursanalyse, in: Keller, Rainer; Hirseland, Andreas; Schneider, Werner; Viehöver, Willy: Handbuch sozialwissenschaftliche Diskursanalyse. Bd. 2. Forschungspraxis, Opladen 2003, S. 119-146.
Marcinkowski, Frank: Publizistik als autopoietisches System. Politik und Massenmedien. Eine systemtheoretische Analyse, Opladen 1993.
Musolff, Andreas: Krieg gegen die Öffentlichkeit. Terrorismus und politischer Sprachgebrauch, Opladen 1996.
Niehr, Thomas; Böke, Karin (Hrsg.): Einwanderungsdiskurse. Vergleichende diskurslinguistische Studien, Wiesbaden 2000.
Peters, Bernhard: Der Sinn von Öffentlichkeit, in: Neidhardt, Friedhelm: Öffentlichkeit, öffentliche Meinung, soziale Bewegungen, KZfSS Sonderheft 34, Opladen 1994, S. 42-76.
Rawls, John: Political Liberalism, New York 1993.
Schäfer, Mike Steffen: Diskurse über Humangenomforschung in Deutschland und Irland, unv. Magisterarbeit, Leipzig 2001.
Teubert, Wolfgang: Provinz eines föderalen Superstaates – regiert von einer nicht gewählten Bürokratie? Schlüsselbegriffe des europakritischen Diskurses in Großbritannien, in: Keller, Rainer; Hirseland, Andreas; Schneider, Werner; Viehöver, Willy (Hrsg.): Handbuch sozialwissenschaftliche Diskursanalyse. Bd. 2. Forschungspraxis, Opladen 2003, S. 353-388.
Ullrich, Peter: Diskursanalyse im internationalen Kulturvergleich, in: Ullrich, Peter; Kachel, Thomas (Hrsg.): EUropa – Transnationale Normierung und nationales Beharren. Drittes DoktorandInnenseminar der Rosa-Luxemburg-Stiftung, Berlin 2005, S. 149-171.

Ludwig Gasteiger

Michel Foucaults interpretative Analytik und das unbestimmte Ethos der Kritik

Einleitung

Wie Wissen formuliert, mit dem Signum der Wissenschaftlichkeit markiert, sozusagen mit dem Schild der Wahrheit bewehrt wird, wie Wissen wirkmächtig ins Leben der Menschen eingreift und über die Herstellung von soziokulturellen Differenzen und Erfahrungsräumen die Rahmen menschlicher Existenz vorgibt, diese Fragen haben Michel Foucault umgetrieben. Es sind Fragen, die uns Menschen der wissen(schaft)sgesteuerten und massenmedial durchdrungenen Gegenwart unweigerlich betreffen. Foucaults Wissensarchäologie betreibt interpretative Analyse und Rekonstruktion von symbolischen Wissensordnungen. Solche symbolischen Wissensformationen werden mit dem Begriff »Diskurs« bezeichnet. Foucaults sozialkritisches Interesse an der Frage, wie Macht in modernen Gesellschaften funktioniert, hat ihn dazu geführt, ein *empirisches Forschungsprogramm* zu entwerfen. Die historisch-ausgerichtete Sozialwissenschaft Foucaults ist eine poststrukturalistische Historie. Sie wird geschrieben aus einer poststrukturalistischen und damit postrationalistischen Erkenntnis- und Wissenschaftshaltung: »Das letzte Kennzeichen dieser wirklichen Historie ist schließlich, daß sie nicht fürchtet, ein perspektivisches Wissen zu sein.« (Foucault 1987: 82) Sie will die Historizität des Denkens, der Wahrheit, der Sprache und des menschlichen In-der-Welt-Seins aufzeigen und zur Ausgangsbasis der eigenen wissenschaftlichen Praxis machen. Der Aufsatz will diese nicht unumstrittene Ausgangsbasis einer poststrukturalistischen Wissenschaftshaltung herausarbeiten und ihre Konsequenzen bis in die Methodik und normativ-ethische Haltung ausweisen. Die Unhintergehbarkeit der Perspektivität zum Ausgangspunkt des eigenen Denkens zu machen, heißt auch mit den (heuristisch-theoretischen) Begriffen zu experimentieren. Daraus ergibt sich eine Beweglichkeit des Denkens und ein spielerischer Umgang mit der Wahrheit, die der wissenschaftlichen Rezeption mitunter Schwierigkeiten bereiten. Diese Wahrheitsspiele sollen im vorliegenden Aufsatz nachgezeichnet werden. Dadurch soll die zentrale Bedeutung der methodologischen Haltung und der wissenschaftstheoretischen Ausgangsbasis für Foucaults Studien, aber auch für die sozialwissenschaftliche Praxis im Allgemeinen aufgezeigt werden. Der Aufsatz beschäftigt sich also weniger mit einer konkreten Methode, sondern mehr mit einer Grundlage des (sozial-) wissenschaftlichen Forschens am Beispiel Foucaults. Im 1. Teil des Aufsatzes wird die methodologische Haltung Foucaults dargestellt. Dabei versuche ich die Wahlverwandtschaft zur qualitativen Sozialforschung und zu den Rationalismus-kritischen Schülern von K. R. Popper aufzuzeigen. Im 2. Abschnitt wird exemplarisch die Fragestellung der Studie *Wahnsinn und Gesellschaft* nachgezeichnet. Der 3. Teil behandelt Foucaults Reflexion der eigenen Studien in der *Archäologie des Wissens* und die Ausformulierung eines diskursanalytischen Forschungsprogramms. Im 4. Abschnitt soll die Erweiterung der Diskursanalyse zu einer Analytik der Macht nachvollzogen werden. Abschließend wird im 5. Teil Foucaults Strategie, ein (interpretativ) unterbestimmtes Ethos der Kritik zu formulieren, erörtert.

1. Methodologie der Interpretativen Analytik

Mit H. Dreyfus und P. Rabinow fasse ich die Denk- und Forschungspraxis Foucaults als »Interpretative Analytik« (Dreyfus/Rabinow 1994: 133). Damit werden Rekonstruktionen derselben als »Diskurs*theorie*« oder gar als »Gesellschafts*theorie*«, ferner als »Philosophie« zurückgewiesen. Foucault versucht Theoriebildung, bei der kategoriale Schemata entwickelt werden, um die Wirklichkeit anschließend in das entworfene Schema zu pressen, zu vermeiden. Ähnlich der qualitativen Sozialforschung soll die (hegemoniale Stellung der) Theorie in der Logik der Forschung neu bestimmt und dezentriert werden. Implizit wird dadurch ein neuer Wert der Theorie gesetzt, der sich von den Theorien, die mit universalistisch-rationalistischen Ansprüchen auftreten, absetzt. Insofern deutet die Relevanz und Resonanz des Foucaultschen Denkens, sowie des Poststrukturalismus im Allgemeinen, die Schwächung des rationalistischen Selbstverständnisses der Sozialwissenschaften an. Der Faden, der sich durch Foucaults vielschichtiges Werk zieht, ist die methodologische Haltung, stets neue Fragen zu entwerfen, die eigenen Prämissen zu variieren und möglichst unvoreingenommen für neue Horizonte zu bleiben, die sich im Laufe des Forschungsprozesses eröffnen können. Der Einstieg in den Forschungsprozess, bei dem der Forschungsstand gesichtet wird, soll die Problemwahrnehmung nicht vorschnell einengen. Am Nachdrücklichsten wurde diese methodologische Haltung in der Erkenntnis- und Wissenschaftstheorie P. Feyerabends ausgedrückt: »Ein komplexer Gegenstand, der überraschende und unvorhergesehene Entwicklungen enthält, erfordert komplexe Methoden und entzieht sich der Analyse aufgrund von Regeln, die im Vorhinein und ohne Rücksicht auf die ständig wechselnden geschichtlichen Verhältnisse aufgestellt worden sind.« (Feyerabend 1977: 30)

Auch Feyerabends Mitstreiter und Gegenspieler, I. Lakatos und T. Kuhn, haben den naiven Falsifikationismus und das Modell fortschreitender Wissensanhäufung, das K. R. Popper aufgestellt hat, zurückgewiesen. Damit befinden sich die Popper-Kritiker in geistiger Nähe zu G. Bachelard und G. Canguilhem, die ebenso ein evolutionistisches Modell der Wissenschaftsgeschichte ablehnen. Deren wissenschaftshistorische Studien sind ein zentraler Ausgangsort des Foucaultschen Forschungsprogramms. Die Haltung Foucaults steht damit auch in wahlverwandtschaftlicher Nähe zum Postulat der Offenheit, welches das zentrale methodologische Prinzip der interpretativ-rekonstruktiven Forschungsprogramme, die vom Pragmatismus ausgehend entwickelt wurden, ist. Um hingegen die Differenz der Haltung Foucaults zu diesen Ansätzen zu betonen, könnte auch von einer Haltung der Skepsis, deren Sinn historisch ausgerichtet ist, gesprochen werden. Diese Haltung zeigt sich an der erkenntnisleitenden Distanzierung von vorgegebenen Wissenskonstrukten – zu denen Frage- und Problemstellungen, Begriffsbildungen, Forschungs- und Theorietraditionen gehören. Sie versucht die Ereignishaftigkeit und Historizität des scheinbar Logischen oder Notwendigen aufzuzeigen, die universalistisch auftretende Rationalität als programmatische Rationalität*en* zu de- und rekonstruieren und aufzuzeigen, dass es keine Gegenstände im naturalistischen Sinne gibt, sondern diese durch bestimmte kulturelle Redeweisen und wissenschaftliche (oder pseudowissenschaftliche) Methoden erst als ein So-und-nicht-anders-Seiendes produziert werden.[1]

2. Die Heuristik von Wahnsinn und Gesellschaft

In *Wahnsinn und Gesellschaft* entwirft Foucault die Frage nach dem geschichtlichen Verlauf der Trennungslinie, die den Wahnsinn von der Vernunft scheidet. Ausgehend von der Fragestellung nach den historischen Bedingungen der Erfahrung des Wahnsinns wird eine soziokulturelle, *historisch veränderliche* Trennungslinie zwischen Wahnsinn und Vernunft angenommen und rekonstruiert. Die begriffliche Eingrenzung und Abtrennung, sowie die sozialpraktischen Methoden von Vertreibungen und Einsperrungen des Wahnsinns bilden demnach eine der Voraussetzungen der Konstitution der abendländischen Vernunft. Der Wahnsinn wird als das Andere/ein Anderes der Vernunft (sprachlich) konstruiert und (institutionell) materialisiert. Diese perspektivische Dialektik der Aufklärung versucht nicht die (transzendentalen, erkenntnistheoretischen oder psychischen) Konstitutionsbedingungen der Rationalität an sich zu bestimmen. Stattdessen soll nur ein sozialgeschichtlicher Aspekt des Vernunftglaubens entschlüsselt und dessen Folgen dargestellt werden.

Durch diese Aufklärungsarbeit wird deutlich: Weder die Erfahrung des Wahnsinns, noch die Deutung des Wahnsinns durch außenstehende, »vernünftige« Instanzen, ja nicht einmal die Instanzen (Literaten, Humanisten und Philanthropen, Stadtobrigkeiten und Staatsbeamte, Psychologen und Mediziner etc.) selbst sind über die historische Zeit hinweg dieselben. Die sprachlich-symbolische Ordnung

1 Vgl. zu diesen Punkten Foucault (1991). Zur Einführung und Kritik des Konstruktivismus siehe Hacking (1999).

des Wahnsinns und die Praktiken des Umgangs mit Armen, Arbeitslosen, Kriminellen, religiösen Fanatikern und all den am Rande der Normalität Irrenden konstituiert Erfahrungsräume. Diese Erfahrungsräume geben den Rahmen, in dem sich die menschlichen Existenzen entwerfen und subjektivieren müssen, vor. Der zentrale Begriff, mit dem Foucault denkend forscht, ist also die »Erfahrung«. Keine (innermenschliche) transzendentale, aber auch keine dem Menschen äußerliche Substanz, wie die der Sprache, umgrenzt einen überzeitlichen Erfahrungsraum. Erfahrungen sind historische Ereignisse und damit sind auch die Subjekte der Erfahrung historisch geformte, *eigen*artige Gestalten.

In der Einleitung von *Wahnsinn und Gesellschaft* beteuert Foucault, er wolle sich nicht von vordefinierten Kategorien der Psychopathologie oder anderer wissenschaftlicher Disziplinen leiten lassen. Soll die Trennungslinie zwischen Wahnsinn und Vernunft ergründet werden, dann darf sich der historische Sinn nicht von den Gegenstandsbestimmungen und Vordefinitionen durch andere Wissensfelder, wie der Anthropologie oder der Psychologie, leiten lassen.

»Die Geschichte des Wahnsinns zu schreiben, wird also heißen: eine Strukturuntersuchung der historischen Gesamtheit – Vorstellungen, Institutionen, juristische und polizeiliche Maßnahmen, wissenschaftliche Begriffe – zu leisten, die einen Wahnsinn gefangenhält, dessen ungebändigter Zustand in sich selbst nie wiederhergestellt werden kann. Da uns jene unzugängliche, ursprüngliche Reinheit fehlt, muß die Strukturuntersuchung zu jener Entscheidung zurückgreifen, die Vernunft und Wahnsinn gleichzeitig trennt und verbindet. [...] So wird die blitzartige Entscheidung wiedererscheinen können, die innerhalb der geschichtlichen Zeit heterogen, aber außerhalb dieser ungreifbar ist, die jenes Gemurmel dunkler Insekten von der Sprache der Vernunft und den Versprechungen der Zeit trennt.« (Foucault 1973: 13)

Foucault spricht in dieser frühen Schrift (franz. Orig. 1961) von Strukturgeschichte, wendet sich aber schon gegen einen ahistorischen Strukturalismus und ist einem textualistischen Kulturverständnis, das alles in Text oder Sprache auflösen will, fern. Die begriffliche Unterscheidung von Vorstellungen und wissenschaftlichen Begriffen einerseits, sowie sozialpraktischen Maßnahmen und institutionellen Arrangements andererseits, verweist bereits auf die spätere Differenzierung zwischen diskursiven und nicht-diskursiven Praktiken. Wenn auch nicht methodisch ausformuliert, handelt es sich bei *Wahnsinn und Gesellschaft* bereits um eine sozialwissenschaftliche Machtanalyse.

Was Foucault durch diese »Ethnologie der Kultur« (Foucault 1974: 13) geleistet hat, ist eine Verfremdung des Blicks auf die eigene Kultur und ihre Selbstverständlichkeiten. Der Zweifel an dem eigenen (kulturellen) Vorwissen unterscheidet die archäologische Haltung von der Haltung der philosophischen Hermeneutik.

3. Die Archäologie des Wissens: Zur Entfaltung eines diskursanalytischen Forschungsprogramms

Die *Archäologie des Wissens* (Foucault 1997) ist kein Methodenbuch im eigentlichen Sinn. Foucault überdenkt die Forschungswege seiner vorhergegangenen Studien und zukünftige Möglichkeiten werden ersonnen. Die möglichen Perspektiven auf den Forschungsgegenstand »Diskurs« werden überprüft. Die zentrale Aufgabe dieser Selbstreflexion der Methode ist es, die Analyseebene des Diskurses abzugrenzen.

In einem ersten Schritt werde ich die Methodologie und die diskurstheoretischen Elemente der *Archäologie des Wissens* diskutieren und dann zweitens auf die Forschungspraxis im engeren Sinn eingehen. Der erste Punkt wird in mehreren Teilschritten erarbeitet: 1.1. Zuerst wird Foucaults Kritik bestehender Forschungsprogramme dargestellt. Hieraus ergibt sich die Frage nach der Möglichkeit eines anderen Wirklichkeitszugangs und Rekonstruktionsrahmens. Im Abschnitt 1.2. wird aufgezeigt, dass die Rekonstruktion eines Diskurses immer auch ein konstruktiver Akt ist. Dies hat Konsequenzen für die Bedeutung der diskurs*theoretischen* Voraussetzungen der Diskursforschung. Unter den Punkten 1.3. und 1.4. werden die theoretischen Konzepte der »Regelmäßigkeit« und der »Aussage« diskutiert. Dabei wird gezeigt, wie die Strukturiertheit von diskursiven Formationen gedacht werden kann. In Schritt 1.5. muss dann die Beziehung von diskursiver Wirklichkeitsebene zur (umfassenderen) sozialen Realität bestimmt werden. Schließlich werden unter Punkt 2 Schritte der methodischen Praxis benannt.

(1.1) Die archäologische Haltung und Analyseebene wird in kritischer Abgrenzung von anderen Forschungstraditionen, deren Interpretationsrahmen und Gegenstandskonstruktionen entfaltet. Vorgegebene Deutungsrahmen, wie der Satz, der Text, der Autor, das Autorenwerk, die Idee, die Wissenschaft oder die Ideologie, werden zurückgewiesen, um gegenüber den zu analysierenden Dokumenten eine methodische Distanz zu ermöglichen. Auch zeitliche Modelle, wie das der Epoche und anderer Kontinuitätslinien, werden dekonstruiert, um die Frage nach historischer Diskontinuität stellen zu können. Die poststrukturalistische Perspektive geht nicht davon aus, dass es keine Strukturen gäbe. Sie eröffnet vielmehr durch das Aufbrechen kultureller Gewissheiten (Fortschritt, Entelechie, Teleologie), durch die Gegenüberstellung von Kontinuität und Bruch im Diachronen, von Homogenität und Heterogenität im Synchronen einen unbestimmten ZeitRaum. Dessen Struktur wird offen gelassen und zum Gegenstand der empirischen Forschung. Damit wird die Einheit der Geschichte zerbrochen. Geschichte und Gesellschaft wird folglich als Totalität nicht mehr rekonstruierbar. So werden neue Fragen aufgeworfen: Welche Begriffe ermöglichen »das Denken der Diskontinuität«? Wie können zeiträumliche Einheiten bestimmt werden? Was ist die, der Fragestellung angemessene, Ebene der Analyse und folglich der angemessene Interpretations- und Rekonstruktionsrahmen für die Analyse von Texten (vgl. Foucault 1997: 13)? Die Rekonstruktion der Wirklichkeit ist *jedenfalls* perspektivisch. Es kann also nicht (mehr) darum gehen, die Wirklichkeitsebene aufzufinden, die der Wahrheit näher ist oder die Wirklichkeit in letzter Instanz determiniert. Stattdessen kann es nur darum gehen, Analyseebenen zu isolieren, um bestimmte Fragen stellen zu können.

(1.2) Die Dekonstruktion der epistemischen Gewissheiten hat erst die Frage nach der Formation von diskursiven Wissensfeldern eröffnet. Dieser erkenntnistheoretische Akt ist aber zugleich das zentrale Problem der Wissensarchäologie. Wie sollen nun Rekonstruktionskriterien bestimmt werden? Es bedarf neuer Prämissen, nun: *diskurs*theoretischer Begriffe, die die Analysepraxis anleiten. Denn die WissensarchäologInnen werden maßlos überfordert, wenn sie von der Arbeitshypothese ausgehen, dass alle Aussagen frei und ungeordnet im Raum des Diskursiven verstreut seien (Foucault 1997: 34) und es gelte, ihre Strukturprinzipien aufzudecken. Die tradierten Ordnungsprinzipen (Idee, Epoche, wissenschaftliche Disziplin, Paradigma etc.) werden insofern verworfen, als zu ihnen eine methodisch-kritische Distanz eingenommen wird. Dennoch können sie in der konkreten Diskursanalyse als Kontrastfolien für einen ersten Zugang dienlich sein und so Orientierungsstützen bieten.

Sich von diesen Ordnungsmustern absetzend, formuliert Foucault ein begrifflich-diskurstheoretisches Raster. Vier Bereiche werden angegeben, in denen die Formierung der Wissensfelder stattfindet: die Gegenstandskonstruktion, die Äußerungsmodalitäten des Subjekts, die strukturierenden Begriffe und die möglichen Strategien. Ich denke nicht, dass mit diesen Begriffen eine schlüssige oder gar abgeschlossene Diskurstheorie mitgeliefert ist oder von Foucault überhaupt intendiert wurde.[2] Stattdessen sind es eher Orientierungspunkte der Rekonstruktion. Foucault verweist selbst auf die divergierenden Ausgangspunkte seiner Studien. Die je besondere Fragestellung (und ihre Perspektivität) muss daher vorgeben, welches die angelegten Begriffsraster sein werden. Das Forschungsinteresse muss darüber entscheiden, ob die Rekonstruktion entlang eines Begriffes, eines Gegenstandfeldes, einer Strategie der Wahrheitsproduktion oder etwas Anderem verläuft. Das Forschungsinteresse, der zeitliche Untersuchungsrahmen und die theoretischen Orientierungsstützen sollen flexibel angelegt sein, um auf die (abduktive) Entdeckung von Unerwartetem reagieren zu können. Da sich im Forschungsprozess solche Entdeckungen in Form schwacher Ahnungen zeigen, ist eine detektivische Haltung notwendig. Für das Erspähen schwacher Spuren ist eine »starke« Diskurs*theorie* kontraproduktiv. Die Abschwächung oder Dezentrierung der Theorie zielt auf das, was J. Reichertz (1995: 279) bezüglich der qualitativen Sozialforschung »die Ausschaltung des bewußt kontrollierenden und planenden Verstandes« bezeichnet.

2 Anderer Meinung ist diesbezüglich R. Diaz-Bone, der davon ausgeht, dass durch die diskursive Praxis eine Vernetzung der diskursformierenden Elemente hergestellt wird und dadurch ein Systemcharakter erzeugt wird. Diese Tiefenstruktur zu erarbeiten, wäre dann die Aufgabe der Diskursanalyse (Diaz-Bone 2007: 25).

Aus Sicht einer poststrukturalistischen Wissenschaftshaltung sollte die Diskurs*theorie* unabgeschlossen bleiben. Die Rekonstruktion von Diskursen bringt Diskurse hervor, die nicht per se einen höheren Wirklichkeitsanspruch behaupten oder Wahrheitswert beanspruchen können. Auch die interpretative Rekonstruktion von Diskursen verbleibt, wie jegliche Rekonstruktionsverfahren, in spezifischen Horizonten. Auch wenn das Sagbare und Unsagbare aufgedeckt und diese Grenzen überschritten werden sollen, bewegen sich auch DiskursanalytikerInnen innerhalb des historischen Archivs und sind in *methodisch* erzeugten Perspektiven befangen. Sie erzeugen spezifisches Wissen und damit zugleich auch Nicht-Wissen, das es zu reflektieren gilt. Die Rekonstruktion eines Diskurses ist also immer auch ein Konstruktionsakt. Diskurs ist daher immer nur als eine Vielzahl von Diskursen denkbar. Um die *post*strukturalistische Haltung einnehmen zu können, müssen alle Vorstellungen von der Möglichkeit einer »umfassenden Gesellschaftsanalyse« aufgegeben werden, weil ansonsten das Perspektivische und das Kontingente der konkreten Praxis der Diskursrekonstruktion und damit die Haltung der Skepsis gegenüber den (epistemischen) Evidenzen über die Hintertür wieder durch neue, verschobene Evidenzen ersetzt werden. Das Diskursive ist daher nicht als Realität eigener Art zu denken, das unabhängig von anderen Ebenen sozialer Wirklichkeit prozessiert. Diskursen ist auch kein systemischer Charakter zuzuschreiben, der deshalb einer festgefügten Diskurstheorie folgend analysiert werden müsste. Die Rekonstruktion von Diskursen zu leisten, bedeutet hingegen die Welt auf eine bestimmte Art denkend zu ordnen, die immer auch selbstreflexiv hinterfragt werden muss, weil Diskurse stets auch *anders* denkend geordnet werden können.[3] Dies ist insoweit wichtig, als der später zu erörternde Schritt zur Analyse von Dispositiven die diskursanalytische Forschungsperspektive nicht einfach überwindet. Im Rahmen einer poststrukturalistischen Forschungslogik sind Perspektivenverschiebungen erlaubt und konsequent.

(1.3) Die Ordnung diskursiver Formationen wird konstituiert durch die Regeln des Aussagens. Foucault benutzt den Begriff der Regelmäßigkeit. Hierdurch wird festgestellt, dass die Redepraxis nicht von äußerlichen Vorschriften bestimmt werden kann. Zugleich setzt sich Foucault aber von der Annahme ab, Diskursstruktur und -dynamik würden allein im Innerdiskursiven produziert, und damit auch von dem Forschungsprogramm, das er in *Die Ordnung der Dinge* verfolgt hat. Betrachtet man die Verwandlung der Forschungsinteressen Foucaults, erscheint die textualistische Diskursanalyse, wie sie in *Die Ordnung der Dinge* durchgeführt wurde, als kurzes Intermezzo. Die Diskursanalyse vor und nach diesem Versuch ist eine »Aufgabe, die darin besteht, nicht – nicht mehr – die Diskurse als Gesamtheit von Zeichen (von bedeutungstragenden Elementen, die auf Inhalte oder Re-

3 Vgl. hierzu die nichtthematisierte Spannung zwischen der Haltung des Misstrauens und einer strukturalistischen Lesart der Diskursanalytik als Gesellschaftstheorie (Bublitz 1999: 14, 27) bzw. der von einem wissenschaftstheoretischen Strukturalismus ausgehenden Deutung der Wissensarchäologie (Diaz-Bone 1999: 120 f.).

präsentation verweisen), sondern als Praktiken zu behandeln, die systematisch die Gegenstände bilden, von denen sie sprechen.« (Foucault 1997: 74)

Es sollen die praxeologischen Regelmäßigkeiten aufgedeckt werden, die den Diskurs ordnen und konstituieren (und unterlaufen und transformieren).

(1.4) Der Imperativ der skeptischen Haltung gegenüber einer theoretischen Vorstrukturierung des Forschungsprozesses soll also nicht behaupten, es gäbe keine diskurstheoretischen Elemente in der *Wissensarchäologie*. So beinhaltet der Begriff der Aussage eine grundlegende diskurstheoretische Feststellung: Nichts Gegenständliches kann *einfach* dargestellt (repräsentiert) werden. Aussagen produzieren sowohl den Sprechenden als auch das Ausgesprochene. Damit wird sowohl ein naturalistisches Verständnis von Wirklichkeit (»Gegenstände an sich«) wie auch ein anthropologischer Begriff des Menschen (»Subjekt der Erkenntnis«) unterwandert. Aussagen werden dabei nicht im Sinne des methodischen Individualismus als die konkrete Äußerung eines Subjekts, sondern als *typische* Aussagepraktiken erfasst. Es sind verregelmäßigte Handlungsroutinen der Wissensproduktion. Um eine Aussage und ihre Funktion bestimmen zu können, muss also ein Feld von Aussagen, ein Wissensgebiet, rekonstruiert werden. Die entscheidenden Fragen der Diskursanalyse betreffen folglich die homogenen oder heterogenen Möglichkeiten, (a) wie durch die Aussagepraxis Gegenstände konstruiert werden, (b) wie von bestimmten Sprecherpositionen ausgehend und mit bestimmten Methoden arbeitend Wissen erzeugt werden kann. Das beinhaltet auch die Frage danach, wie sich ein Mensch subjektivieren muss, um in einem Diskurs sprechen zu können und gehört zu werden. Dieses Sprechen hat eine eigene Materialität, die entlang folgender Fragen rekonstruiert werden kann: Wie ist das arbeitsteilige Feld der Wissensproduktion beschaffen? Welche institutionellen Positionen haben SprecherInnen inne? Welche materiellen und zeitlichen Ressourcen stehen ihnen zur Verfügung? Unter welchen Bedingungen können spezifische Aussagen an welche Publikumskreise adressiert werden und wie wird dadurch die Rezeption gerahmt? Bei solchen Fragen muss schließlich berücksichtigt werden, dass die materielle Situation des Aussagens bestimmte Aussageweisen ermöglicht oder verunmöglicht, dadurch aber nicht die spezifische Qualität der Aussage im Aussagegeflecht determiniert sein kann. Anhand der Aussageregelmäßigkeiten soll bestimmbar werden, was in einer diskursiven Wissensordnung sagbar und unsagbar ist. Es soll die *immanente* Ordnung der Streuung der Aussagen *und* die ihrer Seltenheit gefunden werden. Damit unterscheidet sich die rekonstruktive Methode der Diskursanalyse, welche dekonstruiert, um rekonstruieren zu können, von der dekonstruktivistischen Methode J. Derridas, welche die unabschließbare Bedeutungsfestlegung und die polysemische Uneindeutigkeit von Sprache zum Vorschein bringt. Diskursanalyse versucht die diskursimmanenten Regeln der Begrenzung des Sagbaren und die darin begründeten Möglichkeiten des Auftauchens neuer Aussagen zu entdecken. Das diskursanalytische Interesse richtet sich sowohl auf die Homogenität der Aussagen (Wiederholungen, Zitate, Ähnlichkeiten), als auch auf die Heterogenität der Aussagen (gleichzeitige Differenzen, diachrone Umbrüche). Dieses forschungspraktische Interesse kann sich aber auch auf Wechselwirkungen zwischen unterschiedlichen Spezialdiskursen konzentrieren und interdiskursive Vergleiche anstellen. Bei intradiskursiven, wie bei interdiskursiven Analysen sollen Leitaussagen aufgedeckt werden. Aber auch Widersprüche, Paradoxien und/oder Kontingenzen innerhalb oder zwischen Aussagen sind für die Beschreibung von Diskursverläufen und hinsichtlich einer deutenden Erklärung von Diskurstransformationen von Relevanz. Aber genau bei dem Anspruch – über die archäologische Beschreibung hinaus – eine plausible Erklärung diskursiven Wandels liefern zu können, stößt das Forschungsprogramm der Diskursanalyse an seine Grenzen.

(1.5) Obwohl Foucault feststellt, dass seine Methoden die klassischen historischen Methoden sind,[4] gibt es doch eine grundlegende Differenz zu diesen. Sie liegt darin, wie das Dokument behandelt wird. Die traditionelle Geschichtswissenschaft liest die historischen Quellen »als die Sprache einer jetzt zum Schweigen gebrachten Stimme [...], als deren zerbrechliche, glücklicherweise aber entzifferbare Spur« (Foucault 1997: 14). Im Unterschied dazu begreift die Diskursforschung diese Produkte als Monumente. Auf den kultur- und sozialwissenschaftlichen Rahmen angewandt, bedeutet dies, kulturelle Objektivationen nicht als Ausdruck des sozialen Wandels, sondern als Eingriff in sozialen Wandel zu interpretieren. Der Begriff des Monuments soll eine skeptische Haltung befördern: Die archäologische Beschreibung, so Foucault, interpretiert das Diskursive, nicht um eine Geschichte des Bezeichneten (Realgeschichte), sondern um eine Geschichte des Bezeichnens zu schreiben (Foucault 1997: 71 f.). Der Kurzschluss von der Praxis des Bezeichnens zum Bezeichneten, vom Dokument auf die historische Wirklichkeit oder vom Produkt der Kulturindustrie auf das Bewusstsein der Menschen soll vermieden werden. Das ideologiekritische Konzept der Präformation wird durch das der Performanz ersetzt. Dadurch eröffnet sich erst die entscheidende empirische Frage: Wie wirkt vorgegebenes Wissen auf die Subjekte von Diskursen und auf Akteure der sozialen Praxis? Performativ-zitatförmige Effekte auf die Subjekte von Diskursen können wissensarchäologisch nachgezeichnet werden. Die Effekte auf soziale (nicht-diskursive) Praxis – auf leiblich materialisierte AkteurInnen und ihre Handlungsroutinen, sowie auf konstituierte Praxisfelder und deren gesellschaftliche Ordnung – können mit dem diskursanalytischen Instrumentarium nicht untersucht werden. Ebenso wird die Relevanz nicht-diskursiver Praxis für die Praxis diskursiver Wissensproduktion im Rahmen der Ar-

4 »Das Problem der Wahrheit dessen, was ich sage, ist für mich ein sehr schwieriges, ja sogar das zentrale Problem. [...] Gleichzeitig benutze ich jedoch ganz klassische Methoden: die Beweisführung oder zumindest das, was in historischen Zusammenhängen als Beweis gelten darf – Verweise auf Texte, Quellen, Autoritäten und die Herstellung von Bezügen zwischen Ideen und Tatsachen; Schemata, die ein Verständnis ermöglichen, oder Erklärungstypen. Nichts davon ist originell. Insoweit kann alles, was ich in meinen Büchern sage, verifiziert oder widerlegt werden [...]« (Foucault 1996: 28).

chäologie des Wissens noch nicht berücksichtigt. Wenn die diskursanalytische Rekonstruktion »eine solche kausale Analyse in der Schwebe hält, [...] dann nicht, um die souveräne und einsame Unabhängigkeit des Diskurses zu sichern, sondern um den Existenz- und Funktionsbereich einer diskursiven Praxis zu entdecken. [...] [S]ie versucht zu zeigen, wie die Autonomie des Diskurses und seine Spezifität ihm dennoch kein Statut reiner Idealität und völliger historischer Unabhängigkeit geben; was sie ans Licht bringen will, ist die eigenartige Ebene« (Foucault 1997: 235) diskursiver Erfahrungs- und Sprechräume. In der bedingten Abhängigkeit und begrenzten Wirkmächtigkeit liegt die Eigenart diskursiver Praxis. Diskurse müssen somit als *Vermittlungsinstanzen* begriffen werden. Die Übertragung sozialpraktischer Erfahrung auf die diskursive Ebene und die Übertragung diskursiv erzeugten Wissens in die Praxis erfordert *Übersetzungsleistungen*.

Die analytische Isolierung der Ebene des Diskursiven ist ein wichtiger Schritt. Die nächsten Schritte der Ausarbeitung der Machtanalytik verlangen sodann die Erörterung der Naht- und Schnittstellen mit anderen Bereichen und Ebenen der sozialen Realität. Obwohl selbstverständlich der Wandel von symbolischen Wissensordnungen für SozialwissenschaftlerInnen von höchster Relevanz ist, deckt dieser Wandel nur einen begrenzten Bereich des umfassenderen sozialwissenschaftlichen Interesses für sozialen Wandel. Damit ist klar, dass sich ein diskursanalytisches Interesse und Vermögen, wie es in der *Archäologie des Wissens* artikuliert wird, nicht mit einem sozialwissenschaftlichen Interesse decken kann. Oben habe ich bereits gezeigt, dass (auch) die (frühen) Studien Foucaults von einem Interesse für sozialen Wandel und soziale Machtzusammenhänge motiviert sind. Allein auf der Ebene der expliziten Methodenreflexion ist dieses Forschungsinteresse zum Zeitpunkt der *Archäologie des Wissens* von Foucault noch nicht expliziert. (Die explizite, niedergeschriebene und veröffentlichte, Methodenreflexion verläuft also nicht synchron mit den materialen Studien.) Wie Foucault sein Forschungsprogramm als sozialwissenschaftliche *Machtanalytik* ausformuliert, wird im Abschnitt über die Genealogie der Macht-Wissens-Regime gezeigt. Zuvor werden noch einige praktische Fragen der Methode behandelt. Da sich Foucault zu konkreten methodischen Schritten kaum äußert, fällt dieser Teil leider spärlich aus.

(2) In der *Archäologie des Wissens* geht Foucault nur kurz auf Fragen der Methode ein (Foucault 1997: 20 f.). Die Zusammenstellung eines Dokumentenkorpus wird als ein Teilschritt der Diskursanalyse benannt. Hierzu muss ein Auswahlprinzip in Abhängigkeit von der Fragestellung, der Reichweite des Untersuchungsgebietes, dem Ziel, das gesteckt wird, und den Antworten, die gegeben werden sollen, gefunden und begründet werden. Die zentralen Forschungsfragen müssen formuliert werden, wobei zwischen speziell diskurstheoretischen und thematischen Fragen unterschieden werden muss. Ferner muss die Methode der Datenerhebung und -auswertung benannt und ausgearbeitet werden. Dabei stellt sich die Frage, ob der Problemstellung ein quantitatives oder ein qualitatives Vorgehen

oder eine Kombination beider besser entspricht. Wobei zu beachten bleibt, dass sich aus der Sicht einer poststrukturalistischen Wissenschaftshaltung die herkömmliche Logik quantitativer Forschung nicht einfach übernehmen lässt. Die zentrale Aufgabe, die sich dem/der Forschenden stellt, ist die Entwicklung eines Analyserasters. Damit ist ein offenes Kategorienschema mit mehreren Dimensionen gemeint, das beim Sichten der ausgewählten Texte fortlaufend entwickelt wird. Die oben genannten diskurstheoretischen Begriffe reichen für eine Analyse der konkreten Texte keineswegs aus. Für jede Diskursanalyse muss, um die einzelnen Texte analysieren und in Beziehung setzen zu können, ein feingliedriges Set von Suchbegriffen entwickelt werden. Je nach Bedarf kann die Visualisierung des Analyserasters in *mindmaps* oder *fuzzy cognitive maps* hilfreich sein. Die jeweiligen inhaltlichen Ausprägungen und die Muster dieser Aussagen können dann miteinander verglichen werden. So zeigt sich, wo (Un-)Regelmäßigkeiten in der diskursiven Praxis auftreten. In den meisten methodischen Konzeptionen, so z. B. von A. Waldschmidt (2003: 158 f.), wird eine mehrstufige Lektüre der Texte vorgeschlagen: Eine diskurs-orientierte Lektüre dient der ersten Vorauswahl von relevantem Material und zur Konstruktion eines Textkorpus, wobei der Textkorpus im Laufe des Interpretationsprozesses durchaus erweitert und verändert werden kann. Daraufhin folgen fokussierte Analysen ausgewählter Schlüsseltexte, die wiederum auch mehrstufig angelegt sein können. Dabei werden konkrete Fragestellungen bezüglich der materialen Kontexte sowie der sprachlich-formalen und inhaltlichen Struktur von Aussagen entwickelt (Keller 2004: 93).

Da Foucault keine methodischen Rezepte liefert, müssen diese aus den materialen Studien – sofern dies möglich ist – herausgelesen, von anderen Traditionen empirischer Sozialforschung angeeignet und selbst ausgearbeitet werden. Letztlich kann mittlerweile auch auf eine Reihe spezifisch diskursanalytischer Ausarbeitungen von Methoden der Datenauswahl, der Interpretation und der Darstellung zurückgegriffen werden (siehe hierzu bspw. Keller et al. 2003).

4. Die Machtanalytik und die Genealogie von Macht-Wissens-Regimen

Im folgenden Abschnitt wird das Verhältnis von Macht und Wissen erörtert. Foucault erweitert sein Forschungsprogramm in den Jahren nach der *Archäologie des Wissens* zu einer umfassenderen Machtanalytik. Die interpretative Analytik von Diskursen ist ein Weg der Analytik der Macht. Sie bewegt sich auf einer Ebene sozialer Wirklichkeit. Interessieren wir uns aber für die performative Wirkmächtigkeit von Diskursen auf die AkteurInnen alltäglicher Praxis, die materialisierte Umwelt und den Wandel sozialer Praxisfelder, dann müssen die Möglichkeiten der forschungspragmatischen Überschreitung der Diskursebene reflektiert werden. Im 1. Abschnitt werde ich nochmals betonen, dass die Diskursanalyse, wie sie in der *Archäologie des Wissens* ausgearbeitet ist, nur deskriptiv sein kann. Die

Grenzen dessen, was Diskursanalyse leisten kann, (an-) zu erkennen, ist m. E. notwendig, um die Frage der Macht, die sich durch das ganze Werk Foucaults zieht, aufgreifen und stellen zu können. Im 2. Abschnitt werden der Dispositivbegriff und dessen Implikationen für das Forschungsprogramm Foucaults erörtert.

(1) Schon in der *Archäologie des Wissens* hat Foucault auf die Grenzen der Diskursanalyse und damit das Unzureichende der Diskursanalyse hingewiesen. Diskursverläufe folgen nicht allein einer diskursimmanenten Logik. Sozialer Wandel, ja nicht einmal diskursiver Wandel wäre erklärbar, weil diskursexterne Effekte auf die diskursive Praxis und Strategien diskursiver Praxis, die auf die Restrukturierung diskursexterner Praxen zielen, nicht als das zu Erklärende erkannt würden. Die Anerkennung der Grenze möglicher Schlussfolgerungen von diskursanalytischen Ergebnissen auf sozialen Wandel und die Anerkennung der Unmöglichkeit der *Erklärung* von Diskursverläufen unterscheidet das praxeologische vom textualistischen Diskursverständnis. Ersteres differenziert analytisch zwischen diskursiven und nicht-diskursiven Praxen – allerdings ohne zu behaupten, es gäbe eine soziale Wirklichkeit, die prädiskursiv und daher noch unberührt sei. Letzteres liest jede Wirklichkeit als Text und setzt keinen qualitativen Unterschied zwischen tätigen und sprachlichen Handlungen (Laclau 1981: 176). Es muss also betont werden, dass DiskursanalytikerInnen in dieser Frage über das Verhältnis von diskursiver zu nicht-diskursiver Praxis durchaus nicht einer Meinung sind. Nur ein praxeologischer Begriff des Diskursiven führt meiner Einschätzung nach in eine sozialwissenschaftliche Machtanalytik, die empirisch die Entstehungshintergründe und Verlaufsbedingungen sozialen Wandels zu erfassen versucht.

(2) Das diskursanalytische Interesse geht von der Prämisse asymmetrischer Kommunikationsverhältnisse aus. Die Annahme der Relevanz der »Wahrheit« bzw. der wahrheitsbewehrten Wissensproduktionen für die Formen und Inhalte moderner Vergesellschaftung liegt dem Foucaultschen Forschungsprogramm von Anfang an zugrunde. Aus dieser folgt erst das Interesse für symbolische Wissensordnungen. Expliziert wurde diese Annahme aber erst in den Studien *Überwachen und Strafen* und *Der Wille zum Wissen*. Diese methodologische Annahme wird als These der Immanenz von Macht und Wissen bezeichnet: Es »ist wohl anzunehmen, dass die Macht Wissen hervorbringt (und nicht bloß fördert, anwendet, ausnutzt); dass Macht und Wissen einander unmittelbar einschließen; dass es keine Machtbeziehungen gibt, ohne dass sich ein entsprechendes Wissensfeld konstituiert, und kein Wissen, das nicht gleichzeitig Machtbeziehungen voraussetzt und konstituiert. Diese Macht/Wissen-Beziehungen sind darum nicht von einem Erkenntnissubjekt aus zu analysieren, das gegenüber dem Machtsystem frei oder unfrei ist. Vielmehr ist in Betracht zu ziehen, dass das erkennende Subjekt, das zu erkennende Objekt und die Erkenntnisweisen jeweils Effekte jener fundamentalen Macht/Wissen-Komplexe und ihrer historischen Transformationen bilden.« (Foucault 1977: 39)

Solche Macht-Wissen-Komplexe bezeichnet Foucault auch als Dispositive. In der Folge wird dieser Verschiebung des Forschungsinteresses Rechnung getragen, indem von Dispositivanalyse, Genealogie oder Machtanalytik gesprochen wird. Macht ist für Foucault ein heuristischer Begriff, unter dem er ein produktives Geflecht von Machtbeziehungen versteht. In solchen Machtnetzen werden strategische Imperative subjektiv absichtsvoll eingesetzt, sind aber in der Gesamtausrichtung nicht von einzelnen (individuellen oder kollektiven) Subjekten kontrollierbar: »Weder die regierende Kaste noch die Gruppen, die die Staatsapparate kontrollieren, noch diejenigen, die die wichtigsten ökonomischen Entscheidungen treffen, haben das gesamte Macht- und damit Funktionsnetz einer Gesellschaft in der Hand. Die Rationalität der Macht ist die Rationalität von Taktiken, [...] die sich miteinander verketten, einander gegenseitig hervorrufen und ausbreiten, anderswo ihre Stütze und Bedingung finden und schließlich zu Gesamtdispositiven führen.« (Foucault 1983: 95)

Der Begriff des Dispositivs objektiviert ein Ineinandergreifen von Praktiken der Wissensproduktion und Praktiken der Behandlung von Subjekten, der Intervention in und Regulation von sozialen Praxisfeldern.[5] »Neue« Programmatiken bemächtigen sich existierender Regulierungsapparate, sowie der Apparate der Wissensdistribution, um ausgestattet mit »neuem Wissen« das gesellschaftliche Feld der Machtbeziehungen neu zu strukturieren. Von hier lässt sich dann untersuchen, wie wiederum die diskursive Produktion von Wissen veränderten institutionellen Ordnungen und innerdiskursiven Regeln unterliegt. Der Dispositivbegriff enthält keine Festlegung auf die Mikro-, Meso- oder Makroebene, sondern versucht diese zu verknüpfen. Das Interessante am Dispositivbegriff – und darin unterscheidet er sich von anderen Forschungsansätzen, wie der ökonomischen Formationsanalyse oder der Institutionenanalyse – ist, dass er quer zu Institutionen und Wissensfeldern liegt. Durch den Versuch die »großen anonymen Strategien«, welche sich nicht-intendiert aus einer Reihe von Strategien ergeben, zu rekonstruieren, eröffnet sich die Möglichkeit, die Komplexität moderner Vergesellschaftungsprozesse in perspektivischen Ausschnitten zu erfassen. Studien wie *Überwachen und Strafen*, *Der Wille zum Wissen* und *Geschichte der Gouvernementalität* sind heuristisch an sozialpraktischen Künsten der Macht – an Technologien des Selbst, Praktiken der Bevölkerungsregulation, Techniken der Gestaltung städtischen Lebens, Interventionsformen zur Regulation des Ökonomischen und Sozialen etc. – interessiert. Aber methodisch bleiben die Arbeiten dennoch vorwiegend der Ebene der Diskursanalyse verhaftet. Zumindest hat Foucault für die Dispositivanalyse kein explizites Forschungsprogramm ausformuliert. Es gibt also kein dispositivanalytisches Pendant zu dem, was für die Diskursanalyse *Die Archäologie des Wissens* ist. Allerdings lassen sich aus den Schriften Foucaults Orientierungspunkte für eine Rekonstruktion von Dispositiven herauslesen. So hat bspw. A. Bührmann aus der Lektüre von *Überwachen und Strafen* vier Orientierungs-

5 Einführend zu Dispositivbegriff und -analyse: Jäger (2001); Schneider/Hirseland (2005); Bührmann/Schneider (2007)

punkte zur Rekonstruktion von Dispositiven gewonnen: »Mit Blick auf die Analyse der Machtbeziehungen spreche ich dann vom Feld der Machtbeziehungen, der Autorisierungsinstanz, der Machttechniken bzw. -technologien und der Machtstrategie« (Bührmann 2005: 12). Inwiefern sich konkrete methodische Verfahren der Datengenerierung aus der Organisations- und Institutionenanalyse oder der Ethnographie für die Analyse von Dispositiven aneignen lassen, muss hier offen gelassen werden.

Aufgrund meiner Auffassung von der methodologischen Haltung Foucaults bin ich nicht geneigt, ein Entweder-Oder zwischen Diskurs- und Dispositivanalyse zu setzen. Dennoch eröffnen sich grundlegende Entscheidungsspielräume für die Konzeption von Forschungsvorhaben. Je nach Forschungsinteresse und Fragestellung wird sich der eine oder andere Pfad als ergiebiger erweisen. Grundsätzlich geht es in beiden Fällen um die (perspektivische) Rekonstruktion von Erfahrungsräumen, die den Subjekten vorgegeben sind. Die Analyseebene des Diskurses lässt sich auf zwei Pfaden überschreiten. Entweder wird eine Diskursanalyse nachträglich dispositivanalytisch ergänzt oder die Analyse geht von Dispositivformationen aus. Im ersten Fall wird ein Diskurs rekonstruiert, um dann zu fragen, wie sich das konstruierte Wissen in (nicht-diskursiven) Praktiken und sozialen Praxisfeldern materialisiert. Im zweiten Fall wird die Erfindung oder die Reorganisation von Interventionspraktiken rekonstruiert. Es wird dann davon ausgegangen, dass es historisch konstituierte Regulierungsapparate gibt. Diese (re-)produzieren bestimmte Wissensperspektiven und Praxisroutinen. Die Forschungsfrage lautet dann, wie ausgehend von spezifischen Orten innerhalb dieses komplexen Erfahrungsraumes, die vorherrschenden Praxisformen problematisiert werden, um über neue Wissensproduktionen andere Praktiken entwerfen zu können. Es werden dann also unterschiedliche Diskurse (bzw. Diskursstränge) interessant, und zwar dahingehend, wie sie ineinandergreifend auf bestehende institutionelle Settings und dessen Handlungsspielräume transformierend einwirken. Für beide möglichen Wege der Überschreitung der Diskursanalyse ist eine Erweiterung des sozialtheoretisch-begrifflichen und des sozialwissenschaftlich-methodischen Inventars notwendig. Die Begrifflichkeiten und Methoden müssen m. E. vor allem darauf zielen die Widerständigkeit/Festigkeit historisch materialisierter Wirklichkeiten erfassen zu können. Denn subjektiv-habitualisierte Routinen, festgeschriebene Gesetze und Vorschriften oder erbaute Architekturen lassen sich nicht ohne weiteres »diskursiv umschreiben«. Wird diese Widerständigkeit der Wirklichkeit vernachlässigt, erleidet die interpretative Analytik, die eine Wirklichkeitswissenschaft sein soll, einen Wirklichkeitsverlust. Die Spannung zwischen diskursanalytischer und dispositivanalytischer Forschungsperspektive sollte m. E. nicht theoretisch aufgelöst werden. Dagegen halte ich es für fruchtbarer diese Spannung auszuhalten, um mit ihr experimentieren zu können und sie für die konkrete Ausgestaltung von Forschungsprojekten nutzbar zu machen.

5. Spezifische Intellektuelle und die unbestimmte Haltung der Kritik

Eine der fundamentalsten Kritiken, die an Foucaults Analytik gerichtet wurden, ist der Vorwurf, Foucault würde vorgeben, von einem neutralen Standpunkt aus forschen und sprechen zu können (vgl. Honneth 1990: 13 f.). Folglich ließe sich von dort aus keine sozialkritische Haltung einnehmen und es könne von dort keine emanzipative Praxis gegen das Bestehende entwickelt werden. Foucault erscheint so als Positivist. Schließlich hat er sich selbst (ironisch gebrochen) als einen »glücklichen Positivisten« (Foucault 1997: 182) bezeichnet. Wenn J. Habermas dies als Preisgabe der Kritik instrumenteller Rationalität versteht, so setzen P. Rabinow und H. Dreyfus ein positives Vorzeichen vor diese vermeintliche Neutralität: »Interpretatives Verstehen kann nur von jemandem erzielt werden, der die Betroffenheit des Akteurs teilt und sich zugleich davon distanziert. Diese Person muß die harte historische Arbeit der Diagnose und Analyse der Geschichte und der Organisation geläufiger kultureller Praktiken auf sich nehmen.« (Dreyfus/Rabinow 1994: 154)

Zeitweise Distanzierung ist notwendige Voraussetzung, um möglichst unvoreingenommen analysieren zu können. Der Zuschreibung eines normativ neutralen Standortes hätte sich Foucault widersetzt. Jedoch versäumt er es, den jeweiligen Wert- und Praxisbezug seiner Studien explizit auszuarbeiten. Dass Foucault eine normative Neutralität keineswegs für möglich hält, zeigt sich bspw. in der Schrift *Die politische Funktion des Intellektuellen* (Foucault 1999). Darin wird das Auftauchen der Figur des »spezifischen Intellektuellen« etwa zur Zeit des Zweiten Weltkrieges beschrieben. Mit spezifischen Intellektuellen sind ExpertInnen gemeint, die, ausgestattet mit unverzichtbarem ExpertInnenwissen, von lokalen Orten in den Macht-Wissens-Verhältnissen ihr Wissen produzieren und daher an spezifischen Kämpfen beteiligt sind. Der spezifische Intellektuelle ist Produkt der Tendenz zur Wissensgesellschaft und zur wissenschaftlichen Spezialisierung. Er unterscheidet sich daher vom Sprechertypus des Gelehrten, welcher entsprechend den bildungsbürgerlichen Idealen der Aufklärung ein universelles Wissen inszenieren musste. Der Begriff Gramscis vom organischen Intellektuellen unterscheidet sich ebenfalls von der Sprecherposition des spezifischen Intellektuellen, weil letzterer keine »Herkunft« aus oder »Identität« mit einer Arbeiterklasse mehr konstruieren kann. Dennoch bleibt ein kritischer Anschluss an die Aufklärung und die Identifizierung von Emanzipation als Aufgabe möglich. Deshalb scheint mir der nonkonformistische Intellektuelle, wie er von der Kritischen Theorie entworfen und als Zielpunkt der bildungspolitischen und gesellschaftstheoretischen Praxis gesetzt wird, mit dem spezifischen Intellektuellen nah verwandt zu sein. Die nonkonformistischen Intellektuellen »sollten nicht die Theoreme einer Frankfurter Schule virtuos repetieren, sondern mündig und autonom die Tradition der radikalen Aufklärung fortsetzen« (Demirović 1999: 958). Obwohl Foucault den spezifischen Intellektuellen nicht genauer spezifiziert und sich die Denkweisen und wissenschaftlichen Methoden von Foucault von denen der Vertreter der frühen Kritischen Theorie klar unterscheiden, zeigt sich in dem Vorhaben, das Projekt der Aufklärung selbstkritisch zu wenden und es so weiter betreiben zu können, eine eindeutige Wahlverwandtschaft zwischen Kritischer Theorie und dem Foucaultschen Forschungsprogramm.

Foucaults Engagement jenseits der wissenschaftlichen Praxis zeigt seine normative Verortung an. Normative Vorstellungen werden von ihm wohl deshalb nicht expliziert, um eine präskriptive Lehre zu vermeiden. Das Versäumnis, den eigenen Wert- und Praxisbezug nicht transparent dargestellt zu haben, ist gewollte Entscheidung. Kritik solle »nicht länger als Suche nach formalen Strukturen mit universeller Geltung geübt [werden], sondern eher als historische Untersuchung der Ereignisse, die uns dazu geführt haben, uns als Subjekte dessen, was wir tun, denken und sagen zu konstituieren und anzuerkennen. [...] sie versucht [...] der unbestimmten Arbeit der Freiheit einen neuen Impuls zu geben.« (Foucault 1990: 49)

Zur Haltung der Kritik muss die (archäologische und genealogische) Beschäftigung mit der Geschichte gehören, aber auch eine experimentelle Haltung, um die Formen der Vergesellschaftung in der Gegenwart umzugestalten und neue Formen zu erfinden und zu erproben.

»Die kritische Ontologie unserer selbst darf beileibe nicht als Theorie, eine Doktrin betrachtet werden, auch nicht als ständiger, akkumulierender Korpus von Wissen; sie muß als eine Haltung vorgestellt werden, ein *Ethos*, ein philosophisches Leben, in dem die Kritik dessen, was wir sind, zugleich die historische Analyse der uns gegebenen Grenzen ist und ein Experiment der Möglichkeit ihrer Überschreitung.« (Foucault 1990: 53)

Aufklärung wird zu einer sozialen Praxis, die (herrschafts-)freiere Beziehungen entwirft, um den Raum der Mündigkeit für sich und andere zu weiten. Fraglich bleibt aber, ob Foucault damit die eigene Unwilligkeit der normativen Verortung und die Verweigerungshaltung zur Ausformulierung des spezifischen Wert- und Praxisbezugs seiner Studien fallen lässt. In den zahlreichen Interviews verweist Foucault wiederholt auf die Möglichkeiten, sich neu zu erfinden, eine Ästhetik der Existenz jenseits von Regelwerken der Moral zu entfalten und die Beziehungen, in denen wir leben, neu zu denken und zu gestalten. Gleichzeitig drückt Foucault ein Unbehagen an Programmen aus (Foucault 1984: 92). Aber kann eine solche Haltung den produktiven Macht- und Herrschaftsformen, ihrer Ausbreitung und Vervielfältigung in der Moderne entgegentreten? Ich möchte einige Punkte anführen, die mir an Foucaults Praxisbezug problematisch erscheinen.

(1) Die Gleichsetzung einer präskriptiven Lehre mit jeglicher normativen Selbstverortung erscheint mir problematisch. Die Verweigerung der Formulierung einer präskriptiven Lehre sollte m. E. als implizite Forderung zur selbstbestimmten Aneignung eines kritischen Ethos gelesen werden. Der Begriff des »spezifischen Intellektuellen« verlangt mehr, als sich mit vorgefertigten Etiketten, wie

dem der Nonkonformität, zu begnügen. Spezifische Intellektuelle, die sich in Macht-Wissens-Regimen bewegen (müssen) und mit entmündigenden Praktiken und Institutionen konfrontiert sind, können in diese Macht-Wissens-Regime nur effektiv intervenieren, wenn sie *andere* Praktiken entwerfen. Diese können durchaus eine offene, moralisch unterbestimmte Programmatik enthalten, also nichtdirektiv sein. Dennoch sollte ein kritischer Bezug zu herrschenden gesellschaftlichen Praktiken und Praxisfeldern erfunden, ausgearbeitet und umgesetzt werden. Dieser Herausforderung zur Explizierung und dialogischen Entwicklung des normativen Standorts und Praxisbezugs sollten sich die ForscherInnen stellen. Die Bestimmung einer normativen Haltung würde so nicht präskriptiv, sondern dialogisch gefasst. Dies folgt m. E. aus einer Sozialwissenschaft, die die Unhintergehbarkeit der Perspektivität anerkennt.

(2) Die kritische Haltung zur Vergangenheit muss, aufgrund der Einsicht in den produktiven Aspekt der Macht, durch eine experimentelle Haltung zur Gegenwart ergänzt werden. Diese sollte aber nicht, wie manche Aussagen Foucaults nahe legen, auf eine private Beziehungsebene begrenzt sein. Die Möglichkeit einer ästhetischen Gestaltung der Existenz sollte sich auch auf Bereiche beziehen, in denen ihre Umsetzung erschwert ist, weil dort präskriptive Regelwerke und versteinerte Machträume fortwirken.

(3) Dies verlangt auch einen selbstkritischen Umgang von SozialwissenschaftlerInnen mit ihren eigenen Praktiken der Wissensproduktion. Auch die Produzenten von Diskursen über Diskurse produzieren problematische Wissensverhältnisse innerhalb gesellschaftlicher Praxen und sozialer Bewegungen. Der Verzicht auf präskriptive, universalistische Normen und das Aufzeigen der historischen Kontingenz von Gewordenem bieten keine Garantie dafür, nicht neue Alternitäts-Subalternitätsverhältnisse zu produzieren. Unter Subalternität verstehe ich die eingeschränkte Möglichkeit zur Teilhabe an Wissensbildung und Entscheidungsfindung. Kritische SozialwissenschaftlerInnen unterliegen in ihrer Praxis dem stillen Zwang, sich an der »scientific community« zu orientieren und sich als ExpertInnen zu inszenieren. Dadurch laufen sie Gefahr, in ihrem sozialen Engagement, in der Teilhabe an sozialen Bewegungen und in der öffentlichen Kommunikation einen ExpertInnenstatus zu (re-)produzieren. Fachsprache kann dann Ausschließungs- und Machteffekte produzieren. Die Darstellungspraxis wissenschaftlicher Ergebnisse in der Öffentlichkeit sollte m. E. kritisch reflektiert werden. Denn wenn Kritik die Kunst ist »nicht so, nicht dermaßen, nicht um diesen Preis regiert zu werden« (Foucault 1992: 52), dann ist Kritik auch eine Kritik der Expertenkultur und notwendig auch Selbstkritik.

(4) Foucault vermutet kein Problem in der Verlagerung der Kämpfe ins Lokale und deren Vervielfältigung. Er begrüßt diese Entwicklung ausdrücklich, weil sie konkrete Errungenschaften befördere und der Gefahr großer utopischer Gegenentwürfe zum Bestehenden, die in der Vergangenheit totalitäre Herrschaftsideologien und -apparate befördert haben, entgeht. Er verzichtet auf die Formulierung eines

neuen Menschenbildes und einer idealen Gesellschaft, sondern setzt die Arbeit »von uns selbst an uns selbst als freie Wesen.« (Foucault 1990: 50) Obwohl diese Machtkämpfe im Lokalen und entlang der vervielfältigten Konfliktlinien, um die neuen Produktionsbedingungen, Geschlechterverhältnisse, den Wahnsinn, den Körper etc. durchaus notwendig sind, sind sie auch problematisch: Fragmentierte Gruppen, die unfähig sind, ihre Interessen verallgemeinernd zu artikulieren, sind weitgehend handlungsohnmächtig. Dies führt zu einigen Fragen. Wie lässt sich emanzipatorische Praxis denken – ohne Differenzen auszuklammern oder zu überdecken? Wie kann sich eine heterogene Subalterne artikulieren und organisieren, ohne neue Hegemonien mit unerwünschten Herrschaftseffekten zu produzieren? Wie kann die Vielfalt der widerständigen Identitäten und der emanzipativen Zielsetzungen respektiert werden, ohne zugleich jeglicher Gestaltungsmacht verlustig zu gehen?

Literatur

Bublitz, Hannelore: Diskursanalyse als Gesellschafts-»Theorie«, in: Bublitz, Hannelore et al. (Hrsg.): Das Wuchern der Diskurse, Frankfurt a. M. 1999, S. 22-48.

Bublitz, Hannelore/Bührmann, Andrea/Hanke, Christine/Seier, Andrea (Hrsg.): Das Wuchern der Diskurse. Perspektiven der Diskursanalyse Foucaults, Frankfurt a. M. 1999.

Bührmann, Andrea: Das Auftauchen des unternehmerischen Selbst und seine gegenwärtige Hegemonialität. Einige grundlegende Anmerkungen zur Analyse des (Trans-) Formierungsgeschehens moderner Subjektivierungsweisen, in: Forum Qualitative Sozialforschung (FQS), 2005, Vol. 6, H. 1, Art. 16.

Bührmann, Andrea/Schneider, Werner: Mehr als nur diskursive Praxis? Konzeptionelle Grundlagen und methodische Aspekte der Dispositivanalyse, in: Forum Qualitative Sozialforschung (FQS), 2007, Vol. 8, H. 2, Art. 28.

Burchell, Graham/Gordon, Colin/Miller, Peter (Hrsg.): The Foucault Effect. Studies in Governmentality, Chicago 1991.

Demirović, Alex: Der nonkonformistische Intellektuelle: die Entwicklung der Kritischen Theorie zur Frankfurter Schule, Frankfurt a. M. 1999.

Diaz-Bone, Rainer: Probleme und Strategien der Operationalisierung des Diskursmodells im Anschluß an Michel Foucault. In: Bublitz, Hannelore et al. (Hrsg.): Das Wuchern der Diskurse, Frankfurt a. M. 1999, S. 119-135.

Diaz-Bone, Rainer: Die französische Epistemologie und ihre Revisionen. Zur Rekonstruktion des methodologischen Standortes der Foucaultschen Diskursanalyse, in: Forum Qualitative Sozialforschung (FQS), 2007, Vol. 8, H. 2, Art. 24.

Dreyfus, Hubert/Rabinow, Paul: Michel Foucault. Jenseits von Strukturalismus und Hermeneutik, Weinheim 1994.

Engelmann, Jan (Hrsg.)/Foucault, Michel 1999: Botschaften der Macht, Stuttgart.

Erdmann, Eva/Forst, Rainer/Honneth, Axel (Hrsg.): Ethos der Moderne. Foucaults Kritik der Aufklärung, Frankfurt a. M./New York 1990.

Feyerabend, Paul: Wider den Methodenzwang. Skizze einer anarchistischen Erkenntnistheorie, Frankfurt a. M. 1977.

Foucault, Michel: Wahnsinn und Gesellschaft. Eine Geschichte des Wahns im Zeitalter der Vernunft, Frankfurt a. M. 1973.

Foucault, Michel: Von der Subversion des Wissens, Frankfurt a.M. 1974.

Foucault, Michel: Überwachen und Strafen. Die Geburt des Gefängnisses, Frankfurt a. M. 1977.

Foucault, Michel: Der Wille zum Wissen. Sexualität und Wahrheit 1, Frankfurt a. M. 1983.

Foucault, Michel: Von der Freundschaft als Lebensweise, Berlin 1984.

Foucault, Michel: Nietzsche, die Genealogie, die Historie, in: Foucault, Michel: Von der Subversion des Wissens, Frankfurt a.M. 1987, S. 69-90.

Foucault, Michel: Was ist Aufklärung?, in: Erdmann, Eva et al. (Hrsg.): Ethos der Moderne. 1990, S. 35-54.

Foucault, Michel: Questions of Method. In: Burchell, Graham et al. (Hrsg.): The Foucault Effect, 1991, S. 73-86.

Foucault, Michel: Was ist Kritik?, Berlin 1992.

Foucault, Michel: Der Mensch ist ein Erfahrungstier. Gespräch mit Ducio Trombadori, Frankfurt a. M. 1996.

Foucault, Michel: Archäologie des Wissens, Frankfurt a. M. 1997.

Foucault, Michel: Die politische Funktion des Intellektuellen, in: Engelmann, Jan (Hrsg.): Foucault, Michel: Botschaften der Macht, 1999, S. 22-29.

Hacking, Ian: Was heißt ›soziale Konstruktion‹?, Frankfurt a. M. 1999.

Honneth, Axel: Zur philosophisch-soziologischen Diskussion um Michel Foucault, in: Erdmann, Eva et al. (Hrsg.): Ethos der Moderne, 1990, S. 11-32.

Jäger, Siegfried: Diskurs und Wissen. Theoretische und methodische Aspekte einer Kritischen Diskurs- und Dispositivanalyse, in: Keller, Reiner et al. (Hrsg.): Handbuch Sozialwissenschaftliche Diskursanalyse. Band 1, 2001, S. 81-112.

Jäger, Siegfried: Dispositiv, in: Kleiner, Marcus (Hrsg.): Michel Foucault, 2001, S. 72-89.

Jung, Thomas/Müller-Doohm, Stefan (Hrsg.): »Wirklichkeit« im Deutungsprozeß, Frankfurt a. M. 1995.

Keller, Reiner: Diskursforschung. Eine Einführung für SozialwissenschaftlerInnen, Wiesbaden 2004.

Keller, Reiner/Hirseland, Andreas/Schneider, Werner/Viehöver, Willy (Hrsg.): Handbuch Sozialwissenschaftliche Diskursanalyse. Band 1. Theorien und Methoden, Opladen 2001.

Keller, Reiner/Hirseland, Andreas/Schneider, Werner/Viehöver, Willy (Hrsg.): Handbuch sozialwissenschaftliche Diskursanalyse. Band 2. Forschungspraxis, Opladen 2003.

Keller, Reiner/Hirseland, Andreas/Schneider, Werner/Viehöver, Willy (Hrsg.): Die diskursive Konstruktion von Wirklichkeit, Konstanz 2005.

Kleiner, Marcus (Hrsg.): Michel Foucault, Frankfurt a. M./New York 2001.

Laclau, Ernesto: Politik und Ideologie im Marxismus. Kapitalismus-Faschismus-Populismus, Berlin 1981.

Reichertz, Jo: Abduktives Schlußfolgern und Typen(re)konstruktion, in: Jung, Thomas/Müller-Doohm, Stefan (Hrsg.): »Wirklichkeit« im Deutungsprozeß, 1995, S. 258-282.

Schneider, Werner/Hirseland, Andreas: Macht – Wissen – gesellschaftliche Praxis. Dispositivanalyse und Wissenssoziologie, in: Keller, Reiner et al. (Hrsg.): Die diskursive Konstruktion von Wirklichkeit, 2005, S. 251-275.

Waldschmidt, Anne: Der Humangenetik-Diskurs der Experten: Erfahrungen mit dem Werkzeugkasten der Diskursanalyse, in: Keller, Reiner et al. (Hrsg.): Handbuch sozialwissenschaftliche Diskursanalyse. Bd. 2, 2003, S. 147-168.

Daniel Bartel und Peter Ullrich,
unter Mitarbeit von Kornelia Ehrlich

Kritische Diskursanalyse – Darstellung anhand der Analyse der Nahostberichterstattung linker Medien

Einleitung

Am Duisburger Institut für Sprach- und Sozialforschung (DISS) wurde unter der Leitung Siegfried und Margarete Jägers seit Anfang der neunziger Jahre ein Forschungsprogramm entwickelt, in dessen Zentrum die »Kritische Diskursanalyse« (KDA) steht, ein Theorie- und Methodenkonzept, das, wie der Name bereits anzeigt, für sich in Anspruch nimmt, für genuin *kritisches* Forschen zu stehen. Durch Untersuchung einer sozialen Wirklichkeit, die als vornehmlich diskursiv oder textlich gestaltet begriffen wird, will die Kritische Diskursanalyse dazu beitragen, Machtstrukturen offen zu legen und soziale Exklusionsprozesse zu skandalisieren.

In diesem Artikel soll neben den theoretischen Hintergründen v.a. das konkrete empirische Vorgehen einer Kritischen Diskursanalyse Schritt für Schritt dargestellt werden. Als Fallbeispiel zur Explikation des Arbeitens mit der »kleinen Werkzeugkiste zur Durchführung von Diskursanalysen«, wie sie uns Siegfried Jäger (2001) an die Hand gibt, dient die Untersuchung der Darstellung eines diskursiven Ereignisses – die Räumung der israelischen Siedlungen im Gaza-Streifen im Sommer 2005 – in linken Printmedien. Dieses Ereignis wurde in der linken Presse recht unterschiedlich präsentiert und analysiert. Dies näher zu untersuchen, ist von besonderem Interesse, da die Linke einen ganz eigenen, hochemotionalen und immer wieder sich zuspitzenden Nahostdiskurs führt, innerhalb dessen es zu tiefgreifenden Brüchen und Polarisierungen kam (Haury 2004, Ullrich 2005, 2007a). In frappierender Deutlichkeit kann an diesem Beispiel die hochgradige Selektivität ideologisch differierender Positionen im Diskurs gezeigt werden – und mögliche Anschlüsse an antisemitische und rassistische Lesarten.

1. Theoretischer Hintergrund: Diskurse und Kritik

Die Duisburger Diskursanalyse steht v. a. »auf den Schultern des Riesen« Foucault, dessen kaum explizit fixiertes Forschungsprogramm sie sich auf spezifische Weise aneignet. Die Jäger'sche Foucault-Rezeption orientiert sich dabei stark an den Arbeiten des Literaturwissenschaftlers Jürgen Link,[1] der mit den Konzepten der Kollektivsymbole (Link 1982) und des Normalismus (Link 1997) wichtige Analyseinstrumente der KDA vorgelegt hat. Weitere theoretische Impulse seien nur kurz erwähnt. Sie entstammen den sprachwissenschaftlichen Arbeiten Klemperers und Maas' (Diaz-Bone 2006: 20) für die Verschränkung von Realität und Sprache, dem Tätigkeitskonzept des russischen Psychologen Leontjew (Jäger 2004: 104), der eine Verbindung zwischen Diskurs und Subjekt anbietet, sowie dem »erweiterten Marxschen Text« (Jäger im Gespräch mit Diaz-Bone 2006: 29) für ein grundsätzliches gesellschaftstheoretisches Konzept.

Foucault folgend definiert die KDA Diskurse als überindividuelle, institutionalisierte und geregelte Redeweisen, die mit Handlungen verknüpft sind und Macht ausüben (vgl. Link 1986: 71). Im Zentrum der Aufmerksamkeit stehen dabei die Begriffe Wissen und Wahrheit. Wissen wird aus Sicht der KDA mithilfe diskursiver (Denken und Sprechen) und nicht-diskursiver Praxen (Handeln und seine Manifestationen) (re)produziert[2] und funktioniert, wenn es hegemoniale Gültigkeit erlangen kann, als Wahrheit. Dabei kommen drei Aspekte von Macht zum Tragen. Erstens sind die Prozesse, in denen Wissen nachgefragt und formuliert, begutachtet, verbreitet oder sanktioniert wird, ein Ausdruck von Macht. Zweitens entsteht als Konsequenz dieser Prozesse ein Angebot von möglichen Deutungen und Interpretationen, das zugleich die soziale Wirklichkeit konstruiert. Der Diskurs, dieses »Feld des Sagbaren« (Jäger 2001: 95), ist häufig »bemerkenswert beschränkt (meist im doppelten Sinne des Wortes)« (ebd.: 102). Er ist überindividuell, dem Subjekt jeweils schon vorgängig. Als Katalog dessen, was »wahr« ist – dies ist der dritte Aspekt – bildet er die Grundlage zukünftiger diskursiver und nicht-diskursiver Praxen.

Diskurse und die darin vorliegende Verschränkung von Wissen, Wahrheit und Macht werden als Ergebnis und Grundlage menschlichen Handelns in einem sozio-historischen Prozess verstanden und in dieser kontingenten Gewordenheit de-konstruiert, indem auf die inhärenten Beschränkungen und Ausschließungen des Diskurses aufmerksam gemacht wird (vgl. dazu die Ausführungen von Ullrich und Gasteiger in diesem Band). Damit grenzt sich die Kritische Diskursanalyse einerseits deutlich von Ansätzen ab, die Wissen und Diskurse als Widerspiegelung einer »wirklichen« Wirklichkeit verstehen und damit die Möglichkeit der Erkennbarkeit einer objektiven Wahrheit behaupten. Andererseits kritisiert der Diskursbegriff der Kritischen Diskursanalyse auch normative Habermas'sche Vorstellungen, die einen Idealdiskurs anstreben und somit der Illusion erliegen, es könne an sich machtfreie Diskurse geben. Vor diesem Hintergrund lässt sich das For-

1 Veröffentlicht vor allem in der *kultuRRevolution – Zeitschrift für angewandte Diskurstheorie*.

2 Diese Unterteilung ist vor allem forschungspragmatisch motiviert und unterscheidet verschiedene Arten von Analysematerial. Sie hat nur eine geringe theoretische Bedeutung, denn die Übergänge zwischen den Bereichen sind fließend. Es gibt kein Handeln ohne Denken und: Akte des Sprechens und Denkens sind Formen des Handelns.

schungsprogramm der KDA in vier zentralen Fragen zusammenfassen (vgl. Jäger 2001: 81):

1) Was ist jeweils gültiges Wissen?
2) Wie kommt gültiges Wissen zustande, wie wird es reproduziert und weitergegeben?
3) Welche Funktion hat es für die Konstituierung von Subjekten und Gesellschaft?
4) Welche Auswirkungen hat das Wissen für die gesamtgesellschaftliche Entwicklung?

Die erste Frage zielt auf eine Untersuchung der historisch sich wandelnden Diskurs*inhalte*, die folgende auf die Analyse diskursiver Praxen. Sie können mithilfe eines diskursanalytischen Instrumentariums ohne weiteres beantwortet werden und stehen im Mittelpunkt der folgenden methodischen Ausführungen. Die Fragen drei und vier berühren Bereiche, die nicht mehr nur diskursanalytisch zu fassen sind. Denn einerseits sind Auswirkungen nichtdiskursiver Art (Subjektkonstitution, Handlungen, Manifestationen, Institutionen) auch mit nicht nur diskursanalytischen Mitteln zu untersuchen. Andererseits, und dieser Schwerpunkt ist für die KDA in Punkt enthalten, muss es darum gehen, »die gefundenen diskursiven ›Sachverhalte‹ wohlbegründet zu bewerten und zu kritisieren« (Jäger 2004: 224). Denn erst dadurch »wird Diskursanalyse zu Kritischer Diskursanalyse« (ebd.).

Wie stellt sich Jäger, auf den die meisten theoretischen und methodologischen Ausführungen zur KDA zurückgehen, diese »wohlbegründete« Kritik vor? Ein Rückgriff auf überhistorische, quasi-natürliche Wahrheiten als Fundament ist theoretisch nicht möglich. Andererseits soll über eine Standpunktkritik hinausgedacht werden, die sich darauf beschränkt, die eingenommene hegemonie- bzw. dominanzkritische Position der Forschenden lediglich zu benennen und daraus resultierende Verstrickungen in der Forschungstätigkeit zu berücksichtigen. Die eigene Position und forschungsleitende normative Orientierung soll deutlicher begründet werden. Ausgangspunkt ist die oben bereits erwähnte grundlegende Erkenntnis, dass Geschichte und Gesellschaft das Produkt menschlicher Tätigkeit sind und nicht die Konsequenz natürlicher, religiöser oder ökonomischer »Tatsachen«. Dadurch überwindet Kritik die engen Grenzen des »faktisch« Machbaren in Richtung der Frage, was gewollt, gut oder richtig ist. Diese Perspektive ist betont ethisch. In ihrer Konkretisierung nimmt die KDA eine möglichst weite Setzung vor: Ziel sei das Wohl aller und jedes einzelnen Menschen. Was dies im Einzelfall bedeutet und wie genau Kritik geübt werden kann, lässt sich nicht verallgemeinern und muss in diskursiven Auseinandersetzungen (ebd.: 228) zutage treten. Fest steht allerdings, dass diese Form von Kritik immer problematisch ist, d. h. vorläufig bleiben und veränderlich sein muss. Mit Foucault ist sie eine Tugend oder Haltung, die nicht Vorschrift und Gesetz, sondern »nur« Einladung oder Vorschlag sein will.

Deutlicher wird der eingenommene, letztlich normativ begründete Ort, wenn man sich die Forschungsfelder anschaut, denen sich das DISS und andere kritische DiskursforscherInnen widmen. Sie offenbaren linksliberale bis libertäre Orientierungen und widmen sich in kritisierender Absicht undemokratischen Entwicklungen auf den Ebenen des Alltags, der Medien und der Politik, in thematischen Bereichen wie Rassismus und Einwanderung, Rechtsextremismus, Antisemitismus, soziale Ausgrenzung oder Biopolitik. Wesentliche Maßstäbe der Kritik – und somit auch Anzeiger der diskursiven Bedingt- und Begrenztheit der KDA selbst – sind dabei oftmals das Grundgesetz oder die allgemeinen Menschenrechte. Die Forschung zu »gesellschaftlich brisanten Themen« (Jäger 2004: 224) beinhaltet explizit auch den Wunsch nach politischer Intervention, etwa in Form der Etablierung und Unterstützung von Gegendiskursen. Das Kritikpotenzial der KDA beschränkt sich also nicht auf den dekonstruktivistischen Aspekt, der unhinterfragte »Wahrheiten« in ihrer sozialen Bedingtheit offenbart. Hinter der KDA steht die Forderung nach politischem Eingriff. Siegfried Jäger (1996) sagt, er möchte: »eine Wissenschaft, die erklären kann, wie überhaupt auf gesellschaftliche Entwicklungen Einfluß genommen werden kann – Einfluß angesichts scheinbar geradezu urgewaltiger Gegenkräfte, gegen die kein Kraut mehr gewachsen scheint. Und Diskurstheorie stellt aus meiner Sicht solche Möglichkeiten bereit – einmal prinzipielle, weil sie sich nicht direkt auf die machtvolle Welt der Vergegenständlichungen richtet, sondern auf die flüchtigere, fragilere, viel angreifbarere, durchlässige Welt auch der Gedanken und Ideen, der Pläne und Hoffnungen und der diskursiven Stützpfeiler von Institutionen und Administrationen, insgesamt auf eine Welt also, in der Wissenschaftler, aber nicht nur sie, sondern alle Menschen, über mehr power und Phantasie verfügen als etwa die Eigner der großen Kapitale oder der Großmogule der Medienlandschaft. [...] Es geht mir also darum zu zeigen, daß eine prinzipielle Perspektivenänderung nötig und möglich ist, wenn es um die Frage der politischen Macht im Lande geht.«

2. Orientierung im Gewirr der Diskurse – das heuristische Strukturmodell

Der gesamtgesellschaftliche Diskurs ist ein unübersichtliches und komplexes Phänomen. Die KDA hat deshalb Strukturkategorien entwickelt, welche die Navigation im »Fluss des Wissens durch die Zeit« (Jäger 2001: 82) erleichtern. Es handelt sich dabei um diejenigen Begrifflichkeiten, die einen empirischen Zugriff auf das Phänomen Diskurs erst ermöglichen.

Zunächst setzt sich der gesellschaftliche Gesamtdiskurs, der in letzter Instanz ein weltgesellschaftlicher ist, aus den *Spezialdiskursen* (Reden und Denken v. a. innerhalb der Wissenschaften[3]) und einem *Interdiskurs* (restliche diskursive Pra-

3 Inhaltlich zeichnen sich Spezialdiskurse dadurch aus, dass Reden in ihnen explizit geregelt und systematisiert ist, Definitionen notwendig sind, Widerspruchsfreiheit gefordert wird, etc. Jäger (2004: 132) weißt allerdings ebenso darauf hin, dass diese Diskursform auch außerhalb der Wissenschaft zu finden ist, genauso wie schwammigere, umgangssprachliche Elemente auch in der Wissenschaft existieren. Aus system- und differenzierungstheoreti-

xen) zusammen. Diese grobe Unterteilung kann verfeinert werden, indem man weitere *Ebenen* (je nach Fokus: Medien, Alltag, Politik, Medizin, Erziehung etc.) differenziert. Jede dieser Ebenen (re)produziert Diskurse nach eigenen Regeln und ist auf jeweils spezifische Weise mit den anderen Ebenen verbunden.[4]

Inhaltliche Differenzierungen werden durch *Diskursstränge* markiert, die spezifische Themenbereiche oder Gegenstände repräsentieren. Diskursstränge besitzen eine hohe »diskursive Energie« (Link zit. in Jäger 2004: 159), das heißt, sie binden Ereignisse, Argumentationsfiguren, Bilder etc. über einen längeren Zeitraum hinweg an sich. Diskursstränge stehen selten isoliert. Sie verschränken sich, überlagern und beeinflussen einander. Symbole, Ereignisse oder Argumente werden in anderen Diskursen aufgegriffen oder assoziativ nebeneinandergesetzt. Inhaltliche, begriffliche und formale Gemeinsamkeiten bieten hierfür die Anschlussstellen. Schließlich können Diskursstränge hierarchisch weiter strukturiert werden, etwa wenn die Diskurse um Einwanderung, Sexismus, Behinderung unter dem Aspekt der Ausgrenzung zusammengefasst werden.

Auf der untersten strukturellen Ebene setzen sich Diskurse aus *Diskursfragmenten* zusammen. Dies sind Texte, oder genauer Textteile, die sich auf ein Thema, d. h. einen Diskursstrang beziehen. Der Begriff Diskursfragment wird dem des Textes als die empirisch fassbare Form von Diskursen vorgezogen, da Texte oftmals mehrere Themen miteinander verknüpfen.

Ein Motor und wichtiges Material für Diskurse sind *diskursive Ereignisse*. Ob ein Thema wichtig, ein Geschehnis ein diskursives Ereignis wird, hängt davon ab, ob es eine starke Öffentlichkeit auf sich ziehen kann. Diskursive Ereignisse werden aus bestehenden Diskursen heraus als solche wahrgenommen und gedeutet und affirmieren sie dadurch. Gleichzeitig wohnt ihnen aber auch ein Veränderungspotential inne und sie können durch ihre Dynamiken Inhalte und Kräfteverhältnisse beeinflussen. So sind beispielsweise die PalästinenserInnen als Gruppe mit nationalen Aspirationen erst durch das diskursive (Medien-)Ereignis Sechs-Tage-Krieg (1967) in das Bewusstsein der Weltöffentlichkeit (und auch der politischen Linken) getreten, wo sie vorher allenfalls unter »arabische Flüchtlinge« abgespeichert waren. Fortan strukturierte sich der gesamte Nahostdiskurs anders. In Deutschland markierte dieser Krieg zugleich einen Wechsel von einer vergangenheitspolitisch motivierten positiven linken Sichtweise auf Israel zu einer zumindest vordergründig gegenwartsorientierten kritischen bis feindlichen Sicht (Kloke 1994: 111 ff.).

scher Perspektive wäre deshalb zu ergänzen, dass sich in allen gesellschaftlichen Teilbereichen notwendig spezielle Kommunikation bildet, die in anderen Subsystemen nicht ohne weiteres anschlussfähig ist, Spezialdiskurse somit ein universelles Phänomen darstellen.

4 Die inhaltliche Nähe der KDA zu einigen Einsichten der Systemtheorie ist am offensichtlichsten in der Unterscheidung der Ebenen, die letztlich gesellschaftliche Teilsysteme darstellen. Dass dies theoretisch kaum durchdrungen wird, ist Ausdruck der sprachwissenschaftlichen Ursprünge der KDA und somit – trotz gleicher Gegenstände – der Ferne von der soziologischen Theoriebildung.

Für die Analyse einzelner Diskursbeiträge ist die Unterscheidung von *Diskurspositionen* hilfreich. Sie geben die Perspektive an, von der aus eine Person oder Institution am Diskurs teilnimmt. Eine Diskursposition ist bestimmt durch die Überlappung verschiedener Diskurse und drückt sich in der jeweils eingenommenen weltanschaulichen/ideologischen Orientierung aus. Ist eine Person beispielsweise in feministische Diskurse involviert, wird sich das höchstwahrscheinlich auch in ihrer Positionierung bezüglich biopolitischer Diskurse spiegeln. Im hier zur Explikation herangezogenen Beispiel wird sich die Verortung im antideutschen oder bspw. antiimperialistischen Diskurs als entscheidende Prägung für die Sicht auf den Nahostkonflikt erweisen.

Neben der strukturellen Perspektive, die Kategorien wie Strang, Ebene oder Position anbietet und damit eine Binnenstruktur der Diskurse schafft, ist es wichtig, auch die zeitliche Perspektive zu beachten. Diskurse verlaufen, sie haben eine Vergangenheit, eine Gegenwart und sie schreiben sich in die Zukunft fort. Die vollständige Untersuchung eines Diskurs(strang)es ist demzufolge immer auch diachron, entlang einer Zeitachse, ausgerichtet.

3. Vorgehen bei der Analyse eines Diskurses

Für das konkrete Vorgehen hat Siegfried Jäger einen Leitfaden entwickelt (ausführlich Jäger 2001: 103 ff., 2004: 188 ff.), der – in den verschiedenen Darstellungen leicht variierend – fünf bis sechs Hauptphasen einer Diskursanalyse unterscheidet. Angesichts dieser Differenzen (die in der Regel mehr die Darstellung als die inhaltliche Essenz betreffen) und der nicht immer klaren terminologischen Fixierung bei Jäger (insbesondere hinsichtlich der Phasen des Forschungsprozesses und der Zuordnung von bestimmten Aufgaben zu den Phasen), werden hier im Vorschlag einer synoptischen Systematisierung zum Teil eigene Begrifflichkeiten verwendet.

Dessen ungeachtet bleibt der Leitfaden eine Art »Werkzeugkiste« (Jäger 2001: 102), aus der man sich, je nach Fragestellung, bedienen und der man neue (Analyse)Instrumente hinzufügen kann. Das Methodenrepertoire ist also keineswegs ausgeschöpft und die Methode KDA somit *work in progress*. Der Leitfaden und die hier vorgestellten Analyseschritte geben lediglich eine Orientierung, wie eine große Materialfülle, die zudem auf verschiedenen Diskursebenen angesiedelt ist, handhabbar(er) gemacht werden kann. Sämtliche Analyseschritte sind dabei auf das Ziel gerichtet, einen Diskurs und damit verbunden eine Wirklichkeit zu erfassen. Sie sollten dahingehend hinterfragt werden, ob und wie sie der Beantwortung der konkreten Fragestellung dienen und nicht mechanisch benutzt werden. Die Diskursanalyse ist schließlich geglückt, wenn die Darstellung (und Kritik) materialreich und stringent ein kohärentes Gesamtbild ergibt.

Im Folgenden wird die Darstellung des Vorgehens der KDA mit einer empirischen Studie verknüpft. Untersucht wurde die Nahost-Berichterstattung in linken

Medien am Beispiel des israelischen Abzugs aus dem Gazastreifen im August 2005. Wir schließen hier an eine Studie des DISS an, welche die Nahost-Berichterstattung der deutschen Printmedien untersuchte, sich dabei aber auf überregionale Qualitätszeitungen beschränkte (Jäger/Jäger 2003, 2003a). Der Anlass der Studie war die zweite Intifada. Unter besonderer Berücksichtigung des Israelbildes und mit Augenmerk auf mögliche diskursive Anschlüsse für Antisemitismus oder Rassismus wurden diskursive Ereignisse im Zeitraum zwischen September 2000 und August 2001 erfasst und analysiert. Daran orientiert war unser Vorgehen für einen Teildiskurs, den der deutschen linken Medien.

Zunächst zu den fünf Hauptphasen des Forschungsprozesses. Diese sind erstens die Konzeptionierungsphase, zweitens die Erhebungsphase (Erschließung und Aufbereitung der Materialbasis, des Korpus), drittens die Strukturanalyse, viertens die Feinanalyse und fünftens die zusammenfassende Interpretation. Diese Phasen sollen nun im Einzelnen erläutert und am Beispiel der eigenen Forschungsarbeit illustriert werden (die Anwendungsabschnitte sind eingerückt). Abbildung 1 gibt einen gliedernden Überblick über die einzelnen Schritte, die vom Material zum Erfassen der Struktur des Diskurses führen.

Abbildung 1:
Vom Korpus zur Struktur des Diskurses: Ablauf einer kritischen Diskursanalyse

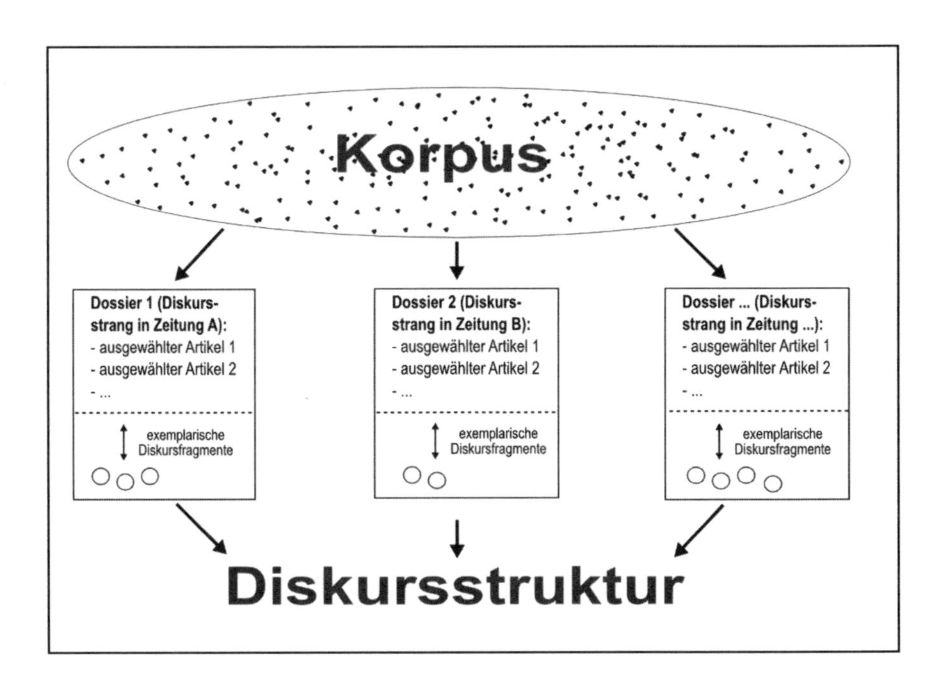

3.1. Konzeptionierungsphase: Auswahl des Untersuchungsgegenstandes und Begründung der Vorgehensweise

Zunächst muss das eigene Erkenntnisinteresse und die für dessen Umsetzung verwendete Methodik möglichst präzise beschrieben werden: Was soll warum untersucht werden und welche Bereiche (Ebenen, Ereignisse) welcher Diskursstränge sind dazu zu analysieren, um eine differenzierte Antwort bei bewältigbar bleibendem Materialumfang geben zu können? Dabei ist besonders zu beachten, dass konzeptuelle Untersuchungsgegenstände (wie etwa Rassismus, Antisemitismus, Islamophobie) zunächst theoretisch bestimmt und mögliche Erscheinungsformen und Diskurse, in denen das Phänomen beobachtet werden könnte (Familie, Arbeit, Rechtssprechung, Erziehung etc.), vorüberlegt werden müssen.

Unser Erkenntnisinteresse lag in der Überprüfung der Ergebnisse der DISS-Studie zum Israelbild innerhalb der deutschen Linken. Finden sich auch hier exklusivistische und chauvinistische Diskursbeiträge? Welche sind die dominanten Diskurspositionen? Und worin liegt die Spezifik des linken Diskurses im Vergleich zum allgemeinen Nahostdiskurs?

Insbesondere ein seit Mitte der neunziger Jahre verstärkt ausgefochtener Streit um Antisemitismus in der Linken (bzw. die Abwehr dieses Vorwurfs) hat spezifische, stark polarisierte linke Diskurspositionen auch in der Nahostfrage herausgebildet (Haury 2004). Gerade die häufige Idealisierung einer der beiden Konfliktparteien durch linke Akteure birgt in ihrer Identitätslogik das Potenzial stereotypisierender Ausschlüsse von der anderen Gruppe zugeordneten Individuen. Solche Anschlüsse sollen aufgedeckt und kritisiert werden. Um eine im Rahmen der gegebenen (begrenzten) Ressourcen mögliche Untersuchung durchzuführen, wurde sich dabei innerhalb des Diskurses der Linken auf einige Zeitschriften konzentriert (und bei der Auswahl die Heterogenität des Spektrums mit bedacht[5]) und nur ein diskursives Ereignis untersucht: der Abzug Israels aus dem Gaza-Streifen, genauer gesagt die Räumung der Siedlungen durch die israelische Armee auch gegen den Widerstand eines Teils der SiedlerInnen.[6] Auf theoretischer Ebene war es v. a. wichtig, die engeren Untersuchungsinteressen (Aufspüren exklusivistischer, also v. a. ras-

5 Zunächst musste eine repräsentative Auswahl relevanter Zeitungen getroffen werden. Kriterium waren eine Positionierung im linken Medienspektrum und eine überregionale Distribution im Zeitschriftenhandel. Das im Wesentlichen durch die zwei Konfliktlinien Radikalität und Materialismus/Postmaterialismus gegliederte Spektrum der deutschen Linken enthält vier Felder als basale analytische linke Subsysteme (Sozialstaatslinke, Traditionskommunismus, radikale Linke, Neue Soziale Bewegungen, vgl. dazu Ullrich 2007a: 130-140). Diesen Feldern kann man auch sehr gut bestimmte Medien zuordnen (in der gleichen Reihenfolge: *Neues Deutschland, junge Welt, jungle world, taz*). Diese wurden noch um zwei wichtige Publikationen ergänzt. Der Freitag steht in seiner Heterogenität zwischen den Feldern; die konkret ist das traditionell einflussreichste linke Blatt, auch wenn sich in den letzten Jahren ihr Standort immer mehr zum Feld der radikalen Linken hin vereindeutigt hat. Sie durfte im Korpus keinesfalls fehlen, weil sie seit Beginn der neunziger Jahre zu einem der wichtigsten Akteure in der Forcierung linker pro-israelischer Positionen wurde.

6 Der bis 1967 zu Ägypten gehörende Gazastreifen war im Sechstagekrieg von Israel besetzt worden. In der Zeit der Besatzung entstanden auch mehrere israelische Siedlungen in dem Gebiet. Nachdem im Rahmen des Frie-

sistischer und antisemitischer Diskurselemente) konzeptuell umzusetzen. Dabei erfolgte eine konzeptionsleitende Orientierung an der Studie von Jäger und Jäger (2003a).[7]

3.2. Erhebungsphase: Erschließung und Aufbereitung der Materialbasis

Ist die Fragestellung klar, und sind die Begrifflichkeiten und Materialquellen bestimmt, geht es darum, das Korpus, das heißt alle Texte mit thematischem Bezug zur Forschungsfrage in den zu analysierenden Medien, zu erfassen und einen ersten Überblick über das Material zu gewinnen. Auf der Grundlage des Korpus sollen grobe Aussagen über den Diskurs innerhalb der untersuchten Medien möglich sein. Für die diskursive Ebene der Printmedien etwa bedeutet das, alle relevanten Artikel chronologisch zu ordnen und systematisch zu archivieren. Dazu sollten die wichtigsten Themen und Unterthemen, Verschränkungen mit anderen Diskurssträngen sowie die Kernbotschaften der Artikel stichwortartig erfasst werden. Weitere Kriterien sollten fragestellungsgeleitet entwickelt werden (etwa AutorIn, Textsorte, auffällige Kollektivsymbole, Bebilderung u. ä., vgl. Jäger 2004: 191). Diese Arbeit ist zeitaufwendig, bildet allerdings auch die, je nachdem, gute oder weniger gute Ausgangslage für die weitere, stärker ins Detail gehende Arbeit.

Deutlich wurde in der Materialsichtung zunächst das große Interesse an dem diskursiven Ereignis Gaza-Abzug in sämtlichen untersuchten Medien. Dies spiegelt sich in der Anzahl und dem Umfang der Artikel als auch in ihrer Positionierung innerhalb der Ausgabe und der häufigen Unterlegung mit Bildern und Grafiken. Die Darstellungsarten unterscheiden sich zwischen den Periodika deutlich. Je nach Erscheinungsweise finden sich eher viele tagesaktuelle oder wenige, dafür ausführliche Berichte. Jedoch lieferte auch die Tagespresse Hintergrundberichterstattungen.

3.3. Strukturanalyse

In einem ersten Verdichtungsschritt wird dann auf der Ebene der einzelnen Medien die Gesamtheit der Artikel so um Redundanzen reduziert, dass die qualitative Bandbreite des Diskursstranges, d. h. sämtliche Themen und Unterthemen, erhalten bleibt. Trotz allem auftretende Dopplungen oder Häufungen einzelner (Un-

densprozesses der neunziger Jahre schon ein Teil unter palästinensische Autonomieverwaltung gekommen war, sollte der Gazastreifen zum ersten Teilbereich der palästinensischen Gebiete werden, aus dem sich Israel – wenn auch, wie sich später zeigte, nicht dauerhaft – vollständig zurückzog. Der Rückzug Israels aus dem Gazastreifen begann am 15. August 2005 mit der Räumung der Siedlungen und endete am 12. September desselben Jahres mit dem Abzug des israelischen Militärs. Das Zeitfenster der Analyse erstreckt sich von August bis September 2005. Es umfasst etwas mehr als den gesamten Ereigniszeitraum und trägt somit der Tatsache Rechnung, dass Wochen- und Monatsmagazine nur in geringerer Frequenz berichten können.

7 Zur an die Linke angepassten Spezifizierung der Konzepte vgl. Ullrich (2007a: 46 ff.), speziell für Antisemitismus insbesondere Haury (2002). Zum Thema Islamophobie vgl. Gräfe (2002) und Leibold/Kühnel (2003).

ter)Themen bleiben unproblematisch, da keine quantitativen Aussagen getroffen werden sollen und eine Einschätzung der Relevanz eines Themas bzw. einer Positionierung aufgrund des Korpus bestimmbar bleibt. Dieser Schritt geht einher mit der Strukturanalyse: Welche Themen werden jeweils aufgegriffen, welche fehlen? Welche Verknüpfungen werden hergestellt? Es kommt zur Ermittlung grundlegender Trends, zur Charakterisierung der offensichtlichsten Differenzen bspw. zwischen den behandelten Medien oder im Zeitverlauf, zur Charakterisierung der dominierenden Diskurspositionen und deren inhaltlicher Ausgestaltung.

Zunächst ist eine binäre Schematisierung offensichtlichstes Grundmuster des untersuchten medialen Nahostdiskurses der Linken. Die Mehrheit der Diskursfragmente lässt sich mit einer deutlich sichtbaren Diskursposition verbinden, die durch eine grundsätzliche Sympathie entweder für die israelische oder für die palästinensische Seite verbunden ist. Dies zeigt sich nicht nur in deutlich einseitigen Schuldattributionen, sondern auch in der – je nach Sympathieverteilung – höchst unterschiedlichen Darstellung der einzelnen Themen. Auch die Themenauswahl unterscheidet sich zwischen den einzelnen Medien, viele Themen werden jedoch von mehreren Medien aufgegriffen. Zur Illustration solcher Binarismen seien drei genannt und auszugsweise in ihrer Darstellung charakterisiert:

1) Israels Motiv für den Abzug: Es handelt sich entweder um eine Strategie zur gezielteren Unterdrückung der PalästinenserInnen[8] bzw. eine manipulative PR-Aktion[9] oder um einen notwendigen Schritt, um Israels Überleben angesichts der permanent drohenden Vernichtung zu sichern[10].
2) Mit dem Abzug verbundene Gewalt: Sie geht entweder von »rechtsextremen Siedlern«[11] und »Großisrael-Aktivisten«[12] oder von einem »palästinensischen Mob«[13] aus.
3) Einordnung des Abzugs in den Nahost-Friedensprozess: Der Abzug ist ein Schritt Israels, der ein palästinensisches Einlenken nahelegt[14] oder erzwingt[15] bzw. noch nicht weit genug geht, um irgendeine positive Reaktion von palästinensischer Seite erwarten zu können[16].

Die Verteilung der Positionen entlang der linken Subsysteme, die schon in diesen Beispielen durchscheint, wird in Kapitel 4.4.1 detailliert ausgeführt.

Stark ist auch die Verflechtung mit anderen Diskursen, oft als Einordnung des Berichteten in allgemeinere Deutungsmuster. Von besonderer Relevanz sind dabei Verflechtungen, die sich auf die deutsche Geschichte, insbesondere den National-

8 »Der Unverstandene«, in: junge Welt, 16. 8. 2005
9 »Amos Oz und der historische Kompromiss«, in: Freitag, 16. 9. 2005
10 »Abkopplung«, in: konkret, September 2005
11 »Massenfestnahmen bei Gazastreifen-Räumung«, in: junge Welt, 17. 8. 2005
12 »Das Ende einer großen Lüge«, in: Neues Deutschland, 15. 8. 2005
13 »Tag der Brände«, in: Jungle World, 21. 9. 2005
14 »Tränen zum Abschied«, in: Jungle World, 24. 8. 2005
15 »Abkopplung«, in konkret, September 2005
16 »Amos Oz und der historische Kompromiss«, in: Freitag, 16. 8. 2005

sozialismus und dessen Erinnerung beziehen, handelt es sich dabei doch um *den* Anschlussdiskurs der Nahostberichterstattung in Deutschland (Hafez 2001: 162, vgl. die Beispiele im Anschnitt 4.4.3.).

3.4. Feinanalyse

Die Feinanalyse ist ein vertiefender Schritt zur Durchdringung des Funktionierens der Diskursstruktur auf der Mikroebene der einzelnen Diskursfragmente. Hier werden möglichst typische Artikel aus dem Dossier ausgewählt und exemplarisch *en detail* untersucht.

Die Feinanalyse nimmt, der Darstellung in Jäger (2004: 175 ff.) folgend, wiederum fünf Bereiche in den Blick, für die eine Fülle von Analyseinstrumenten unterschieden werden. Im Rahmen dieses Textes kann dieser Werkzeugkasten nicht vollständig ausgepackt werden. Deshalb werden nur die fünf Bereiche und einige zentrale Fragen beispielhaft vorgestellt. Ohnehin, dies sei noch einmal betont, geht es nicht darum, sämtliche Fragen schemenhaft abzuarbeiten, sondern sich text- und aufgabenbezogen die relevanten zu wählen, die a) eine Interpretation stützen und absichern oder b) ihr widersprechen und so zu einer Erweiterung oder Revision der Deutungen zwingen. Im konkreten Fall ist es ratsam, die ausführlichen Vorschläge in Jäger (2004: 176-186) zu konsultieren und weitere eigene Fragestellungen zu entwickeln. Viele der hier genannten zu analysierenden Aspekte dienen auch schon bei der Strukturanalyse als Orientierung, wenngleich dort auf abstrakterem Niveau und mit weniger Liebe zum Detail. Dies ist Ausdruck des insgesamt kreiselnden Forschungsprozesses, in welchem einerseits Detailerkenntnisse in die Grobstruktur integriert werden und andererseits deren Kenntnis zur weiteren Deutung der Details beiträgt. Die fünf Hauptdimensionen, die zu untersuchen Ziel der Feinanalyse ist, sind:

1. Institutioneller Rahmen
2. Text-»Oberfläche«
3. Sprachlich-rhetorische Mittel
4. Inhaltlich-ideologische Aussagen
5. zusammenfassende Interpretation

3.4.1. Institutioneller Rahmen

Der institutionelle Rahmen umfasst wesentliche Kontextmerkmale des Artikels. Hierzu gehört die allgemeine Charakterisierung der Zeitung/Zeitschrift, der Redaktion, des/der AutorIn, der LeserInnenschaft sowie mediumsspezifische Aspekte wie die Textsorte und die Präsentation und Einbindung des Artikels in die konkrete Ausgabe und gegebenenfalls fortlaufende Serien.

Die meisten Zeitschriften stehen auf einer allgemeinen Ebene für bestimmte linke Positionen, die auch den Nahostdiskurs durchdringen. Die *junge Welt*, das

Neue Deutschland und (historisch vielschichtiger in seinen Hintergründen) der *Freitag* haben ihre Wurzeln im traditionslinken Antiimperialismus, der auch eine mit den PalästinenserInnen solidarische und Israel gegenüber sehr kritische Position formuliert. Die *jungle world* und die *konkret* sind die beiden größeren linken Zeitungen in der Bundesrepublik, die stark von Positionen der antideutschen Strömung beeinflusst sind, was nicht zuletzt Solidarität mit Israel und starke Kritik an der palästinensischen Seite beinhaltet.

Nur die *taz* fällt ein wenig aus dem Schema heraus. Ihre traditionelle Verortung in der (u. a.) internationalistischen Linken der achtziger Jahre steht für die Einflüsse der traditionellen linken Israelfeindschaft und Palästinasolidarität, ihre Wendungen in den neunziger Jahren, namentliche ihre Professionalisierung und Hinwendung zum Medienestablishment (bspw. durch die Unterstützung zentraler Projekte der rot-grünen Bundesregierung) führten allerdings auch zu einer Deradikalisierung[17].

3.4.2. Text-»Oberfläche«

Ziel dieses Analyseschrittes ist es, die inhaltliche und argumentative Struktur eines Textes herauszuarbeiten. Vorgehen und Absicht erinnern an die Methode des literaturwissenschaftlich-hermeneutischen Erörterns: der Text wird unter Rückgriff auf seine graphische Struktur in Sinneinheiten untergliedert, die anschließend inhaltlich genau charakterisiert und in ihrer Abfolge und Wirkungsabsicht interpretiert werden. Neben der Ebene der Sprache sollten Aspekte des Layouts und besonders das Zusammenspiel von Text und Bildern (und Bildunterschriften) Berücksichtigung finden. Der von Jäger für diese Analysen verwendete Begriff der Text-»Oberfläche« kann irreführen (weil er auch die Unterscheidung zwischen manifesten und latenten Inhalten meinen kann), deshalb sollte eher von struktureller und inhaltlicher Gliederung gesprochen werden.

Augenfällig ist zunächst die Strukturierung entlang eines Konfliktes bzw. von Gewalt. Dies beginnt bei der Überschriftengestaltung (Brände, Tränen, Lügen, Aufruhr, Massenfestnahmen, Widerstand, Rempeln, Problem) und den bildlichen Inszenierungen (rennende Polizeiverbände, handgreifliche Auseinandersetzungen, Frau hinter Gittern). Dieser Rahmen ist formgebend für die Gestaltung vieler Texte.

Auch die bereits konstatierte binäre Struktur der Diskurspositionen wird im strukturellen Aufbau eines Teils der Texte deutlich. So basiert ein Artikel im *ND*[18] auf der alternierenden Darstellung von zwei Typen von SiedlerInnen, nämlich moderaten (»Wirtschaftsiedlern«[19], die von der israelischen Regierung betrogen

17 Dies bedeutet im deutschen Mediendiskurs, eine »ausgewogenere« Position einzunehmen und das Thema Israel nur sehr »vorsichtig« zu behandeln.

18 »Das Ende einer großen Lüge«, in: Neues Deutschland, 15. 8. 2005.

19 ebd.

wurden, sich aber nun in den Abzug fügen) und radikalen (der »rechte Rand der Siedlerbewegung«[20]) auf der anderen Seite.

4.4.3. Sprachlich-rhetorische Mittel

Die strukturelle und inhaltliche Gliederung wird zu einem beträchtlichen Teil durch sprachliche und rhetorische Mittel bestimmt. Der »Ton« eines Textes, seine Kohärenz, Schwerpunkte, Fluchtlinien etc. lassen sich durch eine Analyse dieser Mittel erfassen und beschreiben. Jäger liefert hier eine sehr detaillierte Auflistung möglicher Aspekte, in denen sich sein sprachwissenschaftlicher Hintergrund offenbart. Exemplarisch herausgegriffen werden soll an dieser Stelle ein Aspekt auf der Ebene einzelner Wörter, weil er für die Kritische Diskursanalyse von hoher Bedeutung ist und die Relevanz der sprachlich-rhetorischen Ebene veranschaulicht. Es geht um Kollektivsymbole bzw. Worte, die als »Fähren ins Bewusstsein« (ebd.: 181) fungieren.

Das Konzept der Kollektivsymbole stammt von Link (u. a. 1982, 1997). Es umfasst »die Gesamtheit der so genannten ›Bildlichkeit‹ einer Kultur, die Gesamtheit ihrer am meisten verbreiteten Allegorien und Embleme, Metaphern, Exempelfälle, anschaulichen Modelle und orientierenden Topiken, Vergleiche und Analogien« (Link 1997:25) und konkretisiert so die diskursive Wirklichkeitsproduktion anhand zentraler Leitbilder, die häufig verwendet werden und sich durch eine hohe Plausibilität und Deutungskraft auszeichnen. Kollektivsymbole machen eine komplexe Wirklichkeit verständlich[21] und implizieren dabei Bewertungen und Handlungsweisen in komprimierter Form. Wird ein Anstieg der Zahl der Asylanträge kollektiv als *Asylantenflut* symbolisiert, wie Anfang der 90er Jahre geschehen, erscheint das Phänomen als eine quasi-naturmächtige, de-individualisierte Bedrohung von außen, gegen die das Innere konsequent durch »Deiche« geschützt werden muss. Link hat gängige Kollektivsymbole systematisiert und gezeigt, dass sie in der Lage sind, einen differenzierten sozialen Raum zu repräsentieren und zu prägen. Dieser Raum beinhaltet ein Innen und Außen, ein Unten und Oben, ein Zentrum und die Peripherie sowie ein politisches und zeitliches Kontinuum »unserer« Gesellschaft. Das Innere (»Wir«) beispielsweise wird vorzugsweise mit technischen oder biologischen Bildern (Maschine, Zug, menschlicher Körper mit dem Herzen als Zentrum) beschrieben, das als System oder »organisches Ganzes« harmonisch und kontrolliert funktioniert und klar von dem bedrohlichen, naturhaften Außen (Chaos, Flut, Dschungel, Wüste) abgegrenzt ist. Aufgrund der ihnen innewohnenden Verdichtung und hohen Prägnanz sowie ihrer

20 ebd.

21 Anhand des folgenden Beispiels von Link wird deutlich, dass dabei die Wirklichkeit nicht einfach nur benannt, sondern erst hergestellt wird: »wir wissen nichts über krebs, aber wir verstehen sofort, inwiefern der terror krebs unserer gesellschaft ist. wir wissen nichts über die wirklichen ursachen von wirtschaftskrisen, begreifen aber sofort, daß die regierung notbremsen mußte.« (Link 1982: 11)

Potenz, disparate Inhalte zu verbinden und weite Assoziationsräume zu öffnen, sind Kollektivsymbole eines der wichtigsten Analysekonzepte der KDA.

Die linke Nahostberichterstattung ist durchdrungen von einer Vielzahl solcher Begriffe mit kollektivem »Bedeutungsüberschuss«. Sie variieren je nach Stoßrichtung des Textes. Die Zeitschrift *konkret* bspw. stellt das diskursive Ereignis unter die Überschrift »Abkopplung«[22]. Diese Bezeichnung für den Abzug und eine weitergehende Strategie Israels erscheint technisch, nüchtern, reibungslos, formal. Vielleicht denkt man an die ausgebrannte Stufe einer Trägerrakete oder den überflüssigen Waggon eines Zuges. Sie abstrahiert sowohl von betroffenen Menschen als auch von der Konflikthaftigkeit des Themas. Diese Metapher aus dem Assoziationsraum der Technik bereitet eine Argumentationslinie vor, die antiarabische Anschlüsse ermöglicht. Sie enthält – in der Erörterung des »Sicherheitszaunes« oder der »Mauer« u. a. den folgenden Satz: »Insgesamt fänden sich nur etwa sieben Prozent der Westbank und 10 000 ihrer arabischen Bewohner auf israelischer Seite des Zaunes wieder.« Dies klingt entdramatisierend und sachlich, ist jedoch ebenso als Ausdruck von Menschenverachtung lesbar, wenn man sich verdeutlicht, dass die Grenzanlage schon jetzt Tausende Familien und Freunde trennt, Menschen von ihren Subsistenzmöglichkeiten aussperrt, sowie einige Gebiete komplett einzäunt. Zu fragen ist, ob mit dem Wörtchen »nur« eine Lesart ermöglicht wird, die das Schicksal von 10 000 Menschen banalisiert. Im *Freitag* findet sich eine komplementäre Argumentation.[23] Der Autor verweist darauf, dass für die arabische Bevölkerung des historischen Palästina ohnehin nur noch 20 Prozent des Landes vorgesehen werden. Die weitere Reduktion um (qualitativ möglicherweise sogar entscheidende) 7 Prozent erscheint so in einem anderen Licht, sie wird hier als steter Prozess der Marginalisierung der PalästinenserInnen im Angesicht israelischer Machtpolitik gedeutet.

Andererseits gibt es Passagen, die über die verwendete Metaphorik antisemitisch aktualisiert werden können: Ein Artikel im *ND* widmet sich dem Siedlerrat[24], einer »einst mächtigen jüdischen Organisation«. Im weiteren Verlauf des Artikels wird dann ausgeführt, dass er der Regierung »nahezu unbegrenzte Finanzmittel (...) abringen und auch Premierminister manchmal zu Fall bringen konnte«. Die Charakterisierung als mächtig, jüdisch und reich vereint zentrale antisemitische Stereotype in einer Organisation, die (erfolglos) für das Weiterbestehen der Siedlungen gekämpft hat, die vom Autor deutlich abgelehnt werden. Alternativ kann diese Charakterisierung aber auch als eine *sachliche* Begründung der Relevanz dieser Gruppe in den Auseinandersetzungen gelesen werden.

Im Nahost-Diskurs verwendete Kollektivsymbole haben sehr häufig einen dramatisierenden Charakter und signalisieren Ohnmacht gegenüber einem fast natur-

22 »Abkopplung«, in: konkret, September 2005.

23 »Amos Oz und der historische Kompromiss«, Freitag, 16. 9. 2005.

24 »Siedlerrat: ›Wir haben ein Problem‹«, in: Neues Deutschland, 16. 8. 2005

wüchsigen und unkontrollierbaren Ereignis»strom«. Dafür steht z. B. das Kollektivsymbol des »Brandes«. Mit dieser Natur- und Vernichtungsmetapher beschreibt ein Artikel in der *jungle world* die Entwicklung.[25] Doch entscheidenderes sprachliches Merkmal seines Textes ist die Wortwahl und der thematische Fokus. Anders als alle anderen Artikel berichtet er nicht direkt vom Abzug der Israelis, sondern von den palästinensischen Reaktionen. Diese beschreibt er mit einem Vokabular, das zum großen Teil aus der Beschreibung der nationalsozialistischen Judenvernichtungspolitik stammt. Damit wird eine assoziative Verknüpfung der PalästinenserInnen mit dem NS hergestellt und als ihre Hauptmotivation dargestellt. Zur leicht islamophob lesbaren Beschreibung ihres Handelns und ihrer Ziele dienen Begriffe wie »Mob«, »judenfrei«, »Völkermord an den Juden« oder »Auslöschung jüdischer Existenz«[26], die eine weitgehende Reduktion der arabischen Bevölkerung auf Gewalttätigkeit, Barbarei und ideologische Verblendung vornehmen. Ein zweites Beispiel für die Nutzung von Anleihen aus dem deutschen Diskurs um den Nationalsozialismus, diesmal unter umgekehrten Vorzeichen, entstammt der *jungen Welt*[27]. Hier ist bezogen auf die Pläne des »extrem rechten Premier« Scharon von dem »größten Gefangenenlager der Welt« die Rede, einem »gigantischen Hochsicherheitstrakt« ohne »Fluchtwege«, gegen den israelische »Anhänger einer ›sauberen ethnischen Lösung‹« lediglich deshalb Widerstand leisten, weil sie Scharons wahre Absichten nicht verstanden haben.

3.4.4. Inhaltlich-ideologische Aussagen

Schließlich empfiehlt Jäger auf spezifische Aussagen und Formulierungen zu achten, die einen Hinweis auf die ideologische Verortung von AutorIn und Text ermöglichen. Bestimmte Inhalte oder Formen legen eine Verwicklung in spezifische Diskurse und die Einnahme spezieller Diskurspositionen nahe, die für die Kontextualisierung eines Textes von Nutzen sein können. Im Gegensatz zu den anderen Unterpunkten bleibt Jäger hier sehr allgemein, deshalb ein Beispiel: Die Verwendung des Begriffs »Illegalisierter«[28] zur Bezeichnung eines Menschen ohne gültige Papiere lässt vermuten, dass der/die AutorIn eine antirassistische Diskursposition einnimmt, über Diskussionen in diesem Lager informiert ist und grundsätzliche Standpunkte teilt.

25 »Tag der Brände«, in: jungle world, 21. 9. 2005.

26 »Man muss kein Freund der israelischen Siedlungspolitik sein, um festzustellen, dass die Auslöschung jüdischer Existenz das erklärte Ziel des Mobs war, nicht die Wiederinbesitznahme unrechtmäßig annektierten Bodens.«

27 »Der Unverstandene in: junge Welt, 16. 8. 2005

28 Die Bezeichnung entstand in Abgrenzung zum Begriff des »Illegalen«. Beide Bezeichnungen stehen für spezifische Positionierungen im Diskurs um Einwanderung. Während »Illegale« eine Kriminalisierungs- und Einwanderer-als-Problem-Perspektive verkörpert, steht »Illegalisierte« für die Betroffenenperspektive und den Kampf um das Recht auf Rechte von MigrantInnen.

Zwei Schlüsselworte sollen hier erwähnt werden, durch die eine ideologische Markierung erfolgt. Im erwähnten Artikel im *Freitag* ist die Rede vom »militärisch-industriellen Komplex«. Dieser auf C. W. Mills zurückgehende Begriff wurde v. a. im Schrifttum leninistischer MarxistInnen populär, die die Verknüpfungen von Rüstungsindustrie, Militär und Politik als Bestätigung der Thesen des staatsmonopolistischen Kapitalismus deuteten. Somit legt die Verwendung des Begriffs eine Verortung des Autors in der antiimperialistischen, marxistisch-leninistischen Tradition nahe.

Ähnlich funktioniert die oben erläuterte Darstellung der PalästinenserInnen in Parallelität zum Nationalsozialismus als Marker der Verortung im Diskurs der antideutschen Linken. Die Zentralität des Holocaust für antideutsches Denken führte, wie der ausgewählte Text demonstriert, zu einer Generierung eines für sie universell einsetzbaren Deutungsmusters, welches aber in dieser Art der Thematisierung (PalästinenserInnen als Wiedergänger der Nazis) in den anderen Bereichen der Linken in keiner Form anschlussfähig ist (da dort Antisemitismus als Problem oft diminuiert wird, vgl. Ullrich 2007a: 209 f.).

3.4.5. Interpretation

Die Ergebnisse der Analyseschritte 4.4.1 bis 4.4.4 werden abschließend in einer zusammenfassenden Interpretation verdichtet und systematisiert. Orientierend kann dabei die detailliert begründete Beantwortung der folgenden zentralen Fragen wirken (vgl. Jäger 2004: 185):

1) Welche »Botschaft« vermittelt das Diskursfragment (Motiv, Ziel des Textes in Kombination mit Grundhaltung des/der AutorIn)?
2) Welche sprachlichen und propagandistischen Mittel finden Verwendung? Wie ist Wirkung einzuschätzen?
3) Welche Zielgruppe wird angesprochen?
4) Welche Wirkung ist in welchem Kontext beabsichtigt?
5) In welchem diskursiven Kontext befindet sich das Diskursfragment (Verhältnis zum gesellschaftlichen Gesamtdiskurs, Bezug auf welche diskursiven Ereignisse)?

Alle Punkte zielen auf das Verständnis des Wirkens eines Diskursfragments innerhalb der Gesamtstruktur des Diskursstrangs.

3.5. Gesamtinterpretation des Diskursstranges

Die Gesamtinterpretation eines Diskursstranges erfolgt in zwei Schritten. Zunächst werden sämtliche Ergebnisse der Feinanalyse(n) und der Strukturanalyse zusammengefügt, um den Diskursstrang *einer Zeitung* darzustellen. Anschließend werden die Ergebnisse auf der Ebene der verschiedenen untersuchten Zeitungen zueinander ins Verhältnis gesetzt und schließlich in einer synoptischen Interpretation zusammengeführt.

Um Struktur- und Feinanalysen zueinander ins Verhältnis zu setzen, ist es wichtig, die Wirkungsweise eines Diskurses zu verstehen. Jäger führt hierzu aus, dass die Wirkung eines einzelnen Textes gering und zudem empirisch schwer zu untersuchen sei. Die wirklichkeitsprägende Wirkung von Diskursen entsteht aus der Wiederholung einprägsamer Argumente, Bilder und Deutungsangebote (Billig 1995). Korpus-, Dossier- und Feinanalyse ergänzen sich deshalb dabei, die wesentlichen Aspekte herauszuarbeiten und präzise zu beschreiben. Die Vorstellung Jägers, die Diskursanalyse sei auch ein Beitrag zur (Medien-) Wirkungsforschung (Jäger 1999: 169 f.), erscheint allerdings vermessen, da die KDA tatsächlich nur die Produktions- oder Angebotsseite untersucht. Auch wenn die Annahme, die ständige Wiederholung bestimmter Bilder, Darstellungen und Deutungen würde Subjekte schaffen, die sich genau diese Deutungen zueigen machen, sehr plausibel ist, ist damit eine Rezeptionsanalyse noch nicht ersetzt.

Tabelle 1 fasst noch einmal die empirischen Schritte des Prozesses der Kritischen Diskursanalyse zusammen und benennt die im jeweiligen Schritt verfolgten Erkenntnisziele, die jeweils untersuchte heuristische Strukturebene (Untersuchungseinheit) und die zum Erreichen dieser notwendigen Selektionsschritte, am empirischen Material.

Tabelle 1: *Die empirischen Phasen einer kritischen Diskursanalyse*

Forschungsphase	**Erkenntnisziel**	**Untersuchungseinheit**	**Selektion**
1. Konzeptionierungsphase			
2. Erhebungsphase (Korpusgewinnung)	Sammlung des Gesamts des Sagbaren (Archiv)	alle Diskursfragmente	thematische Selektion
3. Strukturanalyse	Abbildung der inhaltlichen Grundstruktur des Diskursstranges	ein Dossier (Artikel, die alle inhaltlichen Variationen abdecken) je Zeitung	Reduktion um Redundanzen, Ordnung nach Zeitungen
4. Feinanalyse	Hypothesen-generierung und -überprüfung auf der Mikroebene	Einzelartikel (Diskursfragmente)	exemplarische Auswahl typischer Artikel
5. Interpretationsphase			

Die synoptische Interpretation unserer Untersuchung offenbart einen linken Nahostdiskurs, der von binären Polarisierungen (pro-israelisch/pro-palästinensisch) gekennzeichnet ist, die von eindeutig zuzuordnenden Diskurspositionen aus vertreten werden und mit unterschiedlichen ideologischen Elementen verbunden sind. Anschlüsse an rassistische, antisemitische und islamophobe Lesarten entstehen immer wieder durch Metaphern oder Kollektivsymbole sowie durch perspektivische Einseitigkeit, die zur Trivialisierung oder Leugnung von Ansprüchen, Bedürfnissen und Problemlagen der jeweils anderen Seite führt. Dies manifestiert sich in grundverschiedenen Sichtweisen auf die Ereignisse, in deren Präsentation sich manche Diskursfragmente auf die Gewalt radikaler Siedler konzentrieren, andere wiederum von PalästinenserInnen ausgehende Gewalt ins Zentrum rücken, so dass antagonistische Wissenssysteme produziert werden.

Doch über die Binnenstruktur hinaus werden übergreifende Charakteristika deutlich. Parteilichkeit ist ein generelles Prinzip, welches den Großteil der Diskursfragmente kennzeichnet. Dabei erfolgt eine Konzentration auf Gewaltaspekte, die zwar einerseits dem Realitätsgehalt des Gegenstands angemessen sein mag, andererseits in den de-normalisierenden Diskurs über israelische/palästinensische Akteure des medialen Mainstreams einstimmt. Auffällig ist weiterhin die häufige, wenn auch oft indirekte Verschränkung des Diskursstranges mit Vokabular und Konzepten, die mit der deutschen NS-Geschichte zusammenhängen. Diese Verschränkungen treten universell auf, auch in Diskursfragmenten, die antagonistischen Diskurspositionen entstammen. Dies ist, wie die de-normalisierende Gewaltfixierung, kein linkes Spezifikum. Im Vergleich mit dem Mediendiskurs der Mehrheitsgesellschaft fällt aber die Stärke und Radikalität der Polarisierung ins Auge.

4. Fazit

Die Kritische Diskursanalyse ist ein vergleichsweise ausführlich und detailliert beschriebenes Verfahren, das einen guten Einstieg in das diskursanalytische Arbeiten ermöglicht. Es ist ein großes Verdienst des DISS, in zahlreichen Veröffentlichungen ein System aufeinander bezogener theoretischer und methodischer Begrifflichkeiten sowie einen praktischen Leitfaden für konkrete Analysen bereitgestellt und beides anhand anschaulicher Beispiele illustriert zu haben. Gelegentliche Inkonsistenzen in der Begriffsverwendung und teilweise unzureichende Definitionen der Konzepte können jedoch zu Verwirrung führen.

Der sprachwissenschaftliche Hintergrund des »Vaters« der KDA Siegfried Jäger ist an vielen Stellen spürbar. Dem sind unter anderem eine Reihe aufschlussreicher Analyseinstrumente zu verdanken. Andererseits ist so auch zu erklären, dass das sozialwissenschaftliche Fundament einiger Konzepte wenig ausgeleuchtet wird. Die Auseinandersetzung mit anderen qualitativen Methoden der Sozialwissenschaften ist sehr oberflächlich und auf wenige Alternativansätze begrenzt (vgl. Jäger 2004: 52 ff.). Impulse anderer Ansätze (vgl. bspw. Leanza oder Krüger in diesem Band) könnten dazu beitragen, die ungeklärte Validität von Kategorieeinteilungen und Interpretationen zu verbessern. In diesem Zusammenhang muss v. a. auf den methodisch problematischen Schluss von der Analyse der Inhalte und Struktur eines Diskurses auf seine Rezeption hingewiesen werden. Damit einher geht das Problem, dass spezifische Äußerungen vor dem Hintergrund gesellschaftlicher Diskurse eine Bedeutung annehmen können, die nicht unbedingt von dem/der AutorIn intendiert bzw. von einzelnen RezipientInnen so verstanden werden (bspw. Anschlussfähigkeit an rassistische Diskurse). Während diese Diskrepanz für eine wissenschaftliche Betrachtung mitunter irrelevant ist, kann sie für politische Interventionen hoch bedeutsam sein. Denn einerseits stellt sich für AkteurInnen die wichtige Frage, wie Inhalte durch den diskursiven Kontext verändert werden und welche Konsequenzen dies für ihr Handeln hat. Andererseits wird die Bewertung von Diskursbeiträgen dadurch komplex, weil es unterschiedliche subjektive und diskursive Deutungsperspektiven gibt.

Abschließend sollte die gesellschaftliche Relevanz gewürdigt werden, die einschlägige Untersuchungen des DISS in den letzten zwei Jahrzehnten erlangt konnte. Insofern wird das Institut seinen Ansprüchen an das eigene Forschungsprogramm gerecht. Die Charakterisierung »kritisch« im Namen der Methode bezieht sich dabei vor allem auf dieses Programm, wie die relativ ausführliche Darstellung des Kritikverständnisses belegt. Das konkrete diskursanalytische Vorgehen weist bezüglich seines immanenten kritischen Gehaltes keine relevanten Unterschiede zu anderen Verfahren des Feldes auf.

Literatur

Billig, Michael: Banal Nationalism, London 1995.

Diaz-Bone, Rainer: Kritische Diskursanalyse: Zur Ausarbeitung einer problematischen Diskursanalyse im Anschluss an Foucault. Siegfried Jäger im Gespräch mit Rainer Diaz-Bone (89 Absätze), *Forum Qualitative Sozialforschung/ Forum: Qualitative Social Research (On-line Journal)*, 7(3), Art. 21, http://www.qualitative-research.net/fqs-texte/3-06/06-3-21-d.htm [01. 07. 2007], 2006.

Gräfe, Stefanie: Im Westen nichts Neues. Der Islam als Antithese zum »freien Westen«, in: Forum Wissenschaft, 2002, H. 1.

Hafez, Kai: Die politische Dimension der Auslandsberichterstattung, 2 Bd., Baden-Baden 2001.

Haury, Thomas: Antisemitismus von links. Kommunistische Ideologie, Nationalismus und Antizionismus in der frühen DDR, Hamburg 2002.

Haury, Thomas: Der neue Antisemitismusstreit der deutschen Linken, in: Rabinovici, Doron/Speck, Ulrich/Sznaider, Natan (Hrsg.): Neuer Antisemitismus? Eine globale Debatte, Frankfurt am Main 2004, S. 144-167.

Jäger, Margarete/Jäger, Siegfried: Die Nahostberichterstattung zur Zweiten Intifada in deutschen Printmedien, in: Jäger, Siegfried/Januschek, Franz (Hrsg.): Gefühlte Geschichte und Kämpfe um Identität, Edition DISS, Bd.1, Münster 2004, S. 147-168.

Jäger, Siegfried: Die Wirklichkeit ist diskursiv, Vortrag auf dem DISS-Sommer-Workshop 1996 vom 13.-15. Juni in Lünen.

Jäger, Siegfried: Kritische Diskursanalyse. Eine Einführung, Duisburg 1999.

Jäger, Siegfried: Diskurs und Wissen. Theoretische und methodische Aspekte einer kritischen Diskurs- und Dispositivanalyse, in: Keller, Rainer/Hirseland, Andreas/Schneider, Werner/Viehöfer, Willy (Hrsg.): Handbuch Sozialwissenschaftliche Diskursanalyse, Band 1, Theorien und Methoden, Opladen 2001, S. 81-112.

Jäger, Siegfried: Kritische Diskursanalyse. Eine Einführung, Duisburg: Duisburger Institut für Sprach- und Sozialforschung, Münster 2004.

Jäger, Siegfried/Jäger, Margarete: Medienbild Israel. Zwischen Solidarität und Antisemitismus, Münster 2003.

Jäger, Siegfried/Jäger, Margarete: Medienbild Israel. Zwischen Solidarität und Antisemitismus, Kurzfassung, http://www.uni-duisburg.de/DISSInternetbibliothek/Artikel/Deutsch Kurzfassung Israel Studie.pdf [02. 03. 2004], 2003a.

Kloke, Martin W.: Israel und die Deutsche Linke. Zur Geschichte eines schwierigen Verhältnisses, Frankfurt 1994.

Leibold, Jürgen/Kühnel, Steffen: Islamophobie. Sensible Aufmerksamkeit für spannungsreiche Anzeichen, in: Heitmeyer, Wilhelm (Hrsg.): Deutsche Zustände, Folge 2, Frankfurt 2003, S. 100-119.

Link, Jürgen: Kollektivsymbolik und Mediendiskurse, in: kultuRRevolution, 1982, H. 1, S. 6-21.

Link, Jürgen: Kleines Begriffslexikon, in: kultuRRevolution, 1986, H. 11, S. 71.

Link, Jürgen: Versuch über den Normalismus. Wie Normalität produziert wird. Opladen 1997.

Ullrich, Peter: Antisemitismus etc. Bedingungen und Grenzen der (linken) Solidarität mit Palästina/Israel, in: UTOPIE kreativ, 2005, H. 173, S. 233-242.

Ullrich, Peter: Neuer Antisemitismus von links? Der Nahostkonflikt, Antizionismus, Antisemitismus und die Linke in Großbritannien und der BRD, in: Verhandlungen des 33. Kongresses der Deutschen Gesellschaft für Soziologie, 2007 (in Druck).

Ullrich, Peter: Die Linke, Israel und Palästina. Diskursive Gelegenheitsstrukturen und die linken Nahostdiskurse in Großbritannien und der Bundesrepublik Deutschland, Dissertation, FU Berlin 2007a.

Ullrich, Peter: Begrenzter Universalismus. Sozialismus, Kommunismus, Arbeiter(innen)bewegung und ihr schwieriges Verhältnis zu Judentum und Nahostkonflikt, Kleine Texte 26, Berlin 2007b.

Matthias Leanza

Kritik als Latenzbeobachtung – Darstellung und Diskussion grundlegender Konzepte der Objektiven Hermeneutik und deren Anwendung am konkreten Fall

»Verdacht muß erregen, wenn eine Position sich selbst als kritisch etikettiert und damit programmatisch vorwegnimmt, was sie doch jedes Mal von neuem in der Sachanalyse erst einzulösen hat.«
Oevermann 1983a: 283

1. Zur Methodologie der Objektiven Hermeneutik

Es stellt sicherlich keine gewagte These dar, zu behaupten, dass sich gesellschaftskritisches Denken in starkem Maße dadurch auszeichnet, auf Latenzen zu reflektieren. Von Marx über Adorno bis hin zu Foucault finden sich zahlreiche Referenzen auf gesellschaftliche Phänomene, die sich durch Latenz auszeichnen. Diese Phänomene sind zwar den Menschen, welche sie produzieren bzw. in ihnen verstrickt sind, in aller Regel nicht bewusst, dennoch existieren sie und führen zu *realen* Effekten. Paradigmatisch kommt dieses theoretische Motiv in dem bekannten Marxschen Satz »Sie wissen das nicht, aber sie tun es« (Marx 1986: 88), der im Kontext seiner Überlegungen zum »Fetischcharakter der Ware« steht, zum Ausdruck. Aber auch wenn man an Foucaults Projekt einer »Archäologie des Wissens« denkt, welche die diskursiven *Möglichkeitsbedingungen* von scheinbar natürlichen und immer schon existenten ›Gegenständen‹ und Selbstbefragungen ausgraben möchte, lässt sich eine Reflektion auf latente Mechanismen und Strukturen erkennen (vgl. Foucault 1981: 72). Die im Folgenden vorgestellte Methodologie der Objektiven Hermeneutik reiht sich insofern in die oben genannten kritischen Theorien und Forschungsprogramme ein, als dass sie auch der *Frage nach Latenzen* nachgeht. Ihr Anliegen ist es eine allgemeine Methodologie zur Verfügung zu stellen, auf deren Basis konkrete Verfahrensweisen und Analysestrategien für die Auswertung von konkretem Datenmaterial formuliert werden können. Auf diese Weise soll es möglich werden, *(Be)deutungsmuster*, wie sie beispielsweise in der Politik, den Massenmedien oder aber auch in Alltagsinteraktionen zum Einsatz kommen, nach ihrer semantischen ›Tiefenstruktur‹ befragen zu können. Das Ziel einer objektiv-hermeneutisch verfahrenden empirischen Analyse ist die Rekonstruktion je fallspezifischer »latenter Sinnstrukturen« (Oevermann et. al. 1979: 367).

Der Artikel führt in einem ersten Teil in die allgemeinen methodologischen Grundsätze der Objektiven Hermeneutik und den daraus resultierenden Interpretationstechniken ein. Neben deren Darstellung wird auch die Frage zu diskutieren sein, inwiefern sich sagen oder eben auch nicht sagen lässt, dass die Objektive Hermeneutik eine kritische Methode und Methodologie formuliert bzw. sich mit ihr kritisch forschen lässt. In einem zweiten Teil wird anhand der Analyse eines konkreten Falles sowohl ihre Anwendung als auch ihr dabei zu Tage tretendes *kritisches Potenzial* gezeigt werden. Dem Selbstverständnis der Objektiven Hermeneutik nach muss sich das kritische Potenzial eines Forschungsansatzes anhand von konkreten Materialanalysen stets neu erweisen. Bei der konkreten Materialanalyse handelt es sich um einen Zeitungsartikel des Gesamtmetallvorsitzenden Martin Kannegiesser. Dieser nimmt in seinem im Juli 2004 in der *ZEIT* erschienenen Artikel auf die Tarifrunde 2003/2004 in der Metall- und Elektroindustrie implizit Bezug und griff auf diese Weise in die öffentliche Auseinandersetzung zwischen Gewerkschaften und Arbeitgeberinnenverbänden[1] ein, welche im Sommer 2004 stattgefunden hat. Kannegiessers Artikel erscheint bei einem ersten und damit notwendigerweise oberflächlich bleibenden Lesen – welches aber m. E. die vorherrschende Form der Lektüre von Zeitungsartikeln darstellt – als kompromissbereit und in wichtigen Teilen arbeitnehmerinnenfreundlich. Bei genauerer Analyse – und das heißt hier unter Rückgriff auf die Objektive Hermeneutik – zeigt sich aber, dass alle vom Text gemachten ›Zugeständnisse‹ und Konzessionen an die Arbeitnehmerinnenschaft *auf der Basis* einer neoliberalen Standortlogik fußen. Wird diese jedoch als allgemeiner Orientierungs- und Bezugsrahmen akzeptiert, werden alle ›Zugeständnisse‹ und positiven Angebote zur bloßen Farce bzw. zeigen sich als ein klug eingesetztes rhetorisches Mittel, um Protest und Widerstand seitens der Arbeitnehmerinnenschaft zu absorbieren.

Doch was wird nun genau mit dem schon erwähnten Begriff der »latenten Sinnstruktur« bezeichnet? Und warum ist gerade von einer *Objektiven* Hermeneutik die Rede?

1.1. Latenz und Objektivität von Sinnstrukturen

Um sich der Beantwortung dieser Fragen zu nähern, ist es sinnvoll, kurz den Entstehungshintergrund der Objektiven Hermeneutik zu betrachten. Die auf Ulrich Oevermanns Dissertation von 1967 basierende Studie »Sprache und soziale Herkunft« (1972; erstmals 1970) setzt sich mit der vom britischen Soziolinguisten Bernstein stammenden Unterscheidung zwischen »restringiertem« und »elaboriertem Sprachcode« kritisch auseinander. In der Form einer quantitativ und hypo-

1 Personenkategorien werden hier, auch wenn sie sich auf Frauen und Männer beziehen, durchgehend in der grammatikalisch weiblichen Form benutzt. Die Leserin (!) muss dann jeweils offen lassen, ob es sich tatsächlich um Männer und Frauen oder lediglich um Frauen handelt. Allerdings kann in vielen Fällen auch unterstellt werden, dass Personen beiderlei Geschlechts gemeint sind.

thesenprüfend angelegten empirischen Studie (vgl. ebd.: 92 ff.) ging Oevermann der Frage nach, inwiefern die von Bernstein aufgestellte These, dass Unterschichtskinder gegenüber Mittel- und Oberschichtskindern ein weniger elaboriertes Sprachverhalten aufweisen, und die Schule, anstatt kompensatorisch einzugreifen, diese Unterschiede noch verstärkt, auch in der BRD zutreffend sei. Für uns ist an dieser Studie zunächst interessant, dass die von Oevermann verwendeten standardisierten Methoden, das Kontrastprogramm bzw. zumindest einen sehr zentralen Abgrenzungspunkt für die später von ihm maßgeblich auf den Weg gebrachte Objektive Hermeneutik darstellen. Allerdings finden sich auch hier schon Konzepte, welchen dann später im Rahmen der Objektiven Hermeneutik eine zentrale Stellung zukommen soll. So wird beispielsweise die Selektivität und Sequenzialität vom jedwedem Sprachgebrauch betont (ebd. 173 ff.), als aber auch »*nicht* nach der im individuellen Fall wahrscheinlichen *Bedeutungsintention* klassifiziert, sondern [...] nach *Bedeutungsfunktionen*« (ebd.: 175; m. Herv.) im jeweiligen situativen Äußerungskontext.

Ab 1968 führte Oevermann – z. T. ausgehend von Überlegungen aus seiner Studie zu »Sprache und sozialer Herkunft« (ebd. 363) – zusammen mit seinen Kollegen Krappmann und Kreppner und einigen Mitarbeiterinnen für die Max-Planck-Gesellschaft die Studie »Elternhaus und Schule« durch (vgl. Reichertz 1997: 33). In dieser wurde u. a. der Spracherwerb von Unterschichtskindern untersucht. Die Forscherinnen besuchten hierfür Familien in ihren Wohnungen und erstellten Tonbandaufnahmen von den familiären Alltagsgesprächen. Im Rahmen dieser Arbeit stellte sich für das Forscherinnenteam jedoch heraus, dass es bisher in der soziologischen Sozialisationsforschung an einer »genuin soziologischen Interpretation« solcher Daten, die mehr ist als die »Applikation psychologischer Hypothesen« (Oevermann et. al. 1976: 371), mangelte. Die *Struktur der sozialisatorischen Interaktion selbst* sollte aus Sicht der Forscherinnen in den Blick genommen werden und nicht die psychischen Prozesse bzw. die Intentionen der an diesen Interaktionen beteiligten Personen. Es sollte also mit anderen Worten eine nicht auf Individuen zentrierte Interpretationsweise formuliert werden, welche gerade im Gegensatz dazu die interaktiven und kommunikativen *Vermittlungsformen* von Individuen in den analytischen Fokus rückt. Vor dem Hintergrund dieser Überlegungen wurden für die Analyse der transkribierten Gespräche nun selbst Verfahrensweisen entwickelt, mit denen es auf *»genuin soziologische«* Art und Weise möglich sein sollte, sozialisatorische Interaktion zu untersuchen (vgl. zur Entstehungsgeschichte der Objektiven Hermeneutik auch Reichertz 1986: 61 ff. und Ders. 1997: 32 ff.).

In den darauf folgenden Jahren wurde v.a. von Seiten Oevermanns versucht, daraus eine generelle – also nicht nur auf die Deutung von sozialisatorischer Interaktion beschränkten – und dem Stand der soziologischen Methodendebatte entsprechenden *Methodologie* zu entwickeln. Dabei stellten u. a. Überlegungen bzw. bestimmte Motive von Adorno, welcher in der Selbstdarstellung der Objektiven

Hermeneutik oft als Hauptbezugsfigur dargestellt wird, als aber auch Konzepte von Mead, Pierce oder Chomsky wichtige Anknüpfungspunkte bei der Formulierung der Objektiven Hermeneutik dar. Dennoch lässt sich m. E. diese nicht bloß auf eine notwendige Konsequenz dieser Ansätze reduzieren. Die Objektive Hermeneutik stellt vielmehr ein relativ eigenständiges methodologisches Unterfangen dar und gehört inzwischen zum Standardrepertoire qualitativer, oder besser, rekonstruktiver Sozialforschung.[2]

Wie schon angedeutet wurde, geht die Objektive Hermeneutik von einer *starken Unterscheidung* zwischen einem psychischen und einem sozialen Phänomenbereich aus. Sie spricht in diesem Kontext sogar von »zwei grundsätzlich verschiedenen Realitätsebenen« (Oevermann et. al. 1979: 367) oder von einer »systematischen Differenz« (Oevermann et. al. 1976: 386) dieser beiden Bereiche. Genauer fasst sie den Unterschied zwischen diesen beiden Ebenen als den Unterschied zwischen »der Realität der latenten Sinnstrukturen eines Textes einerseits [...] und der Realität von subjektiv intentional repräsentierten Bedeutungen eines Textes auf Seiten der handelnden Subjekte andererseits« (Oevermann er. al. 1979: 367). Diesen Unterschied möchte ich im Folgenden genauer explizieren.

Unter Rückgriff auf G. H. Mead (»verallgemeinerter Anderer«)[3] wird diese Trennung wie folgt begründet (vgl. Oevermann et. al. 1976: 385 f.): Die *Konstitution von Bedeutung bzw. Sinn* ist als ein kommunikativer Prozess anzusehen, der sich durch sein ›Bestreben‹ auszeichnet, eine *allgemein-objektive oder eben generalisierte Bedeutung* zu generieren. Anders gesagt: die Objektive Hermeneutik geht davon aus, dass es *kollektiv bindende Regeln der Bedeutungszuschreibung* gibt, welche dann dem »konkreten Handlungssubjekt als objektive Strukturen gegenübertreten« (Oevermann 2001: 4). Immer wird dabei ein materieller Träger mit einem bestimmten Sinn assoziiert und auf diese Weise eine »Ausdrucksgestalt« (Oevermann 2002: 1) geformt, welche auf eine bestimmte Art und Weise zu

2 Das u. a. von Oevermann 2001 in Frankfurt gegründete unabhängige *Institut für hermeneutische Sozial- und Kulturforschung (IHSK),* sowie der 1992 ebenfalls in Frankfurt gegründete Verein *Arbeitsgemeinschaft Objektive Hermeneutik e.V.* sichern auch auf institutioneller Ebene das Fortbestehen dieses Forschungsansatzes. Neben der Organisation von Tagungen, Workshops etc. werden auch ›Serviceleistungen‹ – wie das Durchführen von Supervisionen – angeboten. Zudem befinden sich auf den Internetseiten Bibliographieangaben und Texte zum Download (www.ihsk.de; www.agoh.de).

3 Mead (1973; Orig.:1934) versuchte u. a. in kritischer Auseinandersetzung mit Watsons Behaviorismus eine generelle auf Kommunikation und Zeichengebrauch abzielende Theorie der Entstehung von Geist, Gesellschaft und Identität zu formulieren. Dabei besteht eine auch für Oevermann wichtige Grundidee des Meadschen Sozialbehaviorismus darin, dass beobachtbare menschliche Verhaltensweisen, eine in einem bestimmten Sprach- und Kulturkreis allgemein-gültige Bedeutung erhalten und dadurch menschliche Kooperation überhaupt möglich wird (vgl. ebd.: 44). Damit dies vonstatten gehen könne, müsse das sie ausführende Individuum in einem Abstraktionsprozess lernen, sich dabei gewissermaßen von Außen zu beobachten bzw. die Perspektive des Anderen auf sein eigenes Verhalten einzunehmen (vgl. ebd. 86 ff.; 113). Erst dadurch, »daß das jeweilige Individuum die Haltung anderer sich selbst gegenüber übernimmt und daß es schließlich alle diese Haltungen zu einer einzigen Haltung oder einer einzigen Position kristallisiert, die als die des ›verallgemeinerten Anderen‹ bezeichnet werden kann« (ebd.: 130), wird Kommunikation und Sinn, der immer »objektiv« (ebd.: 118) vorzustellen sei, ermöglicht: »Sagt eine Person etwas, so sagt sie zu sich selbst, was sie zu den anderen sagt; anderenfalls wüsste sie nicht, worüber sie spricht« (ebd.: 189).

lesen ist (vgl. Oevermann 1996: 20). Unter »objektiven Sinnstrukturen« lassen sich demnach all diejenigen Regeln verstehen, die wahrnehmbare Laute, Buchstaben, Gegenstände, aber auch Verhaltensweisen mit einem bestimmten Sinn verbinden und die einzelnen Bedeutungselemente in einen aufeinander verweisenden Kontext setzen. Wäre dies nicht der Fall, wäre es nicht möglich wechselseitig Handlungsabläufe zu koordinieren, geschweige denn miteinander zu sprechen. Da diese Regeln allgemein-kollektiver Art sind, erlangen sie den Status objektiver Strukturen, die dem einzelnen Subjekt als etwas Allgemeines, Nicht-Subjektives gegenüberstehen: »Die objektive Hermeneutik ist ein Verfahren, diese objektiv geltenden Sinnstrukturen intersubjektiv überprüfbar je konkret an der lesbaren Ausdrucksgestalt zu entziffern, die Ausdrucksmaterial als Protokoll ihrerseits hör-, fühl-, riech-, schmeck- oder sichtbar ist« (ebd.: 2).[4]

Oevermann (1983a: 255) spricht in diesem Kontext auch von einer generellen »Textförmigkeit sozialer Wirklichkeit«. Denn Sozialität meine letztlich nichts anderes als kommunikativ hergestellte Bedeutungs- und Verweisungsstrukturen, die nicht nur bei Texten im engeren Sinne auftauchten, sondern auch in »Handlungstexten« (Oevermann et. al. 1979: 378) etc. zu finden seien. »Alle humanen Handlungen« sind demnach »rekonstruierbare Sinngebilde (also textförmige Gebilde)« (Oevermann 1981: 14) und können erst durch Rückgriff auf das kulturelle Regelwissen gelesen, verstanden und analytisch gedeutet werden. Der Textbegriff wird im weiteren Argumentationsverlauf daher immer auch in diesem weiten auf Sinn bzw. Bedeutung abstellenden Sinne jedes sozialen Geschehens verwendet. In der Regel seien aber – so Oevermann – diese objektiven Bedeutungen individuell gar nicht vollständig realisiert und blieben somit *latent*. Dies hinge v. a. mit dem Tempo sozialer Abläufe und der kognitiven Beschränktheit von Menschen zusammen. Dennoch hinterließen die einzelnen Äußerungen und Verhaltensweisen eine Erinnerungsspur und könnten im Nachhinein gemäß den allgemeinen Regeln der Bedeutungszuschreibung gelesen und verstanden werden. Ebenso müsse davon ausgegangen werden, dass ein Beobachter, der vom praktischen Handlungsdruck befreit ist, die jeweiligen Bedeutungen zuordnen kann (vgl. Oevermann et. al. 1976: 380; 384ff., 394). »Die Koinzidenz von latenter Sinnstruktur und subjektiv repräsentierten Sinn« stelle daher »den idealen Grenzfall vollständig aufgeklärter Kommunikation dar« (Oevermann et. al. 1979: 383 f.) und nicht etwa die Regel. Dementsprechend spricht Oevermann auch synonym von latenten und objektiven Sinnstrukturen.

Ins individuelle Bewusstsein tritt die Realität solcher objektiven Sinnstrukturen aber meistens erst dann, wenn Regelverletzungen und ›Krisen‹ stattfinden – wie sich am Beispiel von Versprechern deutlich machen lässt. So ist es erst vor dem Hintergrund solcher allgemeiner Regeln möglich sich zu versprechen. Die

4 Damit wird auch generell der Anspruch erhoben Kunstwerke, Architektur, ›Landschaften‹, Stadtbilder oder sonst wie geartete ›Materialitäten‹ analytisch und soziologisch informativ aufschlüsseln zu können. Für die Deutung eines Luftbildes einer Stadt siehe Wienke 2000.

Bedeutung, die man eigentlich realisieren wollte, stimmt dann nicht mit der allgemeinen Art und Weise überein, wie dem geäußerten Laut Bedeutung zugeschrieben wird – was man dann auch meistens selber merkt. Wäre die Verbindung zwischen einem Wort bzw. einem Lautbild und seiner semantischen Dimension beliebig, könnte jede sich ihre eigene Sprache ›basteln‹ oder bei jedem Versprecher den Anspruch erheben, dass nun eine neue Regel der Bedeutungszuschreibung existiere, was wohl offensichtlich nicht der allgemeine Fall ist. Daher müsse sich nun der objektiv-hermeneutische »Interpret [...] nicht auf den Standpunkt des Senders des Textes oder des konkret anderen, der an der Interaktion beteiligt war« stellen, »sondern auf den Standpunkt des allgemeinen, gewissermaßen absoluten anderen« (Oevermann et. al. 1976: 391).

1.2. Zum Verhältnis von Text und Kontext

Aufgrund dieser Objektivierung bzw. innerhalb einer Kulturgemeinschaft objektiv-allgemeinen Gültigkeit von Sinnstrukturen ist von einer *Objektiven* Hermeneutik die Rede. Mit dem Begriff der »Hermeneutik« wird daher nicht »wie in der klassischen geisteswissenschaftlichen Tradition noch angelegt, an den verstehenden Nachvollzug subjektiver innerpsychischer Vorgänge oder Zustände« (Oevermann et. al. 1976: 390) gedacht. Vielmehr ginge es darum objektive Regeln und Strukturen der Bedeutungsgenerierung hermeneutisch zu rekonstruieren: »Gegenstand dieser Methode, die man vorläufig deshalb als ›objektive Hermeneutik‹ bezeichnen könnte, ist die Explikation und Rekonstruktion der objektiven Bedeutung protokollierbarer Symbolketten, nicht der Nachvollzug der psychischen Prozesse ihrer Produktion« (Oevermann et. al. 1976: 390).[5]

Aus diesem Grund steht für eine objektiv-hermeneutische Rekonstruktion der Text, also die »protokollierbaren Symbolketten«, im Vordergrund und nicht sein Kontext. Der Text stellt eine »soziale Tatsache sui generis« (Oevermann 2001: 4) dar, d. h. er zeichnet sich durch eine ihm eigene Form der Realität und Widerständigkeit aus. Demnach muss auch nicht erst in seinen psychischen und sozialen Kontexten, welche dann wiederum selbst Texte sind, gesucht werden, um ihn als sozialwissenschaftliches Analyseobjekt überhaupt zu qualifizieren.

5 Auch 1979 distanzieren sich Oevermann et. al noch von der Bezeichnung »Objektive Hermeneutik«: »Wir nennen es [das Forschungsprogramm M. L.] – sicherlich nicht sehr glücklich – vorläufig ›objektive Hermeneutik‹, weil wir damit verdeutlichen wollen, daß es ausschließlich um die sorgfältige, extensive Auslegung der objektiven Bedeutung von Interaktionstexten, des latenten Sinns von Interaktionen geht, und dieses Verfahren des rekonstruierenden Textverstehens mit einem Nachvollzug innerpsychischer Prozesse, etwa bei Interpretationen von Befragungsergebnissen oder von durch projektive Tests erzeugten Antworten, nichts zu tun hat« (381). Inzwischen ist diese vorläufige Bezeichnung zur permanenten geworden, wobei zwischendurch auch andere Bezeichnungen wie »strukturale Hermeneutik«, »genetischer Strukturalismus« gehandelt wurden (vgl. Reichertz 1997: 31). Im Endeffekt geht es m. E. lediglich darum auszudrücken, dass *kommunikative Strukturen* in ihrer realen Operationsweise und nicht psychische Prozesse hermeneutisch rekonstruiert werden sollen. Es ließe sich daher vielleicht auch von einer »kommunikativen Hermeneutik« sprechen.

Diese gewissermaßen ›Autonomie‹ und ›Verselbstständigung‹ von Texten gegenüber ihren Kontexten lässt sich gut an folgendem – wohl bekanntem, wenn auch zugegebenermaßen nicht ganz alltäglichem – Beispiel verdeutlichen: 1938 wurde in den USA ein Radiohörspiel gesendet, welches auf dem Roman »Krieg der Welten« von H. G. Wells basiert. Das Hörspiel, das im Stil einer Live-Reportage verfasst war, berichtete von einer Invasion durch Außerirdische in den USA. Dies führte zu z. T. heftigen panischen Reaktionen, da es als authentische Reportage verstanden wurde und nicht als eine fiktive Geschichte (allerdings kann wohl bezweifelt werden, dass es tatsächlich zu einer allgemeinen Massenhysterie gekommen ist und teilweise die Medienforschung, die gern auf dieses Beispiel zu sprechen kommt, die Ereignisse ›überhöht‹ hat, zumal auch einleitend der fiktive Charakter kenntlich gemacht wurde[6]). Der Fall erregte seiner Zeit viel Aufsehen. Mit den hier vorgeschlagenen Begrifflichkeiten gesprochen lässt sich sagen, dass die objektive Sinnstruktur des Radiohörspiels mit der einer seriösen Radioreportage in weiten Teilen identisch war und daher von vielen auch so verstanden wurde bzw. werden musste. Obwohl die Sprecherinnen des Hörspiels sich intentional über den fiktiven Charakter ihrer Worte natürlich bewusst waren und auch in den konkreten Interaktionen bei der Planung und Entstehung des Hörspiels sicherlich immer wieder sichtbar wurde, dass es sich um eine fiktive Geschichte handelte, so hatte dennoch das so produzierte Hörspiel die objektive Struktur einer ›normalen‹ Radioreportage. Es konnte daher nur schwer als Radiohörspiel identifiziert werden. Es sei denn, dass man den Inhalt für so unglaubwürdig hielt, dass man an ihm zweifelte. Die Form ließ solche Zweifel nicht zu. Hier wird sichtbar, dass Intentionen bzw. psychische Zustände und soziales Geschehen (wie beispielsweise Interaktionen während der Aufnahmen im Tonstudio), wenn sie denn im produzierten Text (wie hier dem Radiohörspiel) selbst nicht objektiviert werden, keinerlei Effekt hervorbringen können. Sie bleiben dann sozial bzw. kommunikativ unsichtbar.

Auch geht es der Objektiven Hermeneutik nicht darum, den Text lediglich als ein Fenster zu benutzen, um auf ein Phänomen schauen zu können, was *jenseits* des Textes liegt. Die Struktur und Funktionsweise des Textes *selbst* und nicht die seines Referenten, der letztlich auch ein Teil des Kontextes darstellt, ist zunächst einmal von Interesse (vgl. Oevermann 1983a: 285). Reichertz (1997: 37) drückt diese Haltung prägnant wie folgt aus: »Der zu interpretierende Text wird nicht als Beschreibung von Phänomenen behandelt, sondern als das zu erklärende Phänomen.« Oder Oevermann (1981: 47) selbst: »Texte werden also in der objektiven Hermeneutik nicht als Verweisungen auf außerhalb ihrer selbst liegende Strukturen oder Sachverhalte behandelt [...] , sondern sie werden als das Material oder Medium genommen, in dem soziale Strukturen erzeugt werden und sich konstitu-

6 siehe dazu Telepolis: www.heise.de/tp/r4/artikel/20/20422/1.html

ieren.«[7] Diese *Indifferenz gegenüber dem Gegenstand von Texten* ist aus dem Grund sinnvoll, da die Wahrheit oder Unwahrheit eines Textes nicht erklären kann, welche Effekte er erzielen wird. Natürlich kann sich selbst positioniert werden und beispielsweise auf die Falschheit einer Behauptung hingewiesen werden. Was für den untersuchten Fall jedoch selbst wichtig ist, sind die von ihm jeweils fallspezifisch getroffenen Entscheidungen wie auf eine Aussage, Handlung etc. Bezug genommen wird und welchen Status sie erlangt. Um die Rekonstruktion und detaillierte Herausarbeitung der Art und Weise, wie sich eine Sinnstruktur aufbaut – wie also beispielsweise Zeitungsartikel ihre Perspektive entfalten, Interaktionen ihre Handlungsabläufe organisieren, Parteiprogramme politisch zu lösende Probleme ausfindig machen etc. –, geht es der Objektiven Hermeneutik und nicht einfach um die schlichte Behauptung der Falschheit bzw. Richtigkeit eines Textes. Aus diesem Grund formuliert die Objektive Hermeneutik die Anforderung an die mit dieser Methode arbeitenden Forscherinnen, die *analysierten Texte tatsächlich ernst zu nehmen* und nicht auf etwas Anderes zu reduzieren.

1.3. Zur Sequentialität von latenten Sinnstrukturen

Die oben vorgestellten Konzepte werden konkretisiert, indem die Zeitdimension mit in die Betrachtung eingeführt und danach gefragt wird, wie sich die objektiven Text- bzw. Sinnstrukturen in der Zeit faktisch aufbauen bzw. wie ihre sequentielle Anordnung strukturiert ist. Hier erlangt der Begriff der »*Sequentialität*« eine entscheidende Bedeutung und die daran gekoppelten Vorstellungen von Selektivität und einem rekonstruktiven methodischen Zugriff.

Um sich diese Begrifflichkeiten zu verdeutlichen, denke man zunächst daran, ein leeres Blatt Papier vor sich liegen zu haben. Man kann sich nun entscheiden einen Stift in die Hand zu nehmen – sofern vorhanden –, um auf dem Papier etwas zu schreiben. Man hat – wenn man sich dafür entscheidet – aus einem *Raum von Möglichkeiten* eine Auswahl getroffen, die auch hätte anders sein können. Man hätte auch genauso gut mit dem Stift etwas zeichnen können. Oder es hätte genauso gut überhaupt kein Stift zur Hand genommen werden können. Das Papier hätte einfach auch zerknüllt und weggeworfen werden können. Oder man hätte daraus auch einen Seemannshut basteln können etc. Diese Alternativen wurden aber nicht gewählt, d. h. man hat sich eingeschränkt und etwas *Bestimmtes* ausgewählt. Zugleich öffnen sich nach dieser Auswahl, die immer auch eine Einschrän-

7 Dieser Gedanke hat auch Auswirkungen auf die Datenerhebung (s. dazu auch unten). So werden standardisierte Befragungen und ethnographische Protokolle als ungeeignete Datengrundlage angesehen, da sie zu stark der Selektivität der Forscherin Platz lassen (vgl. Oevermann 1981: 45 f.). Interviews stellen hingegen einen Grenzfall dar. Demnach würde man das Interview nicht – wie es häufig geschieht – als Informationsquelle für etwas Anderes benutzen (was natürlich auch sinnvoll sein kann), sondern die semantischen Formen, welche im Interview selbst zum Einsatz kommen und dessen Verlauf bzw. Dynamik analysieren: »Für den objektiven Hermeneuten sind solche wörtlichen Protokolle von Interviews primär Protokolle von Interaktionen zwischen dem Interviewer und dem Interviewten« (ebd.: 46) und dementsprechend als solche zu analysieren.

kung bedeutet, wiederum neue, zuvor noch nicht erreichbare Möglichkeiten. Man kann, nachdem sich für das Schreiben entschieden wurde, nun irgendein Wort beispielsweise aus der deutschen Sprache benutzen, um den Text zu beginnen. Zum Beispiel: »Ich«. Dieses Wort ist zunächst recht *offen* in seiner Bedeutung. Nach dieser Wahl/Einschränkung ergeben sich wiederum weitere, spezifischere Möglichkeiten des Anschlusses. Zum Beispiel könnte der Satz gebildet werden: »Ich wollte Dir schon seit längerem sagen, dass…« In diesem Fall fände eine direkte Adressierung eines ›Ichs‹ an ein ›Du‹ statt. Auf diese Weise würde dann eine Beziehung zwischen einem ›Ich‹ und einem ›Du‹ hergestellt, wobei das ›Ich‹ dem ›Du‹ seine Mitteilungsabsicht offenbart. Es könnte damit vielleicht versucht werden Vertrautheit herzustellen. Möglicherweise handelt es sich um einen Brief. Vielleicht ist es aber auch der Anfang eines Romans oder eine Kurzgeschichte… Der Satz könnte aber auch heißen: »Ich, du, er, sie, es stellen Personalpronomina der deutschen Sprache dar und stehen im Nominativ Singular.« In diesem Fall würde das ›Ich‹ nicht zu einem sich anvertrauenden Gegenüber eines ›Du‹ werden, sondern zu einem leeren sprachlich-grammatikalischen Zeichen, dass in wissenschaftlicher bzw. didaktischer Absicht (beispielsweise für ein Deutsch-Lehrbuch) hinsichtlich seiner Sprachfunktion reflektiert wird. Um welche Art von Text es sich aber genau handelt und welche Bedeutung die einzelnen Wörter etc. erhalten, kann erst durch die Kenntnis weiterer Sequenzstellen sicher gesagt werden. Oder aus der Perspektive des Schreibenden formuliert: Welchen Text man tatsächlich produziert, entscheidet sich noch nicht mit der Anfangssequenz und auch nicht mit dem Konzept, welches man im Kopf hat. Auch wenn die Wahl einer Anfangssequenz schon Möglichkeiten einschränkt, ergibt sich erst sukzessive, mit der Realisierung immer neuer (Bedeutungs-)Möglichkeiten, die spezifische Textstruktur.

Mit dem Beispiel soll verdeutlicht werden, dass es notwendigerweise an jeder Sequenzstelle eines Textes zu einer *Selektion bzw. Auswahl* aus einem Raum von Möglichkeiten kommt. Stück für Stück werden Textelemente ›aneinandergereiht‹, wobei das ›Aneinanderreihen‹ von Sequenzstellen nicht in einem oberflächlichen Sinne zu verstehen ist. Denn die Position und Kombination jeder einzelnen Sequenz mit anderen Sequenzen im Text bestimmt ihren spezifischen semantischen Gehalt und eröffnet neue je spezifische Möglichkeiten des Anschlusses: »Dabei wird unter Sequentialität nicht ein triviales zeitliches oder räumliches Nacheinander bzw. Hintereinander verstanden, sondern die mit jeder Einzelhandlung als Sequenzstelle sich von neuem vollziehende, durch Erzeugungsregeln generierte *Schließung vorausgehend eröffneter Möglichkeiten und Öffnung neuer Optionen in eine offene Zukunft*« (Oevermann 2002: 7).

Dies gilt allein schon in dem formalen Sinn, dass (wahrscheinlich) alle Wörter eine gewisse Flexibilität und Bedeutungsoffenheit besitzen und erst in Kombination mit anderen Wörtern ihre je fall- und situationsspezifische Bedeutung festgelegt wird (wenn man einfach nur »laufen« sagt, weiß man noch nicht wer, aus welchen Gründen, wann, wie schnell und wohin läuft etc.). Erst recht gilt dies für viel offenere ›Zeichen‹ wie zum Beispiel Pausen in Gesprächssituationen. Ob es sich bei einer Pause lediglich um den Effekt dessen handelt, dass die sprechende Person beim Sprechen Luft holen muss oder ob es sich um den Ausdruck von Scham oder Unwillen handelt auf eine Frage zu antworten, wird erst durch die spezifische Position der Pause im jeweiligen situativen Fall kenntlich (vgl. Oevermann 1981: 51 f.).

Durch diese sequentiell und selektiv stattfindende Art und Weise bildet sich ein »innerer Kontext« (Oevermann et. al. 1979: 415) heraus, welcher im Gegensatz zu dem schon oben in Abgrenzung zum Textbegriff eingeführten »äußeren Kontext« (ebd.) steht. Der »innere Kontext drückt die Selektivität« (ebd.: 422) des interessierenden Falles aus und ist damit im Gegensatz zum äußeren Kontext für die empirische Rekonstruktion von Texten entscheidend. Diese Sequentialität, welche immer auch schon den Begriff der Selektion impliziert, wird in der Objektiven Hermeneutik als ein konstitutiver Mechanismus jedes Sinnprozesses aufgefasst.[8] Was nun objektiv-hermeneutisch interessiert, sind die fallspezifischen Regelstrukturen – die *Fallstruktur* –, die bei der Selektion zum Einsatz kommen. Bei diesen Regeln handelt es sich für Oevermann nun aber nicht um eine bloße Abstraktion einer wissenschaftlichen Beobachterin, sondern vielmehr um »eine Maxime, der das Handlungssubjekt praktisch folgt« (Oevermann 2001: 7) bzw. der »wirklichen Selektivität des Falles« (Oevermann et. al. 1979: 422). Solche Regelstrukturen stehen nicht einfach isoliert da, sondern bilden ein oft verworrenes Verweisungs- und Abhängigkeitsgeflecht, das es *rekonstruktiv* auseinander zu ›friemeln‹ gilt. Mit dem Begriff der »Rekonstruktion« soll darauf aufmerksam gemacht werden, dass die sequentiell geordnete Sinnstruktur eines Textes hermeneutisch *nachgezeichnet* wird. Die Konstruktion der Sinnstruktur soll materialnah eben re-konstruiert werden (vgl. dazu auch Holz 2001: 149 ff.).

1.4. Sachhaltige Rekonstruktion protokollierter Wirklichkeit

Doch wie sehen nun die konkreten Forschungs- und Analyseverfahren aus, mit denen sich latente Sinnstrukturen rekonstruieren lassen? Hierbei ist zunächst zu beachten, dass der »konkrete Gegenstand der ›objektiven Hermeneutik‹ [...] archivierbare Fixierungen« (Oevermann et. al. 1979: 378) darstellen. Die Wirklichkeit bzw. Objektivität objektiver Sinnstrukturen lässt sich nur über eine – im weitesten Sinn – Aufzeichnung, also durch eine Protokollierung, analytisch erschließen. Wenn der Untersuchungsgegenstand selbst nicht schon in solch einer Form vorliegt (wie beispielsweise bei Zeitungsartikeln, Bildern, Gebäuden etc.),

8 Es mag vor dem Hintergrund dieser Konzeption von Sinn nicht verwundern, dass es inzwischen Bestrebungen gibt, die methodologischen Einsichten der Objektiven Hermeneutik auch für die Systemtheorie fruchtbar zu machen. Vgl. für methodologische Überlegungen seitens der Systemtheorie Bora (1993), Schneider (1995) und Sutter (1997) und für eine empirische Studie Holz (2001).

so müssen selbst Protokolle angefertigt werden. Denn der Gegenstand, also eine konkrete Lebenspraxis, ist in diesem Fall flüchtig und verschwindet unmittelbar nach seinem Auftreten. Die Lebenspraxis kann daher selbst nicht analysiert werden. Erst wenn sie protokolliert wird, ist sie überhaupt *analysefähig*. Da es sich bei dem Gegenstand aber um eine *Bedeutungsstruktur* handelt, lässt sie sich jederzeit in ein sprachliches Protokoll umwandeln, also in eine sprachliche Bedeutungsstruktur überführen (ebd.: 378). Hierzu sind technische Formen der Aufzeichnung, also Video- und Tonbandaufzeichnungen notwendig, welche zunächst alles speichern, was sich an Hör- und Sichtbaren ereignet, ohne schon durch die selektiven Wahrnehmungsfilter einer (wissenschaftlichen) Beobachterin gegangen zu sein. Erst durch diese »vollkommen unintelligenten und deshalb unselektiven technischen Aufzeichnungen« (Oevermann 2002: 21) wird eine rekonstruktive Strukturanalyse ermöglicht.[9] Das Ziel ist es also, der Analyse »natürliche Protokolle« (Oevermann 1983a: 286) zugrunde zu legen, die dann nach der Methode des maximalen Kontrastes ausgewählt werden (vgl. Oevermann 2002: 17 f.), und nicht – wie es bei ethnographischen Aufzeichnungen der Fall ist – schon bei der Datengenerierung zu deuten (vgl. dazu auch Bergmann 1985).

Diese Form der Datengenerierung ist von zentraler Bedeutung, da es bei einer objektiv-hermeneutischen Fallrekonstruktion um die faktische Sequentialität eines Textes selbst geht und nicht um die der wissenschaftlichen Beobachterin bzw. Protokollantin. Auf diese Weise kann ein »subsumtionslogisches Vorgehen« (Oevermann 1983a: 236) vermieden werden, welches mit »von außen an die Sache herangetragenen Klassifikations- und Variablensysteme[n]« (ebd.) den Gegenstand verfehlt, und wie dies für Oevermann auch bei standardisierten bzw. quantitativ arbeitenden Untersuchungen der Fall ist. Demgegenüber gelte es gemäß eines »*Sachhaltigkeitsprinzips*« (ebd.: 289) detailliert und auf der Grundlage ›guter‹ Protokolle *textnahe* Hypothesen zu bilden, welche jederzeit durch alternative Textauslegungen *falsifiziert* werden können. Die inhaltliche Offenheit des konkreten Analyseverfahrens entscheidet demnach über dessen Qualität. Eine Analyse, die schon im Vorhinein alles über ihren Gegenstand weiß, ist dem entgegen wenig instruktiv.

Die Objektive Hermeneutik hat nun verschiedene methodische Verfahren und Zugänge entwickelt, welche einem subsumtionslogischen Vorgehen, das jeden Gegenstand nur unter vorgefertigte Annahmen und Wahrnehmungsweisen subsumiert, entgegen arbeiten. Neben der im Weiteren genauer dargestellten und hier auch angewendeten *Sequenzanalyse* formuliert sie auch die Methode der summarischen Interpretation, die Feinanalyse, die Interpretation der objektiven Sozialdaten und die Glosse. Die Sequenzanalyse bildet aber »mittlerweile den eigentlichen

9 Jedoch ist hier einschränkend zu sagen, dass auch technische Aufzeichnungsgeräte selektiv wahrnehmen, da sie beispielsweise die visuelle oder haptische Dimension nicht mit aufnehmen. Zudem werden immer nur einzelne Realitätsausschnitte aufgenommen, niemals die Gesamtheit aller sich empirisch ereignenden Sinnstrukturen.

Kern der objektiven Hermeneutik« (Reichertz 1997: 39), was auch nicht verwundern mag, da sie die oben als zentral herausgestellte Sequentialität von latenten Sinnstrukturen besonders berücksichtigt. Der Kerngedanke bei der Sequenzanalyse besteht – wie sich nach dem bisher Gesagten schon erahnen lässt – darin, »einen realen Prozeß der Selektivität, des Ausschließens von Optionen« (Oevermann 1997 et. al.: 422) rekonstruktiv nachzuzeichnen.

1.5. Prinzipien der Sequenzanalyse

Die Sequenzanalyse zeichnet sich durch *fünf methodische Prinzipien* aus, welche z. T. aber auch für die anderen oben genannten Verfahren gelten (vgl. Wernet 2000: 21). Zentrales Prinzip stellt das *Prinzip der Sequentialität* dar. Dieses besagt, dass bei der Analyse eines Protokolltextes stets von Sequenz zu Sequenz vorgegangen werden muss und nicht auf spätere Sequenzstellen vorgegriffen werden darf. Wenn die Fallstruktur sequentiell strukturiert ist, dann muss – so das Argument – sich auch eine rekonstruktive Analyse von Sequenz zu Sequenz vortasten. Nur so könnten die sukzessiv stattfindenden Selektionen sowie das jeweilige Öffnen von neuen Anschlussmöglichkeiten erkannt werden. Um nun herauszufinden, welche Regelstruktur zum Einsatz gekommen ist, werden *Lesarten* gebildet. D. h. es werden verschiedene Wortbedeutungen zusammengetragen, um dann zu sehen, welche Lesart der Text selbst selektiert hat und welche nicht. Das Bilden von Lesarten wird aufgrund der oben schon erwähnten Bedeutungsoffenheit der einzelnen Zeichen notwendig. Durch das Feststellen eines bestimmten Wortes, einer bestimmten Handlung etc. werden zwar schon (Be)deutungsmöglichkeiten eingeschränkt. Dennoch werden aber oft mehr als nur eine Deutung immer noch zugelassen. Um zu prüfen, welche Bedeutungen bzw. Lesarten vom Text selbst ausgeschlossen werden und welche nicht bzw. nicht mehr plausibel sind, müssen sich weitere Sequenzstellen angeschaut werden. Die Widerständigkeit des Textes gegenüber der Bildung von Lesarten macht seine Realität aus. Nicht jede Lesart lässt sich durchhalten, es sei denn man möchte sich außerhalb des kulturell noch Versteh- und Akzeptierbaren stellen. Durch das ständige Aufstellen und Verwerfen von Lesarten lässt sich sagen, dass die objektive Hermeneutik ein streng falsifikatorisches Verfahren darstellt (vgl. Oevermann 2002: 10).

Bei der Bildung von Lesarten können Duden und Lexika herangezogen werden, aber es muss in wesentlichen Teilen immer auch auf »intuitives Regelwissen« (Oevermann 1983a: 246) zurückgegriffen werden. Da sich durch das sukzessive ›Aneinanderreihen‹ von Sequenzen Stück für Stück eine Fallstruktur aufbaut, wird es zum Ende eines Textes schwieriger sein, neue Lesarten zu bilden. Dies wird u. a. in meiner Besprechung des Zeitungsartikels von Kannegiesser darin deutlich, dass die ersten Sequenzstellen sehr ausführlich gedeutet werden – fast Wort für Wort – und zum Ende hin nur noch Variationen der schon sichtbar gewordenen Fallstruktur erwähnt werden (müssen) (vgl. Oevermann 1983a: 274; Wernet 2000: 27).

Das zweite hier zu erwähnende Prinzip ist in der *Wörtlichkeit* zu sehen. Dieses Prinzip versteht sich nach dem bisher Gesagten fast von selbst. Wenn die Selektivität eines Protokolltextes *selbst* in den hermeneutischen Blick genommen werden soll, dann muss wortgetreu analysiert werden. Vorschnelles Paraphrasieren und Theoretisieren als aber auch ein ›Herauspicken‹ der ›schönen Stellen‹ ist demnach zu vermeiden, wobei zum Ende einer Fallrekonstruktion vielfältige theoretische Anschlussmöglichkeiten sichtbar werden. Ab welchem Zeitpunkt theoretische Bezüge zum Einsatz kommen dürfen und auch sollten, lässt sich abstrakt-formal nicht sagen, genauso wenig ab wann Alltagstheorien aufhören und soziologische Theorien beginnen. In diesem Sinn bleibt auch die Objektive Hermeneutik eine ›Kunstlehre‹. Mir scheint es aber sinnvoll zu sein, solche Bezüge erst herzustellen, wenn sie sich schon fast wie von selbst aufdrängen und man das Gefühl hat, Mühe aufwenden zu müssen, um sie abzuweisen. Nur so lässt sich m. E. die methodische Forderung einhalten zunächst »›in der Sprache des Falles‹« (Oevermann 1981: 51) Kategorien zu bilden (vgl. Oevermann 1983a: 269; Oevermann et.al. 1976: 396 ff.; Wernet 2000: 23 ff.).

Ein drittes Prinzip besteht in der *Kontextfreiheit*. Damit wird *nicht* gesagt, dass kein Kontextwissen bei der Bildung von Lesarten miteinbezogen werden darf. Das genaue Gegenteil ist der Fall. Es sollen ja möglichst reichhaltige Lesarten gebildet werden. Jedoch darf dieses Kontextwissen nicht dafür verwendet werden, um die vom Text vorgenommene Selektion einer Lesart zu bestimmen. Dies muss stets *am Text selbst* gezeigt werden. (Oevermann et. al. 1979: 420 ff.; Wernet 2000: 21 ff.)

Mit dem *Prinzip der Extensivität* wird ein viertes Prinzip formuliert. Demnach soll kein Textelement bei der Rekonstruktion unberücksichtigt bleiben. Es sollen möglichst reichhaltige bzw. vielfältige Lesarten gebildet werden. Auf diese Weise kann verhindert werden, etwas Wichtiges zu übersehen. Da sich immer neue Lesarten – zumindest abstrakt – denken ließen, sei dieser Prozess aber »prinzipiell nie abgeschlossen« und könne »nur pragmatisch abgebrochen werden« (Oevermann et. al. 1976: 391). Wörtlichkeit und Sequentialität fordern eine extensive Interpretation gewissermaßen heraus (vgl. Oevermann 1983a: 280 ff.; Wernet 2000: 32 ff.).

Das fünfte von der Objektiven Hermeneutik formulierte Prinzip besteht in der *Sparsamkeit*, welches scheinbar im Gegensatz zum vorherigen Prinzip der Extensivität steht. Damit ist jedoch lediglich gesagt, dass erstens keine ähnlichen und redundanten Lesarten gebildet werden sollen, zweitens keine ›außergewöhnlichen‹ bzw. sehr spekulativen Lesarten und drittens keine unüberprüfbaren Lesarten. Es ließe sich bei jedem Interaktionsprotokoll beispielsweise sagen, dass die Sprecherin immer genau das Gegenteil dessen ausdrücken möchte und ihre Zuhörerinnen es auch auf diese Weise verstehen, als im Protokoll sichtbar wird. Das Bilden solcher Lesarten wäre für ein textnahes Analyseverfahren, welches eben den Anspruch auf Sachhaltigkeit erhebt, nicht besonders sinnvoll (vgl. Oevermann et.al. 1979: 419 f.; Wernet 2000: 35 ff.).

Bevor nun mithilfe der Sequenzanalyse der in der *ZEIT* publizierte Zeitungsartikel von Martin Kannegiesser analysiert wird und durch die konkrete Anwendung ihre Nützlichkeit für die kritische Rekonstruktion von Deutungsmustern aufgezeigt werden soll, möchte ich der Frage nachgehen, inwiefern die Objektive Hermeneutik gesellschaftskritische Forschung ermöglicht. Was ist also ihr kritisches Potenzial?

1.6. Kritik ohne Subjekt?

In der bis dato erfolgten Darstellung der grundlegenden Annahmen und Analysestrategien der Objektiven Hermeneutik wurde sichtbar, dass sie sich für die Rekonstruktion latenter, aber dennoch wirkmächtiger sozialer Strukturen interessiert. Daran möchte ich das *kritische Potenzial* dieses Ansatzes verdeutlichen.

Die Behauptung, dass einer Methodologie, die so stark wie die Objektive Hermeneutik die ›Eigenständigkeit‹ und Objektivität ihres Untersuchungsfeldes betont, ein kritisches Potenzial zuzuschreiben ist, mag vielleicht ein wenig verwundern. Denn einige Theorien und Forschungsprogramme, die für sich in Anspruch nehmen einen gesellschaftskritischen Zugang zu ihrem Gegenstand zu entwickeln, betonen dem entgegen gerade die Subjekt- oder Akteursperspektive und möchten dieser eine ›Stimme‹ verleihen. Der Objektiven Hermeneutik ließe sich daher von dieser Seite aus der Vorwurf machen, dass sie gewissermaßen ›abgehoben‹ und über den Köpfen der Subjekte argumentiert. Sie wäre dann selbst zu kritisieren, anstatt sie zum Ausgangspunkt einer kritischen Gesellschaftsbeschreibung zu machen. Dies würde allerdings auf einem groben Missverständnis beruhen. Der Objektiven Hermeneutik geht es eben *nicht* darum zu sagen, dass die rekonstruierbaren objektiven Sinnstrukturen nichts mit dem Leben der Subjekte gemein hätten. Genau das Gegenteil ist der Fall. Was ›lediglich‹ behauptet wird ist, dass Subjekte, Handlungen, Bewusstsein etc. sich erst unter Rückgriff auf objektive Sinnstrukturen befriedigend erklären lassen und eine kritische Analyse sich daher besser von der Vorstellung präkonstituierter Handlungssubjekte verabschiedet. Oevermanns Kritik an den an der einzelnen Akteurin primär ansetzenden und dann summarisch aggregierenden Handlungstheorien besteht eben darin, dass diese »die Perspektive des Subjekts der praktisch zweckgerichteten Handlung jeweils schon als gegeben voraussetz[en], ohne die Konstitution dieser Perspektive selbst noch analysieren zu können« (Oevermann 1996: 4 f.).

Es darf daher bei der Diskussion des kritischen Potenzials der Objektiven Hermeneutik nicht vergessen werden, dass trotz der Betonung der relativen ›Eigenständigkeit‹ der kommunikativen Formen in der Objektiven Hermeneutik immer wieder auch gezeigt wird, dass sich Subjekte an allgemein gültigen Sinnstrukturen orientieren. Genau diesen Punkt spricht Oevermann an, wenn er das Subjekt »auf die Vorstellung von einem dynamischen Medium der Aktualisierung objektiver sozialer Sinnstrukturen reduziert« (Oevermann et. al. 1976: 387). Diese Reduktion hat daher nichts mit der Bestreitung der Realität der subjektiven Position zu tun oder damit, den objektiven Sinnstrukturen eine determinierende Kraft in Bezug auf Bewusstseinsbildung zuzuschreiben. Dennoch bleiben Subjekte – klugerweise – an den kommunikativ erzeugten Sinnstrukturen orientiert und sichern somit ihre zukünftige Anschlussfähigkeit und Verstehbarkeit. Umgekehrt heißt das aber auch, dass objektive Sinnstrukturen auf diese Weise Einfluss und Macht auf Subjekte ausüben. Sie markieren allgemein gültige Orientierungspunkte und führen daher zu kollektiven Fokussierungen und Aufmerksamkeitseinschränkungen.

Wenn man nun nach dem kritischen Potenzial der Objektiven Hermeneutik fragt, dann dürfte klar sein, dass es nicht darin zu sehen ist, die subjektive Perspektive zum Ausgangspunkt und Zentrum jedweder Analyse zu machen. Vielmehr wird genau andersherum versucht, die *gesellschaftlich produzierten Möglichkeiten von Lebenspraxis* sichtbar zu machen. Die konkret untersuchten Fallstrukturen lassen sich dann als die Realisierung einer spezifischen Lebenspraxis erkennen, welche nach spezifischen Kriterien aus einem Raum von Möglichkeiten selektiert wurde und genauso gut auch anders hätte sein können. Diese am jeweils konkreten Datenmaterial stattfindende *Herausarbeitung der Nicht-Natürlichkeit eines empirischen Phänomens* ist m. E. schon ein erster notwendiger Schritt für jede kritische Beschreibung. ›Notwendige‹ und ›nicht veränderbare‹ Sachverhalte lassen sich nicht sinnvoll kritisieren, sozial hergestellte jedoch schon. Die Objektive Hermeneutik ermöglicht es somit latente, nicht unmittelbar sichtbare Muster der Selektion von sozialer Realität analytisch in den Blick zu bekommen und das betrachtete Phänomen so überhaupt einer Kritik zugänglich zu machen.

Des Weiteren wichtig für einen kritischen Zugang zu sozialen Phänomenen – aber dies gilt auch generell für jede analytische Betrachtung – ist das *Aufspüren latenter zuvor nicht bekannter Strukturen im Untersuchungsfeld*. Die im Folgenden dargestellte Sequenzanalyse des Zeitungsartikels von Martin Kannegiesser lässt sich demnach als die Rekonstruktion der latenten Deutungsmuster, die in diesen Text eingehen und ihn strukturieren, verstehen. Der Text produziert auf diese Weise eine bestimmte Perspektive bezüglich des Tarifkonflikts und verleiht bestimmten Handlungskonsequenzen Plausibilität. Kannegiessers Artikel erscheint als besonders interessant, da sich die vordergründig arbeitnehmerinnenfreundliche oder doch zumindest sehr balanciert wirkende Position bei genauerer Analyse lediglich als der Effekt eines klugen Einsatzes von rhetorischen Mitteln erweist. Nochmals von diesem Einzelfall abstrahiert gesprochen, geht es also darum »soziale Deutungsmuster« nach ihrer »je eigenen ›Logik‹, ihren je eigenen Kriterien der ›Vernünftigkeit‹ und ›Gültigkeit‹, denen ein systematisches Urteil der ›Abweichung‹ korreliert« (Oevermann 2001: 5), zu befragen und sie nicht als einzig Mögliche erscheinen zu lassen bzw. nicht ihrer vielleicht freundlichen ›Fassade‹ auf dem Leim zu gehen. Dennoch wäre es m. E. zu viel gesagt, wollte man die Objektive Hermeneutik – so wie jede andere Methode auch – als per se kritische beschreiben. Ob eine objektiv-hermeneutisch angelegte Forschung als sozial-kritisch – und zwar in der Tradition linken, emanzipatorischen Denkens – zu bezeichnen ist oder ob es lediglich nur darum geht, seine Mitarbeiterinnen in der Firma besser und lückenloser kontrollieren zu können, hängt von vielen anderen Faktoren und Entscheidungen ab (siehe hierzu auch die Einleitung des Sammelbandes). Dennoch bietet die Objektive Hermeneutik die *Möglichkeit* in gesellschaftskritischer Absicht nach latenten aber dennoch real-strukturierenden Mechanismen zu fragen, welche soziale Lebenspraxen, Deutungsmuster etc. anleiten und in ihrem Aufbau orientieren. Es handelt sich also um ein kritisches *Potenzial* und nicht um einen Automatismus, der bei der Anwendung der Objektiven Hermeneutik zwangsläufig zu ›kritischen Ergebnissen‹ führt.

2. Sequenzanalyse zu Martin Kannegiesser: »Die Tarifpartner regeln das am besten selbst.«[10]

2.1. Kurze Skizze des Kontextes

Bevor nun im Folgendem der Zeitungsartikel des Gesamtmetallvorsitzenden Martin Kannegiesser, der am 15. Juli 2004 in der Wochenzeitung *DIE ZEIT* erschienen ist[11], einer exemplarischen Sequenzanalyse unterzogen wird, möchte ich eine kurze Skizze des Kontextes, in welchem der Text steht, voranstellen. Solche Kontextskizzen dienen dazu, die analysierten Texte in einen Zusammenhang zu stellen und so aufzuzeigen, dass sie auf spezifische gesellschaftliche Probleme und Fragestellungen Bezug nehmen. Auf welche Art und Weise diese Bezugnahme erfolgt, muss aber in einem zweiten Schritt bei der konkreten Textanalyse geklärt werden und kann nicht aus dem Kontext abgeleitet werden.

Am 12. Februar 2004 wurden die ›Pforzheimer Abschlüsse‹[12] von den Baden-Württembergischen Sektionen der IG-Metall und der Gesamtmetall unterzeichnet. Stückweise schlossen sich alle anderen Tarifgebiete der Metall- und Elektrobranche im Frühjahr 2004 den Regelungen an. Worum ging es in dem Tarifvertrag? Die ›Pforzheimer Abschlüsse‹ sprechen sich für eine Beibehaltung der 35-Stunden-Woche als generelle Regelarbeitszeit aus, welche seit Mitte der Neunziger Jahre verbreitet und durchgesetzt wurde, und sehen Lohnerhöhungen vor. In einem ersten Schritt wurde am 1. März 2004 eine Lohnerhöhung von 2,2 Prozent durchgeführt, ein Jahr später stiegen die Löhne nochmals um 2,7 Prozent. Auf der anderen Seite sieht der Tarifvertrag Öffnungsklauseln vor. Damit ist v. a. die ›Er-

10 Die Textinterpretationen, auf welchen dieses Kapitel beruht, habe ich zusammen mit Ulf Ortmann durchgeführt. Ihm kommt daher ein zentraler Anteil bei der hier vorgestellten Fallrekonstruktion zu.

11 Der Zeitungsartikel findet sich unter folgender Internetadresse: www.zeit.de/2004/30/Arbeitszeit

12 Der Tarifvertrag ist im Internet einsehbar: www.boeckler.de/pdf/ta_metallergebnis_2004.pdf

laubnis‹ gemeint, dass Betriebe eigene Ergänzungstarifverträge abschließen dürfen, welche von den ›Pforzheimer Abschlüssen‹ abweichende Regelungen beinhalten – was aufgrund anderer Machtverhältnisse auf der betrieblichen Ebene zumeist auf eine, z. T. nicht extra entlohnte, Arbeitszeitverlängerung hinausläuft.[13] Zudem fand eine Vergrößerung derjenigen Gruppe statt, die trotz oder eben gerade aufgrund des Tarifvertrages länger als 35 Stunden arbeiten darf (bis maximal zu 40 Stunden). Zuvor durften nur 18 Prozent der Arbeitnehmerinnen länger als 35 Stunden arbeiten, seit den ›Pforzheimer Abschlüssen‹ können es bis zu 50 Prozent der Belegschaft sein. Bei dieser Mehrarbeit entfällt der Mehrarbeitszuschlag, da Mehrarbeit tariflich vorgesehen ist. Auch ist es seitdem möglich Arbeitszeitkonten ohne Ausgleichszeiträume (»Flexi-Konten«) einzurichten. Ein von Seiten der Arbeitgeberinnenschaft häufig angeführtes ›Argument‹ war, dass es nur auf diese Weise möglich sei, die Arbeitsplätze am Standort zu halten. Alles in allem stellt dieser Tarifvertrag positiv formuliert einen ›Kompromiss‹ dar, der zwar partielle Verbesserungen für die Arbeitnehmerinnenschaft – wie Lohnerhöhungen – vorsieht, aber zugleich den Betriebsleitungen die Möglichkeit bietet, Arbeitszeiten zu verlängern und die Situation der Arbeitnehmerinnenschaft zu verschlechtern.

Nach der Konsolidierung dieser Regelungen folgte im April 2004 eine erste Phase der öffentlichen Auseinandersetzung mit den ›Abschlüssen‹ und generell mit dem Thema Arbeitszeit bzw. Arbeitszeitverlängerung. Während die Gewerkschaften Großkundgebungen gegen Sozialabbau veranstalteten, ließ sich aus Unions-Kreisen vermehrt die Forderung nach Arbeitszeitverlängerung vernehmen. So argumentierte etwa Edmund Stoiber im April 2004 in dem Wochenmagazin *FOCUS*[14]: »Es ist doch besser, 40 oder 45 Stunden zu arbeiten, als 35 Stunden arbeitslos zu sein.« Im Juni und Juli lässt sich eine zweite Phase der Arbeitszeitdebatte konstatieren. Diese entzündete sich an den durch die ›Pforzheimer Abschlüsse‹ ermöglichten Ergänzungstarifverträgen bei Siemens in Bocholt und Kamp-Lintfort[15] und bei Daimler Chrysler in Sindelfingen. Diese sahen deutliche Arbeitszeitverlängerungen vor und wurden dadurch begründet, dass nur auf diese Weise Arbeitsplätze erhalten bleiben könnten bzw. der Standort nur so überhaupt überlebensfähig sei. Der im Folgenden analysierte Text stammt aus der zweiten Phase der Debatte und nimmt Stellung zu der damals diskutierten Frage der Arbeitszeit.

13 Vgl. hierzu auch den rückblickenden Zeitungsartikel aus *DIE ZEIT* vom 1. Februar 2006: www.zeit.de/2006/06/Comeback_IG-Metall

14 Der Zeitungsartikel von Stoiber mit dem Titel »Entflammt für mehr Arbeit« findet sich in FOCUS 16/2004: 34-36

15 Dieser Ergänzungstarifvertrag ist auch unter folgender Internetadresse einsehbar: www.csmb.unimo.it/adapt/bdoc/2005/08_05/62.Siemens.pdf

2.2. Zwei Problemebenen

Der Zeitungsartikel von Martin Kannegiesser ist mit folgender Überschrift betitelt, welche zugleich auch als Anfangssequenz für meine Analyse dient: »Die Tarifpartner regeln das am besten selbst – Wilde Vorschläge zur Arbeitszeit helfen nicht. Unternehmen und Mitarbeiter müssen die Jobabwanderung gemeinsam bremsen.«

In der Überschrift wird der Vorschlag formuliert, dass die »Tarifpartner« einen hier aber noch nicht genauer bestimmten Sachverhalt (»das«) »regeln« sollten. Den »Tarifpartnern« wird somit eine bestimmte Regulierungsbefugnis und Regulierungskompetenz zugeschrieben. Da der Text hier einen Vorschlag macht, eine bestimmte Regulierungsinstanz zu nutzen – eben die »Tarifpartner« – und dies als die beste Möglichkeit wertet (»am besten«), wird sichtbar, dass auch andere Möglichkeiten denkbar wären und es aus der Sicht des Textes mit aller Wahrscheinlichkeit auch Bestrebungen von bestimmten Akteurinnen gibt »das« zu regeln. Gäbe es keine anderen Akteurinnen, die einen Anspruch auf die Regulierungskompetenz erheben – seien dies nun allgemein akzeptierte oder aber sich selbst ermächtigende Akteurinnen –, so wäre es inhaltlich sinnlos solch einen Vorschlag zu machen. Es würde dann ja schon von den Tarifpartnern geregelt werden bzw. es wäre kein alternatives Verfahren, von dem man sich abgrenzen muss, erkennbar.

Dabei ist die Bezeichnung »Tarifpartner« zu beachten. Andere mögliche Begriffe, um diese Personengruppe zu bezeichnen, sind beispielsweise in »Tarifparteien« oder aber in »Gewerkschaften und Arbeitgeberverbände« zu sehen. Der Begriff »Tarif*partner*« geht allerdings im Unterschied zu den anderen hier genannten Begriffen von einem partnerschaftlichen und damit symmetrischen Verhältnis aus. Es wird also auf die wechselseitige Bindung und den Nutzen, den beide Partner von ihrer Beziehung haben, aufmerksam gemacht. Es handelt sich demnach um einen Begriff, der das Verhältnis zwischen Arbeitgeberinnen- und Arbeitnehmerinnenvertretern (so lauten dann meine Begriffe hier) als ein für beide Seiten ›lohnendes‹ oder zumindest gleichberechtigt-balanciertes Verhältnis beschreibt, ganz im Gegensatz beispielsweise zu einer Bezeichnung wie »Kapital und Arbeit«, die hier auch möglich gewesen wäre.

Durch den Superlativ »am besten« wird die vorgeschlagene Regulierungsinstanz bewertet und auf diese Art implizit auch mit anderen möglichen Instanzen verglichen. Die »Tarifpartner« erscheinen dabei als die beste zu nutzende Möglichkeit, welche damit anderen Möglichkeiten vorzuziehen ist. Der Text begibt sich durch diese Aussage in eine Position besseren Wissens oder macht sich zumindest selbst als eine Instanz geltend, die befähigt und kompetent genug ist, um Beurteilungen und Empfehlungen zu geben. Er kann demnach einschätzen, was am besten zu tun ist und erteilt einem noch nicht genauer bestimmten Adressatinnenkreis eine Handlungsanweisung. Es bleibt bis hierhin noch offen, welcher Gegenstand reguliert werden soll, welche alternativen Instanzen es gibt und nach welchen Kriterien bestimmt wurde, was »am besten« ist.

Im weiteren Teil der Überschrift wird darauf zumindest partiell schon eine Antwort gegeben. Es wird sichtbar, dass »wilde Vorschläge in der Arbeitszeitdebatte« nicht »helfen«, und dass die »Jobabwanderung« »gemeinsam« zu »bremsen« sei. Demnach wird davon ausgegangen, dass es ein *Problem* gibt (»helfen«, »Jobabwanderung«), welches durch eine *falsche Lösungsstrategie* (»wilde Vorschläge«) nicht gelöst wird. Es lässt sich hier die Lesart bilden, dass der Text Arbeitszeit und »Jobabwanderung« in einen kausalen Zusammenhang bringt. Demnach würde die »Jobabwanderung« von der Arbeitszeit abhängen und beeinflusst werden. Da sich die Arbeitszeitdebatte, die Arbeitszeit zum Gegenstand hat und diese reguliert, durch unstrukturierte und nicht durchdachte Regulierungsvorschläge auszeichne, würde sie die »Jobabwanderung« verschlimmern. Eine andere Lesart könnte davon ausgehen, dass die Arbeitszeitdebatte generell nicht zur Lösung des Problems »Jobabwanderung« beitragen würde. Die »wilden Vorschläge« zum Thema Arbeitszeit würden dann lediglich die (massenmediale) Aufmerksamkeit von der eigentlich zu führenden Debatte ablenken und daher negativ wirken. Die Frage, welche Lesart zustimmt, muss aber an dieser Stelle noch offen bleiben. Der Text konstatiert zunächst einmal nur, dass »wilde Vorschläge zur Arbeitszeit« keinen Lösungsbeitrag darstellen.

Im darauf folgenden Satz der Überschrift wird für ein »gemeinsames« Handeln von »Unternehmen und Mitarbeitern« plädiert. Demnach muss das Verhältnis zwischen »Unternehmen« und Mitarbeitern« aktuell durch ein nicht-gemeinsames Handeln gekennzeichnet sein. Das kann an dieser Stelle noch bedeuten, dass nur eine Seite (beispielsweise die »Mitarbeiter«) dafür verantwortlich ist oder aber die Ursache in beiden Gruppen zu suchen ist. Dementsprechend bleibt auch noch die vom Text vorgeschlagene Lösung – nämlich das gemeinsame Handeln – unterbestimmt.

Sichtbar werden bereits der Problembezug und damit implizit auch der Maßstab, vor dem Probleme überhaupt erst entstehen und Lösungen bewertet werden können. Es geht für den Text darum, Arbeitsplätze zu sichern, die in Gefahr sind. Hilfreich sind daher diejenigen Initiativen, die Arbeitsplätze sichern. Dabei wird das Problem bzw. die Gefahr als eine »*Jobabwanderung*« beschrieben. Es geht also nicht um eine Wegrationalisierung bzw. einen Verlust von Arbeitsplätzen, sondern um eine Abwanderung oder Verlagerung von einem Ort zu einem anderen. d. h. die »Jobs« wechseln den Standort, ohne aber vollkommen zu verschwinden. Demnach besteht die Aufgabe darin, die an einem bestimmten Ort existierenden Arbeitsplätze zu halten. Es bleibt die Frage, warum Arbeitsplätze abwandern und um welche Orte es sich dabei handelt.

Der Artikel selbst beginnt mit folgendem Satz: »Immer neue Ideen in der Arbeitszeitdebatte verhindern das Notwendige: Wir müssen den Industriestandort Deutschland wettbewerbsfähiger machen – und das geht nur gemeinsam.«

Es wird also davon ausgegangen, dass unentwegt neue Beiträge zum Thema Arbeitszeit geäußert werden und kein Ende dieser Entwicklung in Sicht ist (»immer neue«). Die in der Überschrift schon getroffene Aussage über eine angenommene Wildheit der Debatte wird hier spezifiziert. Die Beiträge werden demnach *nicht* adäquat abgewogen und diskutiert, sondern durch ständig neue Beiträge verdrängt. Der Text formuliert nun eine Stoppregel, welche der Debatte eine Orientierung bei der Realisierung von neuen Aussagen geben und die Wildheit ›zähmen‹ soll. Diese Stoppregel lautet: Mach keine neuen Vorschläge, wenn sie »das Notwendige« »verhindern«! Dabei wird davon ausgegangen, dass es eine bestimmte Notwendigkeit gibt, die aufgrund der Debatte selbst nicht angegangen werden kann. Letztere ist demnach ein Hindernis bei der Hinwendung zum Notwendigen, wobei die Formulierung durch den bestimmten Artikel (»*das* Notwendige«) schon fast einen Appell darstellt, sich diesem endlich zuzuwenden. Sie wird daher selbst zu einem Problem. Es werden hier also *zwei Problemebenen* unterschieden: Die aktuelle Arbeitszeitdebatte wird zu einem sekundären Problem, das verhindert, dass die primäre Problemlage angegangen und entschärft werden kann.

Nach dem Doppelpunkt erfolgt die Spezifizierung der durch die Arbeitszeitdebatte verhinderten Notwendigkeit. Der »Industriestandort Deutschland« müsse »wettbewerbsfähiger« gemacht werden. Das Problem ist demnach darin zu sehen, dass die schon vorhandene (daher der Komparativ) Wettbewerbsfähigkeit nicht mehr ausreicht. Vor dem Hintergrund der Überschrift, in welcher das Problem »Jobabwanderung« genannt wurde, lässt sich mangelnde Wettbewerbsfähigkeit als eine Ursache für die Abwanderung von industriellen Arbeitsplätzen verstehen. Das primäre Problem würde demnach in einer durch mangelnde Wettbewerbsfähigkeit erzeugten Arbeitslosigkeit bestehen, wobei die derzeitige Form der Arbeitszeitdebatte dieses Problem nicht lösen könne und gar noch verschlimmere.

Die Formulierung »Industriestandort Deutschland« impliziert, dass es verschiedene Industriestandorte gibt (daher die Spezifizierung »Deutschland«), welche zueinander in Konkurrenz stehen – ansonsten müsste auch nicht die Forderung nach mehr Wettbewerbsfähigkeit gestellt werden. Es lässt sich vermuten, dass die Standorte vor dem bisher vom Text Gesagten um Firmen und Arbeitsplätze konkurrieren. Deutschland ist dabei die Ortsbestimmung des hier interessierenden Standortes. Wenn sich diese Lesart bestätigt, würde dies bedeuten, dass industrielle Arbeitsplätze, die an das Territorium des deutschen Staates gebunden sind – aus welchen Gründen auch immer – zu ausländischen Standorten abwanderten. Die in der Überschrift erwähnte »Jobabwanderung« bezöge sich dann auf den Standort Deutschland.

Dabei wird an eine Wir-Gruppe (»Wir«) eine Aufforderung gerichtet, die den Sprecher also mit einschließt, den Industriestandort wettbewerbsfähiger zu machen. Der Appell an die Wir-Gruppe wird durch die Formulierung »und das geht nur gemeinsam« verstärkt.[16] Da in der Überschrift schon die adverbiale Bestim-

16 An dieser Stelle wird dann meiner Auffassung nach auch schon deutlich, dass das Personalpronomen »wir« die zur deutschen Bevölkerung gehörenden potenziellen Rezipientinnen des Textes mit einschließt. Es werden also alle möglichen Rezipientinnen angesprochen, die auf den »Industriestandort Deutschland« in mehr oder weniger

mung »gemeinsam« in Bezug auf das Handeln von »Unternehmen und Mitarbeitern« auftaucht, lässt sich auch hier die gleiche Bezugsgröße annehmen. Vor dem Hintergrund dieser Lesart lässt sich die Sequenzstelle als ein Appell verstehen, der an eine am deutschen Industriestandort gebundene Wir-Gruppe, d. h. an die deutsche Bevölkerung (inkl. Arbeitgeberinnen und Arbeitnehmerinnen), adressiert ist. Arbeitnehmerinnen und Arbeitgeberinnen werden dann durch den Bezug auf den Industriestandort Deutschland als Wir-Gruppe *geeint* und müssen sich zusammen gegen andere Industriestandorte wirtschaftlich behaupten. d. h., dass die Differenz zwischen Arbeitnehmerinnen und Arbeitgeberinnen zugunsten der Differenz zwischen verschiedenen Industriestandorten vom Text *zurückgestellt* bzw. zur sekundären Differenz wird. Zudem lässt sich hier dann auch für eine der eingangs aufgestellten Lesarten schon entscheiden. Der Text spricht weiterhin von der Arbeitszeitdebatte und betont das gemeinsame Handeln, es wäre daher merkwürdig – wenn auch nicht unmöglich –, wenn die Arbeitszeitdebatte keine regulierende und problemlösende Kraft aufwiese. Auch im weiteren Textverlauf wird noch deutlicher, dass sich zugunsten für die erste zu Anfang aufgestellte Lesart entschieden werden kann. Demnach lässt sich schon mal davon ausgehen, dass der Text im Folgenden erklärt, wie Arbeitszeitregulierungen zu verändern sind und warum diese sich als problemlösende politische Handlungen erweisen.

2.3. Unkluge Debatte

»Derzeit geht es in der Debatte zu wie auf einer Versteigerung: Politik, Wirtschaftswissenschaftler, Vertreter der Wirtschaft – jeder legt noch einen ›klugen‹ Vorschlag obendrauf: eine Urlaubswoche weniger, flächendeckend 42, 44 oder 50 Wochenstunden, die 6-Tage-Woche, die Streichung ›überflüssiger‹ Feiertage.«

Das Bild der Debatte, die selbst zum Problem wird, anstatt zielführend für die Lösung des primären Problems der »Jobabwanderung« zu sein, wird nun spezifiziert. Demnach würden »Politik, Wirtschaftswissenschaftler, Vertreter der Wirtschaft« ständig neue Vorschläge machen. Diese Vorschläge werden vom Text als »›klug‹« bezeichnet. Durch die Anführungszeichen wird die Bedeutung von klug umgekehrt und ironisiert. Es handelt sich nicht um kluge, sondern ganz im Gegenteil um kontraproduktive und dumme Vorschläge, die sich höchstens als klug darstellen.

Die gesamte Arbeitszeitdebatte wird mit der Metapher der »Versteigerung« beschrieben. Dieser Begriff, der ›ursprünglich‹ eine spezielle Form des Verkaufs von Waren meint, wird hier im Kontext einer politischen Debatte zu einer Meta-

direkter Form ›angewiesen‹ sind. Da das deutsche »wir« sowohl die Adressatin einer bestimmten Äußerung mit einschließen kann (inklusives wir: »Wir müssen da mal was bereden«) als aber auch ausschließen kann (exklusives wir: »Wir haben im Gegensatz zu dir…«), muss es durch weitergehende Bestimmungen spezifiziert werden. Die adverbiale Bestimmung »gemeinsam« in Kombination mit dem Verweis auf den »Industriestandort Deutschland« reicht m. E. an dieser Sequenzstelle schon aus, um diese Lesart zu bestätigen. Aber auch der weitere Text bestätigt diese Lesart.

pher, die auf eine dem Problem nicht angemessene Diskussionskultur verweist. Die Diskussionsteilnehmer überböten (»legt [...] obendrauf«) sich mit »›klugen‹ Vorschlägen«. Die Debatte erweckt demnach den Eindruck, dass derjenige sich durchsetzt, der die kontraproduktivsten Vorschläge macht. Die vom Text dann als Beispiele angeführten Vorschläge zeichnen sich dadurch aus, dass sie allesamt Arbeitszeiten verlängern möchten. Damit lässt sich dann auch die obige Lesart verwerfen, die davon ausging, dass die Debatte deshalb nicht gemeinsam geführt werde, weil beide Seiten aneinander vorbeiredeten. An dieser Sequenzstelle wird vom Text deutlich gemacht, dass es sich um einseitige Forderungen nach Arbeitszeitverlängerungen seitens arbeitgeberinnenfreundlicher gesellschaftlicher Kräfte handelt. Der Text macht sich also an dieser Stelle klar als arbeitnehmerinnenfreundlich kenntlich und kritisiert relativ stark die Arbeitgeberinnenseite. Der Text geht davon aus, dass es in verschiedenen gesellschaftlichen Feldern (Politik, Wissenschaft, Wirtschaft) ein gemeinsames übergreifendes Muster gebe, mit Arbeitszeit umzugehen. Dieses Muster ist aus einem Bündel von Forderungen nach Arbeitszeitverlängerung zusammengesetzt und wird von ihm kritisch angesprochen. Diese Forderungen werden wie folgt durch den Text weiter beschrieben: »All dies ist unsensibel, weil es von den Arbeitnehmern als Summe von Belastungen wahrgenommen wird. Es schadet auch bei notwendigen betrieblichen Anpassungen, weil es überflüssigen Widerstand provoziert und den Blick auf die Realität ebenso versperrt wie auf das, was vorrangig zu tun ist.«

Die Forderungen werden als »unsensibel« bezeichnet. Sie verletzen die Arbeitnehmerinnen, weil sie die Forderungen als »Summe von Belastungen wahrnehmen«. Die Forderungen sind demnach nicht klug, weil sie diejenigen, an die sie gerichtet sind, verletzen. Es stellt sich die Frage, warum die Forderungen unsensibel sein sollen. Eine Lesart besteht darin zu sagen, dass sie unsensibel sind, weil Arbeitszeitverlängerungen generell den Interessen der Mitarbeiterinnen widersprechen und diese daher nicht ausreichend beachten. Diese Lesart würde dann widerlegt sein, wenn der Text sich im späteren Verlauf selbst positiv auf die Verlängerung von Arbeitszeiten beruft, mit dem Anspruch, dies sensibel genug zu machen. Aus Gründen einer lineareren Darstellung soll das Sequentialitätsprinzip hier – also in der Darstellung und nicht in der Analyse – verletzt werden, indem vorgegriffen wird. Der Text vertritt später nämlich selbst die Forderung nach Arbeitszeitverlängerung. Daher kann diese Lesart schon an dieser Stelle verworfen und muss nicht unnötigerweise in der Darstellung ›mitgeschleppt‹ werden. Es muss dann eine andere Lesart entwickelt werden: Die Bezeichnung »unsensibel« kann sich auch stärker auf die Mitteilungsebene einer Aussage beziehen und nicht so sehr auf die inhaltliche Qualität der Information. Ein Gedanke kann zwar absolut richtige Gegenstandsbezüge herstellen, aber dennoch unsensibel geäußert werden (man denke etwa an eine in unangemessener Form erteilte Todesnachricht). Die Umstände, der Zeitpunkt oder die Art und Weise der Formulierung einer Äußerung können unsensibel sein, wenn sie die Adressatin oder die Person, über die geredet wird, in irgendeiner Form unangemessen ansprechen – wenn sie also ihren ›Zustand‹ nicht mit berücksichtigen. Die Forderungen nach Arbeitszeitverlängerung werden gemäß dieser Lesart nicht aufgrund ihres geringen Lösungswertes kritisiert, sondern aufgrund der Form der Mitteilung, die dann auf eine bestimmte Art »wahrgenommen« werde.

Durch solch ein die Wahrnehmungsmuster der Adressatinnen nicht berücksichtigendes Mitteilungsverhalten werde »überflüssiger Widerstand« provoziert und die Fähigkeit, reale Probleme zu erkennen und anzugehen, gestört. »Überflüssig« muss der Widerstand demnach sein, da es sich lediglich um eine falsche Form der Mitteilung eines prinzipiell richtigen Inhaltes handelt. Es lässt sich jetzt eine erste Regel für die Fallstruktur formulieren, die von einem *Vermittlungsproblem* ausgeht[17]: Demnach geht der Text davon aus, dass inhaltlich zwar richtige Vorschläge nach Arbeitszeitverlängerung gemacht werden, diese aber durch ein einseitiges, unstrukturiertes und maßloses Mitteilungsverhalten seitens arbeitgeberinnenfreundlicher Gruppen diskreditiert werden. Auf diese Weise wird Arbeitnehmerinnenprotest provoziert, der sich nicht aus Divergenzen in der *Sache selbst* speist, sondern lediglich aus der kommunikativen Form der Mitteilung. Der Konsens für die notwendigen Arbeitszeitverlängerungen wird so unnötigerweise verspielt. Die Arbeitszeitdebatte wird dadurch selbst zu einem Problem, anstatt Probleme zu lösen. Auf diese Weise kann sie ihr Potenzial, die Abwanderung von Arbeitsplätzen zu stoppen, nicht nutzen. Die Befürworterinnen der Arbeitszeitverlängerung verhalten sich daher unklug. Ihnen fehlt nicht so sehr das fachliche als vielmehr das rhetorische Know-how.

2.4. Gemeinsam für Arbeitsplätze

Der Text fährt wie folgt fort: »Die deutschen Unternehmen müssen sich in einer globalisierten Welt behaupten. Bundespräsident Horst Köhler hat darauf hingewiesen, dass drei Milliarden erfolgshungrige, talentierte Menschen zusätzlich auf die Märkte drängen – und sie alle sind prinzipiell zu ähnlichen Leistungen fähig wie wir, aber zu einem Bruchteil der Kosten.«

Im weiteren Textverlauf wird auf die Situation der »deutschen Unternehmen« aufmerksam gemacht, die aufgrund der Globalisierung durch einen erhöhten Wettbewerbsdruck gekennzeichnet sei (»sich [...] behaupten«). Es wird auf eine mehr oder weniger gesicherte Aussage (»darauf hingewiesen«) der hier zugeschriebenen Autorität des Bundespräsidenten Horst Köhler verwiesen, um die neue Gefahrenlage (»erfolgshungrige, talentierte Menschen«, »drängen«) beschreiben zu können. Demnach stehen »wir«, d. h. der deutsche Industriestandort, in direkter Konkurrenz (»wie wir«) mit einer nicht mehr vorzustellenden *Masse*

17 Auf Seite 102 meines Textes findet sich eine tabellarische Darstellung der Fallstruktur, in welcher die einzelnen Regelstrukturen aufgeführt werden. Diese soll dem Überblick beim Lesen dienen.

von Menschen (»drei Milliarden«), welche die bestehenden Arbeitsplatzressourcen »uns« streitig machen (»zusätzlich«, »drängen«).

Dabei wird deutlich, dass es zwei Bezugsgrößen gibt. Auf der einen Seite die globalisierte Wirtschaft, die durch »Märkte« strukturiert und zentriert werde. Auf der anderen Seite der an das Territorium eines bestimmten Staates gebundene Industriestandort mit den dort zur Verfügung stehenden Arbeitsplätzen – hier des »Industriestandortes Deutschlands« (s. o.). Mit anderen Worten gesagt stoßen hier zwei ›Prinzipien‹ aufeinander. Auf der einen Seite gibt es das ›Prinzip‹ einer sich global ausbreitenden Wirtschaft. Und auf der anderen Seite wird von einem an Territorien gebundenen nationalstaatlichen ›Prinzip‹ ausgegangen. Diese beiden ›Prinzipien‹ werden aber nicht offen thematisiert, sondern gehen als scheinbar natürliche Tatsachen in die Argumentation mit ein. Die oben erwähnte Forderung nach mehr Wettbewerbsfähigkeit des Standortes wird dadurch für den Text ›plausibel‹ gemacht. Sie muss innerhalb des vom Text entworfenen Beschreibungsrahmens als rettender Ausweg erscheinen, um die Arbeitsplätze einer an einem bestimmten Standort gebundenen Wir-Gruppe zu sichern.

Zugleich wird deutlich, was mit der Wettbewerbsfähigkeit des deutschen Industriestandortes bezeichnet wird. Wenn ausländische Menschen auf globalisierte Märkte »drängen« und »prinzipiell ähnliche Leistungen«, »aber zu einem Bruchteil der Kosten« erbringen, dann kann Wettbewerbsfähigkeit des Standortes nur die *Verringerung der Produktionskosten für Unternehmen* heißen. Der Text geht demnach von einer *Standortlogik* aus, die er kritiklos in seine Argumentation aufnimmt. Diese tendiert – wie auch im Text weiter unten noch deutlich wird – ›arbeitnehmerinnenunfreundlich‹ zu sein, da sie den Imperativen kapitalistischer Konkurrenz gehorcht und Arbeitnehmerinneninteressen nur insoweit berücksichtigen kann, als dass sie der Profitmaximierung förderlich sind.

Es lässt sich an dieser Stelle die Regel von der *gemeinsamen Konkurrenzsituation* formulieren, die auch an späteren Textstellen immer wieder aufgenommen wird: Demnach wird davon ausgegangen, dass durch die Globalisierung der Wirtschaft der deutsche Industriestandort unter verstärktem Wettbewerbsdruck steht. Es stünden prinzipiell gleichwertige Arbeitskräfte international zu Verfügung, die aber geringere Lohnstandards akzeptierten. Aufgrund dieser Tatsache geraten dann v.a. industrielle Arbeitsplätze in Deutschland in Gefahr. Daher müssten die Kosten für Unternehmen gesenkt werden, woraus schon die folgende ›Lösungsstrategie‹ erahnbar wird: Da die Konkurrentinnen geringere Lohnniveaus akzeptieren, werden sie für »uns« zur Gefahr und »wir« müssen selber Lohnniveaus senken.[18] Durch die *gemeinsame* Konkurrenzsituation der an den deutschen Industriestandort gebundenen Wir-Gruppe werden interne Differenzen bzw. Konflikte

18 Man beachte die selbstverstärkenden Effekte von solchen Konkurrenzsituationen und den entsprechenden zirkulären Wahrnehmungslogiken: Wir müssen Tarifstandards senken, um kostengünstiger zu produzieren. Gleichzeitig sehen die Konkurrentinnen, dass wir kostengünstiger produzieren und senken ihrerseits Tarifstandards. Daher müssen wir erneut Tarifstandards senken, wollen wir konkurrenzfähig bleiben…

›geklammert‹. Wenn der Standort in Gefahr ist, dann ist auch das Wohl der dort lebenden Menschen (inkl. Arbeitnehmerinnen oder Arbeitgeberinnen) in Gefahr. Das Wohl der Bevölkerung hängt demnach von der Konkurrenzfähigkeit des Standortes ab. Dabei wird stillschweigend vorausgesetzt, dass die Sicherung von Arbeitsplätzen ein allgemein anerkanntes Ziel ist, das selbst überhaupt nicht hinterfragt werden kann.[19]

Der Text fährt fort: »Wir können in einer weltweit vernetzten Wirtschaft nicht verhindern, dass Unternehmen Teile ihrer Wertschöpfung ins Ausland verlagern, um Märkte zu erobern, ihren Kunden zu folgen oder kostengünstiger zu produzieren. Wir können aber der rein kostengetriebenen Verlagerung entgegenwirken, um möglichst viele industrielle Arbeitsplätze zu sichern, solange es nicht genügend alternative Jobs im Dienstleistungsbereich gibt und Millionen Menschen arbeitslos sind.«

Die Wir-Gruppe sei also nicht dazu in der Lage, die Effekte bzw. die neu eröffneten Möglichkeiten einer »weltweit vernetzten Wirtschaft« zu verhindern. Die Logik der kapitalistischen Wirtschaft (»Märkte erobern«, »Kunden folgen«, »kostengünstiger produzieren«) könne nicht ignoriert oder gar abgeschafft werden. Vielmehr müsse sich die Wir-Gruppe darauf einstellen und klug handeln, um ihre Interessen zu verwirklichen (also Arbeitsplätze im eigenen Industriestandort zu sichern). Es bestünden auch Möglichkeiten (»wir können«), dies zu tun. Es könnten »Verlagerungen«, die »kostengetrieben« sind, partiell gestoppt werden. Auch wenn hier noch nicht explizit eine Lösung genannt wird, so liegt der Schluss nahe, dass dies vorrangig über Kostensenkungen im Bereich von Lohn etc. zu erreichen ist. Zudem macht der Text hier darauf aufmerksam, dass die Sicherung von »*industriellen* Arbeitsplätzen« vor dem Hintergrund noch nicht ausreichender »alternativer Jobs im Dienstleistungsbereich« besonders dringend wird. Denn sonst seien »Millionen Menschen arbeitslos«. Die Regel der *gemeinsamen Konkurrenzsituation* wird hier also wieder aufgenommen. Demnach zeichnet sich ein gutes Abschneiden im Wettbewerb durch die Sicherung von Arbeitsplätzen aus. Die Zahl der Arbeitsplätze ist also ein Indikator für den Erfolg im Wettbewerb. Erfolg im Wettbewerb und durch Abwanderung erzeugte Arbeitslosigkeit korrelieren negativ miteinander. Es handelt sich daher um einen Wettbewerb um Arbeitsplätze – in der Form eines Nullsummenspiels. Nur wenn in diesem ›Spiel‹ mit positiver Bilanz abgeschnitten wird, kann das Einkommen großer Bevölkerungsteile und damit deren Status als zahlungsfähige Konsumentinnen gesichert werden.

An dieser Sequenzstelle lässt sich die Regel von den *begrenzten Steuerungsmöglichkeiten* ableiten, welche davon ausgeht, dass sich wirtschaftliche Struktu-

19 Die Kopplung von erbrachter Arbeitsleistung und zugesprochenem Anteil am gesamtgesellschaftlichen Arbeitsprodukt – also der Mechanismus der Lohnarbeit – kann vom Text daher auch nicht kritisiert werden. Arbeitslosigkeit muss daher per se als Problem erscheinen und nicht etwa auch als die Befreiung von Mühe und Last. Andere Formen der Produktion und Distribution von Gebrauchsgegenständen, die nicht über das kapitalistische Prinzip der Lohnarbeit reguliert werden und für die Arbeitslosigkeit daher auch kein soziales Problem wäre, können daher vom Text auch nicht gedacht werden. Siehe dazu auch die Überlegungen Oevermanns 1983b.

ren (beispielsweise in Form von Märkten) global vernetzen und sich damit als transnationale Strukturen etablieren, die durch nationalstaatliche Politik nur unzureichend gesteuert werden können. Durch dieses Globalwerden von wirtschaftlichen Strukturen wechseln Unternehmen leichter und häufiger ihre Produktionsplätze und bringen damit die Arbeitsplätze der an den deutschen Nationalstaat gebundenen Wir-Gruppe in Gefahr. Die sich für die einzelnen politischen Gemeinschaften bemerkbar machenden negativen Konsequenzen der Globalisierung von Wirtschaft können demnach auch nicht verhindert werden, sondern lediglich durch wirtschaftspolitisch kluges Handeln abgemildert werden. Mit beschränkten Steuerungsmöglichkeiten wird es möglich, partiell Arbeitsplätze zu halten. Demnach wird es notwendig, alle – wenn auch nur begrenzten – Einflussmöglichkeiten zu nutzen, wenn Massenarbeitslosigkeit verhindert werden soll.

2.5. Tarifliche Kostensenkungen

Es folgt ein kürzerer Absatz, in welchem die Regel von der gemeinsamen Konkurrenzsituation wieder aufgenommen wird. Da sich dort keine neuen Aspekte bezüglich der Fallstruktur finden, fahre ich mit dem darauf folgenden Absatz fort: »[…] Seit dem Frühjahr 2004 haben die Metall- und Elektro-Betriebe die Möglichkeit, tarifliche Kostensenkungen zu erreichen. Die Tarifvereinbarungen mit der IG Metall – andere Branchen haben ähnliche Abkommen – sehen dazu eine ganze Reihe von Maßnahmen vor – nicht nur die Verlängerung der Arbeitszeit. Allerdings hat diese aus Sicht der Mitarbeiter den großen Vorteil, die Einkommen nicht zu verringern.«

Der Text macht nun im Folgenden Lösungsmöglichkeiten sichtbar, wie sich vor dem Hintergrund beschränkter Steuerungsmöglichkeiten dennoch Arbeitsplätze sichern ließen. Dieses Argument lässt sich auch schon an dieser Stelle als ein Appell lesen, kontraproduktive Debatten zu beenden und stattdessen mit zwar beschränkten, aber immerhin doch existenten Möglichkeiten die gemeinsam geteilte Konkurrenzsituation positiv zu gestalten. Demnach haben seit »Frühjahr 2004« – also im Rahmen der Konsolidierung der ›Pforzheimer Abschlüsse‹ – die Metall- und Elektrobranche, aber auch andere Branchen die Möglichkeit, »tarifliche Kostensenkungen zu erreichen.« Es gäbe »eine ganze Reihe von Maßnahmen«, dies zu erreichen, wobei die »Verlängerung der Arbeitszeit« zwar nicht die einzige Möglichkeit darstelle. »Allerdings« sei sie aus der Perspektive der »Mitarbeiter« mit einem »großen Vorteil« ausgestattet. Dieser Vorteil ist darin zu sehen, dass »die Einkommen« nicht gesenkt werden.

Wenn Arbeitszeiten verlängert werden und gleichzeitig »tarifliche Kostensenkungen« erreicht werden sollen, dann lässt sich das nur erreichen, indem der Stundenlohn reduziert wird. Dieser solle hier aber nicht zu weit reduziert werden, da sonst »die Einkommen« »verringert« würden. Der Text plädiert demnach für eine Herabsetzung des Stundenlohnes bzw. eines anderen relativen Lohnmaßes und für ein zumindest konstant gehaltenes Monatseinkommen. Der Text behauptet also mit anderen Worten, dass die Herabsetzung des relativen Lohnniveaus ein Vorteil für die »Mitarbeiter« sei. Dies kann aber nur dann der Fall sein, wenn sich die Situation für Lohnempfängerinnen definitiv verschlechtern muss. Erst vor dem Hintergrund dieser Annahme wird es möglich, hier von einem »Vorteil« zu sprechen. Demnach werden verschiedene Formen der Herabsetzung von Beschäftigungsstandards gegeneinander abgewogen. Es wird aber selbst nicht in Frage gestellt, dass dies notwendig sei. Und es kann auch gar nicht in Frage gestellt werden, da sich der ganze Text im Rahmen einer Standortlogik situiert und damit, auf welchen ›Umwegen‹ auch immer, die These vertreten muss, dass »Kostensenkungen« notwendig seien.

Es lässt sich hier die erste lösungsbezogene Regel nennen, die im Text zum Einsatz kommt. Diese Regel geht davon aus, dass sich die primäre Problemlage *adäquat über Tarifverträge* lösen ließe, da die notwendigen »Kostensenkungen« auf diesem Weg erreicht werden könnten, daher die Überschrift: »die Tarifpartner regeln das am besten selbst«. Die hauptsächliche Steuerungsmöglichkeit, die Wettbewerbsfähigkeit des deutschen Industriestandortes zu vergrößern, liege demnach in der Senkung von Tarifstandards. Die Verlängerung der Arbeitszeit bei gleichzeitigem Beibehalten des absoluten Lohnniveaus, also anders gesagt, die Herabsetzung des relativen Lohnniveaus, spielt hierbei eine herausragende Rolle. Denn auf diese Weise können sowohl die Kosten für das Unternehmen gesenkt als auch das absolute Einkommen der Mitarbeiterinnen zumindest konstant gehalten werden. Die Herabsetzung des relativen Lohnniveaus bei gleichzeitiger Beibehaltung des absolut zur Verfügung stehenden Geldes – was zwangsläufig zu einer Arbeitszeitverlängerung führen muss – wird dabei als Vorteil für die Mitarbeiterinnen gewertet. Auf diese Weise kann blockierender Mitarbeiterinnenprotest umgangen werden, da sie ja immer noch genauso kaufkräftig sind wie zuvor. Durch diese Form der Mitteilung kann ausreichend sensibel argumentiert werden (s. o.). Vor dem Hintergrund der Regeln der *gemeinsamen Konkurrenzsituation* bei gleichzeitig *beschränkten Steuerungsmöglichkeiten* wird der Vorschlag, Tarifstandards zu senken, hier v. a. Arbeitszeit zu erhöhen, größere Chancen haben, als akzeptable Annahme zu erscheinen und das *Vermittlungsproblem* mit auflösen helfen. Das Tarifverfahren erscheint als rettender Anker für den deutschen Industriestandort.

Der nächste Abschnitt macht auf die *Synergieeffekte* von Arbeitszeitverlängerungen aufmerksam und soll hier lediglich zusammengefasst werden. Demnach hilft die Verlängerung der Arbeitszeit, schon bestehende Ressourcen besser zu nutzen. Arbeitszeitverlängerungen seien nämlich nicht nur auf *direktem* Wege für die Unternehmen Kosten senkend. Auch *indirekt* seien sie über den Umweg von »regionalen Netzwerken aus Lieferanten, Kunden, Partnerfirmen und Forschungsstätten« und den »Kontakten zur örtlichen Verwaltung und zur Politik« kostensenkend. Solche »Cluster« stellten eine Errungenschaft dar, die in ihrer

»Bedeutung« für eine »moderne Wirtschaft« nicht zu »unterschätzen« sei und müssten »im Ausland erst mühsam aufgebaut werden«. Die Forderung nach *Senkung von Tarifstandards* kann somit mit weiterer ›Plausibilität‹ aufgeladen und das *Vermittlungsproblem* weiter aufgelöst werden. Denn wenn deutlich wird, dass durch Arbeitszeitverlängerungen auch noch Synergieeffekte ›eingefahren‹ werden können – da bereits bestehende Strukturen länger und damit ausgiebiger genutzt werden können –, dann muss die Ablehnung von Arbeitszeitverlängerungen als unvernünftig erscheinen. Es kann jetzt jeder Kritikerin der Forderungen vorgeworfen werden, dass die bereits bestehenden Ressourcen nicht richtig ausgenutzt und damit vor dem Hintergrund einer *gemeinsamen Konkurrenzsituation* und *begrenzter Steuerungsmöglichkeiten* unverantwortlich verschwenderisch gehandelt würde.

2.6. Störfaktoren beseitigen

Im weiteren Verlauf nimmt der Text einige Regeln der Fallstruktur wieder auf. Im Wesentlichen kommen aber nur zwei neue Aspekte hinzu, auf die ich mich hier beschränken möchte.

Der Text macht darauf aufmerksam, dass das »Standortpotenzial« nur dann ausreichend ausgenutzt werden könne, wenn die Gruppe der »Beschäftigten« miteinbezogen werde. Er vollführt hier also genau das, was er zuvor schon implizit gefordert hat: nämlich das *Vermittlungsproblem* durch die Berücksichtigung von Arbeitnehmerinneninteressen aufzulösen. Dies könne über »Beschäftigungszusagen« oder »Investitionszusagen« geschehen. Demnach habe die Unternehmensleitung die Aufgabe, durch »glaubwürdige« und realistische Geschäftsplanungen, den Mitarbeiterinnen Arbeitsplatzsicherheit zu garantieren. Neben der schon erwähnten Verlängerung der Arbeitszeit könne auch »das Weihnachtsgeld« gestrichen werden. Dies habe aber immer im Modus eines »fairen gemeinschaftlichen Handelns« abzulaufen. d. h. es wird als möglich angesehen, dass eindeutige Verschlechterungen für Arbeitnehmerinnen so ›verkauft‹ werden können, dass diese als »fair« erscheinen. Vor dem Hintergrund dieser nun stärkeren wechselseitigen Bindungen von Unternehmensleitung und Mitarbeiterinnen wird es möglich, auf die Unvernünftigkeit aller Forderungen zu verweisen, die – in welcher Form auch immer – sich außerhalb des vom Text vorgeschlagenen Lösungsrahmens stellen. Dabei ist aber im Hinterkopf zu behalten, dass diese ›Zugeständnisse‹ an Arbeitnehmerinnen nur insoweit möglich sind, als dass Kosten gesenkt werden können. Der Text geht daher auf Arbeitnehmerinneninteressen zu, kann diese aber nur minimal berücksichtigen, da er zuvor schon klar gemacht hat, dass Kostensenkungen absolut notwendig sind, wolle man Arbeitsplätze behalten. Daher seien Senkungen von Tarifstandards auch immer arbeitnehmerinnenfreundlich.

Der Text spricht dann zwei Gruppen an, die das Tarifverfahren gefährden. Auf der einen Seite Arbeitgeberinnen, welche nur an ihrem Nutzen interessiert sind, der aus den Senkungen der Tarifstandards resultiert, ohne aber selbst ›Zugeständnisse‹ an Arbeitnehmerinnen zu machen. Der Text spricht hier von »›Trittbrettfahrern‹«. Auf der anderen Seite werden die Gewerkschaften, die zwar auf betrieblicher Ebene »pragmatische« und lösungsorientierte Diskussionspartnerinnen seien – d. h. sie nehmen die Arbeitszeitverlängerungen etc. hin –, aber auf überbetrieblicher einer ideologischen »Radikalisierung« Vorschub leisteten, stark kritisiert: »Gewerkschaftliche Verweigerung kann schnell zu dem Punkt führen, an dem viele Betriebe sich für eigene Wege entscheiden – außerhalb des Flächentarifs.« Es lässt sich hier ein weiteres sekundäres Problem erkennen, welches vom Text in der *Gefährdung der Integrität des Tarifverfahrens* gesehen wird. Demnach gefährden sowohl eine einseitige ›parasitäre‹ Ausnutzung der durch Tarifverträge ›erwirtschafteten‹ Kostensenkungen seitens einiger Arbeitgeberinnen, als auch eine »Radikalisierung« von gewerkschaftlicher Interessensvertretung die Glaubwürdigkeit des Tarifverfahrens. Ähnlich wie die einseitige Diskussionsweise der Arbeitgeberinnen die Arbeitnehmerinnen zu »überflüssigem Widerstand provoziert«, so provozieren nun Teile der Arbeitnehmerinnenseite die Unternehmen dazu, außerhalb des Flächentarifvertrages Mitarbeiterinnen zu beschäftigen. Demnach kann die gewerkschaftliche Politik als »Verweigerung« beschrieben werden. Sie erkennt die nun schon ausreichend ›plausibilisierten‹ Lösungsstrategien unvernünftigerweise nicht an. Sie repräsentiert daher auch ihre Mitglieder nicht adäquat. Würde sie ihre Mitglieder adäquat repräsentieren, dann würde sie den notwendigen Senkungen von Tarifstandards nicht entgegenarbeiten, welche jetzt noch für den Text die einzig vernünftige Lösungsmöglichkeit darstellen. Dieses Fehlverhalten wird vor dem Hintergrund sowieso nur *begrenzter Steuerungsmöglichkeiten* verschärft.

Der Text endet mit folgendem Fazit: »Fazit: Wir haben es in der Hand, einen Teil der drohenden Produktionsverlagerungen zu verhindern, zumindest das Tempo zu verlangsamen. Dies ist nicht selbstverständlich. Deutschland verfügt über eine Metall- und Elektroindustrie, die es nach den Gesetzen der industriellen Entwicklung in diesem Umfang hier eigentlich gar nicht mehr geben dürfte. Insofern wären Produktionsverlagerungen nur »natürlich«. In welchem Ausmaß dies nicht geschieht, das lässt sich in gewissem Umfang steuern. Für Steuerungsmaßnahmen müssen wir um Verständnis bei den Mitarbeitern und in der Bevölkerung werben. Mit permanent neuen Querschüssen in der Arbeitszeitpolitik erzeugen wir dagegen nichts als Missverständnisse.«

Der Text macht zum Schluss nochmals relativ ausführlich auf die Problematik, aber auch auf die Chancen des Standortes vor dem Hintergrund *begrenzter Steuerungsmöglichkeiten* aufmerksam. Der Verweis auf die Erfolge lässt sich als Motivationsversuch für die Umsetzung der vom Text gemachten Lösungsvorschläge sehen. Auch wird nochmals die Defensivposition sichtbar (»zumindest das Tempo zu verlangsamen«), welche durch die ›Naturalisierung‹ (»nach den Gesetzen der industriellen Entwicklung [...] nur ›natürlich‹«) nochmals unterstrichen wird.

Wenn es nur wenige Einflussmöglichkeiten gebe, dann müsse man – in der Logik des Textes gesprochen – froh sein, innerhalb eines fairen, wechselseitigen Tarifverfahrens Arbeitszeitverlängerungen in Kauf nehmen zu können (*Adäquanz des Tarifverfahrens*). Daraus resultiert eine letzte Lösungs-Regel.

Durch den *Verweis auf die gemeinsame Interessenlage* wird es dem Text möglich, die sekundären Probleme zu lösen. Die schon vorhandenen und erkennbaren Lösungsmöglichkeiten dürften nicht länger ignoriert werden und die *gemeinsame Interessenlage* müsse endlich anerkannt werden. Der Text selbst versucht nun Aufmerksamkeit für die von ihm angeführten Probleme und Lösungsstrategien zu erzeugen. Alle vom Text relevanten Probleme ließen sich demnach *adäquat durch Tarifverträge* und den damit ermöglichten Kostensenkungen (inkl. *Synergieeffekten*) lösen. Demnach kann gegen alle Gruppen moralisiert werden, die sich außerhalb des vom Text aufgespannten Lösungsrahmens stellen oder gar das Tarifverfahren selbst kritisieren. Denn nur so könne das allen gemeinsame Interesse, den »Industriestandort Deutschland« ›fit zu machen‹, erreicht werden. Alle anderen Möglichkeiten müssen nun aus der Perspektive des Textes als unvernünftig und aus Eigeninteresse motiviert erscheinen. Die Senkung von Tarifstandards repräsentiert dann das Allgemeinwohl und ist daher nur mit dem Risiko kritisierbar, sich diesem entgegen zu stellen. Und wer ist schon gegen das Allgemeinwohl?

Abbildung:
Tabellarische Darstellung der Fallstruktur

Primäre Problemlage	**Sekundäre Problemlage**
Gemeinsame Konkurrenzsituation	Vermittlungsproblem
Begrenzte Steuerungsmöglichkeiten	Gefährdung der Integrität des Tarifverfahrens
Lösung der primären Problemlage	**Lösung der sekundären Problemlage**
Adäquanz des Tarifverfahrens	Verweis auf die gemeinsame Interessenslage
Synergieeffekte	-------------------------------

3. Schluss: Nur das, was erkannt wird, ist kritisierbar

Ich hoffe, deutlich gemacht zu haben, dass die Objektive Hermeneutik eine brauchbare Methodologie darstellt, um soziale Sinnstrukturen und Deutungsmuster in ihren latenten Dimensionen sichtbar machen zu können. Demnach versucht eine objektiv-hermeneutisch angelegte Analyse auf der Grundlage einer genauen und textnahen Interpretation von protokollierter Wirklichkeit, auf die latenten und unscheinbaren Regelstrukturen hinzuweisen, die ein bestimmtes soziales Gebilde organisieren und strukturieren. Am Beispiel meiner Analyse des Zeitungsartikels von Martin Kannegiesser sollte deutlich geworden sein, dass solche Fallstrukturen durch genaueres Hinsehen transparent oder zumindest transparenter gemacht werden können. Erst wenn sie auf diese Weise erkenn- und begrifflich repräsentierbar werden, werden sie überhaupt *kritikfähig*. Zuvor sind sie zwar faktisch wirksam, aber nicht zugänglich für eine Kritik, welche zumindest auf partielle Kenntnisse ihres Gegenstandes angewiesen ist. Das *kritische Potenzial* der Objektiven Hermeneutik besteht genau darin: Latente Organisationsprinzipien von Sozialität können mithilfe dieser Methodologie sichtbar gemacht werden und als Selektion aus einem Raum von Möglichkeiten begreifbar werden. Auf diese Weise kann gezeigt werden, dass beispielsweise plausibel erscheinende Aussagen oder Praktiken nur auf der Grundlage nicht unmittelbar erkennbarer Prämissen oder Routinen Plausibilität erhalten – diese Prämissen und Routinen aber durchaus nicht die einzig möglichen sind. Ziel ist es also die ›unsichtbaren‹ Thematisierungs- bzw. allgemeiner Realisierungsweisen von Sozialität zunächst einmal erkennbar zu machen. Auf diese Weise können u. a. bestimmte Implikate von Deutungen oder aber auch versteckte Herrschafts- und ›Entfremdungsstrukturen‹ aufgedeckt werden. Gerade wenn am *konkreten Fall* nachgewiesen werden kann, dass dessen Fallstruktur lediglich eine *Auswahl aus einem Raum von Optionen bzw. Möglichkeiten* darstellt, dann tritt auch seine ›Nicht-Natürlichkeit‹ und soziale Produziertheit offen zu Tage, die immer auch andere Lebenspraxen denken lässt.

Literatur

Bergmann, Jörg R.: Flüchtigkeit und methodische Fixierung sozialer Wirklichkeit. Aufzeichnungen als Daten der interpretativen Soziologie, in: Wolfgang Bonß/Heinz Hartmann (Hrsg.): Entzauberte Wissenschaft. Zur Relativität und Geltung soziologischer Forschung (Sonderband 3 der Zeitschrift Soziale Welt), Göttingen 1985, S. 299-320.

Bora, Alfons: Konstruktion und Rekonstruktion. Zum Verhältnis von Systemtheorie und objektiver Hermeneutik, in: Gebhard Rusch/Siegfried J. Schmidt (Hrsg.): Konstruktivismus und Sozialtheorie, Frankfurt a. M. 1993, S. 282-330.

Foucault, Michel: Archäologie des Wissens, Frankfurt a. M. 1981.

Holz, Klaus: Nationaler Antisemitismus. Wissenssoziologie einer Weltanschauung, Hamburg 2001.

Marx, Karl: Das Kapital. Kritik der politischen Ökonomie, Band 1, in: Karl Marx/Friedrich Engels: Werke, Band 23, Berlin 1986 (Orig.: 1867).

Mead, George Herbert: Geist, Identität und Gesellschaft aus der Sicht des Sozialbehaviorismus, Frankfurt a. M. 1973 (Orig.: 1934).

Oevermann, Ulrich: Sprache und soziale Herkunft. Ein Beitrag zur Analyse schichtenspezifischer Sozialisationsprozesse und ihrer Bedeutung für den Schulerfolg, Frankfurt a. M. 1972.

Oevermann, Ulrich/Allert, Tilman/Gripp, Helga/Konau, Elisabeth/Krambeck, Jürgen/Schröder- Caesar, Erna/ Schütze, Yvonne: Beobachtungen zur Struktur der sozialisatorischen Interaktion. Theoretische und methodologische Fragen der Sozialisationsforschung, in: Manfred Auschwätzer/Edith Kirsch/Klaus Schröter (Hrsg.): Seminar: Kommunikation, Interaktion, Identität, Frankfurt a. M. 1976, S. 371-404.

Oevermann, Ulrich/Allert, Tilman/Gripp, Helga/Konau, Elisabeth/Krambeck, Jürgen: Die Methodologie einer ›objektiven Hermeneutik‹ und ihre allgemeine forschungslogische Bedeutung in den Sozialwissenschaften, in: Hans-Georg Soeffner (Hrsg.): Interpretative Verfahren in den Sozial- und Textwissenschaften, Stuttgart 1979, S. 352-434.

Oevermann, Ulrich: Fallrekonstruktionen und Strukturgeneralisierung als Beitrag der objektiven Hermeneutik zur soziologisch-strukturtheoretischen Analyse, 1981, als Download auf der Internetseite des Vereins Objektive Hermeneutik e.V. www.agoh.de verfügbar.

Ders.: Zur Sache. Die Bedeutung von Adornos methodologischem Selbstverständnis für die Begründung einer materialen soziologischen Strukturanalyse, in: Ludwig von Friedenburg/Jürgen Habermas (Hrsg.): Adorno Konferenz 1983a, Frankfurt a. M. 1983, S. 234-289.

Ders.: Kann Arbeitsleistung weiterhin als basales Kriterium der Verteilungsgerechtigkeit dienen?, 1983b, als Download auf der Internetseite des Vereins Objektive Hermeneutik e.V. www.agoh.de verfügbar.

Ders.: »Krise und Muße. Struktureigenschaften ästhetischer Erfahrung aus soziologischer Sicht«. Vortrag am 19. Juli 1996 in der Städel-Schule, als Download auf der Internetseite des Vereins Objektive Hermeneutik e.V. www.agoh.de verfügbar.

Ders.: Zur Analyse der Struktur von sozialen Deutungsmustern, in: Sozialer Sinn, 2001, H. 1, erstmalig als ›graues Papier‹ 1973 universitätsintern erschienen, S. 3-33.

Ders.: Klinische Soziologie auf der Basis der Methodologie der objektiven Hermeneutik – Manifest der objektiv hermeneutischen Sozialforschung, 2002, als Download auf der Internetseite des Vereins Objektive Hermeneutik e.V. www.agoh.de verfügbar.

Reichertz, Jo: Probleme qualitativer Sozialforschung. Zur Entwicklungsgeschichte der Objektiven Hermeneutik, Frankfurt a. M./New York 1986.

Ders.: Objektive Hermeneutik, in: Ronals Hitzler/Anne Honer (Hrsg.): Sozialwissenschaftliche Hermeneutik, Opladen 1997, S. 31-54.

Schneider, Wolfgang Ludwig: Objektive Hermeneutik als Forschungsmethode der Systemtheorie, in: Soziale Systeme. Zeitschrift für soziologische Theorie, 1995, H. 1, 129-152.

Sutter, Tilmann (Hrsg.): Beobachtung verstehen, Verstehen beobachten. Perspektiven einer konstruktivistischen Hermeneutik, Opladen 1997.

Wernet, Andreas: Einführung in die Interpretationstechnik der Objektiven Hermeneutik, Opladen 2000.

Wienke, Ingo: Das Luftbild als Gegenstand soziologischer Erkenntnis. Eine exemplarische Analyse der objektiven Hermeneutik, 2000, als Download auf der Internetseite des Vereins Objektive Hermeneutik e.V. www.agoh.de verfügbar.

Tobias Pieper

Symbolische und materielle Barrieren beim Zugang zum gesellschaftlich Exkludierten

Einleitung

Gegenstand dieses Artikels ist die methodische Reflexion des sozialwissenschaftlichen Zugangs zu dem Forschungsfeld *Lager für MigrantInnen und Flüchtlinge mit einem ungesicherten Aufenthalt in der Bundesrepublik Deutschland.* Die bundesdeutschen Lager sind verständlich als räumliche Struktur, die die dort zwangsweise untergebrachten MigrantInnen im Lager einschließt und im Lagereinschluss gesellschaftlich exkludiert. In der Regel werden in städtischen Rand- und Industriegebieten alte Kasernen oder heruntergekommene Plattenbauten als Unterkünfte benutzt, die in ländlichen Regionen häufig in den Wäldern versteckt sind. Diese räumliche Strategie der Anordnung der Lager im gesellschaftlichen Nirgendwo lässt sich als eine der Entnennung fassen. Unter *Entnennung* verstehe ich einen Prozess im Rahmen der Ideologieproduktion, der gesellschaftliche Phänomene und Bedingungen durch unterschiedliche Strategien für den ersten Blick verdeckt und verwischt. Gesellschaftliche Strukturen werden diskursiv umbenannt, in einen falschen Kontext gestellt und teilweise auch örtlich versteckt und sind somit potentiell nicht sichtbar, sie werden *in ihren realen Momenten und Strukturprinzipien entnannt.* Zusätzlich ergeben sich aus den gesellschaftlichen Prozessen der rassistischen Markierung der BewohnerInnen und der damit einhergehenden Abwertung symbolische Barrieren, die den Zugang in die Lager erschweren. Es zeigt sich dabei, dass die aufgebauten Barrieren eng mit der staatlichen Zielsetzung der Lagerunterbringung korrespondieren und die Strategie der Exklusion unterstützen.

Ausgangspunkt der methodischen Diskussion des Feldzugangs ist die Einbettung des Forschungsfelds in die gesamtgesellschaftlichen Strukturen, die notwendig mitbeachtet werden müssen, wenn die bestehende Lagerunterbringung von hier unerwünschten und nichtverwertbaren MigrantInnen in ihren (rassistischen) Begründungszusammenhängen und ihrer gesellschaftlichen Funktionalität verstanden werden will. Als historisch entstandenes Feld der institutionellen Ausgrenzung haben sich (häufig ungeplant) ökonomische und ideologische Einbettungen in die kapitalistische Produktionsweise und die lokalen politischen Formationen entwickelt, die zum Verständnis der heutigen Situation zentral sind. Von der Klärung der gesellschaftstheoretischen Gegenstandsdimensionen ausgehend habe ich eine mehrdimensionale Datenerhebung entworfen, die den Anspruch erhebt, sowohl die gesamtgesellschaftliche Einbettung des Lagersystems als auch die subjektive Erfahrungssicht seiner BewohnerInnen zu erfassen.

Im Folgenden werde ich nach Darstellung meiner Fragestellung und der für eine möglichst vollständige Erfassung des Forschungsfelds Lager erhobenen quantitativen wie qualitativen Daten ausführlich die Schwierigkeiten des Feldzugangs methodisch diskutieren.

1. Gesellschaftstheoretische Gegenstandsdimensionen als methodologischer Rahmen des Erkenntnisinteresses

»Die *politische Wissenschaft* will die Bedingungen der Entstehung politischer Macht, ihrer Institutionen, ihrer Wirksamkeit und *politischer Willensbildung* überprüfen. [...] Als *politisch* sollen dabei nicht nur Staat und öffentliche Gewalt und das auf sie unmittelbar bezogene Verhalten, sondern jede gesellschaftliche Aktivität gelten, die die *Struktur der Gesellschaft* (und also die Machtverteilung der sozialen Gruppen in der Gesellschaft) sei es verändern, sei es durch Machtgebrauch stabilisieren will. Staat und öffentliche Gewalt sind Institutionen der Gesellschaft; politisches Verhalten ist eine spezifische Form sozialen Verhaltens. Politische Wissenschaft ist daher selber eine besondere Disziplin der Wissenschaft von der Gesellschaft, *politische Soziologie*.« (Abendroth 1972: 9 ff., *kursiv* i. O.)

Gegenstand dieser Forschungsarbeit ist eine Funktionsanalyse bundesdeutscher (Sonder-) Gesetze für MigrantInnen mit einem ungesicherten Aufenthalt. Im Mittelpunkt der Arbeit stehen die subjektiven Erfahrungen der jahrelangen Unterbringung in Sammelunterkünften. Ich fasse diese Form der Unterbringung mit dem Begriff des *halboffenen Lagers für MigrantInnen und Flüchtlinge mit einem ungesicherten Aufenthalt,* in seiner Gesamtheit als *dezentrales halboffenes Lagersystem*. Ziel der Arbeit ist es, die als System von unterschiedlichen Lagertypen zu verstehende staatliche Unterbringung von MigrantInnen und Flüchtlingen in ihrer Ausdifferenziertheit zu erfassen, die Bedingungen in den Lagern empirisch genau zu beschreiben und die Ergebnisse gesellschaftstheoretisch einzuordnen und auf unterschiedlichen Funktionsebenen der Gesellschaft zu analysieren. Im Rahmen der Analyse soll geklärt werden, welche gesellschaftstheoretischen Funktionen dieser jahrelangen Lagerunterbringung von Menschen zukommen. Was waren die Gründe für die Installation der Lager? Warum wird an ihnen festgehalten? Welche politisch-ideologischen und ökonomischen Funktionen übernehmen sie innerhalb der hegemonialen Herrschaftsstrukturen der Bundesrepublik Deutschland?

Moderne kapitalistische Gesellschaften wie die Bundesrepublik sind durch vielfältige Widerspruchsebenen durchzogen, die in Kompromissen reguliert werden. Die Kompromisse entstehen durch Aushandlungsprozesse und Kämpfe auf den unterschiedlichen gesellschaftlichen Ebenen durch die dort agierenden Interessengruppen. Diese Regulationsprozesse ziehen in der Regel die Institutionalisierung der Kompromisse nach sich, es entstehen materielle Apparate und politische Orte zukünftiger Aushandlungen und der Verwaltung von divergierenden Interessen. Neben materiellen Partialinteressen einzelnen Gruppen durchzieht der Antagonismus zwischen Kapital und Arbeit als auch die Strukturen des Geschlechterverhältnisses oder der rassistischen Arbeitsteilung alle gesellschaftlichen Felder. Soziale Gruppen mit ihren häufig in den alltäglichen Lebensweisen verankerten Interessen formulieren lokal ihre Partizipationsabsichten, immer wieder entstehen historische Gegenbewegungen und größere Kämpfe, die soziale Rechte durchsetzen können. Der Begriff der gesellschaftlichen Funktionsanalyse setzt hier an. Ich gehe davon aus, dass das Lagersystem eingebettet ist in die gesamtgesellschaftlichen Strukturen und somit innerhalb verschiedener auch widersprüchlicher Kompromisse und Regulationsmodi eine Funktion innehat. Es lässt sich also keine alleinige Funktion der Lager herausarbeiten, sonder eher divergierende, sich überlagernde und auch sich widersprechende Funktionen, die sich aus der Einbettung in die unterschiedlichen Herrschaftsstrukturen und ihrer Regulation ergeben.

Die Forschungsarbeit ist als vergleichende Untersuchung der Unterbringungssituation in Berlin und Brandenburg angelegt. Ziel ist die exemplarische empirische Erfassung der gemeinsamen Strukturmerkmale, sowie die Herausarbeitung der repressiven Diversität zu den neuen Ausreiseeinrichtungen (›Ausreisezentren‹)[1] am Beispiel des größten deutschen Ausreiselagers Bramsche in Niedersachsen. Am Beispiel der *Metropole Berlin* und des *ostdeutschen Flächenlands Brandenburg* werden die Grundstrukturen des bundesdeutschen dezentralen Lagersystems herausgearbeitet. Die *Ausreiseeinrichtung Bramsche in Niedersachsen* steht als Experimentierlager für die Entwicklung neuer Strategien im Umgang mit den hier ungewollten MigrantInnen und ist konturgebend für die derzeitige Umorganisierung der Flüchtlingspolitik.

Aufgrund des Fehlens einer umfassenden qualitativen wie auch quantitativen Darstellung des bundesdeutschen Lagersystems mit seinen über 100 000 dezentral

1 Zynisch wurden die neuen Abschiebelager von den Behörden bei Installation Ausreisezentren genannt. 2003 verfehlte das Wort Ausreisezentrum nur knapp die Ehrung als Unwort des Jahres 2002 und belegte den zweiten Platz hinter dem Wortkonstrukt Ich-AG. Siehe http://www.sueddeutsche.de/panorama/artikel/797/3794/. Als Begründung wurde angeführt: »Dieses Wort soll offenbar Vorstellungen von freiwilliger Auswanderung oder gar Urlaubsreisen wecken. Es verdeckt damit auf zynische Weise einen Sachverhalt, der den Behörden wohl immer noch peinlich ist. Sonst hätte man eine ehrlichere Benennung gewählt.« Siehe http://de.wikipedia.org/wiki/Ausreisezentrum. Unter GegnerInnen dieser Entrechtungspolitik hat sich der Begriff Ausreisezentrum als Kritikbegriff durchgesetzt, siehe http://www.ausreisezentren.de/az/index.php. Mit der Verabschiedung des neuen Aufenthaltsgesetzes werden diese Abschiebelager als Ausreiseeinrichtung § 61 AufenthG gesetzlich verankert. »Das offizielle Unwort des Jahres [2006] ist ›Freiwillige Ausreise‹. Das gab die zuständige Experten-Jury der Universität in Frankfurt am Main in Köthen in Sachsen-Anhalt bekannt. Zur Begründung der Entscheidung erklärte die Jury, dass die Freiwilligkeit einer solchen Ausreise von Asylbewerbern aus der Bundesrepublik in vielen Fällen bezweifelt werden könne. Damit stehe das Wort in einem schiefen Verhältnis zur Realität, sagte Jury-Vorsitzender Horst Dieter Schlosser.« Süddeutsche Zeitung vom 7. 2. 2007,
http://www.sueddeutsche.de/,tt5m3/leben/artikel/726/98628/, Alle Zugriffe 7. 5. 2007.

verteilten zwangsweisen BewohnerInnen ist die erste zentrale Aufgabe dieser Forschungsarbeit eine Erarbeitung der qualitativen Ausformungen und Diversitäten der Lagerbedingungen anhand der Beispiele Berlin, Brandenburg und Bramsche/ Niedersachsen, als auch eine quantitative Erfassung der Größe und des Umfangs der in der gesamten Bundesrepublik vorhandenen dezentralen Flüchtlingslager.

Die Fragestellungen meiner empirischen Untersuchung lassen sich nicht ohne die Subjektebene der BewohnerInnen klären. Deshalb liegt ein zentraler Fokus der Forschung auf der subjektiven Erfahrung der diversen Entrechtungsinstrumente, die sich im Ort des Lagers kreuzen und gegenseitig verstärken. Die Innenansicht der Lager soll weitestgehend aus Sicht der Betroffenen analysiert werden, die als handlungsfähige Subjekte unter diesen repressiven und stark determinierenden Bedingungen leben müssen. Hierdurch sollen der entrechtete Sozialraum Lager und die Strukturierungen der Lebensweisen unter diesen Bedingungen verdeutlicht werden. Ich lege hier Fallanalysen von je einer Gemeinschaftsunterkunft in Berlin und Brandenburg sowie dem Ausreiselager Bramsche zugrunde. Die Auswahl erfolgte aufgrund ihrer repräsentativen Form/Größe/Lage und vorhandener Kontakte zu den BewohnerInnen und/oder SozialarbeiterInnen.

Ich habe in drei Unterkünften mit 19 BewohnerInnen halbstrukturierte Interviews geführt und im Rahmen meiner Erhebungstour durch die Berliner und Brandenburger Unterkünfte mit weiteren 60 MigrantInnen im Rahmen von Kurzinterviews gesprochen. Weitere Interviews habe ich mit den unterschiedlichen MitarbeiterInnen der Unterkünfte, den zuständigen Administrationen und Unterstützungsstrukturen geführt. Aufgrund der Verweigerung der Administration und der Heimleitung des ausgewählten Brandenburger Heimes, mir im Rahmen von Interviews Auskünfte zu erteilen, habe ich ein zusätzliches Experteninterview mit dem Leiter eines weiteren Brandenburger Heimes geführt, welches durch ein positives Engagement der MitarbeiterInnen heraussticht. Ziel dieses zentralen Teiles meiner Forschungsarbeit ist die Darstellung der administrativen Organisation der Lager als Ort der Verwaltung und Kontrolle von dezentral verteilten und entrechteten MigrantInnen und die empirische Erfassung der subjektiven Erfahrungsebenen des Lagerlebens.

Die organisatorischen Strukturen des Lagers ergeben sich vor allem aus den gesetzlichen Vorgaben und bestimmen einen restriktiven Kontrollraum. Diese Rahmenbedingungen als gesetzlich vorgeschriebene Determination des Lagerlebens habe ich durch die subjektive Perspektive der MitarbeiterInnen auf ihre lagerinternen Handlungsmöglichkeiten und ihre strukturellen Grenzen ergänzt. Ziel ist ein Ausloten von Handlungsstrategien, die die Handlungsfähigkeit der BewohnerInnen durch symbolische und materielle Unterstützung erweitern. Aufgrund der ungleichen Machtverteilung sind die Handlungsmöglichkeiten der MitarbeiterInnen immer auch als restriktive Verschärfung und Verengung der Lebensbedingungen gegen die BewohnerInnen anwendbar. Ich fasse dies als einen *potentiell rechtsfreien Raum,* der durch den gesetzlichen Rahmen konstituiert wird.

1.1. Das Lager in seinen Kontrollfunktionen

Die bundesdeutschen Gemeinschaftsunterkünfte sind als *halboffene*[2] Lager konzipiert, sie sind keine Internierungslager, die BewohnerInnen können prinzipiell aus den Lagern verschwinden und in die Welt der ›Illegalität‹ abtauchen. Theoretisch stellt sich hier die Frage nach der Funktionsweise dieser trotzdem sehr effektiven dezentralen Kontrolle und Verwaltung, die Mitte der 1990er weit über eine Millionen Menschen aufnahm, verwaltete, festsetzte und bis zum Behördenzugriff verwahrte. Es ist die Frage nach der Organisierung und administrativen Durchführung einer umfassenden bürokratischen Verwaltung zur Versorgung und Kontrolle unerwünschter MigrantInnen, deren Effektivität gerade in ihrer Dezentralität in Kombination mit einem materiellen Ausschluss aus der Gesellschaft besteht. Von den erhobenen empirischen Daten ausgehend fasse ich diese Form der Verwaltung als modernes Kontrolldispositiv (Foucault), welches sich von den einzelnen dezentralen Lagern ausgehend aufspannt als Kombination eines Einschlusses der Menschen im Lager und ihrer Exklusion aus der Umgebungsgesellschaft durch ein (partielles) Arbeitsverbot, die Auszahlung von Sachleistungen und rassistische Alltagsstrukturen, die zu einer Abwertung und rassistischen Markierung der symbolischen und kulturellen Kapitalien (Bourdieu) der BewohnerInnen führen.

1.2. Das Lager im Verhältnis zur gesellschaftlichen Totalität

Empirische Forschung ist immer eingebunden in die gesamtgesellschaftlichen Strukturbedingungen, die sie mitbestimmen. Sie wird sowohl von den Formen der politischen und ideologischen Herrschaft, als auch von den ökonomischen Grundlagen durchdrungen. Der sozialwissenschaftliche Fokus auf ein kleines empirisches Feld und seine Loslösung vom Gesamtarrangement der gesellschaftlichen Formation und seiner Herrschafts- und Ausbeutungsstrukturen führt deshalb zwangsläufig zu einer Verkürzung der Daten auf ihre aktualempirische Unmittelbarkeit und einer Verkennung der auch gegenseitigen Strukturbeeinflussungen des konkreten noch so kleinen Untersuchungsgegenstandes mit seiner gesamtgesellschaftlichen Vermitteltheit.

»Die empirische Sozialforschung kommt darum nicht herum, dass alle von ihr untersuchten Gegebenheiten, die subjektiven nicht weniger als die objektiven Verhältnisse, durch die Gesellschaft vermittelt sind. Das Gegebene, die Fakten, auf welche sie ihren Methoden nach als auf ihr Letztes stößt, sind selber kein Letztes sondern ein Bedingtes. Sie darf daher nicht ihren Erkenntnisgrund – die Gegebenheit der Fakten, um welche ihre Methode sich müht – mit dem Realgrund

2 Der Begriff der Halboffenheit betont die Gleichzeitigkeit von der Möglichkeit des Verschwindens aus den Lagern und dem Festsetzen der Menschen in den Lagern. Dieses Festsetzen wird eher durch symbolische Barrieren als durch Stacheldraht organisiert.

verwechseln, einem Ansichsein der Fakten, ihrer Unmittelbarkeit schlechthin, ihrem Fundamentalcharakter.« (Adorno 1971: 99)

Durch das Einbeziehen unterschiedlicher gesellschaftstheoretischer Funktionsebenen versuche ich, die Einzelergebnisse meiner empirischen Untersuchung in ihren gesamtgesellschaftlichen Rahmen einzuordnen und das dezentrale Lagersystem als zentrale Form des bundesdeutschen institutionellen Rassismus zu verstehen.

Die unterschiedlichen Bedingungen in den halboffenen dezentralen Lagern der einzelnen Bundesländer sind sowohl auf gesamtgesellschaftliche Strukturen zurückzuführen als auch eingebettet in die hegemonialen Produktionsweisen und Formen politischer Herrschaft, die immer auch von sozialen Kämpfen und Auseinandersetzungen beeinflusst sind. Gesetzliche Bestimmungen sind kodifizierte Formen der politischen Herrschaft und Auseinandersetzungen innerhalb der hegemonialen Diskurse und Debatten. Sie sind somit sowohl Verdichtungen der Interessen des herrschenden Blocks als auch Kompromisse, die zur Herstellung der Hegemonie als Interessenblock an widersprechende Bündnisgruppen gemacht werden mussten. Ausgangspunkt der gesetzlichen Entrechtung ist das Parlament als gesetzgebende Institution. Als Verdichtung gesellschaftlicher Auseinandersetzungen und Kräfteverhältnisse ist innerhalb des parlamentarisch organisierten Staats (Poulantzas 2002: 159) neben den Verwertungsinteressen der Wirtschaft die Inszenierung rassistischer Debatten als zentrales innenpolitisches Instrument der Herrschaft relevant. Soziale Kämpfe spielen vor allem in den außerparlamentarischen Kräftefeldern, die vermittelt auf die Entscheidungen des Staates Einfluss nehmen, eine wichtige Rolle. Gesetze und die für ihre Umsetzung wesentlichen Ausführungsvorschriften und Auslegungsrichtlinien sind daher nicht als Faktum an sich, als ›reines‹ Gesetz bzw. dessen Umsetzung in die lebensweltliche Praxis zu verstehen, sondern immer nur im Rahmen ihrer politischen Konstitutionsbedingungen und der sie begleitenden Begründungsdiskurse und Argumentationsmuster.

Das bundesdeutsche Lagersystem ist eingebettet in die gesamtgesellschaftlichen kapitalistischen Produktionsweisen und ihre lokalen Diversitäten, also den regional vorhandenen Industrien, Arbeitsmarktsektoren und damit zusammenhängenden offenen regulären wie irregulären Arbeitsplätzen. Während der empirischen Untersuchung wurde deutlich, dass die vorfindbaren Formationen in den konkreten Lagern nur durch diese (gesamtgesellschaftliche) ökonomische Einbettung erklärbar sind, daher kann das dezentrale Lagersystem als Scharnier zwischen regulären und irregulären Arbeitsmarktsegmenten verstanden werden. Das Unterbringungssystem produziert somit in den Bundesländern mit einem hohen Arbeitskräftebedarf langfristig einsetzbare ArbeiterInnen, die weit unter dem üblichen Lohnniveau bezahlt werden können. So haben beispielsweise in Baden-Württemberg 2003 fast 40 Prozent (Pieper 2004: 448) der MigrantInnen und Flüchtlinge mit ungesichertem Aufenthaltsstatus eine reguläre, jedoch meist prekäre Arbeit ausgeübt. In den Bundesländern mit hohen Arbeitslosenquoten migrieren die BewohnerInnen der Lager soweit sie können in Richtung der Arbeit und verdingen sich hier als irreguläre ArbeiterInnen. Die vorhandenen und lokal sehr divergierenden regulären und irregulären Arbeitsmarktsektoren sind relevante Faktoren, die die Lagerbedingungen regionalspezifisch mitbestimmen. Als Struktur innerhalb des Gesamtraums Bundesrepublik bestimmen die ökonomischen Rahmenbedingungen auch diejenigen lokalen Regionen mit, in denen es offensichtlich keine Arbeitsplätze gibt. Die Lager verändern so ihre Funktion im historischen Prozess der gesamtgesellschaftlichen Umstrukturierung neoliberaler Produktionsweisen, sie werden für einen Teil der BewohnerInnen zu Durchgangsorten lokaler Migrationsbewegungen quer durch die Republik, die durch die Arbeitsmöglichkeiten und vorhandene migrantische Communities und Strukturen bestimmt sind.

Die bundesdeutschen Lager für hier ungewollte MigrantInnen sind auch als symbolische Verdichtungen zu verstehen, die im Rahmen rassistischer Instrumentalisierungen eine ideologische Funktion bekommen. Es werden soziale Orte produziert, an denen konzentriert MigrantInnen in Armut leben (müssen). Die Bilder von diesen Orten können, sobald sie in die Öffentlichkeit gebracht werden, als ›Beweis‹ einer ›Überflutung der Gesellschaft durch Ausländer‹ dienen. Auch die (erzwungenen) ›1-Euro-Jobs‹ in Gärten oder beim Schneeschippen können die symbolische Wahrnehmung verstärken, dass hier ›Arbeitsplätze weggenommen‹ werden. Diese Bilder bekommen im Rahmen der Ideologieproduktion die Funktion einer Vergegenständlichung rassistischer Denkfiguren. Diese Denkformen bekommen so ihre eigene Realität geliefert, die, fassbar und lebenswirklich, rassistische Argumentationsmuster bedient. In Krisenzeiten wurden Flüchtlingslager häufig politisch und medial aus den Wäldern in die Öffentlichkeit ›gezerrt‹, um die populistische Hetze zu untermauern. Die produzierte Entrechtung wird zum ›Beweis‹ rassistischer Vorurteile und rechtfertigt im Umkehrschluss weitere Entrechtungen. Verständlich wird dies als ein Wechselverhältnis zwischen gesellschaftlicher Exklusion und Unsichtbarmachung der Lager als räumliche Struktur bei gleichzeitiger partieller öffentlicher Instrumentalisierung und Zurschaustellung.

1.3. Das Verhältnis von historischer Forschung und Aktualempirie

Gesellschaftliche Formationen und ihre konkreten Bedingungen repräsentieren immer historisch akkumuliertes Wissen und historisch gewachsene Strukturen. Aus ihnen ergeben sich die aktuellen politischen Kräfteverhältnisse in ihren Widersprüchlichkeiten als wissenschaftlich-technische, national-politische, internationale, kulturell-ideologische, ökonomische etc. Entwicklungen. Aus dieser gesamtgesellschaftlichen Vermitteltheit von Einzelfeldern ergibt sich hierbei die Notwendigkeit, die geschichtlich entstandenen Strukturen und Regulationsweisen zu erfassen, da das Verhältnis zur gesellschaftlichen Totalität immer auch ein Verhältnis zu dessen historischer Dimension ist. Zu unterscheiden sind also eine notwendige historische Untersuchung und eine Herleitung des empirischen Gegenstands.

Die gesetzlichen Grundlagen und deren administrative Umsetzung, die die strukturelle Entrechtung von MigrantInnen und Flüchtlingen mit einem prekären Aufenthalt zur Folge haben, haben ihren Ursprung im politischen System der Bundesrepublik Deutschland der 1980er Jahre und gehen auf die damaligen gesellschaftlichen und parlamentarischen Diskurse über den Umgang mit ungewollten Flüchtlingen und MigrantInnen sowie die damals hegemoniale Machtkonstellation im politischen System und die darauf aufbauende Umsetzung der Debatten in konkrete institutionell verankerte Strukturen zurück. Die Strukturen und Bedingungen der Lagerunterbringung von Menschen, denen aus Gründen des innenpolitischen Kalküls ein verfestigter Aufenthalt verweigert wird, haben nun bereits eine Entwicklung von über 25 Jahren hinter sich. Seitdem haben sich die gesellschaftlichen, sozialen und ökonomischen Rahmenbedingungen national wie im internationalen Rahmen grundlegend geändert. Mit ihnen sind auch die damals relevanten Legitimierungsdiskurse zur Lagerunterbringung von MigrantInnen verschwunden, dennoch besteht dieses System weiterhin allumfassend fort. Die institutionelle Umsetzung der Lagerunterbringung wird – im Rahmen der gesetzlich vorgegebenen Strukturen – lokal in den administrativen Einheiten der Landkreise und kreisfreien Städte organisiert, so dass sich hier, abhängig von (lokalen) sozialen Kämpfen um gleiche Rechte und den unterschiedlichen industriell-ökonomischen Rahmenbedingungen, eine große Variabilität der heute vorfindbaren Lagerstrukturen zeigt.

Zum Verständnis der aktuell vorfindbaren Lagerbedingungen und ihrer gesamtgesellschaftlichen Einbettung wird also ebenfalls eine historische Herleitung erarbeitet. Erst hieraus werden bestimmte Aspekte des Miteinander und des Verwobenseins von rassistisch motivierter Entrechtung und gleichzeitiger ökonomischer Einbettung und Verwertung in ihren konkreten Ausformungen verständlich.

1.4. Die erhobenen Daten im Überblick

Neben den oben aufgeführten qualitativen Interviews mit BewohnerInnen (19 ausführliche, über 60 Kurzinterviews), Lagerleitung, MitarbeiterInnen, Wachschutz, zuständiger Landesadministration und Unterstützungsgruppen habe ich folgende quantitative Daten erhoben: Eine Fragebogenerhebung in fast allen Berliner und Brandenburger Unterkünften, Fragebogenerhebung der Unterbringungssituation in den einzelnen Bundesländern, Auswertung von Statistiken zum Arbeitsmarkt, zum Arbeitsmarktzugang, zur Aufenthaltserteilung, zum Asylbewerberleistungsgesetz. Zusätzlich wurde die Genese des dezentralen Lagersystems in einem historischen Kapitel rekonstruiert.

1.5. Gegenstandsangemessene Methodenkombination

Aus der aufgezeigten Fragestellung und dem damit zusammenhängenden kritischen Erkenntnisinteresse ergibt sich die Notwendigkeit einer gegenstandsspezifischen Methodenentwicklung und einer gegenstandsangemessenen Kombination qualitativer und quantitativer Methoden.[3] Eine in der sozialwissenschaftlichen Praxis diskutierte Möglichkeit ist die Integration angewandter Methodeninstrumente im Rahmen der Methodenkombinatorik der Triangulation (Flick 2004: 309 ff.), wobei auch hier auf eine eingehende methodologische Diskussion verzichtet wird. Anders als das Konzept der aus den Geowissenschaften kommenden Überlegung der Triangulation als Methodenkombination innerhalb eines Gegenstandes und eines naturwissenschaftlich ausgerichteten methodologischen Ansatzes, findet in den Sozialwissenschaften die Methodenkombination in der Regel statt, ohne sie gegenstandsspezifisch in den angewandten methodologischen Erkenntnisrahmen zu übersetzen (Flick 2004: 311; Kelle 2005: 98; Markard 1993: 200). Aufgrund dieser methodologischen Kritik wird Triangulation in den angewandten Sozialwissenschaften als »[...] Strategie auf dem Weg zu einem tieferen Verständnis des untersuchten Gegenstandes und damit als Schritt auf dem Weg zu mehr Erkenntnis und weniger zu Validität und Objektivität in der Interpretation« (Flick 2004: 311) eingesetzt. Die Frage nach einer gegenstandsangemessenen Methodik bleibt jedoch auch hier ausgespart, da die methodologisch notwendige vorgelagerte Klärung der kategorialen Gegenstandsebenen und der dort notwendig verortete Bezug von Einzelgegenständen zur gesellschaftlichen Totalität als gegenseitiges Strukturverhältnis nicht ausreichend diskutiert wird.

»Dem Gedanken des Primats des Gegenstandes vor der Methode liegt die Vorstellung zugrunde, dass, salopp formuliert, die methodische Erfassung von Sachverhalten ein *Vorwissen* über bestimmte Charakteristika dieser Sachverhalte voraussetzt, das Methoden bzw. methodische Instrumente überhaupt anwendbar macht. [...] Andererseits kann man bestimmte Charakteristika von Sachverhalten mit dafür angemessene Methoden feststellen, ohne dass man damit *relevante* Dimensionen erfasst hätte.« (Markard 1993: 19)

Empirische Forschung als Erkenntnisprozess der sozialen Wirklichkeit in ihrer gesamtgesellschaftlichen Bedingtheit lässt sich immer nur als prozessuale Entwicklung von theoriegeleiteter Erkenntnis und zirkulärem Rückfluss und Integration der empirischen Daten in den theoretischen Erkenntnisrahmen fassen. Ohne theoretische (kategoriale) Vorstellung der Welt ist diese weder zu beobachten oder analytisch zu durchdringen, der kategoriale Erkenntnisrahmen dechiffriert und strukturiert die Wahrnehmung und Analyse der gewonnenen Daten zwangsläufig mit. Wenn empirische Forschung nicht zur empirischen ›Verschönerung‹ bereits vorhandenen Wissens verkommen soll, ist die Veränderung dieses (methodologischen) Bezugsrahmens jedoch Bestandteil der Datenauswertung. Ziel aktualempirischer Forschung ist notwendig eine Kombination der Herangehensweise des ›Aufsteigens vom Abstrakten zum Konkreten‹ und die Integration und Neufassung von Erkenntnis als die ›Entwicklung des Abstrakten aus dem Konkreten‹ (Berger 1974: 7). Ge-

3 Ausführlich zu dieser methodischen Diskussion siehe Markard » Der Unterschied zwischen quantitativen Gegenstandsaspekten und ›quantitativer Orientierung‹« (Markard 1993: 111 ff.)

genstandsspezifische Methodenentwicklung kann also nicht nur heißen, dem Einzelgegenstand angemessene Instrumente zu entwickeln, sondern diese immer auch bezogen auf ihre gesamtgesellschaftliche Vermitteltheit zu beziehen.

»Die Frontstellung zwischen den beiden Forschungsrichtungen [der sog. quantitativen und der qualitativen Forschung] [...] entspringt nicht aus prinzipiellen Unvereinbarkeiten ihrer Forschungspraxis, sondern aus unterschiedlichen wissenschafts- und forschungspolitischen Auffassungen über die Rolle einer empirischen Soziologie als gesellschaftlicher Praxis, die dem Gegenstand, den sie erforschen möchte, zugleich als integraler Teil angehört.« (Wienold 2000: 9)

Nach einer Klärung kategorialer Bezugsebenen als gegenstandsspezifische Vermittlungszusammenhänge zur gesamtgesellschaftlichen Totalität als deren zu differenzierende Funktionsebenen (in ihrer historischen Genese), kann für die aktualempirische Anwendung methodischer Instrumente nicht mehr das Kriterium eines qualitativen oder quantitativen Bezugsrahmens gelten, sondern ihre methodologische Kompatibilität. Hierbei ergibt sich die Vereinbarkeit der Gegenstandsspezifik von Methoden nicht aus ihnen selbst, sondern bezieht sich vielmehr auf die gegenstandsangemessene Interpretation der gewonnenen Datensätze und deren methodologisch angemessene Analyse. Ziel empirischer Forschung ist die möglichst tiefe und genaue Erfassung des fokussierten Gegenstandes als methodologisch gegenstandsangemessene Datenanalyse.

2. Der Zugang zum Forschungsfeld Lagerunterbringung

Zentrale Strukturkomponente der Lagerbedingungen als spezifisches gesellschaftliches Feld ist die gesetzlich festgeschriebene Entrechtung sowohl des Lagers als Sozialraum als auch seiner BewohnerInnen. Die Gesetze, die nur für MigrantInnen mit einem prekären Aufenthalt gelten, reduzieren die normalerweise zuerkannten Rechte und entrechten somit relational im Verhältnis zum normalen bürgerlich-rechtlichen Subjektstatus der Bundesrepublik und auch relational im Verhältnis zu den normalen Rechten, die MigrantInnen mit einem gefestigten Aufenthalt zuerkannt werden. Zentrale gesetzliche Instrumente sind: Lagerunterbringung, eingeschränkter Arbeitsmarktzugang, Ausbildungs- und Studienverbot, Bezug gekürzter ›Hilfe zum Lebensunterhalt‹ in Form von Sachleistungen, eingeschränkte medizinische Versorgung, Wohnsitzauflage in den Unterkünften, Residenzpflicht. Diese Mechanismen der relationalen Entrechtung führen zu einem gesellschaftlichen Ausschluss, die Lebensweisen unter entrechteten Bedingungen organisieren sich rund um den Einschluss im Lager. Ziel des empirischen Teils meiner Forschung ist das Verstehen des gesellschaftlich Exkludierten. Die staatliche Entrechtung und die damit zusammenhängende gesellschaftliche Exklusion errichten symbolische wie materielle Barrieren, die den Zugang zu den Lagern und den dort eingeschlossenen MigrantInnen verhindern sollen und de facto erschweren.

Gesellschaftliche Felder als Gegenstände empirischer Forschung können unterschiedliche Zusammenhänge fassen wie »[...] eine bestimmte Institution, eine Subkultur, eine Familie, eine spezifische Gruppe von ›Biographieträgern‹ oder Entscheidungsträgern in Verwaltung oder Unternehmen [...].« (Flick 2005: 87) Der Zugang zu diesen sehr unterschiedlichen gesellschaftlichen Feldern ist immer ein zentrales Problem in der empirischen Sozialforschung und mit verschiedenen Barrieren und Hürden verbunden, für deren Überwindung sich als erfolgreich erwiesene Herangehensweisen archiviert und weiterentwickelt und nach Problemlagen und Feldstrukturen systematisiert wurden (siehe Wolff 2004: 339 ff.). Felder gesellschaftlicher Entrechtung und mit diesem Prozess verbundene Probleme des Feldzugangs und Strategien zur Überwindung der *staatlich errichteten symbolischen wie materiellen Barrieren* werden in der Methodenliteratur nicht systematisch behandelt und auch im Rahmen der vorhandenen Untersuchungen zur Lagerunterbringung in der Bundesrepublik Deutschland gibt es keine Diskussion der methodischen Probleme des Feldzugangs. In den vorhandenen Untersuchungen zur Lagerunterbringung werden die Zugänge nur beschrieben, es findet jedoch keine systematische Diskussion der entstandenen Schwierigkeiten statt, die sich direkt aus den staatlichen Entrechtungsinstrumenten ergeben und die immer auch das Ziel haben, den Zugang zu erschweren und zu kontrollieren und somit Bestandteil des Untersuchungsgegenstandes sind.

2.1. Das Auffinden der Lager

Die einzelnen Entrechtungsinstrumente bedingen unterschiedliche Barrieren beim Feldzugang. Im Mittelpunkt der Forschung steht das Lager als sozialer Raum. Das Lager ist für die BewohnerInnen jedoch mehr als ein entrechteter Wohnort; als zwangsweiser Lebensmittelpunkt wird er zum Kumulations- und Kreuzungspunkt der Wirkungsmächtigkeit der einzelnen Entrechtungsinstrumente. Zentrale Funktionsweisen der Lagerunterbringung sind – neben dem Herabsetzen der Lebensstandards der Betroffenen – die Mechanismen der Isolierung und des örtlichen Versteckens. Die örtliche Lage macht einen Zugang zu den Lagern schwierig, das Auffinden soll strukturell vermieden werden, Ziel ist eine gesellschaftliche Unsichtbarmachung der Orte des Ausschlusses. Die halboffenen Flüchtlingslager der Bundesrepublik Deutschland liegen in der Regel tief versteckt in Wäldern, an den Rändern kleiner Dörfer und Städte oder in heruntergekommenen Industriegegenden, alten Kasernen oder auch auf ausgemusterten Containerschiffen. Zwar können die Lager bei Bedarf der Politik zur symbolischen Manifestation rassistischer Bilder in die Öffentlichkeit verlegt werden, doch Normalität sind Isolation und das Verstecken vor kritischen Blicken. Dieses Verstecken korrespondiert mit einer diskursiven Leerstelle, nur sehr selten und vereinzelt werden die Folgen der Lagerunterbringung benannt, und dann auch nur in linken oder links-liberalen Medien. Innerhalb des hegemonialen Diskurses und den dadurch mitbestimmten Bedeutungskonstellationen der einzelnen Lebensweisen herrscht somit ein strukturelles Nicht-Wissen über die Folgen der staatlichen Entrechtung vor. Zur partiellen Instrumentalisierung der Entrechtungsbilder ist dieses Nicht-Wissen zentral, denn die Inszenierung des Lagers als vergegenständlichtes Symbol der ›Überflutung Deutschlands von den Armen der Welt‹ funktioniert nur durch die Entnennung des eigentlich relevanten Akteurs bei dieser massenhaften Unterbringung, nämlich des bundesdeutschen Staates.

Zentrales methodisches Problem dieser hegemonialen Entnennung der Lagerunterbringung als symbolische wie materielle Strategie ist auf der einen Seite das inhaltliche ›Auffinden‹ der Entrechtung und auf der anderen Seite das konkrete örtliche Auffinden der Lager. Ohne internes Wissen ist ein Aufsuchen der Lager ein zum Scheitern verurteiltes Unterfangen. Über offizielle Anfragen an die Administration werden nur ausgewählte Vorzeigeunterkünfte zur wissenschaftlichen Begutachtung benannt; Listen aller vorhandenen Heime werden in der Regel nicht zur Verfügung gestellt. Als ›normale‹ WissenschaftlerIn und noch mehr als normale BürgerIn ohne den mit der Universität verbundenem Wissen-Macht-Komplex ist es äußerst schwierig und zeitaufwändig, Daten zu allen vorhandenen Unterkünften zu bekommen. Ein möglicher Ausweg ist die Zusammenarbeit mit NGOs, die in die Unterstützung der BewohnerInnen involviert sind, wie den *Flüchtlingsräten*, oder mit selbstorganisierten Zusammenschlüssen wie der *Flüchtlingsinitiative Brandenburg*. Diese verfügen über internes, vor allem in der Beratungspraxis angeeignetes und akkumuliertes Wissen, welches einen Zugang und ein Auffinden praktikabler gestaltet.

Ich habe diese ersten Barrieren durch die Kooperation mit dem *Flüchtlingsrat Berlin,* dem *Flüchtlingsrat Brandenburg, MOBE* – Mobile Beratung zur Betreuung und Schulung der in den Heimen arbeitenden SozialarbeiterInnen und der *Flüchtlingsinitiative Brandenburg* überwunden. Gleichzeitig habe ich mich selber jahrelang politisch in der antirassistischen und auch Anti-Lager-Bewegung engagiert, so dass ich selber über internes Wissen über das Vorhandensein und die Bedingungen der bundesdeutschen Flüchtlingslager verfügte. Ohne dieses eigene Involviertsein und die auch darüber vorhandenen Kontakte zu den NGOs wäre die Dichte und Breite der erhobenen Daten nicht möglich gewesen. Das Problem des örtlichen Auffindens der versteckten Lager blieb trotz vorhandener Liste der Heime für Brandenburg und Berlin bestehen, es war aufgrund der Entfernungen vor allem mit finanziellen Barrieren verbunden; so sind die Unterkünfte in Brandenburg ohne Auto nur mit sehr hohem zeitlichen Aufwand erreichbar.

2.2. Die Schlüsselpersonen

Ohne die Zusammenarbeit mit lagerinternen Schlüsselpersonen (auch Gatekeeper oder Türöffner) wäre mir der direkte Zugang zu dem Sozialraum Lager nicht möglich gewesen. Schlüsselperson ist eine »[...] Person, die dem/der Feldforscher/-in den Zutritt zu einer zu erforschenden Organisation, Gruppe o. ä. ermöglicht« (Ludwig-Mayerhofer 1999). Meine Schlüsselpersonen waren engagierte MitarbeiterInnen oder (ehemalige) BewohnerInnen. Diese hatten aus ihrer involvierten Position heraus gewachsene Vertrauensverhältnisse zu den BewohnerInnen der Lager und waren zentral bei der Herstellung von Kontakten zu InterviewpartnerInnen. Denn »[...] beim Übergang in das Forschungsfeld [erfolgen] vielfältige Weichenstellungen hinsichtlich einer Positionierung im Feld. Wie man sich selbst einführt und vorstellt, wie man von Schlüsselpersonen den Teilnehmern im Feld vorgestellt wird, wie man dann später selber ›mitspielt‹, sind Stationen und Prozesse [...]« (Lüders 2004: 392), die die qualitative Dichte der erhebbaren Daten direkt mitstrukturieren. Aufgrund der entrechteten Rahmenbedingungen ist nach meinen Erfahrungen eine Selbstpositionierung gegen die Instrumente der Exklusion als auch eine in dieser Richtung positionierte Schlüsselperson zentral. Durch das Stellen auf die Seite der Betroffenen bekommen die Interviews über ihre Lebensbedingungen für die Betroffenen die Perspektive einer Kooperation mit einer kritischen Öffentlichkeit und der dort immer liegenden Potenz einer Veränderung der in den Lagern vorfindbaren Inhumanität. Diese Positionierung korrespondiert mit der generellen Zielsetzung meiner Forschung als wissenschaftliche Kritik der herrschaftsförmigen Verhältnisse und gesellschaftlichen Strukturen und für deren Veränderung in Richtung einer transparenten Demokratisierung. Denn »[d]amit findet man sich als Sozialwissenschaftler auf der Seite der Verlierer, der Abweicher, der Außenseiter, der Ausgeschlossenen, der strukturellen wie der historischen. Die herrschende Ordnung und ihre Selbstverständlichkeiten sorgen für sich selbst.« (Steinert 1998: 27)

Mit dieser expliziten Positionierung, die notwendig (wenn auch noch nicht hinreichend) für einen Zugang zur subjektiven Sicht der Betroffenen auf ihre Lebensweisen ist, entsteht gegenüber den VerwalterInnen der Lager, gegenüber der bürokratischen Administration und den direkt Verantwortlichen das Problem, dass aus ihrer Sicht kritische Forschungen, die sich das Ziel setzen, die Folgen staatlicher Entrechtung an die Öffentlichkeit zu bringen und wissenschaftlich fundiert zu erfassen, um sie dann auch verändern zu können, nicht gerne gesehen wird. Hier war es für mich als Feldforscher notwendig, mich im Rahmen einer »[...] tarnenden Mitgliedschaft [...]« (Lüders 2004: 392) zu verstellen bzw. Komplizenschaft mit dem System des Ausschlusses vorzugeben. Nur so war die Offenheit zu erlangen, die mir beispielsweise der Wachschutz im untersuchten Berliner Heim oder die Ausländerbehörde und die Leitung innerhalb des Lagers Bramsche entgegen brachten. Im Rahmen dieser Interviews versuchte ich lächelnd und unterstützend nickend ihnen möglichst viel ihrer subjektiven Sicht auf ihre Arbeit und die darin begründete ›Notwendigkeit‹ der Entrechtung zu ›entlocken‹. Dies hatte nicht das Ziel, die so ›vorgeführten‹ Personen bloßzustellen, sondern die Mechanismen herauszuarbeiten, die als Rationalisierungsstrategien erkennbar werden und die die Funktion haben, die eigene Arbeit und deren Folgen zu legitimieren und als gesellschaftlich notwendig darzustellen.

2.3. Der Zugang zu den Lagern

Direkten Zugang zu den Heimen bekam ich durch unterschiedliche Strategien. In dem genauer untersuchten Lager in Berlin und in einem der beiden in Brandenburg erhielt ich Zugang über eine engagierte Sozialarbeiterin und einen Heimleiter, die meine Arbeit und Zielsetzung unterstützen. Ihnen waren die Entnennung der unmenschlichen Folgen der Lagerunterbringung und die dadurch entstehenden Leerstellen in den öffentlichen Diskursen bewusst. Sie hatten ein aus ihrem Engagement erklärbares Interesse, die Zustände struktureller Entrechtung und deren subjektive Folgen in den Lagern wissenschaftlich erheben zu lassen und versprachen sich aus einer solchen Arbeit eine Verbesserung der Lebenssituation der zwangsweisen BewohnerInnen. Zu dem zweiten ausgewählten Brandenburger Lager, einem der unmenschlichsten, weit versteckt hinter einem kleinen Dorf im Wald, bekam ich Zugang über Mitglieder der *Flüchtlingsinitiative Brandenburg;* sowohl Heimleitung als auch die zuständige Administration des Landkreises verweigerten jegliche Kooperation. Ähnliches widerfuhr mir häufig bei unangemeldeten Besuchen in anderen Heimen. Aufgrund der Verantwortlichkeit der Kommunen für die Lokalisierung der Lager und somit auch für die besonders isolierte Lage der lokalen Lager sowie für das Einsetzen einer mit diesen Bedingungen kooperierenden Betreiberfirma, korrespondiert in der Regel das Nicht-Engagement der MitarbeiterInnen bzw. der Leitung mit dem Grad der Exklusion durch eine isolierte örtliche Lage. Die MitarbeiterInnen hatten aufgrund der offensichtlichen Inhumanität der Lagerbedingungen und ihrer Kooperation mit und dem Profitieren durch diese an einer Zusammenarbeit kein Interesse. Häufig verweigerten sie generell den Zugang. Dieser wurde dann nur über das Ansprechen von unbekannten BewohnerInnen auf ihrem Weg ins Lager möglich, die mich dann als ihren persönlichen Besucher mit hinein nehmen konnten.

Aufgrund dieser strukturellen Zugangsbarrieren versuchten wir im Rahmen der Erhebungsfahrt durch die Heime Brandenburgs und Berlins als erstes, unbemerkt in die Lager zu kommen, um so direkt mit den BewohnerInnen sprechen zu können. Die Lager sind zwar in der Regel umzäunt und mit einem Wachhäuschen versehen, doch da die Lager oft so versteckt sind, dass sowieso keine unerwarteten BesucherInnen vorbei kommen, waren diese häufig tagsüber nicht besetzt. Mit der Leitung bzw. den SozialarbeiterInnen sprachen wir in der Regel am Schluss. Wurden Einlasskontrollen durchgeführt, legten wir der Leitung unser Anliegen dar, woraufhin wir in ca. der Hälfte der Fälle ungestört mit den BewohnerInnen sprechen durften; die andere Hälfte der Einrichtungen verweigerte uns dies mit der Begründung, für ein Gespräch bräuchten wir eine Voranmeldung und eine Erlaubnis der zuständigen Administration. Ein unangemeldetes und unkontrolliertes Sprechen mit den BewohnerInnen war offensichtlich nicht erwünscht. Da den BewohnerInnen private Besuche nicht verweigert werden dürfen, kamen wir in diesen Fällen über die oben beschriebene Strategie in die Lager hinein und konnten so mit den BewohnerInnen über die Lagerbedingungen reden.

In der Ausreiseeinrichtung Bramsche war das wissenschaftliche Renommee meines Betreuers Prof. Wolf-Dieter Narr der Türöffner für unser zweitägiges Wohnen in dem Lager und für die freundliche Kooperation der Lagerleitung. Da das Lager in Bramsche einerseits zentrales Vorzeigelager des Landes Niedersachsen, andererseits jedoch verstärkt in Kritik geraten ist, versprach sich die Leitung von der Unterstützung unserer Evaluation einen wissenschaftlichen Bericht, der ihre Sicht auf die ›humanitäre‹ Ausrichtung des Lagers unterstützen sollte.

2.4. Symbolische Barrieren innerhalb der Lager

Innerhalb der Lager eröffnet sich ein sozialer Raum, der durch seine Konstitutionsbedingungen alle in diesen Eintretenden rassistisch markiert. Die sich innerhalb des Lagers aufhaltenden Menschen – BewohnerInnen, BesucherInnen, MitarbeiterInnen – werden anhand einer binären Logik rassifiziert, unterteilt in die ›Weißen-Nicht-BewohnerInnen‹ und die ›Farbigen-BewohnerInnen‹. Sowohl ich, als ›weißer (männlicher) Wissenschaftler‹ oder auch als ›weißer Aktivist‹, als auch mein Begleiter als ›Wissenschaftler mit Migrationshintergrund‹ oder ›Aktivist mit Migrationshintergrund‹, wurden aus dieser den Blick strukturierenden Logik der Markierung anhand der Hautfarbe eingeordnet. Hier glichen sich die Fragen der BewohnerInnen als auch der MitarbeiterInnen: Aus welchem Heim mein Begleiter käme, wie toll er deutsch sprechen würde und was ich als offensichtlicher ›Nicht-Bewohner‹ in dem Heim wolle. Von Seiten der BewohnerInnen wurde mir anfänglich Distanz entgegengebracht, da ich als jemand von Außen wahrgenommen wurde, dessen Funktion und Interessen nicht offensichtlich waren und der qua Markierung zu denjenigen gehöre, die für die Bedingungen mitverantwortlich sind. Von Seiten der MitarbeiterInnen herrschte trotz der unterschiedlichen Reaktion eine freundliche Distanz vor, die mit dem universitären Status meiner Forschung und dem so codierten Wissen-Macht-Komplex zusammenhing. Meinem Begleiter gegenüber entstanden jedoch Situationen der Distanzlosigkeit z. B. durch ›normales‹ Duzen und Ausfragen als potentiellem Bewohner. Es schien in der Sozialordnung der Lager normal, dass die entrechteten BewohnerInnen geduzt und distanzlos behandelt wurden.

Diese Logik des Binären strukturiert zwangsläufig die Kommunikation sowohl mit den MitarbeiterInnen als auch mit den BewohnerInnen, ein Prozess, den ich von Anbeginn meiner Erhebung an aufzubrechen bzw. für mich zu nutzen versuchte. Ein Mitglied der selbstorganisierten Flüchtlingsgruppe *Flüchtlingsinitiative Brandenburg* hatte Interesse, mich auf meiner Tour durch die Berliner und Brandenburger Heime zu begleiten. Er selbst hatte auf der einen Seite ein Erkenntnisinteresse an den versteckten und nur schwer erreichbaren Lagern, als Aktivist lag es ihm gleichzeitig immer am Herzen, neue MigrantInnen in den Heimen über die Organisation und die Mitarbeitsmöglichkeiten zu informieren. Ich hatte die Finanzierung für die Erhebungsfahrt und so besuchten wir die Lager als ein immer besser eingespieltes Zweierteam. Durch unser gemeinsames Auftreten und die Vorstellung unserer Herkunft und Absicht bei den Interviews, in denen sich mein Begleiter als Heimbewohner und Aktivist gegen die Lagerbedingungen vorstellte, konnten wir in der Regel schnell die Distanz der BewohnerInnen zu meinen Fragen nach der Situation und den Problemen aufbrechen. Nach Überwindung der Distanz folgte in der Regel die gegenteilige Reaktion. Da ich nun als außerhalb des Heimes stehender und mit universitärem Wissen und Macht ausgestatteter weißer Wissenschaftler gesehen wurde, der auf der Seite der BewohnerInnen stand, hatten diese meist ein sehr großes Interesse, ihre Geschichte jemandem zu erzählen, der diese auch aus dem markierten und entrechteten Bereich des Sozialraums Lager tragen konnte. Ich wurde die personifizierte kritische Außenwelt, die es in der Regel in ihrem bisherigen Lagerleben nicht gab. Das Gespräch mit mir wurde so als Möglichkeit gesehen, die symbolischen wie materiellen Barrieren, die um das Lager als Ort der gesellschaftlichen Exklusion gezogen sind, zumindest partiell zu durchbrechen. So nahmen die Interviews in der Regel eine lange Zeit in Anspruch, da ich aus meiner Perspektive nur zuhören und mit Fragen in bestimmte Richtungen lenken konnte, jedoch nicht das Erzählen einer Lebens- und Leidensgeschichte als für meine Arbeit unrelevant abbrechen konnte. Teilweise wurden mit dem Sprechen über die eigene Situation von mir nicht erfüllbare Hoffnungen verbunden, ihnen aus ihrer Situation zu helfen.

Im Rahmen der Interviews mit den BewohnerInnen zeigte sich eine weitere symbolische Barriere: das generelle Problem der Verständigung aufgrund der unterschiedlichen Sprachen. Wir führten die Interviews in Englisch oder Französisch; mit Menschen, die dieser Sprachen nicht mächtig waren, in mehr oder weniger verständlichem Deutsch. Teilweise übersetzten die anwesenden Kinder und Jugendlichen, da diese in die nahe gelegenen Schulen gehen und somit Deutsch lernen. Mit einigen konnten wir uns jedoch gar nicht verständigen. Deutsch ist in der Regel die Lagersprache; es muss sowohl für die Kommunikation mit den MitarbeiterInnen als auch mit der Umgebungsgesellschaft angeeignet werden. Diese notwendigen Deutschkenntnisse eignen sich die BewohnerInnen gegen alle Bemühungen des Staates an, denn Sprachkurse und damit eine ›Integration‹ in die Umgebungsgesellschaft sind für MigrantInnen mit einem prekären Aufenthalt nicht vorgesehen, auch wenn sie 10 oder gar 15 Jahre in einem Lager im Wald leben müssen.

2.5. Barrieren bei der Datenerhebung

Aufgrund meiner nur kurzen Anwesenheit in den Lagern und meiner von außen kommenden Position konnte ich die im Rahmen der Erhebungsfahrt geführten Interviews nur protokollieren. Ein Aufzeichnen der Interviews durch eine Person, die die BewohnerInnen zum ersten Mal sahen, war nicht möglich, es überwog die Distanz und Vorsicht gegenüber Deutschen, von denen die Repressionen der Entrechtung ausgehen. Es wurde bei Nachfragen immer auch die Angst formuliert, dass mögliche Tonbandaufnahmen in die Hände der zuständigen Behörden geraten könnten. Alle befürchteten, dass sie durch eine Veröffentlichung ihrer Kritik in den Fokus der Behörden geraten und mit individueller Repression rechnen müssten. Der kurzfristige Aufbau einer Vertrauensbasis als Arbeitsbündnis (Steinke 2004: 320; Resch 1998: 36 ff.) bestand ›nur‹ in Form des gegenseitigen Profitierens, das dafür notwendige Vertrauen erreichte ich durch die oben beschriebene Strategie, die Besuche nur in Begleitung eines mitfahrenden ehemaligen Bewohners durchzuführen. Die BewohnerInnen profitieren von der subjektiv wichtigen Situation, jemandem aus der Mehrheitsgesellschaft ihre Geschichte und Probleme mit der Entrechtung zu erzählen, verbunden mit der Hoffnung auf direkte Unterstützung bzw. der (anonymen) Skandalisierung dieser; ich selber konnte einen Teil dieser Daten als protokollierte Interviews für meine Arbeit benutzen.

Innerhalb der für die Einzelfallanalyse ausgesuchten Lager in Berlin und Brandenburg konnte ich fast alle Interviews zur späteren Transkription und Auswertung auf Tonband aufnehmen. Dies wurde in Brandenburg aufgrund längerfristig bestehender Kontakte und in Berlin vor allem über das Vertrauensverhältnis der BewohnerInnen zu der Sozialarbeiterin möglich. In dem besuchten Brandenburger Lager war trotz des Vertrauensverhältnisses zu mir die Angst davor, in den Fokus der lokalen Behördenrepression zu geraten, immer wieder Thema. Die Leere der Heime und die Tatsache, dass nur wenige Menschen dauerhaft in dem Lager leben, verstärkte die Angst vor einer Dechiffrierung auch bei Zusage einer Anonymisierung. Meiner Einschätzung nach war diese Sorge unbegründet, meine Erklärungen halfen jedoch nicht über die Angst vor einer möglichen Repression hinweg, so dass ich in dem in Brandenburg fokussierten Lager W. einen Teil der Interviews nur protokollieren konnte. Beispiele aus Brandenburg zeigen, dass die Angst vor individueller Repression der Behörden keine unbegründete ist, da durch die lokal zuständige Ausländer- oder Sozialbehörde Repressionsmechanismen angewandt werden, wenn BewohnerInnen als widerständig auffallen.

Die Angst der BewohnerInnen davor, dass die zuständigen lokalen Behörden die geführten Interviews als Protest gegen die Lagerbedingungen einordnen würden und sie so in den Repressionsfokus dieser gerieten, wird durch die Kombination angewandter Entrechtungsinstrumente und die strukturelle Unwissenheit über die eigenen Rechte verstärkt. Zur ›Bestrafung‹ widerständiger BewohnerInnen werden als Repressionsinstrumente angewandt: Kürzungen der Barleistungen oder der ausgegebenen Sachleistungen, eine verkürzte Erteilung des Duldungstitels von möglicherweise einer Woche oder nur wenigen Tagen, erhöhte Anstrengungen der Ausländerbehörde zur notfalls irregulären Organisierung von für eine Abschiebung notwendigen Pass(ersatz)papieren oder das verbale psychische Unterdrucksetzen der BewohnerInnen im Rahmen der obligatorischen Termine bei den Behörden. Weiter besteht die Möglichkeit, BewohnerInnen aus den sozialen Zusammenhängen ihres Heimes durch eine Verlegung in noch abgelegenere Unterkünfte herauszureißen. Aufgrund der absoluten Isolation des Lagers W. in Brandenburg konnte dies hier nicht als Repressionsmöglichkeit angewandt werden, da eine Verlegung subjektiv aufgrund der dort herrschenden Verhältnisse immer als Verbesserung erscheinen muss. Alle hier beschriebenen Repressionsmöglichkeiten wurden sowohl von BewohnerInnen als auch MitarbeiterInnen beschrieben. Die teilweise ›ungesetzlich‹ angewandten Repressionen durch die zuständigen Behörden entfalten eine größere Wirkungsmächtigkeit durch das Nicht-Kennen der eigenen Rechte. Die wenigsten können sich regelmäßig eine RechtsanwältIn leisten, die die effektivste Abwehr von illegalen Repressionen wäre. Und da die Gesamtsituation der LagerbewohnerInnen durch eine strukturelle Entrechtung geprägt ist und ihnen niemand sagt, welche Entrechtungen gesetzlich verankert sind und welche Rechte sie dabei noch haben, geschehen weitere Entrechtungen in der Regel ohne Widerspruch der Betroffenen bzw. den einen für die bürokratische Verwaltung einzig relevanten schriftlichen Einspruch.

Anders als die versteckten Lager Berlins und Brandenburgs ist das Ausreiselager Bramsche ein ›öffentliches‹ Lager. Sowohl der Komplex als zentrales Vorzeigelager der neuen Strategie der *Forcierung der ›freiwilligen‹ Ausreise* als auch dessen Leiter Herr Bramm sind, aufgrund vielfältiger Proteste der BewohnerInnen als auch aufgrund politischer Stellungnahmen der Landesregierung, bereits öffentlich. Hier hätte eine Anonymisierung des Ortes und des Lagers zu keinem größeren Schutz der Einrichtung oder der BewohnerInnen geführt und hätte zudem der Benennung der zentralen Funktion des Lagers Bramsche entgegengestanden.

2.6. Anwesende Beobachtungen

Im Rahmen der Interviews in den Lagern und im Rahmen der Erhebungsfahrt führte ich halbstrukturierte Beobachtungen durch, die ich protokollierte. Die Wahrnehmungsraster meiner Beobachtungen waren an dem Leitfaden, den ich für die Interviews entwickelt hatte, ausgerichtet. Ich war bei meinen Aufenthalten im Forschungsfeld Lager um Offenheit bemüht, um zu gewährleisten, dass ich Neues und Unerwartetes wahrnehmen konnte, um den Sozialraum Lager möglichst detailliert verstehen und analysieren zu können. Aufgrund der rassistischen Markierungsprozesse innerhalb dieses entrechteten Feldes Lagerraum stößt das Konzept der *teilnehmenden* Beobachtung (Flick 2005: 206; Lüders 2004: 384, Aster 1989; Hopf 1993; Lamnek 1993) an seine Grenzen. Deshalb beschränkte ich mich auf eine *anwesende Beobachtung*. Aufgrund meiner Markierung als weiß und damit explizit als ›Nicht-Bewohner‹ war es unmöglich, die Entrechtungsmechanismen des Feldes erfahren zu können. Meine Aufenthalte waren zusätzlich auf einige Stunden beschränkt, während die Entrechtung gerade in dem perspektivlosen dauerhaften Zeithorizont ihre Wirkungsmächtigkeit entfaltet. Die *anwesende Beobachtung* ist damit auch nicht vergleichbar mit dem Konzept der *vollständigen BeobachterIn* (Flick 2005: 201), da hier keine bewusste Distanz zum Feld gehalten wurde, sondern das Besondere in der Unmöglichkeit liegt, die Strukturmechanismen der Entrechtung aufzubrechen. Denn Teilnehmen bedeutet, dass »[...] die forschende Person eine Innenansicht [erwirbt]. Sie nimmt an den sozialen Prozessen des Feldes aktiv teil und erwirbt damit Einblick in die im Feld relevanten Handlungsstrukturen und -konzeptionen, ein Prozess, der mit dem Begriff der ›zweiten Sozialisation‹ umschrieben wird.« (Münst 2004: 330).

Durch die im Rahmen der Besuche in den Heimen protokollierten Beobachtungen wurde deutlich, dass eine zentrale Strukturkomponente innerhalb des Sozialraums Lager vor allem in Brandenburg die Leere der Heime ist. Aufgrund der psychisch zerstörerischen und unmenschlichen Lebensbedingungen migrieren die meisten BewohnerInnen irregulär gegen die Residenzpflicht. Zurück bleiben meist die Familien und alleinerziehende Mütter, die aufgrund der Kinder die Lager nicht verlassen können, sowie diejenigen, die aufgrund physischer Krankheiten nicht weg können oder bereits psychisch zerbrochen sind. Zusätzlich sind immer wieder BewohnerInnen anzutreffen, die nur für ein paar Tage in die Lager zurückkommen, um sich auszuruhen oder die nächste Zeit in der Irregularität zu organisieren.

2.7. Gefährliches Wissen

Bei der anstehenden Veröffentlichung und Auswertung der Daten stellt sich ein zentrales Problem, denn durch mein sozialwissenschaftliches Eindringen in einen gesellschaftlichen Bereich, der durch seine Exklusion vielfältige Formen des Irregulären produziert, veröffentliche ich nicht nur *kritisches*, sondern auch *gefährlich*es Wissen. Die Brisanz der Daten verweist in zwei Richtungen ihrer möglichen Instrumentalisierbarkeit. Auf der einen Seite können die Interviewten und ihr teilweise irreguläres Einrichten in den Lagern selbst gefährdet werden. Wenn bestimmte Praktiken des Umtausches von Gutscheinen gegen Bargeld oder die Leere eines bestimmten Lagers öffentlich werden, können sich die lokal Verantwortlichen gezwungen sehen, die LagerbewohnerInnen mit repressiven Maßnahmen zu überziehen. Hierbei ist wichtig zu wissen, dass die lokale Administration durch ihre Aufgabe der konkreten Organisierung des Ausschlusses und des Lageralltags sowieso Kenntnisse über die irregulären Strukturen besitzen, die sie entweder einfach akzeptieren oder teilweise auch direkt an ihnen profitieren. Eine Öffentlichkeit dieses Wissens über die Lokalität hinaus könnte sie jedoch zum Handeln zwingen. Dies verweist auf die zweite Ebene möglicher Instrumentalisierung. Viele der erhobenen Daten könnten von rechten Diskursen vereinnahmt werden und sich für die Begründung weiterer Verschärfungen gegen die BewohnerInnen richten. Denn beispielsweise die Leere der Lager könnte als Begründung für eine Erhöhung der Kontrolldichte herhalten. Ich habe versucht, mögliche Instrumentalisierungen durch eine Anonymisierung der Lagerorte und ihrer BewohnerInnen und die kritische Einbettung der Daten zu verhindern. Denn ohne die Veröffentlichung und Benutzung der Daten verlieren sie ihre kritische Potenz.

Wichtig ist es, die Interpretationshoheit und die Diskursmacht über das produzierte gefährliche Wissen nicht abzugeben und eng an die Daten ihren kritischen Impetus zu binden, der auf eine Abschaffung der Lager und auf Solidarität mit den BewohnerInnen zielt.

3. Schlussbemerkungen zur Exklusion

Das von mir untersuchte Feld der Lagerunterbringung ist durch die sehr kostenintensiven Entrechtungsinstrumente und die mit diesen zusammenhängende gesellschaftliche Exklusion seiner zwangsweisen BewohnerInnen von symbolischen als auch materiellen Barrieren umgeben, die zwar nicht unüberwindbar sind, deren Durchdringung jedoch einen guten Teil der Forschungszeit in Anspruch nahm. Der Zugang zur Erforschung der subjektiv erfahrenen Folgen des Einschlusses im Lager ist staatlicherseits verstellt. Das Umsetzen der Gesetze durch die lokalen Administrationen ermöglicht es lokalen Unternehmen, an dieser Entrechtung zu profitieren. Das führt trotz der teilweise unübersehbaren Offensichtlichkeit der Inhumanität zum Festhalten am status quo und zu einer Ablehnung kritischer sozialwissenschaftlicher Forschung. Bei den BewohnerInnen und den subjektiven Folgen der Entrechtung angelangt, ist man mit der Systematik der lokal organisierten Entrechtung konfrontiert. Die Festschreibung dieser Mechanismen in Bundesgesetzen und lokalen verwaltungsbürokratischen Abläufen entnennt gleichzeitig die Inhumanität als rein abstrakte administrative Umsetzung. Der rechtliche Rahmen legitimiert durch den Mantel des demokratisch verabschiedeten Gesetzes die Entrechtung und lässt das Aufbegehren der einzelnen Betroffenen, dezentral vereinzelt und isoliert, zum (häufig) hoffnungslosen Unterfangen werden. Die gesellschaftliche Exklusion durch den Einschluss im Lager wird dabei als Prozess der symbolischen und materiellen Segregation fassbar, der die Lager und ihre Funktion entnennt, die BewohnerInnen einschließt und von der sozialen Umwelt abkapselt. Gleichzeitig werden materiell-institutionelle Strukturen installiert und symbolisch wirksame Barrieren aufgebaut, die die im gesellschaftlichen Ausschluss Eingeschlossenen daran hindern sollen, die Grenzen der Exklusion zu überschreiten. Die Halboffenheit der Lager bedingt, dass der Einschluss in den bundesdeutschen Lagern – anders als in Gefängnissen oder Internierungslagern – als symbolisch wie materiell regulierter Prozess der Exklusion fassbar ist. Es ist kein absolutes Wegschließen der Menschen, der Regulationsmodus des Ausschlusses ist die Entrechtung bei partieller Verwertung in den irregulären Sektoren des Arbeitsmarktes und gleichzeitiger rassistischer Markierung.

Literatur

Abendroth, Wolfgang: Antagonistische Gesellschaft und Politische Demokratie, Neuwied/Berlin 1972.
Adorno, Theodor: Soziologie und empirische Forschung, in: Adorno, Theodor (Hrsg.): Der Positivismusstreit in der deutschen Soziologie, Darmstadt/Neuwied 1971.
Aster, Reiner (Hrsg.): Teilnehmende Beobachtung. Werkstattberichte und methodologische Reflexionen, Frankfurt am Main 1989.
Berger, Hartwig: Untersuchungsmethoden sozialer Wirklichkeit, Frankfurt am Main 1974.
Flick, Uwe: Triangulation in der qualitativen Forschung, in: Flick, Uwe/von Kardorff, Ernst/Steinke, Ines (Hrsg.): Qualitative Forschung. Ein Handbuch, Hamburg 2004.
Flick, Uwe: Qualitative Sozialforschung. Eine Einführung, Hamburg 2005.
Ludwig-Mayerhofer: Internet-Lexikon der Methoden der empirischen Sozialforschung, 1999, Download: http://www.lrz-muenchen.de/~wlm/ein_voll.htm, Zugriff 13. 2. 2007.
Hopf, Christel (Hrsg.): Qualitative Sozialforschung, Stuttgart 1993.
Kelle, Udo: Sociological Explanations between Micro and Macro and the Integration of Qualitative and Quantitative Methods, in: Zentrum für Historische Sozialforschung (Hrsg.): Sonderheft: Qualitative Sozialforschung, Vol. 30, 2005, H. 1, Köln 2005.
Lamnek, Siegfried: Qualitative Sozialforschung, Band 2, Weinheim 1993.
Lüders, Christian: Beobachten im Feld und Ethnographie, in Flick, Uwe/von Kardorff, Ernst/Steinke, Ines (Hrsg.): Qualitative Forschung. Ein Handbuch, Hamburg 2004.
Markard, Morus: Methodik subjektwissenschaftlicher Forschung. Jenseits des Streits um qualitative und quantitative Methoden, Hamburg 1993.
Münst, Agnes Senganata: Teilnehmende Beobachtung: Erforschung der sozialen Praxis, in: Becker, Ruth/Kortendiek, Beate (Hrsg.): Handbuch Frauen- und Geschlechterforschung. Theorie, Methoden, Empirie, Wiesbaden 2004.
Poulantzas, Nicos: Staatstheorie. Politischer Überbau, Ideologie, Autoritärer Etatismus, Hamburg 2002.
Pieper, Tobias: Das dezentrale Lagersystem für Flüchtlinge. Scharnier zwischen regulären und irregulären Arbeitsmarktsegmenten, in PROKLA 136, 2004, H. 3: Umbrüche des Sozialstaats, S. 435-453. Download: http://www.materialien.org/texte/migration/prokla%20pieper%20lagersystem.pdf, Zugriff 13. 2. 2007.
Resch, Christine: Arbeitsbündnisse in der Sozialforschung, in Steinert, Heinz (Hrsg.): Zur Kritik der empirischen Sozialforschung. Ein Methodendiskurs, Frankfurt am Main 1998.
Steinert, Heinz: Reflexivität. Zur Bestimmung des Gegenstandsbereichs der Sozialwissenschaften, in Steinert, Heinz (Hrsg.): Zur Kritik der empirischen Sozialforschung. Ein Methodendiskurs, Frankfurt am Main 1998.
Steinke, Ines: Gütekriterien qualitativer Forschung, in: Flick, Uwe/von Kardorff, Ernst/Steinke, Ines (Hrsg.): Qualitative Forschung. Ein Handbuch, Hamburg 2004.
Wienold, Hanns: Empirische Sozialforschung. Praxis und Methode, Münster 2000.
Wolff, Stephan: Wege ins Feld und ihre Varianten, in: Flick, Uwe/von Kardorff, Ernst/Steinke, Ines (Hrsg.): Qualitative Forschung. Ein Handbuch, Hamburg 2004.

Antje Krueger

Die ethnopsychoanalytische Deutungswerkstatt

> *»Ethnopsychoanalyse ist in ihrem Kern Ethnologie, unter Einbeziehung der Psychoanalyse. Sie ist Analyse der fremden Kultur und bezieht sich mit Notwendigkeit auch wieder auf die eigene Kultur zurück.«*
> Hans-Jürgen Heinrichs

Gesellschaftliche Strukturen, soziale Milieus und Lebenswelten haben sich im Zeitalter der Globalisierung verändert. Gerade europäische Länder erfahren einen Wandel zu Einwanderungsgesellschaften. Diese Veränderungen wirken auf das gesellschaftliche Zusammenspiel und produzieren gewollt und ungewollt die Begegnung mit ›dem Fremden‹. Innerhalb gesellschaftlicher Prozesse wird bestimmt, welche Haltung zur ›Fremdheit‹ erwünscht ist und vom Individuum übernommen wird: mit positiver Anerkennung interkultureller Vielfalt, mit Abwehr- und Abschottungspraktiken oder je nach dem mit einer Mischung aus beidem. Geht man davon aus, dass ›Fremdheit‹ nicht biologischen Ursprungs ist, sondern sich in der Beziehungsdynamik zwischen Gesellschaftsmitgliedern konstituiert/konstruiert (Reuter 2002), ist es notwendig, in ihre Erforschung nicht nur die subjektiven Aspekte des interessierenden Gegenübers, sondern auch die Rolle der Forschungssubjektivität einzubeziehen. Dafür ist es nötig, den Forschungsprozess immer wieder zu betrachten und zu reflektieren. Gelingt es den Forschenden nicht, ihre Reaktionen als Daten über sich selbst zu interpretieren, besteht die Gefahr, »sie als Daten über die fremde Kultur« (Nadig/Erdheim 1984) zu präsentieren bzw. subjektive Muster als objektive Ergebnisse auszugeben. Die Subjektivität der beforschten Personen kann so verfälscht oder ganz negiert werden (ebd.; Devereux 1992 [Orig. 1967]).

Die Ethnopsychoanalyse versucht explizit bewusste und unbewusste Aspekte gesellschaftlicher Prozesse im Beziehungsgeschehen zugänglich zu machen, indem sie Selbst- und Fremdwahrnehmung sowie Machtstrukturen im Forschungsprozess untersucht und in der Ergebnispräsentation offen legt. Es handelt sich dabei um eine dynamische, prozesshafte Herangehensweise, die generalisierende Aussagen und Zuschreibungen erschwert und herkömmliche Kultur- und Ethnizitätsbegriffe modifiziert (Nadig 1997). Gesellschaftliche Prozesse können nur als wandelbar verstanden werden, wenn ihre Analyse die vielfältigen Dynamiken einbezieht, hinterfragt und darstellt.

Im Folgenden möchte ich kurz in die Geschichte und Technik der Ethnopsychoanalyse einführen und mich dann der ethnopsychoanalytischen Deutungswerkstatt zuwenden. Neben einer methodologischen Herleitung und Beschreibung dieses Interpretations- bzw. Auswertungsverfahrens, möchte ich exemplarisch anhand eines Interviewausschnittes die praktische assoziative Arbeit verdeutlichen und den Status der Methode diskutieren.

1. Die Ethnopsychoanalyse

Die Ethnopsychoanalyse ist die Verbindung von Ethnologie und Psychoanalyse und analysiert die Lebensformen und Verhaltensweisen von Menschen in ihrer kulturellen Umgebung unter Berücksichtigung unbewusster Prozesse (vgl. Reichmayr 1995). Sie geht auf den französischen Ethnologen und Psychoanalytiker Georges Devereux (1908-1985) zurück und entwickelte sich aus seiner Kritik am Objektivitätsideal der Sozialwissenschaften (Devereux 1967; Reichmayr 2003). Devereux belegte die Wirksamkeit unbewusster Verzerrungen in scheinbar objektiven Forschungsarbeiten, indem er an vielen Fallbespielen herausarbeitete, dass die Gestaltung der Forschungsbeziehung und das gegenseitige Einlassen Einfluss auf die Beschaffenheit der Information nimmt. Diese subjektiven, aktiven und vor allem unbewussten Einflüsse (bspw. Irritationen, Ängste, Abneigungen) sowie deren Interpretation und Darstellung, die den Forschungsprozess von beiden Seiten begleiten, nennt Devereux in Bezugnahme auf das klassische psychoanalytische Fachvokabular: Übertragung und Gegenübertragung. Während bei Übertragungsprozessen das befragte Gegenüber mit unbewussten Wiederholungen konflikthafter Beziehungsformen auf die Forschungsperson und seine Fragen reagiert, beschreibt die Gegenübertragung die unbewussten emotionalen Reaktionen des/der Forschenden auf sein/ihr Gegenüber. Devereux betrachtet diese subjektiven Reaktionen nicht als Störung, sondern vielmehr als Zugang zu Verstrickungen in der Forschungsbeziehung. Er forderte das Bewusstmachen der Übertragungs- und Gegenübertragungsreaktionen und ihre Einbeziehung in den Analyseprozess, um die Wahrnehmungen zu entzerren und so einen unverstellteren Zugang zum Untersuchungsgegenstand zu ermöglichen (Devereux 1967; Heizmann 2003). Devereux' Erkenntnisse zur subjektiven Dimension im Forschungsprozess gelten nach wie vor als Basis ethnopsychoanalytischer Ansätze.[1]

Paul Parin, Goldy Parin-Matthèy und Fritz Morgenthaler haben in ihren Feldforschungen[2] in den 1950er und -60er Jahren erstmals die psychoanalytische

1 Devereux' ethnopsychiatrische Ansätze wurden von seinem Schüler Tobie Nathan aufgegriffen und weiterentwickelt. Nathan propagierte allerdings radikal, dass ein Verständnis seiner Patienten nur unter Berücksichtigung ihres kulturellen Faktors zu erlangen sei. Diese Annahme brachte ihm den Vorwurf ein, er würde seine Patienten auf ihre kulturellen Normen reduzieren und somit einem kulturalistischen Rassismus Vorschub leisten (siehe dazu auch: Sturm 2001, Saller 2003).

Technik als Forschungsmethode auf ethnologischem Untersuchungsgebiet angewandt (Parin, Parin-Matthèy und Morgenthaler u. a. 1963, 1971, 1978; Reichmayr 2003). Dieses Vorgehen macht es möglich, das Wechselspiel zwischen dem Individuum und seiner Kultur und den Einrichtungen seines Gesellschaftsgefüges zu beschreiben und die Analyse des »subjektiven Faktors« weiter voranzutreiben (ebd.). Neuere Ethnopsychoanalytiker wie Mario Erdheim und Maya Nadig haben sich in ihren Forschungen vor allem mit gesellschaftlichen, sozio-kulturellen und politischen Mechanismen befasst (Erdheim 1982; Nadig 1986). In ihren Arbeiten wird deutlich, dass die emotionalen Bewegungen, die Gegenübertragungsreaktionen auf die Forschungssituation, auch etwas über die latenten Strukturen der untersuchten Verhältnisse aussagen. Historisch erfahrene soziale Machtverhältnisse und institutionelle Rollen oder auch kulturelle Interaktionsmuster werden in der Forschungsbeziehung genauso transportiert wie die jeweilige individuelle familiäre Prägung (Nadig 1997; Heizmann 2003).

Im Gegensatz zur Erforschung des bewussten Wissens der InterviewpartnerInnen misst die Technik der Ethnopsychoanalyse also »dem Unbewussten, der Subjektivität, dem Beziehungsverlauf und dem spezifischen Kontext« (Nadig/Reichmayr 2000: 78) eine große Bedeutung bei. Mit der Methode der freien Assoziation entwickelte sie eine Möglichkeit, Material zu erheben und zu deuten, ohne konflikt- und prozesshafte Verläufe, orts- und situationsspezifische Bedingungen und Beziehungsdynamiken außer Acht zu lassen (ebd.). Dabei verweist die Disziplin darauf, dass ihre exemplarisch gehaltene Ergebnispräsentation allenfalls Tendenzen anzeigt und nicht »den Schein einer objektiven, in sich geschlossenen Tatsache, die die Wahrheit darstellt« (Nadig 1991: 11) weckt (vgl. hierzu auch Adler 1993: 157 ff.). Ähnlich wie andere hermeneutische Verfahren will auch die Ethnopsychoanalyse keine im naturwissenschaftlichen Sinne messbaren, verallgemeinerbaren Thesen aufstellen. Fakten und Handlungen können beschrieben, gemessen und ausgezählt werden, aber die Subjektivität der GesprächspartnerInnen wird nur durch einen assoziativen Prozess der Emotionen, Empathie und Ambivalenzen mobilisiert. »Subjektivität ist nicht messbar, nur erlebbar und mit Hilfe der eigenen Subjektivität interpretierbar« (Nadig 1987: 36-37).

Die Interpretation in der ethnopsychoanalytischen Deutungswerkstatt (Nadig) stellt einen Versuch dar, diese Erkenntnis methodisch umzusetzen.

2 Mit einer ethnopsychoanalytischen Untersuchung der Dogon und der Agni in Westafrika ist ihnen der Nachweis gelungen, dass die Psychoanalyse praktisch und theoretisch geeignet ist, Menschen einer uns fremden Kultur zu verstehen (vgl. Reichmayr 2003: 13). »Die Anwendung der Psychoanalyse macht es möglich, das Wechselspiel zwischen dem Individuum mit seinem bewussten und unbewussten Seelenleben und seiner Kultur und den Einrichtungen seines Gesellschaftsgefüges zu beschreiben« (Reichmayr 2003: 13/14).

2. Die ethnopsychoanalytische Deutungswerkstatt

Bei der von Nadig entwickelten ethnopsychoanalytischen Deutungswerkstatt handelt es sich um ein Instrument, welches in assoziativen Gesprächen in einer Gruppe nicht nur den manifesten Sinngehalt eines vertextlichten Materials (Interviewtranskript, Feldforschungsnotizen etc.) ergründet, sondern auch versucht, die inhärenten unbewussten Intentionen und Bedeutungen zu erschließen. Im Gegensatz zu klassischen tiefenhermeneutischen Zugängen werden die Äußerungen hierbei nicht durch ein vorgegebenes Auswertungsschemata strukturiert (vgl. hierzu bspw. Leithäuser/Volmerg 1979 und Mader/Mields/Volmerg 2005). Die Annäherung an das Material in der ethnopsychoanalytischen Deutungswerkstatt erfolgt spontan, individuell und subjektiv und orientiert sich in der Reihenfolge nicht an einem geregelten Einlassen auf Sinnebenen oder als Reaktion auf eine eingegebene Schlüsselfrage.

Die TeilnehmerInnen der ethnopsychoanalytischen Deutungswerkstatt lesen gemeinsam einen Textauszug und lassen ihren Assoziationen im wahrsten Sinne des Wortes »freien Lauf«. Die Zugänge der einzelnen können dabei dem herkömmlichen Verfahren, einem Text zuerst einmal auf einer rational sachlichen Ebene zu begegnen, entsprechen. Genauso gut kann es aber auch sein, dass der Einstieg in das assoziative Gespräch mit einem chaotisch anmutenden Artikulieren von Irritationen, Gefühlen oder Erinnerungen beginnt. Bedeutsam ist in jedem Fall, dass die rein textanalytische Ebene verlassen wird und einer emotionalen Teilhabe am Text weicht. Die subjektiven emotionalen Reaktionen (Identifikation, Wut, Mitgefühl, sexuelle Phantasien, Trauer, Ekel etc.) werden als Erkenntnisinstrument eingesetzt, um latente Inhalte bzw. verdrängte oder unbewusste Handlungsmuster sichtbar zu machen.

In vielen Fällen lösen verbalisierte Emotionen weitere Assoziationen bei anderen Gruppen-TeilnehmerInnen aus, und Stück für Stück erscheint hinter dem gedruckten Text ein Zugang zu möglichen Strategien, Ängsten, Wünschen oder Darstellungsweisen der InterviewpartnerInnen. Ein Bruch in der Assoziationskette bedeutet keineswegs die erschöpfte Deutung des Materials, sondern kann vielmehr als Ausgangspunkt stehen, sich einer anderen Textstelle, einem anderen Widerspruch oder einer weiteren Irritation zuzuwenden. Mit dieser »Kleinstarbeit« lässt sich nach und nach die subjektive Theorie der befragten Person rekonstruieren, aber gleichfalls – und hier kommt vor allem der ethnopsychoanalytische Faktor zum Tragen – die Beziehungsdynamik zwischen dem/der ForscherIn und dem/der GesprächspartnerIn betrachten.

Die Ethnopsychoanalyse geht davon aus, dass jede Forschungsperson ihre eigene Geschichte, d. h. soziale, geschlechtliche und kulturelle Merkmale ihrer Identität, in die Gesprächssituation und -dynamik einbringt und dadurch den Verlauf bewusst und unbewusst steuert. Wie Devereux es ausdrückt, »verzerrt« jede/r ForscherIn sein/ihr Material entsprechend der subjektiven Geschichte und der davon ausgehenden Wahrnehmung (vgl. Devereux 1967), d. h. wahlweise ist die Forschungsperson in ihrer Wahrnehmung z. B. spezifisch sensibilisiert oder eher resistent gegenüber bestimmten Sachverhalten (Nadig 1991: 10). Gleichzeitig sagen konkrete Reaktionen auf die Forschungssituation und die Begegnung auch etwas über die latenten Strukturen der untersuchten Verhältnisse aus (ebd.). Die Ethnopsychoanalyse geht davon aus, dass Individuum und Gesellschaft verwoben sind und subjektiv erscheinende Reaktionen immer auch einen Verweis auf kulturell objektive Handlungs- und Denkstrukturen sind. Der Gesellschaftsbezug stellt entsprechend einen weiteren bedeutenden Aspekt der ethnopsychoanalytischen Herangehensweise dar[3].

Auf der methodischen Ebene schaffen die explizite Einbeziehung emotionaler Regungen und die Aufdeckung der psychischen Strukturen und Vorgänge der Forschungsperson also zweierlei: die »Entzerrung« individueller Wahrnehmungs- und Handlungsmuster (und dadurch möglicher manipulativer und suggestiver Elemente) und die Veranschaulichung von verinnerlichten gesellschaftlichen Normen und Werten.

Die in der Gruppe geäußerten Eindrücke und Interpretationsversuche können, müssen aber keineswegs zu einer gemeinsamen Position oder einem geteiltem Textverständnis führen. Gerade die unterschiedlichen Wahrnehmungen helfen einen mehrdimensionalen, oder wie Nadig es nennt, »multiperspektivischen« Blick auf das Material zu entwickeln und repräsentieren oft auch die unterschiedlichen Erlebensmomente der InterviewpartnerInnen oder AkteurInnen des betrachteten Textes. Die Interpretation in der Gruppe kann beendet werden, wenn keine neuen Impulse mehr vorhanden sind oder sich Assoziationen eindrücklich wiederholen und keine Interpretationsvarianten mehr zulassen. Die gemeinsame Interpretationsarbeit ist damit (fürs Erste) abgeschlossen.

Natürlich kommt es in jedem assoziativen Gespräch vor, dass durch das »Ausschütten« spontaner Gedanken und Empfindungen vieles angesprochen wird, was für die konkrete Fragestellung des/der ForscherIn keine oder nur eine untergeordnete Bedeutung besitzt. In der Auswertungsphase werden die Assoziationen diesbezüglich dann noch einmal genauer betrachtet, angenommen oder auch nicht mehr berücksichtigt.

Im Folgenden möchte ich nun zu meinem Fallbeispiel kommen.

3 So nahm der Ethnopsychoanalytiker Paul Parin in den 1950er und 60er Jahren Bezug auf das marxsche Gesellschaftsverständnis, nachdem eine Gesellschaft nicht etwa eine Summe von Individuen ist, sondern vielmehr »die Summe der Beziehungen und der Verhältnisse, worin diese Individuen zueinander stehen« (Parin 1978: 42). Parin erklärt, dass menschliches Verhalten vor allem auf gesellschaftliche Verhältnisse und Beziehungen zurückzuführen ist und sich diese »gerade dort, wo das Individuum irrational oder unbewusst handelt« (ebd.), zeigen.

3. Herkunft des verwendeten Textausschnitts

Im Ethnologisch-Psychologischen Zentrum (EPZ) Zürich fanden bis zum Ende des Jahres 2006 MigrantInnen in schweren psychosozialen Krisen stationäre Betreuung. Die Konzeption des Zentrums ermöglichte es den Verantwortlichen elf Jahre lang durch eine ganztägige Anwesenheit, am Alltag und der Lebenswelt der BewohnerInnen teilzunehmen und »niederschwellige« Angebote zu machen. Anknüpfend an die ethnologische Methode der »teilnehmenden Beobachtung« (Malinowski), mit der im natürlichen Feld Beobachtungen der soziodynamischen Beziehungsprozesse vorgenommen werden können, beschreiben die MitarbeiterInnen des EPZ ihre Arbeit auch als »an-teilnehmende« (Ackermann et al 2003:20) Beobachtung. Gleichsam wurden Übertragungs- und Gegenübertragungsphänomene in den Beziehungen zwischen KlientInnen und HelferInnen fokussiert und reflektiert.

Im Rahmen meiner Dissertationsforschung untersuche ich unter anderem die Wirkung des hier skizzierten Ansatzes auf die KlientInnen. Diesen Interviewgesprächen liegt ein offener Gesprächsleitfaden zu Grunde, der mehr Erzählimpulse als konkret abrufbare Wissensfragen bereithält. Inhaltlich beziehen sich diese Impulse auf die Episode der erfahrenen Betreuung im Ethnologisch Psychologischen Zentrums Zürich (im Folgenden EPZ); generell werden aber selbst gewählte Themen aufgenommen und integriert, um den subjektiv-narrativen Bezügen genügend Raum zu lassen.

Das Ziel ist die Erforschung des subjektiven Erlebens bzw. der subjektiven Sicht der ehemaligen BewohnerInnen auf ihren Aufenthalt und ihre Betreuung. Hierbei geht es mir nicht um ein katamnestisches Verfahren, also um die Skizzierung und Bewertung des jeweiligen Krankheits- und Gesundungsprozesses, wie sie ein psychologischer Blickwinkel nahe legen würde. In diesen Gesprächen soll es darum gehen, sich psychosozialen Themen der Alltagswelt zu öffnen, die Erfahrungen der KlientInnen kennen zu lernen und damit die Bedeutung der erfahrenen ethnopsychoanalytisch orientierten Betreuung zu erfassen. Einen besonderen Punkt stellen dabei die Bewältigungsstrategien von migratorischen und aktuellen biographischen Übergängen bzw. Krisen dar. Durch die Entlassung der KlientInnen aus der Betreuung stehen diese vor einem neuen Übergang, der von den Asylsuchenden bewältigt werden muss, aber vielleicht auch genutzt werden kann, um eigene Kräfte zu mobilisieren. Mich interessiert, wie diese, in ihrer Qualität sehr unterschiedlichen und immer wieder neu entstanden Übergänge (einmal der betreute Übergang im EPZ und andererseits der Übergang aus dem EPZ in eine jeweils andere und neue Lebenssituation) erlebt wurden und wie sie in den Erzählungen der KlientInnen repräsentiert werden, um Einblicke in die individuelle Krisenbewältigung zu bekommen.

Das Zulassen unterschiedlicher Themenfelder (Betreuungsalltag, asylpolitische Probleme, Erlebnisse aus der Vergangenheit, gesundheitliche und beziehungsdynamische Aspekte etc.) wirkte sich fördernd und unterstützend auf die individuelle Erzählstruktur der GesprächspartnerInnen aus und bestätigte einmal mehr, dass lebensgeschichtliche Episoden nie losgelöst von vergangen Erfahrungen bestehen. Jede Episode stellt einen Übergang dar, der biographische Prägungen beinhaltet und diese an neuen Erfahrungen überprüft, verwirft oder mit diesen kombiniert. Im Falle der episodisch orientierten Interviews mit ehemaligen KlientInnen des EPZ bedeutete dies konkret, dass ökonomische, juristische, politische, soziale, kulturelle und psychische Aspekte in jeder Lebenssituation wirken. Die Wirkung dieser umfassenden oder nach Marcel Mauss »totalen« Dimensionen des Menschen lassen sich im- und explizit in jeder Begegnung ausmachen und sollten gerade bei einer ethnologischen Betrachtung der Lebenswirklichkeit nicht durch eine limitierende Konzentration auf vorbereitete Leitfragen unterbunden werden.

Zur Auswertung der Gespräche, die ich mit ehemaligen BewohnerInnen des Zentrums geführt habe, bediene ich mich innerhalb eines Methoden-Sets auch der ethnopsychoanalytischen Deutungswerkstatt. Ich verspreche mir von dieser Erweiterung, dass ich neben einer Analyse manifester Sinngehalte (konkrete Aussagen über Erlebnisse etc.) auch Zugang zu den unbewussten Dynamiken des Feldes bekomme.

4. Praktische Arbeit und Ergebnisse der ethnopsychoanalytischen Deutungswerkstatt

Der Text, der die Grundlage der Deutungsarbeit in der Deutungswerkstatt war, entstammt einem ca. 2-stündigen narrativen, episodischen Interview, das ich Ende 2006 mit der armenischen Familie Seyan[4] geführt habe. Herr Seyan leidet an einer starken Depression. Die traumatischen Erlebnisse, die er als politisch verfolgter Aktivist erfahren hat (Ausgrenzung, Folter, Gefängnis etc.), veranlassten ihn und seine Familie zur Flucht aus dem Heimatland. Ihre Aufnahme in der Schweiz gestaltete sich als Postenlauf von einem Durchgangszentrum zum nächsten und endete später aufgrund eines medizinischen Gutachtens im betreuten Wohnen des Ethnologisch Psychologischen Zentrums. Durch die Schließung des Projekts musste die Familie die Einrichtung verlassen und sich wieder neu in einer Sozialwohnung eingewöhnen. Von einer tagtäglichen Betreuung fand ein Wechsel in eine Ämterbetreuung statt, die sich größtenteils um die ökonomischen Aspekte kümmert. Zusätzlich zu den verschiedenen Änderungen der Wohn- und Betreuungsumstände besitzt die Familie einen ungesicherten Aufenthaltsstatus. Die Möglichkeit einer eventuellen Abschiebung bereitet Unsicherheit und existenzielle Ängste. Herr Seyans ständige Müdigkeit, Vergesslichkeit, Traurigkeit und Antriebslosigkeit, die deutliche Aspekte seines psychischen Leidens sind, beeinflussen das Familienleben zusätzlich.

4 Herkunft und Name der Familie wurden anonymisiert.

Zum Interviewzeitpunkt hatte die Familie seit kurzem eine eigene Wohnung bezogen. Das Interview fand in der Wohnung der GesprächspartnerInnen statt und wurde mit einem MP3-Player aufgezeichnet. Das Ehepaar Seyan sowie ihre drei Kinder im Kindergarten- und Grundschulalter waren die ganze Zeit anwesend.

Die praktische Deutungsarbeit wurde in einer kleineren Gruppe mit sechs TeilnehmerInnen aus dem universitären Umfeld geleistet; alle Beteiligten sind in Deutschland geboren und aufgewachsen. Die Gruppenmitglieder kommen regelmäßig zu einem 1 1/2-stündigen Treffen zusammen und sind sich zumindest im Rahmen der Deutungswerkstatt bekannt. Einführend erhielten die Anwesenden die Information, dass die Familie Seyan aufgrund der Traumatisierungen des Familienvaters einige Jahre gemeinsam in einem Haus des EPZ gewohnt hatte und nun in einer eigenen Wohnung lebt.

Zunächst wurde das Interviewmaterial laut gelesen, dann erfolgte eine assoziative Gruppendiskussion. Dabei zeigte sich, als erste Reaktion, dass viele TeilnehmerInnen Mühe hatten, sich auf den Text einzulassen. Ein Teilnehmer sagte, dass die Schwierigkeiten, die die Familie Seyan zum Teil mit der deutschen Sprache hat (fehlende Vokabeln und grammatikalische Fehler), die Leseerfahrung stark beeinträchtigten und er sich sehr auf den Text konzentrieren musste. Um einen einfacheren Zugang zum Material zu schaffen, aber auch, um die prozesshafte Dynamik des Interpretationsprozesses zu verdeutlichen, habe ich mich dazu entschieden, den Gesprächsausschnitt an dieser Stelle nicht en bloc, sondern in zwei kleineren Abschnitten zu präsentieren und abschnittsweise die einzelnen Schritte nachzuzeichnen. Die hier angeführten Deutungen und Interpretationswege sollen die assoziative Arbeit der Methode verdeutlichen. Sie stellen einen der vielen möglichen Zugänge dar und haben einen exemplarischen Charakter.

4.1. Gespräch mit Familie Seyan (Ausschnitt 1):

I:[5] ... und deshalb möchte ich auch gerne mit Ihnen sprechen... was war gut, was war schlecht in der Friedrichstrasse, was war gut mit Herrn Ammadeh, was war schlecht... ja?

Frau S: Auch, ja! Also, Mr Ammadeh, Mrs Becker *(klatscht in die Hände)*, keine Probleme, das ist sehr gut! Bei mir und meine Familie das ist sehr gut! Sehr helfen bei mir und meine Kinder und meine Mann auch ... Vielleicht 2 Jahre ich bin da und Frau Becker, ihre da... ihre andere Chef ... nach 1 Jahr vielleicht Herr Ammadeh kommt ... Das auch sehr sehr gut! Und Ammadeh auch, das ist sehr sehr gut! Viel helfen bei mir und meine Kinder auch und meine Mann, das ist ...

Herr S *(unterbricht)*: Bei mir Herr Ammadeh ist schle ...

5 Die Namen aller beteiligten Personen und Aufenthaltsorte wurden geändert: Die Friedrichstrasse gilt hier als Adresse des EPZ. Herr Ammadeh und Frau Becker sind die ehemaligen Betreuer der Familie im EPZ. Alle anderen Namen erschließen sich aus dem Textzusammenhang.

Frau S (*unterbricht lachend und abwinkend*): Nee, nee, das ist nur: meine Mann krank! Verstehen? Meine Mann krank und (*ruft laut und hektisch*) Herr Ammadeh auch sehr helfen meine Mann … nein, nein, diese helfen mir, du Problem, Problem meine Mann! Herr Ammadeh …
Herr S: Nicht gut …
Frau S (*unterbricht, versucht die Stimme ihres Mannes zu übertönen*): Herr Ammadeh, ja, manchmal ja, aber Herr Ammadeh nichts machen, meine Mann! Du verstehen?
I: Ja, ich verstehe das, aber manchmal gibt es ja auch Probleme, die …
Frau S (*unterbricht*): Ja, manchmal, aber meine …
I: Ja… Herr Seyan, was hat Ihnen nicht gefallen? Warum haben Sie… (*anwesendes Kind singt neben mir vor sich hin*)
Frau S (*wird laut und unterbricht*): Hör mal, meine Mann viel krank, Du verstehen? Manchmal …
Herr S (*unterbricht*): Du, manchmal, Du haben eine Frage, manchmal …
I: Ja … (*Kind isst jetzt Kekse über dem Mikro … die Stimmen werden immer schwerer verständlich*)
Herr S: Manchmal, ich eine Woche arbeiten … nach einer Woche du denken, sehr gut, nachher ich nicht kann gehen … besser eine Stunde machen, eine Stunde nichts …
I: Ja, immer abwechselnd … aber manchmal hat Herr Ammadeh Sie nicht verstanden?
Herr S: Manchmal nicht verstanden, ich immer Striche, ich immer … jetzt diese Chef …
Frau S (*unterbricht*): Nein, nein, meine Chef …
Herr S (*unterbricht*): Meine Chef, ich gehen, machen Vorstellen, ich nicht freu, ich bin krank … ich nicht ok, ich was machen? Geben wenig Geld, ich nicht machen. Ich sagen, habe drei Kinder, meine Bewilligung B nicht kommen, F kommen … alles bei mir egal.
I: Ihnen war alles egal?
Herr S: Immer nicht gut haben reste … immer schlecht sprechen bei mir. […]

4.2. Assoziationen im Gruppengespräch

Im assoziativen Gruppengespräch wird zunächst die Kommunikationsstruktur der Eheleute Seyan bemerkt. Eine Teilnehmerin beschreibt, dass sie die widersprechende Art und Weise, das gegenseitige Unterbrechen, Korrigieren, Herumzanken des Paares amüsant empfunden hatte und lachen musste. Ein anderer erlebte die forsche, bestimmende Art von Frau Seyan dagegen als grenzüberschreitend. Er führt aus, dass so, wie Frau Seyan ihrem Mann nahezu in jedem Gesprächsbeitrag nahe legte, dass er krank und damit ein Problem sei (»Mann krank! Verstehen? Meine Mann krank« und »nein, nein, diese helfen mir, du Problem«), ein starkes

Mitgefühl für Herrn Seyan bei ihm auslöste. Eine weitere Teilnehmerin schließt sich zuerst diesem Empfinden an, sagte aber, dass sich ihr Gefühl beim tieferen Einlassen auf den Text verwandelt habe, sie nun eher Frau Seyan verstehen könne. Es wäre ihr deutlich geworden, dass sich Herr Seyan tatsächlich oft nicht mehr erinnerte, Sachzusammenhänge nicht rekonstruieren konnte und in der Tat oft nicht verstand, wie ihm seine Frau mehrere Male vor Augen führte. Ein Teilnehmer wirft ein, dass er keine der beteiligten Personen ungebrochen sympathisch finden kann: »*Die Stimmung zwischen den Leuten gerät beständig ins Wanken, kippt hin und her!*«. Dieser Eindruck wird auch von anderen Gruppenmitgliedern geteilt und jemand schlägt vor, die beiden Personen, ihre Motivationen, Eigenschaften und möglichen Ängste genauer zu betrachten. Diese Idee wird von allen angenommen.

Eine Teilnehmerin beschreibt daraufhin, dass Herr Seyan auf sie wie ein Mensch wirkt, der viel verloren habe, selbst nicht mehr viel darstelle. Eine andere ergänzt, dass er sich ihrer Meinung nach aufgrund seines gesundheitlichen Zustands in einem großen Netz von Abhängigkeiten befinde, die ihn zusätzlich entwerten. »*Ja und auch in ihrer Beziehung ... diese herablassenden Zwischenrufe seiner Frau! In der Beziehung gibt es keinen respektvollen Umgang mehr, keine Gleichstellung!*«, wirft ein weiteres Gruppenmitglied ein. Die TeilnehmerInnen schließen sich zustimmend diesem Eindruck an. Eine der Anwesenden fasst zusammen, dass Herr Seyan auf seine Krankheit reduziert wird, auf seine »Problemrolle«. Seine Frau hindere ihn oft am Ausreden oder korrigiere seine Beiträge. Es sei ein ungleichgewichtiges Beziehungsverhältnis. Einem Teilnehmer fällt Ähnliches auch im Verhältnis zwischen Herrn Seyan und seinem Betreuer im EPZ – Herrn Ammadeh – auf und schlägt vor, sich einem anderen Textabschnitt zuzuwenden:

4.3. Gespräch mit Familie Seyan (Ausschnitt 2):

I: Und wenn Sie in der Friedrichstraße waren, wann sind Sie denn dann zu Frau Becker oder Herrn Ammadeh gegangen? Was wollten Sie mit Ihnen besprechen? Sind Sie gegangen, wenn Sie Probleme hatten oder ... einfach zum Hallo-sagen oder ...

Frau S: Ich ... äh ...

I: ... wann sind Sie ins Büro gegangen?

Herr S: Meist ...

Frau S (*unterbricht*): Äh ... (*fragt ihre Kinder nach einer Übersetzung des Satzes, die älteste Tochter übersetzt; Frau S antwortet wieder auf Deutsch:*) Ja ...alles, das ist immer, irgendwas geben immer. Wir gehen Büro, sprechen und lachen. Ja, Problem auch, sicher. Wir gehen Frau Becker fragen und Ammadeh fragen und kommen in mein Hause und schauen Kinder, schauen meine Mann ...

I: Ja ... [*Anmerk d. Verfasserin: im Folgenden geht es um einen Umzug der Familie innerhalb des Hauses vom EPZ*]

Herr S: […] nachher ich gehen, Herr Ammadeh sagt: Gehen? Gehen – Muss gehen!
I: Hat Herr Ammadeh gesagt?
Herr S: Mich nicht fragen, sagen: Muss gehen! Ich Ammadeh fragen: Muss? Ich bin krank! Nachher ich, meine Nerv … ich bin nervös, meine Kopf ist Schwinden, nachher ich eine Tage, ich fallen, ich nicht sprechen, nicht verstanden, ich irgendwo. Nachher diese Ammadeh, Frau … äh ….
Frau S: Nein, nein, Moment! Du bist falsch, falsch verstehen. Und Ammadeh sagt, Du bist unten, das ist das Problem. Ammadeh nicht sagen, Du musst gehen, nein, nein, Ammadeh nicht das Problem.
(*Pause*)
Herr S: Mmh … ja … ach ja, genau. Ich äh …
Frau S (*unterbricht*): Und oben meine Wohnung, oben, einmal Herr Ammadeh sagt …
Herr S (*versucht sie zu übertönen*) : Herr Ammadeh …
Frau S (*übertönt noch lauter*): …und Ammadeh sagt, unten, verstehen? Du bist nach unten, nicht das andere Leute kommen zusammen deine Familie und eine Single geben für …
Herr S (*unterbricht*): Muss! Muss!
Frau S (*unterbricht*): Nein, Du nicht verstehen!
I (*einschreitend*): Sie mussten in der Friedrichstraße von oben wieder nach unten ziehen …
Frau S: Ja …
I: …weil neue Leute kommen?
Frau S: Nein, nein … unten ein bisschen klein, verstehen?
I (*zögerlich*): Jaaaa …
Frau S: Unten bisschen kleine Küche und Zimmer, äh …
Tochter (*wirft ein*): Wohnzimmer.
Frau S: Ja, und Wohnzimmer zusammen, verstehen? Und unten gleich, unten Küche gleich da. Sag, äh, kommen unten, äh, ich sagen: unten kleine! Verstehen, was ich sage?
I: Ja.
Frau S: Ich haben 3 Kinder, dieses kleine bei mir. Sagen, ok, Du nicht kommen unten, dann andere Leute kommen zusammen deine Familie und eine Zimmer du bist geben andere Leute …
I: Ja …
Frau S: …und wohnen da.
I: Wenn Sie oben bleiben wollen?
Frau S: Ja! Oben bleiben, nachher meine Mann hat Stress und äh, böse … Ammadeh sagt, muss kommen unten. Meine Mann sagen, nein, ich nicht kommen unten, nicht. Und vielleicht ist bissle Problem da, nicht?
I: Ja. Das heißt, wenn Sie oben bleiben wollten, dann wäre noch jemand dazu ge-

kommen und unten wäre es klein gewesen, aber Sie wären alleine?
Frau S: Ja. Ja.
Herr S: Oben ist auch kleine …
Frau S (*unterbricht*): Nach ein, zwei Wochen, ich kommen unten.
I: Dann sind Sie nach unten gezogen?
Frau S: Ja! Ich kommen unten, ich denken, ich nicht will andere Junge kommt bei uns zusammen in meine Wohnung. Verstehen?
I: Ja, das wollten Sie nicht …
Frau S: Nein, ich nicht gehen so, vielleicht ist meine Kinder gehen Dusche und andere Leute auch gehen Dusche, das ist auch schwierig, verstehen Sie? Nur ein Toilet, nur eine Dusche, verstehen Sie?
I: Ja … ja.
Frau S: Und nicht andere Leute und meine Familie… vielleicht das arabisch, vielleicht türkisch, vielleicht kurdisch, ich weiß nicht, was Leute kommen zusammen bei mir. Ich bin nicht alleine! Ich bin 3 Kinder!
I: Ja.
Frau S: Das ist Probleme, ich denken, ich fragen meine Mann, ich weiß, ist klein, aber unten, dass ist besser, bisschen klein aber alleine. Nachher ich kommen unten. […]

4.4. Assoziationen im Gruppengespräch 2

Ein Teilnehmer deutet an, dass Herr Seyan auch hier eine untergeordnete Rolle einzunehmen scheint; er zitiert einige Textpassagen: »Herr Ammadeh sagt: Gehen? Gehen – Muss gehen!« und »Mich nicht fragen, sagen: Muss gehen! Ich Ammadeh fragen: Muss? Ich bin krank! Nachher ich, meine Nerv… ich bin nervös, meine Kopf ist Schwinden, nachher ich eine Tage, ich fallen, ich nicht sprechen, nicht verstanden, ich irgendwo.« Die Art und Weise, wie er beschreibt, dass er nicht gefragt worden sei, dass Herr Ammadeh einfach bestimmt, was zu tun ist, genauso wie die Schilderung seiner Reaktion auf die Umzugsanweisung (Schwindel, Ohnmacht, Sprachlosigkeit) verdeutlichen, dass er sich selber in einer passiven Rolle sieht, sagt der Teilnehmer. Diese Ausführungen bringen ein anderes Gruppenmitglied zu einer weiteren Stelle im Text. Er meint, dass Herr Seyan den asylpolitischen Bedingungen, unter denen er leben muss, nicht mit Wut, sondern mit offener Gleichgültigkeit begegnet, und liest vor: »Geben wenig Geld, ich nicht machen. Ich sagen, habe drei Kinder, meine Bewilligung B nicht kommen, F kommen … alles bei mir egal.« Eine andere Teilnehmerin empfindet das Zitat in ähnlicher Weise und fügt hinzu: *»Er scheint in seinem Krankheitszustand zu verharren!«* Diese These wird ergänzt, indem jemand äußert, dass die psychischen Probleme von Herrn Seyan einen aktiven Widerstand gegen die Ungerechtigkeiten verhindern und er sich eventuell auch aus diesem Grund nicht dagegen wehrt. *»Im Gegensatz dazu präsentiert sich Frau Seyan selbst als die kompetente, orga-*

nisierende Person in der Familie«, meint daraufhin eine andere Teilnehmerin. Aus hier nicht präsentiertem Interviewmaterial war der Gruppe bekannt, dass sie sich vielfältig betätigt. Sie geht arbeiten, besucht einen Deutschkurs, führt den Haushalt, die Amtskontakte und kümmert sich um ihre drei Kinder und ihren kranken Ehemann. Die Teilnehmerin führt weiter aus, dass sie die Art und Weise, wie Frau Seyan die Betreuung und Unterbringung im EPZ beschreibt und bewertet, etwas Dominantes, Raumnehmendes hat, sie keinen Zweifel daran lassen würde, dass ihre Wahrnehmungen richtig sind. Ein anderer Teilnehmer macht daraufhin auf den Satz am Ende des Materials geäußerten Satz: »Ich bin 3 Kinder!« aufmerksam: »*Das ist doch irgendwie programmatisch!*« Die erste Reaktion auf diesen Verweis, ist, dass eine Teilnehmerin anmerkt, dass der grammatikalische Aufbau dieses Ausrufs auch bloßer Effekt mangelnder Sprachkenntnisse sei könnte und sie es etwas anmaßend fände, genau dieser Stelle zu viel Bedeutung zuzumessen. Es folgt eine kürzere Diskussion darüber, in wie weit dieses Zitat untersucht werden soll, und die TeilnehmerInnen einigen sich darauf, unter Vorbehalt trotzdem ihre Assoziationen zu besprechen: »*Irgendwie unterstreicht der Satz die fast schon grenzüberschreitende Präsenz von Frau Seyan. Ich nehme mir Raum für 3 Personen.*« Ein anderer Teilnehmer erwidert, dass diesem Satz auch etwas Glucken-/Hennenhaftes anhaftet. Jemand anderes ergänzt, dass es so aussieht, dass hier die große Belastung, die Frau Seyan tagtäglich zu bewältigen hat, auf den Punkt gebracht wird: »Ich bin 3 Kinder!« würde auch zeigen: Ich habe eine große Verantwortung, ich muss neben meinen eigenen Bedürfnissen und Problemen auch die der anderen tragen.

Diese Anmerkung führt dazu, dass die Gruppenmitglieder in ein Gespräch über die unterschiedlichen Belastungen der Familienangehörigen kommen. Gemeinsam sammeln sie, dass neben den Restriktionen, die das Asylgesetz der Familie aufbürdet und der angestrengten soziale Atmosphäre, die maßgeblich aus der Krankheit des Familienvaters resultiert, auch die Betreuungsumstände im EPZ eine zusätzliche Belastung darstellen. »*Gerade die Tatsache, dass die Familie vor die Wahl gestellt wurde, weitere Personen in ihren Räumlichkeiten aufzunehmen oder sich mit beengten Verhältnissen zufrieden zu geben, verdeutlicht doch, wie prekär ihre Lebensumstände sind. Die müssen sich ja laufend arrangieren!*« sagt eine Teilnehmerin. Ein anderer ergänzt, dass in dem von Herrn Seyan geäußerten »Muss! Muss!« deutlich wird, dass die organisatorischen Bedingungen im Zentrum Zwang hervorbringen. Seiner Meinung nach deutet dieser Satz darauf hin, dass auch im Kleinen kaum eigene Entscheidungen getroffen werden können. Ein anderer Teilnehmer verweist daraufhin auf andere Textstellen und führt aus, dass eine Wahl lediglich einen schlechten Kompromiss zwischen Enge (»Unten bisschen kleine Küche und Zimmer, äh …«) und Fremde (»… vielleicht das arabisch, vielleicht türkisch, vielleicht kurdisch, ich weiß nicht, was Leute kommen zusammen bei mir.«/»andere Junge«) bedeuten würde. Die Bezugnahme auf diese Zitate veranlasst eine weitere Teilnehmerin, über ihre eigenen Gefühle zu sprechen. Sie äußert, dass sie diesen Abschnitt als äußerst belastend empfindet und die Familie auch aufgrund fehlender Selbstbestimmung als sehr bedürftig und Not leidend erlebt. Andere Gruppenmitglieder teilen diese Empfindung und tauschen sich über ihre Gefühle aus, finden noch andere Textstellen, in denen die Sorge und Not zum Vorschein tritt. So zitiert eine Teilnehmerin: »... ich denken, ich nicht will andere Junge kommt bei uns zusammen in meine Wohnung [...] vielleicht ist meine Kinder gehen Dusche und andere Leute auch gehen Dusche, das ist auch schwierig, verstehen Sie? Nur ein Toilet, nur eine Dusche, verstehen Sie?« und sagt, dass hier ganz expliziert Frau Seyans Ängste vor einer Öffnung der Wohnung zum Ausdruck kommen. »*Ja, diese Wohnungsöffnung heißt auch, dass da ein fremder Mensch in den Familienrahmen aufgenommen werden muss, vielleicht sogar ein fremder Mann. Frau Seyan kann diese Person nicht einschätzen, hat Angst, dass von ihr Gefahr ausgehen könnte.*« Ein anderer Teilnehmer assoziiert, dass Frau Seyan die Intimität und den Schutz ihrer Kinder, vor allem ihrer älteren Tochter, garantieren möchte. Dadurch würde auch die kleinere Wohnung akzeptiert: »Das ist Probleme, ich denken, ich fragen meine Mann, ich weiß, ist klein, aber unten, dass ist besser, bisschen klein aber alleine. Nachher ich kommen unten.«

An dieser Stelle äußern mehrere GruppenteilnehmerInnen ihr Verständnis für die Familie. Es werden anteilnehmende, solidarische Anmerkungen gemacht und festgestellt, wie sich der Zugang zum präsentierten Material im Laufe der Werkstatt verändert hat. Ein Teilnehmer sagt: »*Anfangs fand ich das Interview ja eher lustig, aber seit wir darüber sprechen, merke ich, wie ich immer ernster werde.*« Eine Teilnehmerin empfindet es ähnlich und erklärt, dass mit den Assoziationen eine erdrückende Atmosphäre entstanden ist. Eine weitere Teilnehmerin knüpft an und sagt, dass sie sich überfordert fühlt, sie wisse gar nicht mehr, was sie sagen solle: »*Denen geht es so beschissen, das bleibt hängen und wirkt nach – schwierig, sich dann auch noch auf die anderen Dimensionen, wie zum Beispiel den Betreuungsaspekt, einzulassen, was ja eigentlich das Leitthema des Interviews war.*« Durch diesen Austausch wird deutlich, dass alle Gruppenmitglieder ähnlich auf die Interviewsequenzen reagieren, sie resümieren, dass das Material einem Hilferuf nach Struktur und Sicherheit nahe kommt und die Not der AkteurInnen praktisch zwischen allen Zeilen spürbar ist. Dabei kommt die Frage nach der Position der Interviewerin auf und die TeilnehmerInnen berichten, dass sie die Interviewerin in verschiedenen Rollen erlebt haben. Über individuelle Einwürfe deuten die TeilnehmerInnen, dass sie als Gesprächsmoderatorin, Schlichterin und auch als Schiedsrichterin zwischen den Streitparteien agierte. »*Ja und dadurch, dass sie immer wieder versucht, Herrn Seyan in das Gespräch einzubeziehen und sich zum Teil auch gegen den Redeschwall seiner Ehefrau durchsetzt, zeigt sich, dass sie versucht, beiden Personen einen Rederaum zu schaffen.*« Darauf reagiert ein anderer Teilnehmer, sagt, dass dieses Verhalten an dieser Textstelle nicht explizit von den InterviewpartnerInnen eingefordert wurde, aber andere Interaktionsmomente zeigen, dass gerade Frau Seyan eine deutliche Erwartung an die Interviewerin stellt. »Hör mal, meine Mann viel krank, Du verstehen?« wäre fast so, als ob Frau Seyan einen Urteilsspruch der Interviewerin einfordern würde. Eine andere Teilnehmerin schließt sich an und sagt, dass es etwa so wäre, als ob Frau Seyan ein: »*Ja, auch ich habe gesehen, dass Ihr Mann krank ist. Das stimmt!*« von der Forscherin hören möchte. Ihrer Meinung nach deutet diese Szene auch noch auf weitere Rollen der Interviewerin hin: Die der Zuhörerin, der Beraterin. Andere Gruppenmitglieder ergänzen, dass die Interviewerin aber auch als Trösterin angefragt ist oder auch in der Rolle der Therapeutin. Diese Assoziationen bringen eine Teilnehmerin dazu, sich Gedanken über den Hintergrund der Forscherin zu machen: »*Indem Frau Seyan die Interviewerin als Schlichterin und Betreuerin anspricht, verweist sie doch auch auf den Status, den sie der Person zuweist. Die deutsche, weiße Forscherin, die gekommen ist, um über die Betreuung im EPZ zu sprechen, kann man eventuell mit den MitarbeiterInnnen des Zentrums vergleichen.*« Ein anderer ergänzt: »*Ja, sie ist nicht einfach ein Gast, sondern repräsentiert durch ihr Forschungsinteresse und dadurch, wie sie das Gespräch führt, auch einen spezifischen Typ.*« Ein anderer Teilnehmer bringt ein, dass im Gegensatz zu den bedrohlichen Kontakten mit den Behörden, die Interviewerin hier allerdings als eine mögliche Unterstützerin von der Familie wahrgenommen wird. Diese Annahme stärkt sich durch den Umstand, dass Frau Seyan an einer hier nicht zitierten Stelle des Interviews die Interviewerin explizit um Hilfe bei Problemen mit dem Sozialamt bittet. Nach diesem Themenfeld wird es ruhig in der Runde, scheinbar ist die Luft raus, einige wirken müde, andere einfach nur sprachlos. Nach einigen Minuten des Schweigens ergreift eine Teilnehmerin wieder das Wort und weist kichernd auf das kleine Kind hin, welches, wie im Transkript vermerkt, Kekseessend mit dem Aufnahmegerät experimentierte. Die Anwesenden stellen sich vor, wie das Kind die Kekskrümel in das Mikrophon pustet und eine entspannte, lustige Stimmung kommt auf. Auch wenn ich mitlache, kommt mir diese plötzlich sehr heitere Stimmung merkwürdig vor und ich äußere meinen Eindruck. Auf diesen Umstand angesprochen, sagt die Teilnehmerin, dass sie das bedrückende Gefühl, welches das Leid der Familie ausgelöst hatte, nicht mehr aushalten wollte; entsprechend groß wäre der Reiz gewesen, die emotionale Überforderung einfach auszublenden und sich erfreulicheren Themen zuzuwenden. Andere nicken und sagen, dass sie irgendwie überfordert sind, keine Lust mehr haben.

4. 5. Fazit

In der Deutungsgruppendiskussion kristallisierten sich anhand der ausgewählten Textstellen drei Themenkomplexe heraus. Der eine kreist um den Einfluss der gesundheitlichen und der asylpolitischen Verhältnisse auf die familiären Lebensumstände. Der zweite betrifft die große Belastung, die die einzelnen Familienmitglieder jeweils aushalten müssen, und der dritte zeigt den Zusammenhang der Rahmenbedingungen und die verschiedenen Verarbeitungsmodi.

Meines Erachtens konnten mit Anwendung der ethnopsychoanalytischen Deutungswerkstatt (ohne Kenntnis der biographischen Umstände der Familie) viele Aspekte der realen Lebensbedingungen der Familie Seyan bestätigt und gesellschaftlich wirksame Faktoren aufgedeckt werden. Ich möchte an dieser Stelle exemplarisch einige Interpretationen vorstellen:

Mit Hilfe der Assoziationsketten entwickelte sich langsam ein Bild der Familienmitglieder und der Situation im Gesamten. Abhängigkeiten und Belastungen, die sich aus den Lebensumständen der Familie ergeben, wurden benannt und an die gesellschaftlichen Verhältnisse gekoppelt. Die Äußerung der Gefühle, die das Transkript bei den TeilnehmerInnen auslöste, brachte hervor, dass Familie Seyan sich in einer kaum auszuhaltenden Lage befindet. Eine Teilnehmerin verdeutlichte zum Ende des Deutungsgesprächs, wie schwer es ihr gefallen ist, sich unter diesen Umständen auch noch auf das zentrale Thema der Forschungsarbeit zu besinnen. In dem von ihr beschriebenen Gefühl der Überforderung spiegelt sich, übertragen auf die Familie Seyan, beispielsweise der Konflikt von Herrn Seyan: wie sollte er sich bei all diesen psychischen, ökonomischen, juristischen, sozialen, kulturellen und politischen Belastungen denn auf das »Wesentliche« (Genesung, Sozialkontakte, Arbeit, Deutschkurs etc.) konzentrieren können?

Über die Assoziationen zur Rolle der Interviewerin wurde nicht nur ihre gesellschaftliche Integration herausgearbeitet und damit Hinweise auf das ›Eigene‹ und das ›Fremde‹ gegeben, auch Aspekte der Beziehungsdynamik zwischen der Forscherin und den GesprächspartnerInnen kamen zum Ausdruck. Die Ansprache als Therapeutin und Schlichterin, als Trösterin und auch als Zeugin der Lebenssituation der Familie Seyan, verdeutlicht einerseits Hoffnungen und Erwartungen, die die Familie an die Interviewerin unbewusst richtet. Andererseits gibt sie auch Hinweise auf Ungleichheiten und Abhängigkeiten, die nicht nur im subjektiven Zusammentreffen, sondern auch hinsichtlich gesellschaftlicher Positions- und Machtfelder von Bedeutung sein können. Auf diese Aspekte aufmerksam geworden, muss sich die Forscherin bei ihrer Auswertungsarbeit immer wieder selbst reflektieren und bei ihrer Ergebnispräsentation einbeziehen, dass Ängste und Druck, die im Beziehungsgefüge des Interviews entstehen, die Darstellung des EPZ beeinflusst haben könnten. In diesem Sinne kann Frau Seyans beschwichtigende und lobende Rede über das EPZ auch als Vorsichtmaßnahme gedeutet werden.

Ähnlich wie die Rolle der Interviewerin im Prozess der Deutungsarbeit herausgearbeitet werden konnte, zeigt sich in der Art und Weise, wie die Deutungsgruppe mit dem Material verfahren ist, auch der Status der TeilnehmerInnen. Die Befindlichkeiten der TeilnehmerInnen erfahren im Verlauf des Gruppenprozesses einen Wandel. Während sie anfangs amüsiert bis genervt auf die Schilderungen der InterviewpartnerInnen und deren Interaktion reagieren, weicht ihre distanzierte, abwehrende Haltung zunehmend einer mitleidsvollen Anteilnahme. Schuldgefühle (»denen geht es so beschissen« in Abgrenzung zu: uns geht es eigentlich gut) genauso wie Gefühle der Ohnmacht und Hilflosigkeit münden in eine Phase der Überforderung und Sprachlosigkeit. Abschließend stürzen die TeilnehmerInnen sich dann auf ein erfreuliches Thema: das Keks essende Kind. Auch hier lassen sich Rückschlüsse auf die gesellschaftlich geprägten Hintergründe der GruppenteilnehmerInnen ziehen. Die Gruppe bestand aus weißen Deutschen, die alle wissenschaftlich tätig sind. Keiner der Anwesenden hat in seinem Leben vergleichbare prekäre Erfahrungen gesammelt, wie sie bei Familie Seyan offensichtlich sind. Die geäußerte Überforderung könnte dementsprechend auch als Anzeichen einer Befremdung gedeutet werden und Hinweise auf Strukturen des Aufnahmelandes geben. Geht man davon aus, dass die Reaktionen der TeilnehmerInnen nicht nur subjektive Befindlichkeiten, sondern gleichsam Ausdruck kulturell objektiver Gefühls- und Denkstrukturen sind, kann man sie auch als Hinweise auf Aspekte der Beziehungskonstellation zwischen den KlientInnen und MitarbeiterInnen des EPZ verstehen. So gesehen reinszeniert sich im freien Assoziationsprozess der TeilnehmerInnen unbewusst das verdrängte Gesellschaftliche innerhalb der EPZ-Betreuung. Auch dort muss mit Anteilnahme, Mitleid, Hilflosigkeit und Ohnmacht, genauso wie mit Schuldgefühlen und Überforderung umgegangen werden. Dies wirkt auf die betreuerische Situation und sollte in der Analyse beachtet werden.

Die im Interviewausschnitt auf verschiedenen Ebenen präsentierten Lebensumstände der Familie Seyan sind Ausdruck und Produkt besonderer gesellschaftlicher Verhältnisse. Die asylpolitischen Restriktionen wirken sich explizit auf Arbeitsmöglichkeiten, Gesundheitsversorgung und Bewegungsfreiheit und implizit auf die emotionale und soziale Integrationsfähigkeit aus. Herr Seyans Fähigkeit, sich an diese Lebensumstände anders als lethargisch anzupassen, ist gering und wird durch die prekären Verhältnisse keinesfalls mobilisiert. Es zeigt sich deutlich, dass eine Veränderung des Gesundheitszustandes von Herrn Seyan, ebenso wie ein soziales und kulturelles Einlassen der ganzen Familie auf ihre (nicht mehr ganz so) neue Umgebung in der Schweiz nur gelingen kann, wenn ausreichende Sicherheiten geschaffen werden.

5. Diskussion der Methode

Die Darstellung des Interpretationsprozesses und die exemplarische Präsentation der Auswertung zeigt, wie die Deutungsarbeit der ethnopsychoanalytischen Methode Zugänge zu den Befindlichkeiten der Subjekte und zu den latenten Dynamiken der Forschungssituation eröffnen kann. Die ethnopsychoanalytische Deutungswerkstatt bietet eine Auswertungsvariante, die deutlich über das Erkenntnispotential rein inhaltsanalytischer Verfahren hinausgeht: Durch die Erschließung und Einbeziehung von unbewussten Intentionen und Bedeutungen, genauso wie über das Wahrnehmen und Aufdecken immanenter gesellschaftlicher Strukturen und Dynamiken, macht sie das »unsichtbare« sichtbar und damit reflektier- und bearbeitbar. Gerade dadurch, dass die Methode die Interviewbeziehung und den Gruppenprozess innerhalb der Deutungswerkstatt betrachtet, können neutralisierende Blicke und Objektivierungstendenzen vermieden werden. Die kulturellen Interaktionsmuster, institutionellen Rollen und sozialen Machtverhältnisse der forschenden Person sind in die Analyse eingebunden und können damit kritisch hinterfragt werden.

Neben dem expliziten Einsatz der Methode bietet es sich m. E. auch an, die ethnopsychoanalytische Deutungswerkstatt im Rahmen einer Methodentriangulation anzuwenden. In diesem Sinne kann sie inhalts- und textanalytische Vorgehen nicht nur überprüfen und vertiefen, sondern ermöglicht auch die Erkenntnis neuer Aspekte.[6]

6 Für die Erfassung komplexer Gegenstandsbereiche ist es sinnvoll, verschiedene Methoden einzusetzen, um die jeweilig spezifischen Bereiche zu untersuchen. Die Kombination methodischer Zugänge, die Flick unter dem Begriff der Methoden-Triangulation fasst (Flick/von Kardorff/Steinke 2000), gilt weniger der Überprüfung der Resultate, als mehr der systematischen Erweiterung und Vervollständigung von Erkenntnismöglichkeiten und wird nach Denzin als vernünftigste Strategie zur Theorienbildung gewertet (vgl. Flick 1999).

Literatur

Ackermann, Ch./Burtscher, P./Mohamed, A./Schär Sall, H./Sölch, A./Stutz D./Wetli, E./Zoller, R.: Das Therapie- und Betreuungsmodell des EPZ sowie Standards für die niederschwellige Betreuung und Therapie psychisch kranker und traumatisierter Personen des Asylbereichs. Studie im Auftrag des Bundesamtes für Flüchtlinge – BEF, Bern-Wabern/Zürich 2003.

Adler, Matthias: Ethnopsychoanalyse. Das Unbewusste in Wissenschaft und Kultur, Stuttgart/New York 1993.

Devereux, Georges: Angst und Methode in den Verhaltenswissenschaften, Frankfurt a. M. 1992 (Original 1967).

Erdheim, Mario: Die gesellschaftliche Produktion von Unbewusstheit, Frankfurt a. M. 1982.

Flick, Uwe: Qualitative Forschung: Theorie, Methode, Anwendung in Psychologie und Sozialwissenschaften, Reinbeck bei Hamburg 1999.

Flick, Uwe/von Kardorff, Ernst/Steinke, Ines: Qualitative Forschung. Ein Handbuch, Reinbeck bei Hamburg 2000.

Heinrichs, Hans-Jürgen (Hrsg.): Das Fremde verstehen. Gespräche über Alltag, Normalität und Anormität, Giessen 1997.

Leithäuser, Thomas/Volmerg, Birgit: Anleitung zur empirischen Hermeneutik. Psychoanalytische Textinterpretation als sozialwissenschaftliches Verfahren, Frankfurt a. M. 1979.

Mader, Sabine/Mields, Just/Volmerg, Birgit: Die Einführung von Kontraktmanagement in ausgewählten Kultureinrichtungen aus Sicht involvierter Experten, in: Journal für Psychologie: Theorie, Forschung, Praxis 1/2/2005, 13. Jg., S. 50-70.

Nadig, Maya/Erdheim, Mario: Die Zerstörung der wissenschaftlichen Erfahrung durch das akademische Milieu. Ethnopsychoanalytische Überlegungen zur Aggressivität in der Wissenschaft, in: Psychosozial, 1984, H. 23, S.11-27.

Nadig, Maya: Die verborgene Kultur der Frauen, Frankfurt a. M. 1987.

Nadig, Maya/Gilbert, Anne-Francoise/Gubelmann, Maria/Mühlberger, Verena: Formen gelebter Frauenkultur. Ethnopsychoanalytische Fallstudien am Beispiel von drei Frauengenerationen des Zürcher Oberlandes. Forschungsbericht an den Nationalfonds, Schweiz 1991.

Nadig, Maya: Die Dokumentation des Konstruktionsprozesses. Theorie- und Praxisfragen in Ethnologie und Ethnopsychoanalyse, in: Völger, Gisela (Hrsg.): Sie und Er. Frauenmacht und Männerherrschaft im Kulturvergleich. Bd. I, Rautenstrauch-Joest-Museum, Köln 1997.

Nadig, Maya/Reichmayr, Johannes: Paul Parin, Fritz Morgenthaler und Goldy Parin-Matthèy, in: Flick, Uwe/von Kardorff, Ernst/Steinke, Ines: Qualitative Forschung. Ein Handbuch, Reinbeck bei Hamburg 2000.

Parin, Paul/Morgenthaler, Fritz/Parin-Matthey, Goldy: Die Weißen denken zuviel. Psychoanalytische Untersuchungen bei den Dogon in Westafrika, Hamburg 1963.

Parin, Paul/Morgenthaler, Fritz/Parin-Matthey, Goldy: Fürchte deinen Nächsten wie dich selbst. Psychoanalyse und Gesellschaft am Modell der Agni in Westafrika, Frankfurt a. M. 1971.

Parin, Paul/Morgenthaler, Fritz/Parin-Matthey, Goldy: Der Widerspruch im Subjekt. Hamburg 1978.

Reichmayr, Johannes: Einführung in die Ethnopsychoanalyse, Frankfurt a. M. 1995.

Reichmayr, Johannes: Ethno-Psychoanalyse. Geschichte, Konzepte, Anwendungen, Giessen 2003.

Reuter, Julia: Ordnungen des Anderen. Zum Problem des Eigenen in der Soziologie des Fremden, Bielefeld 2002.

Saller, Vera: Wanderung zwischen der Ethnologie und Psychoanalyse. Psychoanalytische Gespräche mit Migrantinnen aus der Türkei, Tübingen 2003.

Sturm, Gesine: Der ethnopsychiatrische Therapieansatz von Marie Rose Moro, in: Sippel-Süsse, J./Apsel, R. (Hrsg): Ethnopsychoanalyse. Band 6: Forschen, erzählen und reflektieren, Frankfurt a. M. 2001, S. 218-238.

Websites:

Heizmann, Silvia (2003, Mai). »Ihretwegen bin ich invalide!« – Einige methodologische Reflexionen über die Grenzen verbaler Datengewinnung und Datenauswertung und der Versuch, aus dem Erkenntnispotential ethnopsychoanalytischer Konzepte zu schöpfen [79 Absätze]. *Forum Qualitative Sozialforschung/Forum: Qualitative Social Research* [On-line Journal], 4(2), Art. 31. Verfügbar über: http://www.qualitative-research.net/fqs-texte/2-03/2-03heizmann-d.htm [26. 2 .2005].

Christoph H. Schwarz

Ethnoanalyse und Ethnohermeneutik: Kritische Sozialforschung als Reflexion der Forschungsbeziehung

Das ethnoanalytische Gruppengespräch und das ethnohermeneutische Interpretationsverfahren, erläutert am Fallbeispiel aus der Forschung mit Schülerinnen aus indigenen Gemeinden in einem Internat der Educación Maya in Guatemala.

Allgemein sind psychoanalytisch orientierte Ansätze qualitativer Sozialforschung durch den Fokus auf die Beziehung, die sich zwischen den Forschenden und den Beforschten herstellt, gekennzeichnet: Die hier auftretenden subjektiven Irritationen sind keine Störvariablen, die es auszuschalten gilt, um zu »objektiven« Erkenntnissen zu gelangen, sie bilden vielmehr den zentralen Gegenstand der Analyse. Die Forschungssituation wird als ein Raum verstanden, in dem Übertragungen stattfinden, wo zentrale Probleme, die die Biographie und aktuelle Lebensrealität der ForschungsteilnehmerInnen bestimmen, unbewusst reinszeniert werden: Ärgerliche Konflikte, missliebige Affekte, vermeintliche »Missverständnisse« und störende Rollenangebote liefern die entscheidenden Einblicke in die Lebensrealität der Teilnehmenden – nicht zuletzt auch der Forschenden und ihres Verständnisses von Forschung. Die kritische Reflexion auf die Forschungsbeziehung erfordert auch die Bewusstmachung und Problematisierung der impliziten Prämissen und der Milieugebundenheit der eigenen Praxis; sie fordert m. a. W. eine Reflexion darüber, wann die eigene Wissenschaft zu einem professionellen Abwehrmechanismus wird.[1] Es ist kein Zufall, dass diese Problematisierung gerade von der Ethnopsychoanalyse ins Zentrum der Überlegungen gerückt wurde, stellte sich die Fragwürdigkeit der eigenen Vorgehensweise doch gerade in der Konfrontation mit den Normen nicht modernisierter Gemeinschaften – das psychoanalytische Vorgehen wurde damit als Produkt einer bestimmten Gesellschaft bzw. eines bestimmten Milieus problematisiert.

Die Reflexion über Differenzerfahrungen wurde insbesondere von einer Schule der Psychoanalyse, nämlich der von Wilfred Bion und Sigmund H. Foulkes begründeten Gruppenanalyse, systematisiert und zum Instrument der Erkenntnis gemacht: Hier wird in Vorgesprächen versucht, eine möglichst heterogene Therapiegruppe zusammenzustellen, um den Teilnehmenden Differenzerfahrungen zu

1 Diese Problematik hat die Psychoanalyse seit ihrer Begründung beschäftigt, wie die Auseinandersetzung mit der Gegenübertragung illustriert: Sah Sigmund Freud die Übertragungen des Analytikers auf den Analysanden zunächst als auszuschaltende Störvariable, so wurden die Reflexionen über die damit verbundenen Affekte und Irritationen später zu einem zentralen Erkenntnisinstrument.

ermöglichen, die die Reflexion über die unhinterfragten Normen und Abwehrmechanismen, die sie aus dem eigenen Herkunftsmilieu in diese Gruppe tragen, zulassen, und um zu einem bewussteren Umgang mit den Rollen zu finden, die sie in Gruppen allgemein übernehmen bzw. die an sie delegiert werden.

Ausgehend von diesen Überlegungen entwickelte der Gruppenanalytiker Hans Bosse ab den 1970er Jahren die Ethnoanalyse bzw. Ethnohermeneutik, die im Folgenden vorgestellt werden soll.[2] In dieser Methode werden die Perspektiven von psychoanalytischen, ethnopsychoanalytischen und gruppenanalytischen Zugängen gewissermaßen gebündelt und die Forschungsbeziehung wird auf verschiedenen Reflexionsebenen analysiert.

1. Ethnoanalyse und Ethnohermeneutik

Der Gegenstand, dem sich die Ethnohermeneutik bzw. Ethnoanalyse in ihren Anfängen widmete, war die »innere Kolonisierung« in der »Dritten Welt« bzw. der Widerstand der Kolonisierten dagegen. Es ging um regional spezifische, kollektive Abwehrmechanismen in den jeweiligen Gesellschaften, die sich gegen eine Unterwerfung der Subjektivität der Kolonisierten unter die Kapitallogik richteten.[3] Dabei war die zentrale Annahme in der Erforschung dieser Abwehrmechanismen, dass sich die Abwehr bzw. Ambivalenz gegenüber der Modernisierung auch in der Beziehung zwischen den Forschenden und Erforschten ausdrückt. Ethnohermeneutik versteht sich damit auch als Theoriekritik, die die Einbettung der eigenen Forschung in die strukturellen Gewaltverhältnisse reflektiert.[4] Die Verweigerung gegenüber dem Repräsentanten einer Industrienation, die Auslegung seines Vorhabens durch die Erforschten und die Irritationen in ihrer Beziehung wurden damit ebenso zum Gegenstand der Untersuchung, wie die professionellen Abwehrstrategien der Forschenden.

2 Während Bosse die Methode in seinen frühen Schriften als »Ethno-Hermeneutik« (Bosse 1979) bezeichnet, fasst er später das »Gesamt seines Forschungsansatzes« als Ethnoanalyse und unterscheidet zwischen Ethnoanalyse im engeren Sinne als Erhebungsmethode und Ethnohermeneutik als Auswertungsmethode (Bosse 1991: 200). Die Methode wurde seit ihrer Entstehung in verschiedenen Forschungszusammenhängen weiterentwickelt, u. a. mit Vera King und Werner Knauss. Dabei spielt in den letzten Jahren insbesondere die Integration und Adaption der objektiv-hermeneutischen Interpretationsweise Oevermanns zur Methodentriangulierung eine wichtige Rolle (Bosse 2004; Kerschgens 2008). Auf diese Entwicklung möchte ich hier nicht eingehen: Aufgrund des strukturell ähnlichen Forschungskontextes und -gegenstands – die Forschung mit Adoleszenten aus traditionalen Gemeinschaften in einem »Entwicklungsland« – stütze ich mich in diesem Beitrag im Wesentlichen auf die an der Gruppenanalyse und am szenischen Verstehen orientierten ethnohermeneutischen Schriften Bosses bis Ende der 1990er Jahre, die sich thematisch mit Adoleszenz und Modernisierung in Papua-Neuguinea auseinandersetzen.

3 Als entscheidende Phase für die »innere Kolonisierung« wurde dabei auf die Adoleszenz und die Subjektkonstitution im Bildungsbetrieb fokussiert. Bosse begleitete über Jahrzehnte die Lebenswege von BildungsmigrantInnen in Papua-Neuguinea, die als erste ihrer ländlichen Gemeinden eine moderne Karriere in einem Internat anstrebten.

4 »Ethno-Hermeneutik arbeitet sich daran ab, daß ihre Begriffe die einer bestimmten Gesellschaftsformation sind; nicht nur die einer bestimmten Profession, einer Schicht und Klasse, sondern die einer bestimmten, eine ganze Lebensweise bestimmenden Produktionsweise, nämlich der fortgeschrittenen bürgerlichen.« (Bosse 1979, S. 21)

Ethnoanalyse ist grundsätzlich nicht auf eine bestimmte Form der Datenerhebung festgelegt. Die Forschung in Gesellschaften, in denen noch keine Individualisierung stattgefunden hat und das Kollektiv der Dorfgemeinschaft, der Familie oder des Clans eine sehr viel größere Rolle spielt, legte jedoch eine Erhebungsmethode nahe, in der die Einbindung des Einzelnen in diese Kollektive in deutlicherer Weise hervortritt. Die von Bosse bevorzugte Erhebungsmethode, die in der Anpassung an den Gegenstand zur Ethnoanalyse ausgearbeitet wurde, war daher das analytisch orientierte Gruppengespräch nach Foulkes.

1.1. Das ethnoanalytische Gruppengespräch

Im Gegensatz zur Ethnopsychoanalyse nach Parin/Parin-Mathey fokussiert Ethnoanalyse als sozialpsychologischer Ansatz stärker auf soziale Einheiten. Sie versucht, psychische Prozesse von Individuen speziell im Hinblick auf ihre Einbindung in kollektive Formationen zu verstehen und auf den »Zusammenhang zwischen dem Verhalten der Einzelnen in der Gruppe und der psychischen Gesamtkonstellation, die in einer Gruppe entsteht und sich durch die Interaktion der Mitglieder fortwährend verändert« (Sandner 1986: 26; Adler 1993: 148), hinzuweisen.

Anknüpfend an die Gruppenanalyse soll in der Forschungssituation ein Raum zur Verfügung gestellt werden, in dem alle Themen, die die Gruppe beschäftigen, zur Sprache kommen können. Um dies zu ermöglichen, ist eine weitgehende Offenheit in der Gesprächsführung entscheidend. Dementsprechend sollte der oder die Forschende nach der Formulierung einer Eingangsfrage dem Gespräch und den behandelten Themen eher folgen, anstatt es zu leiten. Mit dieser Offenheit eignet sich die Methode nur mit Einschränkungen für die Verfolgung einer im Voraus formulierten Fragestellung – sie verlangt vielmehr nicht nur die ständige Reflexion der Vorannahmen, sondern auch eine Reflexion des institutionellen Charakters der Forschung und der eigenen Annäherung an den Gegenstand.

Mit dem Gruppengespräch werden die Forschenden Teil einer Gruppe, die bestimmte Konflikte bearbeitet, einzelnen Mitgliedern Rollen zuweist und Themen bearbeitet oder abwehrt (etwa, weil sie zu bedrohlich sind). Oft handelte es sich in der ethnohermeneutischen Forschung um schon bestehende Gruppen, etwa Jugendgruppen. Anders als in der therapeutischen Gruppenanalyse geht es hier nicht darum, eine besonders heterogene neue Gruppe zusammenzustellen, um Differenzerfahrungen zu ermöglichen – die Differenzerfahrung entsteht vielmehr durch den Eintritt der Forscherin oder des Forschers in die Gruppe, deren oder dessen Vorhaben von der Gruppe in einer bestimmten Weise interpretiert wird, in der sich die zentralen Konflikte der Gruppe ausdrücken und vielleicht bewusster gemacht werden können, sofern es den Forschenden gelingt, eine Reflexion darüber anzustoßen.

Die Anwendung psychoanalytisch orientierter Verfahren in der Sozialforschung kann und darf keine therapeutischen Ziele verfolgen. Gleichzeitig ist jedoch keine Forschung »neutral«, sondern sie wirkt in irgendeiner Weise auf die ForschungsteilnehmerInnen ein. Den kritischen Anspruch, die Voranahmen und die Veränderungen in der Gruppendynamik mit den »Erforschten« gemeinsam zu reflektieren und eine bewusstere Bearbeitung der verdrängten Anteile – vielleicht Herrschaftserfahrungen – zu ermöglichen, teilt die Ethnoanalyse mit der Aktionsforschung[5] oder Ansätzen solidarischer Forschung. Gleichzeitig kritisiert sie jedoch die illusionäre Konstruktion eines »herrschaftsfreien Raumes«. Es geht vielmehr um eine »Forschungseinstellung, die den verschiedenen Momenten von Macht und Herrschaft, die auf die Forschungsbeziehung übertragen werden bzw. partiell institutionell in ihr verankert sind, aufmerksam nachgehen kann.« (King 1992: 129) Im Idealfall kann dies »offensiv als Möglichkeit eines Zugangs zur Verarbeitung von Herrschaftserfahrungen« (ebd.: 115) genutzt werden. Dies gelingt dann, wenn sie den Erforschten die Gelegenheit einer Auseinandersetzung mit ihrer gesellschaftlichen Position und einer reflexiven Aneignung ihrer Geschichte bietet.

Die Forschungssituation wird dabei »zu einer Art Bühne, auf der die Beforschten ihre Dramen entfalten – Dramen, die unterschiedliche Schichtungen und Ebenen ihrer Realitätsbearbeitung betreffen« (Bosse/King 1998: 220 f.). Im Anschluss an die Gespräche sollten Affektprotokolle angefertigt bzw. allgemein ein Forschungstagebuch geführt werden, in denen die erinnerbaren Irritationen festgehalten werden.

Soweit möglich, sollte schon im Gespräch eine Verständigung über Deutungen des Gesagten stattfinden. Erst die nachträgliche ethnohermeneutische Interpretation ermöglicht jedoch eine gründliche Reflexion, bedarf diese doch der »Handlungsentlastetheit der wissenschaftlichen Rekonstruktionssituation« (King 2004: 61). King betont dabei, dass, ähnlich wie die Gesprächsführung im Idealfall durch eine Supervision unterstützt wird, die Deutung des Textes am Besten im Rahmen einer Interpretationsgruppe geleistet wird, die in der Auflösung der Verstehenswiderstände und »blinden Flecke« der Forschenden die Funktion eines »triangulierenden Korrektivs« (ebd.) übernimmt.

1.2. Ethnohermeneutische Interpretation

Die Arbeitsweise der Interpretationsgruppen, an denen ich teilgenommen habe, lässt sich in vielem mit dem in diesem Band von Antje Krueger beschriebenen Verfahren der ethnopsychoanalytischen Deutungswerkstatt vergleichen: Die Dy-

5 Hier sei beispielsweise auf die »generativen Themen« bei Paolo Freire verwiesen. Hierbei geht es um Herrschaftserfahrungen, die aufgrund ihres traumatisierenden Gehalts aus der Sprache verbannt wurden, und in Freires Alphabetisierungsprogramm systematisch reflektiert werden. Das Lernen von Lesen und Schreiben soll dabei als Dechiffrierung der sozialen Realität erfolgen; ähnlich wie Freud das traditionelle Verhältnis zwischen Arzt und Patient (der Arzt diagnostiziert und erteilt Ratschläge, der Patient lässt sich über sich selbst belehren), dreht Freire damit das Verhältnis in der Schule um, müssen die Lehrenden doch zunächst die generativen Themen der SchülerInnen eruieren und ihnen zuhören (Freire 1970: 112 ff.; Stapelfeldt 2004: 381 ff.).

namik des aufgenommenen Gruppengesprächs wird gewissermaßen von der Interpretationsgruppe in ihrer eigenen Dynamik noch einmal reflektiert, wenn sie sich mit dem Transkript des Gesprächs auseinandersetzt und gemeinsam über die dadurch ausgelösten Irritationen und Identifizierungen mit einzelnen Personen in der interviewten Gruppe verständigt. Wer ein Gespräch in der Interpretationsgruppe präsentiert, sollte zudem möglichst wenige Informationen zu dem Transkript vorab liefern, um die – ihm oder ihr möglicherweise unliebsamen – Deutungsmöglichkeiten nicht einzuschränken.

Auch in der ethnohermeneutischen Interpretation der transkribierten Gespräche wird v. a. auf die Ausgestaltung der Forschungssituation fokussiert. Zur methodischen Analyse der Differenz von institutionellem und Übertragungsraum wird der Blick dabei auf die irritierenden, zunächst widersprüchlich und unklar anmutenden Sinnfiguren und Szenen gelenkt und die Frage gestellt, mit welcher Dynamik sie auftreten: Es wird darauf fokussiert, wann Themen abrupt gewechselt werden, welche Inhalte Konflikte in der Gruppe auslösen, welche Beiträge keine Resonanz erfahren und tabuisiert werden, welche Personen welchen Umgang mit bestimmten Themen verkörpern und wie die Gruppe auf ihre Äußerungen reagiert, letztlich: wie die Form des Gesagten mit dem Inhalt zusammenhängt. Dabei ist eine Szene sowohl für sich zu analysieren als auch in den Gesamtzusammenhang des Gesprächs zu stellen. Um Rollenangebote zu interpretieren und die Inszenierungen zu hinterfragen, bietet es sich dabei an, sich gewissermaßen künstlich unwissend zu machen: Woher wissen wir überhaupt, dass es sich um eine Forschungssituation handelt? Wirken die hier gesprochenen Sätze vielleicht eher wie eine Beichte, wie eine Prüfung, wie ein Verhör? (Vgl. Bosse 1999; Bosse 2004) Entsprechend der oben angeführten »unterschiedlichen Schichtungen« der Inszenierung unterscheidet Bosse dabei verschiedene Verstehenszugänge und Interpretationsweisen des Gesagten, etwa die ethnographische, die soziologische, die psychoanalytische und die gruppenanalytische, mit denen die einzelnen Szenen jeweils aus einer anderen Perspektive beleuchtet werden und die jeweils einem eigenen Erkenntnisziel dienen.[6] Im *ethnographischen Verstehen* wird das Gesagte auf Grundlage der recherchierten Informationen über das soziokulturelle Herkunftsmilieu der Teilnehmenden interpretiert. Im *soziologischen Verstehen* wird auf die institutionellen Rahmenbedingungen der Forschung und die damit verbundenen Zwänge und Rollenerwartungen reflektiert. Im *psychoanalytischen Verstehen* soll der Umgang der Teilnehmenden mit ihrer Körperlichkeit und ihren Emotionen bezüglich der verhandelten Themen erschlossen werden. All diese Zugänge werden schließlich im *gruppenanalytischen Verstehen* zusammengeführt

6 Im Zuge der kontinuierlichen Weiterentwicklung der Methode und Anpassung an den jeweiligen Forschungsgegenstand und -kontext wurden diese Ebenen in den Schriften Bosses verschiedentlich reformuliert und in unterschiedlicher Weise in Beziehung zueinander gesetzt. Ich stütze mich im Folgenden auf die Ebenen, die Bosse 1994 in seinem Buch »Der fremde Mann« formuliert hat (Bosse 1994: 80 ff.).

und entsprechend einer Form-Inhalt-Analyse, auf Grundlage der oben erwähnten Affektprotokolle bzw. Forschungstagebücher und mit dem Fokus auf die Prozesse in dieser speziellen Gruppe erschlossen. Im Anschluss an Foulkes und seinen Begriff der Gruppenmatrix unterscheidet Bosse hierbei zwischen verschiedenen Matrizen, die gewissermaßen gruppenanalytische Entsprechungen der eben erwähnten Perspektiven sind: Mit Blick auf die *Herkunftsmatrix* wird beleuchtet, inwieweit in der Ausgestaltung der Forschungssituation Beziehungsmuster des Herkunftsmilieus der Teilnehmenden reproduziert werden bzw. eine Bearbeitung erfahren und neu ausgehandelt werden.[7] Dabei erscheint diese ethnographische Perspektive nicht unproblematisch, droht mit ihr doch eine Re-Ethnisierung, in der die Beforschten immer wieder unter das Herkunftsmilieu subsumiert werden, von dem sie sich unter Umständen gerade emanzipieren; »kulturelle Differenzen« würden damit wissenschaftlich fortgeschrieben bzw. überhaupt erst konstruiert.[8] Ethnohermeneutik begreift diese Operation der Re-Ethnisierung als einen durch Selbstreflexion aufzulösenden Abwehrmechanismus des forschenden Subjekts, in dem diejenigen eigenen Affekte, die »fremd« erscheinen und nicht zugelassen werden dürfen, auf die Beforschten projiziert werden: »Was am Fremden fremd bleibt, soll fremd bleiben, weil es droht, dem Forscher etwas über seine eigene Kultur, Rolle oder Person zu zeigen, das ihm selbst in einem bestimmten Sinne fremd ist.« (Bosse 1994: 15; Bosse 1997: 10.)

Dies können nicht zuletzt die Abhängigkeitsverhältnisse zwischen den ForschungsteilnehmerInnen und die damit verbundenen Strategien der Einzelnen zur Durchsetzung ihrer Interessen sein. Aus diesem Grund ist die Forschungssituation in der Ethnoanalyse aus der soziologischen Perspektive auch als Realsituation mit sozialen Zwängen, Machtunterschieden und gegensätzlichen Interessen zu beleuchten; die eigenen Forschungsstrategien und Vorannahmen sind systematisch zu reflektieren und auszuweisen. Mit dem Begriff der *institutionellen Matrix* wird entsprechend das Arbeitsbündnis der Gruppe beleuchtet. Es geht sowohl um den institutionellen Rahmen, in dem die Forschung stattfindet, als auch um die »Institution Forschung« selbst, d. h. die Frage, welche Konzepte der Forschende von den akademischen Ausbildungsinstitutionen übernommen hat – oftmals geht es

7 Als Forscher aus einem Industrieland in einem Land der Peripherie ist in diesem Zusammenhang der Begriff der »kulturellen Übertragung« von Bedeutung, den Maya Nadig in ihrer Forschung mit indigenen Bäuerinnen in Mexiko geprägt hat: Anfänglich begegneten ihr viele Gesprächspartnerinnen mit äußerstem Misstrauen, da sie in ihr eine Missionarin oder Regierungsvertreterin sahen – eine Auslegung, die Rückschlüsse über die sozialen Konflikte und die Strategien der Beforschten zuließ und in ihrer Auflösung neue Aspekte der Kultur erschlossen (Nadig 1986).

8 Keval, die in ethnoanalytischen Gruppengesprächen mit deutschen Widerstandskämpfern gegen den Nationalsozialismus die Gründe für die weitgehende Blindheit der antifaschistischen Bewegung gegenüber der Besonderheit des Antisemitismus erforschte, bevorzugt hier den Begriff der »historischen Matrix«, geht es hier doch letztlich um die biographischen Erfahrungen, die die Individuen in die Gruppe einbringen, und die in der dynamischen Matrix gewissermaßen in Bewegung kommen und nicht auf die »Herkunft« der Individuen reduziert werden können (Keval 1999: 66 ff.).

dabei gerade um implizite Grundannahmen, die erst in der Differenzerfahrung mit Personen, die dem akademischen Betrieb fern stehen, bewusst werden. Konkreter geht es etwa um die Fragen, wie sich die Forschungsbeziehung überhaupt herstellen konnte, welche institutionellen Vermittler dazu bemüht wurden, welche expliziten Forderungen von Seiten der Beforschten geäußert wurden, welche Abmachungen getroffen und gebrochen wurden etc.

Mit dem Begriff der *dynamischen Matrix* übernimmt Bosse schließlich einen genuin gruppenanalytischen Begriff von Foulkes. Hier geht es um das »für eine bestimmte Gruppe typische, unverwechselbare und einmalige psychische Grundthema« (Bosse 1994: 83 f.) und die Frage, was in dieser spezifischen Gruppe aufgrund ihrer kulturellen, sozialen, geschlechtlichen und altersmäßigen Zusammensetzung und aufgrund ihrer spezifischen Aufgabe Bearbeitung finden und bewusst werden darf und was unbewusst bleiben muss.

Der Initialszene kommt bei der Interpretation besondere Bedeutung zu, geht es hier doch um den ersten Ausdruck der sich im Gespräch ergebenden Forschungsbeziehung und die anfängliche Ausgestaltung der Forschungssituation. Sie wird idealtypischerweise verstanden als der erste Wortwechsel im Gespräch bzw. der Abschnitt des Transkripts, in dem sich alle Beteiligten schon einmal geäußert haben. Ausgehend von der Interpretation dieser Eingangsszene wird nun der restliche Text erschlossen, wobei unter anderem darauf fokussiert wird, wie sich die Beziehung verändert, wo und im Zusammenhang mit welchen Themen die Rollenangebote der Initialszene sich wiederholen, wo neue gemacht werden etc.

Als Fallbeispiel für ethnoanalytische Gruppengespräche und ethnohermeneutische Interpretationsmöglichkeiten möchte ich im Anschluss einige Szenen aus meiner Forschung mit jugendlichen BildungsmigrantInnen aus indigenen Gemeinschaften in einem Internat in Guatemala anführen. Ich habe in diesem Internat vor einigen Jahren meinen Zivildienst als Betreuer der Jugendlichen geleistet und wollte nun die Gelegenheit nutzen zu untersuchen, in welcher Weise sich bei den Jugendlichen die für die Adoleszenz typischen Krisen mit der Modernisierungsambivalenz verschränken und welchen Raum zu einer inneren Ablösung und der Realisierung eines eigenen Lebensentwurfes das Internat bietet. Dazu habe ich sowohl geschlechtlich getrennte Gruppengespräche mit den Jugendlichen geführt, als auch den Tagesablauf in der Institution über vier Wochen teilnehmend beobachtet. Die Jugendlichen kommen aus indigenen kleinbäuerlichen Gemeinden, die zum Großteil in der näheren Umgebung der Stadt liegen. Ihre Muttersprache ist Q'eqchi', die vierthäufigste Maya-Sprache in Guatemala. Sie haben die Grundschule in ihren Gemeinden abgeschlossen und besuchen nun das Internat, um eine moderne Ausbildung zu absolvieren, meist zur Grundschullehrerin oder zum Buchhalter. Ich möchte hier die Initialszene aus dem ersten Gruppengespräch mit den Mädchen vorstellen, zuvor jedoch zum besseren Verständnis – insbesondere der ethnographischen Interpretation – kurz den soziokulturellen Hintergrund der Jugendlichen beleuchten.

2. Adoleszenz und Modernisierung in den Q'eqchi'-Gemeinden Guatemalas

Das Verhältnis zwischen den indigenen Gemeinden Guatemalas und dem ladinisch[9] dominierten Nationalstaat lässt sich bis in die 1970er Jahre als Dialektik von Ausschluss und Verweigerung analysieren: nicht nur war die indigene Bevölkerungsmehrheit von nationalstaatlicher Seite von allen einflussreichen gesellschaftlichen Positionen ausgeschlossen (das ist sie auch heute noch weitgehend), die indigenen Gemeinden verfolgten ihrerseits gegenüber den Modernisierungsprojekten von staatlicher Seite eine Strategie der Verweigerung durch eine rigide Abschottung nach außen und repressive Integration nach innen.[10] Für die Jugendlichen in den indigenen Gemeinden bedeutete dies, dass ihnen die Schulbildung nicht nur von staatlicher Seite vorenthalten wurde, sondern auch, dass ihre Eltern ihnen die Schulbildung normalerweise verweigerten, um sie an die traditionelle kleinbäuerliche Lebensweise zu binden, die die Gerontokratie in den Gemeinden und die Kohäsion des Kollektivs durch traditionelle Integrationsmechanismen garantierte. Dementsprechend gab es in den indigenen Gemeinden Guatemalas allgemein, und insbesondere in den Q'eqchi'-Gemeinden in den noch ländlicher geprägten Regionen des Landes, bis vor wenigen Jahrzehnten noch keine Adoleszenz im Sinne einer eigenständigen Übergangsphase zwischen Kindheit und Erwachsensein.[11] Als erwachsen galt eine Person normalerweise, wenn sie verheiratet war, was in der Regel zwischen 14 und 18 Jahren stattfand. Die Heirat erfüllte die Funktion eines Initiationsritus, in dem den Jugendlichen der traditionale Lebensentwurf des Kollektivs oktroyiert wurde, den sie fortzuführen hatten. Über diese Tradition wurden sowohl die patriarchale Gerontokratie als auch der Zusammenhalt der Gemeinschaft gesichert und die Individualisierung verhindert.

2.1. Weibliche Adoleszenz

In den indigenen Gemeinschaften Mittelamerikas herrscht normalerweise eine klare geschlechtsspezifische Arbeitsteilung, die jedoch im Alltag jeweils neu ausgehandelt wird. Frauen sind von direkten politischen Entscheidungen traditionellerweise ausgeschlossen. Dennoch wird in der Literatur das Geschlechterverhältnis oftmals als relativ gleichberechtigt charakterisiert, da die Ehefrau die Kontrolle über den Bereich des Haushalts habe, und der Ehemann daher alle An-

9 Die Bezeichnung »ladino« oder »ladina« wird in Guatemala seit der Unabhängigkeit des Landes für die mestizische Bevölkerung und ihr Selbstverständnis verwandt, das im Wesentlichen durch die Abgrenzung von den Indígenas definiert ist (Wilson 1995; Smith 1995).

10 Die Ethnohermeneutik analysierte die indigenen Traditionen dieser Region nicht als »Zurückgebliebenheit« sondern als kollektive Abwehrmechanismen, die ein Eindringen der kapitalistischen Moderne und die damit verbundene Individualisierung, Desintegration des Kollektivs und mögliche Proletarisierung verhindern sollten (Bosse 1979).

11 Für viele gibt es sie auch heute nicht: Guatemala ist nach wie vor das Land mit der höchsten Analphabetenrate auf dem amerikanischen Kontinent.

gelegenheiten mit ihr besprechen müsse.[12] Smith betont, die Frauen seien traditionellerweise »relatively autonomous subjects (socially and economically) within their communities« (Smith 1995: 739) und – im Verhältnis zu *ladinas* – weniger unterdrückt: sie müssten sich zwar in die klare geschlechtsspezifische Rollenaufteilung fügen, doch diese sei mit relativ weitreichenden Freiheiten, umfassenden Gewohnheitsrechten und ökonomischen Sicherheiten verbunden, wobei der Bezugsrahmen weniger das Eheverhältnis als die Gemeinde sei. So sei es den Frauen traditionellerweise z. B. nicht nur möglich, Land zu erben, sondern auch, sich scheiden zu lassen und neu zu heiraten – solange der neue Ehemann nicht aus einer anderen Gemeinde oder obendrein noch *ladino* ist. Von Frauen werde in erster Linie erwartet, jeglichen Kontakt mit Männern außerhalb ihrer Gemeinde zu vermeiden. Darüber hinaus habe sie die Rolle der Trägerin der kulturellen und ethnischen Identität der Gemeinde zu erfüllen und ihre Kleidung, Frisur und Sprache darauf auszurichten. Frauen seien in diesem Sinne eher »Eigentum« der Gemeinde denn des Ehemannes bzw. der Familie. Noch Mitte der 1990er Jahre, so Smith, seien unter Mayas ca. 90 Prozent der Ehen innerhalb der jeweiligen Gemeinde geschlossen worden, eine Heiratspolitik, die Teil der auf Abschottung nach außen zielenden Strategie der indigenen Gemeinden ist (ebd.).

Entsprechend der rigiden Rollenvereilung und patriarchalen Kontrolle weiblicher Sexualität wurde jungen Frauen – ähnlich wie in den westlichen Gesellschaften der Frühmoderne – erst Jahrzehnte nach den männlichen Jugendlichen eine Schulausbildung gewährt.

2.2. Modernisierung und Bürgerkrieg

Die traditionelle Abschottungsstrategie konnte ab den 1960er Jahren nicht mehr aufrechterhalten werden, als die indigenen Gemeinden zu Objekten verschiedener konkurrierender Modernisierungsprojekte wurden: auf der einen Seite die katholische Kirche, die nach dem Zweiten Vatikanischen Konzil die »Re-Evangelisierung« der Indígenas anstrebte, teils mit einem befreiungstheologischen Ansatz, der anschlussfähig war an die Programmatik der linksgerichteten Guerillaverbände; auf der anderen Seite evangelikale Sekten, die – oftmals unterstützt von den rechten Militärregierungen – in den Gemeinden missionierten und eine extrem konformistische Ideologie verfochten.[13] Als die Guerilla Ende der 1970er Jahre immer stärkere Unterstützung, gewann, reagierte die Armee mit einer Politik der verbrannten Erde gegen deren vermeintliche zivile Basis, bis der Bürger-

12 »Female control of consumption [...] implies an extension of power outside of the household as well. [...] Male and female roles in production are perceived as complementary and are accorded equal value.« (Wilson: 42, vgl. auch Siebers: 9).

13 Für eine sozialpsychologische Analyse und Kritik dieser Sekten in Ecuador vgl. Rohr 1991, für eine kritische Analyse des Zweiten Vatikanischen Konzils: Lorenzer 1981.

krieg 1996 mit einem Friedensvertrag beendet wurde, dessen Abkommen von Seiten der Regierung nie umgesetzt wurden.

Mit diesen gewalttätigen Prozessen hatte die Sozialstruktur der indigenen Gemeinschaft auch im Q'eqchi'-Gebiet einschneidende Veränderungen erfahren. Das Resultat war zwar keine vollständige Auflösung der traditionellen Gemeindestrukturen, jedoch eine gewisse religiöse Fraktionierung der Dorfgemeinschaften und ihre stärkere Integration in die Marktökonomie und den Nationalstaat. Dabei spielte insbesondere die Bildungsprogrammatik der jeweiligen Modernisierungsprojekte eine entscheidende Rolle, angefangen von den erwähnten Katecheseseminaren, bis zu den modernen Bildungsinstitutionen wie staatlichen zweisprachigen Schulen, die zur »Integration« der Indígenas ab Mitte der 1980er Jahre – selbst während Phasen der intensivsten Aufstandsbekämpfung – zunehmend eingerichtet wurden. Die heutigen Überlebensstrategien der indigenen Kleinbauern rekurrieren sowohl auf traditionelle wie moderne Elemente; die Investition in die Bildung der Kinder spielt dabei eine besondere Rolle, so dass inzwischen immer mehr jungen Indígenas eine Jugend i.S. eines Bildungsmoratoriums gewährt wird.

3. Die Schule

Die hier untersuchte Organisation wurde Anfang der 1990er Jahre von AktivistInnen der Maya-Bewegung gegründet. Neben der *Educación Maya* und ihren besonderen Inhalten[14] ist ein weiteres charakteristisches Merkmal des Internats die weitgehende Freiheit, die den Jugendlichen im Alltag gewährt wird.[15] In der hier untersuchten Schule hatte die Betreuung der Jugendlichen im laufenden Schuljahr in den Händen eines deutschen Zivildienstleistenden gelegen. Dieser hatte seine Dienstzeit einige Monate vor meinem Forschungsaufenthalt abgeschlossen und war nach Deutschland zurückgekehrt. Zur Zeit der Forschung gab es also keinen hauptamtlichen Betreuer der Jugendlichen, der jenseits des Unterrichts als reguläre Ansprechperson zur Verfügung gestanden hätte.

Die Mädchen waren auf dem Hauptgelände der Organisation untergebracht, wo sich auch die Küche des Internats, die Schulgebäude, ein kleiner Sportplatz und der Maya-Altar befinden, der an Festtagen für Zeremonien genutzt wird. Der Schulalltag spielte sich v.a. hier ab und die Mädchen hatten bei anstehenden Pro-

14 Auf die Maya-Bewegung und ihr bildungspolitisches Programm der *Educación Maya* kann in diesem Artikel nicht ausführlich eingegangen werden. Vgl. dazu jedoch Heckt 1999, Esquít/Gálvez 1997, Schwarz 2008.

15 Wie ungewöhnlich weit die Freiheiten der Jugendlichen jenseits des Unterrichts gehen, lässt sich am besten im Vergleich mit den anderen Internaten der Stadt aufzeigen: das benachbarte katholische Mädcheninternat wird von Nonnen geführt. Die Mädchen dürfen keinen Besuch empfangen bzw. mit diesem nur mit Erlaubnis der Nonnen im von Maschendrahtzaun abgesperrten, aber öffentlich einsehbaren Vorhof reden. Das katholische Jungeninternat steht unter der Aufsicht zweier Lehrer, von denen einer immer anwesend ist und nach dem Rechten sieht. In beiden Internaten ist der Besuch des Gottesdienstes obligatorisch.

blemen verschiedene erwachsene AnsprechpartnerInnen; zum Schutz der Mädchen bei Nacht hatte die Organisation einen Nachwächter angestellt. Die Jungen hingegen wohnten einige Straßen weiter in einem Haus ohne jegliche Betreuung.

Vor diesem Hintergrund möchte ich nun skizzieren, wie sich die Beziehung zu den Schülerinnen und Schülern des Internats herstellte, um dann auf das erste Gruppengespräch mit den Mädchen einzugehen.

4. Der Kontakt zu den Jugendlichen

Zu meiner Zivildienstzeit hatten neben 15 Jungen nur vier Mädchen das Internat besucht, die ich – besonders im Kontrast zu den oft machohaft auftretenden Jungen – als sehr schüchtern und zurückhaltend erlebt hatte. Bei meinem Forschungsaufenthalt fünf Jahre später ergab sich ein ganz anderes Bild:[16] Zum einen war der Anteil der Mädchen angestiegen – zwölf Mädchen und 19 Jungen besuchten das Internat –, zum anderen erschienen mir die Jungen sehr verunsichert und ich kam schwer mit ihnen in Kontakt; die Mädchen traten mir gegenüber hingegen überraschend selbstbewusst auf und ich kam schnell mit ihnen ins Gespräch. Ein besonders günstiger Raum für diese ersten Begegnungen mit den Mädchen schien dabei die Küche zu sein. Die Köchin, Doña Marta[17], kannte ich noch aus meiner Zivildienstzeit; schon als ich sie bei meiner Ankunft begrüßte und mich mit ihr unterhielt – dies geschah immer in Q'eqchi', da sie kein Spanisch spricht – beteiligten sich einige der Mädchen am Gespräch. Nach kurzer Zeit fragten sie mich recht unbefangen aus: woher ich käme, wie lange ich bliebe, ob ich eine Freundin hätte und ob ich Markus, den früheren Zivildienstleistenden kenne, wie es ihm ginge etc. Sie erzählten mir oft, wie sehr sie Markus vermissten, was für Sachen sie mit ihm erlebt hatten, und was ihnen Außergewöhnliches an ihm aufgefallen war.

Mein Eindruck war dabei, dass sie eine sehr enge, von gegenseitiger Sympathie geprägte Beziehung zu Doña Marta hatten. Während der Küchenarbeit redeten sie oft angeregt mit ihr bzw. unterhielten sie oft auch mit Witzen und Spielchen, über die sie immer herzlich lachte. Einige der Mädchen bemerkten in einem beiläufigen Gespräch einmal, dass es für Doña Marta sehr schlimm gewesen sein müsse, von ihrem Ehemann verlassen zu werden. Auch für Doña Marta schien die Beziehung zu den Mädchen sehr viel zu bedeuten: Einer der Lehrer erzählte mir, dass sie vor einiger Zeit das Angebot einer sichereren und besserbezahlten Stelle als Köchin der katholischen Gemeinde ausgeschlagen habe, weil »sie sich schon sehr an die Mädchen gewöhnt« habe.

16 Die Kontaktaufnahme zu den Jungen gestaltete sich sehr viel komplizierter als ursprünglich angenommen. Allein schon durch die räumliche Distanz zur Jungenunterkunft ergaben sich weniger Situationen im Alltag, in denen sich ein Gespräch hätte entwickeln können.

17 Alle Namen wurden für diesen Artikel vom Autor geändert.

Im Kontakt mit den Mädchen fiel mir die 18-jährige Tania sofort auf: Sie war eine der ersten, die mich ansprachen und nahm auch in anderer Hinsicht die Rolle einer Anführerin ein. Sie sprach sehr eloquent Spanisch, was auch damit zu tun haben mag, dass sie aus einer Gemeinde kam, die vor einigen Jahren kollektiv zu einer evangelikalen Sekte übergetreten war. Sie war zudem stellvertretende Präsidentin des »Rats der Jugend« der Kreisstadt und hatte schon an verschiedenen politischen Aktivitäten und Workshops, auch in der Hauptstadt, teilgenommen.

In den Gesprächen in der Küche ergab es sich oft, dass die Mädchen sich gegenseitig neckten, etwa indem sie mir vor den Anderen deren vermeintliche Affären »petzten«: »Die da hat einen Freund, den Mario!«, worauf die »Beschuldigte« sich laut und gestikulierend zur Wehr setzte, die »Anklägerin« zu übertönen versuchte und mir lachend beteuerte, die Andere lüge, sie habe vielmehr selber etwas mit diesem oder jenem gehabt.[18] In kurzer Zeit lernte ich auf diese Weise die Namen aller vermeintlichen oder tatsächlichen Freunde der Mädchen auswendig. Einmal fragte Tania mich die Namen der Freunde der Mädchen geradezu ab, so als legte sie großen Wert darauf. Sie war dabei auch die Einzige, die von Anfang an zu ihrer Beziehung mit einem Jungen stand bzw. stolz darauf schien; nur wenn ihr von den anderen dann spaßhaft ihre »Nebenaffären« und früheren Jungenfreundschaften vorgeworfen wurden, verteidigte sie sich lachend.

Dieses Spiel belustigte mich, überraschte mich jedoch vor allem, da ich nicht erwartet hatte, so schnell in derart intime Angelegenheiten der Mädchen eingeweiht zu werden. Die Inszenierung hatte fast etwas Exhibitionistisches: Ich wurde zum Publikum der Offenbarung der »offenen Geheimnisse« des Internats gemacht. Diese Inszenierung kann als typisch adoleszent bezeichnet werden, geht es hier doch um ein erwachsenes Begehren, das jedoch noch als fremd und neu empfunden wird; man ist kein Kind mehr, aber auch noch keine Erwachsene. Die aufgeregte Inszenierung der Beschuldigungen zeigt, dass das erotische Begehren, insbesondere in diesem Kontext, noch etwas »Unerhörtes« und Ungewohntes ist. Gleichzeitig wird damit jedoch selbstbewusst – bzw. vermittelt über die absehbaren Schuldzuweisungen der anderen an die eigene Person – die eigene sexuelle Reife betont. King beschreibt in diesem Zusammenhang die *peer group* insbesondere für die weibliche Adoleszenz als entscheidenden Ort der gemeinsamen Aneignung der erwachsenen Sexualität und »sicheren Hafen für erotische Exkursionen« bzw. einen »Ort der diskursiven Vorbereitung, Einführung und ›teilnehmenden Beobachtung‹ an den sexuellen, Liebes- und Beziehungserfahrungen der Peers, in diesem Sinne Ort und Medium der sexuellen und geschlechtlichen Initiation« (King 2002: 229). Doch trotz der recht guten und überraschend unbefangenen Beziehung, die sich zu den Mädchen herstellte, reagierten sie auf meinen Vorschlag eines Gruppengesprächs eher ausweichend. Mit der Zeit steigerte sich meine Befürchtung, das Pro-

18 Dabei wurde mit zwei Begriffen jongliert, um die erotischen Beziehungen zu bezeichnen: Während mit »xul«, das auch »Tier« bedeutet, ein Partner in einem »unsauberen« Verhältnis bezeichnet wird, ist »xsum iwaam«, das als »Gefährte des Herzens« übersetzt werden kann, der Ausdruck für eine romantischere, »reine« Liebe.

jekt der Gruppengespräche aufgeben zu müssen. Mir war unklar, mit wie viel Autorität ich von den Jugendlichen fordern sollte, an den Gesprächen teilzunehmen; insbesondere hatte ich Angst, mit einem fordernderen Auftreten das überraschend gute Verhältnis zu den Mädchen, von dem ich mir viel für die Gespräche erhofft hatte, aufs Spiel zu setzen. Mir war unverständlich, warum sie sich einem Forschungsgespräch entzogen, wenn sie im Alltag so sehr an einem Kontakt mit mir interessiert waren.

In dieser Situation fragte mich der Schulleiter, wie es mit den Forschungen voranginge. Als ich ihm die Situation schilderte, schlug er spontan vor, sofort mit mir durch die Klassen zu gehen und die Jugendlichen erneut aufzufordern, an den Gesprächen teilzunehmen; wenn er sie vom Unterricht freistellen würde, würden sicherlich einige der Jugendlichen teilnehmen. Ich ließ mich auf das Angebot ein und konnte am nächsten Tag tatsächlich die ersten Gespräche führen.

5. Das erste Gespräch mit den Mädchen

Das erste Gespräch mit den Mädchen fand am frühen Nachmittag des 16. September 2004 in einem Raum des Mädcheninternats statt. Alle zwölf Schülerinnen des Internats, alle zwischen 15 und 19 Jahren alt, nahmen daran teil.

5.1. Legende zur Transkriptionsweise

Um einen möglichst umfassenden Eindruck des Gesprächs zu vermitteln, habe ich in Transkription und Übersetzung versucht, das tatsächlich Gesprochene so genau wie möglich wiederzugeben und dennoch eine gute Lesbarkeit zu garantieren; grammatikalische »Fehler« der SprecherInnen habe ich versucht, mit ähnlichen grammatikalischen Fehlern im Deutschen zu übersetzen. Die folgende Legende soll helfen, die Transkriptionsweise zu verstehen:
auf Spanisch (Was auf Spanisch gesagt wurde, ist nicht kursiv geschrieben.)
auf Q'eqchi' (Was auf Q'eqchi' gesagt wurde, ist kursiv geschrieben.)
leise, geflüstert (Was leise gesagt wurde, ist in 8-Punkt-Schrift geschrieben)
laut bzw. betont
Sto-, Stottern
//unterbrochen von anderer Person
... Pause (kürzer als drei Sekunden)
----- ----- zehn Sekunden Pause (also: zwei mal fünf Gedankenstriche)
Überschneidungen in der Rede:
Sandra: *Ja, es gefällt mir.*
Tania: Ja, es hat uns sehr gefallen.
(???) Unklarheiten bei der Übersetzung
(~~~) unverständlich
CS = Christoph Schwarz

5.2. Die Initialszene

CS: *Wer wird denn jetzt noch kommen?*
Sandra: *Keine mehr.*
Eine Andere: *Keine mehr.*
Sandra: *Was ist mit denen in der Lehrerausbildung?*
CS: *Und die, die schon in der Lehrerausbildung sind, kommen die auch?*
Cyntia: *(ruft) Wollt ihr mit-//*
Sandra: *(ruft) Kommt her!*
(Von Ferne hört man Stimmen)
Cyntia: *Wollt ihr auch bei dem Tre-, bei dem Treffen mitmachen?*
CS: *Kommen sie?*
Tania: *Heehee! (Ja)*
Carmen: *Oh Gott, das (~~~)*
Eine: *Auf der (~~~)*
(Kichern, leises Geflüster)
Tania: *Auf der ch'ootik (???) da... (~~~)*
Ermina: *Hmhm (lacht)*

CS: Gut, also vielen Dank, dass ihr gekommen seid, und ... nun, ich habe-, die, die hier in der Sekundarstufe sind, habe ich ja schon gefragt, als ich durch die Klassenzimmer ging, ich wollte dieses-, dieses-, dieses Gespräch mit euch machen, um über eure Situation hier zu reden, und ähm, nun gut, es ist ein <u>Gespräch</u>, es ist kein-, kein Examen oder ein-, oder ein-, oder ein Test, und-, ähm, nun ja, die Idee ist, so ein-, eeein-, ein offenes Gespräch zu führen und wir können über alles reden, was euch interessiert, nicht? Und, ähm, ähm ... nun, also ihr könnt mich auch Sachen fragen, uuund, ähm, nun, was mir am liebsten wäre ist, wenn wir auf Spanisch sprechen, aber wenn es Sachen gibt, die man auf Spanisch nicht so gut sagen kann, dann können wir auch auf Q'eqchi' reden, und dann sehen wir, wie... wie wir das machen. Und, ähm, ja, die erste Frage, die ich an euch hätte, wäre... was mich interessieren würde, wäre, ähm: wie ist es für euch, in die Stadt zu kommen? Gefällt es euch mehr, in der Stadt als in der Gemeinde zu sein zum Beispiel, oder... weiß nicht.
Tania: Wie jetzt, jede wird antworten, was ihr gefällt oder nicht?
CS: Wie ihr wollt, für mich ist das ...
Ana: *Wo gefällt es dir am besten?*
Ermina: *Übernimm du das mal. (lacht)*
(Lachen)
Tania: Dann fange <u>ich</u> an. *Aber ich werde nur auf Q'eqchi' reden und die anderen werden das übersetzen* (lacht).
(lautes Lachen)

CS: (schmunzelt) Hm.
Eine: *Wir übersetzen das dann.*
Tania: Gut, also für mich ist es gut hier in der Stadt zu sein, denn in den Gemeinden zu sein, ist
CS: Ja.
Tania: schwierig. In den Gemeinden zu leben ist anstrengend, es ist nicht so wie hier, hier ist es so einfach.
CS: Hmhm.
Tania: Nicht-, nicht-, ... es ist einfach, denn hier... hier ist es guuut. Hier ... na ja, wir sind wegen der Schule hergekommen, um weiterzulernen. Aber in-, in den Gemeinden ... da ... gibt es endlos Probleme. Obwohl, hier gibt's auch welche, aber ... es ist nicht so viel, in den Gemeinden gibt es manchmal ... auf dem Weg zur Schule gibt es viel Schlaaamm, viele Mosquitos und so
(Lachen)
Victoria: *Was machst du mit ... so vielen Mosquitos*. (lacht)
Alle: (laut) *Viele Mosquiiitos, viel Schlaaamm!* (lachen)
Tania: Deswegen ... mir gefällt es besser, hier zu sein ... als in meiner Gemeinde. Ich bin lieber hier.
CS: Hmhm.
Victoria: (~~~)
(Gelächter)
Tania: Fertig!
(Geflüster)
Cyntia: *Sag noch eine kleine Frage, die wir dann übersetzen.*
Eine: *Tiu, tiu tiu* (???)
CS: Ist es für alle so?
Alle: Jaaa! (lachen)
CS: Ja? (lacht)
Eine: *Gibt es auch welche, die lieber in der Gemeinde sind, Ermina? Gibt es welche, die lieber dort sind? (???)...*
CS: Und wo wollt ihr später arbeiten? Wollen alle mal in der Stadt arbeiten, oder nicht?
Tania: Leider, obwohl wir alle hier arbeiten wollen aber es geht hier nicht, man findet hier kaum Arbeit.
CS: Hmhm.
Tania: Hmhm. Es ist schwierig, dass sie uns hier Arbeit geben. Denn was machen sie gerade? Die, die jetzt dabei sind, ihren Abschluss zu machen gehen fast alle zurück in die Gemeinden. Wenn einer gerade seinen Abschluss gemacht hat und hier Arbeit sucht, dann kriegt er keine, eigentlich nicht.
CS: Hmhm.
Tania: Nicht ... es-, es ist schwierig.
----- -----

Eine: (~~~)
Tania: Ich arbeite lieber so was wie sechs Jahre in der Gemeinde (lacht) um später hierher zu kommen, (~~~) *(redet leise auf Q'eqchi' weiter und bricht in Lachen aus, auch die anderen lachen).*
Tania: *Die Auri lacht.*
(Gelächter)
Tania: Aaaay! ...

5.3. Interpretation

Im Folgenden möchte ich im Sinne der Ethnohermeneutik mögliche Interpretationsweisen der Szene vorstellen, indem ich die Szene aus den in Kapitel 1.1. angeführten Perspektiven – der ethnographischen, soziologischen, psychoanalytischen und gruppenanalytischen Perspektive – beleuchte. Dabei fließen auch Deutungen der mich unterstützenden Interpretationsgruppe an der Universität Frankfurt/Main ein, die im Wesentlichen nach der unter Kap. 1.2. dargestellten Methode arbeitete. Auf die Gruppendynamik während der Interpretation kann ich in diesem Rahmen leider nicht ausführlich eingehen, genauso wenig wie auf die Ergebnisse der Interpretation des Gesamtgesprächs und anderer Szenen daraus, die jedoch natürlich auf die Interpretation dieser Szene zurückwirkten. Um dennoch eine nachvollziehbare Deutung zu präsentieren, halte ich mich dabei relativ nah an den Text und verzichte weitgehend auf Bezüge zu anderen Szenen des Gesprächs.

5.3.1. Ethnographische Interpretation

Wie schon angeführt, wird als Initialszene generell die erste Sequenz eines Transkripts bestimmt, in der sich alle TeilnehmerInnen schon einmal zu Wort gemeldet haben. Hier zeigt sich schon eine erste Abweichung vom unterstellten Normalfall der Forschungssituation, werden doch von den zwölf Gesprächsteilnehmerinnen einige im gesamten Gespräch fast nichts sagen, was sich an diesem Punkt auch schon abzeichnet: Auf alle Fragen, die ich stelle, antwortet zunächst einmal Tania; wenn ich eine Frage in die Runde stelle, tritt keines der anderen Mädchen hervor, um für sich zu sprechen, sondern sie antworten als Gruppe oder flüstern leise auf Q'eqchi' untereinander, womit ich vom Gespräch ausgeschlossen bin.

Diese Anfangsstruktur des Gesprächs ergibt sich jedoch erst nach meinem längeren Eingangsmonolog. Davor reden die Mädchen untereinander und als Einzelne auch mit mir auf Q'eqchi', wobei es darum geht, wer denn jetzt noch kommen wird. Das Aufnahmegerät läuft schon, als bemerkt wird, dass die Gruppe nicht vollständig ist. Die fehlenden Teilnehmerinnen werden herbeigerufen und während die anderen Mädchen auf sie warten, reden sie auf Q'eqchi' unter sich. Sandra und ich scheinen dabei beide im gleichen Moment an die Abwesenden zu denken.[19]

19 Das Warten auf die noch fehlenden Teilnehmerinnen kann vielleicht als Ausdruck des Zusammenhalts der Gruppe gelesen werden: Keine soll in diesem Gespräch außen vor bleiben.

Schon hier zeichnen sich verschiedene Entwürfe des Gesprächsführung ab, die im folgenden Gesprächsverlauf konfligieren werden, und in denen sich das Herkunftsmilieu der TeilnehmerInnen ausdrückt: auf der einen Seite meine in der akademischen Ausbildung erworbene Vorstellung eines »offenen, vertraulichen Gesprächs«, an dem sich alle Mädchen beteiligen – mit individuellen Beiträgen, wie mein Versuch zeigt, einen alleinigen Dialog mit Tania zu vermeiden (ich spreche die Mädchen konsequent als Gruppe an). Auf Seiten der Mädchen steht das leise Flüstern untereinander – auf Q'eqchi' – den eloquenten Ausführungen Tanias auf Spanisch gegenüber. Tania wird offensichtlich von den anderen Mädchen delegiert, die Kommunikation mit dem Forscher zu übernehmen, sie selbst halten sich zurück. Geht man davon aus, dass Frauen von den öffentlichen Machtpositionen in den Gemeinden traditionellerweise ausgeschlossen sind bzw. zu schweigen haben, so würde das Schweigen der meisten Mädchen dieses Rollenmuster bestätigen, während Tania einen »moderneren« Umgang mit dem Fremden repräsentiert, indem sie sich eloquent und selbstbewusst mit ihm auseinandersetzt.

Die Differenz des Herkunftsmilieus wird an verschiedenen Stellen indirekt angesprochen: Ich erwähne meine mangelnden Q'eqchi'-Kenntnisse; Tania scheint mit ihrem Witz auf Q'eqchi' (»*Aber ich werde nur auf Q'eqchi' reden und die anderen übersetzen das dann.*«) darauf Bezug zu nehmen: Sie thematisiert damit nicht nur die Schwierigkeiten der Verständigung, sondern auch meine Angewiesenheit auf die Mädchen. Gleichzeitig dreht dieser Witz das wirkliche Rollenverhältnis in der Gruppe um: Tanias ironische Weigerung, Spanisch zu sprechen, steht stellvertretend für die tatsächliche Verweigerung der anderen Mädchen, als deren »Übersetzerin« sie fungiert. Sie bezieht die Anderen damit in mehrfacher Weise ein: Zum einen setzt sie sich zu ihrer tatsächlichen Rolle als Repräsentantin ironisch in Distanz, nimmt gewissermaßen den Platz der Verweigerung ein und demonstriert – vielleicht im Sinne einer Aufforderung, sich zu beteiligen –, dass es auch in der eigenen Muttersprache möglich ist, sich selbstbewusst und provokativ mit dem Fremden auseinanderzusetzen.

Dabei geht es auch inhaltlich und explizit um die eigene Herkunft. In ihren Ausführungen beschreibt Tania das Leben in den Gemeinden: Sie zählt all die Mühsal auf, die mit dem dortigen Alltag verbunden ist, woraufhin Victoria lachend die rhetorische Frage stellt, was man dagegen schon tun könne: »*Was machst du ... mit so vielen Mosquitos?*« Die übrigen Mädchen spiegeln diese Bemerkung – fast wie ein Chor im Hintergrund einer Bühne – ironisch gebrochen wider: das Leben in den Gemeinden wird auf ein langgezogenes, klagend inszeniertes »*Viele Mosquiiitos, viel Schlaaamm!*« reduziert. Diese Inszenierung, in der das Ausgeliefertsein an »Naturkräfte« dargestellt wird, vermittelt einen Eindruck von kaum veränderbaren Verhältnissen, über die man nur das immer gleiche, langweilige Jammern erheben kann, wozu die Mädchen sich nun lachend in Distanz setzen. Sie wirken froh und erleichtert darüber, die Gemeinden verlassen zu haben und scheinen ihre Freiheit im Internat und das Leben in der Gruppe zu genießen. Zwar gibt es hier »auch Probleme«, aber die werden zunächst nicht ausführlicher angesprochen.[20] Interessanterweise wird von Tania auch nicht erwähnt, was sie aus der Gemeinde vermissen würde. Die Stadt hingegen erscheint allgemein »gut«. Tania betont, dass sie vielleicht für einige Jahre zurück aufs Land gehen muss, jedoch langfristig in der Stadt leben möchte. Gegen Ende der Szene wechselt sie schließlich ins Q'eqchi', sagt etwas für den Forscher Unverständliches und bricht in Lachen aus, die anderen fallen ein.

5.3.2. Soziologische Interpretation

Aus soziologischer Perspektive scheint es zunächst sinnvoll, sich zu vergegenwärtigen, in welchem institutionellen Kontext die Forschung stattfindet, nämlich dem einer Schule, und dass das Arbeitsbündnis für dieses Gespräch erst mit der expliziten Aufforderung des Schulleiters zustande kam.

Mein Eingangsmonolog beendet das Alltagsgespräch der Mädchen; er wirkt einerseits strukturierend, gleichzeitig jedoch etwas verwirrend: Ich inszeniere mich in gewisser Weise wie eine Autorität, gebe der Gruppe jedoch offensichtlich nicht die mit dieser Rolle verbundene Orientierung, wie etwa Tanias explizite Nachfrage nach dem erwünschten Ablauf deutlich macht. Eine Teilnehmerin der Interpretationsgruppe verglich mein Auftreten mit dem eines Referendars, dessen Autorität noch nicht geklärt sei. Dieser »Lehrerrolle« entspricht auch, dass ich auf Spanisch spreche, der Sprache, die die Mädchen vor allem im Unterricht benutzen; meine Frage, wer noch kommen werde, könnte in diesem Kontext auch als Überprüfung einer Anwesenheitsliste gelesen werden. Auch auf Seiten der Mädchen lässt sich ein Rollenangebot als Lehrer feststellen: Tania beendet ihre Ausführungen mit einem entschiedenen »Fertig!«, so wie man es etwa macht, wenn man gerade eine Aufgabe erfüllt hat. Wenn die Mädchen als Gruppe mit einem langgezogenen »Jaaa!« antworten, erinnert diese Inszenierung an eine Situation im Unterricht, in dem von der ganzen Klasse eine positive Antwort erwartet wird bzw. wie eine Persiflage darauf. Die spielerische Art, mit der es inszeniert wird, kann vielleicht auch als Ausdruck eines prinzipiell positiven, mitunter ironisch gebrochenen Verhältnisses der Mädchen zur Schule gelesen werden – sie stimmen sozusagen auch der Form nach dem zu, was Tania inhaltlich gesagt hat: »hier in der Stadt«, – damit ist in diesem Fall wohl v.a. die Situation »hier im Internat« gemeint – gibt es auch Probleme, doch grundsätzlich stellt das Leben hier eine große Verbesserung dar.

Tania wird von der Gruppe explizit delegiert, die Verantwortung für die Kommunikation mit mir zu übernehmen; darin bestätigt sich ihre Rolle und ihre damit verbundene Macht in der Gruppe – ihr Witz und ihr Auftreten lassen vermuten, dass diese ihr durchaus bewusst sind und sie souverän damit umzugehen versteht.

20 Die andere Möglichkeit wäre, dass dies tabuierte Themen sind, dass es dabei z. B. um Probleme in der Gruppe geht, die sie nicht ansprechen will und die den Forscher nichts angehen.

Gleichzeitig lässt sich feststellen, dass ich mit diesem Arrangement nicht einverstanden bin, da ich mich konsequent an die Mädchen als ganze Gruppe wende, und damit auch die Anderen zu Beiträgen auffordere – auch dies weckte in der Interpretationsgruppe Assoziationen zu einer Unterrichtsstunde in einer modernen Schule, an der sich alle Schülerinnen beteiligen sollen, um sie zu fördern, sich jedoch auch ein Urteil über ihre Leistungen und Kompetenzen zu bilden. Dieses Moment der Individualisierung, das in der modernen Schule vorweggenommen wird, findet sich auch in meiner Frage nach der späteren Arbeitsstelle und der Situation auf dem Arbeitsmarkt.

5.3.3. Psychoanalytische Interpretation

Aus psychoanalytischer Perspektive geht es hier um eine Gruppe von Mädchen bzw. Frauen in unterschiedlichen Stadien der Adoleszenz, also in einer Phase der Entwicklung der eigenen Sexualität und der Ablösung von der Familie, die sich einem männlichen Forscher gegenübersehen, der vorher des Öfteren willkommenes Publikum für die Inszenierung der »offenen Geheimnisse« des Internats war. Insbesondere Tania trat dabei sehr selbstbewusst auf, so wie auch hier. Als »Führungspersönlichkeit«, als die sie von den Mädchen offensichtlich akzeptiert wird, repräsentiert sie aus psychoanalytischer Perspektive auch das kollektive Ich-Ideal der ganzen Gruppe: eine junge Frau, die neue und unbekannte Anforderungen, wie sie sich hier in meinem Forschungsvorhaben ausdrücken, selbstbewusst und eloquent angeht.

Wenn die Art, wie hier mit dem Forscher umgegangen wird, als beispielhaft für die alltägliche Konfrontation der Mädchen mit dem Neuen und Fremden in der Stadt und der modernen Institution Internat gelesen werden kann, so ist hier nun von besonderer Bedeutung, dass die anderen Mädchen entweder als Gruppe antworten oder gar nicht; hierin drückt sich die wichtige Rolle dieser *peer group* für sie aus: Die Mädchen antworten *gemeinsam* auf die kommenden Herausforderungen, unterstützen sich gegenseitig und experimentieren im Zusammenhalt mit der fremden Situation; die Gruppe dient als Rückzugsraum bei Gefühlen der Überforderung oder des Unverständnisses.

Nun fordern die Fragen des Forschers jedoch gerade Gesprächsbeiträge von den Einzelnen, was letztlich auch auf die kränkende Frage verweist, inwieweit man selbst – als Einzelne – dem von Tania verkörperten Ideal entspricht. Thematisch konfrontiert die Frage am Ende der Initialszene – die Frage, wo die Mädchen später arbeiten wollen – gewissermaßen schon mit dem Ende der Adoleszenz bzw. mit einer Zeit, in der ihnen der schützende Raum des Internats und der *peer group* nicht mehr zur Verfügung stehen wird, und in der sie wieder vereinzelt aufs Land müssen, um als Lehrerin zu arbeiten. Tania bekräftigt ihren Wunsch, nach einigen Jahren wieder zurück in die Stadt zu kommen, die hier metaphorisch für die Offenheit und die Entwicklungsmöglichkeiten der Adoleszenz zu stehen scheint.

5.3.4. Gruppenanalytische Interpretation

Zunächst lässt sich der allgemeine Eindruck konstatieren, dass den Mädchen mein Vorhaben eines »offenen Gesprächs« fremd vorkam und sie nicht genau wussten, wie sie darauf reagieren sollten. Die Grundannahme der Mädchen schien zu sein, dass nur Tania, die allgemein als Repräsentantin akzeptiert wurde, in der Lage sein würde, sich als Individuum mit meinem Vorhaben auseinanderzusetzen.

In Bezug auf die *Herkunftsmatrix bzw. biographische Matrix* der Teilnehmenden lässt sich also konstatieren, dass der Umgang mit dem Forscher zwischen einem »traditionellen« Entwurf der Verweigerung bzw. der Antwort als Gruppe und einem »modernen«, im Sinne einer individuellen und selbstbewussten Auseinandersetzung mit dem Fremden oszillierte. Die *institutionelle Matrix* der Gruppe erinnert an eine etwas ungewohnte Prüfungs- oder Unterrichtssituation. Im Klassenverband kann man sich zurückziehen, gleichzeitig insistiert der Forscher, ähnlich einem Lehrer, immer wieder auf der individuellen Beteiligung der Einzelnen, nicht nur einer Schülerin. Damit reproduziert sich in gewisser Weise schon in der Initialszene die Struktur einer Institution, deren Funktion die Regulierung der Adoleszenz ist, und die auch über die Beendigung dieser Phase bestimmt.

Die *dynamische Matrix* bezieht sich auf die Frage, mit welchem Thema die Gruppe latent beschäftigt ist und welche Aspekte dieses Themas bewusst werden dürfen oder abgewehrt werden müssen. Mein Eindruck in diesem Zusammenhang ist, dass ich – eingeführt über die vertrauensvolle Person von Doña Marta – bei der spielerischen Inszenierung der Affären der Mädchen zunächst ein willkommenes Publikum war; was zu diesem Zeitpunkt der Forschungsbeziehung meines Erachtens abgewehrt werden muss, ist die Einsicht, dass dieses Arrangement nicht mehr lange so bestehen kann – meine Forderung nach einem Gespräch wurde intuitiv als eine »ernste Sache« verstanden, der es eher auszuweichen galt. Als Mann aus einem Industrieland repräsentierte ich vermutlich – ähnlich wie der vorherige Zivildienstleistende, mit dem ich vielleicht identifiziert wurde – einerseits die Offenheit der Welt und die Möglichkeiten, die ihnen als Adoleszente offenstehen, eine für mich als Forscher sehr angenehme Rolle. Meine Angst vor dem Gespräch und meine Unsicherheit, ob ich mit der Forderung danach nicht die »gute Beziehung« zu den Mädchen zerstören würde, lässt sich jedoch vielleicht auch als Vorahnung interpretieren, dass ein offenes Gespräch, in dem ich auch *ernsthafte* Fragen zu ihren Ängsten und realen Lebenschancen stellte, dem angenehmen Spiel gewissermaßen ein Ende setzen würden. Abgewehrt werden muss dabei tendenziell auch die Kränkung, dass man dem von Tania repräsentierten kollektiven Ich-Ideal und den professionellen Anforderungen als Einzelne (noch) nicht entspricht. Ihre Verweigerung drückt letztlich aus, dass die Mädchen es zunächst beim Spiel belassen wollen, das sie so genießen und für das ihnen das Internat einen ungewohnten Freiraum zu geben scheint – das Grundthema der Initialszene wäre demnach also der Kampf um Adoleszenz als einem Möglichkeitsraum, wobei im folgenden Gesprächsverlauf weitere bedrohliche Begrenzungen der eigenen Entwicklungsmöglichkeiten bearbeitet wurden.[21]

6. Schlussbetrachtung

Thematisch ging es in der Initialszene sowohl um die aktuelle Situation der Mädchen im Internat als auch um das Ende der Adoleszenz: den Beginn der harten Arbeit als Lehrerin, wenn die Zeit der Experimente vorbei ist und einen der Arbeitsmarkt zwingt »zurück« zu gehen – wenn nicht in die eigene, so in eine andere ländliche Gemeinde, wo man oftmals die einzige Lehrerin sein wird und der Rückzug in die *peer group* nicht mehr möglich ist. In der Inszenierung meines Forschungsvorhabens – wie in einer modernen Unterrichtsstunde Beiträge von den Einzelnen zu erhalten, wobei ich gleichzeitig die mit der Lehrerrolle verbundene Orientierung nicht anbot – präsentierten sich damit gewissermaßen die Schattenseiten und Unsicherheiten der Individualisierung der Lebensläufe der Mädchen. Auch thematisch oszillierte das Gespräch in seinem weiteren Verlauf zunächst um bedrohliche Themen, etwa um den Rassismus der *ladinos* und die Eroberung Guatemalas durch die Spanier; die Form, in der diese Inhalte von den Mädchen behandelt wurden, wurde in der Interpretationsgruppe unter anderen so gedeutet, dass sie mein Vorgehen als Eindringen in ihren Raum empfanden und gewissermaßen eine Ausbeutung durch mich befürchteten. Demnach wäre mein Vorhaben eines »offenen Gesprächs« empfunden worden als Forderung nach Versorgung mit Themen und Informationen, ohne etwas zurückzugeben. Dementsprechend wurde »Männlichkeit« auch nicht mehr als erotisches Abenteuer thematisiert, sondern tauchte in den Klagen über die Unzuverlässigkeit der Jungen – die sich mit Essen versorgen lassen und sehr viel weniger Arbeit im Internat leisten als die Mädchen – und in der Wut über Belästigungen durch manche Männer im Dorf auf, sowie in Berichten von Freundinnen, die von ihren Männern mit einem Kind sitzen gelassen wurden. Erst als die Mädchen gegen Ende des Gesprächs auch Fragen an mich stellten, die ich beantwortete – es ging dabei um mein Leben in Deutschland – wurden von ihnen wieder unbelastetere Themen angesprochen (welche Fernsehkomödien ihnen gefielen etc.).

Wahrscheinlich konnte dieser Artikel nur einen ersten Eindruck der Methode vermitteln. Ich habe versucht herauszuarbeiten, dass Ethnohermeneutik bzw. Ethnoanalyse eher Methodologie denn formalisierte Methode ist. Darin drückt sich nicht zuletzt die Skepsis gegen rigide Regelwerke als potentiellen Abwehrmechanismen aus, die einer Reflexion der individuellen Forschungspraxis im Wege stehen würden. Diese erfordert letztlich immer auch eine eigenständige Auslegung der Methode Ethnoanalyse.

21 In den Gesprächen mit den Jungen hingegen wurde dem Thema Sexualität weitgehend ausgewichen. Gleichzeitig wurde die Situation im Internat von ihnen sehr negativ, als Vernachlässigung, beschrieben (vgl. Schwarz 2008).

Das exemplarische Material, mit dem die Methode in diesem Artikel dargestellt wurde, entspricht ihrem klassischen Gegenstand: der Adoleszenz im Übergang von traditionalen zu modernen Formen der Vergesellschaftung. In der Behandlung dieses Themas ging es immer auch um das widersprüchliche und ambivalente Verhältnis zwischen den Generationen, um Individualisierung (als äußere Trennung von der Familie und tendenzieller Vereinzelung) und Individuation (als innerer Ablösung und reflexiver Aneignung der eigenen Geschichte).[22] Für die Forschung in anderen Zusammenhängen ist es sicherlich lohnend, sich mit ethnoanalytischen Arbeiten zu anderen Themen auseinanderzusetzen.[23]

Der kritische Gehalt der Methode besteht meines Erachtens in dem von der Psychoanalyse übernommenen Anspruch der Aufklärung des gesellschaftlichen Verdrängten, sowohl auf Seiten der Forschenden als auch der Beforschten. Ethnoanalyse verlangt von den Forschenden die Reflexion der Eingebundenheit in die strukturellen Gewaltverhältnisse und die Problematisierung der Normalitäten des akademischen Betriebs, die sich auch in der eigenen Forschungspraxis ausdrücken. Gleichzeitig soll dem Anspruch nach – quasi im Sinne einer nicht-fraternisierenden, nicht-paternalisierenden Aktionsforschung – auch den anderen GesprächsteilnehmerInnen ein Raum zur Reflexion der eigenen Lebensentwürfe und der Situiertheit in den herrschenden Strukturen zur Verfügung gestellt werden, eine Reflexion, die vielleicht Ausgangspunkt für neue Strategien in diesen Verhältnissen sein kann.

22 In gewisser Weise geht es der Methode auch darum, im Gespräch selbst einen »adoleszenten Möglichkeitsraum« (King 2000: 28 ff.) zur Verfügung zu stellen, in dem die Verhältnisse in Bewegung kommen und etwas Neues entstehen kann.

23 Vgl. dazu etwa die Arbeiten von Keval und Kerschgens (Keval 1999; Kerschgens 2008).

Literatur

Adler, Matthias: Ethnopsychoanalyse: das Unbewusste in Wissenschaft und Kultur, Stuttgart 1993.

Bosse, Hans: Diebe, Lügner, Faulenzer. Zur Ethnohermeneutik von Abhängigkeit und Verweigerung in der Dritten Welt, Frankfurt a. M. 1979.

Bosse, Hans: Zugänge zur verborgenen Kultur der Jugendlichen. Ethnoanalyse in Papua Neuguinea und ethnohermeneutische Textinterpretation, in: Combe, Arno/Helsper, Werner (Hrsg.): Hermeneutische Jugendforschung. Theoretische Konzepte und methodologische Ansätze, Opladen 1991, S. 200-227.

Bosse, Hans: Der fremde Mann. Jugend, Männlichkeit, Macht, Frankfurt a. M. 1994.

Bosse, Hans: Gruppenanalyse in der fremden Kultur. Zur Männlichkeitskrise in der Moderne. Eine ethnopsychoanalytische Fallstudie mit Adoleszenten in Papua-Neuguinea. Vortrag auf dem Symposium der Fachsektion Gruppenanalyse des ÖAGG »Psychoanalyse und fremde Kultur« in Wien 1997. Unveröffentlichtes Manu-skript.

Bosse, Hans: Der fremde Mann. Männlichkeitsbildung zwischen Bindung und Herrschaft. Eine ethnopsychoanalytische Fallstudie mit Adoleszenten in Papua-Neuguinea interpretiert mit dem Ansatz der Ethnohermeneutik, in: psychosozial, 1998, Jg. 21, H. II (Nr. 72), S. 49-77.

Bosse, Hans: Zur Interdependenz individueller und kollektiver Sinnbildungsprozesse – Religiöse Erfahrungen jugendlicher Bildungsmigranten aus Papua Neuguinea, in: Apitzsch, Ursula (Hrsg.): Migration und Traditionsbildung, Opladen 1999, S. 244-272.

Bosse Hans: Gruppenanalytische Fallrekonstruktion der Initialszene. Modell eines Rekonstruktionsvorgehens, Heidelberg 2004. Unveröffentlichtes Manuskript.

Bosse, Hans/King, Vera: Die Angst vor dem Fremden und die Sehnsucht nach dem Fremden in der Adoleszenz, in: König, Hans-Dieter (Hrsg.): Sozialpsychologie des Rechtsextremismus, Frankfurt a. M. 1998, S. 216-256.

Esquít, Alberto/Gálvez, Víctor: The Maya Movement Today. Issues of Indigenous Culture and Development in Guatemala, Guatemala City 1997.

Gauster, Susanne/Oberleithner, Angelica: Alternative Schulprojekte. Wegweisend für eine generelle Bildungsreform in Guatemala?, Wien 1998.

Heckt, Meike: Mayan Education in Guatemala: A Pedagogical Model and its Political Context, in: International Review of Education, 1999, H. 45 (3/4), S. 321-337.

Heckt, Meike: Guatemala. Interkulturelle Bildung in einer ethnisch gespaltenen Gesellschaft, Münster 2000.

Freire, Paulo: Pädagogik der Unterdrückten, Stuttgart 1972.

Keval, Susanna: Die schwierige Erinnerung. Deutsche Widerstandskämpfer über die Verfolgung und Vernichtung der Juden, Frankfurt a. M. 1999.

King, Vera: Zur Frage von Macht und Moral im Selbstverständnis kritischer Sozialforschung, in: Heinemann, Evelyn/ Krauss, Günther (Hrsg.): Beiträge zur Ethnopsychoanalyse. Der Spiegel des Fremden, Nürnberg 1992, S. 115-130.

King, Vera: Das Denkbare und das Ausgeschlossene. Potenziale und Grenzen von Bourdieus Konzeptionen der ›Reflexivität‹ und des ›Verstehens‹ aus der Perspektive hermeneutischer Sozialforschung, in: sozialer sinn, 2004, H. 1, S. 49-69

King, Vera: Die Entstehung des Neuen in der Adoleszenz, Frankfurt a. M. 2000.

Kerschgens, Anke: Manifester und latenter Sinn in der ethnohermeneutischen Forschung. Rekonstruktion eines Familiengesprächs. Erscheint in: Busch, Hans-Joachim/Haubl, Rolf (Hrsg.): Handbuch Methoden qualitativer Sozialforschung. Frankfurt a. M. 2008.

Lorenzer, Alfred: Das Konzil der Buchhalter. Die Zerstörung der Sinnlichkeit. Eine Religionskritik, Frankfurt a. M. 1992.

Menchú, Rigoberta/Burgos, Elisabeth: Rigoberta Menchú. Leben in Guatemala, Bornheim-Merten 1984.

Nadig, Maya: Die verborgene Kultur der Frau. Ethnopsychoanalytische Gespräche mit Bäuerinnen in Mexiko, Frankfurt a. M.1986.

Parra Novo, José C.: Persona y Comunidad Q'eqchi', Cobán 1997.

REMHI: Guatemala: Nunca Más – Nie wieder. Bericht des Interdiözesanen Projekts Wiedergutmachung der geschichtlichen Wahrheit, Aachen 1998.

Rohr, Elisabeth: Die Zerstörung kultureller Symbolgefüge: über den Einfluss protestantisch-fundamentalistischer Sekten in Lateinamerika und die Zukunft des indianischen Lebensentwurfs, München 1991.

Sandner, Dieter: Gruppenanalyse. Theorie, Praxis und Forschung, Berlin 1986.

Schwarz, Christoph Heiner: Macht, Enttäuschung und Abwehr in der Forschungsbeziehung. Das ethnoanalytische Gruppengespräch und seine ethnohermeneutische Interpretation. Fallbeispiel aus der Forschung mit Schülern aus indigenen Gemeinden in einem Internat der Educación Maya in Guatemala. Erscheint in: Busch, Hans-Joachim/Haubl, Rolf (Hrsg.): Handbuch Methoden qualitativer Sozialforschung, Frankfurt a. M. 2008.

Siebers, Hans: ›We are Children of the Mountain‹. Creolization and Modernization among the Q'eqchi'ies, Amsterdam 1999.

Smith, Carol A.: Race-Class-Gender Ideology in Guatemala. Modern and Anti-Modern Forms, in: Comparative Studies in Society and History, 1995, Vol. 37, H. 4. S. 723-749.

Stapelfeldt, Gerhardt: Theorie der Gesellschaft und empirische Sozialforschung. Zur Logik der Aufklärung des Unbewussten, Freiburg i. Br. 2004

Wilson, Richard: Maya Resurgence in Guatemala. Q'eqchi ‹Experiences, Norman, Oklahoma 1995.

Janne Mende

»Aber der Kaiser ist ja nackt!« – Theoretische Einkleidung psychoanalytischer und Kritisch-psychologischer Methodik

Wenn der Mensch von den Umständen gebildet wird,
so muss man die Umstände menschlich bilden.
Marx/Engels

Es gehört zum Mechanismus der Herrschaft,
die Erkenntnis des Leidens, das sie produziert, zu verbieten.
Adorno

Einleitung

Psychoanalytische Methoden werden in den vielfältigsten Forschungsbereichen und Fachrichtungen angewandt, so in der traditionellen Psychologie[1], in der Sozialisationsforschung, der Pädagogik, den Postcolonial Studies oder der Ethnologie. Nicht selten werden sie eklektizistisch in den eigenen Theorierahmen integriert, ohne die theoretischen Implikationen, die mit ihnen verbunden sind, zu berücksichtigen. Jedoch schweben Methoden nie frei (»nackt«) in einem wissenschaftlichen Raum, sondern sind verwoben mit ihren theoretischen Überbauten oder Unterfütterungen. Dies trifft im besonderen Maße auf die klassische Psychoanalyse zu, die ohne die Freudsche Theorie weder anwend- oder verstehbar, noch überhaupt entwickelbar gewesen wäre. Um die Angemessenheit psychoanalytischer Methoden beurteilen und ihre theorieimmanenten Grenzen aufzeigen zu können, muss daher die psychoanalytische Theoriebildung in den Blick genommen werden. Der Schwerpunkt wird hierbei auf Freud liegen; modernere Ausarbeitungen können in diesem Rahmen nur am Rande Berücksichtigung finden. Die folgende Kritik daran soll verdeutlichen, dass ein alternatives Konzept von Mensch-Welt-Zusammenhang und menschlicher Entwicklung notwendig ist, wofür hier auf das der Kritischen Psychologie zurückgegriffen wird. Um eine konkrete Anwendung psychoanalytischer Methodik zu untersuchen, wird anschließend auf die Ethnopsychoanalyse eingegangen, wobei die Kritik an ihr ohne den vorangegangenen theoretischen Fokus nicht formulierbar wäre.

1 Gemeint ist die etablierte Mainstream-Psychologie, die erst durch Behaviorismus und später Kognitivismus geprägt ist und sich grundsätzlich von der Psychoanalyse unterscheidet.

1. Klassische Psychoanalyse

Psychoanalytische Konzepte wurden nicht nur interdisziplinär angewandt und transformiert, sondern unterlagen auch in ihrem eigenen Theoriebereich vielfältigen Wandlungen. Die Zerstrittenheit der verschiedenen Schulen erschwert es, grundsätzliche Gemeinsamkeiten *der* Psychoanalyse zu konstatieren. Dennoch sollen hier einige wenige Berührungspunkte genannt werden, welche auch in der Adaption psychoanalytischer Methodik in anderen Disziplinen (wie der Ethnopsychoanalyse) eine größere Rolle spielen.

Im Mittelpunkt psychoanalytischer Ansätze steht die Erforschung des Unbewussten, welches als von seiner Erscheinung abweichend konzeptualisiert wird. Eine weitere grundlegende Gemeinsamkeit ist der Fokus auf die Beziehung zwischen der AnalytikerIn und der AnalysandIn, im Forschungsbereich zwischen der ForscherIn und der Erforschten; also die Konzeption von Übertragung und Gegenübertragung. In der Übertragung wiederholt die AnalysandIn die als traumatisch erfahrenen frühkindlichen Erlebnisse, die unter dem besonderen Schutz der analytischen Situation durchgearbeitet werden, um damit eine nachhaltige Veränderung zu ermöglichen. In der Gegenübertragung reagiert die TherapeutIn ihrerseits mit bestimmten Gefühlen und Wünschen, die aus Erfahrungen außerhalb der unmittelbaren Therapiesituation stammen. In der genaueren Abgrenzung dieser und anderer Begriffe besteht jedoch eine große Variationsbreite in den verschiedenen Gebieten der Psychoanalyse (vgl. Laplanche/Pontalis 1999: 550 ff., 164 f.), daher ist es sinnvoller, konkret auf Sigmund Freud als dem Begründer der Psychoanalyse und seine Theoriebildung einzugehen.

Grundsätzlich stellt Freud die menschlichen Triebe der Zivilisation als feindlich gegenüber. In einer Art geschichtsphilosophischer These geht er davon aus, dass Kultur und Zivilisation (Freud benutzt diese Begriffe synonym) nur unter Triebsublimierung möglich werden. Dieser Prozess ist eng verbunden mit der Entwicklung der drei Instanzen Es, Über-Ich und Ich.

Das unbewusste und zeitlose, also von gesellschaftlicher Entwicklung unabhängige Es ist auf unmittelbare Triebbefriedigung gerichtet; das ebenfalls zu großen Teilen unbewusste Über-Ich verkörpert die gesellschaftliche Autorität. Das »technisch-bürokratische« Ich (Lichtman 1990: 54), das Realitätsprinzip, muss nun zwischen diesen Instanzen und der realen Außenwelt vermitteln, womit es einem großen Druck und ständigen potentiellen Ängsten ausgesetzt ist.[2] Dieser topologische Aspekt als ein Teil der Metapsychologie Freuds, also seines theoretischen Überbaus, wird ergänzt durch zwei weitere: den ökonomischen, laut dem es nur ein bestimmtes Libido-Quantum gibt, mit welchem daher sorgfältig gehaushaltet werden muss (z. B. in Form von Objektbesetzungen). Der dritte, der dyna-

2 Zu den Ängsten s. Freud 1978: 206. Dieses Modell löste dasjenige vom Vorbewussten, Bewussten und Unbewussten ab.

mische Aspekt besagt, dass Spannungen und Triebe bearbeitet und verschoben, aber nicht zerstört werden können. Dies kann in den unterschiedlichsten Formen von sofortiger Befriedigung bis zur Verdrängung oder Sublimierung geschehen.

Ein wichtiges Charakteristikum, welches von den meisten psychoanalytischen Schulen geteilt wird, ist der Fokus auf die Kindheit[3] und die Einteilung der Entwicklung vom Kind zum Erwachsenen in festgelegten Entwicklungsstufen: Nach der oralen und der analen Phase folgt die phallische Phase, in welcher der Ödipuskomplex entwickelt und überwunden wird, daraufhin gibt es eine lange Latenzphase, schließlich die Adoleszenz (genitale Phase), in welcher Defizite und unzureichend verarbeitete Konflikte aus der frühen Kindheit, nun im außerfamiliären Bereich, wieder auftauchen und neu bearbeitet werden können. Der Schwerpunkt liegt auf der psychosexuellen Entwicklung. Bedeutend ist die zentrale Annahme, dass der Kindheitsverlauf den Charakter und die Handlungsmöglichkeiten des Erwachsenen entscheidend vorstrukturiert. Die Hauptrolle spielt die Überwindung des Ödipuskomplexes und die Bildung des Über-Ichs, um infantile Triebe zu überwinden und gesellschaftliche Anforderungen angemessen zu erfüllen, indem soziale Normen verinnerlicht werden. Anschließende Konzepte[4] relativieren das Ausmaß der frühkindlichen Strukturierung, indem die Adoleszenz als zweite Chance der Triebverarbeitung gedacht und erstere nur wirksam wird, wenn diese Chance nicht »genutzt« wird.

Da der Ödipuskomplex und die mit seiner Überwindung einhergehende Über-Ich-Bildung in vielen psychoanalytischen Theorien und Adaptionen eine zentrale Rolle spielt, wird er hier ausführlicher betrachtet.

Die Mutterbindung als erste Objektbesetzung in der präödipalen Phase wird nach Freud allmählich ergänzt durch die Herausbildung einer Identifizierung mit dem Vater: Der Junge identifiziert sich in der gesellschaftlich vorherrschenden Form mit dem Vater (bzw. der Vater-Figur) und organisiert seine Triebstruktur in die Richtung, deren Objekt die Mutter ist. Der Vater erscheint bei dieser Objektbesetzung der Mutter allmählich als Hindernis, als Konkurrent; dies ist die klassische Ödipuskonstellation. Das Mädchen dagegen leidet unter ihrem Penismangel und entwickelt einen Penisneid auf den Vater, auf den sie nun ihre Zuwendung richtet, während sie sich von ihrer als »unvollständig« wahrgenommenen Mutter abwendet. Der Penisneid wird schließlich zu dem Wunsch, vom Vater ein Kind zu bekommen (am besten einen Jungen mit dem »lang ersehnten« Penis), wofür nun die Mutter ein Hindernis ist. Am Rande sei bemerkt, dass dies nur die Darstellung des einfachen Ödipuskomplexes ist, wie er allgemein rezipiert wird, der Komplex

3 Eine Abwendung von dem Fokus auf die frühe Kindheit mündet bei Karen Horney im anderen Extrem, wie Adorno feststellt: Mit ihrer Weigerung, sich auf die Vergangenheit einzulassen, »müßte man am Ende alles eliminieren, was über unmittelbare Präsenz hinausgeht und damit alles, was das Ich konstituiert. Das Kurierte wäre nichts mehr als ein Brennpunkt von bedingten Reflexen« (Adorno 2003b: 34).

4 Auf diese Konzepte bezieht sich auch der Ethnopsychoanalytiker Mario Erdheim, vgl. Erdheim (2007: 1 f.); Thomä/Kächele (1988: 115).

aber eigentlich ein zweifacher ist wegen der »kindlich-natürlichen Bisexualität« (Freud 1978: 187). Die ödipale Konstellation gilt für Freud als ein allgemeinmenschliches Modell, welches in jeder Familie durchlebt werden muss und phylogenetisch vererbt ist. D. h. die Erinnerungen an das Verhalten früherer Generationen bestimmen das Verhalten des Jungen. Ausschlaggebend ist die Erinnerung an die Urhorde, wiederum eine geschichtsphilosophische These Freuds: Brüder erschlagen ihren Urvater, woraufhin sie, wegen der ambivalenten Gefühle zu ihm, ein Schuldbewusstsein entwickeln und seine Regeln wiederaufrichten. So entstehen die zwei menschlich-zivilisatorischen Grundeigenschaften: die Schonung des Totemtiers und das Inzestverbot (Freud 1939 IX: 173 f.). Freud weist auf die Relevanz der Phylogenese für seine Theorie hin und kann »diesen Faktor in der biologischen Entwicklung nicht entbehren [...]. Wenn es anders ist, kommen wir weder in der Analyse noch in der Massenpsychologie auf dem eingeschlagenen Weg einen Schritt weiter.« (1939 XVI: 207 f.).

Für eine angemessene Vergesellschaftung des Individuums, die die vollständige Ausbildung der drei Instanzen voraussetzt, muss der Ödipuskomplex untergehen, d. h. bewältigt werden, und sich ein Über-Ich bilden. Beim Jungen verläuft dies, indem er Kastrationsangst vor dem Vater entwickelt, da beide die Mutter wollen (auch das ist nach Freud eine phylogenetische Erinnerung an eine frühere Realität). Da das Interesse an seinem eigenen Penis größer ist als an der Mutter, wird die Objektbesetzung der Mutter aufgegeben zugunsten einer Fixierung auf die genitale (heterosexuelle) Sexualität und einer Identifizierung mit der väterlichen Autorität. Die Verbote und Normen der Eltern werden als eigene ins Ich hineingenommen. Diese Introjektion findet unbewusst statt, damit die äußeren als innere Normen wahrgenommen und ihre Herkunft vergessen werden kann – die Funktion des Über-Ich bildet sich heraus. Das Mädchen hingegen hält sich für bereits kastriert und hat daher keinen Antrieb für eine Überwindung des Ödipuskomplexes. So bildet sie nur ein schwaches Über-Ich, womit Freud den vermeintlich schwachen weiblichen Charakter erklärt: » [...] Feministen hören es nicht gerne, wenn man auf die Auswirkungen dieses Moments für den durchschnittlichen weiblichen Charakter hinweist« (Freud 1939 XV: 138 f.). Das Über-Ich setzt sich somit zusammen erstens aus dem Ich-Ideal, der ersten Identifizierung mit dem Vater oder auch der Mutter, wenn ihr Penismangel noch unerkannt ist, vermischt mit dem Verbot aus dem Ödipuskomplex, nicht so sein zu dürfen wie die Eltern. Zweitens und hauptsächlich besteht es aus den äußeren Autoritäten und Normen, verkörpert von den Eltern (später von sämtlichen für die Sozialisation als zentral empfundenen Personen) als gesellschaftliche Instanzen. Seine Strenge speist sich aus versagten Aggressionstrieben; sein Schuldbewusstsein ist mächtig, da es nicht nur entdeckte Taten, sondern auch Gedanken sanktioniert, die ja aufgrund der Triebe des Es potentiell immer bestehen (Freud 1978: 186 ff.).

Eine den (für Freud ahistorisch allgemeinen) gesellschaftlichen Ansprüchen angemessene Entwicklung ist in dieser Sichtweise dann gegeben, wenn das Individuum den erzwungenen Triebverzicht verarbeiten und aushalten kann, aber innerhalb dieser Schranken trotzdem eine gewisse Befriedigung findet.

2. Kritik der freudschen Psychoanalyse durch die Kritische Psychologie

Vor einer fundierten Kritik an der Psychoanalyse gilt es, ihren Gegenstandsbereich zu betrachten und zu klären, warum sie als eigene Disziplin, interdisziplinär und im Alltagsbewusstsein so wirkmächtig ist, welchen Erkenntnisgewinn sie verspricht.

Indem ihr Gegenstand die unmittelbare Erfahrung der Menschen, die Anerkennung menschlicher Besonderheit bildet, erreicht sie gegenüber der Mainstream-Psychologie (welche geprägt ist von Funktionalismus, experimenteller Psychologie und Statistik) ein »neues Niveau ›subjektwissenschaftlicher‹ Begrifflichkeit« (Holzkamp 1990a: 55). Ihre Begriffe, die nicht über, sondern für Menschen gemacht sind, dienen der Klärung eigener Erfahrungen und Widersprüche, also einem Selbst-Verständnis (statt bloße Vorhersagen abgeben zu wollen). Diese Selbst-Klärung kann als Schlüssel für Unterdrückungsverhältnisse, für verborgene, objektive, allgemeine Zusammenhänge fungieren. Verallgemeinerungen werden dabei nicht durch bloße Häufigkeit, sondern durch den Aufstieg vom Einzelfall zu gesellschaftlichen Zusammenhängen erarbeitet; Abweichungen werden nicht ignoriert, indem sie aus der Normalverteilung herausfallen und »verschwinden«, sondern erklärbar durch Mechanismen der Abwehr u. a. (Holzkamp 1984a: 27 f.). Der Unterschied zwischen Wesen und Erscheinung, den die Psychoanalyse durch ihr Konzept vom Unbewussten postuliert, ist eine zentrale Kategorie in emanzipatorischen Theorien und wurde bereits von Karl Marx als Grundlage jeder Wissenschaft bezeichnet, denn »alle Wissenschaft wäre überflüssig, wenn die Erscheinungsform und das Wesen der Dinge unmittelbar zusammenfielen« (Marx 1989: 825).

In der Psychoanalyse wird, entsprechend dem Anspruch kritischer Wissenschaften, der Widerspruch zwischen den Interessen des Subjekts und den gesellschaftlichen Verhältnissen betont. Aber, und das ist der wichtigste Kritikpunkt an Freud, diese Parteinahme für das Subjekt ist gebrochen, da der Widerspruch, die gesellschaftliche Unterdrückung als unveränderlich und immer gegeben, nicht als historisch spezifische Gesellschaftsform gedacht wird – also eine Universalisierung von Unterdrückung stattfindet (Holzkamp 1990a: 61). Erklärtes Therapieziel ist es, das individuelle Leiden zu mindern, allerdings lediglich durch das Erkennen und die Akzeptanz von durch Triebe und Triebversagung entstandenen inneren Konflikten; nicht durch das Eingreifen in Verhältnisse, in denen dieses Leiden entsteht.

»Einerseits wird so erst voll begreiflich, warum Freuds Prämissen von der genuinen Unvereinbarkeit subjektiver Lebensansprüche mit gesellschaftlichen Anforderungen nicht nur eine falsche Universalisierung bürgerlich-kapitalistischer

Verhältnisse sind, sondern bestimmte Aspekte der subjektiven Situation der Menschen unter diesen Verhältnissen so differenziert und schonungslos in verallgemeinerter Weise abbilden, daß sich jeder darin wiederfinden und seine individuelle Befindlichkeit als Spielart der generellen Unterdrückung erfassen kann. [...] Andererseits aber offenbart Freud aus seiner [...] Auffassung von der schicksalhaften Unveränderbarkeit gesellschaftlicher Unterdrückung subjektiver Lebensansprüche gerade durch die Berücksichtigung des subjektwissenschaftlichen Niveaus der in dieser Voraussetzung gegründeten Kategorien erst ihre volle Problematik: Indem hier nämlich die unterschiedlichen subjektiven Erscheinungsformen des Scheiterns, der Realitätsverleugnung, aber auch des Sich-Einrichtens und Zurechtkommens angesichts der unaufhebbaren Unterdrückung [...] in generalisierter Weise ›für jeden‹ nachvollziehbar werden, wird stets aufs Neue die Prämisse bekräftigt: Die Erscheinungsformen wechseln, die Unterdrückung aber bleibt.« (Holzkamp 1984a: 33, Hervh. entf.).

Dabei handelt es sich nicht um einen Folgerungsfehler oder um Mangel an Mut von Seiten Freuds, sondern entspricht den basalen Freudschen Annahmen und ist somit nur konsequent. Menschliche Bedürfnisse sind für ihn grundsätzlich durch mangelnde Befriedigung und Versagung charakterisiert, die menschliche Natur durch Aggressivität, Neid und Konkurrenzdenken geprägt, die Kultur als repressive gedacht; Individuum und Gesellschaft stehen sich also grundsätzlich dualistisch gegenüber, ihr Konflikt ist permanent (Lichtman 1990: 52 ff.). Es »liegt das Fatale darin, daß er [Freud, J. M.], gegen die bürgerliche Ideologie, materialistisch das bewußte Handeln hinab auf seinen unbewußten Triebgrund verfolgte, zugleich aber in die bürgerliche Verachtung des Triebs einstimmte, die selber das Produkt eben jener Rationalisierungen ist, die er abbaut.« (Adorno: 2003a: 67) Das macht es theoretisch unmöglich, mit Freudschen Grundannahmen spezifische und somit veränderbare gesellschaftliche Unterdrückung zu thematisieren oder sie mit einer Wissenschaft wie der marxistischen zu vereinbaren, die davon ausgeht, dass »die gesellschaftliche Totalität den einzelnen Aspekten ihre Bedeutung verleiht« (ebd.: 52), menschliche Entwicklung historisch ist, dass »Bedürfnisse die Quelle einer wachsenden Teilhabe an der humanisierten Natur« (ebd.: 53) sind, menschliche Destruktivität durch die Verhältnisse bedingt und wandelbar ist sowie Freiheit sich nur aus der Teilhabe an nicht-repressiver gesellschaftlicher Ordnung ergibt. Gegenwärtige Unterdrückungsverhältnisse und persönliche Probleme werden somit ausgeklammert und deren Ursachen in die Kindheit verschoben, i. d. R. auf Primärkonflikte mit den Eltern. Ein weiterer Schritt wird gemacht, indem der Realitätsbezug der Kindheitserinnerungen für belanglos erklärt wird. Die Konflikte werden nun in die innere Psyche verschoben, in einen Bereich, der als weitestgehend abgetrennt von der Außenwelt vorgestellt wird[5]. Dieses Vorgehen ignoriert zum einen, dass der

5 Das klassische, aber nicht einzige Beispiel ist Freuds allmählich entwickelte Annahme, dass in der Analyse erinnerte sexuelle Misshandlungen in der Kindheit allein der Phantasie der Betroffenen entsprängen. Vgl. Markus (1991: 169 ff.).

Wahrheitsgehalt ihrer Erinnerungen für die AnalysandInnen von großem Interesse ist, da ihr Handeln Bedeutung für sie selbst und für andere hat, nicht nur für ihre Innenwelt. Zum anderen werden somit auch u. U. reell gegebene Unterdrückungsverhältnisse in der Kindheit ausgeklammert. Unterdrückungsverhältnisse werden also erst überhistorisch verallgemeinert und sodann schrittweise in das Innenleben der Betroffenen verlegt, unabhängig von jeglicher Realität. Subjektives wird so nicht als Aspekt der objektiven Realität in deren Vermitteltheit konzeptualisiert, als in einem Wechselverhältnis mit dem Außen stehend, sondern als bloße mysteriöse Innerlichkeit (Holzkamp 1990a: 62). Kurz, es werden weder Leiden an der objektiven Realität noch Änderungsmöglichkeiten derselben thematisierbar, was einem Verstoß gegen die eigenen Lebensinteressen gleichkommt.[6] Statt der Möglichkeit kollektiver Kämpfe i. w. S. wird eine individuelle, abgeschottete Bearbeitung der Konflikte in der Therapie nahe gelegt (ebd.: 63 ff., Holzkamp 1984a: 34). Statt einer Therapie, die im eigenen Leben, innerhalb gesellschaftlicher Beziehungen handlungsfähig macht, reißt eine psychoanalytische Therapie die AnalysandIn nicht selten aus ihren Lebenszusammenhängen heraus, entsprechend dem schon von Freud formulierten Wunsch, er wolle das Leben seiner KlientInnen während der Therapie am liebsten anhalten und die repressiven Momente einfach abschalten können, um so in Ruhe der PatientIn zur Genesung verhelfen zu können. Nun kann es sinnvoll sein, aus besonders repressiven Zusammenhängen herausgerissen zu werden, aber diese Strategie stößt an ihre Grenzen angesichts der Tatsache, dass ein Leben in der kapitalistisch-bürgerlichen Gesellschaft immer auch beschneidend ist. Wenn nur das individuelle Leiden, abgetrennt von der Außenwelt, bearbeitet wird, vergibt man sich die Möglichkeit, spezifischen Verhältnissen und Umständen als Leidensverursachern bewusst zu begegnen, sie zu erkennen und zu bekämpfen.

Die Vorstellung von festgelegten Entwicklungsstufen, darüber hinaus ihre Einordnung in eine bestimmte Altersspanne hat (nicht nur in der Psychoanalyse, sondern in allen entwicklungspsychologischen Konzeptionen) einen streng normativen Charakter: »Die jeweiligen Stufenfolgen sind nämlich sowohl in ihrer generellen Richtungsbestimmung wie in ihrer Abfolge vom Außenstandpunkt vorgegeben oder konstruiert« (Holzkamp 1995a: 237, Hervh. entf.).[7] Außerdem wird impliziert, dass die Kindheit nur eine Vorstufe zum Erwachsensein ist und außer Acht gelassen, dass Kinder eigene soziale Lebens- und Umgangsformen entwickeln, die nicht als bloße Vorstufe zu erklären sind (Holzkamp 1997a: 87). Wird dagegen nicht die stufenartige Entwicklung eines rein innerlichen Selbst, sondern die Entwicklung von sozialen Umweltbeziehungen vorgestellt, so sind sowohl Brüche als auch Perspektivenwechsel möglich. So kann auch deutlich werden, dass sich Kindheitserinnerungen im Laufe eines Lebens, abhängig von den Lebensbedingungen, wandeln, also nicht objektiv statisch, sondern gebunden

6 Die Psychoanalytikerin Christa Rohde-Dachser (1991: 43) vertritt dagegen die These der zirkulären Relation von Unbewusstem und Kultur und betont die Wichtigkeit der Anerkennung dieses Wechselverhältnisses.

7 Zur Funktionskritik von Entwicklungskonzepten vgl. Holzkamp (1997: 80 ff.).

an jeweils entwickelte Perspektiven und Weltbeziehungen sind, »und es wird konzeptuell faßbar, daß sich mit der Umwertung meiner Vergangenheit – im Rahmen des mir Möglichen – Zukunftsperspektiven eröffnen können, von denen ich – und alle PsychologInnen – bisher keine Ahnung hatten« (ebd.: 95). So wird gleichzeitig die Annahme einer frühkindlich weitestgehend determinierten Persönlichkeit *ad absurdum* geführt. Dem entspricht eine Auswertung empirischer Studien, in der konstatiert wird, dass erstens »die Persönlichkeit des Erwachsenen nicht während der frühen Kindheit geformt wird, und zweitens, daß es nicht die elterlichen Praktiken sind, die den Charakter des Kindes am stärksten prägen [...], daß Persönlichkeit – egal wie sie definiert wird – einfach nicht auf der Basis der frühen Kindheit bis zum Erwachsensein vorhersagbar ist, und daß auch in direkt aufeinanderfolgenden Entwicklungsstadien beträchtliche Veränderungen stattfinden« (Riesmann 1993, zitiert in Holzkamp 1997a: 157).

Der Ödipuskomplex erfreut sich in den verschiedensten Theorien nach wie vor großer Beliebtheit, obwohl mittlerweile der Aufweis der Unhaltbarkeit der Annahme von phylogenetisch weitergegebenen Erinnerungen in den Naturwissenschaften als gegeben betrachtet werden kann[8]. Damit steht und fällt eigentlich bereits das gesamte Freudsche Konstrukt des Ödipuskomplexes (wie er selbst sagt, s. o.), außer man nimmt die Ödipus-Konstellation als reelle, individuell gegebene an. Ute Osterkamp gelingt es, sie kritisch-psychologisch zu reinterpretieren, und zwar als durch konkrete gesellschaftliche Verhältnisse bedingt: Die frühkindliche Sexualität[9], die sich zumeist auf die Eltern als erste Bezugspersonen richtet[10], stößt auf Abwehr bei den Eltern aufgrund gesellschaftlicher Konventionen, was bedeutet, dass keine Inzestneigung existiert, die erst gehemmt werden muss (Osterkamp 1976: 312 ff.). Die Psychoanalytikerin Christa Rohde-Dachser weist, ebenfalls auf konkreter gesellschaftstheoretischer Ebene, auf den möglichen Charakter der Ödipuskonstellation als Sozialisationstheorie hin. Die grundlegende Geschlechterasymmetrie, durch die der Komplex bestimmt ist, beschreibt dann »den je unterschiedlichen Weg der beiden Geschlechter hinein in die patriarchalische Kultur« (Rohde-Dachser 1991: 3). Jedoch bleibt der Komplex eine biologisch festgelegte Konstante, wird gar zum Dogma, womit er indirekt das patriarchale Geschlechterverhältnis legitimiert und normalisiert, statt es ideologiekritisch aufzuzeigen und somit Alternativen denkbar zu machen (ebd: 2 ff.). Diesen Charakter behält er auch in den neueren Theorien, die ihn zu einer Theorie der Individuation umfunktionierten, ohne allerdings dessen androzentrische Prämissen kritisch zu reflektieren (ebd.: 6)

8 Dieser Nachweis kann in diesem Rahmen nicht weiter ausgeführt werden. Vgl. bspw. Osterkamp 1976.

9 Die Thematisierung frühkindlicher Sexualität, entgegen der zeitgenössischen und späteren Literatur, die den Beginn von Sexualität grundsätzlich bei dem Einsetzen der Pubertät ansiedelt, ist Freud unbedingt zugute zu halten.

10 Es handelt sich hier um jeweilige primäre Bezugspersonen, egal welchen Geschlechts und unabhängig vom tatsächlichen Verwandtschaftsgrad.

Die Kritik an der phallo- und androzentrischen Annahme eines universellen Penisneides, der mit dem Ödipuskomplex einhergeht, wurde ebenfalls aus vielfältigen Richtungen geübt. Es besteht kein Grund zu der Annahme, dass Mädchen von sich aus, ohne gesellschaftliche Vermittlung, welche auch heute noch nicht selten weibliche Geschlechtsorgane als bloßes Gegenstück bzw. mangelhafte Nachbildung der männlichen betrachtet, sich als minderwertig oder unvollständig betrachten sollten.

»Abwesenheit ist kein natürlicher Tatbestand, sondern eine gesellschaftliche Bestimmung. [...] Im Zuge der von ihm permanent betriebenen Verdinglichung macht Freud aus der unterlegenen Stellung der Frau eine Naturkategorie und stellt ein politisch strukturiertes Verhältnis von Über- und Unterordnung als einen natürlichen und anatomischen Sachverhalt dar. Freud hypostasiert ein gesellschaftlich geschaffenes Verhältnis zu einer Naturgegebenheit, wobei der Bereich des menschlichen Handelns, der diesem angeblichen ›Faktum‹ zugrunde liegt, [...] als eine Dimension der menschlichen Existenz, [...] nicht nur verkürzt, sondern grundsätzlich dezimiert« wird (Lichtman 1990: 208).

Ein interessantes psychoanalytisches Gegenmodell bietet Jessica Benjamin, unter Bezugnahme auf Janine Chasseguet-Smirgel (1977). Hiernach steht der Penis als Symbol für die Ablösung von der mütterlichen Allmacht (also nicht für mütterlichen Mangel), wobei es angemessener sei, den Vater statt des Phallus als symbolischen Machtträger zu betrachten (Benjamin 1993: 93 f.). Damit greift sie allerdings klassisch auf vergangenheits-, d. h. kindheitsbezogene Deutungen zurück, anstatt an dieser Stelle gegenwärtige Geschlechterbeziehungen zu thematisieren[11]. Rohde-Dachser benennt dagegen die gesellschaftliche Funktion einer Theorie des Penisneids, die Frauen jenseits traditioneller Geschlechterbilder mit diesem »Stigma« belegen kann und keinen Raum lässt für Vorstellungen weiblicher Selbstverwirklichung (Rohde-Dachser 1991: 5).

Ein anderes Problem freudscher Deutungsmuster ist, dass grundsätzlich das Bedürfnis nach Verfügungserweiterung über die eigenen Lebensbedingungen ausgeklammert wird – eine positive Gerichtetheit auf die Welt statt bloßer Triebversagung kann nicht gedacht werden.

Dies ist allerdings auch ein grundlegender Fortschritt, der innerhalb der psychoanalytischen Theoriebildung erreicht wurde, rezipiert und weiterentwickelt von Benjamin: Sie konzeptualisiert den Menschen als soziales Wesen, welches sich freudig seiner Umwelt zuwendet, um sie zu erkunden, und für das soziale menschliche Kontakte primär sind: und zwar nicht in Form einer Objektbesetzung, sondern in einer Subjekt-Subjekt-Beziehung, in der gegenseitige Anerkennung und Freude an geteilten Gefühlen herrscht. Diese gegenseitige Anerkennung sei nur durch das Aufrechterhalten eines Spannungsverhältnisses zwischen Aner-

11 Vgl. die fruchtbare Unterscheidung zwischen Vergangenheitsunbewusstem und Gegenwartsunbewusstem als zwei unbedingt auseinanderzuhaltenden Ebenen unbewussten Funktionierens bei Rohde-Dachser (1991: 43 ff.).

kennung von Gleichheit (eines Menschen, der genauso fühlt wie man selbst) und Differenz (eines Menschen, der trotzdem ein eigenständiges Subjekt außerhalb von einem selbst ist) möglich (Benjamin 1993: 19, 29 ff., 43, 48 ff.). Ihr Hauptbezugspunkt ist die Geschlechterhierarchie, die sie als den Grund für das Unbehagen in der Kultur bezeichnet: diese muss durchbrochen werden, sowohl im kulturell-gesellschaftlichen Bereich, als auch in der Familie, damit die Art, wie der Vater die Mutter behandelt (nämlich als bloßes Objekt) nicht mehr die kindliche Psyche prägt und der Kreislauf von Macht und Unterwerfung durchbrochen werden kann. Gesellschaftliche Verhältnisse sind hier also historisch bedingt und veränderbar.

Was Benjamin dennoch als (kritikwürdige) Psychoanalytikerin kennzeichnet, ist, dass sie an aufeinander folgenden, festgelegten Entwicklungsstufen festhält (ebd.: 99) und von einer weitestgehenden Determiniertheit der erwachsenen Persönlichkeit aufgrund frühkindlicher Erfahrungen ausgeht. So sollen auch gesellschaftliche Lebensweisen vorrangig durch frühkindliche Erlebnisse geprägt sein, womit sie soziale Prozesse und konservative theoretische Konzepte psychologisiert, anstatt deren Funktionalität für die herrschenden Verhältnisse als Erklärung stehen zu lassen (ebd.: 183, 51 f.). Zwar teilt Benjamin mit der Kritischen Psychologie die Annahme der Freude (und Notwendigkeit) an der Außenwelt und an Subjektbeziehungen, wobei letztere dies herleitet (s.u.), Benjamin nur als Postulat stehen lassen kann. Dann aber wird die Anwendung von Konzepten wie Über-Ich-Bildung oder Ödipuskomplex zumindest fragwürdig. Wenn Eltern als KooperationspartnerInnen angesehen werden, die stückweise ihren Einfluss auf das Kind zurücknehmen, während dieses schrittweise seinen Einfluss auf seine Lebensbedingungen erweitert (s. u.), ist die Annahme einer in einer bestimmten Phase angesiedelten Loslösung von der Mutter und dafür notwendigen Zuwendung zu der Macht des Vaters nicht länger begründbar. Selbst wenn man davon ausgeht, dass eine Über-Ich-Bildung nicht überhistorisch, sondern in den historisch konkreten Unterdrückungsverhältnissen stattfindet, bleibt der Vergesellschaftungsprozess damit immer unvollständig erfasst, weil er, so konzeptualisiert, ausschließlich auf Zwang beruht. Dies ist unvereinbar mit Benjamins Annahme einer grundsätzlich positiven Gerichtetheit auf die Welt und stellt das entscheidende Moment der Psychoanalyse dar: dass sie nur diese eine Form des Zwanges kennt.

Auch historisch konkret gedeutet reichen also die besagten psychoanalytischen Konzepte nicht aus, um menschliche Vergesellschaftungsprozesse adäquat zu erfassen, was für die Reduzierung individuellen Leidens jedoch notwendig wäre. Dies verweist auf die Erfordernis einer Theoriebildung, bei dem die menschlichen Interessen, vermittelt mit der gesellschaftlichen Realität, im Mittelpunkt stehen.

3. Entwicklungskonzept der Kritischen Psychologie

In der Kritischen Psychologie wird der Mensch, gemäß der zentralen marxschen Erkenntnis, als Teil gesellschaftlicher Verhältnisse betrachtet. Die Gesellschaft wird weder nur als gegebene Umwelt verstanden, die auf die Menschen determinierend einwirkt, noch als bloßes Erwartungsgeflecht, in welches man sich hinein entwickeln muss. Vielmehr ist der Mensch *auch* Produzent seiner Lebensbedingungen, d. h. dass er »sowohl unter gesellschaftlichen Bedingungen steht wie auch selbst diese Bedingungen schafft« (Holzkamp 1987: 13). Die real gegebenen objektiven[12] gesellschaftlichen Bedingungen werden gefasst als bestimmte Bedeutungen, zu welchen sich eine Person auf eine bestimmte Art verhält. Diese Bedeutungen determinieren das Handeln nicht, sondern werden als Handlungsmöglichkeiten aufgefasst. Das Individuum entwickelt aus der von ihm erfahrbaren Konstellation von Bedingungen und nach seiner jeweiligen Bedürfnis- und Interessenlage heraus Handlungsprämissen. Daraus ergibt sich eine prinzipielle Handlungsverstehbarkeit, d. h. Handeln ist immer subjektiv begründet und somit, bei Kenntnis aller Prämissen, nachvollziehbar (vgl. Mende 2007: 162 f.).

Da also menschliche Existenz gesellschaftlich ist, bedeutet sie die Überschreitung von unmittelbaren Lebenszusammenhängen hin zur Teilhabe an der Verfügung über den gesellschaftlichen Gesamtprozess (Markard 2002: 1174 f.). Aufgrund der spezifisch menschlichen Produktion von Dingen, nämlich der gesellschaftlichen Arbeitsteilung, ist die individuelle Bedürfnisbefriedigung auch nur durch jene Teilhabe, qua gemeinschaftlicher Lebenssicherung möglich.[13] Durch die Herstellung von Produkten und Produktionsmitteln werden menschliche Kenntnisse und Fähigkeiten vergegenständlicht. d. h. letztere werden in den Arbeitsprodukten überindividuell und lassen sich historisch akkumulieren, was »als Niederschlag der Potenzen der menschlichen Gattung bei weitem die Möglichkeiten des einzelnen Individuums, das [diese Fähigkeiten und Kenntnisse] in seiner eigenen Entwicklung nur partiell [...] realisieren [...] kann« (Osterkamp 1976: 21), überschreitet. Aus diesem Grunde verlangt das Streben nach einer Verfügungserweiterung über die je relevanten gesellschaftlichen Lebensbedingungen den organisierten, kooperativen Zusammenschluss, denn mit der »Entstehung der gesellschaftlichen Arbeit haben sich als deren ›subjektive‹ Seite auch die menschlichen Bedürfnisse so weiterentwickelt« (Holzkamp 1997b: 105). Dies lässt sich veranschaulichen an der Verdoppelung der Bedarfssysteme (ebd.: 17 f.): Einerseits gibt es biologisch unspezifische Bedürfnisse aufgrund aktueller Spannungen, z. B. Hunger, die als *sinnlich-vitale Bedürfnisse* bezeichnet werden. Diejenigen Bedürfnisse, die »im

12 »Die Gesellschaftsform geht mithin, obgleich stets subjektiv vermittelt, und deshalb immer nur in dialektischer Angehensweise ›durch ‹das Subjekt ›hindurch ‹erfahrbar, nicht im Subjektiven auf und wird in diesem Sinne ›objektiv ‹genannt.« (Holzkamp 1972: 115)

13 Eine ausführliche Herleitung dieser Grundannahme lässt sich finden in Holzkamp 1985.

Zusammenhang der Aktivitäten zu gesellschaftlicher Lebenssicherung stehen«, sind Bedürfnisse »in ihrer gesellschaftlichen, ›menschlichen‹ Spezifik« (18). Diese *produktiven Bedürfnisse* setzen sich aus Neugier und aus der Notwendigkeit über die Umweltkontrolle, also die Kontrolle über die eigenen Lebensbedingungen, zusammen, sowie aus dem Bedarf nach sozialen Kontakten in Form von kooperativen Beziehungen, sprich der Teilhabe an Gesellschaft. Die konkrete Bedürfnisentwicklung findet historisch statt, hervorgehend aus der spezifischen Verwobenheit von Produktion und Konsumtion (vgl. Marx 1978)[14].

Ein produktives Bedürfnis entsteht nicht (nur) aus einem Mangel an Konsumtion, sondern aus dem Mangel an gesellschaftlicher Teilhabe, also aus der Erkenntnis des Widerspruchs zwischen dem Ausgeliefertsein an die gesellschaftlichen Bedingungen und einem potentiell erreichbaren Zustand der Teilhabe an der Verfügung. Die sinnlich-vitalen gehen dabei in die produktiven Bedürfnisse mit ein, da mit der Verfügungserweiterung auch deren Befriedigung sichergestellt wird, und zwar *nur* in Zusammenhang mit Verfügungserweiterung, da »Wohlbefinden und elementarer Lebensgenuß [...] mit Existenzangst unvereinbar« sind (Holzkamp 1997b: 105). Die Entwicklung der produktiven Bedürfnisse ist abhängig von der Zahl der vereinten Kräfte, also potentiell unendlich, aber praktisch orientiert an den gegebenen Produktionsbedingungen, und sie ist mit der Entwicklung personaler Fähigkeiten verbunden. Personale Entwicklung ist daher ab einem bestimmten Grade nur in Verbindung mit der Verfügungserweiterung möglich, also der Aufhebung von Abhängigkeiten und der Ausdehnung kooperativer Beziehungen (Osterkamp 1976: 26 ff.).

Dieses Konzept lässt sich nun auf die Entwicklung des einzelnen Kindes übertragen: Es hat ein Bedürfnis nach der Verfügungserweiterung über seine eigenen Lebensbedingungen, möchte Abhängigkeiten auflösen und stattdessen kooperative Beziehungen eingehen, wobei den Eltern eine Unterstützungsfunktion bei der Aneignung der Umwelt zukommt.

Da bei Freud das Kind den Eltern ausgeliefert ist und sich unhinterfragbaren sowie undurchschaubaren Normen unterwerfen muss (diese Normen sind auch für die Eltern selbst undurchschaubar, da sie nur gemäß ihrem eigenen Über-Ich handeln), werden die Anforderungen zwangsweise übernommen, aus Angst vor Liebesverlust (bzw. Kastration). Durch die Verinnerlichung der Autorität wird jene noch undurchschaubarer und man ist ihr umso mehr ausgeliefert. Der Mensch findet demnach keine Befriedigung an gesellschaftlicher Teilhabe, sondern muss im

14 »Eine bestimmte Produktion bestimmt also bestimmte Konsumtion, Distribution, Austausch, die bestimmten Verhältnisse dieser verschiednen Momente zueinander. Allerdings wird auch die Produktion, in ihrer einseitigen Form, ihrerseits bestimmt durch die anderen Momente. [...] Endlich bestimmen die Konsumtionsbedürfnisse die Produktion. Es findet Wechselwirkung zwischen den verschiednen Momenten statt.« (Marx 1978: 631, Hervh. entf.) »In allen Gesellschaftsformen ist es eine bestimmte Produktion, die allen übrigen, und deren Verhältnisse daher auch allen übrigen, Rang und Einfluß anweist. Es ist eine allgemeine Beleuchtung, worin alle übrigen Farben getaucht sind und (die) sie in ihrer Besonderheit modifiziert.« (ebd.: 637)

Gegenteil dazu gezwungen werden. Dieser Mensch hätte weder »damit beginnen können, seine Lebensmittel gesellschaftlich zu produzieren, noch wäre es ihm möglich, durch seinen Beitrag das gesellschaftliche und damit eigene Leben zu erhalten, er ist kein wirklicher materiell existenzfähiger Mensch, sondern bloßes idealistisches Hirngespinst.« (ebd.: 321, Hervh. entf.) Weniger drastisch ausgedrückt stellt sich die Frage, wie menschliche Vergesellschaftung, als dem Menschen äußerliche, die mit ihm anscheinend zunächst nichts zu tun hat, historisch je möglich (und nötig) wurde, wenn sie doch »dem Wesen des Menschen«, d. h. seinen unsublimierten Trieben, entgegensteht. Die gesellschaftliche Vermitteltheit menschlichen Daseins wird verkannt, stattdessen »das« triebbestimmte Individuum »der« Wesenheit einer triebversagenden Gesellschaft gegenübergestellt. Freud analysiert zwar scharfsinnig die Verinnerlichung und Unbewusstwerdung äußerer Autoritäten, doch durch die von ihm vorgenommene Verallgemeinerung werden gesellschaftliche Verhältnisse, in denen die Gesellschaft wirklich als undurchschaubare und fremde dem Menschen gegenübersteht, nicht als historisch konkrete fassbar und somit auch nicht veränderbar.

Die Kritische Psychologie konzeptualisiert das Verhältnis zwischen Kind und Bezugsperson als kooperative Beziehung[15]: Die Eltern helfen beim Verständnis einer Gegenstandsbedeutung. Wird diese vom Kind verstanden und als lebenspraktisch übernommen, so ist keine Verallgemeinerung dieser Norm (z. B. Besteck zum Essen zu benutzen) durch weitere Hinweise oder Druckausübung notwendig, weil »die ›Verallgemeinerung‹ in den durch die Herstellung in Löffel und Teller vergegenständlichten allgemeinen gesellschaftlichen Zwecksetzungen selbst liegt und deshalb für das Kind sich ›aus der Sache‹ ergibt« (ebd.: 324).

Die immer weitergehende Übernahme von Gegenstandsbedeutungen und das damit einhergehende Erlangen von Unabhängigkeit und Umweltkontrolle kann als allmähliche kindliche Vergesellschaftung begriffen werden. Dabei wird sich das Kind in immer weiteren Lebensbereichen (wie Familie, Kindergarten, Schule) immer höheren gesellschaftlichen Anforderungen gegenüber sehen. Nur wenn es in diesen Anforderungen die Möglichkeit zur eigenen Verfügungserweiterung antizipieren kann, entwickelt es eine eigene Motivation zur Übernahme dieser Anforderungen; andernfalls muss die Übernahme durch inneren oder äußeren Zwang erfolgen. Die erhöhte Selbst- und Weltkontrolle des Kindes geht idealerweise mit der schrittweisen Zurücknahme der Fremdkontrolle der Eltern einher. Die Beziehung zu ihnen entwickelt sich so zu einer kooperativen, indem das Kind nun auch eigene Beiträge zu der Beziehung leisten kann, was ihm eine höhere Kontrolle über die Beziehung, somit emotionale Abgesichertheit und eine gewisse Unabhängigkeit bringt.

15 Es handelt sich um ein Konzept, wie kindliche Verfügungserweiterung möglich wäre. Dem entsprechen die reell gegebenen Familienkonstellationen nicht unbedingt.

Mit den höheren Ansprüchen gehen in der kapitalistisch-bürgerlichen Gesellschaft immer stärkere Widersprüche zwischen eigenen Interessen und gesellschaftlichen Forderungen einher. Ab einem bestimmten Punkt sind die Möglichkeiten zur Verfügungserweiterung nicht mehr gegeben, man stößt auf Grenzen und Zwang. Diese werden auch schon früher, in der Kindheit vermittelt, teils durch aktive Unterdrückung von Denken und Handeln. Damit wird (wenn auch nicht unbedingt intendiert) auf die spätere Abhängigkeit in der kapitalistischen Gesellschaft vorbereitet und jene naturalisiert (ebd.: 326 ff.).

Psychoanalytisch geprägte Kategorien wie die des Unbewussten oder der Verdrängung sind wichtige theoretische Errungenschaften, ohne die eine Ideologie- und Gesellschaftskritik kaum auskommt. Mit den kritisch-psychologischen Prämissen können diese nun, bezogen auf die konkrete kapitalistische Gesellschaftsform[16] reinterpretiert werden, da »psychische Konflikte immer aufgrund von motional gegründeten Handlungsbereitschaften einerseits und dem mit der Realisierung dieser Bereitschaften drohenden Verlust der eigenen Handlungsfähigkeit auf erreichtem Niveau andererseits entstehen« (ebd.: 343). Personale *Handlungsfähigkeit*, als Konzept für den Zusammenhang zwischen individueller und gesellschaftlicher Lebenstätigkeit, bezeichnet die »gesamtgesellschaftlich vermittelte Verfügung über die eigenen Lebensbedingungen« (Holzkamp 1985: 239) und muss in ihrem Verhältnis zu Handlungsbehinderungen betrachtet werden. Lebensqualität ist in dem Moment beeinträchtigt, in welchem man den Verhältnissen oder Situationen ohnmächtig ausgeliefert ist. Sicher gibt es im gesellschaftlichen Zusammenleben immer nicht-intendierte Effekte eigenen Handelns und eine gewisse Unkontrollierbarkeit sozialer Prozesse. Entscheidend ist aber das Ausmaß der eigenen Handlungsmöglichkeiten und die Diskrepanz zwischen der theoretisch möglichen und der reell gegebenen Teilhabe an gesellschaftlichen Prozessen. So kann subjektive Befindlichkeit auch als Ausdruck konkreter Lebensbedingungen und des Grads der eigenen Einflussnahme auf diese gefasst werden (Holzkamp 1987: 15). Ob das menschliche Bedürfnis nach der Überwindung der Ausgeliefertheit an die Verhältnisse auch subjektiv zur Geltung kommt, ist damit allerdings noch nicht gesagt (Holzkamp 1984b: 30): Wie für die Psychoanalyse ist für die Kritische Psychologie das subjektiv wahrgenommene menschliche Leiden Ausgangspunkt ihrer Forschungen.

Mit dem Bestreben, die eigene Verfügungsgewalt über die Lebensverhältnisse auszudehnen, entwickelt sich in der kapitalistischen Gesellschaft der Widerspruch zu herrschenden Normen und Strukturen. Sind diese Normen weder für Eltern noch für Kinder durchschaubar oder widersprechen sie den eigenen Interessen der Verfügungserweiterung, müssen sie mit Zwang durchgesetzt werden. Dies führt

16 Kapitalistische Gesellschaftsformen sind in sich natürlich weiter differenziert und nehmen verschiedene Ausformungen in Raum und Zeit an. Für die Darstellung hier ist allerdings das relativ abstrakte Konzept »der« kapitalistischen Gesellschaft, das sich auf grundlegende gemeinsame Merkmale bezieht, ausreichend.

zu Angst und zu Aggressionen gegen die Eltern. Da die Eltern (oder andere Primärpersonen) aufgrund ihrer Schutz- und Unterstützungsfunktion für kleine Kinder eine zentrale Rolle für die kindliche Handlungsfähigkeit spielen, führt dies zu größerer Angst wegen des drohenden Zuwendungsverlustes, und somit schließlich zur Übernahme des äußeren Zwangs als inneren. Dies ist nur möglich durch Realitätsabwehr und die Verleugnung der eigenen Bedürfnisse als falsch, was wiederum zum Verlust von Selbstvertrauen führt, zu Minderwertigkeitskomplexen und Schuldbewusstsein und zur Verfestigung der Abhängigkeit von Autoritäten. Damit man sich so gut wie möglich im Bestehenden einrichten kann, muss der Widerspruch zu den eigenen produktiven Bedürfnissen und Lebensinteressen ins Unbewusste verdrängt werden. So sind auch einige psychoanalytische Methoden selbst unter diesem Gesichtspunkt fassbar:

»Statt der Projektion von der Vergangenheit in die Gegenwart würde es sich um die Projektion in umgekehrter Richtung handeln: Die aus der gegenwärtigen Situation erwachsenen Aggressionen würden in die Vergangenheit verlagert. Auf diese Weise leistet man einen Beitrag zur Verschleierung der gegenwärtigen Ursachen existenzieller Verunsicherung und zur Herstellung und Verfestigung des ›Unbewußten‹, nämlich der Verdrängung gesellschaftskritischer Impulse. Damit würde man – wie es für Projektionen typisch ist – die Probleme in einer Weise ›bewältigen‹, daß das Einvernehmen mit den herrschenden Verhältnissen und damit auch die eigene Existenz nicht gefährdet wird.« (Osterkamp 1993: 191 f.) (Vgl. auch Fußnote 12.)

Dieser Weg der Konfliktverarbeitung wird nicht nur durch falsche Erziehungsmaßnahmen der Eltern oder therapeutische Ansätze provoziert, sondern maßgeblich durch den objektiven institutionellen Rahmen, der auf das Leben in einer Klassengesellschaft vorbereiten soll. Dennoch ist er nicht der einzige mögliche Weg. Die frühkindliche Konfliktbewältigung kann sich auch »in Richtung auf ein allmählich immer ausgeprägteres kognitives Erfassen der Nützlichkeit der Forderung [...] für das Kind selbst« (Osterkamp 1976: 345) entwickeln, sofern diese Möglichkeit in den jeweiligen Forderungen liegt bzw. nach entsprechenden Handlungsmöglichkeiten gesucht wird.

Man kann also mit zunehmender Konfrontation mit gesellschaftlichen Anforderungen und Zwängen entweder versuchen diese Grenzen zu überschreiten oder sich innerhalb der Grenzen so frei wie möglich zu entfalten. Diese zwei Möglichkeiten können als *verallgemeinerte* und als *restriktive Handlungsfähigkeit* kategorisiert werden. Bei der letzteren werden bloß zugestandene Möglichkeiten genutzt und nahegelegte Denkformen reproduziert. Sie ist nicht selten die einfachere Handlungsoption, zumindest kurzfristig mehr Freiheiten gewährend und sicherer, bedeutet jedoch letztlich die Verfestigung der eigenen Eingebundenheit in die freiheitsbeschneidenden Verhältnisse. In der restriktiven Handlungsfähigkeit ist also immer ein Moment der Selbstschädigung enthalten, welches in das Unbewusste verdrängt wird. Die bewusste Reflexion dieses Momentes ist die Voraussetzung für eine verallgemeinerte Handlungsfähigkeit (Holzkamp 1990b). Der Versuch, die Verfügung über die eigenen Lebensbedingungen zu erweitern, geht dann mit der Perspektive auf Verhältnisse, unter denen man sein Leben nicht auf Kosten anderer führen muss und »die freie Entwicklung eines jeden die Bedingung für die freie Entwicklung aller« (Marx 1970: 68) ist, einher.

4. Verwendung psychoanalytischer Methodik in der Ethnopsychoanalyse

Die auf Georges Devereux, Fritz Morgenthaler, Paul Parin und Goldy Parin-Matthey zurückgehende Ethnopsychoanalyse (vgl. Krueger in diesem Band) vertritt den Anspruch, die psychoanalytische Innengerichtetheit zu überwinden und stattdessen den Einfluss gesellschaftlicher und kultureller Verhältnisse auf den Menschen zu untersuchen. Individualpathologische Erklärungen lehnt sie ab. Parin betont, dass »die Ethnopsychoanalyse insofern den Traditionen der Ethnologie folgt, als sie nicht nur den Gesetzmäßigkeiten und Kräften nachgeht, die den Gang der großen historischen Bewegungen und die Verhältnisse in den jeweiligen gesellschaftlichen Formationen bestimmen. Jedes gesellschaftliche Geschehen, alle Erscheinungen und Einrichtungen, angefangen von den intimsten Beziehungen zwischen Eltern und Kindern in der Familie, die sexuellen und die Gruppenverhältnisse und alle die Institutionen, Ideologien, Wertsysteme und Religionen, kurz die Basis und der sogenannte Überbau werden in die Untersuchung einbezogen und in ihrer psychologischen Auswirkung verfolgt.« (Parin 1980: 5)

Seine Ethnopsychoanalyse sei also dialektisch, materialistisch und beziehe die Gesellschaft als Ganze mit ein (Parin 1999: 163). Während er in seinen früheren Schriften (z. B. Parin 1965) davon ausgeht, dass die menschliche Psyche mit all ihren Eigenschaften von Ödipuskomplex bis Ich-Bildung und Phylogenese überall gleich sei, man in den kulturell verschiedenen Charakterzügen einen »Volkscharakter« (ebd.: 312) erkennen könne, und er Methoden anwendet, in denen ein einzelner Charakterzug isoliert und die ihm zugrunde liegende Tendenz »erraten« wird (ebd.: 313), so wird er später zumindest insofern differenzierter, wenn er sich gegen Eurozentrismus ausspricht und betont, dass das »Leben der Anderen« eigene alte Denkweisen in Frage stellen kann und einen neuen Erfahrungshorizont bereitstellt (Parin 1999: 165 f.). Trotzdem hält er es für legitim, dieselben europäischen psychoanalytischen Methoden und Deutungen in seinen außereuropäischen Forschungen anzuwenden, da er und seine ForscherInnengruppe überall auf bestimmte Gefühlsregungen und Abwehrmechanismen träfen, die auf die Existenz jener psychodynamischen Prozesse hinwiesen (Parin 1993: 533). Psychoanalytische Methoden werden also angewandt und gegebenenfalls modifiziert. Im Ödipuskomplex, dessen Existenz an sich nicht in Frage gestellt wird, wird beispielsweise die Kastrationsangst als Angst vor dem Verlust der Frau gedeutet, weil jene die inzestuöse Triebbefriedigung versage (ebd.: 569 ff.).

Wie Parin bezieht sich auch Mario Erdheim auf PsychoanalytikerInnen, die die Bedeutung der Adoleszenz für die individuelle Entwicklung betonen: Da in dieser Zeit gänzlich neue Erfahrungen gemacht werden durch die auf den außerfamiliären Bereich gerichtete Sexualität sowie durch Größen- und Allmachtsphantasien, wird die Neuinterpretation früherer Erfahrungen möglich. Wenn defizitäre Erlebnisse in der Familie nun durch Erfahrungen mit »Fremden« ausgeglichen werden können, so ist die Neuinterpretation erfolgreich; wenn nicht, wird das frühkindliche Trauma verfestigt. Durch die Wiederholung alter Erfahrungen bietet sich also die Chance für eine psychische Neustrukturierung von Erlebtem (Erdheim 2007: 2). Maya Nadig betont außerdem die »gesellschaftliche[n] Bedingungen in der Phase der Loslösung von zuhause« (Nadig 2004: Abs. 29).

Zentral ist bei Erdheim das Konzept des »Fremden«. Auch wenn z. T. eingestanden wird, dass die Konstruktion von Fremdheit gesellschaftlichen Ursprungs ist (und Parin auch die eigene Gesellschaft oder sich selbst als weißen Forscher als fremd bezeichnet), so sticht zunächst ins Auge, dass diese Konstruktion nicht überwunden wird, wenn die Begrifflichkeit »fremd« von Erdheim und Nadig perpetuiert wird. Aber eine Überwindung scheint auch nicht das Ziel zu sein, wenn das Bild der/des Fremden doch wieder universalisiert wird, indem es schon in frühester Kindheit entstehe; denn alles, was nicht die Mutter ist, sei fremd und könne bedrohlich, aber auch faszinierend sein. Das Verhältnis zum »Fremden« sei also *immer* ambivalent, und zwar als individualgenetische Grundkonstellation (Erdheim 1993: 166 f.).

Auf die Diskussion über die ethnisierende Konstruktion von Fremdheit einzugehen, die für rassistische Zuschreibungen und Deutungsmuster zentral ist, würde hier zu weit gehen. Aber es soll zumindest darauf verwiesen werden, dass Stuart Hall auch dieses *ambivalente* Verhältnis zum Fremden (wie es sich bspw. im Bild des »Kannibalen« vs. »edlen Wilden« ausdrückt) als konstruiert, rassistisch und funktional für die Konstruktion des »zivilisierten Eigenen« bezeichnet. »Es war so, als ob alles, was die Europäer an den Eingeborenen als anziehend und verlockend darstellten, ebenso zur Repräsentation des genauen Gegenteils dienen konnte, ihres barbarischen und verdorbenen Charakters. [...] Beide Versionen des Diskurses wirkten gleichzeitig. [...] Beide waren Übertreibungen, gegründet auf Stereotypen, die sich gegenseitig speisten. Jede Seite setzte ihr Gegenteil voraus« (Hall 1994: 164).

Das Verhältnis zum »Fremden« ist ein gesellschaftlich erzeugtes; keines, das seine Wirkmächtigkeit schon in der frühen Kindheit entfaltet. Nach Erdheim jedoch entwickelt sich dann diese Ambivalenz (und potentieller Antagonismus) auf der kulturellen Ebene zu Ambivalenz/Antagonismus zwischen Familie und Kultur. Kultur entstehe immer aus der Auseinandersetzung mit dem »Fremden« und behielte somit auch immer ein Stückweit ihren fremden und unheimlichen Charakter (1993: 170). Der Nationalstaat schließlich entstehe, weil der ewige Kampf zwischen den verschiedenen »fremden Gruppen«, nun als Ethnien bezeichnet, nur durch eine übergeordnete Instanz beruhigt werden könne[17]. Da dadurch die ethnischen Identitäten zerstört werden, entstehe ein »Identitätsvakuum«, welches durch Angst, die Wiederholung frühkindlicher Projektionsvorgänge und schließlich Fremdenfeindlichkeit gefüllt werde (ebd.: 172 ff.). Auffällig ist, wie hier ganz selbstverständlich ein Zusammenhang zwischen Angst und Regression behauptet wird, spezifiziert von Erdheim als »Infantilisierung«, von Nadig als »gefährliche Dekompensation«, und wie als problematisch eingestufte Sachverhalte als »Angelegenheit defizitärer, infantilisierter Individuen« (Holzkamp 1995b: 16) betrachtet werden. Letztere werden so als *gleichwertige* (potentielle) GesprächspartnerInnen von vorneherein ausgeschlossen.

Im Mittelpunkt der ethnopsychoanalytischen Forschung steht die Beziehung zwischen ForscherIn und Beforschter nach dem Konzept von Übertragung und Gegenübertragung. Damit wird dem Umstand Rechnung getragen, dass die Beforschte/AnalysandIn die gegebene Gesprächssituation nach anderen als den unmittelbar offensichtlichen Gesichtspunkten beurteilt und ihre Reaktionen sich nicht (nur) auf das wirkliche Sein der ForscherIn/AnalytikerIn beziehen, sondern auf Setzungen der ersteren beruhen. In der Ethnopsychoanalyse werden diese Setzungen auch als sozial oder politisch bedingt rezipiert, z. B. wird die Rolle einer weißen ForscherIn in einer nicht-weißen beforschten Umgebung thematisiert. Entsprechend werden Gegenübertragungen der ForscherIn in Form von Phantasien, Gedanken, Abneigung etc. (u. U. erst nachträglich in der Forschungsauswertung) analysiert, um zu adäquateren Forschungs- und Erkenntniszielen zu gelangen. Mit diesem Konzept kann Nadig auf die postkolonialen und konstruktivistischen Kritiken eingehen, die jegliche ethnologische Beschreibung für typisierende und ethnisierende Zuschreibungen halten, denn damit wird es möglich, den narrativen Charakter ethnologischer Konstruktionen hervorzukehren und »ganz präzise den eigenen Standort zu beschreiben und den Prozess des kulturellen Austausches zwischen dem Forscher und seinem Gegenüber nachzuzeichnen« (Nadig 2004: Abs. 36).

Jedoch, auch wenn Nadig verhindern will, »dass eine Deutungsinflation entsteht, aus irgendwelchen beliebigen Gefühlen heraus, die dem Gegenüber nicht gerecht werden und es pathologisieren« (ebd.: Abs. 35), verbleibt die Deutungshoheit über die Prozesse und Inhalte von Übertragung und Gegenübertragung bei der ForscherIn. Diese wird somit als die vernünftige WissenschaftlerIn konstruiert, welche die von ihr gewählten Deutungsmuster auf die ErforschteN anwendet. Indem unter dem Rückgriff auf psychoanalytische Theoreme von Ödipuskomplex bis Allmachtsphantasien die Verarbeitungsweise von triebhaften und gesellschaftlichen Widersprüchen als mehr oder weniger krankhaft eingestuft wird, außerdem mit der Annahme der determinierenden Kindheit und Jugend bei abweichenden

17 Auf eine materialistische Staatskritik, die dem Staat gänzlich andere Funktionen zuschreibt, als dies Erdheim tut, kann hier nur am Rande verwiesen werden. Vgl Poulantzas 2002.

oder auffälligen Verarbeitungsweisen das Konzept der Regression benutzt, also ein Rückfall in kindliche Verhaltensmuster angenommen wird, findet eine Infantilisierung der erforschten Person statt. Sie ist keine Mitforscherin, sondern wird immer die Erforschte bleiben. Sie wird nicht als potentielle Veränderin ihrer Lebensverhältnisse wahrgenommen, sondern als bloßes Opfer. Statt nach subjektiven Handlungsgründen wird nach »Auslösern« gefragt, was letztendlich auf die individualgenetische Dimension zurückverweist. Somit wird die Ethnopsychoanalyse ihrem eigenen Anspruch schließlich nicht gerecht – kann es auch nicht, so lange sie sich innerhalb der psychoanalytischen Methodik befindet. Mit der Wahl dieser Begrifflichkeiten wird implizit vorentschieden, worüber wie geredet wird und was unsagbar bleibt. Da wissenschaftliche Forschung immer an Machtverhältnisse geknüpft sind, muss auch die Frage gestellt werden, in wessen Interesse auf diese bestimmte Art und Weise über die Dinge geredet wird (Holzkamp 1995b: 18).

Diese Problematik taucht auch in der methodischen Anwendung in der ethnopsychoanalytischen Deutungswerkstatt wieder auf (vgl. Krueger in diesem Band). Die Deutungshoheit liegt allein beim Forschungsteam (und den anderen, meist aus akademischem Milieu stammenden Angehörigen der Deutungswerkstatt). Die Deutungen in der Werkstatt finden zumeist ohne Rücksprache mit den Betroffenen statt und speisen sich nur aus Assoziationen, ohne Wissen spezifischer Lebenshintergründe, obwohl es ja gerade diese sind, aus welchen die Bedeutungen für Handeln gezogen werden. Die konstatierte Verzerrung der eigenen Wahrnehmung vermischt sich außerdem mit latenten Strukturen der untersuchten Verhältnisse – es wird nicht mehr feststellbar, welche Deutung worauf zurückzuführen ist. Versuche, die kritisierten Merkmale zu verbessern, indem beispielsweise die Deutungen aus der Werkstatt in einem zweiten Gespräch in die Forschung zurückgetragen werden, müssen ab einem gewissen Punkt den psychoanalytischen Rahmen verlassen, da sie nicht mehr mit diesem vereinbar sind. Doch auch unter Berücksichtigung der Kritiken und Verbesserungen wird nur die Wirkung der Verhältnisse auf die Menschen untersucht – die Wechselbeziehung, der Mensch auch als Produzent seiner Verhältnisse, bleibt außen vor. Der springende Punkt ist also, dass die Gesellschaft nicht einfach außer Acht gelassen wird, sondern dass sie nur als Bedingung für menschliches Verhalten gefasst wird. Diese »Annahme der unmittelbaren Abhängigkeit des Verhaltens der Individuen von ihren Umweltbedingungen« (Holzkamp 1983: 126) wird in der Kritischen Psychologie in Anlehnung an Leontjew als *Unmittelbarkeitspostulat* bezeichnet.

5. Kritisch-psychologische Methodik

Dem emanzipatorischen Anspruch, der mit kritischen Wissenschaften einhergeht, nämlich die gesellschaftlichen Verhältnisse gemäß dem Marxschen Imperativ umzugestalten, sind von der Psychoanalyse genauso Grenzen gesetzt wie dem von

Freud formulierten Wunsch, individuelles Leiden zu mindern. Diese Grenzen sind, trotz der entscheidenden Einsichten Freuds, den psychoanalytischen Methoden, wie geschildert, inhärent.

Daher stellt sich die Frage nach einem alternativen theoretischen Rahmen, welcher die Grundlagen für eine subjektorientierte Forschung bietet und die Gesellschaftsvermitteltheit genügend berücksichtigt. Diesen Rahmen bietet die Kritische Psychologie. Sie »stellt die Grundlage für eine gewisse empirische Forschung dar, die in sich unabgeschlossen ist und wo Kontroversen unterschiedlicher Auffassungen möglich sind« (Holzkamp 1983: 125). Für einen therapeutischen Zusammenhang bedeutet das Bewusstseinsentwicklung, Erkennen von Handlungsimpulsen und deren Gründen und erhöhte Selbstkontrolle im Zusammenhang mit erhöhter Umweltkontrolle als allgemein-abstrakte Ziele, die in jeder Therapie konkret mit der KlientIn zusammen erarbeitet werden (vgl. Osterkamp 1976: 448 ff.).

In der Forschung orientiert sich das kritisch-psychologische Analysemodell am Kriterium der *Gegenstandsadäquatheit*. Es werden also nicht vorher definierte Kriterien zum Maßstab dafür gemacht, was man erforschen kann, während alles andere in der berühmten *black box* verschwindet, sondern das Forschungsvorhaben muss dem zu Erforschenden angemessen sein. Dazu gehört, mit den Beforschten als MitforscherInnen gemeinsam (vgl. Reimer in diesem Band) in einem intersubjektiven Prozess die unreduzierte Einmaligkeit jeder Person verallgemeinerbar zu machen: »Und es kommt also darauf an, für die [und mit den] jeweils Betroffenen eine Begrifflichkeit und Verfahrensweise zu entwickeln, mit denen sie selber die Bedingungen verallgemeinert erfassen können, unter denen sie ein Stück an Verfügungserweiterung und Verbesserung ihrer Lebensqualität in der jeweilig konkreten Fragestellung herauskriegen. [...] dann ist die Praxis der Betroffenen, ein Stück mehr an Überwindung der Abhängigkeit zu gewinnen. Das ist natürlich reale Praxis für die Betroffenen und nur als diese reale Praxis gleichzeitig eine Voraussetzung für die Verallgemeinerung.« (Holzkamp 1983: 157) *Intersubjektivität* meint die Beziehung zwischen Menschen, die von sich und von ihrem Gegenüber wissen, dass sie als intentional handelnde Subjekte über ihre Lebensbedingungen verfügen und sie verändern können. Wenn sie sich bewusst (statt bedingt) auf die Welt, wie sie sie wahrnehmen, beziehen, so beziehen sie sich auch bewusst auf eine Forschungssituation, auf die ForscherIn. Das bedeutet für den Forschungsprozess, dass die Interessen der ForscherIn *und* die der Beforschten einbezogen werden müssen. Das gemeinsame Interesse an einem Stück Verfügungserweiterung, welche der erhoffte Erkenntnisgewinn bringen kann, ist »unbedingte methodische Voraussetzung« (ebd.: 160). Dann ist auch die Position der Beforschten als MitforscherIn gesichert. *Verallgemeinerung* schließlich bezieht sich auf typische Grundsituationen menschlicher Handlungsmöglichkeiten (vgl. im Folgenden ebd. S. 163 ff.): Die Handlungsmöglichkeiten einer Person in einer bestimmten Situation stehen potentiell auch anderen Personen in derselben Situation offen. Das spezifische Verhältnis dieser Möglichkeiten zu den ebenfalls existierenden und in einer konkreten Situation erfragbaren Störbedingungen, also Handlungsbehinderungen, ist ein Möglichkeitstyp (bezogen auf eine Situation, nicht auf einen Menschen). Jede Person, die mit derselben Situation konfrontiert wird, kann im Forschungsprozess entscheiden, ob dieser Möglichkeitstyp für sie relevant ist. Wenn nicht, muss eine andere Konstellation gefunden werden. Wenn ja, bringt sie ihre eigenen spezifischen Realisierungsbedingungen mit ein. Mit jeder Anreicherung wird nun der Möglichkeitstyp konkreter. Es gibt aufgrund der gegebenen gesellschaftlichen Strukturen aber nicht unendlich viele Möglichkeiten, weswegen so eine »asymptotische Annäherung an die Grundsituation« (ebd.: 164) erreicht wird. Eine Verallgemeinerung entsteht also dadurch, dass man den Einzelfall sowohl auf die allgemeinen Bestimmungen aufgrund gesellschaftlicher Zusammenhänge durchdringt, als auch auf die eigene, spezifische Form der Verarbeitung. »Und damit kommt man auch zu Verallgemeinerungen wissenschaftlicher Art, wo ein ganz anderes Modell dahintersteckt, nämlich das Allgemeine, was in jeder individuellen Lebenstätigkeit steht aufgrund der Allgemeinheit der objektiven Bedingungen, unter denen wir leben« (ebd.: 165).[18]

18 Vgl. zur konkreten methodischen Anwendung des Kritisch-psychologischen Entwicklungs-/Stagnationsmodells unter Berücksichtigung von Kategorien wie Handlungsmöglichkeiten und -behinderungen, Motivation und Zwang, Bedingungs-Bedeutungszusammenhang Reimer in diesem Band.

Literatur

Adorno, Theodor W.: Minima Moralia. Reflexionen aus dem beschädigten Leben, Frankfurt am Main 2003a.

Ders.: Die revidierte Psychoanalyse, in: ders.: Gesammelte Schriften Band VIII, Frankfurt am Main 2003b.

Benjamin, Jessica: Die Fesseln der Liebe, Frankfurt am Main 1993.

Chasseguet-Smirgel, Janine: Psychoanalyse der weiblichen Sexualität, Frankfurt am Main 1977.

Erdheim, Mario: Adoleszenz, Omnipotenz und Gewalt. Vortrag auf dem 6. Ehemaligen-Forum an der Fachhochschule Zürich, Hochschule für Soziale Arbeit, 2007. Verfügbar über www.hssaz.ch/home/download/758/de/Referat_Jugendgewalt_M.Erdheim.pdf [Datum des Zugriffs: 14. 08. 2007].

Ders.: Das Eigene und das Fremde. Über ethnische Identität, in: Jansen/Prokop (Hrsg.): Fremdenangst und Fremdenfeindlichkeit, Basel 1993, S. 163-182.

Freud, Sigmund: Das Ich und das Es, in: ders.: Das Ich und das Es und andere metapsychologische Schriften, Frankfurt am Main 1978, S. 171-208.

Ders.: Gesammelte Werke Band I-XVIII, Frankfurt am Main 1939.

Fried, Barbara et al (Hrsg.): Erkenntnis und Parteilichkeit. Kritische Psychologie als marxistische Subjektwissenschaft, Hamburg 1998.

Hall, Stuart: Der Westen und der Rest: Diskurs und Macht, in: Ausgewählte Schriften 2, Hamburg 1994, S. 137-179.

Holzkamp, Klaus: Kolonisierung der Kindheit. Psychologische und psychoanalytische Entwicklungserklärungen, in: Schriften I, Hamburg 1997a, S. 72-95.

Ders.: Was heißt »normale« Entwicklung der kindlichen Persönlichkeit?, in: Schriften I, Hamburg 1997b, S. 99-108.

Ders.: Lernen. Subjektwissenschaftliche Grundlegung, Frankfurt am Main 1995a.

Ders.: Rassismus und das Unbewusste in psychoanalytischen und Kritisch-psychologischem Verständnis, in: Forum Kritische Psychologie 35, Hamburg 1995b, S. 4-41.

Ders.: Zur Stellung der Psychoanalyse in der Geschichte der Psychologie, in: Braun et al (Hrsg.): Geschichte und Kritik der Psychoanalyse, Marburg 1990a, S. 13-69.

Ders.: Worauf bezieht sich das Begriffspaar ›restriktive/verallgemeinerte Handlungsfähigkeit‹? Zu Maretzkys vorstehenden Anmerkungen, in: Forum Kritische Psychologie 26, Hamburg 1990b, S. 35-45.

Ders.: Grundkonzepte der Kritischen Psychologie, in: AG Gewerkschaftliche Schulung und Lehrerfortbildung (Hrsg): Wi(e)der die Anpassung. Texte der Kritischen Psychologie zu Schule und Erziehung, Soltau 1987, S. 13-19.

Ders: Grundlegung der Psychologie. Frankfurt am Main/New York 1985 (Studienausgabe).

Ders.: Die Bedeutung der Freudschen Psychoanalyse für die marxistisch fundierte Psychologie, in: Forum Kritische Psychologie 13, Berlin 1984a, S. 15-41.

Ders.: Die Menschen sitzen nicht im Kapitalismus wie in einem Käfig, Interview in PSYCHOLOGIE HEUTE, November 1984b, S. 29-37.

Ders.: Der Mensch als Subjekt wissenschaftlicher Methodik, in: Braun et al (Hrsg.): Karl Marx und die Wissenschaft vom Individuum, Marburg 1983, S. 120-166.

Ders.: Die kritisch-emanzipatorische Wendung des Konstruktivismus,
in: ders.: Kritische Psychologie. Vorbereitende Arbeiten, Frankfurt am Main 1972, S. 99-146.

Laplanche, J./Pontalis, J.B.: Das Vokabular der Psychoanalyse, Frankfurt am Main 1999.

Lichtman, Richard: Die Produktion des Unbewussten, Hamburg/Berlin 1990.

Markard, Morus: Handlungsfähigkeit, in: Historisch-kritisches Wörterbuch des
Marxismus Band 5, Hamburg 2002, S. 1169-1181.

Markard, Morus/Minz, Gabi: Variablenpsychologische und subjektwissenschaftliche Erforschung der Mutter-Kind-Beziehung: M. Mahler und die Kritische Psychologie, in: Braun et al (Hrsg.): Geschichte und Kritik der Psychoanalyse, Marburg 1990, S. 70-96.

Markus, Georg: Sigmund Freud und das Geheimnis der Seele. Die Biographie. Frankfurt am Main 1991.

Marx, Karl: Kapital Band III in MEW 25, Berlin 1989.

Ders.: Einleitung (zur Kritik der politischen Ökonomie) in MEW 13, Berlin 1978.

Marx, Karl/Engels, Friedrich: Mainfest der kommunistischen Partei, Berlin 1970.

Mende, Janne: Antirassismus als Selbstermächtigung? Rassismus und Anti-Bias-Training aus Kritisch-Psychologischer Sicht, in: Jilek/Kalmring/Müller (Hrsg.): Von Honig und Hochschulen. Dreizehn gesellschaftskritische Interventionen, Berlin 2007, S. 161-180.

Nadig, Maya/Hegener, Wolfgang: »Konstruktionen sind im aktiven Handeln entstanden, und wir sind nicht nur Opfer, die von der herrschenden Kultur, die sich globalisiert, erschlagen und zu etwas Farblosem geklont werden«. Maya Nadig im Interview mit Wolfgang Hegener [72 Absätze]. Forum Qualitative Sozialforschung [On-line Journal] 2004, 5(3), Art. 36. Verfügbar über: http://www.qualitative-research.net/fqs-texte/3-04/04-3-36-d.htm [Datum des Zugriffs: 10. 08. 2007].

Osterkamp, Ute: Theoretische Zugänge und Abwehrformen psychologischer Analyse des Phänomens Rassismus/ Fremdenfeindlichkeit, in: Institut für Sozialpädagogische Forschung Mainz (Hrsg.): Rassismus – Fremdenfeindlichkeit – Rechtsextremismus, Bielefeld 1993, S. 188-207.

Dies.: Motivationsforschung 2, Frankfurt am Main 1976.

Parin, Paul: »Die Weißen denken zuviel«. Über das Eigene und das Fremde – im Gespräch mit Paul Parin, in: Heinrichs, Hans-Jürgen (Hrsg.): Die Geschichte ist nicht zuende! Gespräche über die Zukunft des Menschen und Europas, Wien 1999, 163-179.

Ders.: Die äusseren und die inneren Verhältnisse. Ethnopsychoanalytische Betrachtungen, auf unsere eigene Ethnie angewandt. In: Berliner Hefte, 1980, H. 15, 5-34.

Ders.: Orale Eigenschaften des Ich bei Westafrikanern. In: Schweizerische Zeitschrift für Psychologie und ihre Anwendungen, 1965, H. 24, 4, S. 342-347.

Parin, Paul/Morgenthaler, Fritz/Parin-Matthèy, Goldy: Die Weissen denken zuviel. Psychoanalytische Untersuchungen bei den Dogon in Westafrika, Hamburg 1993.

Poulantzas, Nicos: Staatstheorie. Politischer Überbau, Ideologie, Autoritärer Etatismus, Hamburg 2002.

Riesmann, Paul: Stimmt Freud in Afrika? Über das Verhältnis von Erziehung und Person, in: van de Loo/Reinhardt (Hrsg.): Kinder. Ethnologische Forschungen in 5 Kontinenten, München 1993, S. 156-183.

Rohde-Dachser, Christa: Expedition in den dunklen Kontinent. Weiblichkeit im Diskurs der Psychoanalyse, Heidelberg 1991.

Thomä, Helmut/Kächele, Horst: Lehrbuch der psychoanalytischen Therapie. Bd. 2: Praxis, Berlin/Heidelberg 1988.

Katrin Reimer

Wie Methoden die Verhältnisse zum Tanzen bringen können ... Eine Einführung in die Kritische Psychologie als eingreifende Forschungstätigkeit

Jene, die diesen Band zur Hand nehmen, mögen vielleicht darin übereinstimmen, dass Wissenschaft »sinnlich menschliche Tätigkeit« (*ThF*, MEW 3: 5) ist, und als kritische in der Perspektive betrieben wird, »alle Verhältnisse umzuwerfen, in denen der Mensch ein erniedrigtes, ein geknechtetes, ein verlassenes, ein verächtliches Wesen ist« (*KHR*, MEW 1: 385). Vermutlich wird auch die Auffassung geteilt, dass »kritische« Wissenschaft sich ausweist durch die Arbeit an und mit Begriffen, die an den Kategorien des Alltagsverstandes ansetzend deren (ideologische) Vermittlung im *Ensemble der gesellschaftlichen Verhältnisse* begreifend durchdringen. Angesichts »jener verbreiteten Sichtweise, der gemäß die psychologischen Methoden neutral gegenüber ihrem Gegenstand sind, also lediglich ... Sonden, mit denen die Sache selbst unverstellt zutage gefördert wird« (Holzkamp 1983: 521) mutet die Frage nach *kritischen Methoden* aber vielleicht ungewöhnlich an.

Ich möchte demgegenüber auf der Grundlage Kritischer Psychologie zeigen, dass Gegenstandsverständnis und Methodik aufs Engste zusammenhängen, und (psychologische) Gütekriterien und Methoden gegenstandsangemessen zu entwickeln sind. Um einen Einstieg in das Gemeinte zu finden, mögen die folgenden Überlegungen hilfreich sein:

»[D]ie methodische Erfassung von Sachverhalten [setzt] ein Vorwissen über bestimmte Charakteristika dieser Sachverhalte voraus [...] (so wird sich kaum jemand ein Thermometer ins Auto hängen, in der Hoffnung, daran die Fahrtgeschwindigkeit ablesen zu können). Andererseits kann man bestimmte Charakteristika von Sachverhalten mit dafür angemessenen Methoden feststellen, ohne dass man damit *relevante* Dimensionen erfasst hätte: Was ist zum Beispiel an Einsicht über Kunstwerke gewonnen, wenn man weiß, dass der ›Denker‹ von Rodin weniger hoch, leichter und leitfähiger ist als der ›David‹ von Michelangelo...?« (Markard 1991: 17 f., Herv. K. R.)

Die folgende Einführung in kritisch-psychologische Forschungskonzepte nimmt ihren Ausgangspunkt vom Konzept der Entwicklungs-/Stagnationsfigur als idealtypischer Bewegungsform psychologischer Forschung. Diese unterscheidet sich methodologisch sowohl von experimentellen als auch von »qualitativen« Settings in Bezug auf die Beziehungsform zwischen Forschenden/Beforschten und der angewandten »Wissenschaftssprache«. Weil beides mit den impliziten Gegenstandsbestimmungen zu tun hat, werden diese nach und nach entfaltet, wobei auch Aspekte des Kritikbegriffs der Kritischen Psychologie verdeutlicht werden sollen. Anschließend will ich darauf eingehen, dass das Verhältnis zwischen Daten und Theorien auf der Grundlage dieses Gegenstandsverständnisses sich nicht als Prüfbezug denken lässt – und wie Theorien dennoch wissenschaftlich ausweisbar in Daten begründet sind. Abschließend soll ein Ausblick auf die Frage gegeben werden, wie sich die Frage der Verallgemeinerbarkeit in einer so gefassten psychologischen Wissenschaft darstellt.

Methoden-Texte haben oft mit einer gewissen Trockenheit zu kämpfen. Im Zusammenhang der Kritischen Psychologie kommt noch hinzu, dass die darzustellenden Konzepte sich auf einer so allgemeinen Ebene bewegen, dass sie unterschiedlichste psychologische Forschungsarbeiten anleiten: Schwierigkeiten im Lebensvollzug von IT-Kräften, Probleme des Lehrens und Lernens, Suchtverhalten, die Arbeit von und mit Behinderten, Autisten, Erziehungsfragen etc. Zwar werden die allgemeinen Konzepte in jedem dieser Forschungskontexte »angewandt«, aber zugleich auch selektiv und in konkretisierender und modifizierender Weise. Insofern ist es unmöglich, die Breite der konkreten Forschung im Rahmen des Forschungsansatzes der Kritischen Psychologie zu veranschaulichen.[1] Um aber der angesprochenen Trockenheit der Darstellung möglichst zu entgehen, werde ich einige Konzepte auch am Beispiel eigener Forschungsarbeiten oder -vorhaben aus dem Bereich (Anti)Rassismus/Rechtsextremismus veranschaulichen.

1. Entwicklungsfigur: Kritische Psychologie als praktisch-eingreifende Forschung

Ansatzpunkt kritisch-psychologischer Forschung ist »ein reales, d. h. kein (wie etwa im Experiment) nur zu Untersuchungszwecken konstruiertes Problem« (Markard 1989: 2), an dessen theoretischer Durchdringung und praktischer Lösung die Betroffenen interessiert sind.

Datenerhebung, Theorienbildung und -auswertung sind daher systematisch eingebettet in einen *realen* Problemlösungs*prozess* mit den Betroffenen als *Mitforschenden*.[2] Während in »qualitativer« Forschung die »Beforschten« oftmals ausschließlich als Datenlieferant/innen fungieren, mit denen ggf. noch eine *Daten*validierung, aber kaum eine *Theorien*validierung vorgenommen wird, um-

1 Zudem wurden im Rahmen der Kritischen Psychologie auch andere Forschungskonzepte als das hier dargestellte entwickelt, beispielsweise das Konzept der Erinnerungsarbeit (vgl. F. Haug 1999), das u. a. Gegenstand von Kontroversen um das Verhältnis von Daten und Interpretationen derselben ist (vgl. Markard 2007). Für einen Einblick in kritisch-psychologische Praxisforschung vgl. Markard/ASB (2001).

2 Kritisch-psychologische Forschung steht insofern in der Tradition der Handlungsforschung, geht aber u. a. insofern über sie hinaus, als der (kritische) Praxisbezug sich aus einem empirisch ausgewiesenen Gegenstandsverständnis und diesem Verständnis angemessenen Methoden ergibt (vgl. Markard 1993: 82 ff.). Ich komme darauf zurück.

fasst das subjektwissenschaftliche Konzept der Entwicklungs-/Stagnationsfigur (EF/S f.) beide Aspekte. Es stellt insgesamt eine idealtypische Sequenzierung der Bewegungsform psychologischer Forschung dar und ist zugleich ein Regulativ der Datenauswertung (vgl. Markard 1989). Entwickelt wurde es in seiner ursprünglichen Form im Projekt *Subjektentwicklung in der frühen Kindheit* (SUFKI), das Ontogenese und Erziehungsfragen untersuchte (vgl. Markard 1985). Ich werde zunächst die wesentliche Struktur der EF/SF mit Beispielen aus dem SUFKI darstellen und dann anhand meiner Arbeit zur Weiterentwicklung antirassistischer Bildungsarbeit seine konzeptionelle Erweiterung veranschaulichen.

Die EF/SF gliedert sich in *vier Instanzen,* wobei die ersten zwei die Theorien*generierung*, die letzten zwei die Umstrukturierung der Praxis sowie deren theoretische Reflexion beinhalten.

Die Art der »zugelassenen« Daten ist nicht beschränkt, und so haben es die Forscher/innen potenziell mit einer Fülle unterschiedlicher Datensorten zu tun, z. B. Beobachtungsdaten, verbalen Daten, Tagebuchaufzeichnungen, Dokumenten, Briefwechseln etc. Zwar werden diese nach bestimmten (pragmatischen und begrifflich-theoretischen)[3] Gesichtspunkten erhoben, dennoch ist nicht evident, worin genau eine konkret analysierbare Ausgangsproblematik besteht. Diese muss vielmehr aus der Fülle des empirischen Materials *herausgehoben* werden. Hierin besteht die Funktion der *ersten Instanz* einer EF/SF: Die »Deutung eines ›kritischen‹ oder problematischen Sachverhalts, der sich aus den Daten ergibt.« (Markard 2000: 233) Die Deutung der Forscher/innen konkurriert ggf. mit derjenigen der Betroffenen gemäß der begrifflichen Grundannahme, dass letztere an der Aufrechterhaltung des Problems beteiligt sind. In der *zweiten Instanz* geht es um die »Analyse und Durcharbeitung der ggf. gegen die Deutung gerichteten Abwehr der Betroffenen, damit das Aufeinandertreffen und Klären unterschiedlicher, konkurrierender Konfliktdeutungen, und – sofern möglich – die Entwicklung einer Lösungskonzeption.« (ebd.: 234)

1.1. Veranschaulichung der EF(1)

Im SUFKI handelte es sich in den ersten beiden Instanzen um »(kumulierende) Schilderungen etwa darüber, dass ein Kind abends ›nicht einschlafen kann‹, dass (in einer Familie mit drei Kindern, davon ein Zwillingspaar) die Kinder die Eltern mit dem Wörtlichnehmen ihrer ›Gerechtigkeitsvorstellungen‹ bei der ›Erziehung‹ terrorisieren (indem etwa jedes der drei Kinder ›in der Mitte sitzen‹ will), dass ein Kind seine Mutter ›zu wenig liebt‹ (indem es permanent den anderen Elternteil ›bevorzugt‹).« (Markard 1985: 104) »Ein Beispiel für ein theoretisches Konstrukt, das sich in der Projektarbeit ergeben hat, ist das der ›Gleichheitsregulation‹. Die-

3 Vgl. für die Analyse von psychologischen Praxiserfahrungen im Rahmen des Ausbildungsprojekts subjektwissenschaftliche Berufsforschung Ulmann (2000) und Ulmann/Markard (2000).

ses Konzept wurde im Rahmen der ... Problematik formuliert, dass die beteiligten Kinder ... mehr oder weniger permanent darauf bestanden, ›dasselbe‹ zu haben, auch in Fällen, in denen das objektiv ausgeschlossen ist: ›in der Mitte sitzen‹, identische Reproduktion von Brotscheibenrändern etc. In der Diskussion der dargestellten – eskalierenden – problematischen Szenen kristallisierte sich heraus, dass die zugrundeliegende Vorstellung der Mutter die eines abstrakten Gleichheitsprinzips war, dessen Realisierung die Funktion haben sollte, durch ›Gleichbehandlung‹ Konflikte zu präventieren oder zu lösen, wobei damit, wie sich aus einer Fülle von Tagebuch-Daten ergab, die Vorstellung einer quantitativ abrechenbaren Zuwendung verbunden war. Die restriktive Funktionalität der Gleichheitsregulation bestand in ihrer leicht zu ›handhabenden‹ Operationalisierbarkeit; ihre Problematik ergab sich daraus, dass auf Seiten der Kinder eine abstrakte Forderung nach Gleichbehandlung zur dominanten Artikulationsform wurde.« (ebd.: 109)

Die *dritte Instanz* umfasst die »Umstrukturierung der Praxis der Betroffenen gemäß den in der Lösungskonzeption entwickelten Handlungsvorschlägen«, die *vierte Instanz* die »Rückmeldung über – möglicherweise auch intentionswidrige und fehlende – Effekte der (ggf. auch aus verschiedenen Gründen nicht wie intendiert geglückten) Umstrukturierung der Praxis an das Forschungsprojekt.« (Markard 2000, 234)

Dass der Forschungsprozess in jeder Instanz scheitern kann – z. B. weil Mitforschende die Deutungen und Vorschläge als nicht angemessen ansehen bzw. diesen Widerstand entgegen setzen oder weil sich die problematische Lebenspraxis nicht umstrukturieren lässt, wird – sozusagen als »Kehrseite« der Entwicklungsfigur – als *Stagnationsfigur* (SF) bezeichnet. Damit wird konzeptionell solchen Konstellationen Rechnung getragen, in denen z. B. zunächst ein Forschungsbündnis mit globalen gemeinsamen Interessen von Forschenden/Mitforschenden zustande kommt, dieses aber im Prozessverlauf aus zu analysierenden Gründen zerfällt. Auch Stagnationsfiguren können empirisch und theoretisch erkenntnishaltig sein, z. B. weil sie zeigen, dass bestimmte Deutungen nicht angemessen sind oder umgekehrt: welche Dichtepunkte in einem Handlungsmodus existieren, der die subjektiv als problematisch empfundene Konstellation mit aufrechterhält.

Mittlerweile ist die EF/SF konzeptionell erweitert worden, insbesondere um das Konzept der *Bedingungs-Bedeutungsanalyse* (BBA), mit dem die gesellschaftlich-sozialen Denk- und Praxisformen fassbar gemacht werden sollen, in denen individuelles Handeln sich vollzieht, und aus dem heraus es verständlich wird. Dies möchte ich am Beispiel meines Promotionsvorhabens kurz veranschaulichen, und damit auch exemplarisch zeigen, worin neben dem Praxisbezug der EF/SF ein weiterer kritischer Gehalt des dargestellten Forschungsansatzes besteht.

1.2. Veranschaulichung der EF(2): Antirassistische Bildungsarbeit

In einem Forschungsbündnis mit anderen Bildungsarbeiter/innen[4] werde ich versuchen, antirassistische/interkulturelle Bildungsarbeit weiter zu entwickeln. Ansatzpunkt sind in diesem »Anwendungsfall« der EF/SF Bildungspraxen als eine Form der professionellen *Handlungsfähigkeit* von Bildungsarbeiter/innen, die diesen selbst problematisch erscheinen, und an deren Weiterentwicklung sie interessiert sind. Die inhaltliche Stoßrichtung der Forschung besteht darin, diese Praxen (regelmäßig benutzte Bildungsmodule/-methoden inklusive der konzeptionellen Vorannahmen) auf immanente Widersprüche zu analysieren und auszuloten, welche konzeptionell weitergehenden Handlungs*möglichkeiten* nutzbar wären und was dem entgegen steht (*restriktive/verallgemeinerte* Handlungsfähigkeit).

An den Widersprüchen, in denen Bildungsarbeit sich bewegt, sind ausgehend von dieser Handlungsproblematik drei Dimensionen hervorzuheben: (1) Gesellschaftliche Kräfteverhältnisse in Bezug auf Rassismus/Rechtsextremismus, damit vermittelte (2) vorherrschende wissenschaftlich-didaktische Konzepte der antirassistischen/interkulturellen Bildungsarbeit sowie (3) Notwendigkeiten der individuellen Reproduktion. Die Klärung dieser Dimensionen resultiert aus der Rezeption gesellschafts- und erziehungswissenschaftlicher Debatten, auf die sich Bildungsarbeit bezieht, und aus einem umfangreichen Praxiswissen.[5] Im Rahmen subjektwissenschaftlicher Forschung haben derartige soziologisch-politikwissenschaftliche Analysen die Funktion einer *Bedeutungsanalyse*. Ausgehend von einer konkreten Handlungsproblematik wird ein Verständnis jener institutionell-gesellschaftlichen Verhältnisse entwickelt, aus denen die jeweilige Handlungsproblematik verständlich ist. Auf diese Weise können Hypothesen darüber formuliert werden, in welchen (widersprüchlichen) Konstellationen z. B. (eine als unzureichend empfundene) Bildungsarbeit (als professionelle Form von *Handlungsfähigkeit*) begründet ist. Scheitern, Unzufriedenheit etc. von Bildungsarbeiter/innen werden in der Kritischen Psychologie also nicht personalisierend als Resultat irgendwelcher Persönlichkeitsmerkmale, Eigenschaften oder mangelnder Kompetenz gedacht, sondern als Resultat der Tätigkeit in widersprüchlichen gesellschaftlich-sozialen Verhältnissen. Die *Bedingungs-Bedeutungs-Analyse* kann hier nur in ihrer Richtung angedeutet werden.[6]

Antirassistische und interkulturelle Trainings stellen einen wesentlichen Beitrag in der gesellschaftlichen Auseinandersetzung mit Rassismus/Rechtsextre-

4 Ich habe selbst für die *Mobile Beratung gegen Rechtsextremismus in Berlin* Bildungsarbeit in verschiedenen Zusammenhängen und Formen praktiziert (thematische Fortbildungen für Bürger/innen, Pädagog/innen oder antirassistische Trainings mit Jugendlichen etc.); einige der dabei gewonnenen Erkenntnisse über Grenzen und Entwicklungsmöglichkeiten der gegenwärtigen Bildungsarbeit im Feld Rechtsextremismus/Rassismus habe ich einfließen lassen in ein Argumentationstraining gegen rechts(extrem)e Parolen (vgl. Reimer/Köhler 2007)

5 Einzelverweise würden hier den Rahmen sprengen, gemeint sind Beiträge zum Komplex (Anti)Rassismus/Rechtsextremismus (Analysen, Beschreibungen, Einstellungsmessungen etc.) sowie Praxiswissen aus meiner Tätigkeit in einer der staatlich geförderten zentralen Maßnahmen (vgl. FN 4).

6 In Reimer (2007a, b i. E.) analysiere ich die widersprüchlichen Bedeutungskonstellationen, in denen antirassistische Bildungsarbeit sich bewegt, genauer.

mismus und Migration dar, insbesondere im Rahmen von Bundes- und Landesprogrammen[7], die in Reaktion auf die Gewaltförmigkeit und Verbreitung von Rassismus und Rechtsextremismus[8] aufgelegt wurden. Sie sollten[9] – in den neuen Bundesländern im Verein mit zentralen Maßnahmen wie Mobilen Beratungsteams, Opferberatungs- und Netzwerkstellen – zivilgesellschaftliche Kräfteverhältnisse zugunsten demokratischer Gegenmacht verschieben helfen.[10] Zugleich sind sie als staatlich regulierte Maßnahmen strukturell begrenzt: Rassismus/Rechtsextremismus sind – vielfältig vermittelte und widersprüchliche – ideologische Effekte der Durchsetzung des neoliberalen Projekts[11], folglich versuchen die staatlichen Instanzen Phänomene einzudämmen, die sie selbst (re)produzieren. Diese Widersprüchlichkeit schlägt ganz konkret in konzeptionell-didaktischen Grenzziehungen von Bildungsarbeit durch, jedenfalls dann, wenn sie von staatlichen Stellen finanziert werden soll – materialisiert z. B. in den jeweiligen Leitlinien der über die Vergabe von Fördermitteln entscheidenden Institutionen. Offensichtlich hängt hieran auch unmittelbar die dritte genannte Dimension, nämlich die persönliche Reproduktion von Bildungsarbeiter/innen über die Realisierung ihrer Ware Arbeitskraft (Bildungsarbeit als Dienstleistung). Insgesamt lässt sich sagen, dass eine Grenze dort verläuft, wo Zusammenhänge zwischen der Produktionsweise und Rassismus/Rechtsextremismus explizit thematisiert werden, also, wenn man so will, strukturelle und gesellschaftskritische Dimensionen angesprochen werden. Vor diesem Hintergrund stellt sich die Frage, inwieweit Bildungsarbeit der Tendenz nach widerständig in diese Kräfteverhältnisse interveniert, oder ob sie sich eingemeinden lässt. Diese Frage kann (hypothetisch) auf konzeptioneller Ebene beantwortet werden, in ihren konkret-vorliegenden und subjektiven Dimensionen (*Prämissen-Gründe-Zusammenhänge*), aber nur unter systematischer Beteiligung der mitforschenden Bildungsarbeiter/innen.

In den Schilderungen der EF/SF im SUFKI und in meinem Forschungsvorhaben sind eine Reihe von Termini aufgetaucht, die auf begriffliche Vorannahmen der Kritischen Psychologie über den Gegenstand (das Psychische) verweisen: Handlungsfähigkeit, Widerstand der »Betroffenen« gegen Deutungen, die Annahme, dass sie an der Aufrechterhaltung ihrer Praxisprobleme beteiligt sind, Bedingungs-Bedeutungsanalysen, Prämissen-Gründe-Zusammenhänge. Zwar wurde

7 Aktionsprogramm des Bundes *Jugend für Toleranz und Demokratie – gegen Rechtsextremismus, Fremdenfeindlichkeit und Antisemitismus*; Landesprogramme *Tolerantes Brandenburg, Respectabel-Berlin*

8 Vgl. Heitmeyer (2002-2007), Decker/Brähler (2006).

9 Das Folgende bezieht sich auf die Stoßrichtung des in FN 4 genannten, von der rot-grünen Koalition aufgelegten Bundesprogramms gegen Rechtsextremismus. Das derzeit anlaufende Programm der Großen Koalition nimmt einige Akzentverschiebungen vor (vgl. Reimer 2007b).

10 Vgl. Roth (2003: 14; Scherr 2003: 260).

11 In Österreich war der Rechtspopulismus bspw. ein Geburtshelfer des neoliberalen Projekts, in Deutschland formiert sich der Rechtsextremismus als Protest gegen sozialstaatliche Deregulierung und Prekarisierung von Arbeitsverhältnissen. Recht(sextrem)e Ideologeme ermöglichen es, die negativen Auswirkungen der neoliberalen Transformation von Lebens- und Arbeitsverhältnissen zu denken. Dies kann hier nicht weiter ausgeführt werden, vgl. Bathge/Spindler (2006).

ihre Bedeutung im Forschungsprozess meist veranschaulicht, dennoch geht aus der bisherigen Darstellung noch nicht hervor, wie sich die Kritische Psychologie von anderen psychologischen Ansätzen (in Forschung oder Berufspraxis) unterscheidet, etwa von systemischen oder tiefenpsychologischen Ansätzen. Deshalb soll nun ihr Gegenstandverständnis skizziert werden. Dabei sollte auch deutlich werden, wie die psychologische Problematik der Objektivierbarkeit des scheinbar Unzugänglich-Inneren in der Kritischen Psychologie gelöst wird, und wie die bisher eingeführten Aspekte der EF/SF mit dem begrifflichen Grundverständnis des Psychischen zusammen hängen.

2. Gegenstandsverständnis der Kritischen Psychologie

So, wie etwa marxistische oder modernisierungstheoretische Gesellschaftstheorien sehr unterschiedliche Antworten auf bestimmte grundlegende Fragen geben – z. B. wie die (Re)Produktion historisch konkreter gesellschaftlicher Verhältnisse und die Determinationsbeziehungen zwischen Ökonomischem, Kulturellem und Politischem zu denken sind –, so antworten auch konkurrierende psychologische Paradigmen grundsätzlich verschieden auf die Frage, wie die Reproduktion des individuellen Daseins im Verhältnis zu »äußeren Umständen« und wie die Beziehungen zwischen Handeln, Kognition, Emotion, Motivation zu begreifen sind.

Die Kritische Psychologie versteht unter »äußeren Umständen« das Ensemble der gesellschaftlichen Verhältnisse (bezieht sich also auf i.w.S marxistische Philosophie und Gesellschaftstheorie) und analysiert die Positionierung/Bewegungsweise der Einzelnen in ihm mit dem Begriff der *Handlungsfähigeit*, unter Bezug auf den auch psychische Funktionsaspekte wie Kognition, Emotion, Motivation sowie Dimensionen menschlicher Lebenstätigkeit wie Ontogenese oder interpersonale Beziehungen begrifflich ausgearbeitet werden.[12] Personale *Handlungsfähigkeit* bezeichnet das Movens und die Existenzbedingung menschlicher Lebenstätigkeit, »die Verfügung des Individuums über seine eigenen Lebensbedingungen ... in Teilhabe an der Verfügung über den gesellschaftlichen Produktions- und Reproduktionsprozess« (Holzkamp 1983: 241 f.). Aus psychologischer Perspektive ist dabei allerdings zu beachten, dass »die Gesellschaft dem Individuum nie in ihrer Totalität, sondern nur in ihren dem Individuum zugewandten Ausschnitten gegeben ist« (Markard, 2001: 1177), die als *Bedeutungen* gefasst sind.[13] Über (je nach Forschungsvorhaben) spezifische *Bedeutungen* setzen sich Individuen sinn-

12 Wenn im Folgenden von Handlungsweisen o. ä. gesprochen wird, sind die hiermit vermittelten Funktionsaspekte immer mitgemeint.

13 Im Rahmen konkreter Forschungsarbeiten ist ausgehend von der jeweiligen Handlungsproblematik (z. B. »Wie kann ich meine Bildungsarbeit verbessern?«) zu überlegen, welche institutionellen und gesellschaftlichen Dimensionen als beschränkende/ermöglichende relevant sind (»Kräfteverhältnisse in Bezug auf Rassismus/ Rechtsextremismus etc.«).

lich-praktisch in Bezug zu gesellschaftlichen Verhältnissen, und zwar im Sinne einer *Möglichkeitsbeziehung*: Gesellschaftstheoretisch betrachtet sind Bedeutungen »Inbegriff aller Handlungen, die durchschnittlich ... von Individuen ausgeführt werden (müssen), sofern der gesellschaftliche Produktions- und Reproduktionsprozess möglich ist (sein soll)« (Holzkamp, 1983: 234). Psychologisch – vom Standpunkt des Subjekts – betrachtet müssen sie eben ›nur‹ modal realisiert werden, daher »ist das Individuum ... in seinen Handlungen keineswegs festgelegt, es hat ... die ›Alternative‹, nicht oder anders zu handeln, und ist diesem Sinne den Bedeutungen als bloßen Handlungs*möglichkeiten* gegenüber ›frei‹.« (ebd.: 236, Herv. entf.)[14] Die Antwort auf die psychologische Frage, ob oder warum Einzelne bestimmte Handlungsmöglichkeiten (nicht) realisieren, kann vor diesem Hintergrund nicht aus äußeren Umständen abgleitet werden, denn es ist empirisch offen, welche der Handlungsmöglichkeiten auf welche Weise subjektiv wahrgenommen werden (Prämissen) und angesichts welcher subjektiven Interessen (Gründe) welche Handlungsweisen realisiert werden (vgl. Markard 2000: 235 f.). Sämtliche Handlungen, Denkweisen, Emotionen etc. sind über derartige Prämissen-Gründe-Zusammenhänge prinzipiell intersubjektivem Verstehen zugänglich – und damit »objektivierbar«. Unverständlichkeit bedeutet »lediglich«, diese (noch) nicht zu kennen.

Wenn Aspekte menschlicher Subjektivität (Handeln, Denken, Fühlen etc.) nur in der geschilderten Weise aus dem Zusammenhang subjektiver Interessen und der Art, wie Bedeutungen subjektiv wahrgenommen und »akzentuiert« werden, verständlich sind, dann kann auch deren wissenschaftliche Rekonstruktion nur in Kooperation mit den hierüber einzig Auskunftsfähigen, den Betroffenen selbst, gelingen. Dass die »Beforschten« in der EF/SF als Mitforschende quasi auf der Forschungsseite stehen, resultiert also »nicht aus irgendwelchen moralischen ... oder emanzipatorischen Gründen«, sondern weil ansonsten »die Spezifik des Gegenstandes ›menschliche Handlungsfähigkeit...‹ verloren geht« – im experimentellen Setting z. B., »indem ... der Bedeutungsbezug und die ›Begründetheit‹ menschlicher Handlungen als Vermittlungsinstanzen zu den objektiven gesellschaftlichen Lebensbedingungen eliminiert werden bzw. in der ›black box‹ zwischen fremdgesetzten Bedingungen und dadurch ›bedingten‹ Aktivitäten verschwindet.« (Holzkamp 1983: 540 f., Herv. entf.) Das intersubjektive Beziehungsniveau zwischen Forscher/innen und Mitforschenden ist eine methodologische Konsequenz, die sich aus dem Begriff des Psychischen ergibt. Entsprechend müssen psych(olog)ische Problematiken auch im *Begründungsdiskurs* verhandelt

14 Die Parallele zu konstruktivistischen Handlungstheorien ist evident, findet aber ihre Grenze dort, »wo gesellschaftliches Handeln von den sinnlich-stofflichen Aspekten sowohl des Akteurs als auch des gegenständlichen Kontextes abgehoben und zu reinen kommunikativen Akten subjektiv-intersubjektiver Stiftung und Auslegung von lebensweltlichem Sinn sublimiert wird. ... Individuelle Subjektivität ... wird [dann, KR] ›voluntaristisch‹ in ›Freiheit‹ von jenen materiellen gesellschaftlichen Verhältnissen ... unterstellt, die doch Singgebung und subjektive Bedeutungserfassung objektiv formieren.« (Maiers 1996: 171)

werden. Damit ist gemeint, dass wissenschaftliche Theorien so gebildet werden müssen, dass der Standpunkt des Subjekts in ihm aufgehoben ist. Die Perspektive der Forschenden fällt mit derjenigen der »Beforschten« zusammen. Gegenstand der Theoriebildung ist nicht das Subjekt, sondern »die Welt, wie jeweils ich sie erfahre, als Fluchtpunkt meiner möglichen Verständigung mit anderen darüber, was dieser oder jener Weltaspekt für uns bedeutet und welche Handlungsmöglichkeiten ... sich daraus ergeben.« (Holzkamp 1991: 12 f.).[15,16]

Allerdings ist mit all dem keinesfalls gemeint, dass Prämissen-Gründe-Zusammenhänge den Betroffenen schlicht bekannt oder bewusst sind, (sonst wäre ein Forschungsprozess auch überflüssig). Auch nicht gemeint ist, dass das, was die Mitforschenden über ihre Gründe sagen, unhinterfragt als »wahr« oder unproblematisch hingenommen wird, denn »[d]as Individuum kann in seinen subjektiven Möglichkeiten ... hinter den in den Bedeutungen gegebenen Möglichkeiten/Möglichkeitserweiterungen der Handlungsfähigkeit zurückbleiben, es kann sich aber auch über das Ausmaß und die Art der real gegebenen Möglichkeiten täuschen etc.« (Holzkamp 1983: 368) Damit möchte ich zur oben angerissenen Frage zurückkommen, in welchem Sinne in kritisch-psychologischer Forschung davon ausgegangen wird, dass die Betroffenen an der Aufrechterhaltung jener Konstellationen beteiligt sind, aus denen ihr Leid/ihre Probleme resultieren.

2.1. Macht – Ideologisches – Unbewusstes

Das existentielle Dilemma oder besser: die psychische Grundproblematik wird in der Kritischen Psychologie mit dem Begriff der *restriktiven Handlungsfähigkeit* gefasst.[17] Er ist eine psychologische Spezifizierung der ideologietheoretischen Problemstellung, dass Herrschaft nicht nur durch Gewalt und direkten Zwang, sondern wesentlich über die »Zustimmung« auch der Subalternen reproduziert

15 Dieser der Spezifik des Psychischen angemessene Modus wissenschaftlicher Forschung und Theorienbildung wird in experimentellen Settings systematisch suspendiert, indem Handeln (Denken, Fühlen etc.) »in den Bedingtheitsdiskurs gestellt, d. h. als Resultat kausaler Einwirkungen der Außenwelt betrachtet« (Holzkamp 1991: 12) wird. Aber auch »qualitative« Forschung kann am Gegenstand vorbei forschen, etwa indem sie subjektive Sinneinheiten in Typologien auflöst, oder »Einstellungen«, »Persönlichkeitsmerkmale« o.ä. identifiziert (vgl. Abschnitt zur Verallgemeinerbarkeit).

16 Nicht gemeint ist eine konkrete Identität von Perspektiven/Sichtweisen, z. B. zwischen mir und Rechtsextremen. Wohl gemeint ist aber, dass ich deren Denken und Handeln nicht irrationalisiere, sondern beides gedanklich unter Bezug auf entsprechende soziologisch-psychologische Theorien als in historisch-konkreten Bedeutungskonstellationen subjektiv begründete Lebensweise »verstehe« (vgl. FN 11). Mit Bezug zu Fragestellungen, die die Ontogenese betreffen, ist entscheidend, dass diese als Entwicklung *zur Handlungsfähigkeit* verstanden (vgl. Holzkamp 1983: 417 ff.) und nicht isoliert, sondern eingebettet in die Kind-Erwachsenen-Koordination gedacht wird (vgl. Ulmann 1999). Beschränkte Auskunftsfähigkeit (von Kindern, Behinderten oder Traumatisierten) suspendiert aber nicht die Vorstellung, dass auch deren Handeln, Fühlen etc. sich im Modus subjektiver Begründetheit vollzieht.

17 Im Folgenden wird auch skizziert, wie mit der Situierung individueller Lebenstätigkeit im Ensemble der gesellschaftlichen Verhältnisse eine Reinterpretation Freudscher Konzepte wie dem des Un-/Vorbewussten einhergeht. Vgl. Osterkamp (1990: 184 ff.), Holzkamp (1983: 376 ff.), Aumann (2003).

wird.[18] Dass dies im Großen und Ganzen so ist, muss (und kann wohl) hier ohne weitere Ausführungen gesellschaftstheoretisch vorausgesetzt werden. Aus psychologischer Perspektive gilt jedoch: »Dass dieses ›Einverständnis‹ im konkreten Fall widerspruchslos erfolgt, ist nicht vorhersagbar – ob, wie und warum die Individuen widerspruchslos oder widerständig agieren, ist eine i. e. S. psychologische Fragestellung und sie ist empirisch offen.« (Schmalstieg 2006: 9) Allerdings bietet eine gesellschaftskritische/ideologietheoretische Auffassung von »gesellschaftlichen Verhältnisse[n] in ihren politisch-ideologischen Organisationsstrukturen« (Holzkamp 1983: 363) den bedeutungsanalytischen Hintergrund, vor dem diese psychologische Problematik gefasst wird[19]: »Indem die Individuen ihr alltägliches Leben in ... so bestimmten Handlungs-, Beziehungs- und Denkmöglichkeiten bewältigen, reproduzieren sie mit der eigenen Existenz gleichzeitig die bürgerlichen Klassenverhältnisse als deren unbefragter Voraussetzung.« (ebd.: 364) Beispielsweise kann ich der Auffassung sein, dass Studiengebühren ein Instrument sind, über das Ungleichheit (in Bezug auf »bildungsferne« Schichten, Frauen, Migrant/innen etc.) hergestellt wird, dennoch muss ich sie bezahlen, um nicht exmatrikuliert zu werden. Oder: Ich kann der Auffassung sein, dass die kapitalistische Produktionsweise überwunden werden müsste, bin aber gezwungen, ihre Denk- und Praxisformen tagtäglich zu reproduzieren – etwa indem ich meine Lebensmittel in der Warenform aneigne, meine Arbeitskraft in der Lohnform realisiere etc. Gleichzeitig enthalten Bedeutungen aber »auch Handlungs- und Denkmöglichkeiten über die bürgerlichen Formen hinaus«, z. B. »Möglichkeiten des unmittelbar-kooperativen Zusammenschlusses zum Widerstand gegen die Fremdbestimmtheit« (ebd). Beispielsweise kann ich dem Mechanismus der Produktion von Ungleichheit über Studiengebühren Widerstand entgegen setzen, indem ich mich an der Mobilisierung von Kampagnen beteilige.

Wenn auf diese Weise zwar nachvollziehbar ist, dass und wie Formen restriktiver Handlungsfähigkeit »begründet« sein können, muss doch angesichts der Annahme, dass Menschen sich nicht bewusst schaden, angenommen werden, dass diese eben i. d. R. nicht bewusst sind, sondern vielmehr Prozesse der »›Verdrängung‹, Leugnung, Dissoziation, Mystifizierung« (ebd.: 379, Herv. entf.) implizieren, wobei »in den dazu herausgebildeten ›Techniken‹ und ›Mechanismen‹ nicht nur die Resultate der Realitätsausklammerung, sondern auch diese selbst ›unbewusst‹ gemacht und gehalten werden« (ebd.: 380, Herv. entf.). Dynamisch Unbewusstes und Ideologisches stehen insofern nicht jenseits des *Begründungsdiskurses*, sondern sind selbst in seinem Rahmen zu verhandeln.[20]

18 Das angesprochene Verständnis von Ideologie/Ideologischem kann hier nicht ausgeführt werden. Vgl. dazu Rehmann (2004).

19 Bei Holzkamp (1983) durchkreuzen sich verschiedene Vorstellung vom Ideologischen, die m. E. teils problematisch sind, insbesondere dort, wo sie nahe legen, im Kurzschluss zwischen Individuum und Gesellschaft eine Verantwortlichkeit der Einzelnen für die Verhältnisse anzunehmen. Dies hat insbesondere auch Konsequenzen für die kritische Durcharbeitung von antirassistischer Bildungsarbeit, in der in Teilen ein problematischer Moralismus vorherrscht. Diese Problematik werde ich am Beispiel der Debatten um Konzepte aus dem Critical-Whiteness-Diskurs ausarbeiten (vgl. Reimer 2007b, i. E.).

Vor diesem Hintergrund meint die Differenzierung in *restriktive/verallgemeinerte Handlungsfähigkeit* eine in konkreten Forschungsprozessen zu verfolgende doppelte Fragerichtung: Die Begriffe orientieren einerseits darauf, konkrete Begründungszusammenhänge von Lebensproblematiken aufzuhellen, an deren Aufrechterhaltung die Betroffenen beteiligt sind (»Problemtheorien«), andererseits ist immer auch auszuloten, welche Möglichkeiten und Grade »in Richtung auf« die praktische Aufhebung von machtvermittelten Bedeutungskonstellationen vorhanden sind (»Lösungstheorien«).[21]

Vor diesem Hintergrund wird auch verständlicher, warum in EF/SF auch die Problem- oder Lösungstheorien mit den Betroffenen *zu verhandeln* sind und warum mit konkurrierenden Deutungen und »Widerstand« seitens der Mitforschenden zu rechnen ist: Problematische Handlungsweisen sind mit problematischen Sichtweisen auf die eigene Lebenssituation verbunden und, soweit sie zu Routinen verdichtet sind, bedroht eine alternative Deutung ein erreichtes Niveau von Handlungsfähigkeit. Soll aber eine EF realisiert werden, d. h., tatsächlich auch auf der Grundlage von Problem-/Lösungstheorien die eigene problematische Lebenspraxis umstrukturiert werden, müssen diese von den Betroffenen als *plausibel* zueigen gemacht werden.[22] Damit möchte ich zur Frage nach dem Verhältnis von Theorien und Daten übergehen, das ersichtlich eine entscheidende Rolle im Verständigungsprozess zwischen Forscher/innen und Mitforschenden (und darüber hinaus: in der Debatte um wissenschaftliche Gütekriterien) über Problem-/Lösungstheorien spielt.

3. Datenbezug von Theorien: Nachvollziehbarkeit und empirische Verankerung

Aus dem geschilderten begrifflichen Verständnis des Psychischen hat sich als weitreichende methodologische Konsequenz ergeben, dass psychologische Theorien »einer empirischen Prüfung [i.S. einer Falsifizierung, KR] weder bedürftig noch fähig sind.« (Markard 2000: 240) Dies aus dem Grunde, dass Voraussetzung einer solchen empirischen Prüfung eine Aussageform in Bezug auf real kontingente Ursache-Wirkungs-Zusammenhänge ist.[23] Bei solchen Zusammenhängen »[erlaubt] die Kenntnis der Ausgangsbedingungen ›Vorhersagen‹ über die dadurch ›bedingten‹ [Verhaltens]effekte, die (mittels Ableitung/Realisierung von

20 Damit ist bspw. auch ausgeschlossen, rassistisches Denken/Handeln als ›irrational‹ aufzufassen, weil diese Sicht selbst auf einem Rationalitätsbegriff beruht, der mit dem Konzept der (ideologischen, restriktiven) Handlungsfähigkeit überwunden ist.

21 Vgl. hierzu auch Holzkamp (1990).

22 Geschieht dies nicht, nähme die Forschung den Verlauf einer Stagnationsfigur an.

23 Vgl. zur Frage des Verhältnisses von Begriffen und empirischen Daten Markard (1988), zur Diskussion von Theorien und empirischen Daten auch mit nicht-kritisch-psychologischen Fachvertretern: Forum Kritische Psychologie 43.

experimentellen Wenn-Dann-Hypothesen, d. h. der ›operationalen‹ Fassung des theoretischen Zusammenhangs in Termini von ›unabhängigen‹ bzw. ›abhängigen Variablen‹) ... sich ›bestätigen‹, oder ›nicht bestätigen‹ (mithin an der Realität scheitern können).« (Holzkamp 1986: 30, Herv. entf.) Anders als real kontingente haben implikative Zusammenhänge und entsprechende Wenn-Dann-Aussagen einen grundlegend anderen Datenbezug. Die implikative Aussage »Wenn diese Tür rot ist, dann ist sie nicht weiß« bedarf ersichtlich keiner Prüfung an Daten, wohl aber kann eine konkrete Tür ein Beispiel für diesen Zusammenhang sein (vgl. auch fürs Folgende: Markard 2000: 239 ff.). Ähnlich verhält es sich aber auch mit psychologischen Theorien (Prämissen-Gründe-Zusammenhänge und datengegründete Theorien über Bedeutungskonstellationen). Beispielsweise ist der Zusammenhang, auf den sich die Aussage »wenn es kalt ist, zieht man sich warm an« (vgl. auch fürs Folgende: Holzkamp 1987) nicht kontingent, sondern am Maßstab subjektiver Interessen »logisch«, eben implikativ: »Wenn es kalt ist und man nicht frieren will, wählt man vernünftigerweise wärmere Kleidung«. Entscheidend ist nun, dass der implikative Charakter sich »auf das vom Individuum *konstituierte* Verhältnis von Handlungsprämissen und Handlungsintention« (Markard 2000: 243, Herv. K. R.) bezieht. »Empirisch offen dagegen ist ›auf der einen Seite‹ das Verhältnis von Handlungsprämissen und Bedingungen, aus denen erstere herausgegliedert werden, und ›auf der anderen Seite‹, ob bzw. welche Handlungen aus der Handlungsintention folgen.« (ebd.) Theorien über realisierte Prämissen-Gründe-Zusammenhänge sind also (anders als Tautologien oder rein begriffs-logische Implikationen) *empirisch informativ*, haben aber auch in Bezug auf diese entsprechenden Datenaspekte keinen Prüf-, sondern einen Anwendungsbezug: »Es hängt nicht von den ›empirischen‹ Verhältnissen ab, wie weit die ›theoretische‹ Bestimmung ›bewährt‹ ist, sondern es hängt von der ›Begründungstheorie‹ als implikativer Struktur ab, welche Art von empirischen Verhältnissen zu ihrem ›Anwendungsfall‹ taugen« (Holzkamp 1987: 31). Um im o. g. Beispiel Kälte/Kleidung zu bleiben: Würden bestimmte Beobachtungsdaten ergeben, dass Leute sich bei Kälte nicht warm anziehen, wäre damit die o.g. Theorie nicht widerlegt, sondern die Daten wären kein Anwendungsfall dieser Theorie, sondern etwa derjenigen: »Wenn es kalt ist, und man sich abhärten ... will, wählt man vernünftigerweise keine wärmere Kleidung« (vgl. Holzkamp 1987: 34).

Mit all dem soll hier allerdings keiner wissenschaftlichen Beliebigkeit der Theorienbildung das Wort geredet werden.[24] Ganz im Gegenteil wurden für die empirische Verankerung und Nachvollziehbarkeit psychologischer Theorien Konzepte entwickelt, mit denen die Qualität der Daten kritisch geprüft und ihre Funktion in der Theoriebildung ausgewiesen werden kann (und muss): Datenfunktionen und Beobachtungsmodalitäten (vgl. Markard 1985: 109 ff.; 2000: 238). Zudem

24 Auch in der Kritischen Psychologie wurde lange Zeit von einem möglichen Prüfbezug im Rahmen der EF ausgegangen, diese Auffassung ist aber mittlerweile revidiert (vgl. Markard 2000: 239 ff.).

schützt die begriffliche Differenzierung zwischen Hypothesen über in konkreten Bedeutungskonstellationen liegende mögliche Prämissen-Gründe-Zusammenhänge (PGZ) und tatsächlich vorliegenden Prämissenakzentuierungen und Interessen davor, den Mitforschenden hypothetische als faktische PGZ unterzuschieben. Beides möchte ich am Beispiel von konkretem Datenmaterial verdeutlichen.

3.1. Veranschaulichung von Konzepten zur empirischen Verankerung von Theorien[25]

Anfang bis Mitte der 2010er Jahre war ich an der Konzeptualisierung, Durchführung, Auswertung und Dokumentation von drei Kommunalanalysen in Berlin und Brandenburg beteiligt. Gegenstand und Ziel dieser Studien war es, die Untersuchungsräume (Landkreise bzw. Bezirke) im Hinblick auf die Ausprägung von Rechtsextremismus, Rassismus und Antisemitismus zu beschreiben, sowie die Qualität demokratischen Engagements gegen Rechtsextremismus etc. zu bestimmen. Schließlich sollten auch Empfehlungen über sinnvolle demokratische Gegenstrategien ausgesprochen werden. Die Studien beruhten auf Internet- und Medienrecherchen sowie jeweils rund 100 leitfadengestützten (teilstandardisierten)[26] qualitativen Interviews sowie Beobachtungsprotokollen.

Ich möchte in diesem Zusammenhang[27] v. a. auf die Qualität und Bedeutung der verbalen Daten für die Theoriebildung (Beschreibung/Bewertung) eingehen und die Diskrepanz zwischen bedeutungsanalytischer und subjektwissenschaftlicher Forschung, also der Rekonstruktion von Prämissen-Gründe-Zusammenhängen, veranschaulichen.

Die Auswertung der verbalen Daten wurde strukturiert durch ein bestimmtes Vorwissen über den Gegenstand – in dieser Darstellung begrenzt auf Erscheinungs- und Wirkungsweisen rechtsextremer Strukturen im kommunalen Raum –, das auf wissenschaftlichem und Praxiswissen, der Auswertung der Internet- und Medienrecherchen (Verfassungsschutzberichte, Presse, rechtsextreme Homepages u. ä.) sowie Expert/innen-Gesprächen (z. B. mit antifaschistisch Engagierten, Polizei, Jugendgerichtshilfe) beruhte. Demnach konnten wir – sehr verkürzt gesprochen (damals, mittlerweile hat sich die Organisationsstruktur der Rechtsextremen erneut gewandelt)[28] – davon ausgehen, dass im Untersuchungsraum rechtsextreme Kameradschaften aktiv waren, deren Ziel es war, nicht unmittelbar parlamentari-

25 Die folgende Darstellung bezieht sich auf das Vortragsmanuskript Reimer/Schmalstieg (2002), in dem wir v. a. versucht haben, die geschilderte Forschung als empirische Bedeutungsanalyse zu rekonstruieren, sowie Reimer (2006), in dem ich versucht habe, kritisch-psychologische Forschung als gegenstandsangemessene Form von Evaluationsforschung auszuführen.

26 In der Definition von Hopf (2000: 351).

27 Andere Aspekte wie die Dokumentation von Daten, Explikation des Gegenstandsverständnisses etc., die teilweise unter dem Aspekt vom ›qualitativen‹ Gütekriterium der Nachvollziehbarkeit diskutiert werden (Steinke 2000), wurden beachtet und sind auch Voraussetzung kritisch-psychologischer Forschung wie z. B. dem SUFKI oder der Praxisforschung im Ausbildungsprojekt subjektwissenschaftliche Berufsforschung (vgl. FN 3).

28 Vgl. Mobile Beratung gegen Rechtsextremismus et al. (Hg.) (2006).

sche Macht zu erringen, sondern im so genannten vorpolitischen Raum hegemoniefähig zu werden bzw. soziale Dominanz auszuüben.

Gegenstand der weiteren Interviews mit Akteuren aus Schule, Jugendarbeit, (Sport-)Vereinen, Kirche, Parteien etc. war es herauszufinden, inwieweit sich deren Bestrebungen in diesen Institutionen und in der Öffentlichkeit niederschlugen, was also in der Realität unterhalb der Wahrnehmungsschwelle staatlicher/Repressionsbehörden sich abspielt. Dieser Punkt war also *empirisch offen*.

Die übergeordneten Leitfragen der Interviews bestanden darin, die Interviewten zu bitten zu schildern, ob und welche Ereignisse mit rechtsextrem Hintergrund aus ihrer Sicht in der jeweiligen Institution, am Ort und in der Region wahrnehmbar sind. Zudem wurden sie ggf. auch gebeten zu schildern, welche Präventions-Maßnahmen jeweils ergriffen wurden.

Am Beispiel von zwei Materialstücken will ich zunächst verdeutlichen, wie Aussagen der Interviewten ausgewertet wurden und wie sie mithilfe des Konzepts der Beobachtungsmodalitäten kritisch eingeschätzt werden können.

Materialstück 1
Frau X teilt mit, dass in der Institution Y Kataloge vom rechtsextremen Patria-Versand aufgetaucht sind; dass es ein, zwei Personen gebe, die sich »als Anführer aufspielen«, die »die ganze Sache lenken«; die paar anderen seien bloß dumme Mitläufer; ab und an gebe es schon Hakenkreuzschmierereien, und es seien auch rechtsextreme Schriften verteilt worden. Insgesamt sei Rechtsextremismus aber »kein gravierendes Problem« in der Institution.

Materialstück 2
Herr Y teil in Bezug auf die Institution X mit: »Also, als Phänomen bezeichne ich es [Ereignisse o. ä. mit rechtsextremem Hintergrund] noch nicht. Ich muss allerdings einschränkend sagen, jüngere Kollegen sehen das etwas anders als ich [...]. Ich sage mal ganz salopp: Nicht jeder, der kurze Haare oder ne Glatze hat, ist ein Rechter. Und da gibt es manchmal, und da bin ich auch bemüht mit den Kollegen ins Gespräch zu kommen – ›die mit ihren Glatzen, die Rechten‹, diese Formulierung hört man von Lehrerinnen oder von Lehrern. Und ich frage: ›Wieso ordnest du die denn rechts ein?‹ ›Naja, ich brauch doch bloß die Glatze sehen.‹ Oder, oder, irgendwo aufm Hefter hatter mal n Hakenkreuz gehabt, nich, was man ja praktisch an jeder Hauswand sieht, und manche werden son Hakenkreuz da hinzaubern, weil se gar nicht wissen, was das ist, die Jüngeren... [ ]. Ich möchte jetzt allerdings nicht verharmlosen, das ist das nächste. Ich sehe es nicht so extrem, aber es gibt Tendenzen. [ ] Es gibt allerdings auch junge Leute, das habe ich zumindest gehört, die auch schon hier oder da organisiert sind. [ ] und heute rief ein Vater an, dass er hier zwei Schüler unterbringen will aus Südafrika ... Ich sage Herr Sowieso, verstehen Sie das bitte nicht falsch. Ich frage, wenn Sie jetzt zwei Schüler aus Südafrika bringen, bewusst, sind das Farbige. Da sacht er, damit habe

ich schon gerechnet Herr Y, dass sie das fragen, das sind keine Farbigen. Ich sage, dann könnte vielleicht ein Problem entstehen, weil wir noch nie einen farbigen Schüler [hier] hatten, man weiß es nicht. Tja zu dieser rechten Szene [ ] Jemand sachte mir mal, da erscheint so ein Auto und verteilt irgendwas [ ].«

Auswertung

Je nach Forschungsinteresse und begrifflich-theoretischem Rahmen wird man diese Passagen ganz unterschiedlich auswerten. Unser primäres Interesse bestand darin, mehr Informationen über die Ausprägung von Rechtsextremismus vor Ort zu gewinnen (*empirische Bedeutungsanalyse*). In dieser Hinsicht kann unter Bezug auf das angedeutete Vorwissen folgendes angenommen oder vermutet werden:

- rechtsextreme Jugend*kultur* ist in der Einrichtung normaler Bestandteil;
- es herrscht ein soziales Klima, in dem der Schutz von potenziellen Opfern rechtsextremer Gewalt(androhung) nicht gewährleistet ist;
- ggf. existieren Hierarchien zwischen rechtsextrem(orientiert)en Jugendlichen;
- von außen wird rechtsextremes Propagandamaterial in die Institution getragen;
- gegebenenfalls haben Jugendliche also Kontakt zu älteren organisierte(re)n Rechtsextremen.

Alle genannten Informationen bleiben aber unterhalb eines wirklich »belastbaren« Datenbezugs, wie sich durch Prüfung der *Beobachtungsmodalitäten* zeigen lässt; mit diesem Konzept kann die Datenqualität genauer erfasst werden. Unter den Modus der Realbeobachtung »fallen Daten, die sich der unmittelbaren Beteiligung des Berichtenden am berichteten Ereignis verdanken« (Markard 1985: 112) bzw. Daten, die die Berichtende aus eigener Kenntnis der direkt Beteiligten benennt. In der wiedergegebenen Passage hätte die Interviewerin die Berichte auf den Modus hin abklopfen können, etwa durch die Nachfragen: Haben Sie diese Dinge selbst beobachtet? Wer hat sie beobachtet? Wann/wie oft, wo sind Hakenkreuze aufgetaucht? Um was für eine Schrift handelte es sich? Was wurde aus dem Auto heraus verteilt? Wer saß in dem Auto – organisierte Rechtsextreme? Haben Jugendliche aus der Institution Kontakt zu ihnen? Wer gehört zum Kern? Wer ist Mitläufer/Sympathisant? Wie stellt sich die Situation aus der Sicht von Minderheiten-Angehörigen wirklich dar?

Durch diesen Interviewerinnenfehler bleiben die Daten im *Modus der allgemeinen Beobachtbarkeit:* »Dieser Modus ist dadurch definiert, dass er, sofern Zweifel an der allgemeinen Beobachtbarkeit des Gesagten angemeldet werden, jederzeit in den Modus der Realbeobachtung überführt werden kann.« (ebd.)[29] Eine andere Möglichkeit, einige der Schilderungen im Modus der allgemeinen

29 Im hier diskutierten Forschungszusammenhang hängt die Qualität der Daten nicht nur von den Interviewer/innen ab, sondern auch dem Grad der Kenntnisse über rechtsextreme Gruppen/Parteien, Versände/Labels, Bands etc. seitens der Interviewten – zusammengefasst: Von deren Wahrnehmungs- und Deutungskompetenz in Bezug auf rechtsextreme Phänomene (vgl. für vorausgesetztes Gegenstandswissen für den Umgang mit Rechtsextremismus in der Jugendarbeit (Reimer/Klose et al. 2006).

Beobachtbarkeit in »belastbarere« Daten zu überführen wäre die Frage gewesen, ob das Exemplar der Schrift eingezogen und für die Interviewerin einsehbar wäre oder ob Fotos von den Schmierereien gemacht wurden; solche Datensorten werden als Modus der Objektivation bezeichnet.

Im Hinblick auf die zweite übergeordnete Fragestellung, wie es nämlich um die Interventionsfähigkeit der verantwortlichen demokratischen Akteure bestellt ist, konnten aus dem Datenmaterial begründete Beschreibungen herausgearbeitet werden. In Bezug auf die Passagen des Herrn Y etwa wie folgt:

- Rechtsextremismus unter Jugendlichen wird als ein auf minimale Trägergruppen begrenztes Problem angesehen, nicht als eines des sozialen Klimas, das Anpassungsdruck auf Jugendliche ausübt und eine Gefahr für Minderheiten darstellt;
- Anstatt jene zu unterstützen, die dem Problem eine gewisse Aufmerksamkeit entgegen bringen, wird deren Engagement nicht gewürdigt;
- Der Bildungs- und Aufklärungsauftrag der Institution wird nicht wahrgenommen.

Letztlich wurden aus dem Datenmaterial unter diesem Auswertungsgesichtspunkt problematische wie sinnvolle Wahrnehmungs-/Umgangsweisen herausgehoben. Solche bedeutungsanalytischen Aussagen (diese und jene Handlungs-/Denkmöglichkeiten werden im Untersuchungsraum realisiert) enthalten aber keine Aussagen über subjektive Prämissen-Gründe-Zusammenhänge. Letztere würden erst in EFen mit einzelnen Akteuren auftauchen.

Eine (kollektive) EF/SF in Bezug auf die o. g. Institution kann man sich etwa so vorstellen: Die Institution lädt die Autor/innen der Kommunalanalyse ein, über ihre Ergebnisse zu berichten. In Überschreitung der Perspektive einzelner Interviewter wird dargestellt, dass in der örtlichen Jugendszene auch rechtsextrem konnotierte Stile und Denkweisen ›angesagt‹ sind und dass rechtsextrem Organisierte versuchen, auf dieses Milieu zuzugreifen, um einzelne Jugendliche stärker einzubinden und zu rekrutieren. Diese Einschätzung wird durch konkrete Beispiele rechtsextremen Lifestyles, kursierender rechtsextremer Musik, der damit transportierten rechtsextremen Weltbilder sowie Benennung der im Hintergrund agierenden rechtsextremen Organisationen veranschaulicht. Ggf. bildet sich eine Gruppe von Zuständigen, die sich gemeinsam überlegen wollen, wie sie in ihrem Handlungsfeld präventiv und intervenierend tätig werden können (Übernahme der Problembeschreibung/Deutung und subjektive Handlungsbereitschaft). Eine mögliche (inter)subjektive Erkenntnis über Prämissen-Gründe-Zusammenhänge in dieser Konstellation wäre: »Bisher habe ich mich gar nicht um das Problem Rechtsextremismus in meiner Institution gekümmert, weil ich es wegen fehlenden Wissens nicht wahrgenommen oder unterschätzt habe«. Gemeinsam wird dann überlegt, welche Formen der Präventionsarbeit sinnvoll wären. Beispielsweise wollen die Akteure argumentativ auf »rechte Positionen« reagieren (können). Im Zuge der mehrteiligen Fortbildungen und Diskussionen zu rechtsextremen Weltbildern stellt sich für manche z. B. heraus, dass sie doch nicht finden, »dass die Jungs ganz vernünftige Positionen vertreten«[30]. So wird retrospektiv verständlich, dass die Akteure bisher nicht auf »rechte Parolen« reagiert haben, »weil ihnen die Implikationen dieser Denkweisen nicht klar waren«. Auf dieser Grundlage wird dann nach einiger Zeit mit den Akteuren diskutiert, wie weit sie argumentativ in der Auseinandersetzung mit den Jugendlichen gekommen sind, auf welche Schwierigkeiten sie gestoßen sind usw.

Vor diesem Hintergrund mag vielleicht auch deutlich geworden sein, dass es in kritisch-psychologischer Praxisforschung nicht darum geht, Einzelne in Schubladen zu packen (»XY ist ein restriktiver Typ«), sondern problematische Handlungs- und Denkweisen auf ihre Begründungszusammenhänge hin zu analysieren und subjektive Möglichkeitsräume analytisch und praktisch zu eröffnen.

4. Verallgemeinerbarkeit – praktische Subsumtion unter PGZ/Bedeutungsanalysen

Generell gilt, dass die Analyse von konkreten PGZ sich auf einen Einzelfall bezieht; es sind dessen Spezifikationen (empirisch offener Zusammenhang zwischen Bedingungen-Prämissen und Gründen-Handlungen), die subjektwissenschaftlich interessant sind. Von daher stellt sich die Frage der Verallgemeinerung von gewonnenen Erkenntnissen hier nicht zwangsläufig. Allerdings ist Kritische Psychologie damit keine Spielart idiographischer Psychologie, ihre Aussagen über Zusammenhänge restriktiver/verallgemeinerter Handlungsfähigkeit sind vielmehr prinzipiell verallgemeinerb*ar*, und zwar in dem Sinne, dass andere Menschen in ähnlichen Problemkonstellationen sich denkend und praktisch als »Fall von« den angesetzten Zusammenhängen verstehen (Problem-, Lösungstheorien). Ebenso sind Bedeutungsanalysen, die in einem konkreten Forschungszusammenhang gewonnen wurden, potenziell relevant für andere, die sich in ähnlichen institutionellen Verhältnissen bewegen. Beispielsweise kann es sein, dass auch Bildungsarbeiter/innen, die nicht an dem konkreten Forschungsprojekt beteiligt sind, die angerissenen und noch zu konkretisierenden Analysen über die gesellschaftlich-sozialen Widersprüche, in denen Bildungsarbeit sich realisiert, für ihre Arbeitssituation als einschlägig erachten.[31]

30 Dies meinte ein Interviewter in Bezug auf Aussagen von zwei rechtsextrem-orientierten jungen Männern.

31 Vgl. zur Unterscheidung dreier wissenschaftlicher Verfahren der Universalität/Verallgemeinerung psychologischer Theorien Markard (1993).

5. Fazit

Ich habe in dieser Einführung in kritisch-psychologische Forschungskonzepte versucht nachvollziehbar zu machen, welche method(olog)ischen Konsequenzen sich aus einem dem Anspruch nach psychologieimmanent- und gesellschaftskritischen Gegenstandsverständnis ergeben. Wesentlich erscheint mir, dass dieser Forschungsansatz unter Beibehaltung der sich aus der relativen Distanz zu unmittelbaren Praxiszusammenhängen verdankenden kritischen Funktion von Wissenschaft versucht, in problematische Lebensverhältnisse einzugreifen – ohne dabei den Anspruch auf ausweisbare Gütekriterien aufzugeben.

Die dargestellten Forschungskonzepte sind dabei nicht als Dogma in dem Sinne zu verstehen, dass psychologische Forschung nur dann kritisch ist, wenn sie so und nicht anders realisiert wird. Auch Kritische Psycholog/innen müssen sich in einem Wissenschaftsbetrieb (und Berufsfeldern) behaupten, die gegenläufigen wissenschaftstheoretischen und methodologischen Kriterien gehorchen. Vor diesem Hintergrund haben die methodologischen Konzepte und Begriffe die Funktion, theoretisches und empirisches Wissen daraufhin zu befragen, welche relevanten Erkenntnisse in ihnen enthalten sind, und dafür zu sensibilisieren, welche Gegenstandsreduktionen in experimentell, statistisch oder qualitativ erhobenem Datenmaterial enthalten sind, welche Konsequenzen dies für die Qualität der Daten und die (Grenzen) ihrer subjektwissenschaftlichen Interpretation hat.

Literatur

Aumann, Gerlinde: Kritische Psychologie und Psychoanalyse. Historisch-subjektwissenschaftliche Analyse zum Geschlechterverhältnis, Hamburg 2003.

Bathke, Peter/Spindler, Susanne (Hrsg.): Neoliberalismus und Rechtsextremismus in Europa, Berlin 2006.

Decker, Oliver/Brähler, Elmar: Vom Rand zur Mitte. Rechtsextreme Einstellungen und ihre Einflussfaktoren in Deutschland. (Hrsg.) Friedrich Ebert Stiftung, Berlin 2006.

Heitmeyer, Wilhelm: Deutsche Zustände. Folgen 1-5, Frankfurt am Main 2002-2007.

Holzkamp, Klaus: Grundlegung der Psychologie, Frankfurt/Main 1983.

Ders.: Die Verkennung von Handlungsbegründungen als empirische Zusammenhangsannahmen in sozialpsychologischen Theorien: Methodologische Fehlorientierung infolge Begriffsverwirrung, in: Forum Kritische Psychologie 19, Hamburg 1987, S. 23-58.

Ders.: Worauf bezieht sich das Begriffspaar »restriktive/verallgemeinerte Handlungsfähigkeit«?, in: Forum Kritische Psychologie 26, Berlin/Hamburg 1990, S. 35-45.

Ders.: Was heißt ‚Psychologie vom Subjektstandpunkt'?, in: Forum Kritische Psychologie 28, Hamburg/Berlin 1991, S. 5-19.

Maiers, Wolfgang: Der Subjektbegriff der Kritischen Psychologie, in: Heinze, M./Priebe, S. (Hrsg.): Störenfried ›Subjektivität‹. Subjektivität und Objektivität als Begriffe psychiatrischen Denkens, Würzburg 1996, S. 167-221.

Markard, Morus: Konzepte der methodischen Entwicklung des Projekts Subjektentwicklung in der frühen Kindheit, in: Forum Kritische Psychologie 17, Hamburg 1985, S. 101-120.

Ders.: Kategorien, Theorien und Empirie in subjektwissenschaftlicher Forschung, in: Dehler, J./Wetzel, K. (Hrsg.): Zum Verhältnis von Theorie und Praxis in der Psychologie. Bericht von der 4. Internationalen Ferienuniversität Kritische Psychologie, Marburg 1988, S. 49-80.

Ders.: Konkretisierung der Entwicklungsfigur auf Probleme der Praxisforschung (bzw. Entspezifizierung der SUFKI-Fassung). Unv. Manuskript 1989.

Ders.: Methodik subjektwissenschaftlicher Forschung. Jenseits des Streits um qualitative und quantitative Orientierung, Hamburg 1991.

Ders.: Kann es in einer Psychologie vom Standpunkt des Subjekts verallgemeinerbare Aussagen geben?, in: Forum Kritische Psychologie 31, Hamburg/Berlin 1993, S. 29-51.

Ders.: Verbale Daten, Entwicklungsfigur, Begründungsmuster, Theorienprüfung: Methodische Probleme und Entwicklungen in der Projektarbeit, in: Ders. & ASB (Hrsg): Kritische Psychologie und studentische Praxisforschung, Hamburg 2000, S. 227-250.

Ders.: »Handlungsfähigkeit«, in: Historisch Kritisches Wörterbuch des Marxismus, Bd. 5, Hrsg. von W. F. Haug, Hamburg 2001, S. 1174-1182.

Ders.: »Kollektive Erinnerungsarbeit« – eine subjektwissenschaftliche Methodenkritik am Beispiel eines »Werkstattberichtes« von Carstensen, Haubenreisser und Haug (FKP 49), in: Forum Kritische Psychologie 51, Hamburg 2007, S. 109-130.

Markard, Morus und ASB: Wider Mainstream und Psychoboom. Konzepte und Erfahrungen des Ausbildungsprojekts subjektwissenschaftliche Berufspraxis an der FU Berlin, Hamburg 2001.

Misbach, Elène/Schmalstieg, Catharina/Reimer, Katrin/Würflinger, Wiebke: Die Arbeitsweise des ASB am Beispiel einer Debatte um Selbsterfahrung in einem Anti-Diskriminierungs-Workshop, in: Markard, Morus & ASB (Hrsg.): Kritische Psychologie und studentische Praxisforschung, Berlin 2000, S. 190-210.

Mobile Beratung gegen Rechtsextremismus et al. (Hrsg.): Berliner Zustände 2006. Ein Schattenbericht über Rechtsextremismus, Rassismus und Diskriminierung, 2006, [http://www.mbr-berlin.de/Aktuelles/Presseinformationen_der_MBR/330.html]

Osterkamp, Ute: Motivationsforschung 2, Frankfurt/Main 1990.

Reimer, Katrin: Kritisch-psychologische Praxisforschung als emanzipatorisch-relevante Evaluation, 2006. Unv. Manuskript eines Vortrages auf dem 2. Berliner Methodentreffen Qualitative Forschung 2006 in Berlin.

Dies.: Widerstandspotenziale in Staat und Zivilgesellschaft gegen Autoritarismus/Rechtsextremismus, in: Brie, Michael (Hrsg.): Schöne neue Demokratie, Berlin 2007a.

Dies.: Selbstbehinderung antirassistischer Bildungsarbeit. Problematisches in der CriticalWhiteness-Debatte, in: Kaindl, Christina (Hrsg.): Die Widersprüche sind unsere Hoffnung, 2007b (i. E.).

Reimer, Katrin/Klose, Bianca et al. in: Mobile Beratung gegen Rechtsextremismus (Hrsg): Integrierte Handlungsstrategien zur Rechtsextremismus-Prävention und -Intervention bei Jugendlichen. Hintergrundwissen und Empfehlungen für Jugendarbeit, Kommunalpolitik und Verwaltung, Berlin 2006

Reimer, Katrin/Köhler, Timm: Gegenargumente zu recht(sextrem)en Parolen mit Hinweisen für verschiedene Zielgruppen und Situationen, in: Friedrich-Ebert-Stiftung/Forum Berlin (Hrsg.): Bildungsmodul zur Auseinandersetzung mit dem Rechtsextremismus, Bonn 2007.

Reimer, Katrin/Schmalstieg, Catharina: Eingreifende Sozialforschung und Kritische Psychologie, 2002. Unv. Manuskript eines Vortrages auf dem NGfP-Kongess 2002 in Berlin.
Roth, Roland: Bürgernetzwerke gegen Rechts. Evaluierung von Aktionsprogrammen und Maßnahmen gegen Rechtsextremismus und Fremdenfeindlichkeit. Hg.: Friedrich Ebert Stiftung, Erkrath 2003.
Rehmann, Jan: »Ideologietheorie«, in: Historisch Kritisches Wörterbuch des Marxismus, Bd. 6, (Hrsg.) W. F. Haug, Hamburg 2004, S. 717-760.
Schmalstieg, Catharina: »Der große Graben« – Ideologietheorie, Geschlechterverhältnisse und Psychologie, in: Forum Kritische Psychologie 49, Berlin 2006, S. 5-30.
Ulmann, Gisela: Über den Umgang mit Kindern. Orientierungshilfen für den Erziehungsalltag. Hamburg 1999.
Dies.: Fall-Portrait, in: Markard, Morus & ASB (Hrsg.): Kritische Psychologie und studentische Praxisforschung, Hamburg 2000, S. 213-216.
Ulmann, Gisela/Markard, Morus: Praktikums-Portrait, in: Markard, Morus & ASB (Hrsg.): Kritische Psychologie und studentische Praxisforschung, Hamburg 2000, S. 217-224.

Siglen

KHR: Marx, Karl: Zur Kritik der Hegelschen Rechtsphilosophie. Einleitung (MEW 1), Berlin: Dietz-Verlag 378-391.
ThF: Marx, Karl: Thesen über Feuerbach (MEW 3), Berlin: Dietz-Verlag, 5-7.

Ulrike Freikamp

Bewertungskriterien für eine qualitative und kritisch-emanzipatorische Sozialforschung

Die Frage nach Bewertungskriterien für die qualitative und kritisch-emanzipatorische Sozialforschung lässt sich nicht ohne weiteres beantworten. Sie ist eng verbunden mit den Grundlagen einer qualitativen Methodologie und den sich daraus ableitenden verschiedenen Sichtweisen auf die Gültigkeit qualitativer Forschung und ihre Konsequenzen für Bewertungskriterien.

Unter der Prämisse der Ergiebigkeit von Bewertungskriterien im Diskurs qualitativer Forschung werden solche herausgearbeitet, die die besondere Perspektive der kritischen emanzipatorischen Sozialforschung und ihre Aneignung prüfen und unterstützen.

1. Qualitative Methodologie und kritische emanzipatorische Sicht

Grundlage einer Diskussion über Bewertungskriterien für die qualitative Forschung und im Besonderen für die kritisch-emanzipatorische und qualitative Forschung ist das spezifische Verständnis qualitativer Methoden und Methodologie und der qualitativen Forschung zugrunde liegender konstruktivistischer Positionen (Steinke 1999; Flick 2007; Lamnek 1995; Mayring 2002).

Die qualitative Methodologie entstand aus der zentralen epistemologischen Annahme des Konstruktivismus. Allen unterschiedlichen Positionen innerhalb des Konstruktivismus (Steinke 1999) ist gemein, dass Wahrnehmung, Erkenntnis und Wissen konstruiert sind. Diese Grundaussage basiert erstens auf der Annahme, dass die Welt unserer menschlichen Erfahrung durch Kategorien und Konzepte strukturiert wird. Zweitens liegt dem die Idee zugrunde, dass die Welt durch menschliche Aktivität geschaffen (konstruiert) wird. Daraus folgt für die Forschung, dass es aus konstruktivistischer Perspektive keine Trennung von Subjekt und Objekt der Erkenntnis, von ForscherIn und Untersuchungsgegenstand gibt.

Die Frage, die sich für die konstruktivistische Sozialforschung aus diesen Annahmen stellt, lautet: Wenn Erkenntnis und Theorien konstruiert sind, was können die ForscherInnen von Realität erfahren oder wissen? Dann ist Wissen kein Abbild, sondern »ein Schlüssel, der uns mögliche Wege erschließt« (Glasersfeld 1985: 17). Die Konstruktionsleistung von Theorien und Erkenntnissen wird damit an ihrer Brauchbarkeit und Nützlichkeit gemessen. Der Wahrheitsanspruch ist ein pragmatischer.

Das spezifische Verständnis qualitativer Methoden und Methodologie hat seinen Ursprung im Ziel der Theoriebildung mittels induktivistischer Orientierung[1] und Entdeckung mittels abduktiver Haltung[2]. Damit wird eine dem deduktiven Vorgehen entgegengesetzte Zielstellung angestrebt. Das deduktive Vorgehen startet nach Popper (1994) mit einer bereits vorliegenden Aussage bzw. Theorie. Der Entstehungszusammenhang der Theorien, d. h. der Weg der Theoriebildung, welche Ziel qualitativer Forschung ist, wird von Popper nicht weiter thematisiert.

Für qualitative ForscherInnen kann Theoriebildung nur unter Berücksichtigung des Kontextes erfolgen, d. h. dass sprachliche Äußerungen, Handlungen und deren Bedeutung in den (sozialen, biografischen, interaktionellen) Kontext eingebettet zu verstehen bzw. zu interpretieren sind. Hierbei orientieren sich die ForscherInnen i. d. R. am Alltagsgeschehen und/oder Alltagswissen der Untersuchten[3]. Schütz (1971) sieht darin sogar »die erste Aufgabe der Sozialwissenschaften die allgemeinen Prinzipien zu erforschen, nach denen der Mensch im Alltag seine Erfahrungen und insbesondere die Sozialwelt ordnet« (Ebd.: 68). Das Prinzip der Offenheit soll dabei absichern, dass die alltäglichen Relevanzsetzungen und Bedeutungszuschreibungen der Untersuchten in Erfahrung gebracht und im Verlauf der Untersuchung nicht vorschnell unter bekanntes Wissen subsumiert werden. Um der Kontextualität, der Orientierung am Alltagsgeschehen und der Offenheit in der qualitativen Forschung gerecht zu werden, werden Fälle analysiert, wobei das Verständnis, was ein Fall ist, von expliziter Einzelfallrekonstruktion, z. B. bei der Typenbildung nach Weber (1920) und der Objektiven Hermeneutik nach Oevermann (1974), bis zu von Beginn an vergleichenden Analysen in der Theoriebildung, für die beispielsweise die Grounded Theory (Strauss 1991) steht, reicht. Die Analyse in der qualitativen Forschung erfolgt gegenstandsangemessen, um zu sichern, dass die subjektiven Perspektiven und alltäglichen Handlungsweisen der Untersuchten auf den Gegenstand zur Geltung kommen und nicht durch Methoden selbst eingeschränkt werden. Der Prozess der Analyse gestaltet sich zirkulär. Unter der Zirkularität werden verschiedene Aspekte erfasst: Erstens ist der Forschungsprozess in der qualitativen Forschung nicht linear, d. h. es gibt

1 Die Induktion schreitet von der Empirie, d. h. der Analyse von Einzelfällen zu Verallgemeinerungen. Den Ausgangspunkt bilden demnach empirische Daten und nicht *ex ante*-Theorien wie beispielsweise im Kritischen Rationalismus. Da aber vielfältiges theoretisches und persönliches Vorwissen in die Erhebung und Analyse der Daten einfließt, ist dieses Vorgehen nicht ausschließlich induktiv, sondern eher induktivistisch orientiert (Steinke 1999: 21 f.).

2 Pierce (1960: 113) beschreibt die Abduktion wie folgt: »The abduktive suggestion comes to us like a flash. It is an act of insight, although of extremely fallible insight.« »Der Schlussmodus Abduktion ist also nicht vollständig bewußt und kontrollierbar. Er folgt nicht einem operationalisierten Verfahren oder Gesetzen der formalen Logik. Dennoch sind Abduktionen nicht völlig willkürlich, sondern beziehen sich auf empirische Daten (das zunächst überraschende, nicht einordenbare Neue) und ein Vorwissen (das neu geordnet wird).« (Steinke 1999: 24). »Abduktives Schlussfolgern ist (...) keine Methode, aufgrund welcher genau abgehbarer Schritte jeder zu einem bestimmten Ergebnis kommt, sondern eine Einstellung, eine Haltung.« (Reichertz 1997: 110)

3 Lüders und Reichertz (1986) unterscheiden drei Forschungsperspektiven, nämlich erstens, den Nachvollzug des subjektiv gemeinten Sinns, zweitens, die Deskription sozialen Handelns und sozialer Milieus und drittens, die Rekonstruktion deutungs- und handlungsgenerierender Tiefenstrukturen.

keine feste Abfolge von Forschungsschritten, sondern es wird von der Auswertungsphase immer wieder in die Erhebungsphase gewechselt. Zweitens findet sich die Zirkularität in der Fallauswahl wieder, da die Auswahl der Untersuchungspartner nicht vollständig vor Beginn der Untersuchung erfolgt. In der der ersten Erhebungsphase folgenden Auswertung werden die nächsten Fälle nach der Strategie des *theoretical sampling* (Strauss 1991) bestimmt. Drittens resultiert die Zirkularität des Forschungsprozesses aus der Reflexivität qualitativer Forschung und dem Prinzip der Gegenstandsentfaltung, d. h. dem ständigen »Wechselspiel zwischen Forscher-Subjekt, untersuchter Person und Gegenstand ..., in dessen Verlauf die Daten und der Gegenstand konstruiert werden« (Steinke 1999: 42).

Das spezifische Verständnis qualitativer Methoden und Methodologie steht im direkten Gegensatz zu den Grundsätzen quantitativer Methoden und Methodologie (Bortz & Döring 1995, Steinke 1999), welches in Stichpunkten als nomothetisch, deduktiv, partikular, explanativ, ahistorisch, erklärend, messend und mit dem Ideal des Experiments beschrieben wird. Das Gegensatzverhältnis von qualitativer und quantitativer Methodologie und den ihm zugrunde liegenden konstruktivistischen Positionen ist von entscheidender Bedeutung für die Diskussion von Bewertungskriterien.

Wie könnte man nun den Standpunkt der kritischen emanzipatorischen und qualitativen Sozialforschung im Kanon der qualitativen Methodologie beschreiben? Die qualitative und kritisch emanzipatorische Sozialforschung folgt dem Verständnis einer qualitativen Methodologie, geht aber in ihrem kritischen und emanzipatorischen Standpunkt auch über sie hinaus. Sie fügt der qualitativen Methodologie die explizit definierte Perspektivität hinzu, genauer eine kritische emanzipatorische und damit partizipative Sicht. Die nichtaufhebbare Perspektivität in jeder Beobachtung wie jeder Äußerung wird im Sinne der konstruktivistischen Positionen qualitativer Sozialforschung bewusst reflektiert und zielgerichtet genutzt. Um ihrem Anspruch gerecht zu werden, muss sie Gegenstand und qualitative Methode so wählen, dass sie die emanzipatorische und partizipative Aneignung durch die Gesellschaft optimal bedienen.

2. Die Gültigkeit qualitativer Forschung und ihre Konsequenzen für Bewertungskriterien

Die Grundlage der Auseinandersetzungen über die Gültigkeit qualitativer Forschung bilden die konstruktivistischen Grundpositionen der qualitativen Methodologie und Methoden, d. h. ihres besonderen Verhältnisses von Erkenntnis und Realität. Daraus leitet sich die Ablehnung von klassischen Wahrheitspositionen (Korrespondenztheorie, Konsenstheorie) ab. Damit kann die Prüfung einer Theorie nicht unter Bezug auf ein festes Fundament in der Realität erfolgen, d. h. die Bewertungskriterien müssen ohne ein solches Referenzsystem auskommen.

In der ForscherInnengemeinschaft entwickelten sich im Zuge der Auseinandersetzung verschiedene Grundpositionen, die im Folgenden diskutiert werden.

Eine erste Position kennzeichnet die Zurückweisung jeglicher Bewertungskriterien für die qualitative Forschung. Sie entstand aus einer angenommenen Nichtkompatibilität qualitativer Forschung mit der Formulierung von Kriterien zu deren Bewertung (Richardson 1994; Shotter 1990). Die Nichtkompatibilität wird mit der Unmöglichkeit, ein festes Referenzsystem anzugeben, begründet. Diese Annahme leitet sich aus der konsequent sozial-konstruktivistischen Haltung ab, die davon ausgeht, dass nicht unser Wissen über die Welt, sondern diese selbst sozial konstruiert ist. Mit dieser konsequent konstruktivistischen Haltung sei nicht vereinbar, dass es irgendwelche Standards für die Bewertung von Erkenntnisansprüchen gebe. Die Einnahme dieser Position birgt allerdings die Gefahr in sich, dass qualitative Forschung beliebig und nicht intersubjektiv nachvollziehbar wird. Auch dürften aus diesen Positionen Probleme mit der Anerkennung qualitativer Forschung außerhalb ihrer *scientific community* resultieren. Allein aus der Zugrundelegung konstruktivistischer Annahmen ist ein Verzicht auf Kriterien nicht zwingend, sondern eine Integration dieser Aspekte in die Bildung der Kriterien erscheint sinnvoller.

Bewertungskriterien außerhalb der qualitativen Forschung heranzuziehen, fordern ForscherInnen in einer zweiten Position (z. B. Miles & Hubermann 1994). Das Ergebnis wäre eine Gleichsetzung von traditionellen (aus nicht-qualitativen Kontexten stammenden) Kriterien mit spezifischen qualitativen Kriterien. Das spezifische Verständnis qualitativer Methoden und Methodologie und ihm zugrunde liegender konstruktivistischer Positionen wirft die Frage auf, ob Kriterien außerhalb der qualitativen Forschung für die Bewertung eines qualitativen Forschungsprozesses genutzt werden können.

Die Auseinandersetzung mit den vielfältigen Formen der Objektivität, Validität und Reliabilität zeigt ihre Nichtübertragbarkeit auf die qualitative Forschung bzw. der Übertragung einzelner Aspekte:

Für die aperspektivische *Objektivität* gilt, dass diese mit den konstruktivistischen Positionen nicht vereinbar ist. Jedoch fließt die Idee der Kommunizierbarkeit bzw. der intersubjektiven Nachvollziehbarkeit in die Bewertungskriterien der qualitativen Forschung mit ein.

Die *Reliabilität* in Form der traditionellen Reliabilitätswerte, wie Retest- und Paralleltest-Reliabilität und Konsistenzkoeffizient, die im Rahmen der Klassischen Testtheorie entwickelt wurden, ist nicht auf die qualitative Forschung anwendbar. Die Übertragbarkeit scheitert insbesondere an der Notwendigkeit von *ex ante*-Definitionen von Untersuchungsgegenständen, Hypothesen und deren Operationalisierung sowie notwendiger Standardisierung der Messinstrumente. Dies ist nicht vereinbar mit den Kennzeichen qualitativer Forschung.

Die Auseinandersetzung mit dem Kriterium *Validität* erfordert, den unterschiedlichen Gebrauch dieses Kriteriums zu diskutieren. Das gebräuchlichste Verständnis von Validität ist, dass sie angibt, ob die Methode tatsächlich misst, was sie zu messen vorgibt (Bortz & Döring 1995). Die Bedeutungen von Validität reichen dabei von der Validität eines Untersuchungsergebnisses als vermutlich wahre Aussage (interne und externe Validität bei induktivistischer Methodologie), über Validität als prognostische Brauchbarkeit eines Instruments (z. B. Test oder Fragebogen deduktivistischer Methodologie), bis zur Vorhersage künftigen Verhaltens. Grenzen der Übertragbarkeit aller Validitätsformen der induktiven und deduktiven Methodologie resultieren aus dem in diesen Formen enthaltenden Ideal der Kontrolle. Die Variation isolierter Phänomene bzw. Bedingungen widerspricht den Prinzipien der Offenheit, der Gegenstandsentfaltung, Alltagsorientierung und Kontextualität qualitativer Forschung. Aber bestimmte Teilaspekte der jeweiligen Validitätsarten sind auf die qualitative Forschung übertragbar. Probleme bei der Übertragbarkeit der internen[4] und externen[5] Validität bei induktivistischer Methodologie resultieren zum einen aus der Annahme kausaler Beziehungen zwischen den Phänomenen, die die Annahmen qualitativer Forschung überschreiten, und zum anderen daraus, dass isolierte Variablen zur Vorrausetzung gemacht werden, die Untersuchungen in experimentellen bzw. Laborsituationen nahe legen. Optionen der Übertragbarkeit ergeben sich aus der zugrunde gelegten Unterschiedsmethode des klassischen Induktivismus, die auf dem gleichen Prinzip wie die interne Validität basiert. Diese Vorgehensweise ist auch in der qualitativen Forschung realisierbar, z. B. durch die Auswahl, Analyse und Variation von Fällen, die sich in einem bestimmten Aspekt unterscheiden. Damit wird das Konzept der eindeutigen Interpretierbarkeit der Ergebnisse auch in der qualitativen Forschung aufrechterhalten. Die Idee des theoretischen Sampling[6] (Strauss 1991) wie auch Aspekte der Triangulation in der qualitativen Forschung[7] weisen Parallelen zum Modell der externen Validität auf.

Überlegungen über Methodologien und Validierungs- bzw. Überprüfungsformen, die nicht auf dem Induktivismus, sondern auf dem Deduktivismus beruhen, lehnen sich zumeist an den Falsifikationsansatz des Kritischen Rationalismus[8]

4 Mit der internen Validität wird die Gültigkeit von Untersuchungsvariablen innerhalb einer Untersuchungssituation erfasst. Eine Untersuchung wird dann als intern valide bezeichnet, wenn die Veränderung der abhängigen Variable eindeutig und ausschließlich auf die a priori gesetzten Differenzen in den Untersuchungsbedingungen zurückführbar sind.

5 Die externe Validität trifft Aussagen über die Verallgemeinerbarkeit von Untersuchungsergebnissen. »Externe Validität liegt dann vor, wenn die Ergebnisse einer Untersuchung nicht nur unter den spezifischen Umständen gültig sind, unter denen sie durchgeführt werden, sondern generalisierbar sind.« (Gadenne 1976: 9) Somit werden also Aussagen darüber gemacht, für welche Populationen die Untersuchungsergebnisse gültig bzw. repräsentativ sind.

6 Beim theoretischen Sampling wird im Forschungsprozess fortlaufend entschieden, welche Personen, Situationen, Fälle etc. nach dem Prinzip der maximalen und minimalen Kontrastierung zu untersuchen sind. Im Unterschied zum Modell der externen Validität werden Personen und Fälle theoretisch geleitet variiert und nicht per Zufallsauswahl.

7 Denzin (1989) liefert die umfassendste Definition von Triangulation. Er kennzeichnet sie als die Kombination von Methodologien beim Studium desselben Phänomens. Cambell und Fiske (1959) propagieren unter methodisch-technischen Aspekten die Idee der multiplen Operationalisierung, also Validierung der Ergebnisse durch Ausschluss von Messartefakten.

8 Im Unterschied zum Induktivismus, wo aus Beobachtungsdaten allgemeine Aussagen abgleitet (und überprüft) werden, startet das deduktive Vorgehen nach Popper (1994) mit einer bereits vorliegenden Aussage bzw. Theorie.

Poppers (1994) an. Da Induktionen trotz der Probleme[9], die auch für die qualitative Forschung nicht unvermeidbar sind, Bestandteil der Forschungspraxen sind, ergeben sich Schwierigkeiten bei der Anwendung von Falsifikationen in der qualitativen Forschung. Einige Voraussetzungen der Falsifikation sind in der qualitativen Forschung nicht gegeben. Hier ist es schwierig, zu Beginn der Untersuchung falsifizierbare Aussagen zu finden, die für einen deduktiven Überprüfungsweg Voraussetzung sind. Die Aufstellung falsifizierbarer Aussagen ist in der qualitativen Forschung insofern schwierig, da die Sachverhalte eine hohe Komplexität aufweisen. Daraus muss abgeleitet werden, dass Operationalisierungen nicht in allen Phasen der qualitativen Forschung vorgenommen werden können. Sie widersprächen dem Prinzip der Offenheit, der Theoriebildung per abduktiver Haltung bzw. induktivistischer Orientierung, der Alltagsbezogenheit und der Gegenstandentfaltung. Strenge Operationalisierungen ganzer Theorien können, wenn überhaupt, am sinnvollsten dann vorgenommen werden, wenn die Theorie bereits weit generiert ist. Damit sind Falsifikationen nur Teilelemente des Forschungsprozesses, so z. B. in der Grounded Theory (Strauss 1991), in dem Forschungsprogramm Subjektiver Theorien (Groeben/Wahl/Schlee/Scheele 1988) wie auch der Objektiven Hermeneutik (Oevermann 1979).

Mittels weiterer Formen der Validität bzw. der Repräsentativität für deduktive (hypothesenprüfende) Verfahren sollen Scheinfalsifikationen und Scheinbestätigungen bei deduktiven Verfahren ausgeschlossen werden. Bei der Variablenvalidität bzw. Repräsentativität geht es darum, wie repräsentativ die Ereignisse in der Untersuchung für die Theorie sind, also inwiefern die in der Untersuchung beobachteten Sachverhalte sinnvolle bzw. berechtigte Indikatoren für die Theorie sind. Die Voraussetzung der Operationalisierung widerspricht den Prinzipien der Offenheit und der Gegenstandsentfaltung in der qualitativen Forschung. Übertragen wurde jedoch der Gedanke der detaillierten Analyse der Verbindung von Theorie und empirischen Indikatoren. Pragmatische Validität, praktische Relevanz und Repräsentativität als Praxisnähe beziehen sich auf das Verhältnis von Theorie und eine außerhalb der Untersuchung liegende Praxis. Prinzipiell ist der Praxisbezug und damit eine Praxisrelevanz von Forschung auch auf qualitative Forschung übertragbar, ja nicht vernachlässigbar.

Psychometrische Validitätsformen, die insbesondere der Validierung von Tests, Fragebögen, Skalen und Indizes dienen, umfassen die kriterienbezogene Validität[10], die Inhaltsvalidität[11] und Konstruktvalidität[12] wie auch die Prognosevalidität[13]. Alle genannten Validitätsformen sind nur bedingt übertragbar auf die quali-

Der Entstehungszusammenhang der Theorien, d. h. der Weg der Theoriebildung wird von Popper nicht weiter thematisiert. Damit trennt Popper strikt Entstehungs- und Rechtfertigungszusammenhang, worin er die Lösung der Probleme, mit denen die Induktion behaftet ist, sieht. Allgemeine Theorien, so Poppers Kritik am induktiven Vorgehen und Prüfprozess, sind nicht aus singulären Aussagen ableitbar. Deshalb wird die Theorie geprüft, indem man versucht, die Theorie bzw. Hypothese auf strenge Weise zu widerlegen (zu falsifizieren).

9 Der Hauptkritikpunkt richtet sich auf das (starke) Induktionsproblem, d. h. dass Schlüsse von singulären Aussagen auf allgemeine Aussagen bzw. von Einzelfällen auf andere Einzelfälle gezogen werden.

tative Forschung. Die Übertragbarkeit der kriterienbezogenen Validität, gekennzeichnet durch Korrelationen mit einem Außenkriterium, ist auf qualitative Untersuchungen beschränkt, die zu quantifizierbaren Ergebnissen führen. Die Anwendung der Prognosevalidität ist insofern problematisch, da die Untersuchungen im Alltag bzw. alltagsnah stattfinden und diese Situationen sehr komplex sind. Dennoch sind auch prognostische Validierungsformen in der qualitativen Forschung denkbar, so gibt es Forderungen im Rahmen der Grounded Theory (Strauss 1991), der Subjektiven Theorien (Groeben/Wahl/Schlee/Scheele 1988), aber auch der Aktionsforschung (Lewin 1953). Bei der inhaltlichen Validierung liegen Gefahren in Übergeneralisierungen, dennoch kann auch in der qualitativen Forschung das Wissen von ExpertInnen, Kundigen etc. zur Abschätzung darüber, welcher Untersuchungsgegenstand erfasst wird, herangezogen werden. Eine direkte Übertragung der Konstruktvalidität scheitert an einer meist fehlenden Quantifizierung der Ergebnisse qualitativer Forschung, die eine Grundlage für Korrelationsberechnungen und Faktoranalysen wären. Jedoch wurde der daraus entwickelte Ansatz der *Multitrait-Multimethod*-Methode mit dem Konzept der Triangulation (Denzin 1989) aufgegriffen und für die qualitative Forschung adaptiert.

In der Diskussion von Bewertungskriterien außerhalb der qualitativen Sozialforschung wurde deutlich, dass diese in ihren Ideen z. T. mit dem spezifischen Verständnis qualitativer Methoden und Methodologie und diesem zugrunde liegenden konstruktivistischen Positionen korrespondieren, aber in ihrer konkreten Gestalt dem qualitativen Forschungsprozess so nicht gerecht werden. In der Konsequenz dieser Auseinandersetzung entwickelte sich eine dritte Position, die vorschlägt, für die qualitative Sozialforschung eigene Bewertungskriterien zu entwerfen, um die Güte qualitativer Forschung im wissenschaftlichen Diskurs trotz der Ablehnung von Kriterien außerhalb der qualitativen Forschung verteidigungsfähig zu machen (vgl. Reichertz 2000; Steinke 1999; Lamnek 1995; Flick 1995, 1987, 2007 und Mayring 2002). Die ForscherInnen begründen die Notwendigkeit in der Begrenzung der Beliebigkeit wissenschaftlicher Forschung insbesondere mit pragmatischen Gründen, z. B. politischen, sozialen und ökonomischen Entwicklungen, die bestimmte Methoden, Untersuchungsgegenstände, Fragestellungen nahe legen bzw. unterstützen (Reichertz 2000; Steinke 1999). Pragmatische Kriterien sind unter Bezug auf die konstruktivistischen Positionen die geeigneten Kriterien. Diese Kriterien sind keine universell gültigen Kriterien. Sie sind kon-

10 Bei der kriterienbezogenen Validität, welche historisch und praktisch gesehen der bedeutsamste Aspekt der Validität ist, erfolgt ein Vergleich zwischen den Untersuchungsergebnissen und einem so genannten Außenkriterium, das unabhängig von der Untersuchung ist.

11 Inhaltsvalidität (*Face Validity,* Augenscheinvalidität, logische Validität) ist gegeben, wenn der Inhalt der Testitems das zu messende Konstrukt in seinen wichtigsten Aspekten erschöpfend erfasst (Bortz & Döring 1995: 185).

12 Ein Test ist konstruktvalide, wenn aus dem zu messenden Zielkonstrukt Hypothesen ableitbar sind, die anhand der Testwerte bestätigt werden können (Bortz & Döring 1995: 186).

13 Die Prognosevalidität, auch *predictive validity* oder Vorhersagevalidität, beinhaltet die Überprüfung zukünftigen Verhaltens oder zukünftiger Leitungen auf Basis der Testwerte bzw. der erzielten Forschungsergebnisse.

textuell eingebunden und nicht unabhängig von den konstituierenden Momenten (*scientific community,* weiteres politisches, ökonomisches und soziales Umfeld, Forschungsziele, Forschungspraktiken, Gegebenheiten wie Forschungsinstrumente, Methoden, Fragestellungen etc.).

Um spezielle Kriterien für die qualitative Forschung zu entwickeln, mussten sich die ForscherInnen einigen prinzipiellen Fragen stellen, die im Folgenden umrissen werden sollen.

Unter der Überlegung, dass wissenschaftliche Erkenntnis nicht nur rationalen Regeln und Praktiken folgt, ist der rationalen Überprüfbarkeit des Entstehungsprozesses von Theorien Grenzen gesetzt (nicht von Theorieüberprüfungen). Daraus folgt für die Bewertung qualitativer Forschung, dass der Rechtfertigungszusammenhang nicht losgelöst vom Entstehungszusammenhang gesehen werden kann. Der gesamte Prozess der Forschung muss evaluiert werden. Prozessevaluation zieht notwendig die Dokumentation rationaler, aber auch sozialer Aspekte des Forschungsprozesses nach sich.

Die induktivistische Orientierung der qualitativen Forschung bringt Probleme für die Erarbeitung von Kriterien mit sich. Zum einem wird der Geltungsbereich der Voraussetzungen überschritten (starkes Induktionsproblem); zum anderen fehlt die »zwingende Beweiskraft logischer Deduktion« (Rescher 1987: 23). Aber das verantwortungsvolle Schätzen (nicht irgendeine Schätzung) sollte durchdacht und vertretbar sein. Die Induktion ermöglicht zwar keinen gehaltserweiternden zwingenden Schluss, aber eine optimale, ›lebensfähige‹ Schätzung, die auf rationalen Gründen beruht. Deshalb sollte die qualitative Forschung *möglichst gut* methodisch reflektiert durchgeführt, methodische Entscheidungen und Prozeduren expliziert und auch die Subjektivität der Untersuchungsperson integriert werden.

Inzwischen liegen verschiedene Konzepte für spezielle Bewertungskriterien qualitativer Forschung vor, die sich jedoch in der Tiefe der Ausführung beträchtlich unterscheiden (z. B. Steinke 1999 und Mayring 2002).

3. Zwei Konzepte für spezielle Gütekriterien für die qualitative Forschung

Im folgenden Kapitel werden die beiden bekanntesten Konzepte für spezielle Gütekriterien für die qualitative Forschung umrissen. Zunächst wird das Konzept von Mayring (1987, 2002) vorgestellt, in welchem sechs übergreifende Gütekriterien eingeführt werden. Anschließend wird das z. Z. umfassendste Konzept spezieller Gütekriterien von Steinke (1999) skizziert. Sie entwirft sieben Gütekriterien, die die Vorschläge von Mayring (1987) aufnehmen und erweitern und um Wege zu ihrer Sicherung ergänzen.

Beiden AutorInnen erscheint es als sinnvoll, »einen Pool von Kriterien zu entwickeln, an dem sich nach Prüfung der Angemessenheit für die jeweilige Studie und ihr Vorgehen (Methoden) der Forscher die Durchführung, Bewertung und Legitimierung der Studie orientieren kann« (Steinke 1999: 205). Es werden also eher universell gehaltene Bewertungskriterien (Kernkriterien) vorgestellt.

3.1. Sechs allgemeine Gütekriterien qualitativer Forschung nach Mayring

Als erstes Kriterium wird die *Verfahrensdokumentation* genannt, ohne welche jegliches qualitative Forschungsergebnis wertlos wäre. Da in der qualitativ orientierten Forschung das Vorgehen viel spezifischer auf den jeweiligen Gegenstand bezogen ist als in der quantitativ orientierten Forschung, und Methoden meist speziell für diesen Gegenstand entwickelt wurden, muss der Forschungsprozess bis ins Detail dokumentiert werden. Um die Nachvollziehbarkeit zu sichern, müssen Vorverständnis, Methoden, Durchführung und Auswertung hinreichend expliziert werden.

Die *Argumentative Interpretationsabsicherung* als zweites Kriterium bezieht sich auf die entscheidende Rolle von Interpretationen in qualitativ orientierten Ansätzen. Als Regel stellt Mayring auf, »dass Interpretationen nicht gesetzt, sondern argumentativ begründet werden müssen« (2002: 145). Die Interpretationsabsicherung wird für den gesamten Forschungsprozess von Vorverständnis bis Auswertung gefordert. Interpretationen sollten schlüssig sein und Brüche, so vorhanden, müssen erklärt werden. Von besonderer Bedeutung ist die Suche nach Alternativdeutungen.

Trotz der Offenheit qualitativer Forschung gegenüber dem Gegenstand, die auch bedeutet, vorgeplante Analyseschritte zu modifizieren, müssen ForscherInnen regelgeleitet vorgehen. *Regelgeleitetheit* als drittes Kriterium setzt die Entwicklung von qualitativen Erhebungs- und Auswertungsverfahren voraus, die den Analyseprozess mit Hilfe von Ablaufmodellen beschreiben wie z. B. die Grounded Theory (Strauss 1991) und die Objektive Hermeneutik (Oevermann 1979). Aber Regelgeleitetheit meint nicht, dass Regeln sklavisch befolgt werden, denn die Forderung nach der Gegenstandsangemessenheit hat Vorrang.

Der *Nähe zum Gegenstand* bzw. der Gegenstandsangemessenheit als viertem Kriterium kommt die zentrale Stellung im Kanon der vorgestellten Bewertungskriterien von Mayring zu. Dies wird in der qualitativen Forschung vor allem durch die Nähe zur Alltagswelt der beforschten Subjekte erreicht. Den zentralen Punkt dieses Kriteriums sieht Mayring in der Erreichung einer Interessenübereinstimmung mit den Beforschten. Er betont den Willen der qualitativen Forschung, an konkreten sozialen Problemen anzusetzen und dabei ein offenes, gleichberechtigtes Verhältnis zu ihnen herzustellen.

Die Gültigkeit der Ergebnisse und der Interpretationen sollte ebenfalls kommunikativ validiert werden. Das fünfte Kriterium der *Kommunikativen Validierung* erfolgt über die Diskussion der Ergebnisse und Interpretationen mit den Beforschten. Finden sich die Betroffenen in den Analyseergebnissen wieder, so wird dies als wichtiges Argument zur Absicherung der Ergebnisse gesehen. Natürlich darf dies nicht das einzige Kriterium sein, sonst bliebe die Analyse bei den subjektiven Bedeutungen der Betroffenen stehen. Die Objektive Hermeneutik (Oevermann 1979) beispielsweise möchte gerade darüber hinausgehen und objektive, dem Beforschten nicht notwendigerweise bewusste Regeln aufzeigen. Trotz dieser Einschränkungen ist grundsätzlich festzuhalten, dass in der Qualitativen Forschung dem Beforschten mehr Kompetenz zugebilligt wird als üblich.

Als sechstes Kriterium führt Mayring die *Triangulation* ein. Er greift hier die Überlegungen von Denzin (z. B. 1989) auf, der davon ausgeht, dass die Qualität der Forschung durch die Verbindung mehrerer Analysevorgänge vergrößert werden kann. Denzin zeigt verschiedene Wege zur Verwirklichung der Triangulation, so über die Heranziehung verschiedener Datenquellen, unterschiedlicher Interpreten, Theorieansätze oder Methoden. Ziel dabei ist nicht völlige Übereinstimmung der Ergebnisse, aber wohl können verschiedene Perspektiven miteinander verglichen werden, Schwächen von jeweiligen Analysewegen aufgezeigt werden. Lamnek (1995) verweist aber auch auf erhebliche ungelöste methodologische Probleme, z. B wie Resultate von Triangulationen, besonders bei divergierenden und heterogenen Resultaten, zu interpretieren sein. Trotzdem kommt auch er zum Schluss, dass Triangulation »ein breiteres und profunderes Erkenntnispotential« (ebd.: 257) bereitstellt.

3.2. Vorschläge für Kernkriterien zur Bewertung qualitativer Forschung nach Steinke

Steinkes Konzept umfasst sieben Kernkriterien, die sie nicht als universell und allgemein verbindlich betrachtet, weil das qualitativ methodische Vorgehen gegenstandsbezogen und milieuabhängig ist. Vielmehr fordert sie die untersuchungsspezifische Auswahl von jeweils angemessenen Kriterien. Den Kriterien werden Prozeduren zu deren Sicherung und Prüfung[14] hinzugefügt, was die Anwendung in konkreten Forschungen erleichtert. Auch die Prozeduren werden methoden-, gegenstands- und fragestellungsbezogen dargestellt, so dass die ForscherIn selbst entscheiden muss, welche angemessen sind.

»Das erste Kriterium der *Intersubjektiven Nachvollziehbarkeit* dient dazu, Forschung intersubjektivierbar zu machen, d. h. eine (kritische) Verständigung über eine empirische Studie zwischen Forschern bzw. zwischen Forscher (der eine Studie durchführt) und Lesern (der Studie) zu ermöglichen.« (Steinke 1999: 207) Von allen vorgeschlagenen Bewertungskriterien ist die Intersubjektive Nachvollziehbarkeit die grundlegendste. Außerhalb der qualitativen Forschung wird dieses Kriterium als intersubjektive Überprüfbarkeit bzw. aperspektivische Objektivität beschrieben. In der qualitativen Forschung können jedoch Untersuchungen auf-

14 Auf die ausführliche Beschreibung der Wege zur Sicherung und Prüfung wird im Rahmen dieser Ausführungen verzichtet, da dies Anliegen und Umfang des Beitrages sprengen würde.

grund ihrer Einzigartigkeit der Untersuchungssituation nicht identisch repliziert werden. Aber es besteht die Möglichkeit und Notwendigkeit zum intersubjektiven Nachvollzug des Forschungsprozesses und der Schritte der ForscherIn als Basis für die Bewertung des Forschungsprozesses. Das Kriterium Intersubjektive Nachvollziehbarkeit geht in seiner Ausgestaltung jedoch weit über den Anspruch der aperspektivischen Objektivität hinaus, indem mit ihm die Voraussetzungen für die Einbeziehung der Beforschten in die Kommunikation im Prozess der Forschung wie auch gleichberechtigte emanzipierte Nutzung dieser ermöglicht werden. Steinke (1999: 208 ff.) beschreibt drei Wege zur Sicherung und Prüfung der intersubjektiven Nachvollziehbarkeit: die Dokumentation des Forschungsprozesses, die Interpretation in Gruppen und die Anwendung bzw. Entwicklung kodifizierter Verfahren.

Die *Reflektierte Subjektivität* als zweites Kriterium ist das Gegenstück der qualitativen Forschung zur Sicherung der internen Validität in der quantitativen Forschung (Max-Kon-Min-Prinzip). Es wurde in der Weiterführung des Gedankens der Übertragbarkeit – der aperspektivischen Objektivität – entwickelt. »Das Kriterium reflektierte Subjektivität steht dafür, inwiefern die konstituierende Rolle der Subjektivität der Forscher für die Theoriebildung reflektiert wurde.« (ebd.: 231). Die Subjektivität der ForscherIn tritt uns in der qualitativen Forschung als Teil der Methoden entgegen, der an der Konstituierung des Gegenstandes und der Theoriebildung beteiligt ist. Somit wird die ForscherIn zum ›Teilelement‹ der Forschung. Mit diesem Kriterium wird den LeserInnen resp. NutzerInnen von Forschung ein Mittel in die Hand gegeben, die ForscherIn im gesellschaftlichen Raum zu verorten, um davon ausgehend Forschungsintentionen und Forschungsergebnisse kritisch auf ihren emanzipatorischen Gehalt prüfen zu können. Die entscheidenden Inspirationen zur Sicherung und Prüfung der reflektierten Subjektivität verdanken wir der Ethnoanalyse, in welcher die Rolle der ForscherIn im Erkenntnisprozess als Datum verwendet wird (seine Ängste, Störungen, Irritationen usw.). Die vorgestellten Reflexionstechniken werden den Phasen des Forschungsprozesses zugeordnet (ebd.: 232 ff.).

Das dritte Kriterium »*Indikation* ist weiter gefasst als die Forderung nach Gegenstandsangemessenheit, indem nicht nur die Angemessenheit der Erhebungs- und Auswertungsmethoden, sondern auch darüber hinausgehende methodische Entscheidungen, die während des Forschungsprozesses getroffen wurden, daraufhin betrachtet werden, inwiefern sie indiziert sind.« (ebd.: 215). Die Klärung der Indikation sollte deshalb auf allen Ebenen des Forschungsprozesses erfolgen von der Fragestellung, über zu verwendende Methoden, Transkriptionsregeln, Samplingstrategien, methodischen Einzelentscheidungen im Kontext der gesamten Untersuchung bis hin zu den Bewertungskriterien.

Das vierte Kriterium, *Empirische Verankerung der Theoriebildung und Theorieprüfung*, entstand in der Weiterführung des Falsifizierungsgedankens der qualitativen Forschung. Es wurde in der Anlehnung an die Validität als Beziehung zwischen Theorie und empirischen Indikatoren und Validierung der Theorieprüfung entwickelt. »Dieses betrifft den Zusammenhang zwischen Empirie und Theorie. [...] Theorien werden auf der Basis von Empirie generiert und geprüft, d. h. die Bildung und Prüfung von Hypothesen sollen empirisch begründet sein.« (ebd.: 221) Dabei ist der Unterschied zum deduktiven Vorgehen zu betonen, bei welchem *ex ante*-Hypothesen am empirischen Material geprüft werden. Die qualitative Forschung dient der Theorieentwicklung, d. h. empirische Daten, Sicht- und Handlungsweisen müssen die Chance haben in die Theorie einzufließen (eingeschränkt bei der objektiven Hermeneutik[15]). Der qualitative Forschungsprozess ermöglicht damit, theoretisches Vorwissen, Untersuchungshypothesen zu irritieren und neue nicht vorhersehbare Phänomene zu entdecken. Dieses Vorgehen hat unterschiedliche Konsequenzen für die Theoriebildung und -prüfung. Bei der Theoriebildung geht es um die Überprüfung des Forschungsprozesses (und seiner Ergebnisse) bzgl. der darin gegebenen Chance, empirisches Material sprechen zu lassen. Die Theorieprüfung erfolgt durch deduktive Forschungselemente, um Hypothesen zu widerlegen oder zu modifizieren. Hierbei kommt es zu einem Wechsel zwischen induktivem und deduktivem Prozess (Merkmal der Zirkularität qualitativer Forschung). Die empirische Verankerung der Theoriebildung wird durch die Nutzung von bereits entwickelten, aus Regeln bestehenden, d. h. kodifizierten methodischen Verfahren gesichert (z. B. Objektive Hermeneutik oder Grounded Theory). Für die Theorieprüfung bieten sich mehrere sich ergänzende Vatianten an (ebd.: 223 ff.), wie das Heraussuchen hinreichender Textbelege, die analytische Induktion, bei welcher explizit nach Gegenbeispielen gesucht wird, aber auch die Ableitung von Prognosen aus der generierten Theorie – der *membercheck* –, die einer kommunikativen Validierung gleichzusetzen ist.

Das fünfte Kriterium der *Limitation* »dient dazu, im Sinne von ›testing the limits‹ die Grenzen des Geltungsbereichs, d. h. der Verallgemeinerbarkeit einer im Forschungsprozess entwickelten Theorie herauszufinden« (ebd.: 227). Dieses Kriterium weist Bezüge zur Sicherung der externen Validität, zum Kriterium der internen Validität im Sinne der eindeutigen Interpretierbarkeit der Ergebnisse, aber auch zur Prognosevalidität auf. Dabei ist die prognostische Funktion qualitativer Theorien durch die Untersuchung komplexer Situationen eingeschränkt, was im Widerspruch zur Vorraussetzung der Prognosevalidität steht, dass zukünftige Situationen genau definierbar sein müssen. Daraus leiten sich zwei widersprüchliche Aussagen zur Verallgemeinerbarkeit qualitativer Forschung ab. Zum einem wird in der qualitativen Forschung der kontextbezogene ›lokale‹ bzw. temporäre Charakter von Theorien betont, was die Verallgemeinerbarkeit als Folge der Anerkennung der Kontextualität der Forschung begrenzt. Zum anderen ergibt sich in Konsequenz der Auseinandersetzung mit der Übertragbarkeit der externen Vali-

15 Die objektive Hermeneutik möchte objektive Bedeutungen resp. Sinnstrukturen entdecken, welche i. d. R. individuell nicht vollständig realisiert werden und somit latent bleiben.

dität auf die qualitative Forschung ein Anspruch auf Verallgemeinerbarkeit. Das Kriterium der Limitation liegt zwischen diesen beiden Ansprüchen. Soweit wie möglich sollten Verallgemeinerungen vorgenommen werden. Zentrale Vorrausetzung hierfür sind genaue Angaben zum Geltungsbereich. Dies erfordert die Beschreibung der Kontexte, um zu prüfen, auf welche weiteren Kontexte die spezifischen Untersuchungsergebnisse übertragbar sind. Der Schlüssel zur Sicherung liegt in der doppelten Bestimmung des Kriteriums Limitation, der Austestung der Grenzen der Gültigkeit der generierten Theorie und in den Möglichkeiten der Generalisierung (ebd.: 229 ff.). Im Endeffekt führen alle Wege zur Sicherung des Kriteriums der Limitation zur Verfeinerung des Forschungsgegenstands.

Das sechste Kriterium *Kohärenz* bezieht sich auf die Validierung durch Falsifikation als Teilelement der qualitativen Forschung (z. B. Grounded Theory). Einige Voraussetzungen der Falsifikation sind jedoch in der qualitativen Forschung nicht gegeben: So liegen bei Beginn der Untersuchung keine falsifizierbaren Aussagen vor, weshalb die Kohärenz ein eigenständiges Kriterium ist. »Die Forderung nach Kohärenz ist ein wissenschaftliches Minimalkriterium, das auch unter konstruktivistischer Perspektive für die qualitative Forschung berechtigt ist. Kohärenz einer Theorie allein ist jedoch nicht ausreichend.« (ebd.: 239). Zur Forderung nach der Konsistenz einer Theorie muss sich in der qualitativen Forschung die Forderung nach dem pragmatischen Wert, d. h. die Begrenzung der Beliebigkeit kohärenter Aussagen (Praxisbezug), gesellen. Die generierten Theorien müssen auf ihre Kohärenz hin befragt werden, was bedeutet, danach zu fragen, ob Widersprüche in den Daten und Interpretationen bearbeitet wurden. Voraussetzung ist jedoch eine *scientific community*, die das Aufgreifen von Grenzen der Kohärenz als (Teil-)Ergebnisse akzeptiert (ebd.: 241).

Das siebte Kriterium Relevanz entsteht in der Ableitung aus der Dimension der Validierung der Ergebnisse bzw. der Beziehung zwischen generierter Theorie und Praxis. Gründe für die pragmatische Relevanz liegen erstens im pragmatischen Kriterium der Viabilität des Konstruktivismus zur Bewertung von Konstruktionen, die sozial hergestellt und interaktiv bestätigt werden. Ein zweiter Grund ist darin zu suchen, dass der Pragmatismus ein Lösungsangebot für das schwache Induktionsproblem[16] darstellt. Drittens sind mit der Forderung nach Konsistenz (Kohärenz) pragmatische Anforderungen an eine Theorie verbunden. Um Vorschläge zur Sicherung der Relevanz zu begründen, muss das Verhältnis von Theorie und Praxis bestimmt werden, welches nach dem zugrunde liegenden Forschungsansatz unterschieden werden muss. Wege zur Sicherung und Prüfung des Kriteriums Relevanz sind vor allem dann wichtig, wenn keine unmittelbare Verwertbarkeit von wissenschaftlichen Theorien vorliegt bzw. alltagsnahe For-

16 Das so genannte schwache Induktionsproblem betrifft die Frage, ob es möglich und vernünftig ist, aufgrund vergangener Beobachtungen Aussagen zu treffen, auch wenn wir uns der Wahrheit dieser Aussagen nicht gewiss sein können, woraus sich die Frage und Suche nach einer reproduzierbaren Logik, d. h. nach der Regelgeleitetheit und rationalen Begründungen von Induktionen (und Abduktionen) ableitet.

schungsdesigns gewählt wurden, aber keine direkte Verbindung von Forschung und Praxis besteht. Die Relevanz wird dabei anhand der Fragestellung und des von ihr geleisteten Beitrags geprüft (ebd.: 245 ff.). Grundsätzlich kann die Prüfung der Relevanz einer Fragestellung oder Theorie nur historisch-konkret für ein bestimmtes Problem, eine bestimmte soziale Situation und einen spezifischen Kontext erfolgen.

Die Konzepte von Mayring und Steinke fanden ihren Eingang in die Standardwerke zu qualitativen Methoden (Lamnek 1995 und Flick 2007) und stehen damit im Mittelpunkt des fachlichen Diskurses um spezielle Gütekriterien für die qualitative Sozialforschung.

4. Gültigkeit und Gütekriterien in der kritischen emanzipatorischen Sozialforschung

Prinzipiell gelten für die qualitative und kritisch emanzipatorische Sozialforschung ebenso die grundsätzlichen Aussagen zur Gültigkeit qualitativer Forschung bzgl. der Ablehnung klassischer Wahrheitspositionen. Daraus ergibt sich für ForscherInnen dann auch die Möglichkeit, eine der drei verschiedenen Grundpositionen zu Gütekriterien (s. Kap. 2: Ablehnung jeglicher Gütekriterien, Anlehnung an die Gütekriterien quantitativer Forschung bzw. die Entwicklung spezieller Gütekriterien für die qualitative Forschung) zu vertreten.

Unter der Vorraussetzung, dass Gütekriterien helfen können, den kritischen Anspruch von empirischer qualitativer Sozialforschung zu nachzuweisen und im Diskurs der *scientific community* als ernstzunehmende Forschung anzuerkennen, muss für ihre Verwendung plädiert werden.

Die Position, Gütekriterien in Anlehnung an die quantitative Forschung zu nutzen, ist zum einem kritisch bzgl. der qualitativen Methodologie zu hinterfragen, zum anderen ist ihre Nützlichkeit bzgl. des kritischen emanzipatorischen Anspruches zu prüfen. In Kap. 2 wurde die Inkompatibilität von qualitativer Methodologie und Gütekriterien in Anlehnung an die quantitative Forschung bereits nachgewiesen. Formen der Objektivität, Reliabilität und Validität stehen des Weiteren in keinem Zusammenhang zur Prüfung des emanzipatorischen und partizipativen Anspruches der kritischen qualitativen Sozialforschung, der sich unter anderem im Interesse am Nutzen der Forschung für die »Beforschten« festmacht, das Ziel verfolgt, Macht- und Herrschaftsverhältnisse aufzudecken und emanzipatorische Gesellschaftskritik zu formulieren. Somit sind Gütekriterien, die in Anlehnung an die quantitative Forschung entstanden, nicht für die qualitative und kritische emanzipatorische Sozialforschung geeignet.

Speziellen Gütekriterien für die qualitative Forschung wurden auf der Grundlage des spezifischen Verständnisses qualitativer Forschung und ihr zugrunde liegender konstruktivistischer Positionen entwickelt. Ihre spezifische Auswahl in

Passung zur Fragestellung, zum Gegenstand und zu Methoden des Forschungsprozesses ermöglicht die Bewertung von qualitativen Forschungsprojekten und ihre Legitimierung in der *scientific community*.

Obwohl bei der Entwicklung spezieller Bewertungskriterien für die qualitative Sozialforschung der emanzipatorische Gedanke nicht im Vordergrund stand, da sie eher der allgemeinen Qualitätssicherung qualitativer Forschung dienen, ist es möglich, diese Gütekriterien auf ihre Nützlichkeit hin zu befragen, den emanzipatorischen und kritischen Anspruch kritischer qualitativer Forschung zu verwirklichen. Dies wird im Folgenden an ausgewählten Aspekten kritischer qualitativer Forschung diskutiert.

Voraussetzung für die Prüfung der Güte qualitativer Forschung und somit auch kritischer qualitativer Forschung sieht Mayring in der *Verfahrensdokumentation*, die die Nachvollziehbarkeit des Forschungsprozesses sichert. Hier stimmt er mit Steinke überein, die im Kriterium Intersubjektive Nachvollziehbarkeit das gleiche fordert. Steinke (1999: 208 ff.) beschreibt drei Wege zur Sicherung und Prüfung der *intersubjektiven Nachvollziehbarkeit:* die Dokumentation des Forschungsprozesses, die Interpretation in Gruppen und die Anwendung bzw. Entwicklung kodifizierter Verfahren, wobei der Dokumentation des Forschungsprozesses zentrale Bedeutung zukommt. Sie ist Hauptkriterium und Voraussetzung zur Prüfung anderer Kriterien. In der Dokumentation wird der Weg festgehalten, wie die ForscherIn zu ihren Ergebnissen kommt und wie Entscheidungen im Forschungsprozess begründet werden. Damit wird die einmalige Dynamik zwischen Gegenstand, Fragestellung und methodischem Konzept nachvollziehbar gemacht. Es ermöglicht der RezipientIn den methodisch reflektierten Umgang mit der Subjektivität der ForscherIn, da methodische Schritte, Gedanken, Vorwissen, Hypothesen, Ängste und Gegenübertragungen dokumentiert werden. Dies wird besonders unter Verweis auf die soziokonstruktivistische Wissenschaftsforschung begründet, die davon ausgeht, dass wissenschaftliche Erkenntnisbildung, Theoriebildung und -prüfung nicht ausschließlich rationalen Kriterien folgen. Ein entscheidender Vorzug der Forderung nach intersubjektiver Nachvollziehbarkeit durch Dokumentation liegt letztlich darin, dass die Studien im Licht ihrer eigenen Kriterien, also ihrem kritischen emanzipatorischen Anspruch, beurteilt werden können. Deshalb sollten das Vorverständnis (explizite und implizite Erwartungen), die Erhebungsmethoden und der Erhebungskontext (verwendete Verfahren und ihre Entwicklung), die Transkriptionsregeln, die Daten (dabei ist ein detaillierter Nachvollzug durch die LeserIn ausgeschlossen, es handelt sich hierbei um ausschnittweise subjektive Beschreibungen sowie die Zugänglichkeit von transkribierten Texten und Dokumenten), die Auswertungsschritte (hier reicht die Dokumentation der Interpretationsschritte nicht, die explizite Präsentation der Auswertungsschritte erst erlaubt der LeserIn eine Interpretation), die präzise Darstellung der Informationsquellen (auf verschiedenen Ebenen: wortwörtliche Äußerungen von InterviewpartnerInnen, sinngemäßes Wiedergeben von Äußerungen, Kontexte von Äußerungen, Beobachtungen der ForscherIn wie auch Hypothesen, Deutungen bzw. Interpretationen), Entscheidungen und Probleme, Kriterien der Forschung und reflexive Analysen (Subjektivität der ForscherIn) dokumentiert werden.

Antizipieren ForscherInnen kritische qualitative Forschungsprojekte, so müssen sie dieses Selbstverständnis explizieren. Dafür steht an erster Stelle Steinkes Kriterium der *Reflektierten Subjektivität*, welches die konstituierende subjektive Rolle der ForscherInnen und ihre Perspektivität verdeutlicht. Kritische qualitative ForscherInnen müssten also den Einfluss der besonderen Perspektive einer emanzipatorischen Gesellschaftskritik offen legen. Die Prüfung ist auf verschiedenen Ebenen anzusiedeln. Sie sollte sich auf den gesamten Forschungsprozess beziehen, die Beziehung der ForscherIn zum Untersuchungsgegenstand, zu den Beforschten wie auch beim Einstieg ins Feld reflektieren. Sie ermöglicht, eigene Einstellungen und Vorannahmen bewusst zu machen und auf ihren kritischen Anspruch zu hinterfragen.

Kritische qualitative Forschung ist partizipativ, d. h. sie ist am Nutzen der Forschung für die Beforschten und an der Nutzung der Forschung durch die Beforschten interessiert. Mayring schlägt zur Prüfung der Interessenübereinstimmung mit den Beforschten das Kriterium *Nähe zum Gegenstand* oder Gegenstandsangemessenheit, aber auch die *Kommunikative Validierung* vor, was der Intention der kritischen qualitativen Forschung nahe kommt. Darüber hinaus böte sich aber auch das von Steinke vorgeschlagene Kriterium der *Relevanz* zur Prüfung des Nutzens für die Beforschten an, die anhand der Fragestellung und dem von ihr geleisteten Beitrag für der Praxis geprüft wird. Einem kritischen emanzipatorischen Anspruch entspricht besonders die von Steinke formulierte Sicht auf die Relevanz einer Fragestellung bzw. Theorie, die »immer nur historisch-konkret für ein bestimmtes Problem, eine spezifische (soziale) Situation, einen spezifischen Kontext bestimmbar und nicht universell« (1999: 248) ist.

Ausgehend davon, dass auch in der kritischen emanzipatorischen Sozialforschung hinsichtlich der praktischen Verwertbarkeit wissenschaftlicher Theorien Abstufungen existieren, ist sie besonders dort zu prüfen, wo sie nicht im Kontext von Aktions- oder Evaluationsforschung stattfindet. Die Prüfung der Relevanz bezieht sich auf die Fragestellung und den Beitrag der entwickelten Theorie für neue Deutungen, Erklärungen für interessierende Phänomene und Lösungen von Problemen wie auch die Verallgemeinerbarkeit der Ergebnisse.

Unter dem Gesichtspunkt, dass Fragestellung, Gegenstand und Methoden ebenso wie die ForscherInnen selbst an der Konstruktion der Ergebnisse beteiligt sind, wäre hinsichtlich der Güte kritischer qualitativer Forschung zu prüfen, ob diese geeignet sind, emanzipatorische Gesellschaftskritik zu transportieren. Steinke fasst diese Forderung im Kriterium Indikation, die nicht nur die Forderung nach Gegenstandsangemessenheit enthält, sondern diese spezifisch auf die Erhebungs- und Auswertungsmethoden, Transkriptionsregeln, Sampling und Einzelentscheidungen im Kontext der gesamten Untersuchung bezieht.

Summa summarum ist festzustellen, dass die Nutzung spezieller Bewertungskriterien für die qualitative Forschung auch unter der Prämisse eines kritischen emanzipatorischen und partizipativen Anspruches sinnvoll erscheint, erstens, um die an sich selbst gestellten Ansprüche zu prüfen und zweitens, um die Anerkennung und Wirkmächtigkeit kritischer qualitativer Sozialforschung zu erhöhen.

Literatur

Bergold, J./Breuer, F.: Methodologische und methodische Probleme bei der Erforschung der Sicht des Subjekts, in: Bergold, J./Flick, U. (Hrsg.): Ein-Sichten. Zugänge zur Sicht des Subjekts mittels qualitativer Forschung, Tübingen 1987.

Bortz, J./Döring, N.: Forschungsmethoden und Evaluation für Sozialwissenschaftler, Berlin 1995.

Cambell, D.T./Fiske, D. W.: Convergent and diskriminant validation by the multitrait-multimethod matrix, in: Psychological Bulletin, 1959, H 56, S. 81-105.

Denzin, N. K.: The research act, Englewood Cliffs 1989.

Flick, U.: Methodenangemessene Gütekriterien in der qualitativ-interpretativen Forschung, in: Bergold, J./Flick, U. (Hrsg.): Ein-Sichten. Zugänge zur Sicht des Subjekts mittels qualitativer Forschung, Tübingen 1987.

Flick, U.: Qualitative Forschung. Theorie, Methoden, Anwendung in der Psychologie und den Sozialwissenschaften, Reinbek 1995.

Flick, U.: Qualitative Sozialforschung. Eine Einführung, Reinbek 2007.

Gadenne, V.: Die Gültigkeit psychologischer Untersuchungen, Stuttgart 1976.

Glasersfeld, E. v.: Einführung in den radikalen Konstruktivismus, in: Wazlawick P. (Hrsg.): Die erfundene Wirklichkeit. Wie wissen wir, was wir zu wissen glauben? Beiträge zum Konstruktivismus, München 1985, S.16-38.

Groeben, N./Wahl, D./Schlee, J./Scheele, B.: Forschungsprogramm Subjektive Theorien. Eine Einführung in die Psychologie des reflexiven Subjekts, Tübingen 1988.

Lamnek, S.: Qualitative Sozialforschung. Bd. 1. Methodologie, Weinheim 1995.

Lewin, K.: Tat-Forschung und Minderheitenprobleme, in ders.: Die Lösung sozialer Konflikte, Bad Neuheim 1953, S. 278-298.

Lüders, C./Reichertz, J.: Wissenschaftliche Praxis ist, wenn alles funktioniert und keiner weiss warum. Bemerkungen zur Entwicklung qualitativer Sozialforschung, in: Sozialwissenschaftliche Literatur Rundschau 1986, H 12, S. 90-92.

Mayring, P.: Einführung in die Qualitative Sozialforschung, München 2002.

Miles, M. B./Hubermann, A. M.: Qualitative data analysis: an expanded sourcebook, Newbury Park, CA 1984.

Oevermann, U.: Zur Programmatik einer Theorie der Bildungsprozesse, Berlin 1974.

Oevermann, U./Allert, T./Konau, E./Krambeck, J.: Die Methodologie einer »Objektiven Hermeneutik« und ihre allgemeine forschungslogische Bedeutung in den Sozialwissenschaften, in: Soeffner, H. G. (Hrsg.): Interpretative Verfahren in den Sozial- und Textwissenschaften, Stuttgart 1979, S. 352- 433.

Patton, M. Q.: Qualitative Evaluation and Research Methods, Newbury Park, CA 1990.

Peirce, Ch.: Collected Papers of Charles Sanders Peirce, Cambridge, MA 1960.

Popper, K. R.: Logik der Forschung, Tübingen 1994.

Reichertz, J.: Zur Gültigkeit von Qualitativer Forschung. Forum Qualitative Sozialforschung/Forum Qualitative Social Research [On-line Journal] 2000. Verfügbar über: http.//www.qualitative-research.net/fqs-texte/2-00/2-00reichertz-d.htm

Reichertz, J.: Plädoyer für das Ende einer Methodologiedebatte bis zur letzten Konsequenz, in: Sutter, T. (Hrsg.): Beobachtung verstehen, Verstehen beobachten. Perspektiven einer konstruktivistischen Hermeneutik, Opladen 1997, S. 98-132.

Rescher, N.: Induktion. Zur Rechtfertigung induktiven Schließens. München/Wien 1987.

Richardson, L.: Writing. A Method of Inquiry, in: Denzin, N. K./Lincoln, Y. (Hrsg.): Handbook of Qualitative Research, Thousand Oaks 1994, S. 516-529.

Schütz, A.: Gesammelte Schriften. Bd. 1, Den Haag 1971.

Shotter, J.: Knowing of the third kind, Utrecht 1990.

Steinke, I.: Kriterien qualitativer Forschung. Ansätze zur Bewertung qualitativ-empirischer Sozialforschung, München 1999.

Strauss, A. L.: Qualitative Sozialforschung: Datenanalyse und Theoriebildung in der empirischen und soziologischen Forschung, München 1991.

Weber, M.: Wirtschaft und Gesellschaft, 2.Bd., Tübingen 1920.

Heinz-Jürgen Voß

Feministische Wissenschaftskritik am Beispiel der Naturwissenschaft Biologie

Mit feministischer Wissenschaftskritik wird in diesem Aufsatz ein komplexes Themenfeld in den Blick genommen. Dies soll vor allem zu einer weiteren Lektüre der Arbeiten der benannten Wissenschaftlerinnen[1] und einem kritischen Umgang auch mit der scheinbar festen Grenze zwischen biologischen und gesellschaftswissenschaftlichen Ansätzen anregen. In diesem Beitrag wird ein besonderes Augenmerk auf Verbindungen zwischen *Ausschlüssen, Strukturen, Methodiken und Inhalten* ›moderner Wissenschaften‹ – und feministischen Kritiken daran – gelegt, weniger auf feministische Epistemologie. Anstatt – wie oftmals geschehen – die einzelnen feministischen Autorinnen, die Kritiken an Wissenschaften geübt haben, nebeneinander oder vielmehr gegeneinander zu stellen, werden hier Kritiken und ›Visionen‹ feministischer Wissenschaft herausgestellt, die den notwendigen Hintergrund für die jeweils eigene wissenschaftliche Arbeit bieten. Abgeschlossen wird der Aufsatz mit einem kritischen Ausblick – und der Anregung, feministische Wissenschaftskritik stets *im Sinne eines methodologischen Grundsatzes* in den eigenen Forschungsprozess einzubeziehen.

Einleitung: zwischen Kritik am Ausschluss und der Vision zukünftiger Wissenschaft

Im Mai 1894 trat in Preußen eine amtliche Regelung für das höhere Mädchenschulwesen in Kraft, womit Frauen der gastweise Besuch von Vorlesungen an philosophischen Fakultäten ermöglicht wurde. Ab September 1894 erhielten Frauen in Preußen bei einer Sondererlaubnis der noch stets männlichen Professorin die Möglichkeit, Universitätsveranstaltungen der Naturwissenschaften und Mathematik zu besuchen (Hausen 1986: 32; Tobies 1997: 19). Nur vereinzelt war es in den Jahrzehnten zuvor (insbesondere ausländischen) Frauen möglich gewesen, Lehrveranstaltungen der Naturwissenschaften und Mathematik an deutschen Universitäten zu hören und ausnahmsweise zu promovieren.[2] Immatrikulationsrecht

1 Für allgemeine Bezeichnungen wird im Anschluss an L. F. Pusch (1984) stets die weibliche Bezeichnung verwendet. Falls notwendig, wird eine Vereindeutigung durch entsprechende Adjektive vorgenommen.

2 S. Kowalewskaja (Mathematik) und J. Lermontowa (Chemie) promovierten 1874 als erste Frauen in den Fachbereichen Mathematik bzw. Chemie (Tollmien 1997). Selbstverständlich gilt diese für Mathematik und Naturwissenschaften (die zu Philosophischen Fakultäten gehörten) ausformulierte Aussage auch für die prestigeträchtigeren Theologischen, Juristischen und Medizinischen Fakultäten, an denen Frauen noch weniger geduldet waren.

erhielten Frauen im Deutschen Reich vergleichsweise spät:[3] 1900 in Baden, 1903 in Bayern, 1904 in Württemberg, 1906 in Sachsen, 1907 in Thüringen, 1908 in Hessen und Preußen, 1909 in Mecklenburg und Elsaß-Lothringen. Eine Zulassung zu Technischen Hochschulen wurde 1905 in Bayern, 1907 in Sachsen und Baden/Württemberg, 1909 in Preußen und Braunschweig gewährt.

Seitdem haben sich die Ausschlussmechanismen verlagert: Frauen dürfen sich regulär immatrikulieren, aber mit steigendem Bezahlungsniveau und zu erwartendem Prestigegewinn nimmt der Anteil von Frauen in den wissenschaftlichen Hierarchien ab. Gegen diese andauernden Ausschlüsse richten sich feministische Wissenschaftskritiken, erschöpfen sich darin aber keineswegs, sondern nehmen Strukturen, Methoden und Inhalte in den Blick. Eine Vision möglicher zukünftiger Wissenschaft aus der Perspektive D. Haraways sei zur Veranschaulichung herangezogen, um die Breite feministischer Wissenschaftskritiken deutlich zu machen: *»Dekodierung und Transkodierung plus Übersetzung und Kritik – alle zusammen sind erforderlich. Auf diese Weise wird Wissenschaft zum paradigmatischen Modell nicht für Abgeschlossenheit, sondern für das, was bestreitbar ist und bestritten wird. Wissenschaft wird nicht mehr der Mythos für etwas sein, das sich der menschlichen Handlungsfähigkeit und Verantwortlichkeit im Bereich alltäglicher profaner Auseinandersetzungen entzieht, sondern für die Zurechenbarkeit und Verantwortlichkeit für Übersetzungen und Solidaritäten, die die kakophonen Visionen und visionären Stimmen verbinden, die das Wissen der Unterworfenen charakterisieren. Eine Brechung der Sinne, eine Vermischung von Stimme und Sicht, eignet sich eher als Metapher für die Grundlage des Rationalen als klare und abgegrenzte Ideen. Wir suchen nach Wissen, das nicht vom Phallogozentrismus (jener Wehmut nach der Präsenz des einen wahren Wortes) und von entkörperter Vision beherrscht wird, sondern von partialer Sicht und einer begrenzten Stimme. Unsere Suche nach Partialität ist kein Selbstzweck, sondern handelt von Verbindungen und unerwarteten Eröffnungen, die durch situiertes Wissen möglich werden. Einen spezifischen Ort einzunehmen ist der einzige Weg zu einer umfangreicheren Vision. Die Wissenschaftsfrage im Feminismus zielt auf Objektivität als positionierter Rationalität. Ihre Bilder sind kein Produkt einer Flucht vor und der Transzendenz von Grenzen, das heißt eines Blicks von oben herab, sondern der Verknüpfung partialer Sichtweisen und innehaltender Stimmen zu einer kollektiven Subjektposition, die eine Vision der Möglichkeiten einer fortgesetzten, endlichen*

3 Zur Jahrhundertwende 19./20. Jh. waren an vielen Universitäten Europas Frauen zum Studium zugelassen, an deutschen Universitäten hingegen nicht. In den dt. Staaten/dem Dt. Reich verbanden sich mit einem Universitätsstudium Möglichkeiten akademischer Berufskarrieren in Verwaltung, Regierung, Justiz, Kirche, Medizinal- und Schulwesen. Das daraus resultierende hohe soziale Prestige eines Universitätsstudiums führte zu einer vehementen Abwehrhaltung von noch ausschließlich männlichen Universitätsprofessorinnen gegenüber neuen in das Studium drängenden Schichten (Vermeidung von Konkurrenz, Aufrechterhaltung des Prestiges und Einkommens). Entsprechend wurde auch das Studium von Frauen abgelehnt. In anderen europäischen Staaten und den USA war der Professionalisierungsprozess nicht so weit fortgeschritten, so dass Frauen eher Zugang zu Universitätsstudien gewährt wurde (vgl. Costas 1995; Costas 2000; Wobbe 2003).

Verkörperung und von einem Leben in Grenzen und in Widersprüchen verspricht, das heißt von Sichtweisen, die einen Ort haben.« (Haraway 1995 [1988]: 90 f.)

Damit ist in etwa der Rahmen abgezeichnet, vor dem sich feministische Wissenschaftskritiken darstellen: Sie richten sich auf ein Wissenschaftskonzept, das sich als universalistisch und neutral begreift, dabei aber in Macht- und Herrschaftsstrukturen eingebettet ist und auf eine androzentrische historische Prägung institutionalisierten Wissenschaftsbetriebes (in Strukturen, Methodiken, Inhalten) verweisen kann – und gehen bis hin zur Entwicklung visionärer Wissenschaftskonzepte, die sich nicht auf Positionierung von bisher im Wissenschaftsbetrieb Marginalisierten oder auf zu begründende ›Nachfolgewissenschaften‹ beschränken.

Feministische Kritikerinnen verbünden sich, historisch wechselhaft, mit kritischen Theorieansätzen – so der Kritischen Theorie der Frankfurter Schule, Marx'scher Theorie, dem Konstruktivismus/Dekonstruktivismus, der Diskurstheorie, machtkritischen Theorien M. Foucaults, der Psychoanalyse J. Butlers, Postkolonialen- und Queeren Theorien – und entwickeln eigene Forschungsfragen und eigene Empirien (vgl. Hark 2007: 10). Ihrer fundierten Analyse androzentrischer Strukturen, Methoden und Inhalte wird im Folgenden nachgegangen.

Die folgenden Überlegungen orientieren sich an der von E. F. Keller vorgenommenen Unterscheidung von *›liberal‹* und *›radikal‹* (Keller 1989 [1982]).[4] Mit *›liberal‹* wird eine Betrachtung bezeichnet, die von vielen Menschen, die sich zumindest auf Chancengleichheit (oder in weiterer Fassung auf Chancengerechtigkeit) berufen, akzeptiert werden kann. Es geht dabei insbesondere um den Ausschluss von in den Wissenschaften Marginalisierten, den Praxen, die zu deren Ausschluss beitragen, und das Wissen, das durch die verbleibende ›homogene‹ Gruppe produziert wird. Eine Trennung wird zu *›radikaleren‹* Ansätzen vollzogen, die sich Fragen der (Un)Möglichkeit von Objektivität und Wahrheitsproduktion im Wissenschaftsbetrieb zuwenden. Dabei ist unter Trennung keine Entgegenstellung gemeint, vielmehr entwickelten ›liberale Kritiken‹ die notwendigen Voraussetzungen für *›radikalere Kritiken‹*.

1. Liberale Kritik: feministisch-kritischer Empirismus

1.1. Frauen in der Forschung: Streit für Teilnahme, Streit für Anerkennung

»Abwesenheit von Frauen« war bis in das 20. Jahrhundert ein wesentliches Kennzeichen der Wissenschaften der westlichen Welt. Frauen, die sich in den Wissenschaften engagieren wollten, wurde sehr viel an Einsatz abverlangt, um die Möglichkeit der Hörerinnenschaft zu erlangen und ggf. einen Abschluss, eine Promotion oder gar Habilitation zu erstreiten. Höhere Bildung war teuer, nur von materiell

4 Die ›radikale Perspektive‹ Kellers wird für diesen Aufsatz erweitert.

gut gestellten Elternhäusern bezahlbar und wurde in erster Linie den Söhnen ermöglicht. Eine junge Frau, die studieren wollte, brauchte nicht nur gut situierte Eltern, sondern dazu solche, die neuen gesellschaftlichen Möglichkeiten gegenüber aufgeschlossen waren, nicht starr auf tradiertem Verständnis der Rolle der Frau beharrten und auch den Töchtern Selbständigkeit durch eigene Erwerbstätigkeit zubilligten (Tobies 1997: 28 ff.; vgl. Harding 1994 (1991): 33-39).

Der Ausschluss von Frauen aus Wissenschaften hält an, findet lediglich auf anderen Ebenen statt: 2004 lag der Anteil von Frauen bei den Studienanfängerinnen an den Hochschulen (Universitäten und Fachhochschulen) der Bundesrepublik Deutschland bei 47,8 Prozent[5] (35,7 Prozent in Mathematik/Naturwissenschaften[6]). Mit zunehmendem Qualifikationsniveau, Bezahlungsniveau und Prestigegewinn sank der Frauenanteil rasch ab: an den Promotionen hatten Frauen 2004 einen Anteil von 39 Prozent (30,7 Prozent Math./Nat.)[7], an den Habilitationen von 22,7 Prozent (18,6 Prozent Math./Nat.), bei den Professuren von 13,6 Prozent (Math./Nat. nicht aufgeführt) und bei den C4-Professuren von 9,2 Prozent (Math./Nat. nicht aufgeführt). Für die außeruniversitären Forschungseinrichtungen ließ sich eine ähnliche Situation feststellen.[8] Der Frauenanteil stieg dabei auf allen Ebenen seit den 1980er Jahren meist an, verblieb aber auf einem niedrigen Niveau. Innerhalb der Europäischen Union (für 1999/2000) und den USA (für 1991) stellte sich die Situation für höhere Qualifikationsniveaus ähnlich dar, wobei in der Bundesrepublik Deutschland im Vergleich mit Finnland, Frankreich, Großbritannien und Spanien Frauen einen deutlich geringeren Anteil an Vollprofessuren stellten (Orland 1995: 26 f; Schinzel 2004; Allmendinger 2003).[9] Ein rascher Wandel ist bei der derzeitigen nicht quotierten Berufungspraxis nicht zu erwarten – 2004 wurden in der BRD auf nicht einmal 20 Prozent der zu besetzenden Professuren Frauen berufen.

Dieser – historische und andauernde – Ausschluss von Frauen unterliegt scharfer feministischer Kritik: Möglichkeiten des Erkenntnisgewinns würden beschränkt, manche Thematiken aus Wissenschaften ganz ausgeschlossen. Das gelte beispielsweise in der Medizin für die Empfängnisverhütung oder für spezifische

5 53,4 Prozent an Universitäten, 37,1 Prozent an Fachhochschulen (Hochschul-Informations-System GmbH 2005).

6 40,1 Prozent an Universitäten, 21,2 Prozent an Fachhochschulen (Hochschul-Informations-System GmbH 2005).

7 Diese und die folgenden Zahlen werden von der Bund-Länder-Kommission (2006) nur für Hochschulen insgesamt aufgeführt (Bund-Länder-Kommission 2006).

8 Auch an außeruniversitären Forschungseinrichtungen ist mit dem Qualifikationsniveau eine Abnahme des Frauenanteils zu ersehen: 43 Prozent Doktorandinnen, 33,1 Prozent Postdoktorandinnen, 36,6 Prozent Besoldungsgruppe BatIIa/12TVöD, 19,3 Prozent BatIb/14TVöD, 8,3 Prozent BatIa/15TVöD, 5 Prozent BatI/15ÜT-VöD. In Führungspositionen dieser Einrichtungen beträgt der Frauenanteil 6,6 Prozent (Bund-Länder-Kommission 2006).

9 Schinzel (2004) fokussiert insbesondere die Situation in der Informatik, betrachtet aber auch die allgemeine Situation in den Naturwissenschaften. Allmendinger vergleicht die Strukturmerkmale universitärer Personalselektion der Länder USA, Türkei, Schweden und BRD und beschreibt u. a., dass der Frauenanteil an Professuren in der BRD am geringsten ausfalle.

Beschwerden, die mit der Menstruation einhergehen, wie Keller ausführt (Keller 1989 [1982]: 237; vlg. Harding 1994 [1991]: 132-154). So werde die Last der Empfängnisverhütung durch bisherige androzentrische Erkenntnisse wesentlich auf die Frauen verlagert. Durch einen gesteigerten Frauenanteil in der biologischen und medizinischen Forschung würden auch die Interessen von Frauen stärkere Berücksichtigung finden.

Andere Wissenschaftskritikerinnen gehen davon aus, dass bereits bei der Entstehung und schließlich Institutionalisierung von Wissenschaften gewisse Bereiche als ›unwissenschaftlich‹ oder nicht von Interesse ausgegliedert wurden. Dies seien vielfach weiblich geprägte gesellschaftliche Bereiche gewesen, bspw. Hausarbeit und Nachwuchspflege. Spezifisch weibliches Wissen sei mit der Etablierung moderner Medizin verloren gegangen: So bspw. Erfahrungen von Hebammen in der Geburtsunterstützung oder insbesondere vorsorgende überlieferte Heilverfahren, die sich bis ins 17. Jh. durch Alltagserfahrung und ›Hausmittel‹ mit der Kochkunst verbunden hätten. Frauen seien von ›modernem Wissen‹ ausgeschlossen worden. Mit der androzentrisch geprägten Medizinisierung und schließlichen Verlagerung in Kliniken sei die Fokussierung auf Geburtsunterstützung einer technisierten Entbindung und einer Reproduktionskontrolle gewichen (vgl. Schiebinger 1993 [1989]: 157-176).

Trotz der strukturellen Beschränkungen hatten Frauen nicht unwesentliche Anteile an Forschungen, die allerdings meist im Verborgenen blieben, da die Ehrungen an Männer gingen. So hat bspw. die nachträgliche biographische Bearbeitung (es lagen bereits einige kurze Erwähnungen vor) des Lebens und Wirkens von R. Franklin ihren tatsächlichen Anteil an der Entschlüsselung der DNS-Doppelhelix-Struktur darstellen können. Franklin lieferte mittels Röntgenstrukturanalyse die zur ›Entschlüsselung‹ der DNS-Struktur notwendigen Daten, für die schließlich die männlichen Wissenschaftlerinnen M. Wilkins, F. Crick und J. Watson mit dem Medizin-Nobelpreis geehrt wurden (vgl. Maddox 2003 [2002]).[10] Etwas weniger bekannt geworden ist die russische Ärztin M. Manasseina. Manasseina führte 1871 einen experimentellen Nachweis der zellfreien Gärung – mit dem Nobelpreis für Chemie geehrt wurde dafür 1907 E. Buchner (Kästner 1998; Wiesner 2002: 89 ff.; Ukrow 2004: 135 ff.). Die Biographieforschung zeigt auch, dass Frauen außerhalb von Beschäftigungsverhältnis und Institutionalisierung Forschungen zu den Arbeiten ihrer Ehemänner oder Brüder beisteuerten – und dass Frauen als Diskussionspartnerinnen oder Ehefrauen, Töchter, Schwestern, Bedienstete, Dienerinnen durch die Übernahme ›alltäglicher Arbeiten‹ nicht unwesentlichen Anteil an den Forschungen ›ehrbarer Männer‹ hatten. Einer Heroisierung von Frauen als ›Erste‹, ›Einzige‹ – wie in Darstellungen männlicher

10 R. Franklin hätte den Nobelpreis nicht mehr entgegen nehmen können, da sie zur Vergabe bereits verstorben war – und Nobelpreise ausschließlich zu Lebzeiten verliehen werden. Allerdings wurde sie auch in der Laudatio nur abschätzig erwähnt und ihr Anteil geschmälert.

›Helden‹ oft geschehen – versuchen viele Biographieforscherinnen durch eine stärkere Kontextualisierung und nicht ausschließliche Orientierung an Erfolg entgegenzuwirken. Ein möglicher Ansatz ist, den widersprüchlichen Beziehungen zwischen Individualität und intellektuellem Kontext, zwischen Privatheit und Wissenschaftsbetrieb, der Wechselwirkung zwischen Persönlichkeit, Forschungsinteressen und methodischen Präferenzen, nicht zuletzt der Rolle von ›Vision‹ nachzuspüren (Orland 1995: 17-21).

1.2. Formelle und informelle Strukturen der Wissenschaften: Hindernisse mehr für Frauen als für Männer

Durch die Betrachtung von Frauen, die sich im Wissenschaftsbetrieb durchsetzen konnten, ist es möglich, Barrieren zum Vorschein zu bringen, die vielen Männern wahrscheinlich nicht einmal auffielen – oder deren Existenz als wissenschaftlich begründet herausgestellt würde. Institutionalisierte Wissenschaften sind stark hierarchisiert, was bereits an der deutlichen Qualifikations- und Dotierungsabstufung an öffentlichen Hochschulen und außeruniversitären Forschungseinrichtungen deutlich wird. Auf unterschiedlichen Ebenen ist nicht nur die Bezahlung unterschiedlich gestaffelt; je höher jemand in der Hierarchie steht, um so größer ist die Möglichkeit, auf untergebene Mitarbeiterinnen zurückzugreifen, Räumlichkeiten zu nutzen, Laborbedingungen zu bestimmen, zu publizieren, zu dozieren etc. Es entwickelt sich ein Selbstläufer aus Anerkennung, stärkerer Rezeption und sich daraus weiter stabilisierendem und steigerndem Renommee.[11] Dies erscheint zunächst geschlechtsneutral, ist es aber nicht, wie eine Studie von J. Cole (1987) belegt: Der Anteil der weiblichen zitierten Wissenschaftlerinnen beträgt nach der Zitationsanalyse von Cole nur 3 Prozent bei Soziologinnen und Psychologinnen und 2 Prozent bei Biologinnen (Wiesner 2002: 113 f.).[12] Selbst bei einem angenommenen Frauenanteil von 10 bis 20 Prozent Frauen in diesen Fachbereichen in den 1980er Jahren ist nach Cole eine vergleichsweise geringe Zitationshäufigkeit festzustellen (Wiesner 2002: 113 f.). Am Ende einer langen Kaskade der Anerkennung stehen Nobelpreise, die den Gipfel des Anreizsystems der Wettbewerbs- und Belohnungsstrukturen darstellen und mit einem starken Prestigegewinn verbunden sind (vgl. Fölsing 1990; Wiesner 2002: 100-105).[13] Rund zwei Prozent der Nobelpreise in den Bereichen Physik, Chemie, Medizin/Physiologie gingen seit

11 So werden bspw. Arbeiten von Wissenschaftlerinnen, die sich bereits ›einen Namen gemacht‹ haben, wesentlich mehr gelesen, als die von unbekannteren Wissenschaftlerinnen (Wiesner 2002: 109 f.).

12 Für einen Vergleich natur-, geistes- und sozialwissenschaftlicher Disziplinen siehe auch: Heintz 2003: u. a. 226 f.

13 »Die Nobelpreise gelten als das Symbol für Leistung und Ansehen schlechthin. Ihre [H. Zuckerman, HJV] Studie belegt, dass ihre Träger nicht in die Elite, sondern in die Ultraelite der Wissenschaft befördert werden, d. h. auf die höchste Ebene der sozialen Hierarchie der ›scientific community‹. NobelpreisträgerInnen konnten und können mit einem höheren Deputat, mit reichlich Unterstützung und mit wesentlich mehr Anerkennung rechnen als seine/ihre KollegInnen.« (Wiesner 2002: 97, zu: Zuckerman, H. (1977): Scientific Elite. Nobel Laureates in the United States. New York; Hervorhebung bei Wiesner).

Beginn der Vergabe an Frauen – im letzten Jahrzehnt des 20. Jh. und im ersten Jahrzehnt des 21. Jh. kein prozentual höherer Anteil als in den Jahrzehnten zuvor.

Befreundete und konkurrierende Netzwerkstrukturen bestimmen das Bild in der institutionalisierten Wissenschaft, auch hat der Kontakt zwischen hervorragenden Lehrenden und Studierenden ein bedeutendes Gewicht im Karriereverlauf (Nowotny 1986: 20-25; Wiesner 2002: 105-109). Das informelle Gespräch in der Pause und nach der Arbeit ist oft wichtiger als die tatsächliche Forschungsarbeit, weil darüber Kontakte geknüpft und über kurze Wege Informationen ausgetauscht werden. Dort außen zu stehen oder nicht die gesamte Zeit auf das berufliche Fortkommen verwenden zu können, bedeutet oft, Karriereaussichten zu begraben. In Netzwerkstrukturen sind Frauen weit weniger verankert als Männer (vgl. Harding 1994 [1991]: 42-44).

An Frauen werden in diesem komplexen Zusammenspiel ganz andere Anforderungen als an Männer gestellt. Zurückhaltung und Bescheidenheit wird zwar neben Originalität von weiblichen wie von männlichen Wissenschaftlerinnen erwartet – im Zweifel, etwa bei Streitigkeiten um die Frage, wer zuerst etwas erforscht hat, wird eher einem Mann die Priorität eingeräumt und von der Frau Zurückhaltung erwartet. Wiesner (2002) schlussfolgert entsprechend: »Konfliktvermeidung sowie eine starke Orientierung am Mainstream scheint als Karrierestrategie für Frauen durchschnittlich erfolgversprechender zu sein, als eigenwillige Forschungsrichtungen im Alleingang durchzusetzen.« (Wiesner 2002: 94) Eine Benachteiligung von Frauen lässt sich auch am Begutachtungssystem von wissenschaftlichen Zeitschriften für eingereichte Publikationen herausstellen: während Arbeiten bekannter Wissenschaftlerinnen gar nicht geprüft werden, werden die von Wissenschaftlerinnen ›mittleren Ranges‹ und von gänzlich Unbekannten umfassender Prüfung unterzogen. Frauen schneiden stets schlechter als Männer ab (Wiesner 2002: 116-121).[14] Überdies lassen sich in wissenschaftlichen Journalen meist nur Artikel veröffentlichen, die signifikante Zusammenhänge/Ergebnisse nachweisen können, wohingegen andere Arbeiten, die nicht mit eindeutigen Zusammenhängen, populären oder spektakulären Ergebnissen aufwarten können, kaum die Chance zur Veröffentlichung erhalten.

Frauen haben, wie Nowotny ausführt, auf Grund ihrer gesellschaftlich festgeschriebenen spezifischen Vergeschlechtlichung in den immer noch weitgehend geschlechtlich homogenisierten Wissenschaften Schwierigkeiten, sich in Wissenschaften zu etablieren, in Netzwerke hineinzukommen, vergleichbar den männlichen Konkurrierenden oder Befreundeten publizieren zu können und ›Karriere zu machen‹. Frauen, betont Nowotny, stünden den Regeln und Spielregeln der Institution Wissenschaft anders als Männer gegenüber: entweder würden sie sie stär-

14 Vergeschlechtlichte Benachteiligungen im Begutachtungsverfahren spielen auch bei Stipendienvergaben eine Rolle. Dies stellen C. Wennerås und A. Wold (2000) für Habilitationsstipendien des schwedischen »Medical Research Council« für das Jahr 1995 dar – Frauen wurden weit schlechter als männliche Mitbewerberinnen beurteilt (Wennerås 2000).

ker befolgen oder stärker ablehnen und ggf. gegen sie arbeiten (Nowotny 1986: 25-29; vgl. Wagner 1986; Harding 1994 (1991): 33-39).

1.3. Methoden biologischer Wissenschaft: warum feministisch anders geforscht wird

Fragestellungen und Methoden bestimmen die ›Erkenntnisse‹, die in Wissenschaften überhaupt möglich sind. Wichtige Grundlage derzeitiger wissenschaftlicher biologischer ›Erkenntnis‹ stellen Tierexperimente dar. Sie werden in der Biologie herangezogen, um bspw. Geschlechtsunterschiede im Verhalten zu bestimmen – und die Ergebnisse der Untersuchungen in ›angepasster Weise‹ auf den Menschen zu übertragen. Deutlich wird dies beispielhaft an Aufsteige- und Unterwürfigkeitsverhalten von Ratten:

Fallbeispiel: 1959 stellte C. Phoenix die Theorie der pränatalen Maskulinisierung des Gehirns durch ›männliche Hormone‹ (Androgene) auf. Der männliche Hypothalamus würde sich durch Androgene stärker differenzieren, wogegen der weibliche im basalen Zustand verharre. Dies habe Auswirkungen auf das Sexualverhalten, wobei bei Ratten das Männchen Aufsteigeverhalten (mounting), das Weibchen Unterwürfigkeit durch Krümmung des Rückens (lordosis) zeige. Das Sexualverhalten verlaufe von Seiten des Ratten-Männchens über Besteigen – Einführen des Penis – Ejakulation, wobei auch Variationen auftreten könnten. Das Ratten-Weibchen würde lediglich reagieren, das aktive ratten-männliche Verhalten passiv erdulden, wobei die Häufigkeit des Erduldens gemessen wurde.

Forschungsleitende Frage in den 1960er Jahren war: Was macht das Gehirn männlich? R. Gorski führte Experimente zu mounting/lordosis durch, wobei er bemerkte, dass sich Ratten-Männchen erst an die Umgebung anpassen (adaptieren) müssten, um Aufsteigeverhalten zu zeigen. So ließ Gorski die Ratten-Männchen erst zwei Stunden adaptieren, bevor er ein (nichtadaptiertes) Ratten-Weibchen hereinführte und das beschriebene Sexualverhalten untersuchte: Besteigen – Einführen des Penis – Ejakulation. Gorski behandelte in einem weiteren Versuch Ratten-Weibchen mit Androgenen, um auch in ihren Gehirnen männliche Strukturen entstehen zu lassen. Dann ließ er auch sie zwei Stunden adaptieren und führte Ratten-Männchen herein. Für die Ratten-Weibchen beschrieb er, wie gehabt, lordosis – ein unerwartetes Ergebnis, welches der angenommenen Androgen-Wirkung widersprach, auf das er bei der Auswertung seiner Versuche aber nicht näher einging. R. E. Whalen und R. D. Nadler beobachteten in späteren Untersuchungen, dass einige mit Androgenen behandelte Ratten-Weibchen ihren Rücken so krümmten, dass sie den Ratten-Männchen nicht die ganze Zeit den Verbleib auf dem Rücken ermöglichten – also aktiv einen Abbruch des Sexualverhaltens erwirkten.

G. Bermant und J. Calhoun kritisierten in den 1960er Jahren die einseitige Ausrichtung an männlichem Sexualverhalten. 1970 zeigte M. Schoelch-Krieger, dass weibliche Ratten vielerlei Möglichkeiten hätten, auf den Versuch von Männchen, aufzusteigen, zu reagieren. In den 1970er Jahren wurde ratten-weibliches Sexualverhalten nicht mehr ignoriert und es erschien eine Vielzahl von Publikationen dazu. Anknüpfend an Arbeiten von J. Calhoun in den 1960er Jahren, betonte R. Doty 1974, dass auch das lange Zeit vernachlässigte ratten-weibliche Sexualverhalten komplex sei und Ratten-Weibchen sich aktiv am Sexualverhalten beteiligten. Beach stellte 1971 auch das Modell der pränatalen Androgen-Wirkung in Zweifel und vermutete, dass sich Sexualverhalten aus Beobachtung und Erfahrung entwickele – zu dieser Zeit war er jedoch lange Zeit die einzige Wissenschaftlerin, die das pränatale Hormonmodell in Zweifel zog. Letztendlich akzeptierte er es und beschrieb, dass Östrogene eine weibliche Entwicklung des Gehirns bewirken würden (1976).

Beachs Studie hatte weiten Einfluss. So widmeten sich nachfolgend zahlreiche, auch und insbesondere weibliche Wissenschaftlerinnen der Untersuchung vor allem tier-/ratten-weiblichen Sexualverhaltens. Sie beobachteten die Wirkung von Hormonen auf verschiedene Hirnareale und fügten Läsionen zu, um einzelne Hirnareale zur Untersuchung der Hormon-Wirkung auszuschalten. Das alles sind ›anerkannte Techniken‹ in der Neurobiologie. Das pränatale Hormonmodell wurde durch Beachs Ausführungen (1976) zunächst befestigt, in der Folge aber wiederholt mit beschriebenen Einflussfaktoren von Beobachtung und Erfahrung als wesentliche Elemente zur Ausprägung von Sexualverhalten konfrontiert (Wijngaard 1995: 138-144; vgl. Fausto-Sterling 2000: 195-232).

Dieses Fallbeispiel ist als prägnante Betrachtung der Herangehensweisen an biologische Fragestellungen angeführt. Ähnliche Ergebnisse zeigt A. Fausto-Sterlings Metastudie über Forschungsarbeiten zum Sexualverhalten von Rhesus-Affen. Auch in diesen gingen Wissenschaftlerinnen stets vom Rhesus-Affen-Männchen aus, betrachteten Rhesus-Affen-Weibchen lediglich als passiv reagierend und untersuchten Sexualverhalten zwischen zwei Rhesus-Affen-Männchen oder zwei Rhesus-Affen-Weibchen nicht (Fausto-Sterling 1995: 123-126; vgl. Bleier 1984: 85-87; Ebeling 2002: 41-43).[15]

Ausgehend von Tieren werden in der Biologie ›Erkenntnisse‹ über den Menschen erzeugt. Dabei bildet das männliche Geschlecht den Ausgangspunkt, weibliches Geschlecht wird dem Experiment als passiv und reagierend hinzugefügt. Das zeigt sich – in ähnlicher Deutlichkeit wie in dem angeführten Fallbeispiel – auch an den chromosomalen und genetischen Modellen zur primären Geschlechtsausprägung,[16] der Motilität der Keimzellen, unterschiedlicher Differenzierung von

15 Fausto-Sterling arbeitet einen männlichen, heteronormativen Blickwinkel der Wissenschaftlerinnen heraus. (Die Begrifflichkeit ›Homosexualität‹ vermeide ich explizit, da ›Homosexualität‹ vielfältig und komplex sozial geprägte Verhaltensweisen des Menschen bezeichnet.)

16 Das Y-Chromosom wurde lange Zeit, mit Abstufungen wird es noch immer, als Agent eines aktiven Prinzips betrachtet, das die weitere männliche Entwicklung, ausgehend von einer weiblichen Basis, darstelle. Für eine weibliche Entwicklung wurden lange Zeit keine aktiven Entwicklungsprozesse in Erwägung gezogen. Dies sei unabhängig von notwendiger weitergehender Kritik angeführt, die überdies die binär-geschlechtliche Ausrichtung solcher Modelle kritisieren müsste (vgl. Fausto-Sterling 2000: 195-205; Rieder 2003 [2000]: 105-122; im

Hirnarealen (vgl. Bleier 1984: 91-93; Schmitz 2004), Betrachtungen aggressiven Verhaltens (vgl. Bleier 1984: 97-101; Ebeling 1998), der Evolution des Menschen (vgl. u. a. Bleier 1984: 115-137; Schmitz 2003)[17] etc. Der aktive, sich entwickelnde Anteil wird stets dem männlichen Geschlecht, dem Mann zugeschrieben.

Feministische Wissenschaftskritiken richten sich gegen die Übertragung von an Tieren gewonnenen Daten auf den Menschen (Bleier 1984: 3-7, 22-48; Fausto-Sterling 1992 [1985]: 162; Birke 1986: 33-35; Wijngaard 1995: 145 f.). Sie werfen die Frage auf, ob – bei solchen Ideologien wie des aktiven Mannes und der passiven Frau im Hintergrund – diese Versuche und deren erhoffter Erkenntnisgewinn ethisch für den Menschen vertretbar sind (Fausto-Sterling 1995: 130-133, Shiva 1995: 67-69). Sie verweisen auf die Konstruktion des Anderen (des Tieres) neben dem Menschen (Anthrozentrismus), was Auswirkungen auf direkt den Menschen betreffende Fragestellungen habe und auch rassistische, antisemitische und androzentrische Abgrenzungen zur Folge habe, wie bspw. Fausto-Sterling nachweist.[18] Überdies stellen feministische Wissenschaftskritiken die Frage nach der Ethik von Tierversuchen (zumindest zu kosmetischen Zwecken) aus Perspektive der Rechte von Tieren (u. a. Birke 1995; Rogers 1995; Fausto-Sterling 1995: 126-130, 130-135).

Die Bereitschaft zu Abgrenzungen wird in der Biologie durch stets sehr eng begrenzte Untersuchungsgruppen, meist binäre Eingruppierungen und den Versuch klarer Unterscheidungen ersichtlich. Menschliche Versuchsgruppen werden zwischen alltäglichen Vorurteilen (bspw. nach Geschlecht, ›Rasse‹, Religion, Herkunft) angesiedelt und auf dieser Basis versucht, signifikante Unterschiede als ›Abweichungen‹ von einer weiß, männlich, heterosexuell besetzten Norm zu beschreiben (vgl. Fausto-Sterling 2000: 30-114). Es wird nach Differenz gesucht und diese auch stets gefunden, da auf Grund individueller Verschiedenheit zwischen zwei oder mehr betrachteten Gruppen immer Differenzen beschreibbar sind (vgl. u. a. Bleier 1984: 93 f., Fausto-Sterling 1992 [1985]: 26-30). So werden auch menschliche (freiwillige) Probandinnen bspw. häufig nach Geschlecht binär gruppiert, um Unterschiede in Hirnarealen nachzuweisen. Unterschiedliche Sozialisationen, früheres oder späteres Erlernen einer oder mehrerer Sprachen, Erfahrungen etc. werden meist gar nicht oder nur unzureichend betrachtet (Fausto-Sterling 1992 [1985]: 13-60, 32-35). Die begriffliche Erklärung für ›Signifikanz‹ ist für diesen Zustand weitgehend willkürlicher, auf Stereotypen basierender

Vorgriff sei auch auf meine, in etwa zwei Jahren zu veröffentlichende, Dissertation »Geschlechterdekonstruktion aus bio/medizinischer Perspektive« (Arbeitstitel) verwiesen).

17 Die Evolutionsbiologie betrachtet den Mann als nach Veränderung strebend, die Frau als Strukturen konservativ bewahrend.

18 Fausto-Sterling (1992 [1985]) beschreibt rassistische und androzentrische biologische Betrachtungen für das Ende des 19. und den Beginn des 20. Jh. und stellt fest, dass solche Theorien nun offenbar wieder Neuauflagen erfahren (Fausto-Sterling 1992 [1985]: 224 ff.). Haraway löst in »Ein Manifest für Cyborgs – Feminismus im Streit mit den Technowissenschaften« (1995b [1984]) die Mensch-Tier-, Belebt-Maschine-Grenzen auf (Harraway 1995b [1984]; vgl. Martin 1995: 268 ff.).

Gruppierungen symptomatisch: Als signifikant werden Zusammenhänge bezeichnet, bei denen die Wahrscheinlichkeit gering ist, dass sie allein durch Zufall zustande gekommen sind. Gleichwohl wird der Signifikanz in Beschreibungen von experimentellen Ergebnissen hohes Gewicht eingeräumt (Fausto-Sterling 1992 [1985]: 26-30).

Feministische Kritiken richten sich auch gegen stark vereinfachte Betrachtungen von Verhaltensweisen, die jeweils nur ein sehr spezielles Verhalten untersuchen und versuchen, ›störende Faktoren‹ auszublenden. Durch solche Methodiken werde der Komplexität von Verhaltensweisen, dem komplexen Zusammenwirken zahlreicher Faktoren auf Zell- und Organismusebene, der sozialen Interaktion mit anderen Individuen und der Einwirkung von Umweltfaktoren nicht Rechnung getragen. Die Laborbedingungen, die Haltung in Gefangenschaft, der Vorgang des Spritzens bspw. von Hormonen, die Läsion einzelner Hirnbereiche und deren Auswirkungen auf das Verhalten eines Organismus bzw. auf den Organismus selbst, wie auch Veränderungen auf zellulären Ebenen werden nicht oder nur unzureichend betrachtet, führt Fausto-Sterling zudem aus (Birke 1986: 56-65; Rogers 1995).[19] Einem ›Ausschalten‹ solcher Faktoren als ›Störquellen‹ muss erst deren Bewusstwerdung durch die Wissenschaftlerin vorausgehen. Ohne dieses Bewusstwerden ist eine informierte Abschaltung dieser Faktoren als ›Störquellen‹ ausgeschlossen – mit deren Bewusstwerden vielleicht möglich. Fraglich bleibt der Erkenntniswert.

Auch das Zergliedern auf kleinste Untersuchungsgebiete und -objekte (Reduktionismus) ist in den Naturwissenschaften verbreitet. Beispiele finden sich u. a. in genetischen und biochemischen Forschungen, wie auch physikalischen Untersuchungen zu Quanten (Birke 1986: 56-82; Keller 1997 [1983]; vgl. zu Genetik: Keller 2001 [2000]; vgl. zu Physik: Mußmann, 1995).[20] Ein Zusammenwirken von Faktoren wird dabei nicht oder unzureichend betrachtet. Am deutlichsten wird dies in der Genetik an der Ein-Gen-ein-Enzym-Hypothese. Mit dieser Hypothese wurde lange Zeit von einer Eins-zu-eins-›Übersetzung‹ bei der Übertragung von genetischer Information in Enzyme oder ›Merkmale‹ ausgegangen. Mittlerweile beginnt zwar auch in der Genetik ein Umdenken hin zu mehr Komplexität (Stichwort: Polykausalität), dabei werden allerdings ebenso hierarchische Modelle entwickelt, bei denen höher angesiedelte Steuerelemente tiefer angesiedelte

19 Rogers (1995) beschreibt, dass Umweltbedingungen Auswirkungen auf die Anzahl der Synapsen und andere Hirnstrukturen hätten. So wäre die Anzahl der Synapsen bei Ratten, die in ihren Käfigen ›Spielzeuge‹ hätten, weit größer als bei Ratten in einfacher Käfighaltung (Rogers 1995: 157-160).

20 Mußmann (1995) legt dar, dass die Naturwissenschaften in Betrachtungen oft lineare, im Gleichgewicht befindliche Prozesse abzubilden suchen – das Meiste, das von Linearität Abweichende, kann so nur angenähert beschrieben werden. »Durch geschickte Wahl der Grenzen und wohldefinierte Ursache-Wirkungen-Beziehungen konnte die Natur im Experiment genötigt werden, sich gesetzmäßig zu äußern.« (Mußmann 1995: 79). Den Ansatzpunkt der Selbstorganisationstheorien, für den auch die Arbeit von Mußmann ein Beispiel darstellt, beschreibt Scheich (1993) als zwar Systemgrenzen z.T. überschreitend und als ganzheitlichere Betrachtung als bei ›klassischen Betrachtungsweisen‹, kritisiert allerdings aus feministischer Perspektive, dass androzentrische Strukturen und Inhalte auch in den Selbstorganisationstheorien unangetastet bleiben (Scheich 1993: 11-23).

Elemente steuern sollen. Einen ganz anderen Blick nutzte dagegen die Genetikerin B. McClintock, die sich in ihren Forschungen dem sensiblen Zusammenwirken von Faktoren auf zellulärer oder organismischer Ebene widmete (Keller 1995: 81-86, vgl. Bleier 1984: 199-207).[21]

1.4. Inhalte biologisch-medizinischer Wissenschaften: von ›Genen der Minderwertigkeit‹ zu nicht-diskriminierenden Inhalten zukünftiger Wissenschaft

In der Entstehungsgeschichte westlicher moderner biologischer Wissenschaften – und bis in unsere Zeit – werden Aussagen über weitreichende Differenzen zwischen als dual begriffenen Gegensätzen herausgearbeitet. Frau/Mann, aktiv/passiv, Natur/Kultur werden als solche Gegensätze konstruiert und in ein Dominanz-Subordinanz-Verhältnis eingepasst. ›Die Frau‹ oder ›Menschen nicht-europäischer Herkunft‹ werden in die Rolle der *faszinierenden* Natur gesetzt, die es zu *ergründen* gelte (u. a. Bleier 1984: 197-199; Birke 1986: 107-115, Harding 1994 [1991]: 57; Schiebinger 1993 [1989]: 268-297; Ebeling 2002: 44-48). Sie werden im Vergleich zum als ›Norm‹ angesehenen weißen, heterosexuellen, europäischen Mann mit Stigmatisierungen der Minderwertigkeit verbunden. Diese Minderwertigkeiten werden als für sie natürliche, perfekte, damit nicht pathologische Konstitutionen herausgearbeitet, die sie allerdings grundlegend vom superioren Modell, dem Mann, unterscheiden würden (u. a. Bleier 1984: 2-7; Birke 1986: 14-25; Fausto-Sterling 1992 [1985]; Schiebinger 1993 [1989]: 268-297; Palm 2005: 187-194). Anders ist dies bei Menschen, die aus dem Raster der Binaritäten, bspw. in Bezug auf Geschlecht, herausfallen. Bei ihnen wird ebenfalls eine Minderwertigkeit postuliert, diese allerdings mit *pathologischen Zuschreibungen* verbunden. Sie gelten als behandlungsbedürftig. Als ›die Anderen‹, ›die Unnormalen‹, ›die Abweichungen‹ bilden sie oftmals den Ausgangspunkt für die Beschäftigung mit der ›normalen‹ Konstitution des Mannes/Menschen (und der Frau) (Bleier 1984: 197-199; Birke 1986: 14-25; Fausto-Sterling 2000: 20-111). An den Beispielen Sexismus und Rassismus werden die diskriminierenden Inhalte bisheriger biologisch-medizinischer Wissenschaften besonders deutlich:

Sexismus: Neben der Betrachtung ›der Frau‹ als minderwertig im Vergleich zum Mann, wird ›sie‹ in biologischen Beschreibungen oftmals mit der Funktion der Mutterschaft in Verbindung gebracht. Dies geschieht eng eingebunden in ein entsprechendes gesellschaftliches Muster. Frauen werden mit einer als natürlich betrachteten Funktion der Reproduktion, als ›Nährboden des Embryos‹ (daher auch der häufige Vergleich mit ›Natur‹) beschrieben. Entsprechend rücken als

21 Für die Beschreibung beweglicher Elemente in der Erbmasse (Transposons) erhielt McClintock mehr als dreißig Jahre später (1983) den Nobelpreis für Medizin. Mit dem Ansatz, selbst »ein Teil des Systems« zu werden und ein »Gefühl für den Organismus zu entwickeln« dürfte McClintock der Einsatz ihrer ›Entdeckung‹ in der Gentechnologie missfallen (vgl. Keller 1989 [1982]: 246 f.; Keller 1997 [1983]).

›weibliche Reproduktionsorgane‹ ›der Frau‹ zugeschriebene Organe in den besonderen Blickpunkt biologischer und medizinischer Wissenschaft; ihnen gilt besondere gesellschaftliche Aufmerksamkeit. Auch in der Bundesrepublik Deutschland erhalten Frauen kein abschließendes Selbstbestimmungsrecht über ihren Körper, so ist Abtreibung verboten und nur in engen Grenzen straffrei. Modernen Technologien, bspw. Gentechnologien, wird von interessierten Kreisen sowohl der ›Patientinnen‹ als auch der ›wissenschaftlichen Expertinnen‹ dieser Gebiete mit Erwartungen sich vergrößernder Selbstbestimmung wie auch der Befürchtung größerer Kontrolle begegnet (vgl. Bock von Wülfingen 2007: 60 f., 110-168; Graumann 2003). Feministische Wissenschaftskritikerinnen betonen, dass erst dann, wenn Wissenschaften nicht mehr androzentrisch sind, über den Gebrauch oder Nichtgebrauch moderner Reproduktionstechnologien entschieden werden könne (vgl. u. a. Harding 1994 [1991]: 48-53).

Rassismus: »BiDil – Ein Medikament nur für Schwarze.« 2005 hat ein Medikament, das nur bei Afroamerikanerinnen wirke, eine Zulassung in den USA erhalten. Vorausgegangen waren wiederholte Versuche der Zulassung seit den 1980er Jahren, die allerdings jeweils abgelehnt wurden, da keine Wirksamkeit nachzuweisen war (vgl. Parmann 2004). Immerhin wurde dadurch die Öffentlichkeit auf eine wissenschaftliche Praxis aufmerksam, die in Untersuchungen noch immer nach vermeintlich ethnischen Gesichtspunkten unterscheidet. So wird der Krankheitsverlauf von Akne und Diabetes, werden Brust-, Eierstock- und Prostata-Krebs, die Urinzusammensetzung etc. nach rassistischen und antisemitischen Gesichtspunkten untersucht und beschrieben.[22] Große Konzerne haben durchaus ein Interesse daran, diversifizierte Zulassungen für ihre Medikamente zu erhalten, da sich in einer Untersuchungsgruppe, in der in ihrer Gesamtheit keine nennenswerten Wirkungen nachweisbar sind, bei einzelnen Teilgruppen oft trotzdem (zufällig) Wirkungen zeigen. Rassistische Differenzierungen werden auch aus solchen kommerziellen Gründen gemacht – und mit rassistischen staatlichen Interessen vereinbart. Im von Wissenschaften produzierten Wissen spiegeln sich immer die Interessen derer, die sie finanzieren, die des Staates, des Militärs, großer Konzerne (Birke 1986: 148 f.; Harding 1994 [1991]: 44-48; Messing 1995).

Basierend auf solchen und ähnlichen Beobachtungen haben feministische Wissenschaftskritikerinnen das Bild einer zukünftigen, feministischen Wissenschaft und deren Anforderungen formuliert: Feministische Wissenschaft würde grundsätzlich an den Bedürfnissen der Menschen ausgerichtet und keiner Marktmacht unterworfen (Birke 1986: 143 f.). Sie wäre antimilitaristisch (Birke 1986: 143 f.; Harding 1994 [1991]: 44-48). Sie wäre antirassistisch.[23] Gleichzeitig

22 Vgl. die Suchergebnisse zum Stichwort ›racial differences‹ beim bio/medizinischen ›Suchdienst‹ PubMed, bei dem viele, insbesondere biologische und medizinische wissenschaftliche Veröffentlichungen verfügbar sind. Online: http://www.ncbi.nlm.nih.gov/entrez/query.fcgi (Stand: 22.03.2007); weiterführend: Harding, 1993a. Aussagekräftig sind auch die aktuellen rassistischen Forschungen am »Institut für Humanbiologie« der Universität Hamburg (vgl. kritisch: AG gegen Rassenkunde 1998).

23 Antirassistisch heißt dabei auch, dass Menschen aus subalternen Verhältnissen nicht einfach den Wissenschaften

würde sie Hierarchien und den subordinierten Status von Frauen und anderen Marginalisierten auflösen (Bleier 1984: 199-207; Birke 1986: 143 f.) – bzw., da Geschlecht nicht mehr relevant sei, müsste es auch nicht mehr erforscht werden (Bleier 1984 S195). Feministische Wissenschaft würde Tests am Menschen ausschließen, Tierversuche – zumindest zu kosmetischen Zwecken – abschaffen (Birke 1986 149 f.), Wahrheit und Objektivität in Zweifel stellen (Bleier 1984: 195-197; Birke 1986: 152 f.; Keller 1989 [1982]; Harding 1994 [1991]: 155-180; Harding 1993b; Haraway 1995 [1988]), sich außerhalb patriarchaler Verhältnisse für oder gegen Reproduktionstechniken aussprechen (Harding 1994 [1991]: 48-53), Wissenschaften demokratisieren (Birke 1986: 143-171; Harding 1994 [1991]: 44-48, 92-118).[24] Wissenschaft würde die Verantwortung für ihr Tun übernehmen und sich entsprechend in intensiver ethischer gesellschaftlicher Einbindung bewegen (Harding 1994 [1991]: 48-53).[25]

2. Radikale Kritik: an objektiver Wissenschaft und dem konsistenten Subjekt ›Frau‹

Männer seien auf Grund von Geistigkeit und Originalität für Universitäten geschaffen, wohingegen Frauen mit Tugenden wie Intuition, Mitleiden, Hingabe und Nachahmung dort nicht zu gebrauchen seien – oder nur in Sonderfällen, so die Praxis Ende des 19. Jh. In einer Befragung unter den damals ausschließlich männlichen Lehrenden zur Aufnahme von weiblichen Studierenden an deutschen Hochschulen gab nur eine der männlichen Befragten zur Antwort, dass sich mit der Zulassung von Frauen zu den Universitäten diese Institution beleben könne (Kirchhoff 1897: 78; vgl. Hausen 1986: 38 f.).[26] Zahlreiche feministische Kritikerinnen schließen sich dem an, lediglich unter anderen Vorzeichen. Betonung findet, dass Frauen allein auf Grund ihrer spezifischen Erfahrungen als ›Frauen‹ den Wissenschaften andere Methodiken und Inhalte beisteuern könnten. Auf den vor-

hinzugefügt werden. Vielmehr müssen sich Abläufe und Karrieren in Wissenschaften an deren Anforderungen, Lebensentwürfe und Lebensbedingungen anpassen. Die zukünftige Wissenschaft darf nicht nur vom tradierten westlichen Wissenschaftssystem und Wissenschaftshorizont ausgehen, sondern muss auch den technologischen und wissenschaftlichen Entwicklungen anderer Regionen und Kulturen, deren Geschichte und Gegenwart, Rechnung tragen (Harding 1994 [1991]: 205-264).

24 Demokratisieren heißt Abhängigkeiten und Hierarchien zu erkennen und aufzulösen, sowie soziale Faktoren, ökonomische Ungleichheiten zu berücksichtigen (Shiva 1995: 50-57). Hemmschwellen zu Wissenschaft müssen abgebaut, unrealistische Wissenschaftsbilder genommen und gleichzeitig die gesellschaftliche Kontextualität der Erkenntnis deutlich gemacht werden (Harding 1994 [1991]: 44-48).

25 Wer an Atomtechnologie forscht, muss sich in der derzeitigen Situation der Gesellschaft bewusst sein, dass sie auch zu militaristischen Zwecken angewendet werden kann.

26 In der Studie von A. Kirchhoff (1897) sprachen sich 45 der Befragten für die Zulassung von Frauen zum Studium, 32 dagegen aus. 27 bezogen eine Mittelposition: einige sprachen sich bspw. für höhere Berufswege für Frauen außerhalb der Universitäten aus, um Zuarbeiten für den Universitätsbetrieb leisten zu können. Diejenigen, die sich gegen eine Zulassung von Frauen zum Studium aussprachen, führten eine ›unterschiedliche physische und psychische Beschaffenheit von Männern und Frauen‹ als Begründung an.

hergehenden Seiten wurden einzelne ›Strömungen‹ feministischer Wissenschaftskritik verschränkt betrachtet, ihre Wirkmacht und Berechtigung gegenüber einem androzentrischen System herausgestellt. Jetzt werden sie kurz einzeln, mit besonderem Augenmerk auf den Umgang mit einem ›Subjekt Frau‹ und der Möglichkeit oder Unmöglichkeit von (objektiver) Wissenschaft betrachtet:

Der *Feministische Empirismus* geht davon aus, dass Wissenschaften prinzipiell wertfrei sein können, wenn sie sich an ihre eigenen Standards halten. Dazu müssten sie von androzentrischen, kulturellen Vorurteilen bereinigt werden. Vor diesem Hintergrund setzen sich die Anhängerinnen dieser Strömung dafür ein, dass Frauen gesellschaftlich und in den Wissenschaften vollkommen gleichgestellt werden. Mit Frauen in den Wissenschaften würden die Möglichkeiten steigen, ›wertfreie‹ Erkenntnisse zu erlangen.

Die *Feministische Kritische Theorie (inkl. feministische Standpunkt-Erkenntnistheorie)* steht Wissenschaften positiv gegenüber, betrachtet sie aber als gesellschaftlich geprägt. Wissenschaften könnten nicht ›wertfrei‹ sein. Entscheidend sei, dass sich Wissenschaften nicht an einer monopolisierten Gruppe ausrichteten, sondern an den Interessen der Allgemeinheit. Zu diesem Zweck müsse der Anteil der Frauen in den Wissenschaften und in anderen gesellschaftlichen Bereichen erhöht werden. Wenn Frauen über Inhalte (pluralistisch, individualisierend, ethisch), Methoden (Datenaufnahme, Ergebnisdiskussion) und Strukturen (Finanzen, Netzwerke) mitentscheiden könnten, würden sich die Wissenschaften als ›objektivere‹ darstellen.

Feministische Ökologie fokussiert ihre Kritik auf die die androzentrischen Wissenschaften prägenden Technologien und Sexismen, die für Ausbeutung und Zerstörung der Umwelt verantwortlich seien. Ein größerer Anteil an Frauen in allen gesellschaftlichen Bereichen, wie auch in den Wissenschaften, würde zur Nutzung sensiblerer Methodiken und zu einem schonenderen Umgang mit der Umwelt führen.

Feministischer Postmodernismus hat herausgearbeitet, dass Frauen in unterschiedlichen materiellen Verhältnissen leben, unterschiedlichen Zugang zu Ressourcen haben und unterschiedlichen Diskriminierungen – u. a. einige Frauen auch rassistischen, antisemitischen, antimuslimischen Diskriminierungen – unterliegen. Feministische Postmodernistinnen distanzieren sich von einem konsistent gedachten ›Subjekt Frau‹. Sie stellen die Möglichkeit ›objektiven Wissens‹ in Frage und betrachten Wissenschaft als Mythos, der unsere Zeit bestimme. Sie betonen Macht- und Dominanzmechanismen, die jedem kulturellen Verständnis, insbesondere dem derzeitigen westlichen, zu Grunde liegen würden. Diese Dominanzmechanismen sollen offengelegt werden.

L. Birke, R. Bleier, E. F. Keller, S. Harding, A. Fausto-Sterling etc. sind in ihren Ausführungen mehr oder weniger für die ersten drei Kategorien prägend. Sie führen aus, dass sich durch die Anwesenheit von Frauen Wissenschaften verändern würden. Wissenschaften, die sich bisher versuchen, frei von jeder Subjektivität zu präsentieren, müssten mit der ihnen innewohnenden androzentrischen Subjektivität konfrontiert werden. Jede arbeitende Wissenschaftlerin müsse ihren eigenen Standpunkt und ihre eigene Herangehensweise selbst reflektieren und transparent machen. Durch in Wissenschaften arbeitende Frauen würde dies besser möglich werden, da Frauen (derzeit) gesellschaftlich auf Ausgleich, Kompromissfähigkeit, Mitmenschlichkeit geprägt worden seien, was Männern im Wesentlichen vorenthalten wurde.

D. Haraway kritisiert dieses Bedürfnis nach einer besseren Welt, einer besseren Wissenschaft, einer – wie von Harding formuliert – ›Nachfolgewissenschaft‹ als paradox und gefährlich. »Wir wollen keine Repräsentation der Welt durch eine Theorie unschuldiger Mächte, in der Sprache wie Körper der Glückseligkeit organischer Symbiose verfallen. Ebensowenig wollen wir die Welt als globales System theoretisieren, geschweige denn in einer solchen Welt handeln.« (Haraway 1995 [1988]: 79) Objektivität, Unsterblichkeit und Allmacht seien nicht das Ziel, »aber wir könnten durchsetzbare, zuverlässige Darstellungen von Dingen gebrauchen, bei denen diese weder auf Machtstrategien und agonistische, elitäre Rhetorikspiele noch auf wissenschaftliche, positivistische Arroganz reduzierbar wären.« (ebd.: 79) Haraway argumentiert für partiales Wissen, das es ermöglicht, in Bedeutungen und Körpern zu leben, und für ein Netzwerk erdumspannender Verbindungen, das Wissen sehr verschiedener und nach Macht differenzierter Gemeinschaften zumindest teilweise übersetzt (ebd.: 79, 83, 84, 89).[27] Haraway möchte zusammen mit Mitstreiterinnen für »eine Theorie und Praxis der Objektivität eintreten, die Anfechtung, Dekonstruktion, leidenschaftlicher Konstruktion, verwobenen Verbindungen und der Hoffnung auf Veränderungen von Wissenssystemen und Sichtweisen den Vorrang gibt.« (ebd.: 84 f.) Dabei gelte es für das agierende Subjekt, eine deutliche eigene Positionierung zu vollziehen (ebd.: 87), sich mit dem Standpunkt Unterworfener zu solidarisieren – da diese angemessenere, nachhaltigere, objektivere, transformierendere Darstellungen der Welt versprechen würden –, sich aber auch gleichzeitig bewusst zu sein, dass auch der Standpunkt der Unterworfenen ein nicht unschuldiger, sondern in Machtverhältnissen eingelagerter und mit Machtverhältnissen agierender Standpunkt sei (ebd.: 83 f., 87). Es gelte sich auch auf die eigenen Körper zu besinnen, da diese längst nicht mehr passives Beschriebenes seien, sondern sich in jeder Hinsicht zum Agenten derzeitiger biologischer Differenz-Theorien entwickelt hätten (ebd.: 95-97).

Haraway nimmt damit einen Mittelweg ein, zwischen einer Ansicht, dass allein durch eine Beteiligung von Frauen Wissenschaften besser und deren Erkenntnis objektiver bzw. sich die Forschenden der eigenen Subjektivität bewusster werden würden – und feministischen Strömungen, die Wissenschaften in jeder Hinsicht als Machtmechanismus patriarchaler, rassistischer, militärischer Gesellschaft an-

27 Haraway spricht von »situiertem Wissen«. Damit bezeichnet sie partiales Wissen, welches sich der eigenen Partialität bewusst ist und sich bevorzugt mit dem Standpunkt Unterworfener solidarisiert.

sehen und von diesem Standpunkt aus dafür votieren, alle Anstrengungen auf aktiven Wandel zu verlegen, statt durch Engagement in Wissenschaften Teil des Systems zu werden.

3. Ausblick

Feministische Wissenschaftskritikerinnen haben bedeutenden Anteil daran, dass mittlerweile Erkenntnisse in (westlichen) Wissenschaften nicht mehr als unumstößliche Wahrheiten gelten. Wissenschaften sind in gesellschaftliche Kontexte eingebettet; überhaupt mögliche Erkenntnis wird gesellschaftlich beschränkt. Bislang dienen (insbesondere biologisch-medizinische) Wissenschaften dazu, rassisierte, sexisierte und pathologisierte Ausschlüsse von Menschen aus Gesellschaften zu fundieren. Feministische Wissenschaften haben dem gegenüber Visionen anderer Wissenschaften entworfen, die u. a. keine sexistischen oder rassistischen Ausschlüsse mehr vornähmen und beitragen könnten, emanzipatorische Gesellschaftsmodelle zu entwickeln.

Zur Überwindung androzentrischer Wissenschaften ist eine zunächst widersprüchlich erscheinende Vorgehensweise erforderlich: der Ausschluss von Frauen (und anderer Marginalisierter) muss thematisiert und beendet werden; Strukturen, Methodiken und Inhalte der Wissenschaften müssen entsprechend analysiert und revolutioniert werden. Demgegenüber ist es notwendig, vergeschlechtlichte Differenzen zurückzuweisen – was auf eine Unsichtbarkeit von Geschlecht hinauslaufen wird. Nur beide Vorgehensweisen zusammen können geschlechtliche Diskriminierungen (und Vergeschlechtlichungen überhaupt) beenden. Bereits zum jetzigen Zeitpunkt nicht mehr auf Diskriminierungen von Frauen im Wissenschaftsbetrieb zu verweisen, würde hingegen dazu führen, dass androzentrische Ausschlüsse weiterhin wirksam funktionierten – was sich u. a. noch immer darin äußert, dass auch in den Arbeiten von sich selbst als kritisch ausweisenden Wissenschaftlerinnen oftmals nahezu ausschließlich sozialisierte Männer zitiert werden.

Deutlich geworden sind in diesem Beitrag methodische und inhaltliche Hinweise, die jede Biologin in die eigene Forschungspraxis integrieren kann. Konkret gilt es methodisch u. a., die Übertragbarkeit von an Tieren gewonnenen Daten auf den Menschen, die gewählte Einteilung der Probandinnengruppe, die Größe der Stichprobe, und die Auswirkung von »Störgrößen«, insbesondere bei invasiven Verfahren, zu hinterfragen. Bei der Einteilung der Probandinnen in Gruppen gilt es, alltägliche Vorurteile (wie weiblich, männlich) zu reflektieren und zu vermeiden. Jede Forschende sollte für die eigene Forschung die Frage aufwerfen (und ggf. immer wieder im Forschungsprozess stellen), ob das Anliegen, verallgemeinerbare Daten zu generieren, nicht Sichtweisen und mögliche andere »Erkenntnisse« versperrt. (Unhierarchischen) Wechselwirkungen von Faktoren nachzugehen, Individualität wahrzunehmen, die Wirkung sozialer Prozesse (in der Hirnforschung bspw. von Lernprozessen) in den Forschungsprozess einzubeziehen, führt dazu, vereinfachende Modelle als solche wahrzunehmen und Komplexität in den Blick zu bekommen. Unterschiedliche Methoden führen zu unterschiedlichen Ergebnissen: dieser einfache Satz, der in aktuellen Forschungsprogrammen kaum Berücksichtigung findet, sollte beherzigt, ggf. die eigenen Untersuchungen mit verschiedenen Methoden durchgeführt und die Ergebnisse nebeneinander gestellt werden. Eine gründliche Begründung der eingesetzten Methoden (bei Kenntnis der zurückgewiesenen Methoden und Begründung, warum diese abgelehnt wurden), macht weitgehende Kenntnis vom Forschungsgebiet deutlich, erhöht die Nachvollziehbarkeit für andere Forschende und erleichtert anderen Forschenden qualifizierte Ablehnung oder Zustimmung.

Nachdem androzentrische moderne biologisch-medizinische Wissenschaften bemüht waren, zahlreiche vergeschlechtlichte Differenzen zu erdenken, konnten diese vermeintlichen (binären) Differenzen von kritischen Biologinnen in den letzten Jahrzehnten zurückgewiesen werden. Binarität ist zu vereinfachend, als dass sie komplexen und sensiblen von Biologie und Medizin beschriebenen Mechanismen gerecht würde. Nicht zuletzt beschränkt triviale Voraussetzung binärer Geschlechtlichkeit wissenschaftliches Forschen. Es gilt, auch über bestehende Kritiken hinausgehend, gesellschaftliche Vergeschlechtlichungen in biologisch-medizinischen Forschungen zu enttarnen und aufzulösen.

Literatur

AG gegen Rassenkunde (Hrsg.): Deine Knochen – Deine Wirklichkeit. Texte gegen rassistische und sexistische Kontinuität in der Humanbiologie, Hamburg/Münster 1998.

Allmendinger, J.: Strukturmerkmale universitärer Personalselektion und deren Folgen für die Beschäftigung von Frauen. In: Wobbe, T. (Hrsg.): Zwischen Vorderbühne und Hinterbühne. Beiträge zum Wandel der Geschlechterbeziehungen in der Wissenschaft vom 17. Jahrhundert bis zur Gegenwart, Bielefeld 2003, S. 259-277.

Birke, L.: Women, Feminism and Biology – the Feminist Challenge, Brighton 1986.

Birke, L., Hubbard, R. (Hrsg.): Reinventing Biology – Respect for Life and the Creation of Knowledge, Bloomington 1995.

Bleier, R.: Science and Gender – A Critique of Biology and Its Theories on Women, New York 1984.

Bock von Wülfingen, B.: Genetisierung der Zeugung – eine Diskurs- und Metaphernanalyse reproduktionsgenetischer Zukünfte, Bielefeld 2007.

Bund-Länder-Kommission: Frauen in Führungspositionen an Hochschulen und außerhochschulischen Forschungseinrichtungen – zehnte Fortschreibung des Datenmaterials, 2006, H. 136 (Jeweils aktuelle Zahlen finden sich unter: http://www.blk-info.de).

Costas, I.: Die Öffnung der Universitäten für Frauen – Ein internationaler Vergleich für die Zeit vor 1914, Leviathan, 1995, H. 23, S. 496-516.

Costas, I.: Professionalisierungsprozesse akademischer Berufe und Geschlecht – ein internationaler Vergleich, in: Dickmann, E./Schöck-Quinteros, E. (Hrsg.): Barrieren und Karrieren: die Anfänge des Frauenstudiums in Deutschland, Berlin 2000, S. 13-32.

Ebeling, K. S.: Das Gonocavulumzucker der Fahnenträgertinnen. Aus dem Alltag eines Biologiestudenten. In: Petersen, B./Mauss, B. (Hrsg.): Feministische Naturwissenschaftsforschung: science & fiction (NUT – Frauen in Naturwissenschaft und Technik, Schriftenreihe, Band 5), Mössingen-Talheim 1998, S. 33-43.

Ebeling, K. S.: Die Fortpflanzung der Geschlechterverhältnisse – Das metaphorische Feld der Parthenogenese in der Evolutionsbiologie (NUT – Frauen in Naturwissenschaft und Technik, Schriftenreihe, Band 9), Mössingen-Talheim 2002.

Fausto-Sterling, A.: Myths of Gender – Biological Theories About Women and Men, New York 1992 (Erstaufl. 1985).

Fausto-Sterling, A.: »Nature is the Human Heart Made Tangible«. In: Birke, L./Hubbard, R. (Hrsg.): Reinventing Biology – Respect for Life and the Creation of Knowledge, Bloomington 1995, S. 121-136.

Fausto-Sterling, A.: Sexing the Body – Gender Politics and the Construction of Sexuality, New York 2000.

Fölsing, U.: Nobel-Frauen – Naturwissenschaftlerinnen im Porträt, München 1990.

Graumann, S./Schneider, I. (Hrsg.): Verkörperte Technik – Entkörperte Frau. Biopolitik und Geschlecht, Frankfurt/M. 2003.

Haraway, D.: Situiertes Wissen – Die Wissenschaftsfrage im Feminismus und das Privileg einer partialen Perspektive, in: Haraway, D.: Die Neuerfindung der Natur – Primaten, Cyborgs und Frauen, Frankfurt/M./New York 1995 (engl. 1988), S. 73-97.

Haraway, D.: Ein Manifest für Cyborgs – Feminismus im Streit mit den Technowissenschaften, in: Haraway, D.: Die Neuerfindung der Natur – Primaten, Cyborgs und Frauen, Frankfurt/M./New York 1995 (engl. 1984), S. 33-72.

Harding, S.: Das Geschlecht des Wissens, Frankfurt/M./New York 1994 (engl. 1991).

Harding, S. (Hrsg.): ›Racial‹ Economy of Science – Toward a Democratic Future, Bloomington 1993a.

Harding, S.: Rethinking Standpoint Epistemology: What Is »Strong Objektivity«?, in: Alcoff, L./Potter, E. (Hrsg.): Feminist epistemologies, New York 1993b, S. 49-82.

Hark, S. (Hrsg.): Dis/Kontinuitäten: Feministische Theorie, Opladen 2001.

Hausen, K.: Warum Männer Frauen zur Wissenschaft nicht zulassen wollten, in: Hausen, K./Nowotny, H. (Hrsg.): Wie männlich ist die Wissenschaft?, Frankfurt/M. 1986, S. 31-40.

Heintz, B.: Die Objektivität der Wissenschaft und die Partikularität des Geschlechts. Geschlechterunterschiede im disziplinären Vergleich, in: Wobbe, T. (Hrsg.): Zwischen Vorderbühne und Hinterbühne. Beiträge zum Wandel der Geschlechterbeziehungen in der Wissenschaft vom 17. Jahrhundert bis zur Gegenwart, Bielefeld 2003, S. 211-237.

Hochschul-Informations-System GmbH (Hrsg.): Studienanfänger in den Wintersemestern 2003/04 und 2004/05 – Wege zum Studium, Studien- und Hochschulwahl, Situation bei Studienbeginn, 2005, H. 180.

Kästner, I.: »Allein das Wichtigste der ganzen Frage ... wurde von mir bereits vor mehr als einem Vierteljahrhundert gefunden« – Maria Michailovna Manasseina, 1898. Mitteilungen der Österreichischen Gesellschaft für Wissenschaftsgeschichte, 1998, H. 18, S. 1-14.

Keller, E. F.: Feminismus und Wissenschaft. In: List, E./Studer, H. (Hrsg.): Denkverhältnisse. Feminismus und Kritik, Frankfurt/M. 1989 (engl. 1982), S. 281-300.

Keller, E. F.: Geschlecht und Wissenschaft: Eine Standortbestimmung, in: Orland, B./Scheich, E. (Hrsg.): Das Geschlecht der Natur – feministische Beiträge zur Geschichte und Theorie der Naturwissenschaften, Frankfurt/M. 1995, S. 64-91.

Keller, E. F.: A Feeling for the Organism – The Life and Work of Barbara McClintock, New York 1997 (Erstaufl. 1983).

Keller, E. F.: Das Jahrhundert des Gens, Frankfurt/M./New York 2001 (engl. 2000).

Maddox, B.: Rosalind Franklin – Die Entdeckung der DNA oder der Kampf einer Frau um wissenschaftliche Anerkennung, Frankfurt/M./New York 2003 (engl. 2002).

Martin, E.: Working across the Human-Other Divide, in: Birke, L./Hubbard, R. (Hrsg.): Reinventing Biology – Respect for Life and the Creation of Knowledge, Bloomington 1995, S. 261-275.

Messing, K./Mergler, D.: »The Rat Couldn't Speak, But We Can«: Inhumanity in Occupational Health Research, in: Birke, L./Hubbard, R. (Hrsg.): Reinventing Biology – Respect for Life and the Creation of Knowledge, Bloomington 1995, S. 21-49.

Mußmann, F.: Komplexe Natur – Komplexe Wissenschaft. Selbstorganisation, Chaos, Komplexität und der Durchbruch des Systemdenkens in den Naturwissenschaften, Opladen 1995.
Nowotny, H.: Gemischte Gefühle. Über die Schwierigkeiten des Umgangs von Frauen mit der Institution Wissenschaft, in: Hausen, K./Nowotny, H. (Hrsg.): Wie männlich ist die Wissenschaft?, Frankfurt/M. 1986, S. 17-30.
Orland, B./Rössler, M.: Women in Science – Gender and Science. Ansätze feministischer Naturwissenschaftskritik im Überblick, in: Orland, B./Scheich, E. (Hrsg.): Das Geschlecht der Natur – feministische Beiträge zur Geschichte und Theorie der Naturwissenschaften, Frankfurt/M. 1995, S. 13-63.
Palm, K.: Lebenswissenschaften, in: Braun, von C./Stephan, I. (Hrsg.): Gender@Wissen – Ein Handbuch der Gender-Theorien, Köln/Weimar/Wien 2005, S. 180-199.
Parmann, S.: Die Ethnopille – Das Herzmittel BiDil soll besonders für Afroamerikaner geeignet sein. Ist das neue Medikament rassistisch?, in: DIE ZEIT, 2004, H. 47; Online:
http://www.zeit.de/2004/47/M-Ethnopille?page=all (Stand: 22. 03. 2007).
Pusch, L. F.: Das Deutsche als Männersprache, Frankfurt/M. 1984.
Rieder, K.: Der X-Y-Mythos – Konstruktion von Geschlecht in der Genetik, in: Burren, S./Rieder, K. (Hrsg.): Organismus und Geschlecht in der genetischen Forschung. Eine wissenssoziologische Studie, Bern 2003 (Erstaufl. 2000).
Rogers, L. J.: They Are Only Animals. In: Birke, L./Hubbard, R. (Hrsg.): Reinventing Biology – Respect for Life and the Creation of Knowledge, Bloomington 1995, S. 149-172.
Scheich, E.: Naturbeherrschung und Weiblichkeit, Pfaffenweiler 1993.
Schiebinger, L.: Schöne Geister – Frauen in den Anfängen der modernen Wissenschaft, Stuttgart 1993 (engl. 1989).
Schinzel, B.: Kulturunterschiede beim Frauenanteil im Informatik-Studium. Teil I: Frauenanteil Computer Science International, 2004, Online: http://mod.iig.uni-freiburg.de/cms/fileadmin/publikationen/
online-publikationen/Frauenanteil.Informatik.International.pdf (Stand: 22.03.2007).
Schmitz, S.: Man the Hunter/Woman the Gatherer – Dimensionen der Gender-Forschung am Beispiel biologischer Theoriebildung, Freiburger Frauenstudien, 2003, H. 13, S. 151-174.
Schmitz, S.: Wie kommt das Geschlecht ins Gehirn? Über den Geschlechterdeterminismus in der Hirnforschung und Ansätze zu seiner Dekonstruktion, 2004, Online: http://www.linksnet.de/drucksicht.php?id=1693
(Stand: 22. 03. 2007)
Shiva, V.: Democratizing Biology: Reinventing Biology from a Feminist, Ecological, and Third World Perspective, in: Birke, L./Hubbard, R. (Hrsg.): Reinventing Biology – Respect for Life and the Creation of Knowledge, Bloomington 1995, S. 50-71.
Tobies, R.: Einführung: Einflußfaktoren auf die Karriere von Frauen in Mathematik und Naturwissenschaften, in: Tobies, R. (Hrsg.): Aller Männerkultur zum Trotz‹ – Frauen in Mathematik und Naturwissenschaften, Frankfurt/M./ New York 1997, S. 17-67.
Tollmein, C.: Zwei erste Promotionen: Die Mathematikerin Sofja Kowalewskaja und die Chemikerin Julia Lermontowa, in: Tobies, R. (Hrsg.): Aller Männerkultur zum Trotz‹ – Frauen in Mathematik und Naturwissenschaften, Frankfurt/M./ New York 1997, S. 83-129. Vgl. http://www.cordula-tollmien.de unter ›Historische Arbeiten‹ (Stand: 22. 03. 2007).
Ukrow, R.: Nobelpreisträger Eduard Buchner (1860 – 1917) – Ein Leben für die Chemie der Gärungen und – fast vergessen – für die organische Chemie, Dissertation, Berlin 2004.
Vogt, A.: Die Kaiser-Wilhelm-Gesellschaft wagte es: Frauen als Abteilungsleiterinnen, in: Tobies, R. (Hrsg.): Aller Männerkultur zum Trotz‹ – Frauen in Mathematik und Naturwissenschaften, Frankfurt/M./New York 1997, S. 203-219.
Wagner, I.: Das Erfolgsmodell der Naturwissenschaften. Ambivalenzerfahrungen von Frauen, in: Hausen, K./Nowotny, H. (Hrsg.): Wie männlich ist die Wissenschaft?, Frankfurt/M. 1986, S. 237-252.
Wennerås, C., Wold, A.: Vetternwirtschaft und Sexismus im Gutachterwesen, in: Krais, B. (Hrsg.): Wissenschaftskultur und Geschlechterordnung. Über die verborgenen Mechanismen männlicher Dominanz in der akademischen Welt, Frankfurt/M./New York 2000, S. 107-120.
Wiesner, H.: Die Inszenierung der Geschlechter in den Naturwissenschaften – Wissenschafts- und Genderforschung im Dialog, Frankfurt/M./New York 2002.
Wijngaard, M. van den: The Liberation of the Female Rodent, in: Birke, L./Hubbard, R. (Hrsg.): Reinventing Biology – Respect for Life and the Creation of Knowledge, Bloomington 1995, S. 137-148.
Wobbe, T.: Instabile Beziehungen. Die kulturelle Dynamik von Wissenschaft und Geschlecht, in: Wobbe, T. (Hrsg.): Zwischen Vorderbühne und Hinterbühne. Beiträge zum Wandel der Geschlechterbeziehungen in der Wissenschaft vom 17. Jahrhundert bis zur Gegenwart, Bielefeld 2003, S. 13-38.

Irina Schmitt

»Ich besorg' dir Viagra für deinen Freund« – Heteronormativität als methodologische Herausforderung in der Forschung mit Jugendlichen

Geschlechterforschung ist – inzwischen oder noch? – zumindest nominal Bestandteil universitärer Lehre und Forschung. Gleichzeitig besteht in kultur- und sozialwissenschaftlichen Zusammenhängen weitgehend theoretisch-argumentativer Konsens darüber, dass die Rolle von Forscher*innen im ›Feld‹ nicht allein explorativ ist, sondern ihr Auftreten Bedeutungen (mit-)produziert.[1] Hierarchiegefälle und Asymmetrien im Forschungskontext werden seit mehreren Jahrzehnten diskutiert und reflektiert (Niekisch 2001: 139; Mecheril/Scherschel/Schrödter 2003; Bourdieu 1997). Auch die Funktion von Gender-Geschlecht-Sexualität sowohl als Analysekriterium als auch als produktives (im Sinn von Bedeutung produzierendes) Moment in der Forschung, wird umfassend untersucht; Forschungsmethoden wurden anhand dieses Wissens gerade in der Jugendforschung überarbeitet (McRobbie 1991 [1982]). Gender-Geschlecht-Sexualität wird nicht allein als theoretisches, sondern als (forschungs-)praktisches Problem verstanden (Hirschauer 2001: 56).

Gleichzeitig bestehen weiterhin unausgesprochene Begrenzungen dessen, worüber in welchen Kontexten gearbeitet und gesprochen werden kann. Zumindest in der Bundesrepublik Deutschland ist die weiterführende Reflexion über empirisch arbeitende Forscher*innen als vergeschlechtlichte Akteur*innen, besonders in der Forschung mit Jugendlichen, noch immer ein Randthema.[2] Ich befasse mich dabei in diesem Beitrag nicht mit der Frage nach ›sexuellen Verhandlungen‹ im Feld, sondern mit der Funktion von ›sexueller Orientierung‹ als Verortungsstrategie und Analysekategorie im Kontext vor allem qualitativer Forschung.[3]

1 In Anlehnung an die Verwendung des _, also Schüler_In, bei Steffen Kitty Hermann verwende ich das *, um auf die Konstruiertheit und Kontinuität von Gender-Geschlecht-Sexualität und einen Mangel in der deutschen Sprache, dies adäquat auszudrücken, hinzuweisen (Hermann 2007: 115; auch 2003). Den zusammengesetzten Begriff Gender-Geschlecht-Sexualität schreibe ich in dieser sperrigen Darstellung, um auf die gegenseitige diskursive Bedingtheit der drei Aspekte und die Normalisierung dieser Bedingtheit hinzuweisen (Schmitt 2007).

2 Das bedeutet hier nicht, dass es diese Auseinandersetzungen überhaupt nicht gibt, sondern dass die Erkenntnisse aus solchen Untersuchungen nicht (ausreichend) rezipiert werden.

3 Es liegen diverse Texte vor, an denen die Gratwanderung zwischen zwei wesentlichen Aspekten forschungsethischer Grundsätze – der selbstreflexiven Positionierung der Forschenden und die Einhaltung der persönlichen Grenzen der Teilnehmer*innen – deutlich werden (besonders: Lewin/Leap 1996, übersichtlich bei Atlas 2000).

Der Widerspruch zwischen der Zunahme selbstreflexiven Arbeitens und der anhaltenden Begrenzung dessen, was in diese Reflexion mit einbezogen werden sollte, verweist auf wichtige Auseinandersetzungen für die Jugendforschung. Was bedeutet es – für die Teilnehmer*innen, für die Forscher*innen, für die Forschung – wenn Forscher*innen sich als hetero-, homo-, bi- .... sexuell positionieren oder wenn sie eine solche Positionierung verweigern oder umgehen? Wie wirkt sich dies auf die Forschung aus? Welche theoretischen, methodologischen und gesellschaftlichen Grundannahmen sind in der jeweiligen Selbstdarstellung der Forscher*innen implizit? Wie wird – und damit komme ich zu einer wesentlichen Frage dieses Beitrags – dieses methodologische Problem im Kontext der Institution Universität verhandelt? »Besondere Bedeutung«, betont Dieter Haller, »kommt dabei der Frage zu, wie unsere wissenschaftliche Arbeit die Re-Dichotomisierung/Re-Essentialisierung von *gender* stützt und wie alternative Geschlechtlichkeit produziert oder verworfen wird durch den wissenschaftlichen Diskurs« (Haller 2001: 104).

Dabei wird dieser Beitrag mehr Fragen aufwerfen, als ich beantworte. Mir ist bisher keine Studie bekannt, die sich damit befasst, wie sich die Positionierung der Forscher*in als nicht-heteronormativ während der Forschung bzw. in der Qualifikationsphase beispielsweise auf die Arbeitsmarktchancen auswirken. Allerdings verweist Haller auf mögliche negative Auswirkungen, die einem *›outing‹* junger Wissenschaftler*innen folgen können (2001).[4] Daher werde ich hier kein ›hartes Material‹, keine Statistiken darüber vorlegen, welche Effekte ein geschlechterkritisches oder sogar als nicht-heteronormativ positioniertes Auftreten von Forscher*innen hat. Noch möchte ich einem vereinfachenden Identitäts- oder gar Opferdiskurs zuschreiben. Vielmehr möchte ich auf methodologische Ungenauigkeiten hinweisen.

Wie notwendig diese Fragen sind, werde ich anhand von Beispielen aus meiner Feldforschung mit Jugendlichen zeigen, die ich im Rahmen meiner Dissertation durchgeführt habe.[5] Dabei gehe ich davon aus, dass die Positionierungen von Forscher*innen anhand von (nicht-heteronormativer) Gender-Geschlecht-Sexualität in der Arbeit mit Jugendlichen als besonders ›heikel‹ gilt und daher mit erhöhter Vorsicht thematisiert wird.[6] Mit Blick auf das Hierarchiegefälle in der Forschung,

4 Graham führt für den Kontext der Ethnologie aus, dass Basistexte des Fachs gerade Studienanfänger*innen einen heteronormativen Einstieg bieten und verweist auf die damit verbundenen Hürden sowohl für die Erforschung von Gender-Geschlecht-Sexualität als auch für nicht-heteronormative Forscher*innen (2001).

5 Ich beziehe mich auf Ergebnisse meiner Forschung im Rahmen meiner Promotion. Die Erhebungsmethoden waren: teil-offener Fragebogen, das Zeichnen von Skizzen durch die Schüler*innen, problemzentrierte Einzelinterviews, Gruppengespräche, Foto- und Kassettentagebuch. Die Teilnehmer*innen waren Schüler*innen der 7., 8. und 9. Klasse in einer nordwestdeutschen Großstadt, sowie Schüler*innen der 8. Klasse einer westkanadischen Junior High School. Siehe Schmitt (2007). Für diesen Text beziehe ich mich auf die Erfahrungen in der bundesdeutschen Forschungsschule.

6 In den letzten Jahren gab es eine Reihe beachtenswerter Studien über (die Herstellung von) Gender-Geschlecht-Sexualität, die auf die komplexen Verhandlungen unter Kindern und Jugendlichen verweisen (u. a. Hackmann 2003; Spindler 2006, Fritzsche 2003).

und vor allem zwischen jugendlichen Teilnehmer*innen und erwachsenen Forscher*innen, ist dies notwendig und angebracht, um forschungsethischen Grundsätzen gerecht zu werden. Gleichzeitig stellt sich die Frage, inwieweit die Thematisierung von Gender-Geschlecht-Sexualität der Forscher*innen – also nicht die Thematisierung sexuellen Handelns, sondern der Selbstwahrnehmung und »Existenzweise« (Maihofer 2004) – ein Aspekt heteronormativitätskritischer, queerer, dekonstruktivistischer Methodologien sein kann oder soll.

1. Die gewählte Uneindeutigkeit der Forscherin und mögliche Implikationen für die Forschung

Im Schuljahr 2004-2005 war ich im Rahmen meines Dissertations-Projekts regelmäßig an einem Schulzentrum in einer nordwestdeutschen Großstadt, um mich dort mit Schüler*innen für Interviews und Gruppengespräche zu treffen und als teilnehmende Beobachterin ›einfach da‹ zu sein. Meine langfristige Anwesenheit war ein wichtiger Teil der Forschung und ermöglichte es auch Skeptiker*innen unter den Schüler*innen, sich für die Teilnahme am Projekt zu entscheiden.[7]

Im Vorfeld der Forschung hatte ich mich nach Gesprächen vor allem mit erfahrenen Kolleg*innen entschieden, in der Arbeit mit den Jugendlichen nicht über meine Selbstverortung als queere Lesbe zu sprechen. Als zentrales Argument hierfür wurde aufgeführt, dass besonders (aber nicht nur) streng muslimische Schüler*innen negativ auf eine nicht-heteronormative Forscherin reagieren könnten und damit die Forschung gefährdet sei. Offensichtlich wollte ich ein Scheitern meiner Qualifikationsarbeit vermeiden – dabei vermied ich zunächst auch eine umfassende methodologische Auseinandersetzung mit dieser Entscheidung. Erst die persönlichen Auswirkungen der Entscheidung gegen einen selbstverständlichen Umgang mit meiner Selbstpositionierung nach Gender-Geschlecht-Sexualität führten für mich zu einer Wiederaufnahme des Themas. Denn nach rund zehn Jahren zunehmender privater und beruflicher Offenheit fiel es mir unerwartet schwer, nun wieder über ›mein Privatleben‹ zu schweigen bzw. ausweichend zu antworten, wenn ich danach gefragt wurde. Infolge dieses Unbehagens begann ich auch, die Bedeutung von Gender-Geschlecht-Sexualität für die Forschung zu reflektieren, blieb aber bei dem zum Forschungsbeginn gefassten Entschluss der ›Unsichtbarkeit‹.[8] Vor dem Hintergrund dieser Erfahrung werde ich hier zunächst methodologische Bedenken an Beispielen aus der Forschung darstellen.

7 Meine Anwesenheit wurde durch einen ca. 8-wöchigen Forschungsaufenthalt in Kanada unterbrochen.

8 Zumindest ging ich davon aus, dass ich nicht ›als Lesbe‹ wahrgenommen wurde. Diese von mir unterstellte Unsichtbarkeit ›als Lesbe‹ ist spezifischer gesprochen die Vereinnahmung meiner Positionierung als queere Femme als Ausdruck von Heterosexualität, die mir im Alltag und in der ›Szene‹ ärgerlich ist. Dieses ›passing‹ hatte aber für die Forschung die ähnlichen ambivalenten Vorteile wie im Supermarkt.

1.1. ›Unsichtbarkeit‹ als Herausforderung – wenn Gender-Geschlecht-Sexualität der Forscherin neugierig machen

Im Verlauf der Forschung wurde deutlich, dass meine gewählte Zurückhaltung auch Anlass für Neugier war. Denn auf die Frage nach meinem Familienstand antwortete ich den Schüler*innen, dass ich über ›mein Privatleben‹ nicht reden wolle bzw. dies hier nicht Thema sei. Zu einer direkten Lüge konnte ich mich nicht durchringen, auch wenn die Antwort, ich sei Single oder ich hätte einen Freund, sicherlich der einfachere Weg gewesen wäre.

So war für die Neuntklässler Cemal, Muhamed und Mark meine Uneindeutigkeit immer wieder Anlass für ›Späße‹.[9] Sie sprachen mich wiederholt darauf an, dass sie mir ›für meinen Freund‹ potenzsteigernde Präparate ›besorgen‹ könnten (Forschungstagebuch 2. November 2004). Dieses beinahe ritualisierte Spiel war eine abgewandelte Version früherer Situationen, in denen sie mir angeboten hatten, unterschiedliche Drogen zu ›besorgen‹. In beiden Fällen lehnte ich dankend ab.

Sicherlich ist ein Aspekt von Verhandlungen im Kontext der Forschung immer, die Forschungsbeziehungen zu ›pflegen‹ und das einmal aufgebaute Vertrauen zu erhalten. Es war mir daher auch in den Gesprächen mit Cemal, Muhamed und Mark wichtig, dass diese Schüler sich durch meine situative Ablehnung ihres Ansinnens, mehr über meinen Alltag zu erfahren, nicht persönlich abgelehnt fühlten, die Forschungsbeziehung also nicht litt. In der jeweiligen Situation fiel mir das nicht sonderlich schwer: Da besonders Cemal und Muhamed immer wieder unterschiedlichste Herausforderungen in unsere Gespräche einbrachten und auch austesteten, wie ich mit ›Grenzüberschreitungen‹ umging, führte eine situative Ablehnung nicht zu einem Einbruch der Forschungsbeziehungen. Zudem stand die Einforderung einer klaren vergeschlechtlichten Position – also zum Beispiel die Bejahung oder Widerlegung der Vermutung, ich hätte einen Partner – im Kontext weiterer ›Positionseinforderungen‹.[10] So verlangte Muhamed in einer anderen Situation, dass ich mich als ›stolze Deutsche‹, aber auch als ›Nicht-Nazi‹ positionierte.[11]

Während mir der Umgang mit Fragen nach der ethno-nationalen Verortung und der politischen Positionierung, bei aller Zurückhaltung, die in der Forschung geboten ist, vergleichsweise leicht fiel, war die Thematisierung meiner Rolle als vergeschlechtlichte Forscherin problematischer und führte zu Verunsicherungen meinerseits. Gleichzeitig war das Bedürfnis der Jugendlichen, mehr über mich zu erfahren, legitim, schließlich waren sie ihrerseits bereit, mir über ihr Leben Auskunft zu geben. Die Herausforderungen der Schüler – und auch die Fragen anderer Schüler*innen im Kontext der Forschung – verstehe ich in diesem Sinn als

9 Die hier verwendeten Namen sind von den Schüler*innen gewählte Pseudonyme.

10 Die Frage nach meinem Familienstand wurde auch von anderen Schüler*innen gestellt, wurde dann aber nicht mit der gleichen Regelmäßigkeit und Varianz thematisiert.

11 Diese Positionsforderungen kamen im Kontext von Gesprächen über ethno-nationale/-kulturelle Zugehörigkeiten auf.

Teil der diskursiven Aushandlungen in der Forschung, nicht als rein ›private‹ Frage. Damit ist meine situative Unsicherheit – resultierend aus der Unzufriedenheit mit meinem Vorgehen – nicht als vorrangig individuelles Problem von mir als Forscherin zu interpretieren, sondern als Anlass zur Hinterfragung sowohl gesamtgesellschaftlicher als auch wissenschaftlicher Diskurse. In der Umkehrung bot sie den Teilnehmer*innen auch die Gelegenheit, wie von Cemal, Muhamed und Mark vorgeführt, das Hierarchiegefälle zumindest situativ umzukehren und diente auch, und das bewerte ich positiv, als Ausdruck dafür, dass in den Forschungsbeziehungen Abgrenzungen erlaubt und möglich waren.

1.2. Datenverlust oder Datengewinn durch (Un-)Sichtbarkeit?

Das Beispiel von Cemals, Muhameds und Marks Herausforderungen weist über die Frage nach ehrlichen Forschungsbeziehungen hinaus, auf mögliche ›Verluste‹ und ›Gewinne‹ bzw. inhaltliche Verschiebungen in der Datenerhebung. Selbstverständlich ließe sich diese Frage auch mit Blick auf andere Aspekte meines Auftretens im Forschungskontext stellen. Es ist davon auszugehen, dass die Teilnehmer*innen mich als ›Weiße‹, bürgerlich-privilegierte und christlich sozialisierte Erwachsene wahrnahmen und daraus ihre jeweils eigenen Schlüsse zogen, was meine Vertrauenswürdigkeit betraf. Ebenso wie mein Gender-Geschlecht-Sexualität war mein Alter Gegenstand von Spekulationen, wobei einige der Teilnehmer*innen überrascht waren, wenn sie mein Alter erfuhren – die meisten hatten mich deutlich jünger eingeschätzt und mir daher wohl auch einen gewissen Vertrauensbonus eingeräumt. Doch weder mein Alter noch meine sozio-kulturelle Herkunft wurden durch Verschweigen dramatisiert. Hingegen gab es einige Situationen, in denen eine andere Selbstpositionierung bezüglich Gender-Geschlecht-Sexualität von mir als Forscherin andere Ergebnisse erbracht hätte.

Dabei geht es nicht um eine angebliche Authentizität, die ich durch mehr Offenheit erreicht haben könnte. Vielmehr verdeutlichen diese Situationen, inwieweit die Person und Selbstpositionierung von Forscher*innen die Forschung beeinflusst. Dies ist bei qualitativer Forschung besonders offensichtlich, gilt aber in ähnlichem Maße für quantitative Forschung, wenn spezifische normative Annahmen zur Grundlage beispielsweise eines standardisierten Fragebogens gemacht werden. Die diskursive ›Produktivität‹ spezifischer Forscher*innen, die mit spezifischen Teilnehmer*innen zusammentreffen, zeigt sich auch an den Einschränkungen, die in der Forschung implizit oder explizit angewendet werden.

Die Frage, inwieweit ein anderes Auftreten meinerseits andere Forschungsergebnisse erbracht hätte, wurde besonders in den Gruppengesprächen zum Ende der Forschungsphase offensichtlich. In diesen Gesprächen, die in meistens von den Teilnehmer*innen gewählten Zusammensetzungen stattfanden, diskutierten die Schüler*innen auch über Homosexualität, z. T. in Verbindung mit Fragen nach ethnisierten Zugehörigkeiten. So fragte die Neuntklässlerin Hanna, die sich als nicht-muslimisch positionierte, im Gruppengespräch Nancy, Nasi und Welat, die sich als muslimisch positionierten, »ob's bei euch auch so was wie Lesben oder Schwule gibt« (Gruppe D5 [1692]).[12] Die Reaktion war zunächst eine klare Zurückweisung: Nancy, für die die Positionierung als Muslima von großer Bedeutung war, betonte, das »darf man nicht und gibt's auch nicht« (Gruppe D5 [1697]). Im weiteren Verlauf wurde diese scheinbar eindeutige Gegenüberstellung jedoch verschoben: Hanna berichtete, dass ihre Mutter sie beinahe aus dem Fußballverein genommen hätte, als sie erfuhr, dass dort auch lesbische Spielerinnen seien (Gruppe D5 [1729]), und Nasi, Nancys Freundin, betonte einhellig mit den übrigen anwesenden Mädchen, dass ›die Schwulen‹ grundsätzlich besser gekleidet seien als ihre heterosexuellen Peers. Das Spektrum der Positionen verlief also von verallgemeinernden Positiv-Zuschreibungen – Schwule sind generell besser gekleidet als heterosexuelle Männer – bis zu strikter Ablehnung der Möglichkeit nicht-heteronormativer Lebensweisen. Dabei waren diese Gespräche davon gekennzeichnet, dass *über* nicht-heteronormative Positionen gesprochen wurde, diese aber nicht als eigene Position dargestellt wurden (bzw. werden konnten).

Neben diesem über-andere-Sprechen gab es nur wenige, aber bezeichnende, Ausnahmen, wenn Schüler*innen die heteronormative Allgemeingültigkeit der eindeutigen Zuschreibungen nach Gender-Geschlecht-Sexualität hinterfragten. So berichtete die Neuntklässlerin Lolle vorsichtig, dass sie manchmal ›als Junge‹ wahrgenommen würde, hielt für sich ihre Selbstverortung nach Gender offen und wollte sich bewusst auch bezüglich ihrer Sexualität nicht festlegen. In ähnlicher Weise nannte sich die Neuntklässlerin Semra bisexuell und wollte damit weniger ihre romantische bzw. sexuelle Objektwahl beschrieben wissen, sondern festhalten, dass sie ihr eigenes Verhalten nicht als mädchen-typisch wahrnahm – weder legte sie großen Wert auf modische Kleidung noch schwärmte sie wie ihre Freundinnen für Jungen (Schmitt 2007).

Manche Schüler*innen entwarfen also ihre eigenen Positionen jenseits der (scheinbar) diskursiv festgelegten Vorgaben. Dennoch zeigte sich, dass die heteronormativen Prämissen, die den Schulalltag prägten, wenig Denk- und Erfahrungsraum für Schüler*innen boten, um die binären Vorgaben der Institution Schule (als Reflexion gesamtgesellschaftlicher Strukturierungen) zu hinterfragen. Zwar wurden unterschiedliche Partnerschafts- und Familienmodelle diskutiert, von klassischen Vorstellungen von Ehe bis hin zur Entkopplung von Kinderwunsch und Partnerschaft. Doch die Möglichkeit, diese Vorstellungen zu diskutieren und auch Informationen über gelebte Modelle jenseits dessen, was als ›normal‹ angenommen wird, zu erhalten, war gering. Der Fokus lag auf der Aufgabe des *»becoming heterosexual«* (Frosh/Phoenix/Pattman 2002: 195). Dabei kann Schule als Ort und als Raum nicht nur als Teil gesellschaftlicher Realität normative Vorgaben re-produzieren, sondern auch durch alltägliche Aushandlungen diese Vorga-

12 Zu dieser Gesprächsgruppe gehörten die Neuntklässler*innen Gesa, Hanna, Josephine, Nasi, Nancy und Welat.

ben verschieben. Forschung im Kontext Schule verhandelt auch die in der spezifischen Schule vorgefundenen Regelwerke und Umgangsweisen.

1.3. Institutionelle Rückkopplungen – Imaginierte und reale Reaktionen im Arbeitsumfeld Universität

Neben den Folgen für die Forschung wird auch über mögliche Folgen für Forscher*innen nachgedacht. Im Vorwort zu dem 1986 von Evelyn Blackwood herausgegebenen Band über Ethnologie und Homosexualität vermerkt Joseph M. Carrier: »Additionally, graduate students of anthropology may still be reluctant to study homosexuality as a dissertation topic because of the problems it often brings with members of their graduate committees and because they fear it may limit their future employability.« (Carrier 1986: xii)[13]

Carrier verweist auf zwei relevante und sich bedingende Ebenen: Sowohl die institutionellen Einschränkungen durch Professor*innen als auch die Furcht vor Nachteilen auf dem akademischen Arbeitsmarkt hielten Nachwuchswissenschaftler*innen häufig davon ab, sich mit der Untersuchung von Homosexualität zu befassen.[14] Über 20 Jahre später sollte diese Frage keiner Thematisierung mehr bedürfen. Oder etwa doch? Noch vor wenigen Jahren schreibt Haller: »Anthropologists who choose to study homosexuality put their careers in jeopardy. Bolton advises gay colleagues without tenure not to use the methodology of participant observation (1992: 138). When I started to plan my fieldwork in Seville, friends and family warned me not to do so and risk my academic career. However, after receiving my PhD and having worked as an anthropologist from then onwards, I have to admit that my assumptions about the discrimination I would face where not *wholly* accurate. Amongst my colleagues, as many have been supportive as unsupportive. [...] But to my knowledge, there is not a single anthropologist in the U.S., in France or in any German speaking country who holds a job in academia and who worked in homosexuality *before* he/she reached his/her position.« (Haller 2001: 134)[15]

13 »Zusätzlich zögern Graduierte in der Anthropologie unter Umständen, Homosexualität als Thema ihrer Dissertation zu untersuchen, wegen der Probleme mit Mitgliedern der Promotionskomitees, die dies oft mit sich bringt, und weil sie fürchten, dass es ihre zukünftige Einstellbarkeit einschränkt.« (Übersetzung IS).

14 Die generellen mehr oder weniger subtilen Stratifizierungen zu Ungunsten von Wissenschaftlerinnen im Kontext der Universität sind hinreichend bekannt und diskutiert, sollen hier aber zumindest noch einmal erwähnt werden. Siehe z. B. Zimmermann 2002.

15 »Anthropolog*innen, die sich entscheiden, Homosexualität zu erforschen, gefährden ihre Karrieren. Bolton rät schwulen Kollegen ohne Festanstellung, nicht die Methodologie der teilnehmenden Beobachtung zu verwenden (1992: 138). Als ich anfing meine Feldforschung in Sevilla zu planen, warnten mich Freund*innen und Familienmitglieder, es nicht zu tun und damit meine wissenschaftliche Karriere zu riskieren. Doch, nachdem ich meine Promotion erhalten und seitdem als Anthropologe gearbeitete habe, muss ich zugeben, dass meine Annahmen über die Diskriminierung, die ich erfahren würde, nicht ganz korrekt waren. Ebensoviele meiner Kolleg*innen waren unterstützend wie nicht-unterstützend. [...] Aber meines Wissens gibt es keine*n einzige*n Anthropolog*in in den USA, in Frankreich oder in einem der deutschsprachigen Ländern, der/die eine Stelle im Wissenschaftsbetrieb hat und der/die über Homosexualität gearbeitet hat, bevor er/sie seine/ihre Position erlangte.« (Übersetzung I. S.).

Haller reflektiert die Funktion heteronormativer Annahmen in der ethnologischen Arbeit. Die von ihm geäußerten Bedenken greifen Carriers Anmerkungen auf und ergänzen sie. So betont Haller, dass seine Furcht vor inter-universitärer Diskriminierung nur bedingt begründet war.[16] Die Annahme möglicher Nachteile ist also ein Faktor, der die (empirische) Arbeit ebenso beeinflussen kann wie tatsächliche Erfahrungen.

In diesem Text beschreibt Haller allerdings auch, wie Kolleg*innen ihm 1994 nach einem Vortrag gratulierten. Die Glückwünsche galten dabei nicht seinen interessanten Forschungsergebnissen, sondern seinem Mut, sich als schwul zu *outen*, obwohl der Vortrag nicht als *outing* intendiert war, sondern als Beitrag zu einer wissenschaftlichen Fachdiskussion.

Ich las Hallers Text, den ich hier zitiere, bei der Vorbereitung eines Vortrags. Als ich meine methodologischen Fragen bei einem Fachkongress (und später auch in anderen Kontexten) zur Diskussion stellte, wurden sie in ähnlicher Weise auf mich als ›lesbische‹ Forscherin zurückgeführt. Meine Suche nach Lösungsansätzen zu der Frage, wie Gender-Geschlecht-Sexualität von Forscher*innen als sinnproduzierende Aspekte in der Forschung – vor allem mit Jugendlichen – ernst genommen und ein möglicher (sicherlich nicht der einzige) Ausgangspunkt kritischer Analysen werden könnte, war nicht vermittelbar. Sie wurde als Zeichen eines individuellen Problems verstanden und mit Vorschlägen beantwortet, wie dieses individuelle Problem aus meinen Daten ›herausanalysiert‹ werden könnte.

Da der Vortragsrahmen an sich kritisch und produktiv war, gab es zwei Erklärungen, warum meine Frage nach methodologischen Neukonzeptionalisierungen von Gender-Geschlecht-Sexualität für mich wenig produktiv beantwortet wurde. Möglicherweise waren die Zuhörer*innen von der Frage gelangweilt und sahen nicht, warum dies (noch) thematisiert werden sollte. Denn schließlich befassen sich die unterschiedlichsten Disziplinen seit langem mit Fragen der Geschlechtergerechtigkeit und den daraus resultierenden methodologischen Veränderungen. Die Einforderung von Selbstreflexivität in der Forschung ist weder neu noch überraschend.

Möglich ist aber auch, und dies war mein Eindruck, dass sich in den sparsamen Kommentaren etwas anderes widerspiegelte: Während nicht-heteronormative Forscher*innen ›als Personen‹ ebenso wie die Erforschung nicht-heteronormativer Subjektpositionen im Kontext der Universität inzwischen weitgehend anerkannt oder zumindest toleriert sind, bleibt die Frage nach der Rolle von Forscher*innen im Feld problematisch, sobald sie über ein allgemeines Statement über eine identitäre Position als ›Mann‹ oder ›Frau‹ hinausgeht.[17] Daher nehme ich die Reaktion auf meine Fragen als Hinweis auf notwendige Auseinandersetzungen.

16 Für die Bundesrepublik Deutschland hat Frohn Diskriminierungserfahrungen am (nicht-universitären) Arbeitsplatz untersucht (2007).

17 Dabei kommt die Erforschung von Gender-Geschlecht-Sexualität außerhalb der Geschlechter- oder Sexualforschung inzwischen wieder in eine Position des Sich-Erklären-Müssens.

Auch Tom Boellstorff verweist (für die USA) auf noch immer wirksame institutionelle Ausschlussmechanismen, die die Wahl der Forschungsthemen und die Zukunftsaussichten vor allem für Frauen beeinflussen können: »However, it is important not to discount institutional contexts. Most research on female nonnormative sexualities continues to be conducted by women. As graduate students these women face pressure not to study female nonnormative sexualities, despite the cache[t][18] queer studies enjoys in some quarters of the academy. On the job market their work may be classified as ›narrow,‹ they face difficulties gaining tenure, and once tenured they may face heavy service burdens owing to administrative drives for gender parity in the context of the relative paucity of women at senior levels.« (Boellstorff 2007: 21)[19]

Diese Bemerkungen sind wenig motivierend und verweisen auf noch immer bestehende Stratifizierungen und Ausschlüsse. Universitäten sind trotz vielfacher Veränderungen keine geschlechtergerechten Räume. Vielmehr sind sie vielfältig stratifiziert, wie auch Encarnatión Gutiérrez Rodriguez hervorhebt, wenn sie auf die Position von migrantischen Frauen in der Institution Universität verweist: »Auch bei der Vergabe universitärer Stellen in Forschung und Lehre werden kaum Frauen mit Diaspora-, Exil- oder Migrationserfahrung als Bewerberinnen berücksichtigt oder eingestellt.« (Gutiérrez Rodriguez 2005)

Inwieweit die diskursive Re-Produktion dieser Stratifizierungen sich in einzelnen Forschungsprojekten wiederfindet, lässt sich sicherlich nicht verallgemeinernd feststellen. Doch die ›Unsichtbarkeit‹ von nicht-heteronormativen Forscher*innen in der Jugendforschung mag als Indikator dienen. Die kritische Selbstreflexion von nicht-heteronormativen Forscher*innen allein genügt nicht, um hier Veränderungen durchzusetzen. Vielmehr ist es notwendig, dass die Hinterfragung von Gender-Geschlecht-Sexualität aller Forscher*innen zum Aspekt kritischer empirischer Forschung wird.[20]

18 Korrektur I. S.

19 »Dennoch ist es notwendig, nicht den institutionellen Kontext außer Acht zu lassen. Ein Großteil der Forschung über weibliche nichtnormative Sexualitäten wird nach wie vor von Frauen durchgeführt. Als Graduierte sehen sich diese Frauen dem Druck ausgesetzt, nicht über weibliche nichtnormative Sexualitäten zu forschen, ungeachtet der Geltung, die queer studies in manchen Bereichen der Wissenschaft genießt. Auf dem Arbeitsmarkt wird ihre Arbeit unter Umständen als ›begrenzt‹ bewertet, sie haben Schwierigkeiten, Professuren zu bekommen, und sobald sie berufen sind, sind sie oft den Belastungen der Gremiumsarbeit ausgesetzt, aufgrund des administrativen Wunsches nach Geschlechterparität im Kontext des relativen Mangels an Frauen in Führungspositionen.« (Übersetzung I. S.).

20 Ebenso wie die aktive Hinterfragung heteronormativer Prämissen im Kontext der Forschung und gerade auch der Lehre.

2. Warum soll das wichtig sein? Mögliche Gründe für die Sichtbarmachung von Gender-Geschlecht-Sexualität im Forschungsprozess in der Jugendforschung

Was bedeuten diese Ergebnisse und Erfahrungen? Sind Gender-Geschlecht-Sexualität von Forscher*innen nicht sekundäre Einflüsse, die in ihrer Bedeutung für die Forschung weit hinter anderen Aspekten, wie beispielsweise respektvollem Umgang mit jugendlichen Teilnehmer*innen und sorgfältiger Analyse, zurückstehen? Ist es nicht vor allem unsere Aufgabe, einen als sicher wahrgenommenen, vertrauensvollen ›Forschungs-Raum‹ herzustellen, ungeachtet persönlicher Positionen und Bedürfnisse? Zudem haben Jugendliche inzwischen eine Reihe von Möglichkeiten, zumindest oberflächliche Informationen über nicht-heteronormative Lebenspraxis zu erhalten. Ist damit die Frage nach der Bedeutung der Positionierung von Forscher*innen nicht obsolet geworden? Und: Wie lässt sich die Frage nach der Positionierung von Forscher*innen methodologisch fassen, ohne unreflektiertem Identitätsdenken zu verfallen?

Die Beispiele haben gezeigt, dass die Frage nach einem kritischen Umgang mit den vielschichtigen Bedeutungen der Positionierung von Forscher*innen in der Arbeit mit Jugendlichen weit über persönliche Bedürfnislagen hinausgeht. Ich möchte im Anschluss an die Beispiele zusammenfassen, warum ich die Auseinandersetzung mit der Rolle von Forscher*innen – vor allem in der Jugendforschung – als vergeschlechtlichte Personen für notwendig erachte.

2.1. Grund 1: Sichtbarmachung von Lebbarkeit – Schutz gegen Isolation

Als verantwortliche Erwachsene sind kritische Forscher*innen auch in der Pflicht, zumindest im Kontext der Forschung gewaltförmige Umgangsformen, wenn nicht gänzlich zu unterbinden – es wäre vermessen zu denken, dies sei möglich –, so doch darauf hinweisen.

»Zuwenig wird hier allerdings in Rechnung gestellt, dass die Jugendlichen in einem durch Geschlecht und institutionalisierte Heterosexualität (neben ethnisch-kultureller und sozialer Herkunft) hierarchisch strukturierten sozialen Raum agieren, dass sie nur aus Sicht der Erwachsenen als untereinander ›gleichberechtigt‹ erscheinen und aufgrund dieser hierarchischen Unterschiede wechselseitig auch verletzungsmächtig bzw. verletzbar sind.« (Hark 2002: 56)

Die Sorge um nicht-heteronormative Kinder und Jugendliche, die Sabine Hark hier aufführt, ist ein wiederkehrender Topos in queerer und heteronormativitätskritischer Literatur (z. B. Kosofsky Sedgwick 1993). Gegenwärtig ist in der Bundesrepublik Deutschland die Diskussion um die Rechte intersexueller Kinder die vorläufige Zuspitzung der Frage, wie heteronormative gesellschaftliche Vorgaben sich auf das Leben von Kindern und Jugendlichen – teils gewaltsam, immer wirkmächtig – auswirken.

Hark fasst die Bedeutung dieser Vorgaben für den Alltag nicht-heteronormativer Jugendlicher knapp zusammen: »Junge Lesben und Schwule wählen deshalb sehr genau, wem sie sich wann offenbaren. Meist erfolgt das Coming-out erst nach einer unter Umständen Jahre dauernden Phase sorgfältigen sozialen *Screenings*, in der sie versuchen herauszufinden, welche Reaktionen zu erwarten sind.« (Hark 2002: 54)

Infolge dieser Vorsicht (die oft auch von nicht-heteronormativen Lehrer*innen gewählt wird) bleiben im Schulalltag bisexuelle, intersexuelle, lesbische, schwule und transsexuelle Jugendliche ›unsichtbar‹. In meiner Forschung wurden auch Jugendliche, die nicht der Vorstellung von ›richtiger‹ Weiblichkeit oder Männlichkeit entsprachen, häufig ›zu(recht)gewiesen‹ – in scheinbar scherzhaften Kommentaren wurde besonders von Gleichaltrigen des als gleich wahrgenommenen Genders hervorgehoben, dass ihr Auftreten nicht der Norm entsprach.[21]

Als ich im Gespräch mit den Achtklässlern Jan, Vinzent und Long fragte, ob sie an der Schule schwule oder lesbische Paare kennen, sagte Long: »Nee, die machen alle Selbstmord!« (Gruppe D 12 [1345]). Long wies auch darauf hin (ebenso wie andere Teilnehmer*innen), dass es an der Schule fast keine lesbischen und schwulen Schüler*innen gäbe. Dieser Hinweis war sogar mit etwas Bedauern verbunden, weil Long in Berlin, wo er früher lebte, einen mehrfach gemischten Freundeskreis hatte und dies in seinem neuen Umfeld vermisste. Die beiden Äußerungen – der Verweis auf die Suizidgefahr und den Hinweis auf mangelnde Anwesenheit bzw. weitgehende Unsichtbarkeit – lesen sich zusammengenommen in einer tragischen Logik: nicht-heteronormative Jugendliche sind unfreiwillig an der eigenen ›Unsichtbarmachung‹ beteiligt.

Homo- und auch Transphobie sind dabei Ausdruck von Normierungen, die für alle Jugendlichen gelten. Es sind also nicht allein nicht-heteronormative Jugendliche (und Lehrer*innen) ›unsichtbar‹, sondern vielmehr die grundlegende Essentialisierung der Produktion von Geschlechterpositionen. Allerdings verweisen sowohl Ignoranz als auch aktive Ausgrenzung auf die Brüchigkeit der scheinbar selbstverständlichen, ›normalen‹ Positionierungen (Butler 1993: 314).[22]

Dies verweist auch auf den zweiten Grund, den ich für einen reflektierteren Umgang mit der Positionierung von Forscher*innen anbringen möchte.

21 Timmermanns beschreibt fünf Funktionen solcher Zuschreibungen: Normierungseffekt (Instrument der Kontrolle), Identitätsabsicherung (so tun als ob man weiß, was männlich/weiblich ist – Simulation von Sicherheit mit der eigenen Position), Erklärungsfunktion (alles ›Fremde‹ und ›Verunsichernde‹ ist ›schwul‹), Schutzfunktion (wer zuerst ›schwul‹ ruft, schützt sich vor dem Stigma), Machtausübung (den/die andere zur Reaktion zwingen) (2003: 63 f., paraphrasiert durch I. S.).

22 Haritaworn weist zurecht darauf hin, dass es nicht um einen vereinfachenden Diskurs der Angleichung schwullesbischer an heterosexuelle Rechte gehen kann: »Wenn dominante Schwule, Lesben und Bisexuelle Gleichstellung mit Heterosexuellen fordern, dann meinen sie nicht transsexuelle, behinderte, sexarbeitende oder ethnisierte Heterosexuelle, oder solche aus der Arbeiterklasse. Schwullesbische Kontexte definieren sich zentral gegen Heterosexismus und sind dennoch Schauplätze von Heterosexismus gegen Ethnisierte« (2007: 280 f.).

2.2. Grund 2: Methodologische und forschungsethische Genauigkeit – Sichtbarmachen und Dezentrieren heteronormativer Prämissen – auch durch heterosexuelle Forscher*innen

»No research is carried out in a vacuum. The very questions we ask are always informed by the historical moment we inhabit – not necessarily directly or unambiguously, but in more subtle ways.« (McRobbie 1991: 64)[23]

Forschung findet in spezifischen historischen Kontexten statt und hat damit auch Anteil an der Re-Produktion unterschiedlichster gesellschaftlicher Vorgaben. Dabei muss stärker berücksichtigt werden, welche Bedeutungen/Zuschreibungen durch die Positionierung von Forscher*innen in die Forschung eingebracht werden. An dieser Stelle wird deutlich, dass meine Frage über die Nabelschau von Forscher*innen hinausweist. Wenn den Teilnehmer*innen bestimmte Informationen vorenthalten werden, weil sie in der Wahrnehmung von Forscher*innen einer bestimmten gesellschaftlichen ›Gruppe‹ angehören und aufgrund dieser Einschätzung bestimmte Reaktionen erwartet werden, werden diskursive Homogenisierungen deutlich. Den Teilnehmer*innen werden dann Eigenschaften zugeschrieben, bevor sie Gelegenheit hatten, sich zu äußern. Zwar wurde in meiner Forschung die implizite Annahme aufgelöst, muslimische Schüler*innen wären generell eher homophob bzw. homophober als nicht-muslimische Schüler*innen, wie beispielsweise das Gruppengespräch mit Hanna zeigt.[24] Dennoch müssen solche und andere implizite Vorannahmen sichtbar gemacht werden.

Marco Atlas schreibt anhand eigener Forschungserfahrungen von der doppelten Annahme von Heterosexualität in der Forschung, wenn Forscher*innen ihre Sexualität (zunächst) verschweigen: »Erstens nahmen *andere* in ihren Fragestellungen nach meinem Familienstand an, ich sei heterosexuell. Zweitens nahm *ich* Heterosexualität an, indem ich sie in diesen Situationen performierte. Aus Angst vor Stigmatisierung verschwieg ich meine Partnerschaft und verbarg mein Schwulsein. Ich ließ mich als »normale«, heterosexuelle Person einordnen. Ich ging als heterosexuell durch. Damit untermauerte ich die Heteronormativität meiner Umgebung.« (Atlas 2000: 25)

Ich möchte dies um zwei weitere Aspekte ergänzen: Dieser Prozess des Untermauerns heteronormativer Annahmen bestärkt die Tendenz, die Forschungsteilnehmer*innen wiederum als heterosexuell wahrzunehmen. Zusätzlich erschwert es den Forschungsteilnehmer*innen, sich in der Forschung als nicht-heteronormativ darzustellen. Die diskursive Untermauerung heteronormativer Prämissen hat damit direkt und indirekt Einfluss auf die Forschungsbeziehungen und die Ergebnisse.

23 »Forschung geschieht nie in einem Vakuum. Allein die Frage,n die wir fragen, sind immer von dem historischen Moment, den wir bewohnen, beeinflusst – nicht unbedingt direkt oder eindeutig, sondern auf subtilere Weise.« (Übersetzung IS)

24 Mein Vorgehen, die Teilnehmer*innen nicht im Vorfeld auf spezifische Positionen festzulegen, sondern die Positionierungen der Jugendlichen zu übernehmen, hat dazu sicherlich beigetragen.

Dabei ist die Aufforderung, die Position von Forscher*innen auch in der Forschung zu hinterfragen, gerade auch an diejenigen gerichtet, die sich selbst als im weitesten Sinn der Norm entsprechend wahrnehmen. Werner Krauß unternimmt das notwendige outing als heterosexueller Forscher (allerdings erst im Anschluss an die Forschung):[25]

»Kann oder muss sich ein Hetero *outen*? Ist es nicht vielmehr so, dass über einem Großteil aller ethnologischen (und sonstigen wissenschaftlichen) Artikel ungeschrieben steht: Hier schreibt ein Hetero (oder eine Hetera)? Neuere Arbeiten zur Genderforschung legen dies zumindest eindrücklich nahe. Das Aufbrechen und Bloßlegen von Heteronormativität in der eigenen und in der untersuchten Gesellschaft genauso wie in der Wissenschaft hat bisher nur in den seltensten Fällen dazu geführt, dass Heterosexualität selbst als der ›natürliche‹ Ausdruck der Heteronormativität hinterfragt und somit als Konstruktion, als performative Praxis begriffen wird.« (Krauß 2001a: 210)

Die Hinterfragung der eigenen Rolle und Position in der Forschung ist unumgänglich. Dass der kritische Umgang mit Gender-Geschlecht-Sexualität von den Forschungsteilnehmer*innen und der *scientific community* unterschiedlich bewertet wird/bewertet werden kann, steht dabei außer Frage. Doch können solche Bemühungen auf Dauer nur im größeren Kontext der wissenschaftlichen Auseinandersetzung produktiv sein (für jede einzelne Forschung sind sie es ohnehin), wenn sie als wissenschaftlicher Standard umgesetzt und getragen werden.

2.3. Grund 3: Jugendliche in der Forschung ernst nehmen

Ein weiterer Anlass für die kritische Auseinandersetzung mit der Vergeschlechtlichung von Forscher*innen ist forschungsethisch zu begründen. Jugendliche in der Forschung als Produzent*innen von Bedeutung ernst zu nehmen und im Rahmen forschungsethischer Prämissen zu arbeiten ist eine Herausforderung, die seit den 1970ern zu einer Reihe produktiver methodologischer Auseinandersetzungen geführt hat. Dennoch bleiben viele Studien bisher in einer heteronormativen Konstruktion verhaftet, die unter anderem ein anachronistisches Bild von Jugendlichen als ›leicht beeinflussbar‹ evoziert und gleichzeitig auf die Illusion objektiver Forschung Bezug nimmt.[26] Doch Jugendliche sind – bei allen Unsicherheiten, die mit den Aushandlungen zwischen Gleichaltrigen und mit Erwachsenen einhergehen – seit früher Kindheit Expert*innen im ›Entschlüsseln‹ und Aushandeln gesellschaftlicher Vorgaben. Sie erarbeiten sich ihre Selbstpositionierungen in spezifischen, auch vergeschlechtlichten Kontexten, sie »disziplinieren sich mithin im

25 An anderer Stelle zeichnet Krauß nach, auch anhand gemeinsamer Forschungserfahrungen mit Dracklé, wie vergeschlechtlicht die Ethnologie auch gegenwärtig noch ist. Hier wird sehr deutlich, wie Vergeschlechtlichung und beispielsweise Ethnisierung sich gegenseitig bedingen und die Forschung beeinflussen (Krauß 2001b).

26 Rofes beschreibt und hinterfragt die historisch eingebundene Konstruktion von Kindheit, die Kinder als hilflos und damit berechtigterweise als schützenswert – aber auch als machtlos positioniert (2005: u. a. 53-68).

Hinblick auf heterosexuelle Männlich- und Weiblichkeit, bringen sich jeweils bei was es heißt, ein ›richtiger Junge‹, ein ›richtiges Mädchen‹ zu sein« (Hark 2002: 57).

Wenn also unter Einhaltung der gebotenen Forschungsethik und bei Berücksichtigung des Hierarchiegefälles zwischen erwachsenen Forscher*innen und jugendlichen Teilnehmer*innen die spezifische Lebensform der Forscher*innen thematisiert wird, ist dies kein ›Einbruch‹ in geschützte jugendliche Lebenswelten. Vielmehr kann es ein Ausdruck davon sein, dass Jugendliche in der Forschung als Produzent*innen von Bedeutung ernst genommen werden.

3. Gesellschaftskritik durch Methodenwahl? Methodologische Reflexion für komplexeres Denken

»The political *bricoleur* knows that science is power, for all research findings have political implications.« (Denzin/Lincoln 2003: 9)[27]

Sicherlich kann die Positionierung von Forscher*innen nur ein Teil guter und kritischer Forschung sein. Auf jeden Fall trägt die Hinterfragung der Rolle von Forscher*innen zur Komplexität der Untersuchung bei. Forscher*innen, die dies selbstreflexiv angehen, sorgen also möglicherweise nicht nur für Verwirrung – im Feld und in der Universität –, sondern handeln sich auch ein Mehr an Arbeit ein, denn sie erhöhen die Komplexität (Degele 2005: 22[28]). Sie handeln damit verantwortlich und methodisch exakt, da sie implizite Annahmen im Kontext eines Forschungsvorhabens sichtbar machen und beispielsweise implizite ethnisierende Zuschreibungen im Vorfeld reflektieren. Gleichzeitig öffnen sie auch für die Teilnehmer*innen einen Raum, um ihre eigenen Annahmen zu hinterfragen oder eigene Positionierungen zu untersuchen.

Dabei kann die Hinterfragung heteronormativer Annahmen in der Forschung explizit als Mittel und Teil des Forschungsprozesses eingesetzt werden, indem beispielsweise ein outing im klassischen Sinn von Forscher*innen zu einem spezifischen Zeitpunkt der Forschung eingeplant und dann analysiert wird, wie die Teilnehmer*innen dies aufnehmen. Ein solch dramatisierendes Vorgehen muss dabei gut eingebettet sein, damit es nicht als struktureller, absichtlicher Vertrauensbruch wahrgenommen wird. Wesentlich weniger problematisierend wäre das selbstverständliche Erwähnen eigener nicht-heteronormativer Positionen oder der Verweis auf unterschiedliche Modelle der ›Lebensform‹ in den Gesprächen mit den Teilnehmer*innen bzw. im Fall der direkten Nachfrage.

27 »Der/die politische *bricoleur* weiß, dass Wissenschaft Macht ist, denn alle Forschungserkenntnisse haben politische Bedeutung.« (Übersetzung I. S.)

28 Degele kritisiert hier nicht allein heteronormative Prämissen (in der Forschung), sondern auch blinde Flecken innerhalb des Projekts der *queer studies* (2005: 26 f.).

Beide Herangehensweisen sind Möglichkeiten, in den Forschungsbeziehungen die Brüchigkeit der Normierungen von Gender-Geschlecht-Sexualität aufzeigen. Denn, wie Nina Degele betont: »Ein Bewusstmachen von regelgeleitetem heteronormativen Handeln und heteronormativer Institutionalisierung ist vor allem durch Regelbrüche und Erwartungsenttäuschungen möglich.« (Degele 2005: 22)

Dass dieses Bewusstmachen nicht allein gesellschaftskritischen Ambitionen geschuldet ist, sondern durch die Hinterfragung impliziter Annahmen in der Forschung, gerade mit Jugendlichen, eine präzisere Forschung erlaubt, habe ich erläutert. Es ist ein Verweis auf das produktive Potential, das in der Verbindung von Gesellschaftskritik und Methodenkritik entsteht.

Literatur

Atlas, Marco: Ethnologie und Heteronormativität, Magisterarbeit, 2000. Online: http://marcoatlas.de/.

Boellstorff, Tom: Queer Studies in the House of Anthropology, in: Annual Review of Anthropology, 2007, H. 36, S. 17-35. Online: http://arjournals.annualreviews.org/doi/full/10.1146/annurev.anthro.36.081406.094421 (Stand: 4. 12. 2007).

Bourdieu, Pierre: Verstehen, in: Bourdieu, Pierre: Das Elend der Welt (Bd. 9), Konstanz 1997, S. 779-802.

Butler, Judith: Imitation and Gender Insubordination, in: Abelove, Henry/Michèle Aina Barale/David M. Halperin (Hrsg.): The Lesbian and Gay Studies Reader, New York 1993, S. 307-320.

Carrier, Joseph M.: Foreword, in: Blackwood, Evelyn: Anthropology and Homosexual Behaviour, New York 1986, S. xi-xiii.

Degele, Nina: Heteronormativität entselbstverständlichen. Zum Verunsichernden Potential von Queer Studies, in: Freiburger FrauenStudien, 2005, H. 17, S. 15-39.

Denzin, Norman K./Lincoln, Yvonna S.: Introduction, in: Denzin, Norman K./Lincoln, Yvonna S. (Hrsg.): The Landscape of Qualitative Research. Theories and Issues, Thousand Oaks 2003, S. 1-45.

Fritzsche, Bettina: Performative Annäherungen an Identität in der Fan-Kultur, in: Hengst, Heinz/Kelle, Helga (Hrsg.): Kinder – Körper – Identitäten. Theoretische und empirische Annäherungen an kulturelle Praxis und sozialen Wandel, Juventa 2005, S. 205-224.

Frohn, Dominic: Out im Office?! Sexuelle Identität, (Anti-)Diskriminierung und Diversity am Arbeitsplatz, 2007. Online: http://www.befah.de/ (Stand: 27.07.2007).

Frosh, Stephen/Phoenix, Ann/Pattman, Rob: Young Masculinities, Basingstoke 2002.

Gutiérrez Rodriguez, Encarnatión: Institutionalisierte Ethnisierung und Ausschließung. Die Konstruktion ethnischer Kollektive für Staat, Bildung und Arbeitsmarkt, in: Forum Wissenschaft, 2003, H. 1. Online: http://www.bdwi.de/forum/archiv/uebersicht/441546.html [auch http://www.linksnet.de/artikel.php?id=1673, 2005] (Stand: 30. 08. 2005).

Graham, Mark: Welcome to the Land of Anthropology: Need Queers Apply? in: kea, 2001, H. 14, S. 147-169.

Hackmann, Kristina: Adoleszenz, Geschlecht und sexuelle Orientierungen: eine empirische Studie mit Schülerinnen, Opladen 2003.

Haller, Dieter: Reflections on the Merits and Perils of Insider Anthropology: When Anthropologists are made Natives, in: kea, 2001, H. 14, S. 113-146.

Haritaworn, Jin: (No) Fucking Difference? Eine Kritik an ›Heteronormativität‹ am Beispiel von Thailändischsein, in: Hartmann, Jutta/Klesse, Christian/Wagenknecht, Peter/Fritzsche, Bettina/Hackmann, Kristina (Hrsg.): Heteronormativität. Empirische Studien zu Geschlecht, Sexualität und Macht, Wiesbaden 2007, S. 269-289.

Hark, Sabine: Junge Lesben und Schwule: Zwischen Heteronormativität und posttraditionaler Vergesellschaftung, in: Diskurs, 2002, H. 1, S. 50-57.

Herrmann, Steffen Kitty: Bühne und Alltag. Über zwei Existenzweisen des Drag, in: Thilmann, Pia/Witte, Tania/Rewald, Ben (Hrsg.): Drag Kings. Mit Bartkleber gegen das Patriarchat, Berlin 2007, S. 115-131.

Herrmann, Steffen Kitty: Performing the Gap – Queere Gestalten und geschlechtliche Aneignung, in: arranca!, 2003, H. 28, Aneignung I, S. 22-25. Online: http://arranca.nadir.org/arranca/article.do?id=245 (Stand: 12. 12. 2006).

Hirschauer, Stefan: Die soziale Fortpflanzung der Zweigeschlechtlichkeit, in: kea, 2001, H. 14, S. 113-146.

Krauß, Werner: Eine glückliche Liebe. Heteronormativität und Feldforschung, in: kea, 2001a, H. 14, S. 209-228.

Krauß, Werner: Der konstruierte Mann oder: Wie männlich ist die (deutsche) Ethnologie?, in: Schlehe, Judith (Hrsg.): Interkulturelle Geschlechterforschung. Identitäten – Imaginationen – Repräsentationen, Frankfurt/M. 2001b, S. 70-85.

Kosofsky Sedgwick, Eve: How to bring your kids up gay, in: Warner, Michael (Hrsg.): Fear of a Queer Planet. Queer Politics and Social Theory, Minneapolis 1993, S. 69-81.

Lewin, Ellen/Leap, William L. (Hrsg.): Out in the Field. Reflections of Lesbian and Gay Anthropologists, Urbana/Chicago 1996.

Maihofer, Andrea: Geschlecht als hegemonialer Diskurs und gesellschaftlich-kulturelle Existenzweise. Neuere Überlegungen auf dem Weg zu einer kritischen Theorie von Geschlecht, in: Hartmann, Jutta (Hrsg.): Grenzverwischungen. Vielfältige Lebensweisen im Gender-, Sexualitäts- und Generationendiskurs, Innsbruck 2004, S. 33-40.

McRobbie, Angela: The Politics of Feminist Research: Between Talk, Text and Action, in: McRobbie, Angela: Feminism and Youth Culture. From ›Jackie‹ to ›Just Seventeen‹, Boston 1991, S. 61-80 (zuerst in: Feminist Review 12, 10.1982).

Mecheril, Paul/Scherschel, Karin/Schrödter, Mark: ›Ich möchte halt von dir wissen, wie es ist, du zu sein‹. Die Wiederholung der alienierenden Zuschreibung durch qualitative Forschung, in: Badawia, Tarek/Hamburger, Franz/Hummrich, Merle (Hrsg.): Wider die Ethnisierung einer Generation, Frankfurt/M. 2003, S. 93-110.

Niekisch, Sibylle: Cultural Studies und Ethnologie: Zu einem schwierigen Verhältnis, in: Göttlich, Udo/Mikos, Lothar/Winter, Rainer (Hrsg.): Die Werkzeugkiste der Cultural Studies. Perspektiven, Anschlüsse und Interventionen, Bielefeld 2001, S. 131-158.

Rofes, Eric: A Radical Rethinking of Sexuality and Schooling. Status Quo or Status Queer? Lanham 2005.

Schmitt, Irina: ›Wir sind halt alle anders‹. Schüler*innen diskutieren über Gender, Vielkulturalität und Zugehörigkeit. Eine gesellschaftspolitische Diskursanalyse mit einem deutsch-kanadischen Vergleich, Dissertation, Universität Bremen 2007.

Spindler, Susanne: Corpus delicti. Männlichkeit, Rassismus und Kriminalisierung im Alltag jugendlicher Migranten, Münster 2006.

Timmermanns, Stefan: Keine Angst, die beißen nicht! Evaluation schwul-lesbischer Aufklärungsprojekte in Schulen, Aachen 2003.

Zimmermann, Karin: Berufungsspiele des wissenschaftlichen Feldes im Lichte des Konzepts symbolische Gewalt, in: Ebrecht, Jörg/Hillebrandt, Frank (Hrsg.): Bourdieus Theorie der Praxis. Erklärungskraft – Anwendung – Perspektiven, Wiesbaden 2002, S. 139-151.

Antonia Davidovic

Die Wirkung archäologischer Ausgrabungsmethoden auf die Herstellung archäologischen Wissens

In den meisten deutschsprachigen archäologischen Disziplinen werden die Ausgrabungsmethoden nur wenig diskutiert. Während in den englischsprachigen Scientific Communities eine breite Debatte über Grabungsmethoden stattfindet (vgl. z. B. Lucas 2001), gibt es in Deutschland nur wenige Arbeiten zu diesem Thema (vgl. z. B. Gersbach 1989). Das hat zur Folge, dass die meisten Archäologen[1] kritischen Reflexionen von Methoden in der Archäologie kaum Beachtung schenken. Die folgenden Ausführungen sollen eine solche reflexive Sichtweise verfolgen und die archäologische Grabungspraxis kritisch analysieren. Sie konzentrieren sich auf ›archäologische Grabungsmethoden‹, worunter planmäßige Verfahren und Vorgehensweisen zur Entdeckung, Aufdeckung und Dokumentation von archäologischen Funden und Befunden[2] verstanden werden. ›Planmäßig‹ bezeichnet die gedankliche Vorwegnahme der Ziele und der Prozesse, die zur Erreichung dieser Ziele erforderlich sind. Es soll die prinzipielle Kontingenz der Wissenschaften (hier der archäologischen) konkret aufgezeigt werden.

Der hier verfolgte Ansatz einer ›kulturanthropologischen Wissenschaftsforschung‹ bezieht wissenschaftssoziologische und wissenschaftstheoretische Ansätze gleichermaßen ein. Eine der Ausgangsthesen ist, dass Praktiken und soziale Interaktionen eine wichtige Rolle im Wissensproduktionsprozess spielen, da wissenschaftliche Ergebnisse immer durch die Handlungen von Akteuren hergestellt werden. Wissenschaftliche Methoden sind soziale Produkte, die somit auch unterschiedliche lokale Formen annehmen können. Ich betrachte die wissenschaftlichen Methoden vor allem aus der handlungsorientierten Perspektive, was bedeutet, dass Handlungen und Praktiken bei der Entwicklung und Anwendung von Methoden untersucht werden, da sie die spezifischen Rahmenbedingungen wie das Wissen des Forschers, die ökonomische Ausstattung, die Interessen der Öffentlichkeit usw. widerspiegeln. Jede Handlung bezieht sich auf Strukturen und Konventionen, verändert diese aber gleichzeitig und führt zu neuen Konventionen. Man könnte also von einem ›gegenseitigen Hervorbringen‹ sprechen.

Der Forschungsalltag steht im Mittelpunkt der Untersuchung, denn hier werden die Übereinkünfte über die Angemessenheit von Methoden der Datengewin-

1 Die maskuline Schreibweise von Bezeichnungen soll im Folgenden als Sammelbegriff dienen, der sowohl weibliche wie männliche Beteiligte einbezieht.

2 Befunde sind die in der Erde erkennbaren Verfärbungen und Strukturen, während mit dem Begriff der Funde die in den Befunden eingelagerten Objekte gemeint sind.

nung und Datenanalyse hergestellt. Sie kann somit als eine ›Laborstudie‹ gesehen werden, wie sie unter anderem von den Wissenschaftsforschern Bruno Latour und Steve Woolgar durchgeführt wurden. Latour und Woolgar bezeichnen ihren Forschungsansatz als eine »ethnographic study of scientific practice« im Rahmen einer ›Anthropology of Science‹. Solch eine ›Anthropologie der Wissenschaft‹ soll die spezifischen Charakteristika der Forschungspraxis zum Ausdruck bringen. Das beinhaltet den Blick unter anderem auf »the presentation of preliminary empirical material, our desire to retrieve something of the craft character of science, the necessity to bracket our familiarity with the object of study, and our desire to incorporate a degree of ›reflexivity‹ into our analysis« (Latour/Woolgar 1986: 277 f.).[3] Die Methode der ethnographischen Laborstudien konzentriert sich auf detaillierte empirische Beobachtungen und Feldnotizen insbesondere zu institutionellen und sozialen Kontexten, Methoden und Artefakten. Für Latour und Woolgar zählen dazu »information about sources of funding, the career backgrounds of participants, the citation patterns in the relevant literature, the nature and origin of instrumentation and so on« (Latour, Woolgar 1986: 278).[4] Die Aufzeichnung solcher Informationen erscheint den beiden Autoren einerseits notwendig, um einen vergleichenden Ansatz zu ermöglichen. Zum anderen soll so eine Beschreibung der Wissenschaft auf empirischer Basis hergestellt werden können. Nicht zuletzt soll der ethnologische Blick der teilnehmenden Beobachtung auch die Möglichkeit der distanzierten Betrachtung schaffen, um nicht mit den wissenschaftsinternen Begriffen argumentieren zu müssen (ebd.).

Kritik an Forschungen, die eine Beschreibung alltäglicher Interaktionen, Aushandlungen und Erkenntnisprozesse ins Zentrum stellen, indem sie sich auf einen bestimmten Ort konzentrieren (hier die Ausgrabung), beinhaltet die Befürchtung, dass damit die Umwelten der Wissenschaftsbetriebe aus dem Blick geraten würden (Hornbostel 1997: 122). Aus diesem Grunde wird sich die Beschreibung nicht nur auf die Ausgrabungsorte beschränken, sondern bezieht auch die Vorbereitungen und den Auswertungs- und Präsentationsprozess mit ein. Ich gehe dabei nicht a priori davon aus, dass das ›Forschungsfeld Ausgrabung‹ klare Grenzen hat und als ein abgeschlossener Raum gesehen werden kann. Vielmehr ist die Gestalt des Feldes selbst ein Gegenstand der Forschung. Ein weiterer Kritikpunkt betrifft die Frage, ob bei der Beobachtung auf der Ausgrabung auch die externen sozialen und kognitiven Strukturen und die Verbindung zwischen der Grabungsarbeit und den sie begleitenden Theorien beobachtbar sind und ob beispielsweise überhaupt Aussagen über den eigentlichen Akzeptanzprozess gemacht werden können

3 »Die Präsentation von vorläufigem empirischen Material, unser Anliegen, etwas von dem handwerklichen Charakter der Wissenschaft zu erfassen, die Notwendigkeit, unsere Vertrautheit mit dem Studienobjekt abzulegen, und unser Wunsch, einen gewissen Grad der Reflexivität in unsere Analyse zu integrieren.« (Alle Übersetzungen A. D.)

4 »Informationen zu Finanzierungsquellen, Hintergründe der Karriere der Beteiligten, Zitierregeln in der relevanten Literatur, Beschaffenheit und Entstehungsgeschichte der Geräteausstattung usw.«

(ebd.). Dem kann entgegen gehalten werden, dass an den konkreten Orten, an denen die Forschungspraxis von Akteuren ausgeübt wird, auch die sozialen und kognitiven Vorgänge sichtbar werden. Diese Prozesse sind in den Kommunikationen, Aufzeichnungen und Dateninskriptionen erkennbar; sie bilden einen Teil des Diskurses.

Im Folgenden werden Methoden auf verschiedenen Ebenen des Wissensproduktionsprozesses in der Archäologie kritisch betrachtet, wobei eine Konzentration auf die Methoden der Datengewinnung auf der archäologischen Ausgrabung stattfindet. Dieser Ausschnitt wurde gewählt, weil die archäologische Feldforschung einer der zentralen Herstellungsorte archäologischer Erkenntnis ist; andere Orte wie das Büro, das Labor usw. sollen dabei aber nicht aus dem Blick geraten. Dabei konzentriert sich die Betrachtung auf fünf Aspekte der Methodenentwicklung, -anwendung und -modifikation, die eine zentrale Rolle im Herstellungsprozess einnehmen.[5]

1. Methoden sind als Teil eines Übersetzungsprozesses zu sehen, denn sie transformieren das Ausgangsmaterial in Papier, Statistiken, Tabellen usw. Verschiedene Methoden produzieren unterschiedliche Übersetzungen, wodurch die Methoden in den Wissensproduktionsprozess eingreifen.

2. Aufgrund dieser Wirkungsmacht auf die Wissensproduktion können Methoden als Aktanten gesehen werden. Sie strukturieren und formatieren die Informationen, werden durch diese aber ebenfalls geformt.

3. Methoden sind Teil eines Aktanten-Netzwerkes, denn sie interagieren mit den anderen Aktanten – den Ausgräbern, den Geräten, den Funden und Befunden, den Inskriptionen usw. Ihre Gültigkeit hängt dabei von der Einbindung in ein Netzwerk ab.

4. Methoden sind in Handlungen eingebettet, die in sozialen Interaktionen und Beziehungen ausgeführt werden, wodurch sie als soziale Praktiken gesehen werden können. Die bei der Anwendung von Methoden entstehenden Gruppierungen bezeichne ich als ›Communities of Practice‹ (Lave/Wenger 1991). Diese sind zugleich orts- und zeitgebunden, was zu lokalen Ausdifferenzierungen in der Methodenanwendung führt.

5. Methoden werden nicht nur aufgrund von festgelegten Anleitungen durchgeführt, sondern benötigen immer auch ein ›Tacit Knowledge‹, also ein implizites, nichtfestschreibbares Wissen, wie die Methode adäquat auszuführen ist. Dieses implizite Wissen wird unter anderem in den Communities of Practice vermittelt.

Diese fünf Aspekte stehen in enger Verbindung miteinander. Menschliche Akteure haben nicht die alleinige Entscheidungsmacht über die Wissensproduktion, aber auch die Instrumente, Methoden und Theorien sind nicht determinierend. Daher sollten sie trotz der folgenden Darstellung in Einzelkapiteln nicht als klar voneinander abgegrenzte Bereiche gesehen werden.

5 Das soll aber nicht bedeuten, dass andere Aspekte für irrelevant gehalten werden.

1. Übersetzungen

Latour beschreibt den wissenschaftlichen Erkenntnisprozess als eine Kette von Übersetzungen. Der zentrale Akt der wissenschaftlichen Erkenntnisproduktion besteht dabei in der Transformation von Materie in Aufzeichnungen. Diese werden als Inskriptionen bezeichnet. Das Ausgangsmaterial wird durch Instrumente in Zeichen verwandelt, die wiederum beispielsweise in schriftliche Berichte transformiert werden (Latour 2000: 68). Die Übersetzungskette des Forschungsprozesses reicht von den Datenfixierungen, Diagrammen und Tabellen bis zu den Aussagen, die aufgrund dieser Datenfixierungen gemacht werden, und von diesen wiederum zu anderen Aussagen. Im Verlauf dieser Übersetzungen werden die wissenschaftlichen Produkte geformt und die jeweiligen Anschluss-Selektionen konfiguriert. Jede neue Übersetzung verändert auch die anderen Übersetzungen. Der Status einer Inskription – und damit einer Aussage – wird immer durch den Status der vorherigen und späteren Inskriptionen festgelegt. Die Erklärungsmacht einer auf der Grundlage dieser Inskriptionen gemachten Aussage beruht dann nur auf deren Einbindung in eine Übersetzungskette und den Verweisen auf andere Aussagen, Artefakte und Prozesse.[6] Übersetzungen sind damit keine bloßen Beschreibungen. Sie beinhalten zugleich eine Strukturierung der beteiligten Entitäten, wie es der französische Wissenschaftsforscher Michel Callon ausdrückt: »to translate is to describe, to organize a whole world filled with entities (actants) whose identities and interactions are thereby defined« (Callon 1995: 55).[7]

Das Konzept der Übersetzung liefert eine treffende Beschreibung der Vorgänge im Verlauf des archäologischen Forschungsprozesses. Beispielsweise wird vor der eigentlichen Ausgrabung eine geomagnetische Messung des Bodens durchgeführt, die in ein Bild mit ›Flecken‹ und ›Linien‹ verwandelt wird. Die Flecken und Linien erscheinen nach dem Öffnen der Oberfläche im Zuge der eigentlichen Ausgrabung als Verfärbungen im Boden. Die Interpretation der Flecken als Gruben, Pfosten, Mauern oder Fußböden übersetzt den Erdboden in einen funktional definierten Befund. Die Bodenanomalie wird in Zeichnungen, Beschreibungen und Fotos transformiert und Teil einer statistischen Auswertung. Alle zusammen werden schließlich in einen Grabungsbericht übersetzt.

Der britische Archäologe Gavin Lucas bezeichnet die Herstellung archäologischer Daten als eine »materializing practice«[8], bei der die archäologischen Daten in Zeichnungen, Beschreibungen und Tabellen dargestellt werden. So wird der archäologische Befund geformt und kann Teil einer Übersetzungskette werden. Die Inskription beinhaltet dabei eine radikale Zustandsveränderung (Latour 2000: 78), denn die Erdmaterie wird in eine Zeichnung, einen Text, ein Foto oder eine Ta-

6 Ganz ähnliche Annahmen finden sich im Strukturalismus Ferdinand de Saussures.

7 »Übersetzung beinhaltet die Beschreibung und die Organisation einer Welt voller Entitäten (Aktanten), wodurch zuglich deren Identitäten und Interaktionen definiert werden.«

8 »verkörperlichende Praxis«

belle auf einem Blatt Papier transformiert. Die Dreidimensionalität wird zu einer Zweidimensionalität. Solange die Informationen aus Erde bestehen, können sie nur eingeschränkt wissenschaftlich ausgewertet werden, denn sie sind dann nur für vor Ort Anwesende erkennbar. Erst wenn sie in einen anderen Zustand, in eine andere Dimension, nicht zuletzt in einen anderen Maßstab verwandelt werden, sind ihre Informationen transportierbar und damit ortsunabhängig lesbar und verwertbar. Damit einher geht eine Übersetzung von einer auch ›anfassbaren‹ in eine ›lesbare‹ Information, denn die greifbare Erde wird in Zeichen verwandelt. Die Fundstelle ist dann »no longer a physical site, made of dirt and sharp stones, no longer the location of buried treasure, but an abstract, immaterial structured set of lines, numbers and text« (Lucas 2001: 58).[9] Die Ausgrabung strukturiert die vorgefundene Erde also durch ihre Einteilung in Flächen und durch Vergabe von Kodierungen, indem die Grabungsfläche durch die Anlage von künstlichen Schnitten zerteilt wird, die durch Nummerierung strukturiert werden. Ähnliches hat Latour im Hinblick auf die Bodenkunde konstatiert. Hier berichtet er von der Expedition einer interdisziplinär besetzten Forschergruppe, die sich mit Bodenbildungsprozessen in einem brasilianischen Wald beschäftigt. Er stellt dabei fest, dass auch ein solches ›nicht-laborwissenschaftliches‹ Forschungsvorhaben bestrebt ist, die Natur durch Einteilungen und Codevergabe in ein Laboratorium zu verwandeln (Latour 2000: 44). Durch Gliederung und Kategorisierung wird unstrukturierte Materie zu einem systematisch untersuchbaren Forschungsobjekt gemacht. Es findet also kein ›direkter‹ Zugriff auf den Ausgangspunkt statt, jede Forschung formatiert zugleich ihre Untersuchungsgegenstände.

Eine Inskription ist eine Festschreibung, die immer einen Bruch beinhaltet, aber zugleich auch eine Kontinuität herstellt, denn alle Transformationen, Transmutationen und Übersetzungen beziehen sich auf das gleiche Ausgangsmaterial. Latour bezeichnet dieses Phänomen als »Transsubstantation« (ebd.: 78). Es ist also keine Nachahmung der vorangegangenen Schritte, sondern ein Anschluss an diese, da der Inskriptionsprozess auch wieder zurückverfolgt werden kann. Das trifft bei der Ausgrabung nur teilweise zu, stellt Gavin Lucas fest. Denn der Schritt von den Zeichnungen, Beschreibungen und Fotos zum Urzustand der Ausgrabungsstelle kann nicht mehr zurückverfolgt werden, da dieser Zustand gar nicht mehr existiert, sondern im Prozess der Materialisation zerstört wird. Die gezeichnete Dokumentation beispielsweise kann also nicht mehr mit der ursprünglichen Bodenbeschaffenheit verglichen werden, sondern nur mit anderen Dokumenten wie Fotos oder Beschreibungen oder mit anderen Ausgrabungsstätten (Lucas 2001: 213). Archäologische Befunde sind dann nur noch in Form der von ihnen hergestellten Inskriptionen sichtbar, nicht mehr in ihrer Erdform (ebd.).

9 »nicht länger eine physische, aus Dreck und scharfen Steinen bestehende Ausgrabungsstätte, nicht mehr der Ort verborgener Schätze, sondern ein abstraktes, immaterielles, strukturiertes Set aus Linien, Nummern und Text.«

Die Metapher der Übersetzung stellt eine treffende Beschreibung der spezifischen Bedingungen des archäologischen Erkenntnisgewinns dar. Bei einer sprachlichen Übersetzung, bei der nicht immer das Wort mit der exakt gleichen Bedeutung gefunden werden kann, entsteht eine mehr oder weniger nuancierte Abweichung. Analog dazu werden im Akt der Materialisierung der archäologischen Daten manche Informationen sichtbar, andere hingegen nicht. Jede Methode der archäologischen Datengewinnung ermöglicht eine andere Übersetzung und greift damit auch in Form und Inhalt jeder Dokumentation ein. Welche Informationen sichtbar gemacht werden und welche nicht, hängt aber nicht nur von den Methoden ab, sondern wird auch von theoretischen Deutungsmustern, Konzepten und Annahmen gesteuert.

Ein Beispiel für die Unsichtbarmachung von Informationen im Prozess der Übersetzung ist die Interpretation archäologischer Daten zur Existenz ethnischer Gruppen in der Vergangenheit. Trotz zahlreicher Kritik im Fach an der Möglichkeit, etwas über ethnische Gruppen herauszufinden, sind manche Archäologen bis heute der Ansicht, dass gleichartige kulturelle Ausdrucksformen auf eine einheitliche soziale Gruppierung hinweisen und dass diese als ›kulturelle Gemeinschaft‹ wie beispielsweise Ethnos oder Nation bezeichnet werden können (vgl. z. B. Beran 2000). Ähnlichkeiten der materiellen Hinterlassenschaften (z. B. gleiche Grabbeigaben, Siedlungsformen oder Keramikdekorationen) in einem bestimmten Raum werden als Beweise einer gemeinsamen Identifikation, d. h. einem Zusammengehörigkeitsgefühl der Hersteller und Benutzer der Funde übersetzt. Den Artefakten wird eine ›ethnische Identität‹ zugeschrieben, wodurch historische ›Ethnien‹, ›Völker‹ oder ›Stämme‹ rekonstruiert werden können und damit die Geschichte einer heutigen Ethnizitätskonstruktion verlängert wird, indem eine Kontinuität hergestellt wird. Explizite Anwendung fand dieses Konzept durch die Nationalsozialisten, die mit Hilfe von archäologischen Funden ihre Expansionspolitik legitimierten, indem sie Scherben- oder Grabfunde in Osteuropa zu ›germanischen Funden‹ und damit die Gebiete zu ›germanischen‹ Siedlungsgebieten erklärten, so dass ihre Eroberungsbestrebungen als vermeintliche Rückholung ›angestammter‹ Gebiete erklärt werden konnte. Auch heute noch wird archäologisches Wissen für eine Konstruktion von Identifikationen verwendet, beispielsweise von kroatischen Politikern bei der Beanspruchung von ›kroatischen‹ Territorium in den Kriegen der 1990er, aber auch in Form von regionalen Identifikationsangeboten. So wurde der Insasse eines reich ausgestatteten Grabes aus dem 1. Jahrtausend v. Chr. auf dem Glauberg in Hessen, das Mitte der 1990er Jahre freigelegt wurde, von Archäologen als Angehöriger der eigentlich rein sprachlich definierten Gruppierung der Kelten identifiziert, wodurch Lokalpolitiker eine ›keltische‹ Vergangenheit der Region konstruieren konnten. Solche Argumente haben jedoch keine plausible Grundlage, denn die Gleichartigkeit eines Ensembles von Artefakten sagt noch nichts darüber aus, ob es ein Zusammengehörigkeitsgefühl der damaligen Hersteller und Benutzer gab, da Ähnlichkeiten der Artefaktgestaltung nicht automatisch eine soziale Gruppierung mit einer gemeinsamen Identifikation beinhalten müssen. Diese wird vielmehr erst hergestellt, indem bestimmte Artefakte als Symbol einer gemeinsamen Identifikation konstruiert werden. Ethnische Zugehörigkeit kann nur auf der Basis einer mündlichen oder schriftlichen Selbstzuschreibung konstatiert werden und nicht allein aufgrund von materiellen kulturellen Merkmalen. Ohne eine Möglichkeit der Befragung der Akteure oder bei Fehlen von Schriftquellen, aus denen Identitätsdiskurse deutlich werden, bleibt die Identitätskonstruktion unbekannt. Archäologische Quellen können also eigentlich nichts über ethnische Gruppierungen aussagen. Die Suche nach ethnischen Gruppen in der Vergangenheit führte und führt bis heute dazu, dass Ähnlichkeiten der Objektgestaltung als ›typische‹ Muster einer bestimmten Gruppierung in einem bestimmten Territorium übersetzt werden. Andere Erklärungsmöglichkeiten der Ähnlichkeiten im Fundmaterial (z. B. dass sie Ausdruck einer anderen sozialen Gruppierung sein könnten) werden ausgeblendet. Auch werden Differenzierungen im Fundmaterial unsichtbar gemacht, indem beispielsweise eine klare Grenze zwischen Fundregionen gezogen wird, obwohl die tatsächlichen Verbreitungsflächen verschiedener Gestaltungsformen sich eigentlich überlappen oder keine klare Trennlinie erkennbar ist (vgl. z. B. Beran 2000a).

2. Aktanten

Mit dem Begriff des Aktanten werden nicht nur die menschlichen Akteure, sondern auch alle Inskriptionen, Aussagen, Maschinen und erlernten Handlungsabläufe in den Herstellungsprozess gleichermaßen einbezogen (vgl. Latour 1987; Callon 1987). Der kanadische Wissenschaftstheoretiker Ian Hacking zählt zu diesen unter anderem »data, theory, experiment, phenomenology, equipment, data processing« (Hacking 1992: 55).[10] Auch ›nichtmenschliche‹ Elemente generieren Erkenntnis und strukturieren Wissen, werden durch diese aber ebenfalls geformt. Auch die Forschungs- und Analysemethoden werden damit zu Aktanten, da sie mit Hilfe ihrer Übersetzungen ebenfalls in den Herstellungsprozess wissenschaftlichen Wissens eingreifen. Der Aktant-Begriff drückt die Gleichbehandlung von menschlichen und nichtmenschlichen Elementen aus, ohne eine Trennung vorzunehmen. Manche halten diese symmetrische Behandlung von menschlichen und nichtmenschlichen Aktanten für problematisch (u. a. Collins/Yearley 1992: 311). Callon und Latour antworten auf diese Kritik mit dem Argument, dass die Forderung nach symmetrischer Betrachtung des Forschungsgegenstandes notwendigerweise auch auf das Vokabular auszudehnen sei. Das könne nun einmal am besten ausgedrückt werden, indem der gleiche Begriff sowohl für menschliche wie auch für nichtmenschliche Beteiligte verwendet werde (Callon/Latour 1992: 353). Der

10 »Daten, Theorie, Experiment, Phänomenologie, Ausstattung, Datenverarbeitung.«

britische Wissenschaftsforscher John Law vertritt in seiner Studie des portugiesischen Fernhandels eine ähnliche Position, denn er fordert einen Ansatz, der die materielle Heterogenität von Gesellschaften berücksichtigt, indem er die ›Agency‹, d. h. die Handlungsfähigkeit von Wissen, Maschinen oder Architektur einbezieht und die sozialen Effekte jeglicher materieller Form untersucht (Law 1986: 14, vgl. auch Law 1992).

Die archäologischen Ausgrabungsmethoden werden als Aktanten des Wissensproduktionsprozesses erkennbar, indem schon bei der Freilegung der Befunde die gewählte Grabungsmethode darüber entscheidet, welche Visualisierung des Befundes möglich ist. So sind spezifische Grabungsvorgehensweisen notwendig, um die Befunde überhaupt sichtbar zu machen. Bei einer einphasigen Siedlung, bei der die Befunde in den gewachsenen Boden eingetieft sind, können diese relativ leicht durch Anlage eines vertikalen Schnittes durch den Befund erkannt werden und dann in 20-cm-Stufen abgetragen werden. Diese Methode wird häufig als Stratum-Methode bezeichnet. In einer mehrphasigen Siedlung jedoch, bei der die Befunde sich gegenseitig schneiden und überlagern, wird die so genannte Schichten-Methode angewendet. Bei dieser wird jeder Befund einzeln gegraben, da das Abtragen in willkürlich festgelegten Stufen dazu führen könnte, die zeitliche Abfolge der Befunde unkenntlich zu machen. Welche Methode auf einer Grabung konkrete Anwendung findet, wird allerdings nicht immer entsprechend der Komplexität der Fundstelle entschieden, sondern häufig regions- oder disziplinspezifisch angewandt. So ist in der urgeschichtlichen Archäologie vor allem die Stratum-Methode bekannt, weil zumeist einphasige Siedlungen bearbeitet werden; Forscher der Frühgeschichte oder der vorderasiatischen Archäologie hingegen verwenden fast nur die Schichten-Methode, weil sie zumeist mehrphasige Siedlungen ausgraben. Das hat zur Folge, dass manche Urgeschichtler selbst mehrschichtige Siedlungen in der Stratum-Methode ausgraben. Beispielsweise wird die Schichten-Methode von urgeschichtlichen Archäologen in Hessen eher belächelt, was dazu führt, dass sie dort kaum jemand kennt und anwenden kann und dort auch mehrphasige Siedlungen mit der Schichten-Methode gegraben werden. Manche Befunde können dann gar nicht sichtbar gemacht werden und zeitliche Zusammenhänge bleiben unerkannt. Die Wahl der Grabungsmethode hängt also auch von der Kenntnis des Ausgräbers ab, der nur diejenigen Methoden anwenden kann, die ihm bekannt ist und die er für adäquat hält.

Die Dokumentationsmethoden des Zeichnens, Beschreibens und Fotografierens von Funden und Befunden sind ebenfalls wichtige Aktanten. Jede Zeichenmethode bildet bestimmte Informationen ab und macht andere unsichtbar. Um das zu verdeutlichen, werden im Folgenden zwei Beispiele von Zeichenmethoden verglichen. So werden Befundgrenzen zeichnerisch in der Regel durch Linien dargestellt. Da aber diese Grenzen nicht immer so klar erkennbar sind, wie es die Linienzeichnung suggeriert, ist eine andere Zeichenmethode entwickelt worden, bei der die Befunde durch vertikale Schraffuren gekennzeichnet werden. Länge der Schraffurstriche sowie der Abstand zwischen diesen können Unterschiede in Bodenfarbe oder -material ausdrücken. Die Unterbrechung der Striche bedeutet eine Trennung zwischen zwei Befunden, kann aber auch im Unterschied zur oberen Methode darstellen, wenn der Verlauf einer Befundgrenze unklar ist oder eine Schicht eine interne Differenzierung aufweist. Darüber hinaus können Informationen über Bodenbeschaffenheit visualisiert werden, während sie bei der konventionellen Methode in schriftlicher Form eingefügt werden müssen. Mit der Schraffur-Methode können also auch komplexere Verhältnisse wiedergegeben werden. Eine Zeichnung kann somit unterschiedliche Informationen in unterschiedlicher Weise wiedergeben und greift damit in die Wissensproduktion ein.

Beim Blick auf die strukturierende Wirkung der Methoden sind auch die Geräte und Instrumente von Bedeutung, die zum Einsatz kommen. Sie sind ebenfalls als Aktanten zu betrachten. Dazu zählen beispielsweise geomagnetische Messgeräte, Grabungsgeräte, Zeichenstifte, Vermessungsgeräte, Instrumente in naturwissenschaftlichen Labors oder Datenverarbeitungsprogramme. Sie greifen in den Forschungsprozess ein, denn Informationen können nur dann hergestellt werden, wenn es entsprechende Untersuchungsmethoden und Instrumente gibt. Als Beispiel kann die Entwicklung einer Methode zur chemischen Analyse von Keramik genannt werden. Die spezifische Zusammensetzung des Rohmaterials macht Informationen zur Herkunft des Tons herstellbar, wodurch Kontakte in Form von Versorgungswegen sichtbar werden können. Ob eine solche Methode angewendet wird, hängt dabei nicht nur von theoretischen Deutungsmustern oder ökonomischen Verhältnissen ab, also zum Beispiel, ob ein Forschungsinteresse an solchen Erkenntnissen besteht oder ob Gelder zur Verfügung stehen, um die Untersuchung durchzuführen. Auch die dabei verwendeten Geräte nehmen Einfluss auf die Sichtbarkeit von Informationen, z. B. in der Art und Weise des Herstellungsprozesses der Daten durch die Geräte und wann diese Daten als ›verlässlich‹ gesehen werden oder welcher Zugang zu solchen Geräten überhaupt besteht.

Da die allermeisten archäologischen Methoden ohne Geräte gar nicht durchführbar sind, kann man bei der Anwendung einer Grabungsmethode in Anlehnung an einen Begriff aus den Cultural Studies von einer Form der ›Hybridisierung‹ zwischen Mensch und Gerät sprechen. Unterschiedliche Verbindungen führen zu anderen Ergebnissen, denn viele naturwissenschaftliche Methoden können ohne die Geräte und die entsprechende Kenntnis der Bedienung nicht ausgeführt werden. Gleichzeitig bieten solche Verfahren aber auch völlig neue Einblicke in das Datenmaterial. Es werden also ›neue‹ Wissensformen erzeugt, die in dieser Form vorher nicht bestanden. Ein Beispiel dafür ist die geophysikalische Prospektion. Dabei wird die Magnetik, die Elektrik oder die Dichte des Bodens durch flächendeckende Messungen ermittelt, wodurch die Unterschiede zwischen Bodeneingriff und umgebenden Boden sichtbar werden. Die gemessenen Daten können in verschiedenen Formen graphisch dargestellt werden, wobei zumeist die Abbildung in ›Hell-Dunkel-Abstufungen‹ angewandt wird. Wenn Bodenveränderungen eine vom umgebenden Boden abweichende Magnetik bzw. elektrischen Widerstand besitzen, dann zeichnen sie sich als helle ›Flecken‹ oder ›Linien‹ auf der dunkleren Umgebung ab. Wenn diese Strukturen als Befunde interpretiert werden können, dann ist eine Ausgrabung der Gesamtfläche nicht mehr notwendig. Bei guten Bedingungen kann ein menschlicher Bodeneingriff also ohne Zerstörung des Befundes erkannt werden. Aber es ist nicht immer einfach, die Strukturen auf den Plänen zu interpretieren. Denn nicht nur menschlich verursachte, sondern auch ›natürlich‹ – d. h. ohne menschliche Einwirkung – entstandene Bodenveränderungen können eine Veränderung der Magnetik bewirken und werden dann ebenfalls bei dieser Darstellungsmethode abgebildet. Nicht immer kann klar erkannt werden, ob es sich bei erkennbaren Strukturen um natürlich oder anthropogen hergestellte Befunde handelt. Der kurze Erfahrungszeitraum mit der Methode hat zur Folge, dass die Interpretation der Flecken als Gruben, Mauern oder Pfosten oft nicht eindeutig ausfällt. Die Methode muss deshalb noch durch Grabungen ›geeicht‹ werden, um das Erscheinungsbild der Befunde in der geomagnetischen ›Übersetzung‹ zu erkennen. Sie hängt somit davon ab, wie viel über die regionalen Magnetikverhältnisse bekannt ist. Der Erkenntnisgewinn entsteht also erst im Zusammenspiel der Geräte und der Erfahrungen der Akteure. Beispielsweise ist bei einer von mir beobachteten Ausgrabung einer bronzezeitlichen Stadt aus Lehmziegelmauern erst durch die Durchführung einer geomagnetischen Prospektion der Stadtgrundriss sichtbar geworden, was durch Grabungen alleine nicht möglich gewesen wäre. Der geomagnetische Plan wurde als Entscheidungsgrundlage für die weitere Planung der Grabung genutzt, indem nun gezielt an jenen Stellen gegraben wurde, an denen die Geomagnetik größere Gebäudekomplexe vermuten ließen, indem bestimmte Strukturen als Mauern übersetzt wurden. Aber beim Graben stellte sich heraus, dass sich nicht immer große Gebäude darunter fanden.

Das Beispiel der geomagnetischen Prospektion zeigt zum einen die übersetzende Wirkung der Methode und der Instrumente; zum anderen wird deren Eingriff in die Wissensproduktion deutlich. Methode und Instrumente entscheiden unter anderem darüber, wo in welchem Umfang gegraben wird oder welche Informationen sichtbar werden. Die Methoden strukturieren und formatieren die Informationen und Ergebnisse, werden durch diese aber ebenfalls geformt. Mit der neuen Form der Visualisierung können auch andere Wissensformen über den Befund hergestellt werden und neue Fragestellungen werden möglich.

3. Netzwerke

Zur Beschreibung der Beziehung zwischen den verschiedenen Aktanten ist ein Konzept nötig, das die Interaktion zwischen diesen adäquat abbildet. In Anlehnung an Latour und Callon verwende ich den Begriff des »Aktant-Netzwerks«[11].

»The concept enables sociologists to describe given heterogenous associations in a dynamic way and to follow, too, the passage from one configuration to another« (Callon 1987: 100).[12] Das Aktant-Netzwerk ist ein Übersetzungsnetzwerk und es ist zugleich der Ort, an dem Aussagen, technische Geräte und menschliche Akteure zusammenkommen und interagieren. Es kann sowohl als ein Prozess als auch als ein Ergebnis des Forschungsverlaufs gesehen werden. Das Aktant-Netzwerk agiert dabei gleichzeitig selbst als ein Aktant, indem es eine Verbindung zwischen den heterogenen Bestandteilen herstellt.[13] Das analytische Konzept des Aktant-Netzwerks ermöglicht es, diese Verbindungen zu untersuchen. Die Methoden interagieren im Rahmen dieses Netzwerks mit den anderen Aktanten, d. h. mit den Menschen und deren spezifischen Erfahrungen und Wissensbeständen, mit den Geräten, die erdacht und benutzt werden, mit den Theorien, auf die zurückgegriffen wird, mit den Methoden, die angewendet werden, mit den Inskriptionen, die angefertigt werden usw. Dabei entstehen nicht zuletzt auch Übereinkünfte über die Gültigkeit einer bestimmten Methode, denn die Validität einer Methode hängt von der Stärke der Einbindung in ein Aktanten-Netzwerk ab.

Der Netzwerk-Begriff bietet gegenüber dem Systembegriff[14] den Vorteil, dem vereinheitlichenden Prinzip des Systemkonzeptes aus dem Weg zu gehen, da dem Netzwerk keine homogenisierende Wirkung, sondern Heterogenität zugeschrieben wird. Eine weitere begriffliche Neuentwicklung, die eine ähnliche Konzeption verfolgt und dabei den Systembegriff vermeidet, hat der US-amerikanische Kulturanthropologe Paul Rabinow mit dem Modell der ›Assemblage‹ im Rahmen seiner »Anthropologie des Zeitgenössischen« vorgelegt. Der Begriff kann mit Montage, Anordnung oder Gefüge übersetzt werden. Rabinow sieht die ›Assemblage‹ als ein Gefüge aus verschiedenen Elementen wie beispielsweise Menschen, Interessen, sozialen Praktiken, Unternehmen und Institutionen. Er möchte damit auf die Unabgeschlossenheit und permanente Wandelbarkeit dieser Gefüge hinweisen (Rabinow 1999). Große Ähnlichkeiten bestehen auch zum Begriff des ›Agencement‹, wie er von Deleuze und Guattari (1980: 412) geprägt wurde. Sie verstehen darunter Maschine oder Apparat. Die Begriffe Assemblage, Agencement ebenso wie Laws Begriff einer »structure of heterogenous elements« (Law 1986: 14) können ebenfalls als ein adäquates Konzept gelten, um das Gefüge von Menschen und Nicht-Menschen zu beschreiben. Alle Konzepte verweisen auf die Prozesshaftigkeit, die Unabgeschlossenheit und Offenheit der Verbindungen.

11 Diese sprachen dabei von einem »actor-network«. (Latour 1987; Callon 1987)

12 »Das Konzept befähigt Soziologen, die gegebenen heterogenen Verbindungen in dynamischer Weise zu beschreiben und zugleich dem Übergang von einer Konfiguration in die Andere zu folgen.«

13 Ähnliches findet sich auch in Laws Konzept einer »structure of heterogenous elements«. (Law 1986, 14).

14 Dieser wird beispielsweise vom Wissenschaftsforscher Thomas Hughes in seinem Konzept des »technological systems« verwendet (Hughes 1987, 51).

Archäologische Ausgrabungsmethoden sehe ich also als eingebunden in ein Aktanten-Netzwerk. Sie interagieren mit den ›Ausgrabenden‹, den Geräten, den Funden und Befunden, den Inskriptionen usw. Alle sind am Wissensproduktionsprozess beteiligt und formen somit das Ergebnis.

4. Handlungen

Methodenanwendungen sind immer konkrete Handlungen, die von menschlichen Aktanten ausgeführt werden. Handlungen finden immer an konkreten Orten zu spezifischen Zeitpunkten statt. Damit sind auch die Methoden immer zeitlich und räumlich differenziert ausgestaltet. Methoden werden zumeist in konkreten sozialen Strukturen ausgeführt, weshalb sie als soziale Praktiken gesehen werden können. Das zeigt sich deutlich an den archäologischen Ausgrabungsmethoden. Da bei vielen Ausgrabungen die Mitarbeiter gemeinsam am Ausgrabungsort wohnen, entsteht ein spezifisch archäologischer Interaktionsraum, in dem ein Austausch der verschiedenen Erfahrungsbestände, Meinungen und Motivationen der Akteure stattfindet. Auf Grabungen werden nicht nur die konkret angewendeten Methoden diskutiert, sondern immer auch Theorien verhandelt, angewendet und modifiziert. Gleichzeitig kommen dabei auch die Personen selbst ins Spiel, indem Sympathien und Antipathien, Konkurrenzen und Kooperationen den Ablauf einer Grabung entscheidend beeinflussen. Mit diesen Gruppenprozessen unterscheidet sich die Wissensproduktion der Archäologie von jenen Fächern, in denen Forschungen zumeist von Einzelpersonen durchgeführt werden. Da archäologische Wissensproduktion also zumeist in Gruppen stattfindet, möchte ich in Anlehnung an die US-amerikanische Pädagogin Jean Lave und den Lernforscher Etienne Wenger von ›Community of Practice‹ sprechen. Unter Community wird dabei keine klar definierte Gruppe mit sichtbaren Grenzen verstanden. Vielmehr beinhaltet sie »participation in an activity system about which participants share understandings concerning what they are doing and what that means in their lives and for their communities«.[15] Sie kann somit als ein soziales Netzwerk gesehen werden. »A Community of Practice is a set of relations among persons, activity, and world, over time and in relation with other tangential and overlapping communities of practice« (Lave/Wenger 1991: 98).[16] Wenger beschreibt den Praxisbegriff nicht nur als bloßes »doing«, sondern als »doing in a historical and social context that gives structure and meaning to what we do«.[17] Deshalb können alle Praktiken als soziale Praktiken gesehen werden. Diese bestehen für ihn sowohl aus Wissen als

15 »Mitwirkung an einem Aktivitätssystem, auf dessen Grundlage die Beteiligten Übereinkünfte darüber entwickeln, wie sie ihre Tätigkeit und deren Bedeutung für sie selbst wie für ihre Gruppierungen interpretieren.«

16 »Eine Community of Practice ist ein Set von Beziehungen zwischen Personen, Handlungen und der Welt, das im Verlauf der Zeit tangentiell und überlappend mit anderen Communities of Practice in Beziehung steht.«

17 »Tätigkeiten erhalten durch den historischen und sozialen Kontext ihre Struktur und Bedeutung.«

auch aus Handlung (Wenger 1998: 47). Die Teilnahme jedes Mitgliedes der Community of Practice wird durch die Tätigkeit und Akzeptanz durch Andere konstituiert, und das wird ständig neu ausgehandelt. Eine Person wird zum ›practitioner‹ und somit zum Mitglied in der Community of Practice. Individuelle und kollektive Lernprozesse lassen einen gemeinsamen Wissens- und Erfahrungsbestand entstehen. Intensive Kommunikation, das gemeinsame Interesse und die daraus resultierenden Wissensbestände fördern die Entstehung eines identitätsstiftenden Beziehungsgeflechts, das von den Beteiligten als eine gemeinsame soziale Identität wahrgenommen wird.

Auf einer Grabung zu sein, bedeutet zumeist ein enges Zusammenleben mit unbekannten Personen häufig in abgelegenen Gegenden. Nicht nur die Arbeitspraktiken, sondern auch die Alltagspraktiken werden gemeinsam durchgeführt. Die auf der Ausgrabung entstehenden Kontakte werden auch später aufrechterhalten und verstärken die sozialen Verbindungen. Die Gespräche am Abend bilden eine wichtige Plattform zur Entstehung solcher Beziehungen. Sie drehen sich häufig um archäologische Themen. Berufsbiographien werden berichtet und Erfahrungen ausgetauscht, aber auch Arbeitsstellen vermittelt. Sind die Grabungen international besetzt, dann finden die Gespräche nicht nur über Fachgrenzen, sondern auch über die Grenzen sprachlich definierter Gruppierungen hinaus statt. Die Communities of Practice sind also nicht identisch mit der Scientific Community einer archäologischen Disziplin (Ur- und Frühgeschichte, Klassische Archäologie, Vorderasiatische Archäologie, Ägyptologie, Provinzialrömische Archäologie, Biblische Archäologie) oder einer einzelnen Institution. Die wissenschaftlichen Diskussionen werden über die Arbeitszeit hinaus verlängert und erhalten dadurch mehr Raum zur Aushandlung von Interpretationen. Auch wenn man viele Kollegen niemals wiedertrifft, so entsteht doch eine ›Community of Practice‹, innerhalb derer Konventionen und Traditionen hergestellt und weiterentwickelt werden. Der Archäologe John Carman spricht sogar von einer »particular culture of ›the excavation‹«. Diese drücke sich in Dresscodes oder Verhaltensregeln aus und unterscheide sich von Land zu Land und von Institution zu Institution (Carman 2004: 49). Dabei werden bestimmte Stile und Konventionen entwickelt, wie man sich auf einer Grabung zu verhalten habe.

Innerhalb dieser Communities of Practice vollzieht sich eine Vereinheitlichung der Methoden. Im Rahmen sozialer Aushandlungsgemeinschaften, Institutionalisierungs- und Professionszusammenhänge werden Konventionen und Praktiken in stetigen Aushandlungen festgelegt, so dass lokal spezifische Methoden entstehen. Daraus entwickeln sich regionale Ausdifferenzierungen zwischen verschiedenen Communities of Practice. Das führt unter anderem zu unterschiedlichen Grabungs- und Dokumentationsmethoden in den einzelnen archäologischen Disziplinen. Zum Beispiel weisen die Ur- und Frühgeschichte und die Vorderasiatische Archäologie wie oben bereits erwähnt in der Wahl der Grabungsmethode erhebliche Unterschiede auf. Es entstehen auch Unterschiede innerhalb der gleichen Disziplin zwischen nationalstaatlich oder sprachlich definierten Scientific Communities. So differieren beispielsweise deutsche und britische Methoden innerhalb der Ur- und Frühgeschichte. Während in Deutschland die Zeichnungen auf Grabungen koloriert werden, ist dies in Großbritannien nicht üblich. Die Methoden sind auch innerhalb einer Disziplin regional ausdifferenziert. So findet sich beispielsweise in Nordrhein-Westfahlen mit dem Stellenkarten-System eine völlig andere Dokumentationsform für prähistorische Fundstellen, als sie in Hessen üblich ist. Selbst von Grabung zu Grabung unterscheiden sich die Methoden.

Diese Beispiele zeigen die Variabilität der archäologischen Methodenanwendung. Zu einer Vereinheitlichung kommt es aufgrund der Mitgliedschaft in einer Community of Practice. Durch Teilnahme an verschiedenen Communities of Practice entstehen aber immer wieder Überschneidungen und Annäherungen. Die verschiedenen Communities sind also auch immer netzwerkartig miteinander verbunden.

5. Tacit knowledge

Die Communities of Practice stellen den Schauplatz, an dem ein implizites Erfahrungswissen erworben wird. Der ungarisch-britische Chemiker und Philosoph Michael Polanyi sprach in diesem Zusammenhang von ›Tacit Knowledge‹, um die Übertragungswege von nichtkodifizierter Information zu benennen (vgl. Polanyi 1958). Implizites, d.h., nicht festschreibbares ›Know-How‹ der Individuen wird dabei als ein zentrales Element der Wissensgenerierung gesehen. Das individuelle implizite Wissen wird nur durch persönlichen Kontakt weitergegeben und taucht in klassischen Publikationsformen in der Regel nicht auf. Auch wissenschaftsinterne Regeln und Konventionen bestehen mehr oder weniger aus solchen ›Tacit Skills‹ (vgl. Callon 1995). »All types of knowledge, however pure, consist, in part, of tacit rules which may be impossible to formulate in principle« (Collins 1974: 167).[18] Dieses Wissen ist also vor allem durch die Unmöglichkeit der schriftlichen Niederlegung charakterisiert, da es nur in Menschen, Geräten und Praktiken verkörpert sein kann. Das hat zum Beispiel zur Folge, dass Experimente oftmals nicht einfach durch andere Wissenschaftler wiederholt werden können, wenn sie sich während des Experiments nicht im gleichen Labor aufgehalten haben, und deshalb nicht die impliziten Kenntnisse zur Bedienung der Geräte erwerben konnten, die die Durchführung des Experiments erst möglich machen. Erst mit Hilfe des Tacit Knowledge der korrekten Bedienung der Geräte können als gültig anerkannte Ergebnisse hergestellt werden.

18 »Alle Wissensformen, wie zweckfrei auch immer, bestehen zumindest teilweise aus impliziten Regeln, die nicht grundsätzlich ausformuliert werden können.«

Als Beispiel für ein archäologisches Tacit Knowledge sei hier wiederum auf die oben beschriebene Interpretation von Visualisierungen geomagnetischer Messungen verwiesen. Ein weiteres spezifisch archäologisches implizites Wissen besteht in dem ›Erkennen‹ von Befunden auf der Ausgrabung. Manche Schichten sieht man auf den ersten Blick und auch mit ungeübtem Auge. Andere werden erst sichtbar, nachdem die spezifischen ›Seh-Konventionen‹ der jeweiligen Grabung übernommen wurden. Bei jeder Grabung muss man sich also neu in die Bodenverhältnisse ›einlesen‹, um alles sehen zu können, was andere sehen, die schon länger vor Ort sind. Das kann aber auch geschehen, wenn man auf anderen Grabungen ähnliche Befunde gesehen hat. Die Interpretation eines Fleckens als Befund kann also gar nicht schriftlich fixiert werden. Sie ist nur auf der Grabung erlernbar, indem die Befunde mit eigenen Augen gesehen werden. Es ist aber nicht nur ein visueller, sondern auch ein sensorischer Lernprozess, denn der Befund muss angefasst werden, um ihn interpretieren zu können. Die Entscheidungsfähigkeit hängt also von der Anwesenheit vor Ort ab, da durch Fotos oder Zeichnungen nur Farbe und Form vermittelt werden können, aber nicht die Konsistenz eines Befundes; das Foto enthält nur unvollständige Informationen. Nur wenn man einen Befund in seinem ursprünglichen Aggregatzustand gesehen und angefasst hat, kann man andere Befunde erkennen. Damit kann diese Kenntnis nur im Rahmen von Handlungen vermittelt werden.

Das ›Sich einsehen‹ ist also einerseits abhängig von Erfahrung und Übung, andererseits aber zugleich auch eine Form der Übersetzung und damit der Selektion und Inskription. Denn es muss dabei auch immer eine Entscheidung getroffen werden, was anthropogene Befunde sind und welche Flecken nicht durch den Menschen verursacht wurden. Die Übereinkunft darüber, was im Boden erkannt wird, wird auf der lokalen Ebene der einzelnen Ausgrabung ausgehandelt. Dabei bestehen immer wieder unterschiedliche Meinungen, welche Flecken als Befund gelten können oder welche Form diese Befunde haben. Die Entscheidung für eine bestimmte Inskription wird dann zumeist von der grabungsleitenden Person getroffen. Sie legt fest, in welcher Form der Befund gesehen werden muss. Anfänger kennen dann gar keine andere Sichtweise und bei differierender Meinung wird aufgrund dieser Konventionen entschieden. Sie kann sich aber auch aus den bisherigen Erfahrungen der anderen Mitarbeiter speisen. Das ›Erkennen-Können‹ von Befunden ist in der Wahrnehmung der Archäologen ein Professionalitätskriterium, das nicht nur durch Erfahrung zu erreichen ist, sondern von manchen auch für ein spezifisches archäologisches Talent gehalten wird. Tacit Knowledge spielt also auch als Kennzeichen der beruflichen Professionalität eine Rolle.

Am Beispiel der Befunderkennung wird die Bedeutung des Tacit Knowledge deutlich, denn implizites Erfahrungswissen macht Methodenanwendung erst möglich. Das zur Durchführung einer Ausgrabung notwendige Wissen kann nie vollständig schriftlich niedergelegt sein. Die Methoden sind immer implizit, denn das Wissen und die Erfahrungen der Beteiligten beeinflussen die Ergebnisse. Eingriffsmöglichkeiten der impliziten Wissensbestände der Archäologen bestehen nicht nur bei den Grabungsmethoden, sondern auch bei den Dokumentationsmethoden, indem beispielsweise die Kenntnis zur Bedienung von Vermessungsgeräten ein Ergebnis überhaupt erst möglich macht. Es entstehen neue Wissensformen, denn manche Informationen können ohne technische Instrumente und der entsprechenden Kenntnis der Bedienung dieser Geräte nicht gewonnen werden. Das implizite Wissen trägt somit zur Hybridisierung der verschiedenen Aktanten bei. Tacit Knowledge wird damit ebenfalls zu einem Aktanten und zu einem Teil des Netzwerkes. Implizites Wissen ist eng mit der Community of Practice verbunden, denn dort wird solches Wissen hergestellt und an Anfänger vermittelt. Der Besitz dieses ›Insiderwissens‹ ist wiederum ein zentrales Merkmal der Mitgliedschaft in einer Community of Practice. Hier handelt es sich also ebenfalls um ein gegenseitiges Hervorbringen.

6. Fazit

In diesem Aufsatz sollte an Beispielen der archäologischen Grabungsmethoden gezeigt werden, welchen Einfluss Methoden auf den Erkenntnisprozess haben. Zusammenfassend kann gesagt werden, dass Methoden wie alle anderen beteiligten Elemente in die Wissensproduktion eingreifen, indem sie Übersetzungen produzieren und dabei Selektionen vornehmen. Während manche Informationsbestände hergestellt werden können, indem sie sichtbar gemacht werden, bleiben dabei andere Informationen unsichtbar. Methoden sind deshalb als Aktanten zu sehen, die in Form von Netzwerken mit den anderen Aktanten interagieren. Methoden werden von Menschen ausgeführt, weshalb sie als soziale Praktiken gelten können. Das hat eine lokale Ausdifferenzierung der Methoden zu Folge, führt aber auch zu einer Vereinheitlichung innerhalb der verschiedenen Communities of Practice. Damit bestehen Methoden immer aus implizitem Wissen, das in den Menschen verkörpert ist. Alle Aktanten des Forschungsprozesses (Methoden, Menschen – deren Wissen und Erfahrungen –, Instrumente, Inskriptionen, Handlungen, implizite Wissensbestände, usw.) beeinflussen sich gegenseitig und das Ergebnis des Forschungsprozesses.

Mit Blick auf die Archäologie bedeutet dies, dass entgegen der Annahme mancher Archäologen (vgl. z. B. Gersbach 1989) nicht von ›subjektiven‹ oder ›objektiven‹ Methoden, von richtigen oder falschen Methoden der archäologischen Ausgrabung gesprochen werden kann. Die Tragfähigkeit der Methode kann nur danach beurteilt werden, welche Informationen erzeugt werden können und welche Fragen beantwortet werden sollen. Dazu ist es nötig, die Reichweite der ›Informationsvermittlung‹ der eigenen Methoden zu kennen und zu wissen, welche Informationen in welcher Form abgebildet werden können und welche Informationen möglicherweise verborgen bleiben. Grundsätzlich halte ich es für sinnvoll, möglichst viele unterschiedliche Methoden miteinander zu kombinieren, um eine größere Vielfalt an Informationsherstellungen zu erhalten, so dass die Komplexität der Fundstelle sichtbar wird.

In der Archäologie wird immer wieder eine Forderung nach Vereinheitlichung der bislang sehr unterschiedlichen Grabungsmethoden formuliert. Einerseits würde dies einen Vergleich der Ergebnisse von verschiedenen Grabungen erleichtern. Andererseits wird es immer regionale, disziplinäre und epochenspezifische Unterschiede geben, denn die Methoden müssen immer den Rahmenbedingungen der spezifischen Ausgrabung angepasst werden. Ein weiteres Argument gegen eine Vereinheitlichung ergibt sich aus der Unklarheit, an welche Methoden die Angleichung erfolgen sollte und dass dies unweigerlich zu einer weiteren Begrenzung der möglichen Informationen führen würde. Die Perspektive einer kulturanthropologischen Wissenschaftsforschung, wie ich sie eben skizziert habe, könnte dabei den Archäologen reflexives Wissen über ihre Methoden bereitstellen. Eine solche kritische Perspektive spielt in der archäologischen Methodikdiskussion bisher keine große Rolle. Häufig ist nur ein bestimmtes Set von Methoden bekannt, und die Möglichkeiten wie auch die Grenzen dieser Methoden werden kaum reflektiert.

Literatur

Beran, Jonas: Zitate und Thesen zum archäologischen Nachweis von Stammesgebieten, in: Hans-Jürgen Beier (Hrsg.): Varia Neolithica I, Weissbach 2000, S. 25-31.

Callon, Michel: Society in the Making. The Study of Technology as a Tool for Sociological Analysis, in: Wiebe E. Bijker, Thomas P. Hughes, Trevor J. Pinch (Hrsg.): The Social Construction of Technological Systems. New Directions in the Sociology and History of Technology, Cambridge/London 1987, S. 83-103.

Callon, Michel: Four Models for the Dynamics of Science, in: Sheila Jasanoff, Gerald E. Markle, James Petersen, Trevor Pinch (Hrsg.): Handbook of Science and Technology Studies. London/New Delhi 1995, S. 29-63.

Callon, Michel/Latour, Bruno: Don't throw the Baby out with the Bath School. A Reply to Collins und Yearley, in: Andrew Pickering (Hrsg.): Science as Practice and Culture, Chicago/London 1992, S. 343-368.

Carman, John: Excavating excavations. A contribution to the social archaeology of archaeology, in: Geoff Carver (Hrsg.): Digging in the Dirt. Excavation in a new millenium, Oxford 2004, S. 47-51. Collins, Harry M.: The TEA Set. Tacit Knowledge and Scientific Networks, in: Science Studies, 1974, 4. Jg., H. 2, S. 165-185. Collins, Harry M./Yearley, Steven: Epistemological Chicken, in: Andrew Pickering (Hrsg.): Science as Practice and Culture, Chicago/London 1992, S. 301-326.

Collis, John R.: Digging up the Past. An Introduction to archaeological excavation, Strout 2001.

Deleuze, Gilles/Guattari, Felix: Mille Plateaux. Capitalisme et Schizophrénie 2, Paris 1980.

Gersbach, Egon: Ausgrabung heute. Methoden und Techniken der Feldgrabung, Darmstadt 1989.

Ian Hacking: The Self-Vindication of the Laboratory Sciences, in: Andrew Pickering (Hrsg.): Science as Practice and Culture, Chicago/London 1992. S. 29-64.

Hornbostel, Stefan: Wissenschaftsindikatoren. Bewertungen in der Wissenschaft, Opladen 1997.

Hughes, Thomas P.: The Evolution of large Technological Systems, in: Wiebe E. Bijker, Thomas P. Hughes, Trevor J. Pinch (Hrsg.): The Social Construction of Technological Systems. New Directions in the Sociology and History of Technology, Cambridge/London 1987, S. 51-82.

Latour, Bruno: Science in Action. How to follow scientists and engineers through society, Cambridge, Massachusetts 1987.

Latour, Bruno: Die Hoffnung der Pandora. Untersuchungen zur Wirklichkeit der Wissenschaft, Frankfurt am Main 2000 [1999].

Latour, Bruno/Woolgar, Steve: Laboratory Life. The Construction of Scientific Facts, Princeton 1986 [1979].

Lave, Jean/Wenger, Etienne: Situated Learning. Legitimate Peripheral Participation, Cambridge u. a. 1991.

Law, John: Notes on the Theory of the Actor-Network: Ordering, Strategy and Heterogeneity, in: Systems Practice, 1992, 5. Jg., S. 379-393.

Law, John: On the Methods of long-distance control vessels navigation and the Portuguese route to India, 1986. http://www.lancs.ac.uk/fss/sociology/papers/law-methods-of-long-distance-control.pdf.

Lucas, Gavin: Critical Approaches to Fieldwork. Contemporary and historical archaeological practice, London 2001.

Polanyi, Michael: Personal Knowledge. Towards a post-critical philosophy, London u. a. 1958.

Rabinow, Paul: French DNA. Trouble in Purgatory, Chicago 1999.

Wenger, Etienne: Communities of Practice. Learning, Meaning, and identity, Cambridge 1998.

Stefan Müller

Dialektik und Methode – Ein kleiner Blick auf eine große Diskussion

Theodor W. Adornos Postulat, Dialektik nicht zur Methode verkommen zu lassen, stellt das klassische Methodenverständnis, das sich in den Sozialwissenschaften zumeist an der aristotelischen Logik orientiert, fundamental in Frage. Warum und vor allem wie es dennoch möglich ist, Angaben über formale Minimalbedingungen einer dialektischen Argumentation geben zu können, versuche ich im Folgenden zu zeigen.[1] Mystifizierende Darstellungen einer dialektischen Theorie, die an eine Art Geheimlehre denken, sind zwar verbreitet, doch für die Darstellung formaler, d. h. syntaktischer Anforderungen an eine dialektische Herangehensweise nicht förderlich. Ganz im Gegenteil – mystifizierende, esoterische oder proklamatorisch-standpunktphilosophische Erklärungsmodelle schließen ein prozesshaft-vermittlungslogisches Modell, eine reflexive Dialektik, wie sie in Grundzügen skizziert werden soll, aus.

In der fast 2500jährigen Geschichte der Dialektik finden sich eine Anzahl von unterschiedlichen Konzeptionen und Anschauungen, die sich zum Teil diametral gegenüberstehen. Die Geschichte der Dialektik seit Georg Wilhelm Friedrich Hegel zeigt die unterschiedlichen Rezeptionslinien in aller Deutlichkeit. Das weite Feld zwischen dem Anschluss an den absoluten Idealismus Hegels, also die identitätstheoretische Lesart hegelscher Theorie, und dem Rekurs auf den marxschen Materialismus verweist auf die Vielfalt dessen, was unter Dialektik verstanden werden kann. Es geht mir im Folgenden um (a) das Verhältnis formaler und dialektischer Logik und (b) um die kurze und beispielhafte Darstellung zweier explizit dialektischer Modelle. Sowohl Alexandre Kojève als auch Theodor W. Adorno verorten sich in einer hegelmarxistischen Tradition. Dennoch werden elementare Unterschiede deutlich, da es sich einerseits um eine ontologisch-statische Konzeption, andererseits um eine vermittlungslogisch-reflexive Dialektik handelt.

Die Kriterien der quantitativen Sozialforschung, wie sie in den Schlagworten Validität, Reliabilität und Objektivität fixiert sind, können in einer auf sozialwissenschaftliche Relevanz abzielenden dialektischen Theorie nicht für obsolet erklärt werden. Selbstverständlich erhebt eine dialektische Argumentation ebenso den Anspruch, nachvollziehbare, nachprüfbare und damit letztlich verbindliche, d. h. ›wahre‹ Aussagen treffen zu können. Das spezifisch dialektische Moment

1 Für wertvolle Hinweise danke ich Matthias Leanza, Janne Mende, Daniel Schneider, Marco Tullney und Jens Uhlmann.

besteht im Versuch, über die klassische formale aristotelische Logik hinauszugehen – und damit einen Gegenstandsbereich zu eröffnen (oder gar erst freizulegen), der sich zuweilen hinter dem Rücken der Beteiligten vollzieht, dem Bewusstsein demnach (zunächst) entzogen ist und in dem das aristotelische Widerspruchsverbot in ein Gebot des zu vermeidenden Widerspruchs aufgehoben ist. Das erfordert einen genaueren Blick auf das Verhältnis aristotelischer und dialektischer Logik. Erhebt eine dialektische Theorie einen sozialwissenschaftlichen Erklärungsanspruch, muss in erster Linie das Verhältnis zur klassischen aristotelischen Logik genauer betrachtet werden. Es wird sich herausstellen, dass eine dialektische Logik keine ›höhere‹ neben einer aristotelischen Logik bildet. Es handelt sich eher um einen Grenzbereich der klassischen aristotelischen Logik, der nicht ohne weiteres ausnahmslos auf diese zurückzuführen ist.

Die Abgrenzung zu einem positivistischen, empiristischen, quantitativen oder qualitativen Methodenverständnis wird von Seiten der Dialektik oftmals proklamiert. Wenn aber kaum Angaben über die Syntax einer dialektischen Theorie gegeben werden können, erweisen sich Vorwürfe, wie sie besonders eindringlich Karl R. Popper formuliert hat, als berechtigt. Die Ansprüche, die mit einer dialektischen Methode verbunden seien, so Popper, »...entbehren jedoch jedweder Grundlage. Tatsächlich gründen sie sich auf nichts anderes als auf eine unklare und verschwommene Ausdrucksweise.« (Popper 1965: 266) Eine Methode, die formaler (syntaktischer) Grundlagen entbehrt, setzt sich zu Recht dem Vorwurf einer Standpunktphilosophie oder gar einer esoterischen, obskuren, kurzum: irrationalen Angelegenheit aus.

1. Dialektik und aristotelische Logik

Das Problem, dem sich eine dialektische Theorie ausliefert, liegt in der Verhältnisbestimmung zur klassischen aristotelischen Logik verborgen. Allgemeiner formuliert ist die genauere Bestimmung dessen, was eine dialektische Theorie als solche auszeichnet, in der Grenzbestimmung zur formalen Logik herauszuarbeiten.

Die Axiomatisierung der klassischen Logik lässt sich in der Geschichte der Philosophie auf Aristoteles zurückführen. Aristoteles untersuchte die Bedingungen vernünftiger Rede und Aussagen in einer bis heute nachwirkenden Art und Weise. Sein Bestreben, die Bedingungen ›richtiger‹ und ›falscher‹ Aussagen anzugeben, führte ihn auf die Frage nach dem dahinter stehenden Prinzip einer solchen Axiomatisierung: »Doch das sicherste Prinzip unter allen Prinzipien ist dasjenige, bei welchem Täuschung unmöglich ist.« (Aristoteles 1966: 72) Dieses Prinzip ist im so genannten *aristotelischen Widerspruchsverbot* fixiert: »Welches das aber ist, wollen wir nun angeben: Denn es ist unmöglich, daß dasselbe demselben in derselben Beziehung zugleich zukomme und nicht zukomme.« (ebd.: 72) Eine weitere, besonders einprägsame Formulierung findet sich bei Aristoteles an gleicher Stelle: »(a) der Satz des Widerspruchs ist das sicherste Prinzip. (b) Es ist unmöglich, anzunehmen, daß dasselbe zugleich ist und nicht ist. (...) Dieses Prinzip ist zugleich Prinzip der anderen Axiome.« (ebd.: 71)

Daraus folgt die Axiomatisierung der drei aristotelischen Denkgesetze. Alle drei sind voneinander abhängig und gegenseitig begründbar. Wird eines der Gesetze verneint, isoliert oder herausgenommen, haben die anderen keine Wirkmächtigkeit mehr und sind ungültig. Die drei Axiome lauten:

1. Der Satz der Identität (lat. principium identitatis): A = A (d. h. Begriffe sollen die gleiche Bedeutung haben)
2. Der Satz vom Widerspruch (lat. principium contradictionis): nicht (A und nicht-A) (Der Satz vom Widerspruch oder Satz vom ausgeschlossenen Widerspruch besagt, dass eine Aussage nicht gleichzeitig zusammen mit ihrem Gegenteil wahr sein kann. Die Gleichzeitigkeit von A und nicht-A (ausgedrückt in der Klammer) geht nicht (deswegen die Negation vor der Klammer) bzw. stellt keine logisch gültige Aussage dar, die den Anspruch auf Wahrheit und Verbindlichkeit erheben kann.)
3. Satz vom ausgeschlossenen Dritten (lat. principium exclusi tertii): A oder Nicht-A (d. h. entweder A oder Nicht-A. Das ist das *tertium non datur*.)[2]

Soll eine Theorie widerspruchsfrei sein, d. h. vernünftige, richtige und allgemein verbindliche Aussagen treffen können, führt an der von Aristoteles definierten Forderung nach Widerspruchsfreiheit bis heute kein Weg vorbei. Für eine dialektische Theorie stellt sich hier ein kaum zu überschätzendes Problem. Nicht selten findet sich der Anspruch, dass eine dialektische Logik eine neue und/oder höhere Logik bilde. Dabei wird davon ausgegangen, dass eine dialektische Logik das aristotelische Widerspruchsverbot transzendiert: Es wird postuliert, dass die formale Logik einer dialektischen untergeordnet sei und damit in einer dialektischen Logik das aristotelische Widerspruchsverbot ›aufgehoben‹ sei. Die Behauptung einer Aussage (Die Rose ist rot) und ihre Negation (die Rose ist nicht rot) als *Gleichzeitigkeit* einer Behauptung *und* ihrer Negation zeigt in aller Eindringlichkeit die Absurdität einer Außerkraftsetzung des aristotelischen Widerspruchsverbots. Eine dialektische Logik, die Widersprüchlichkeit im aristotelischen Sinne produziert, hält nicht einmal formaler Logik stand; von einer Transzendierung ganz zu schweigen. In einer sozialwissenschaftlich relevanten Theorie der Dialektik muss demnach der *schlichte Verstoß gegen den Satz vom ausgeschlossenen Widerspruch* als Lösungsmöglichkeit ausgeschlossen sein. Karl R. Popper hat dies in seiner Kritik der Dialektik ausdrücklich hervorgehoben: »Es kann nicht deutlich genug betont werden, daß Widersprüche sofort jede Art von Fruchtbarkeit verlieren müssen, sobald wir diese Attitüde ändern und uns entschließen, Wi-

2 Hier fehlt der Satz vom zureichenden Grunde (lat. principium rationis sufficientes): A' à A (Lies: A' impliziert A), d. h. jeder wahre Satz muss durch einen anderen Satz begründet werden, dessen Wahrheit bewiesen ist. Dieser Satz geht jedoch nicht auf Aristoteles zurück, sondern auf Leibniz. Der Verstoß gegen diesen Satz bildet eine petitio principii, die beispielsweise Adorno/Horkheimer in der ›Dialektik der Aufklärung‹ gerne in Kauf nehmen.

dersprüche zu dulden; sie würden dann keinen Fortschritt des Denkens mehr hervorbringen. Denn wenn wir bereit wären, Widersprüche zu dulden, könnte ihre Offenlegung in unseren Theorien uns nicht mehr veranlassen, diese zu ändern. Mit anderen Worten: Alle Kritik (die in der Herausstellung von Widersprüchen besteht) würde ihre Kraft verlieren. [...] Dies aber würde bedeuten, daß die Kritik und damit jeder Fortschritt des Denkens zum Stillstand kommen müßte, falls wir bereit wären, Widersprüche zu dulden.« (Popper 1965: 267)

Durch den schlichten Verstoß gegen den Satz vom Widerspruch ist theoretisch und praktisch keine Möglichkeit der (Gesellschafts-)Kritik mehr gegeben, so der zentrale Einwand Poppers gegen dialektische Theoriebildung. Werden erst einmal gegensätzliche (im Sinne von disjunkt sich gegenüberstehenden) Aussagen akzeptiert, lassen sich daraus alle Möglichkeiten und vor allem Unmöglichkeiten ableiten. Die Gleichzeitigkeit der gegensätzlichen Behauptungen ›die Rose ist rot‹ und ›Die Rose ist nicht rot‹ führt im besten Fall zu Unverständnis. Es kann nicht die Behauptung *und* zugleich ihre Gegenbehauptung *wahr* sein. Spätestens seit Aristoteles gibt sich eine solche Annahme der Lächerlichkeit preis: Wie soll etwas gleichzeitig sein und nicht-sein? Im klassischen Lehrbuch ist die Rose entweder rot oder nicht-rot – in einer dialektischen Theorie auch?

Die Stärke einer sozialwissenschaftlich relevanten Dialektik besteht gerade in der Möglichkeit, Momente, die bis zum Gegensatz zugespitzt sein können und dennoch nur in einer Einheit zu verstehen sind, hervorzuheben. Muss es also doch eine Art Außerkraftsetzung formaler Logik geben? Ein Blick auf Paradoxien hilft hier weiter. Für die Sozialwissenschaften lässt sich die Grenze aristotelischer Logik besonders eindrücklich an der Lügnerantinomie beschreiben (Knoll/ Ritsert 2006: 26 ff.). Was ist von der Aussage zu halten: ›*Dieser Satz ist gelogen*‹? Vorausgesetzt, wir wissen nichts über den Urheber, der diesen Satz formuliert: Ist dieser Satz wahr oder falsch? Sehr schnell stellt sich das Problem ein: Egal, wie man sich entscheidet, es ist falsch! Wenn man sich für ›wahr‹ entschieden hat, folgt notwendigerweise, dass der Inhalt richtig ist und folgerichtig als ›falsch‹ verstanden werden muss. Auch umgekehrt tritt das Problem auf. Die Lügnerparadoxie wird ›wahr‹, wenn man sich vorher für ›falsch‹ entschieden hat. In der Struktur, in die man gerät, ist die strikt gegensätzliche Behauptung immer richtig.[3] Im Kern geht es dabei um die Frage nach dem Umgang mit ›Widersprüchen‹, genauer gesagt, mit Disjunktionen (bzw. Dichotomien).[4] Nach der klassischen aristotelischen Logik stellt ein Widerspruchsverhältnis eine Disjunktion dar. ›Entweder-oder‹-Entscheidungen sind die beiden zur Verfügung stehenden Möglichkeiten.

3 In der Mathematik wurde diese Paradoxie von Russel herausgearbeitet: »Betrachten wir die Klasse aller Klassen, die nicht Elemente ihrer selbst sind. Nennen wir diese Klasse R. Die notwendige und hinreichende Bedingung für Etwas, zu R zu gehören, ist eine Klasse und nicht Element ihrer selbst zu sein. Ist R ein Element ihrer selbst?« (Sainsbury 2001: 163)

4 Dichtomien und Disjunktionen werden im Folgenden synonym verwandt, obwohl einer Dichotomie der Widerspruch zwischen A und B zugrunde liegt und der Disjunktion der schärfer gefasste Widerspruchsbegriff zwischen A und Nicht-A.

Wie lässt sich nun über die formale Logik hinausgehen, ohne sie außer Kraft zu setzen? »Diese Art der Aussagenordnung suchen wir im Bereich der strikten Antinomien. Entspricht diese dritte Menge von Aussagen dem Prinzip der Dialektik? Unsere mit ähnlichen Ansätzen im Einklang stehende These lautet: Nach dem gegenwärtigen Stand verschiedener Diskussionen gibt es Aussagenordnungen, die einen ›Widerspruch‹ (Kontradiktion) enthalten und dennoch nicht a priori und schlechthin als falsch abzulehnen sind. Deren Grundstruktur entspricht der strikten Antinomie.« (Knoll/ Ritsert 2006: 18)

Thomas Kesselring (1984; 1992) zeigt, inwiefern es sich bei der hegelschen Dialektik um eine spezifische Art und Weise des Umgangs mit einer bestimmten Form von Widersprüchen handelt – stets verbunden mit dem Hinweis, dass eine dialektische Theorie ohne die formale Logik nicht auskommt. Ebenso wie Kesselring arbeiten Ritsert (1995a; 1995b; 1996; 1997; 1998; 2003; 2004), Knoll/ Ritsert (2006) und Wandschneider (1993; 1995; 1997) in der Untersuchung strikter Antinomien eine genauere Bestimmung der syntaktischen Struktur der Dialektik heraus.

In einer strikten Antinomie ist A in gewisser Hinsicht *äquivalent* zu Nicht-A. Nicht-A steht gleichzeitig im strikten *Gegensatz* zu A und beinhaltet aber in sich selbst A. Eine strikte Antinomie setzt scheinbar das aristotelische Gebot der Widerspruchsfreiheit außer Kraft. In der klassischen aristotelischen Logik bildet dies zunächst einen so genannten performativen Selbstwiderspruch. Mit der strikten Antinomie kann aber auf Grundlage der formalen Logik gezeigt werden, dass Konstellationen existieren können, in denen etwas gleichzeitig A und Nicht-A sein kann. Diese widersprüchliche formallogische Struktur findet sich in der Lügnerantinomie. Schematisiert lässt sich eine strikte Antinomie folgendermaßen darstellen: (A → Nicht-A) *und* (Nicht-A → A) (Knoll/Ritsert 2006: 28, Ritsert 1997: 154). Lies: Wenn A gilt, dann gilt Nicht-A und gleichzeitig: Wenn Nicht-A, dann A. Damit werden A und Nicht-A äquivalent – nach der aristotelischen Logik schlicht und einfach unhaltbar.

Inwiefern verstößt nun die strikte Antinomie *nicht* gegen das aristotelische Widerspruchsgesetz? Wenn die Aussage ausschließlich wäre: A *ist* nicht-A (oder: A = Nicht-A), so wird der Verstoß gegen die aristotelische Logik offensichtlich. Es geht aber darum, dass das Ausgangsmoment A im Gegensatz zu Nicht-A steht. Das ist nach der klassischen aristotelischen Logik ein ›ganz normales‹ Widerspruchsverhältnis, ein Disjunktionsverhältnis. Das Ausgangsmoment A wird negiert und die Negation lautet Nicht-A. Der einzige Unterschied zur ›normalen‹ Negation ist, dass in der Ausgangsbestimmung eine Implikation enthalten ist. Diese Implikation ist im besonderen Fall der strikten Antinomien eben das Disjunktionsverhältnis, das nicht nur auf der anderen Seite als Negation zu finden ist, sondern in diesem speziellen Fall auch im Ausgangsmoment. Im Ausgangsmoment verstößt die Implikationsbeziehung nicht gegen das aristotelische Widerspruchsgesetz, weil es sich um eine innere Vermittlung handelt. Diese kann so weit gehen, dass sie bis zum (disjunkten) Gegensatz zugespitzt ist. Bei strikten

Antinomien ist dies konstitutiv der Fall, und deswegen bilden sie einen Grenzfall der formalen Logik und führen gewisse Schwierigkeiten mit sich. So gibt es Implikationsbeziehungen, die aus einer negativen Selbstbezüglichkeit bestehen, deswegen aber nicht ›Unsinn‹ produzieren. »Eine strikte Antinomie weist also immer zwei sich gegenseitig negierende und zugleich implizierende Seiten (bzw. Bedeutungen) auf. Aufgrund der wechselseitigen Implikation dieser Seiten (bzw. Bedeutungen) entspricht einer Antinomie die ›Äquivalenz zweier Aussagen, deren eine die Negation der anderen ist‹, und nicht nur – wie bei einem einfachen Widerspruch – die Konjunktion entgegengesetzter Aussagen. Strikte Antinomien weisen also Merkmale von Tautologien (logischen Äquivalenzen) und zugleich von Widersprüchen auf.« (Kesselring 1984: 98 f.)

Deutlich wird hier eine Struktur der Vermittlung der Gegensätze in sich und die Einheit in und durch die Gegensätze. A steht im strikten Gegensatz zu Nicht-A, ist aber gleichzeitig in sich konstitutiv auf Nicht-A bezogen – und umgekehrt. Damit zeichnet sich ein konstitutiv prozesshafter Charakter strikter Antinomien ab. Es wohnt ihnen gleichsam eine Art ›Handlungsanweisung‹ inne. Entscheide Dich, aber wie Du es auch tust, es ist falsch. Auch wenn man sich für die andere, nämlich die entgegengesetzte Lösungsmöglichkeit entscheidet, ist sie wieder falsch. »Man muss ständig von A auf Nicht-A und von Nicht-A auf A schließen. Das verwirrt die gewohnte Logik. Anders ausgedrückt: Zwei Aussagen stehen in einem strengen Gegensatzverhältnis zueinander, aber ihr Wahrheitswert bleibt vom gleichwohl gegensätzlichen (negierenden) Wahrheitswert der anderen logisch abhängig.« (Knoll/Ritsert 2006: 28)

An dieser Stelle wird ersichtlich, warum der ›klapprige Dreitakter‹, der über eine These zur Antithese und schließlich zu Synthese holpert, als Erklärungsmodell einer gesellschaftstheoretisch relevanten Dialektik, die Komplexität strikter Antinomien nur verkürzt wiedergeben kann. Die Möglichkeit, innerhalb der These auch die Antithese denken zu können, die wiederum als entgegengesetztes Moment der These zu verstehen ist und aber konstitutiv auf dieser aufgebaut ist, stellt einen Vermittlungszusammenhang dar, der weit über die Möglichkeiten eines Schematismus hinausweist. Von der Struktur der strikten Antinomie aus betrachtet, stellt die These das Ausgangsmoment A, die Antithese Nicht-A dar. Die komplexen Relationsbeziehungen, Ein- und Ausschluss bei gleichzeitiger Äquivalenz und Beachtung des Gegensatzes, erscheinen nicht. Das kreisförmige, unabgeschlossene Denken bildet das Problem für die klassische Logik, die abschlusshafte und statische Schlussfolgerungen gewohnt ist. An dieser Stelle wird der Drang nach der Synthesenbildung verständlich: Wer möchte nicht aus diesem unmöglichen Zirkel aussteigen?

Aufgrund des Hin- und Herlavierens zwischen den beiden Möglichkeiten wird erst *rückblickend* die Komplexität des ganzen Verhältnisses deutlich. Erst nach dem Durchgang durch die Reflexion, die im Falle der Lügnerantinomie mindestens zwei Möglichkeiten durchlaufen muss, tritt die Gesamtheit der Aussage zutage. Diese Gesamtheit besteht in der spezifischen Besonderheit einer strikten Antinomie: Zunächst greift keine der beiden nach in der klassischen Logik vorhandenen Möglichkeiten. Erst rückblickend kann in und durch die Reflexion darauf rekurriert werden, beide Antwortmöglichkeiten als gleichgültig zu betrachten – sowohl im Sinne der gleichberechtigten Wahrheitsaussage als auch in der Bedeutung, dass die eine Aussage zwar auf die gegensätzliche führt, aber sie dennoch in ihrer Eigenständigkeit unberührt lässt. Obwohl eine selbstbezügliche Negation in der Gesamtheit der Aussage auftritt, kann trotzdem nicht auf die Falschheit der Aussage geschlossen werden.

2. Ontologisch-statische vs. vermittlungslogische reflexive Dialektik

Eine strikte Antinomie liefert noch keine ausgeführte Theorie der Dialektik, wenngleich sie die syntaktische Minimalbedingung einer dialektischen Argumentation bildet. Bisher war ausschließlich die Form, die Syntax dialektischer Argumentation im Blickpunkt. Um das Verhältnis einer semantisch-inhaltlichen Ebene zu dieser Form zu diskutieren, werde ich kurz auf zwei explizite dialektische Theorien, die beide in der Tradition des Hegelmarxismus stehen, eingehen. An einer genaueren Betrachtung der Verhältnisbestimmung zwischen ›Sein‹ und ›Bewusstsein‹, wie sie Alexandre Kojève und Theodor W. Adorno vorlegen, werde ich auf die Möglichkeiten ontologisch-statischer und vermittlungslogisch-reflexiver Argumentation verweisen. Die Frage lautet demnach: Wie gehen zwei hegelmarxistische Theoretiker mit der verwickelten Gleichzeitigkeit von Äquivalenz und Widerspruch, wie sie für die strikte Antinomie konstitutiv ist, um?

Eine bis heute einflussreiche und außerordentlich wirkmächtige Hegelinterpretation stellt das Werk von Kojève dar.[5] Der Interpretation der marxschen Analyse, in der das Sein das Bewusstsein *bestimmt*, kommt dabei zentrale Bedeutung zu. Was bedeutet in diesem Zusammenhang ›bestimmen‹? Welcher Relationstyp liegt hier zugrunde? Kojève beantwortet diese Fragen: »Die Struktur des Denkens wird also bestimmt durch die Struktur des von ihm offenbarten Seins. [...] Das Denken ist nur insoweit dialektisch, als es die Dialektik des Seins, das *ist*, und der Wirklichkeit, die *existiert*, korrekt offenbart.« (Kojève 1975: 135; Hervor. im Orig.)

Das ist eine eindeutige Antwort auf die Frage nach der Verhältnisbestimmung zwischen Sein und Bewusstsein. Die Annahme, dass das Sein widersprüchlich strukturiert sei und daher Widersprüche mit eherner Notwendigkeit in den Köpfen der Menschen auftauchen müssen, ist ebenso weit verbreitet wie mystisch. Mit der Vorstellung einer Kausalrelation zwischen Sein und Bewusstsein geht darüber hinaus meist eine bestimmte Vorstellung der Reflexionsmöglichkeiten der Sub-

5 Vgl. Kojève 1975. »Zu den Hörern Kojèves zählten bekanntlich viele bedeutende Intellektuelle der folgenden Generation: der Schriftsteller Raymond Queneau, der Phänomenologe und langjährige Mitstreiter Sartres, Merleau-Ponty, der Soziologe Raymond Aron, der Psychoanalytiker Lacan und eben auch Bataille.« (Bürger 1992: 39)

jekte einher. Den Subjekten bleibt nur das passive Überlassen an mystifizierte Vorgänge im Sein, in dem es kein Moment der Reflexion gibt. Um nicht falsch verstanden zu werden: Selbstverständlich kann es wirkliche und wirksame Vorgänge geben, die sich ›hinter dem Rücken der Beteiligten‹ (Marx) vollziehen. Mit Beginn und Durchsetzung der kapitalistisch warenproduzierenden Gesellschaft gibt es einen zentralen Vorgang, der sich bis in das Innerste der Subjekte hinein fortsetzt und diese konstituiert. So agiert »der Individuierte in der modernen Wirtschaft als bloßer Agent des Wertgesetzes.« (Adorno 1951: 307) Auch Adorno favorisiert an dieser Stelle eine ableitungstheoretische, deterministische Verhältnisbestimmung.

Diesen Interpretationen einer Verhältnisbestimmung zwischen Sein und Bewusstsein möchte ich ein anderes Modell gegenüberstellen, das sich ebenfalls in der Theorie Adornos auffinden lässt. Obwohl an einigen Stellen eine dualistische Argumentation anklingt, entwirft er darüber hinaus eine vermittlungslogisch-reflexive Argumentation, die der Struktur der strikten Antinomie entspricht. Möchte man nicht auf eine (wenngleich auch elaborierte) Version der Widerspiegelungstheorie zurückgreifen und gleichzeitig auf dem Vorrang des Objekts, also der ›Präponderanz des Objekts‹ (Adorno) beharren, werden dualistische Verhältnisbestimmungen nicht entscheidend weiterhelfen. »In gewisser Weise nämlich haben die Begriffe Subjekt und Objekt, vielmehr das, worauf sie gehen, Priorität vor aller Definition. Definieren ist soviel wie ein Objektives, gleichgültig, was es an sich sein mag, subjektiv, durch den festgesetzten Begriff einzufangen. Daher die Resistenz von Subjekt und Objekt gegens Definieren. Ihre Bestimmung bedarf der Reflexion eben auf die Sache, welche zugunsten von begrifflicher Handlichkeit durchs Definieren abgeschnitten wird.« (Adorno 1969: 741 f.) Das ist der vermittlungslogische Startpunkt Adornos, der die Subjekt-Objekt-Konstellation sowohl in ihrer Einheit als auch in ihrer Trennung, bei Beachtung der logischen und historischen Vorgängigkeit des Objekts, zu fassen versucht. Adorno macht sich keine Illusionen über die Schwierigkeiten dieses Unterfangens: In der Einheit der entgegengesetzten Pole ist nach wie vor eine Bestimmung der Einzelmomente möglich, wenngleich diese asymmetrisch gedacht werden. Der Vorrang des Objekts wird sichtbar, wodurch die Subjekte auf ›Anhängsel der Maschinerie‹ oder auf ›bloße Agenten des Wertgesetzes‹ reduziert werden. Adorno beschreibt konsequent das Vermittlungsverhältnis in beide Richtungen, so dass jederzeit auch die Eigenständigkeit der Reflexionsmöglichkeiten der Subjekte miteinbezogen werden kann. Unhintergehbar ist hier die *Einheit* in der Trennung des Subjekt-Objekt-Verhältnisses bei der Betonung der Präponderanz des Objekts.[6]

6 Die Ungeschiedenheit von Subjekt und Objekt wäre der blinde Naturzusammenhang: »Ungeschiedenheit, ehe das Subjekt sich bildete, war der Schrecken des blinden Naturzusammenhangs, der Mythos [...]« (Adorno 1969: 743).

Die Beachtung des Satzes vom Widerspruch bei gleichzeitiger Überführung klassischer aristotelischer in eine dialektische Logik kann als einer der Grundzüge im Denken Adornos dargestellt werden. Zentral dafür stehen die Kategorien der Vermittlung und der Nicht-Identität – beides sind Kategorien, die die aristotelische Logik in ihrem inneren Kern treffen. Innere Vermittlungsverhältnisse bezeichnet Adorno sogar als Prinzip der Dialektik: »Eine innere Vermittlung [...] besteht darin, daß die beiden einander entgegengesetzten Momente nicht etwa wechselseitig aufeinander verwiesen sind, sondern daß die Analyse eines jeden in sich selbst auf ein ihr Entgegengesetztes als ein Sinnesimplikat verweist. Das könnte man das Prinzip der Dialektik gegenüber einem bloß äußerlich, dualistisch oder disjunktiv unterscheidenden Denken nennen.« (Adorno 1974: 141) Damit kennzeichnet Adorno das *Prinzip der Dialektik* im Einklang mit der Struktur der strikten Antinomie, die sich durch innere Vermittlungsverhältnisse und der Gleichzeitigkeit von Widerspruch und Äquivalenz auszeichnen.

Im Versuch, beide in ihrer Eigenständigkeit und zugleich in ihrer Verwiesenheit aufeinander zu denken, zeigt sich das materialistische Moment. Dieses tritt ins Bewusstsein, wenn die Eigenständigkeit des dem Bewusstsein (zunächst) entgegenstehenden Moments anerkannt wird und als Vergegenständlichung oder Verdinglichung erkannt werden kann. Ohne die Anerkennung eigenständiger Momente des Seins und des Bewusstseins wird das komplexe Vermittlungsverhältnis auf eine bloße ›...wenn, dann...‹-Relation reduziert und wahlweise im verkürzten Idealismus das Subjekt (Bewusstsein) hypostasiert, im verkürzten Materialismus das Objekt (Sein). Beschränkt man die Form dialektischer Argumentation derart und lässt die inneren Vermittlungsverhältnisse außer Acht, entsteht schnell eine verkürzte Interpretationsweise, in der sich die materialistische Dialektik ausschließlich mit dem Primat des Seins bescheiden soll. An dieser Stelle wird die Differenz zwischen einer statisch-ontologischen und einer vermittlungslogisch-dialektischen Verfahrensweise deutlich. Nicht in der bloßen Behauptung und Festlegung auf die Wahrheit einer Seite, sondern im Gegensatz zu einer dualistischen Argumentation werden in einer vermittlungslogisch-reflexiven und damit dialektischen Verfahrensweise die entgegenstehenden Momente miteinbezogen. Diese müssen nicht aus der Theorie hinausdefiniert werden, sondern bilden einen konstitutiven Bestandteil dieser. Die komplexe Form der strikten Antinomie ermöglicht es, eine solche vermittlungslogische Argumentation zu denken. Der viel diskutierte Gegensatz zwischen Idealismus und Materialismus zeigt sich demnach darin, ob sich ausschließlich auf die eine oder andere Seite des Verhältnisses von Sein und Bewusstsein bezogen wird oder ob beide zusammengedacht werden können. Der kleine Schritt zum Materialismus besteht demnach im Verweis auf die ›Präponderanz des Objekts‹ (Adorno), der logischen und historischen Vorgängigkeit des Seins.

3. Dialektik und/oder Methode?

Durch die Diskussion um die Struktur einer strikten Antinomie lässt sich die Form dialektischer Argumentation darstellen. Nicht zuletzt kann damit auch das Verhältnis zur formalen Logik beschrieben werden, ohne dass dabei ›die Dialektik zur Methode verkommt‹ (Adorno). Gleichzeitig ist die Struktur der strikten Antinomie, die der Dialektik Hegels und Adornos zugrunde liegt, nicht gleichsam ›von außen‹ auf sozialwissenschaftliche Phänomene im Stile einer Schablone anzulegen. Die Diskussion um strikte Antinomien bewegt sich in erster Linie vor dem Hintergrund der genaueren Bestimmung dessen, warum eine dialektische Argumentation nicht notwendigerweise gegen die formale Logik verstoßen muss. Poppers Einwand, der erst kürzlich wieder von Barbara Kuchler[7] vorgetragen wurde, kann somit formallogisch einwandfrei und auf dem Boden der aristotelischen Logik begegnet werden. Obwohl eine strikte Antinomie nicht gegen die formale Logik verstößt, geht sie über die aristotelischen Denkgesetze hinaus. Lässt man sich auf die Lügnerantinomie ein (und wählt damit nicht als Lösungsmöglichkeit die Verwerfung der Ausgangsfrage), enthüllt sich das viel gesuchte und fehlende ›Dritte‹. Genau an der Stelle, an der im üblichen Falle die zweiwertige Lösungsmöglichkeit favorisiert wird, zeigt sich die Schranke der aristotelischen Logik. Das fehlende ›Dritte‹ wird sichtbar und die rationale Lösungsmöglichkeit lautet: Anerkennung der scheinbar sich widersprechenden Möglichkeiten und damit Anerkennung der Gleichzeitigkeit von Äquivalenz und Widerspruch. Der Widerspruchsbegriff, der an dieser Stelle zugrunde liegt, ist explizit kein aristotelischer, wird aber formallogisch von der strikten Antinomie erfasst.

In der verkürzten Betrachtung, die die Komplexität der Lügnerantinomie nicht zulässt, entsteht ein formallogisch unlösbarer Widerspruch: Entweder ist der Satz wahr oder falsch. Aber die negative Selbstbezüglichkeit, in der sich eine Aussage oder ein Verhältnis auf sich selbst bezieht (und zwar sowohl unabhängig von als auch in der Reflexion durch den/die BetrachterIn), die zudem verbunden ist mit einem Implikationsverhältnis, bildet ein komplexes Gefüge, in dem die formale Logik Gültigkeit besitzt und dennoch das *tertium non datur* an eine Grenze gerät. Das fehlende Dritte in der klassischen aristotelischen Logik, in der eine Aussage entweder A oder Nicht-A sein muss, in der eine dritte Möglichkeit prinzipiell, grundsätzlich und scheinbar unhintergehbar ausgeschlossen ist, taucht unvermutet in der Lügnerantinomie auf. Soll die Lügnerantinomie in ihrer Einheit verstanden werden, muss über das Gesetz vom ausgeschlossenen Dritten hinausgegangen

7 »Die Dialektik entspricht [...] nicht den Anforderungen an strenge Wissenschaft, wie sie etwa von Popper kodifiziert wurden. [...] Auch noch in anderen Hinsichten verstößt die Dialektik gegen die Regeln guten wissenschaftlichen Benehmens: Sie kann mit einer strikten Subjekt/Objekt-Trennung nichts anfangen; sie formuliert keine Hypothesen, die empirisch verifiziert oder falsifiziert werden könnten; sie hält sich nicht an das Gebot der Widerspruchsfreiheit; sie gibt nicht an, wie ihre zentralen Kategorien zu operationalisieren seien; und sie operiert überhaupt in jeder Hinsicht auf einem hoffnungslos vorwissenschaftlichen Niveau.« (Kuchler 2005: 18)

werden und die Gegensätzlichkeit zweier sich scheinbar ausschließender Möglichkeiten anerkannt und dennoch in einer Einheit betrachtet werden. Ein starker und triftiger Einwand lautet an dieser Stelle: Gegen die formallogische Argumentation kann hier nur verstoßen werden, weil es sich um unterschiedliche Argumentationsebenen handelt! Aristoteles weist darauf hin, dass nicht *in ein- und derselben Hinsicht* die sich widersprechenden Zuschreibungen Gültigkeit besitzen können. So lautet die präzise und scharfe Fassung des aristotelischen Widerspruchsverbots. Es handelt sich in der Lügnerantinomie in einer Hinsicht um Äquivalenz und in einer anderen um einen Widerspruch – aber nicht gleichzeitig in ein- und derselben Hinsicht. Greift man jedoch auf die Gesamtheit des Ausdrucks zurück, zeigt sich recht schnell, dass die beiden sich scheinbar widersprechenden Lösungsmöglichkeiten gleichzeitig intrinsisch aufeinander verwiesen sind. Will man die Gesamtheit erfassen (Syntax und Semantik, Inhalt und Form) besteht diese in der Anerkennung *beider* Antwortmöglichkeiten, die die aristotelische Logik bietet. Damit ist aber keinesfalls die formale Logik in ihre Schranken verwiesen. Ganz im Gegenteil: Längst ist die formale Logik über die aristotelische hinausgegangen und hat (spätestens) mit der Entdeckung dreiwertiger bzw. mehrwertiger Systeme den Boden aristotelischer Logik verlassen – allerdings, und dies ist das Entscheidende, ohne die formale Logik für obsolet erklären zu müssen.

In den Sozialwissenschaften gibt es hingegen nach wie vor erhebliche Vorbehalte gegen nicht-dualistische Konzeptionen. Im Rückgriff auf die Diskussionen um strikte Antinomien sollte gezeigt werden, dass in einer dialektischen Argumentation eher von einem Gebot der Widerspruchsfreiheit auszugehen ist, das die Gleichzeitigkeit von Äquivalenz und Widerspruch zu denken erlaubt. Erst im Überschreiten des zweiwertigen Denkens werden die Hinweise Adornos auf die ›versöhnte Gesellschaft‹ verständlich. Subjekt und Objekt fallen nicht zusammen und stehen sich aber auch nicht vermittlungslos gegenüber: »Wäre Spekulation über den Stand der Versöhnung erlaubt, so ließe in ihm weder die ununterschiedene Einheit von Subjekt und Objekt noch ihre feindselige Antithetik sich vorstellen; eher die Kommunikation des Unterschiedenen. [...] Friede ist der Stand eines Unterschiedenen ohne Herrschaft, in dem das Unterschiedene teilhat aneinander.« (Adorno 1969: 743) Können innere Vermittlungsverhältnisse, wie beispielsweise die Gleichzeitigkeit von Äquivalenz und Widerspruch in der strikten Antinomie, nicht erfasst und dargestellt werden, bleiben die Hinweise Adornos auf die versöhnte Gesellschaft kaum nachvollziehbar.

Literatur

Adorno, Theodor W.: Minima Moralia, Frankfurt am Main 1997 [1951].

Adorno, Theodor W.: Über Statik und Dynamik als soziologische Kategorien, in: Soziologische Schriften I, Frankfurt am Main 1997 [1961].

Adorno, Theodor W.: Drei Studien zu Hegel, Frankfurt am Main 1997 [1963].

Adorno, Theodor W.: Negative Dialektik, Frankfurt am Main 1997 [1966].

Adorno, Theodor W.: Zu Subjekt und Objekt, in: Kulturkritik und Gesellschaft II, Frankfurt am Main 1997 [1969].

Adorno, Theodor W.: Philosophische Terminologie. Band 2, Frankfurt am Main 1974.

Adorno, Theodor W./Horkheimer, Max: Dialektik der Aufklärung, Frankfurt am Main 1997 [1947].

Aristoteles: Metaphysik, München 1966.

Bürger, Peter: Das Denken des Herrn. Bataille zwischen Hegel und dem Surrealismus, Frankfurt am Main 1992.

Hegel, Georg Wilhelm Friedrich: Phänomenologie des Geistes, Leipzig 1937 [1807].

Hegel, Georg Wilhelm Friedrich: Nürnberger und Heidelberger Schriften 1808 – 1817. Werke in zwanzig Bänden. Band 4, Frankfurt am Main 1970 [1808].

Hegel, Georg Wilhelm Friedrich: Wissenschaft der Logik. Erster Teil, Hamburg 1963 [1812].

Hegel, Georg Wilhelm Friedrich: Enzyklopädie der philosophischen Wissenschaften, Hamburg 1956 [1830].

Kesselring, Thomas: Die Produktivität der Antinomie, Frankfurt am Main 1984.

Kesselring, Thomas: Rationale Rekonstruktion der Dialektik im Sinne Hegels, in: Angehrn, Emil (Hrsg.): Dialektischer Negativismus, Frankfurt am Main 1992.

Knoll, Heiko/ Ritsert, Jürgen: Das Prinzip der Dialektik. Studien über strikte Antinomie und kritische Theorie, Münster 2006.

Kojéve, Alexandre: Hegel. Eine Vergegenwärtigung seines Denkens, Frankfurt am Main 1975.

Kuchler, Barbara: Was ist in der Soziologie aus der Dialektik geworden?, Münster 2005.

Marx, Karl (MEW 23): Das Kapital. Erster Band, Berlin 1968.

Popper, Karl R.: Was ist Dialektik?, in: Topitsch, Ernst (Hrsg.): Logik der Sozialwissenschaften, Köln Berlin 1965 [1949].

Ritsert, Jürgen: Was ist Dialektik? Studientexte zur Sozialwissenschaft Band 9/V. Hrsg. am Fachbereich Gesellschaftswissenschaften der Johann Wolfgang Goethe- Universität, Frankfurt am Main 1995a.

Ritsert, Jürgen: Die Rationalität Adornos. Seminarmaterialien 14, Frankfurt am Main 1995b.

Ritsert, Jürgen: Ästhetische Theorie als Gesellschaftskritik. Umrisse der Dialektik in Adornos Spätwerk. 2. Auflage, Frankfurt am Main 1996.

Ritsert, Jürgen: Kleines Lehrbuch der Dialektik, Darmstadt 1997.

Ritsert, Jürgen: Drei Studien zu Adorno. Studientexte zur Sozialwissenschaft Bd. 14. Hrsg. am Fachbereich Gesellschaftswissenschaften der Johann Wolfgang Goethe- Universität, Frankfurt am Main 1998.

Ritsert, Jürgen: Einführung in die Logik der Sozialwissenschaften, Münster 2003.

Ritsert, Jürgen: Positionen und Probleme der Erkenntnistheorie, Frankfurt am Main 2004.

Sainsbury, Richard Mark: Paradoxien, Stuttgart 2001.

Wandschneider, Dieter: Das Antinomienproblem und seine pragmatische Dimension, in: Stachowiak, Herbert: Handbuch pragmatischen Denkens. Bd. 4. Sprachphilosophie, Sprachgrammatik und normative Pragmatik, Hamburg 1993.

Wandschneider, Dieter: Grundzüge einer Theorie der Dialektik, Stuttgart 1995.

Wandschneider, Dieter: Das Problem der Dialektik, Bonn 1997.

Ingo Elbe

Eigentümliche Logik eines eigentümlichen Gegenstands? Zur Diskussion um die Spezifik dialektischer Darstellung in der Marxschen Ökonomiekritik

Der Streit, ob es neben dem HO-Modell der Erklärung[1] noch eine oder gar mehrere andere Methoden des, nennen wir es einmal bewusst diffus, Begreifens menschlich-gesellschaftlicher Phänomene gibt, ist nicht neu. Neben den so genannten hermeneutischen Ansätzen[2] beanspruchen vor allem dialektische[3] in der Regel eine methodisch-methodologische Eigenständigkeit, die meist eng mit der Marxschen Kritik der politischen Ökonomie verbunden wird. Dieses Werk gilt als paradigmatisch für die Verwendung einer dialektischen Methode, die als dem eigentümlichen Gegenstand einer selbstreproduktiven Reichtumsordnung angemessene erscheint[4]. Da der Umfang der Beiträge zu diesem Thema ebenso unüberschaubar ist wie die sachlichen Dimensionen, die es hinsichtlich der Marxschen Ökonomiekritik betrifft, werde ich im Folgenden einige ausgewählte Probleme anhand von sechs Positionen diskutieren – drei, die sich in unterschiedlicher Weise von Seiten des einheitswissenschaftlichen Paradigmas auf Marx' Dialektik beziehen (Simon-Schaefer, Steinvorth, Narski) und drei, die auf der Spezifik Marxscher Darstellung[5] insistieren (Colletti, Wolf, Heinrich). Ich werde dabei der Diskussion ausgehend von einer eher abstrakt – metatheoretischen Problematisie-

1 Erklärung wird hier bestimmt als Ableitung von Sätzen über Ereignisse (Explanandum) aus einem singulären Satz (den Anfangsbedingungen) und einer Gesetzesaussage (beide bilden das Explanans), in der die Anfangsbedingungen mit dem zu erklärenden Ereignis verknüpft werden. Dieses Modell ist maßgeblich von Hempel/ Oppenheim formuliert worden und nennt sich deshalb HO-Modell. Es beinhaltet neben deduktiv-nomologischen auch induktiv-statistische Schlüsse. Hier ist das Modell das gleiche, der Schluss auf das Explanandum-Ereignis ist aber nicht logisch notwendig, sondern nur wahrscheinlich. Eine gute Übersicht über die Debatten, die viele obskure Missverständnisse bezüglich dieser auch ›einheitswissenschaftlich‹ genannten Methode ausräumt, bietet Haussmann 1991.

2 Diese können wiederum in technische (Methodenlehre des Verstehens) und philosophische Hermeneutik (Klärung der Ermöglichungsbedingungen des Verstehens) sowie hermeneutische Philosophie (Interpretationsprimat menschlicher Erkenntnisweisen) unterteilt werden. Vgl. dazu aus der ›methodischen‹ Perspektive Scholtz 1993, aus der einer ›hermeneutischen Philosophie‹ Grondin 1991.

3 Vgl. dazu die gute Einführung in ›dialektische‹ Argumentationsformen in der Philosophiegeschichte bei Ritsert 1997.

4 Vgl. MEW 1, S. 296. Marx spricht hier davon, das wahrhafte Begreifen müsse die »die eigentümliche Logik des eigentümlichen Gegenstandes [...] fassen«.

5 »Darstellung« meint, im Gegensatz zu »Forschung«, bei Marx die bestimmte und begründete Aufeinanderfolge der Kategorien (Ware, Geld, Kapital usf.), die einen begrifflichen Erklärungstypus darstellt. »Forschung« wird in der analytischen Wissenschaftstheorie als »context of discovery«, Darstellung als »context of justification« bezeichnet. Allerdings ist bereits die These, dialektische Darstellung habe eine Begründungsfunktion, zwischen modelltheoretischen und ›dialektischen‹ Ansätzen umstritten. Dieser Frage wird im Folgenden nicht nachgegangen. Vgl. als Antipoden in dieser Frage: Helberger 1974: 190 und Heinrich 1999: 176.

rung des Dialektik-Begriffs hin zu einer stärker an Sachfragen der Marxschen Werttheorie, vor allem an den ersten Kapiteln des ›Kapital‹ ausgerichteten folgen und anschließend versuchen, wieder eine metatheoretische Charakterisierung des Marxschen Verfahrens einzubeziehen. Dieses Vorgehen resultiert aus der Verlegenheit, dass die Debatte um Marxsche Dialektik in der Regel *entweder* auf einer abstrakt-wissenschaftstheoretischen *oder* einer tief in die Sachproblematik der Ökonomiekritik versenkten Weise geführt wurde. Eine Vermittlung beider Zugänge findet man eher selten. Dabei werden zentrale Streitpunkte, um die sich die Debatte seit den 1970er Jahren dreht, wie die zwischen ›dialektischen‹ und modelltheoretischen Lesarten des ›Kapital‹ oder die zwischen einem logisch-systematischen[6] und einem ›logisch-historischen‹[7] Verständnis dialektischer ›Entwicklung‹, weitgehend außen vor bleiben müssen. Mit Ausnahme des ersten Beitrags teilen allerdings sämtliche hier vorgestellten Theoretiker die ›logisch-systematische‹ Deutung des ›Kapital‹, was zunächst nichts anderes heißt, als das es sich ihnen zufolge in Marx' Hauptwerk nicht um die vereinfachte Nachzeichnung eines historischen Prozesses der Entstehung des Kapitalismus aus einer ›einfachen‹, geldlosen Warenproduktion handelt, sondern um die Analyse des Strukturzusammenhangs von gleichzeitig existierenden und sich gegenseitig voraussetzenden Reichtumsformen. Marx zeigt demnach inhaltlich, entgegen dem logisch-historischen Verständnis, dass Warenproduktion ohne Geld prinzipiell unmöglich, eine Werttheorie deshalb nur als monetäre denkbar ist[8].

Nun zurück zur uns hier interessierenden Thematik: Das Bemühen um einen emphatischen, dialektischen Wissenschaftsbegriff in Abgrenzung vom ›Positivismus‹ findet sich im marxistischen Diskurs bereits in den Schriften von Georg Lukács aus den 1920er Jahren und wird vom interdisziplinären Materialismus der kritischen Theorie Frankfurter Provenienz auf breiter Ebene fortgeführt. Allerdings findet sich in diesen Ansätzen keine genauere Explikation ihrer methodologischen Begrifflichkeit anhand des wirklichen Vorgehens in Marx' Kritik der politischen Ökonomie, selbst wenn dieser, wie bei Horkheimer, geradezu eine mit Descartes' ›Discours de la méthode‹ vergleichbare Begründungsfunktion hinsichtlich dialektischen Denkens zugestanden wird (Horkheimer 1988: 217). Weil sie also Marx' »›operative Methode‹« (F. O. Wolf 2006: 159.), die im ›Kapital‹ wirklich vorliegende Darstellungsweise, nicht untersucht haben, sollen diese Beiträge uns hier nicht weiter beschäftigen. Doch auch innerhalb einer *neuen* Marx-Lektüre[9], die sich seit Ende der 1960er Jahre vor allem in der Bundesrepu-

6 Paradigmatisch dafür sind die Texte von PKA 1972, Bader u. a. 1975, Kittsteiner 1977, Backhaus 1997, Heinrich 1999 und Wolf 2003.

7 Dieses wurde von Friedrich Engels im Jahr 1859 begründet (vgl. MEW 13: 474 ff.) und galt bis in die 1970er Jahre als Grundsäule traditionsmarxistischer Orthodoxie. Ausführlich dargelegt wurde diese Interpretation von Rosental 1973, Zelený 1973 und Holzkamp 1974. Heute vertreten nur noch wenige diesen Ansatz, z. B. Wolfgang Fritz Haug.

8 Vgl. dazu ausführlich Heinrich 1999, Kap. 6.

9 Vgl. zu diesem Begriff Elbe 2006.

blik herausgebildet hat, wird das Konzept einer logisch-systematischen Darstellung durchaus kontrovers diskutiert. Die noch im Positivismusstreit zwischen den Vertretern der Frankfurter Schule und des Kritischen Rationalismus in den 1960er Jahren stark weltanschaulich aufgeladenen methodologischen Fronten[10] weichen dabei aber auf und verlagern sich sukzessive in den marxistischen Diskurs hinein, was auch von zeitgenössischen Vertretern der parteioffiziellen Doktrin argwöhnisch konstatiert wird[11]. Es artikulieren sich neben den ›hegelmarxistischen‹ auch an der analytischen Wissenschaftstheorie orientierte Positionen, die sich vom bisherigen Umgang mit Marx, vor allem in kritisch-rationalistischen Kreisen, dadurch unterscheiden, dass sie dem ›Kapital‹ einen genuinen Wissenschaftsanspruch zubilligen[12]. Sie bemühen sich dabei um eine Klärung des von Marx postulierten *dialektischen* Charakters der Darstellung und eine Beantwortung der Frage, in welcher Hinsicht diese mit gängigen wissenschaftstheoretischen Erklärungsmodellen kompatibel ist.

Die zuerst exemplarisch vorgestellten analytischen Positionen lassen eine Entwicklung von traditionell ›Popperianischen‹ bis hin zu einer die darstellungsstrategische Funktion der Dialektik akzentuierenden Sichtweise erkennen. Sie speisen sich aus dem berechtigten Motiv, dem Missbrauch des Wortes ›Dialektik‹ als »nichts aufschließende[s] Schlüsselwort[...]«[13] den Kampf anzusagen. So wird beispielsweise aus einer analytischen Perspektive vorgeschlagen, das Wort Dialektik zunächst als Platzhalter einer noch ausstehenden Präzisierung von Relationstypen zu begreifen: »immer wenn eine dialektische Beziehung behauptet wird, sollte man statt dessen *zunächst* von ›irgendeiner‹ sprechen. Der Ausdruck ›dialektisch‹ würde dann nicht mehr als das lösend-erlösende Wort empfunden, sondern als Aufforderung verstanden werden können, nach den Beziehungen im einzelnen zu suchen« (Rottleuthner 1975: 262).

10 Zur Entwicklung der Kontroversen zwischen Kritischer Theorie und logischem Empirismus bzw. kritischem Rationalismus vgl. die Darstellung von Dahms 1998. Obwohl er die zentralen objekttheoretischen Differenzen (z. B. Totalitätsperspektive vs. methodischer Individualismus) der konkurrierenden Ansätze systematisch ausblendet, zeigt er doch, dass die Geschichte der Positivismuskritik der Frankfurter Schule von elementaren methodologischen Missverständnissen geprägt ist.

11 Vgl. dazu die von politischen Unterstellungen nur so wimmelnde Polemik von Ruben/ Schnauss 1981: 55 f. Korrekt heißt es dort aber, »daß sich jüngere Methodologen entschlossen haben, das Werk von Marx nunmehr nicht als Reflex des Vergehens gegen die Standards der bürgerlichen Wissenschaftstheorie zu denunzieren, sondern es vielmehr als [...] Ausdruck der Übereinstimmung mit diesen Standards der Öffentlichkeit zu präsentieren« (ebd.: 55).

12 Vgl. noch Simon-Schaefer 1994: 203: »Der Versuch, der Marxschen Theorie die *Wissenschaftlichkeit abzusprechen*, muß *erfolglos* bleiben«.

13 Wie der Existenzialist Jean Amery sich 1967 ausdrückt (Amery 2004: 279).

1. Marxsche Dialektik in der Perspektive analytischer Positionen

Einen klassischen Ansatz analytischer Dialektik-Interpretation repräsentieren die Arbeiten *Roland Simon-Schaefers*. Er beansprucht, den rationalen Gehalt dialektischer Aussagen zu rekonstruieren und zugleich methodologische Missverständnisse auf Seiten der Dialektiker wie der Anti-Dialektiker zu kritisieren – beide verfehlten nicht selten ihren Gegenstand (vgl. Simon-Schaefer 1974: 207; 1977: 366). Simon-Schaefer folgt zunächst Poppers Dialektikverständnis im Sinne eines deskriptiven Modells von Theoriendynamik als Erkenntnisfortschritt durch Kritik (Popper 1966: 263 ff.) – also logischen Widersprüchen in oder zwischen Theorien: Eine unzureichende Theorie T_p ruft Kritik seitens Theorie T_n hervor[14], wobei der Streit beider Theorien in einer dritten, »die die Erklärungsleistungen von These und Antithese in sich vereinigt« (Simon-Schaefer 1977: 367), gelöst wird oder T_n soweit modifiziert wird, dass sie die gültigen Erklärungen von T_p berücksichtigen kann. Dialektische Theorien als Metatheorien des Erkenntnisfortschritts setzen damit, so Simon-Schaefer, die Geltung des Non-Kontradiktionsgebots voraus[15]. Die Fehldeutung von Dialektik als Negation desselben und Konjunktion logisch widersprüchlicher Aussagen führt dagegen zum Stillstand der Theoriendynamik sowie zum Irrationalismus[16]. Aus deskriptiven dialektischen Theorien lassen sich aber keine Gesetze der Wissenschaftsentwicklung gewinnen. Man kann aus ihnen keine Prognosen darüber erstellen, »welche Theorien in der nächsten Zukunft entwickelt werden«, da »wir heute unser Wissen von morgen nicht kennen«[17]. Aus ihnen lässt sich mit Popper allenfalls ein methodisches Prinzip gewinnen. Die Beschreibung des Erkenntnisfortschritts als Prozess ohne »Gesamtsubjekt«, der durch das »dialektische Zusammenwirken« (Simon-Schaefer 1977: 368), d. h. durch Rede und Gegenrede, vieler Akteure bewirkt wird, ergibt für das Einzelsubjekt des Forschers die Anweisung, die Gegenrede (Kritik/logischer Widerspruch) der anderen in sich zu antizipieren und seine eigenen Theorien beständig der Kritik auszusetzen – die Methode des Falsifikationismus[18].

14 Theorieentwicklung durch Widerspruch kann dabei nach Popper folgende Gestalten annehmen: 1) Identifizierung von Widersprüchen in Tp; 2) Negation der Thesen von Tp insgesamt; 3) Aufzeigen von Widersprüchen zwischen den Hypothesen von Tp und Tatsachenaussagen. Vgl. Popper 1966: 266.

15 Vgl. Simon-Schaefer 1974: 211; Popper 1966: 267. Zum Non-Kontradiktionsgebot vgl. ausführlich Ritsert 1997: 39-48.

16 Nach Popper kann »aus einem Paar kontradiktorischer Aussagen [...] jede beliebige Aussage logisch gültig abgeleitet werden« (Popper 1966: 267). Vgl. im marxistischen Feld dazu u. a. F. O. Wolf 1983c: 115: »Wenn wahre Aussagen über die Welt notwendig kontradiktorisch sind, ist es weder möglich, irgend etwas Bestimmtes über die Welt zu erkennen – da aus einer formallogischen Kontradiktion jegliche beliebige andere Aussage ableitbar ist (sowie auch deren jeweilige Negation), noch gar irgendeine Behauptung über die Welt als wahr zu begründen, da jeder irgendwie begründeten Behauptung kraft der logischen Implikation der Kontradiktion wiederum jede beliebige andere Behauptung mit gleichem Recht entgegengestellt werden kann«.

17 Simon-Schaefer 1977: 368. Mit diesem Argument arbeitet auch Popper bei seiner Widerlegung der Möglichkeit geschichtsphilosophischer Prophetie; vgl. Popper 1987: XI f.

18 Auch Christoph Hubig versteht die Auflösung dialektischer Widersprüche als Prozess der »Prämissenrevision« (Hubig 1978: 121), versucht aber ein kritisch-rationalistisches von einem kritisch-marxistischen Projekt derselben abzugrenzen (vgl. ebd.: 120 ff., 159 f.).

Beim Übergang zum objekttheoretischen Gebrauch ändert Simon-Schaefers Dialektik-Begriff seine Bedeutung – vom Prozess der Generierung und Lösung logischer Widersprüche zwischen Theorien zum Prozess nichtlogischer Reziprozitäten zwischen Elementen der nichttheoretischen Wirklichkeit. Genau diese Differenz zu verwischen, betrachtet er als zentralen Fehler der ›positivismuskritischen‹ Dialektiker[19]. Realdialektische Widersprüche werden als »Polaritäten, zwischen denen reale Wechselwirkung« (Simon-Schaefer 1974: 215) besteht, als Spezialfälle kausaler Relationen in »Rückkoppelungssystemen« (Simon-Schaefer 1977: 370), definiert. Ein dialektisches Gegenstandsverständnis impliziere zudem die Kritik sowohl an essentialistischen Holismen, die dem historischen Prozess ein Gesamtsubjekt und Telos unterstellen (vgl. ebd.: 372), als auch an elementaristischen Positionen, die einzelne Größen isoliert betrachten und »aus sich heraus erklären« (ebd.: 378) wollen. Die Darstellung dialektischer Sachverhalte erfordere aber keine spezifisch dialektische Methode (der Erklärung). Alle Versuche, eine solche als spezifisch Marxschen Typus wissenschaftlicher Argumentation zu rekonstruieren, müssen demnach scheitern und unsinnige »Begriffsmonstren« (Simon-Schaefer 1974: 216) gebären. Marx' Methode im ›Kapital‹ ist gemäß dieser einheitswissenschaftlichen Perspektive nichts anderes als eine deduktiv-nomologische Erklärung dialektischer Sachverhalte. Die Widersprüche sind dabei »keine [...], in die sich der Autor Marx verwickelt und die er durch dialektisches Argumentieren, d. h. durch Abwägen von Argument und Gegenargument löst« (ebd.), sondern Widersprüche (im metaphorischen Sinn) der Sache selbst, i. S. von »Polarität[en], Gegenwirkung[en], Antagonism[en]« (ebd.: 222).

Tabelle:
Dialektik nach Simon-Schäfer

Verwendungsweise	Theorie	Widerspruchstyp	Methode
wissenschafts-(meta-)theoretisch	deskriptives Modell der Theoriendynamik	logische (in oder zwischen Theorien)	falsifikationistische Methode der Prüfung
objekttheoretisch	Theorie reziproker Kausalrelationen	nichtlogische (zwischen Elementen der Realität)	deduktiv-nomologische Methode der Erklärung

19 Vgl. Simon-Schaefer 1977: 380: »Die begrifflichen Schwierigkeiten, in die viele Dialektiker sich selbst gebracht haben, rühren also daher, *daß sie eine Terminologie aus dem Bereich der Metatheorie unkritisch in die Theorie übertragen haben*«.

Auch die »Dialektik von Analyse und Synthese« (Simon-Schaefer 1973: 104) – die Bewegung vom Konkreten zum Abstrakten und von dort aus wieder zum (begriffenen) Konkreten, die Marx in der Einleitung der ›Grundrisse‹ schildert (MEW 42: 34 ff.) –, stellt keinen neuen wissenschaftlichen Rationalitätstypus dar, sondern eine gängige Kombination bekannter nichtdialektischer Methoden[20]. Die Differenz zwischen einer deduktiven Entfaltung und einer dialektischen Behandlung von Theorien besteht dann allein darin, dass erstere logische Ableitungen aus als gültig erachteten Prämissen produziert, während letztere im Versuch der Falsifikation der Prämissen besteht (vgl. Simon-Schaefer 1974: 212). Eine dialektische, d. h. falsifikatorische Methode der Theoriebildung ist also nur auf den Entdeckungszusammenhang einer Theorie, die ›Forschungsweise‹, zu beziehen (Simon-Schaefer 1973: 119).

Simon-Schaefers Betrachtungen zur Marxschen Methode bewegen sich auf einer hochabstrakten wissenschaftstheoretischen Ebene und verfehlen, sobald sie konkreter werden, die Spezifik der Kritik der politischen Ökonomie vollends: Eine genaue Analyse der Bedeutungsschichten des Widerspruchsbegriffs bleibt aus. Eine darstellungsstrategische Funktion[21] desselben – neben einer deskriptiven – wird ausgeschlossen. Dagegen wird die logisch-historische Lesart akzeptiert[22] und der Darstellungsgang im ›Kapital‹ als Abfolge historisch-empirischer Modelle interpretiert (das Modell einer ›warentauschenden Gesellschaft ohne Geld‹ wird abgelöst durch das von einer ›Geld verwendenden Sozialformation‹ und schließlich durch das einer ›Gesellschaft mit kapitalistischer Ökonomie‹[23]), was schließlich zur These einer methodologischen Identität zwischen Smith, Ricardo und Marx führt (ebd.: 225) und durchaus als »*Trivialisierungsstrategie*«[24] bezeichnet werden kann.

Eine weitaus elaboriertere Position findet sich in den Texten von *Ulrich Steinvorth,* in denen einer dialektischen Widerspruchsentwicklung eine genuine darstellungsstrategische Funktion zugebilligt wird. Dialektik wird hier bestimmt als »Methode zum Aufbau einer deduktiven Theorie [...] durch Analyse von Verträglichkeitsbedingungen« (Steinvorth 1977a: 79). Dieser ›Aufbau‹ ist aber keines-

20 Vgl. auch Ritsert/ Reusswig 1991: 30 f, die auf die Verwandtschaft von Marx‹, in der Einleitung zu den ›Grundrissen‹ propagierter, Methode mit Descartes‹ analytisch-synthetischem und J.St. Mills induktiv-deduktivem Verfahren hinweisen. Vgl. auch, mit Bezug auf Simon-Schäfer, Henning 2005: 37 (FN 15).

21 Zum Begriff vgl. Kocyba 1979: 95.

22 Vgl. Simon-Schaefer 1973: 102; 1974: 222. Noch 1989 ist Simon-Schaefer der Ansicht, dass Marx im ›Kapital‹ »eine idealtypisch vereinfachte historische Herleitung des Kapitalismus« (1994: 200) gibt.

23 Vgl. Simon-Schaefer 1977: 379: Marx »geht [...] im ersten Band [...] aus von einer Waren produzierenden und Waren tauschenden Gesellschaft, zeigt die Veränderung auf, die die Einführung des Geldverkehrs bedingt, schreitet dann fort zur im eigentlichen Sinne kapitalistischen Wirtschaftsform und entwickelt die Theorie des Mehrwerts«.

24 Hubig 1978: 6. Hubig verwendet den Terminus, um allgemein die Umgangsweise der konkurrierenden Positionen im Methodenstreit zwischen Dialektik und analytischer Wissenschaftstheorie zu kennzeichnen: Die andere Position werde um ihre Spezifik gebracht, indem sie auf eine vermeintlich längst bekannte und zudem präziser formulierte Theorie zurückgeführt wird.

wegs bloß Teil des ›Entdeckungszusammenhangs‹, sondern Element der Darstellung der Forschungsergebnisse.

Der von Marx verwendete rationelle Kern der Hegelschen Dialektik besteht nach Steinvorth in der »Herstellung eines Ableitungsmodells« (ebd.: 49) als *begriffliche* Analyse von Regelzusammenhängen (›Gesetzen‹ der Produktionsweise) sowie in der *historischen* Prognose eines Regelzusammenhangs, der zum Zusammenbruch des Untersuchungsgegenstands führt, in der »Voraussage seines Endes« (ebd.). Dies meine Marx mit der Aussage, im positiven Verständnis des Bestehenden sei das »Verständnis seiner Negation, seines notwendigen Untergangs« (MEW 23: 28) enthalten. Im Rahmen der *begrifflichen* Analyse greift Marx demnach – im Gegensatz zu Engels (vgl. Steinvorth 1977: 67) – kein bloß historisch-kontingentes Faktum auf, um dessen ›widersprüchliche Entwicklung‹ (z. B. Umschlagen ins Gegenteil) zu verfolgen, er geht von zwei widersprüchlichen Eigenschaften als notwendigem Definiens eines Zustands[25] aus – dem Doppelcharakter der in Waren vergegenständlichten Arbeit, der hier als doppeltes »Ziel« (ebd.: 10) der Arbeit, Gebrauchswerte hervorzubringen und Tauschwerte zu realisieren, bestimmt wird: Ein Gut ist nur dann als Ware bestimmbar, wenn es für den Austausch produziert wird, womit es »mit *analytischer Notwendigkeit*« (ebd.: 80) Doppelcharakter erhält. Dagegen koppelt nach Steinvorth die historizistische Tradition im Marxismus ›Dialektik‹ an empirische Aussagen, deren Gegenständen kein notwendiger Doppelcharakter zukommt, z. B. Produktivkräfte und Produktionsverhältnisse (ebd.: 81).

Dialektische Darstellung sucht nun nach Verträglichkeitsbedingungen dieser beiden notwendigen, sich scheinbar ausschließenden Eigenschaften des Objekts. Die Form solcher Verträglichkeitsanalyse lautet: Nur wenn Objekt q gegeben ist, sind E und E' als Eigenschaften von Objekt p verträglich und ist Untersuchungsgegenstand p real gegeben. Diese Aussage impliziert logisch (durch Umkehrung) die Majorprämisse einer deduktiv-nomologischen Erklärung: Immer, wenn E und E' gegeben sind, ist q gegeben. Die Analyse setzt nun an der Verträglichkeitsbedingung q an und identifiziert an ihr eine weiterentwickelte Form des ursprünglichen Gegensatzpaares (E und E' – das sind inhaltlich stets Gebrauchs- und Tauschwert), um für diese wiederum eine Verträglichkeitsbedingung zu finden. Dies geschieht solange, »bis ein Eigenschaftspaar gefunden ist, das tatsächlich unverträglich ist« (ebd.: 24). Steinvorths Konzept dialektischer Darstellung lässt sich als *analytisches Forttreiben kontradiktorischer Aussagen bis zur Entdeckung eines nichtlogischen Realwiderspruchs* charakterisieren: Die notwendigen Eigenschaften werden durch eine kontradiktorische (logisch widersprüchliche) Aussage beschrieben, die sich durch das Auffinden einer Verträglichkeitsbedingung als »nur scheinbar kontradiktorisch« (ebd.: 6) erweist. Dialektisches Argumentieren unterstellt damit die Gültigkeit des Non-Kontradiktionsgebotes. Da kontradiktori-

25 »*notwendigen*, weil die Warenproduktion *definierenden* Eigenschaften« (ebd.: 68).

sche Gegensätze nun ausschließlich in Aussagen, nicht in der Wirklichkeit existieren können, sind sie unwirkliche Gegensätze. Solange sie als solche nachgewiesen werden können, wobei die Verträglichkeitsbedingung mit der von Marx so genannten ›Lösungs-‹ oder ›Bewegungsform‹ von Widersprüchen identifiziert wird, kann der durch sie beschriebene Gegenstand existieren. Sobald aber ein »reale[s] Bestehen [...] der vom kontradiktorischen Paar beschriebenen Sachverhalte« (ebd.: 17) konstatiert werden kann, muss auf die Nichtexistenz, bzw. das Zugrundegehen des Gegenstands geschlossen werden. Der die kapitalistische Produktionsweise auszeichnende Widerspruch zwischen Gebrauchs- und Tauschwert lässt sich damit als »zuerst nur drohender, zuletzt bestätigter Widerspruch«[26] charakterisieren. Der ›bestätigte‹ Widerspruch ist allerdings – sonst wäre er kein real existenter – kein logischer, der annehmen würde, dass Zustand r und seine Negation ¬ r in derselben Hinsicht zeitlich zugleich bestehen. Die Negation von r, der deskriptive Widerspruchsbegriff des Umschlagens ins Gegenteil, ist Resultat von über eine »Zeitstrecke« ablaufenden Prozessen (ebd.: 22) und so als gegenläufiger Prozess oder paradoxer Effekt – Negation eines Entwicklungsziels durch Ergreifen der Maßnahmen zu seiner Verwirklichung – logisch einwandfrei bestimmbar.

Formal führt Steinvorth Marx' Gesamtmodell der Bewegungsgesetze des Kapitalismus wie folgt an:

Gesamtmodell der Bewegungsgesetze des Kapitalismus nach Steinvorth

p (Ware) → q (Geld) & q (Geld) → r (Kapital) & r (Kapital) → ¬ r (Zusammenbruch)

Die Bewegung von p (Ware mit widersprüchlichen Eigenschaften) zu q (Geld als Verträglichkeitsbedingung) und von q (Geld als Ware mit widersprüchlichen Eigenschaften) zu r (Kapitalform als Verträglichkeitsbedingung) ist als *Strukturanalyse gegebener Objekte* (ebd.: 62,72), als Analyse eines begrifflichen Regelzusammenhangs zwischen entwickeltem Warentausch, Geldgebrauch und industrieller Kapitalfunktion (Kapitel zwei bis vier des ›Kapital‹) angelegt. Dieser ›Bewegung‹ als Bewegung der Analyse können keinerlei historische Entwicklungen entsprechen, wie Steinvorth in aller Deutlichkeit gegen die Engelssche Orthodoxie betont. Als Gesetzesaussagen bezeichnen sie das gleichzeitige Gegebensein von p und q (oder q und r), nicht eine *zeitliche Abfolge* von p nach q (oder q nach r) (ebd.: 22). Diese durch Verträglichkeitsanalyse gewonnenen Gesetzesaussagen sind allerdings nach Steinvorth »keine logischen Implikationen«, sondern bloße Regelzusammenhänge. Diese sind »begriffliche Zusammenhänge, die zwar im Unterschied zu logischen Implikationen gelegentlich verletzt werden können, de-

26 Ebd.: 26, vgl. auch S. 98.

ren Verletzung aber nicht zur Regel werden kann«[27], ohne den zu erklärenden Gegenstand zu zerstören. Allein die Bewegung von r zu ¬ r, der Widerspruch des Akkumulationsprozesses, der den Zusammenbruch des Kapitalismus herbeiführt, stellt nun die historische Prognose eines sich zeitlich erstreckenden Regelzusammenhanges im Sinne eines paradoxen Effekts dar (vgl. Steinvorth 1977a: 22, 62, 72). Dies ist, im Gegensatz zu Engels und Popper (ebd.: 62 ff.), das einzige historische Gesetz des ›Kapital‹ von Marx, das aber keinen sozialistischen Emanzipationsprozess aus der Ökonomiekritik heraus prognostizierbar werden lässt.

Wie werden die angegebenen Regelzusammenhänge nun näher bestimmt? Steinvorth beginnt seine Rekonstruktion mit der Ausgangssituation des Austauschprozesses im zweiten Kapitel des ›Kapital‹: Der Tausch dient einerseits dem individuellen Bedürfnis – mittels Tausch eigener Ware soll ein spezifischer Gebrauchswert erlangt werden –, andererseits einem allgemeinen Bedürfnis – jeder Warenbesitzer will mittels Tausch soviel Gebrauchswerte erhalten, dass »ihnen der Tauschwert ihrer Ware realisiert scheinen kann« (Steinvorth 1977b: 306). Diese Problemsituation unterstelle nicht die Marxsche Werttheorie, die Steinvorth für einen metaphysischen Ballast hält. Geld als Verträglichkeitsbedingung wird nun im Stile eines »pfiffig ausgedachte[n] Auskunftsmittel[s]« (MEW 13: 36) eingeführt, denn als Resultat der Ausgangssituation, in der Warenbesitzer nicht-preisbestimmte Waren einander gegenüberstellen, gilt weder die logische Unmöglichkeit der Konstitution eines allgemeinen Äquivalents, noch die Unmöglichkeit der Darstellung der Waren als Werte füreinander – der Wertbegriff wird ja von Steinvorth gerade ausgeblendet. Als Resultat gilt lediglich eine pragmatische Problemlage von Warenbesitzern, »zu lange suchen« zu müssen »bis sie einen Tauschpartner fänden, der mit ihnen Ware sowohl mit dem richtigen Gebrauchswert als auch mit dem verlangten Tauschwert tauschen könnte« (Steinvorth 1977a: 8). Bezeichnenderweise wird Carl Menger als Ökonom angeführt, der ebenfalls auf diese Weise die ›Notwendigkeit‹ geldvermittelten Austauschs aufgezeigt habe. Das derart gewonnene »*Gesetz des Warenaustauschs*« (ebd.), welches darin besteht, dass entwickelter Warentausch nur existiert, wenn Waren vermittels Geld als Ersatzware getauscht werden, wird also rein pragmatisch, aufgrund von »Schwierigkeiten« (Steinvorth 1977b: 307) des prämonetären und ›Erleichterungen‹ des monetären Tauschverkehrs, begründet. In der Warenzirkulation (W-G-W) wird nun ein Widerspruch zwischen Zirkulationsmittel – gefasst als flüchtiges Mittel zur Aneignung fremder Gebrauchswerte – und Wertaufbewahrungsfunktion des Geldes – gefasst als »Funktion, vor der Unsicherheit des Warentausches zu schützen« (ebd.: 306) – identifiziert. Die Bedürfnisbefriedigung ist danach nur gesichert, wenn die Warenproduzenten stets im Besitz des allgemeinen Tauschmittels sich befinden. Zur Erlangung fremder Güter muss Geld aber als Zirkula-

27 Ebd.: 25. Diese Kategorie ist meines Wissens im Laufe der Debatte nicht weiter thematisiert worden. Positiv auf Steinvorths Begriff des Regelzusammenhangs sowie auf dessen Dialektik-Konzept allgemein bezieht sich m. W. erst wieder Henning 2005: 174, 335 (FN), 563.

tionsmittel verausgabt werden (vgl. Steinvorth 1977a: 13). Marx zeige, dass dieser Widerspruch nicht gelöst werden kann, indem jeder Warenbesitzer als Handelskapitalist sein Geld durch ungleichen Tausch vermehre, was auf ein Nullsummenspiel hinausliefe. Nur die industrielle Kapitalfunktion kann als Verträglichkeitsbedingung gelten. Nur wenn mit Geld eine Ware gekauft wird, deren Konsum mehr Geld, vermittelt über mehr Waren, erbringt, was den Investor vor Unsicherheiten im Austausch bewahrt, kann der Widerspruch gelöst werden. Dieses »Problem der Geldhortung« (Steinvorth 1977b: 308) werde nur von Marx' Mehrwerttheorie plausibel gelöst. Das »*Gesetz der Warenzirkulation*« (Steinvorth 1977a: 16) besagt deshalb, dass W-G-W als systematischer Prozess nur möglich ist, wenn er – in der Regel[28] – Moment des industriellen Kapitalprozesses (G-W-G‹) ist.

Zwar argumentiert Steinvorth plausibel gegen historisierende Lesarten der dialektischen Darstellung und spricht dabei vom Kapitalbegriff als »hinreichend spezifiziert[em]« (ebd.: 33) Waren- und Geldbegriff. Er versteht die Kritik der politischen Ökonomie als Analyse desselben Gegenstands, der kapitalistischen Produktionsweise, »in verschiedenen Abstraktionsgraden«[29], ohne diese, wie noch Simon-Schaefer, historischen Epochen zuzuordnen. Doch seine Auffassung des Status der jeweiligen Abstraktionsstufen ist die von pragmatischen handlungstheoretischen Modellen, die sich nicht an der Problematik der adäquaten Existenzweisen des Werts, sondern an statistisch gesehen[30] unlösbaren Handlungs-schwierigkeiten orientieren. Es sind die Akteure und ihre Bedürfnisse, aus denen Steinvorth letztlich die ökonomischen Formen ableitet, weshalb er auch den systematischen Stellenwert des ersten Kapitels des ›Kapital‹, in dem von den Warenbesitzern gerade abstrahiert wird, leugnen muss[31]. Damit verfehlt diese Rekonstruktion schon im Ansatz den darstellungsstrategischen Sinn der begrifflichen Aufeinanderfolge von Struktur- und Handlungsebene in den beiden ersten Kapiteln des ›Kapital‹ und den entscheidenden objekttheoretischen Unterschied zwischen Marx und der klassischen wie neoklassischen Ökonomie: Seine Kritik ihres Ausgangs von Individuen und ihren ahistorisch gefassten Handlungsdispositionen

28 Vgl. ebd.: »obgleich es einzelne Händler geben kann, für die Geldgewinn kein Ziel ist, können sie nicht die Regel sein, da die Warenzirkulation zusammenbrechen müßte, wenn nicht einzelne Händler, die Geld gehortet haben, die Warenzirkulation wieder flüssig machen würden.«

29 Ebd. Treffend erwähnt auch Henning von diesem Standpunkt aus Marx' Rekurs auf die Abstraktion als notwendige wissenschaftliche Verfahrensweise und stellt diesen einer empiristischen Lesart gegenüber: Marx habe verstanden, dass es der Naturwissenschaft »gelungen war, mit Konstruktionen, denen kein reales Ding entsprach, reale Phänomene zu erklären – so mit ›Kräften‹ das Verhalten von Dingen, etwa mit der Schwerkraft das Verhalten des Apfels. Die Schwerkraft ›beschreibt‹ nicht das Fallen des Apfels, denn dann müssten alle Äpfel immerfort herunterfallen« (Henning 2005: 335).

30 Vgl. auch Henning 2005: 175: Hinter der Notwendigkeit eines äußeren Wertmaßes (Geld) verberge sich keine »transzendental-logische Notwendigkeit«, sondern eine statistische: »Es lässt sich an vielen Phänomenen zeigen, dass Waren nicht oder nicht lange direkt getauscht werden, sondern sich alsbald aufeinander über ein Drittes beziehen.«

31 Vgl. Steinvorth 1977b: 309. Vgl. zum Verhältnis von erstem und zweitem Kapitel v. a. Wolf 2004 sowie Heinrich 2004.

sowie seine Absage an Geldtheorien, die den systematischen Stellenwert des Geldes für den Wertbegriff leugnen[32]. Schließlich erscheint es auch wenig plausibel, den Widerspruch zwischen Gebrauchswert und Wert als nur in einer Zusammenbruchskrise realen zu betrachten. Es stellt sich die Frage, welche Strukturbedingungen in immanenten, z. B. zyklischen Krisen wirksam werden, wenn nicht der reale Widerspruch zwischen Gebrauchswert und Wert in Gestalt von Ware und Geld[33].

Eine zum weiteren Kreis analytischer Positionen zu zählende und in der bundesrepublikanischen Debatte aufgegriffene[34] Betrachtung eines Aspekts der Marxschen Darstellung liefert bereits in den 60er Jahren der sowjetische Autor *Igor S. Narski*. Gegen prominente Vertreter der Orthodoxie, wie Iljenkow, Rosental und Elez, kritisiert dieser die These der Existenz wahrer, formallogisch widersprüchlicher Urteile (Narski 1973: 15 f, 19 f.): Selbst wenn demnach im Zuge dialektischer Darstellung Urteile mit logisch widersprüchlichem Charakter auftauchen, haben diese den Charakter von bloßen ›Problemantinomien‹, die eine methodische Funktion ausüben, aber im Laufe der Untersuchung qua Präzisierung gelöst und das heißt ihres logisch widersprüchlichen Charakters entkleidet werden. Ganz in der Tradition analytischen Denkens tritt Narski an zu beweisen, dass es in der dialektischen Theorie »keine besonderen dialektischen Urteile und Schlüsse gibt, die sich in ihrer Struktur von den formallogischen unterscheiden würden« (ebd.: 77 FN).

Problemantinomien stellen demnach im Rahmen der ›dialektischen Logik‹ eine vorläufige und unzureichende Reproduktion objektiv-dialektischer Widersprüche »auf der Ebene der subjektiven Dialektik« (ebd.: 78) dar. Sie gelten als Phase der Darstellung, die die heuristische Funktion des Aufspürens dialektischer Widersprüche in noch unpräziser, den realen Verhältnissen nur »›ähnlich[er]‹«[35] Form erfüllt. Ihnen werde im Kontext der Kritik der politischen Ökonomie nur der Status »didaktische[r] Probleme« zuteil, die »die durchlaufene Erkenntnisbewegung reproduzieren, d. h. heuristisch vorher gestellte (und dabei gelöste) Probleme reproduzieren« (ebd.: 51). Diese Struktur findet Narski vor allem in Marx' Zirkulations-Produktions-Antinomie im ›Kapital‹ wieder: Dort wird im Zuge der Thematisierung der ›Widersprüche der allgemeinen Formel‹ (G-W-G) und der Frage der begrifflichen Fassbarkeit des Kapitals formuliert: »Kapital kann also nicht aus der Zirkulation entspringen und es kann ebensowenig aus der Zirkulation nicht entspringen. Es muß zugleich in ihr und nicht in ihr entspringen [...] Dies sind die Bedingungen des Problems« (MEW 23: 180 f). Die Synthese als Aufhebung dieses Widerspruchs darf nun, Narski zufolge, keinesfalls mit der Konjunktion der widersprüchlichen Aussagen verwechselt werden (Narski 1973: 20, 46). Solle die Antinomie einen dialektischen Widerspruch anzeigen, so müsse

32 Vgl. dazu ausführlich Heinrich 1999.

33 Vgl. zur Kritik auch Arndt 1985: 249.

34 Vgl. u. a. Kocyba 1979: 20, 43 ff.; Göhler 1980: 157 f.; Brentel 1989: 343 f.

35 Ebd.: 72. Vgl. auch S. 53, wo eine »annähernde [...] relative Wahrheit« der Antinomie-Elemente konstatiert wird.

über sie hinausgegangen werden und sei ihre logische Struktur ›A – Non A‹ nur im Sinne einer unpräzisierten logisch nicht-widersprüchlichen als statthaft zu erachten (vgl. ebd.: 42).

Das heißt, die Struktur ›entsteht in Z und entsteht nicht in Z‹, die als kontradiktorischer Widerspruch auftritt – K ist B und Nicht-B zur selben Zeit und in derselben Hinsicht –, müsse als Schein-Antinomie[36] erwiesen und in die Struktur des nicht-logischen, dialektischen Widerspruchs – K ist B und Nicht-B in verschiedener Hinsicht zur selben Zeit oder in derselben Hinsicht zu verschiedenen Zeitpunkten – transformiert werden. Die Synthese bestehe hier in der Präzisierung der Bedeutung von These und Antithese und der dadurch bewirkten Überwindung ihres kontradiktorischen Charakters. Sie gilt somit als Resultat der bewussten Vermeidung logischer Widersprüche (Narski 1973: 62). Die Lösung der Produktions-Zirkulations-Antinomie der Mehrwertgenese bestehe nun darin, Kapital als in der Produktion vermittelt über die Zirkulation konstituiert zu betrachten. Die Lösung impliziere also weder die bloße Aufsummierung der partiellen Wahrheit von These und Antithese (›teils-teils‹) noch die Wahrheit bloß einer These (›A oder B‹).

Narski betont allerdings – im Gegensatz zu Steinvorth – den begrenzten Umfang der Verwendung des Darstellungsmusters einer Lösung von Problemantinomien im ›Kapital‹ (vgl. ebd.: 74), bietet für andere Widerspruchskonzepte in der Marxschen Kritik aber keine alternative Deutung an. Er scheint sich beispielsweise im Unklaren darüber zu sein, inwiefern der Widerspruch zwischen Gebrauchswert und Wert ein kontradiktorischer bzw. zunächst in logisch widersprüchlicher Weise formulierter ist. Die Feststellung »warenproduzierende Arbeit« habe »konkreten und nicht-konkreten, d. h. abstrakten Charakter« (ebd.) bewertet er als ein ›Sich-Abzeichnen‹ einer Antinomie. Gerhard Göhler moniert dann auch an Narski, das Modell einer »Widerspruchsentwicklung als Widerspruchsvermeidung« treffe nicht »die Widerspruchsentwicklung, die [...] in der Entwicklung von der Ware zum Geld [...] zur Debatte steht«[37].

2. Marx und der Widerspruch – nichtanalytische Positionen

Im Rahmen der Diskussion des Widerspruchsbegriffs in der Marxschen Theorie hat nun zunächst eine Untersuchung des italienischen Marxisten **Lucio Colletti** auf den bundesrepublikanischen Diskurs einen starken Einfluss ausgeübt[38]. Colletti wirft – zunächst ganz mit der analytischen Argumentation konform – dem Marxismus die Konfundierung zweier Gegensatztypen – der Realopposition und des dialektischen Widerspruchs – vor, die darauf hinauslaufe, dass der »Zusam-

36 Vgl. ebd.: 53. Vgl. auch MEGA II/3.1: 23: »die scheinbaren Widersprüche, die in dem Problem [...] liegen«.

37 Göhler 1980: 158. Diese beiden Widerspruchstypen werden dann vor allem in der Arbeit von Kocyba (1979) unterschieden.

38 Vgl. u. a. Kocyba 1979: 21 f., Wolf 1985: 221-245, Jappe 2005: 158, 161, 192 f.

menstoß zweier Automobile, der ein typischer Fall von ›Realopposition‹ ist, nämlich von zwei Kräften entgegengesetzter Richtung, der tägliche Nachweis des dialektischen Materialismus ist« (Colletti 1977: 14). Die Differenz beider Typen lässt sich wie folgt beschreiben:

Tabelle:
dialektischer vs. Realwiderspruch nach Colletti

dialektischer Gegensatz (»mit Widerspruch«)	Realopposition (»Gegensatz ohne Widerspruch«)
jedes Extrem erhält seine Bedeutung und Existenz nur im Entgegenstehen zum anderen (schließt das andere ein, indem es nur durch Ausschluss des anderen es selbst ist)	selbständige, gleichgültige Existenz der Extreme gegeneinander/nicht vermittelbarer Gegensatz absolut selbständiger Größen
Positives ist das Negative des Entgegenstehenden	reine Positivität der Größen
wechselseitig polarischer Gegensatz/ wechselseitige Implikation gegensätzlicher Bestimmungen	selbständige gegensätzliche Tendenzen/ »Realrepugnanz« als Abstoßung ohne konstitutiven wechselseitigen Bezug
»A/nicht A«	»A und B«
betrifft Ideen	betrifft außertheoretische Tatbestände
impliziert logischen Widerspruch	vereinbar mit Non-Kontradiktionsgebot

Die marxistische Idee einer Realdialektik sei purer Hegelianismus, der das Endliche/ Sein nach dem Modell des polarischen Gegensatzes auf das Unendliche/ den Geist beziehe und es nicht als selbständiges Sein anerkenne (Vgl. ebd.: 15 ff.). Dieses »Drama des Marxismus« (ebd.: 16) hat demzufolge gefährliche politische Implikationen. Wer, so Colletti, die Probleme der Naturwissenschaften mittels des DiaMat lösen will, »nimmt ein kritisch-negatives Verhältnis zu den bestehenden Wissenschaften ein« (ebd.: 18), das sich mit irrationaler, theologischer Anti-Wissenschaftlichkeit im Einklang befindet. Wissenschaft verfahre dagegen zu Recht nach dem Satz vom ausgeschlossenen Widerspruch als »Prinzip der materiellen Bestimmtheit und [...] der Kohärenz der Aussage« (ebd.: 19). Dagegen gilt ihm eine Diskussion über Fragen der Logik in der Deutschen Zeitschrift für Philosophie Anfang der 50er Jahre als Beispiel für die Aufrechterhaltung eines positiven Verhältnisses von Marxismus und Wissenschaft. In deren Beiträgen werde der Nachweis erbracht, dass die Rede von der Dialektik der Materie tatsächlich Realoppositionen meint und deshalb legitimerweise von ›objektiven Gegensätzen‹, ohne Verletzung des Non-Kontradiktionsgebotes, gesprochen werden kann[39]. Der Satz von der Einheit und dem Kampf der Gegensätze, eines jener berühmten ›Grundgesetze der Dialektik‹ des Marxismus-Leninismus, sei nach Ajdukiewicz deshalb wissenschaftlich, weil antagonistische Tendenzen, z. B. »Aktion und Reaktion, Wirkung und Gegenwirkung [...] nicht dasselbe wie das Verhältnis zwischen dem Sein und dem Nicht-Sein ein und desselben Sachverhaltes«[40] bedeuten. Eine Reaktion sei dann nicht das ›Nicht-Sein‹ der Aktion, sondern eigenständige Kraft.

Nun bemerkt Colletti aber, dass Marx Hegels Verkehrungen (von Subjekt/ Objekt) und Hypostasierungen (des Abstrakten) nicht bloß nominalistisch als »fehlerhafte Weisen der Hegelschen Logik, die Realität widerzuspiegeln« (Colletti 1977: 28) kritisiert, sondern sie in der kapitalistischen Wirklichkeit als *reelle* Verkehrungen und Hypostasierungen entdeckt, somit die Wahrheit des Idealismus dechiffriert[41]. Die Formen des gesellschaftlichen Reichtums seien für den Kritiker Marx Produkte der Entfremdung und keine bloß positive Realität (vgl. Colletti 1977: 28 f.). Um den Begriff der Verkehrung als Entfremdung zu bestimmen, zitiert Colletti nun aber Aussagen über die ›trinitarische Formel‹, die ›Verkehrung‹ zunächst eindeutig als ideologisches Phänomen – als fetischistischen Schein des »unmittelbaren Zusammenwachen[s] der stofflichen Produktionsverhältnisse mit ihrer geschichtlich-sozialen Bestimmtheit« (MEW 25: 838) – fassen. Nur in diesem Sinne des von den gegenständlich vermittelten Verhältnissen induzierten Scheins, dass Kapital Zins, Boden Grundrente und Arbeit Arbeitslohn erzeuge, spricht Marx davon, »[w]ie alles in dieser Produktionsweise sich verkehrt darstellt« (MEW 26.3: 468). Um zu ›beweisen‹, dass Marx hier aber die Realität selbst als verrückte, irrationale Form beschreibe, zitiert Colletti nun die Bemerkung »[d]ie verdrehte Form, worin die wirkliche Verkehrung sich ausdrückt, findet sich natürlich reproduziert in den Vorstellungen der Agenten dieser Produktionsweise« (ebd.: 445). Hinter »ausdrückt« findet sich Collettis »nota bene!«. Er bemerkt nicht, dass die »wirkliche Verkehrung« die *Entfremdung* im Sinne der Verselbständigung der Produktionsverhältnisse gegenüber den Akteuren darstellt und nicht eine irrationale Verfasstheit der Wirklichkeit bezeichnet, nach der etwas zugleich historisch-gesellschaftlich und ahistorisch-ungesellschaftlich ist. Colletti nimmt so Marx‹ Fetischismuskritik für dessen positive Beschreibung der kapitali-

39 Der Satz vom Widerspruch »schließt aus, daß zwei kontradiktorisch entgegengesetzte Sätze zugleich wahr sein können. Damit schließt er aus, daß in der Wirklichkeit sich widersprechende Sachverhalte bestehen können.« (Ajdukiewicz zitiert nach Colletti 1977: 21)

40 Ajdukiewicz zitiert nach Colletti 1977: 21.

41 Vgl. dazu zuerst Reichelt 1973.

stischen Wirklichkeit[42] und trennt auf dieser Grundlage Marx als Wissenschaftler von Marx als Kritiker der politischen Ökonomie[43]. Einmal führe er die politische Ökonomie von Smith und Ricardo fort, wobei sein Gegenstand eine »positiv vorausgesetzt[e]«[44] Realität analog zu Naturgesetzen konzipierter ökonomischer Bewegungsgesetze sei. Zum anderen sei er Schüler Hegels und Feuerbachs, indem er die Wirklichkeit der kapitalistischen Produktionsweise als Produkt der Entfremdung der Gattung begreife[45]. Die Gesetze dieser Produktionsweise stellten in diesem Kontext für Marx »die fetischistische Verdinglichung der gesellschaftlichen Verhältnisse der Menschen« (ebd.: 30) dar. Colletti gesteht zu[46], nicht zu begreifen, wie die Anführung von ›Naturgesetzen‹ des Kapitalismus und der Verkehrung von Subjekt und Objekt miteinander zusammenhängen. Er ahnt zwar, dass diese ›Naturgesetze‹ eine aufgrund historisch-spezifischer Vergesellschaftungsbedingungen der Arbeit bewirkte Verselbständigung der sozialen Synthesis darstellen, konstatiert aber einen mit wissenschaftlicher Rationalität unvereinbaren Charakter solcher Auffassungen: Marx begreife die Widersprüche des Kapitalismus als dialektische, z. B. die Krise als gewaltsame Herstellung der Einheit konstitutiv zusammengehöriger, aber gegeneinander verselbständigter Extreme. Die Pole des Widerspruchs (Ware und Geld) sind Colletti zufolge deshalb wirklich, weil getrennt (reale Opposition) und zugleich unwirklich, weil zusammengehörend (Einheit der Gegensätze): »Sie haben Wirklichkeit angenommen, insofern sie sich getrennt haben« (Gebrauchswert und Wert der jeweiligen Waren in Ware und Geld), »aber insofern sie untrennbar [...], sind sie real geworden, obwohl sie es nicht wirklich sind. Sie sind als Sachen real geworden, obwohl sie keine Sachen sind: sie sind [...] ein Produkt der Entfremdung, sie sind an sich irreale, wenn auch *versachlichte* Größen« (ebd.: 35). Der Gegenstand der Marxschen Kritik stellt sich derart als irrationale Größe heraus, als Wirklich-Unwirkliches, Sachlich-Nichtsachliches. Für Marx ist aber nach Colletti dialektische Darstellung exklusives Merkmal einer »verkehrte[n] Realität« (ebd.: 36), während der DiaMat den dialektischen Widerspruch als »Eigenschaft *jeder beliebigen Realität*« (ebd.: 35) betrachtet. Es bleibt Colletti nur die Unklarheit darüber, ob Marx' Kritik für die Grundlegung der Sozialwissenschaften brauchbar, »verhängnisvoll

42 Vgl. Colletti 1977: 36: »Die Theorie des Fetischismus oder der kapitalistischen Entfremdung und die Theorie des Widerspruchs fügen sich hier ganz eng zusammen: sie erweisen sich lediglich als zwei verschiedene Ausdrucksweisen derselben Sache« (vgl. auch S. 30). Vgl. zur Kritik: Wolf 1985: 223 f.

43 »daß es zwei Marx gibt« (ebd.: 29).

44 Ebd. (»der Marx der Vorworte zum ›Kapital‹«).

45 Vgl. ebd.: 38: Die Konstitution der Ware als Einheit von Gebrauchswert und Wert ist aus privat-arbeitsteiligen Verhältnissen, aus der Trennung/ Entzweiung der Gattung heraus zu erklären: Das ursprünglich Zusammengehörige (Gattung) entfremdet sich in isolierte, konkurrierende Privateigentümer. Diese Trennung muss historisch in einer höheren Einheit wider aufgehoben werden, womit sich Marx in dem Augen Collettis als Erbe der Hegelschen Geschichtsphilosophie entpuppt.

46 Vgl. ebd.: 31: »die beiden Aspekte des Marxschen Werkes [...], die einander entgegengesetzt sind und sich widerstreiten, sich andererseits jedoch auch wechselseitig verlangen [...], wenn auch nicht leicht zu sehen ist, auf welche Weise sie zusammengefügt werden könnten.«

oder gewinnbringend« (ebd.: 39) ist, ob Marx als Philosoph und Marx als Wissenschaftler zu vereinbaren sind und wenn, dann wie. Collettis Thesen, wenigstens sein verrätselnder Gestus, den Gegenstand der Ökonomiekritik so eigentümlich zu konstruieren, dass dessen eigentümliche Darstellung den analytischen Wissenschaftsstandards geradezu ins Gesicht schlägt, ist auch in der gegenwärtigen Debatte häufig anzutreffen[47], weshalb es nicht allein theoriehistorische Gründe gibt, sich mit Colletti auseinander zu setzen.

In seiner zuerst 1985 erschienenen Arbeit beansprucht *Dieter Wolf* dagegen, »den rationalen Charakter der materialistischen Dialektik« (Wolf 1985a: 328) anhand einer minutiösen Rekonstruktion der Marxschen Darstellung in den ersten drei Kapiteln des ›Kapital‹ herauszuarbeiten. Wolf begreift die Widerspruchsstruktur der Ökonomiekritik als Einlösung der in den ›Grundrissen‹ formulierten methodologischen Programmatik (vgl. auch Wolf 2004: 22) und fasst daher die »innre Notwendigkeit des Zusammengehörigen und seine gleichgültige selbständige Existenz gegeneinander«[48] als Bestimmungsgründe eines dialektischen Widerspruchs. Dieser gilt ihm unter zwei Bedingungen als rational: 1. »Die Bewegungsformen des Widerspruchs schließen die Vermittlung der Extreme ein, ohne daß diese miteinander vermischt werden« und 2. »Die Bewegungsformen [...] schließen ›die Entschiedenheit wirklicher Gegensätze, ihre Bildung zu Extremen, [...] ihre Entzündung zur Entscheidung des Kampfes‹ – kurz, die Krise ein« (Wolf 1985: 328). Der Widerspruch bleibt damit in seinen Lösungs- oder Bewegungsformen erhalten, wobei diese Bewegungsformen von Wolf als extramentale »Problem lösende Strukturen« (Wolf 2005: 14) gefasst werden, die das Prozessieren der Widersprüche privat-arbeitsteiliger Produktionsverhältnisse ermöglichen. Diese Kriterien einer wissenschaftlichen Darstellungsweise in und von Widersprüchen sieht Wolf u. a. in dem Beitrag von Colletti verletzt.

Colletti werden vier zentrale Fehler vorgeworfen: 1. Die Konfundierung von Schein und Sein, 2. die Aufspaltung der ökonomischen Objekte in zwei disparate Realitäten, 3. eine künstliche Trennung von Realopposition und dialektischem Widerspruch und damit 4. die Konstruktion eines logischen Widerspruchs zwischen Gebrauchswert und Wert. Das Fundament für alle vier Aspekte sieht Wolf darin, dass Colletti »aus dem Kapitalverhältnis [...] eine besondere Realität«

47 Dies erstreckt sich von Gerhard Göhlers Thesen, Marx' Dialektik enthalte notwendig einen logischen Widerspruch (Göhler 1980: 170), bis hin zu den kryptischen Verlautbarungen des ISF, der Kapitalismus sei eine ›logisch unmögliche‹ Vergesellschaftungsform (ISF 2000: 13), Frank Kuhnes Behauptung, Geld setze die Prinzipien der Logik außer Kraft, weil es ›zugleich und in derselben Hinsicht Ding und Nicht-Ding‹ sei (Kuhne 1995: 32) oder Anselm Jappes abenteuerlichen ›Einsichten‹ in die ›reale Mystik‹ des Kapitals, in der tatsächlich ›4=5‹ sei (Jappe 2005: 161), bzw., wie Hans-Georg Bensch es ausdrückt, das Kapital ›größer als es selbst sei‹ (Bensch 1995: 7). Es ließe sich detailliert nachweisen, dass sämtliche dieser ›dialektischen‹ Aussagen mit dem von Marx kritisierten Irrationalismus/ Fetischismus des kapitalistischen Alltagsverstands bzw. des diesen systematisierenden theoretischen Feldes der politischen Ökonomie übereinstimmen. Vgl. Elbe 2008.

48 MEW 42: 328 (zitiert bei Wolf 1985a: 26). Auf diese logisch-syntaktische Grunddimension von Dialektik rekurriert auch Jürgen Ritsert 1997: 72 (zu Kant), 76, 101 (zu Hegel), 107 (zu Bhaskar), 155 (zu Adorno). Allerdings wird sie hier nicht anhand der Marxschen Werttheorie exemplifiziert.

macht, die aufgrund der in ihr herrschenden Entfremdung »durch und durch irrational ist« (Wolf 1985: 221). Dies geschehe erstens durch das Aufmachen einer »falsche[n] Alternative« (ebd.: 223): Entweder seien nach Colletti die verrückten Formen bloße Produkte des falschen Verständnisses des Kapitalismus seitens der politischen Ökonomie oder sie bezeichneten die »Weise, in der sich die kapitalistische Wirklichkeit selbst darbietet« (Colletti 1977: 29), womit er aber nicht einen objektiv begründeten Schein meine, sondern eine irrationale Identität von Schein und Wirklichkeit. Zweitens mache Colletti die Natur zum »Maßstab für die Realität, die Gegenstand der Wissenschaft ist« (Wolf 1985: 225). In diesem Sinne verstehe er auch die Marxsche Rede von den ›Naturgesetzen der kapitalistischen Produktionsweise‹. Diese Diktion hat Wolf zufolge aber nichts mit der »Gleichsetzung von Gesetzen in der Natur und der Gesellschaft« (ebd.: 226) zu tun. Wie Colletti richtig sage, aber für eine aparte zweite Realität reserviere, sei die Objektivität des Kapitals keine natürliche, sondern ›Entfremdung‹. Diese bearbeite der ›Philosoph Marx‹. Der ›Wissenschaftler Marx‹ müsse dann aber, folge man Colletti, vollständig aus der historisch-spezifischen Formbestimmtheit der kapitalistischen Produktionsweise herausfallen und seinen Gegenstand als Produktionsweise überhaupt definieren (vgl. ebd.: 227).

Exemplarisch für diese Aufspaltung der Wirklichkeit ökonomischer Formen sei nun Collettis Behandlung des Geldes. Er unterstelle, das Geld Ricardos, das ›Zählbare‹, sei etwas vollkommen anderes als das Geld Marx', der ›Gott der Entfremdung‹. Wolf zufolge sind nun zwar die theoretischen Objekte beider verschieden, weil Ricardo eben keinen Begriff vom Geld habe, aber sowohl Geld als Wertmaß als auch seine Bestimmung als versachlichtes, verselbständigtes gesellschaftliches Verhältnis seien aus demselben Grund heraus zu entwickeln, der »Warenform der Arbeitsprodukte« (ebd.: 229), die sie unter bestimmten Bedingungen annehmen. In der adäquaten theoretischen Reproduktion der ökonomischen Wirklichkeit sind daher nach Wolf beide Dimensionen des Geldes aufzufinden. Das heißt, beide Eigenschaften sind erst angemessen und in ihrem Zusammenhang auf der Ebene der Marxschen Kritik zu entwickeln. Geld als Maß stehe aber bei Colletti für eine Orientierung an messender Naturwissenschaft, Geld als Entfremdung für die an einer spekulativen, mit irrationalen Objekten hantierenden Philosophie.

Dieser Trennung ordne er schließlich drittens eine von Realopposition und dialektischem Widerspruch zu. Colletti sei mithin zwar Recht zu geben, dass der Grundwiderspruch des Kapitalismus der zwischen Gebrauchswert und Wert, Privatarbeit, die sich als gesellschaftliche darstellen muss, sei. Er irre sich aber darin, wenn er hierbei Realopposition und ›Gegensatz mit Widerspruch‹ einander unvermittelt gegenüberstelle. Denn, obwohl »Gebrauchswert und Wert als unterschiedliche Daseinsweisen der gesellschaftlichen Arbeit unterschiedliche Existenzen ein und desselben Wesens sind, haben sie aufgrund der Gegenständlichkeit des Werts, d. h. aufgrund der gegenständlich sich darstellenden, abstrakt-menschlichen Arbeit den Charakter eines ›wirklichen Gegensatzes‹ erhalten« (ebd.: 231). Colletti fasse dagegen die Realopposition zwischen Ware und Geld als »äußerlich erscheinende Gestalt einer innerlichen, unsichtbaren, d. h. für Colletti irrealen inneren Zusammengehörigkeit« (ebd.: 238). Er versuche, die Trennung und Einheit von Gebrauchswert und Wert aus der Krise heraus zu erklären. Beide Momente sind nach Wolf aber bereits davor vorhanden – als selbständige, gegensätzliche Existenzweise von Ware und Geld, die die Bewegungsform des Widerspruchs zwischen Gebrauchswert und Wert und zugleich deren innere Verwiesenheit darstellt (vgl. ebd.: 238 f.): Die innere, notwendige Zusammengehörigkeit von Ware und Geld zeigt sich dem wissenschaftlichen Betrachter demnach schon vor ihrem gewaltsamen Geltendmachen in der Krise. Denn ohne Beziehung auf die Waren dient das Geld nicht als Wertausdruck. Es ist dann nicht mehr gegenständliche Existenzweise des Werts und regrediert zu bloßem Gebrauchswert (Metall, Papier etc.). Und ohne Beziehung der Waren aufeinander als Werte, vermittelt über das Geld als ihnen gemeinsame Wertgestalt, regredieren Waren ebenfalls zu bloßen Produkten. Nur in Form der gegenseitigen Verselbständigung von zugleich Zusammengehörigen gegeneinander existieren also Ware und Geld wirklich[49]. Mit seiner Identifizierung der Selbständigkeit von Extremen mit deren absolut indifferenter Entgegengesetztheit verfehle Colletti also schlicht jegliche ökonomisch-soziale Formbestimmtheit von Arbeitsprodukten. Was er als Realopposition ohne innere Einheit im Verhältnis von Ware und Geld fasse, sei ausschließlich Moment der Verabsolutierung ihrer Trennung in der Krise, in der »jedes Extrem sich erhalten muß als das, was es ist, ohne sich auf das andere zu beziehen« (ebd.: 240). Wären Ware und Geld daher in ihrer Selbständigkeit gegeneinander ›wirkliche Gegensätze‹ ohne jegliche Vermittelbarkeit, »dann hörten beide auf, sie ›selbst zu sein‹« (ebd.: 241). Durch die Verabsolutierung ihrer Trennung in der Krise, so Wolf, geschieht tendenziell genau dies, bis zu dem Punkt, an dem ihre untilgbare Verwiesenheit aufeinander sich gewaltsam geltend macht, wodurch aber nur ihre *verabsolutierte* Trennung, nicht ihre Getrenntheit per se, aufgehoben wird. Colletti stelle hingegen, durch seinen reduktionistischen Blick auf die Krise, eine reziproke Selbständigkeit von Ware und Geld her, »die beide zugrunderichtet« (ebd.), und fasste zugleich die gewaltsame Herstellung ihrer Einheit als Aufhebung ihrer Getrenntheit auf. Der spezifische Modus von Zusammengehörigkeit und Getrenntheit entgehe Colletti. Das, was für ihn nur real sei, wenn es absolut voneinander getrennt existiere, sei für Marx – im Falle von Ware und Geld – gerade nicht mehr real bestehend.

Die eigentümlich irrationale Wirklichkeit der Gegenstände der Ökonomiekritik zeichne sich für Colletti schließlich dadurch aus, dass Ware und Geld als ›Sachen real geworden‹ seien, obwohl ›sie keine Sachen sind‹. Damit konstruiere er einen

49 Vgl. ebd., S. 240. Auf den dialektischen Relationstypus der Verwiesenheit und Selbständigkeit der Momente eines Reproduktionskreislaufs machen auch Ritsert/ Reusswig (1991: 51) aufmerksam. Als Beispiel dient ihnen allerdings das recht formale Modell des Zusammenhangs von Produktion, Distribution, Austausch und Konsumtion in der Einleitung der ›Grundrisse‹.

logischen Widerspruch, indem er von demselben Gegenstand in derselben Hinsicht sagt, ihm komme die Eigenschaft ›Sache sein‹ und deren Gegenteil zu[50]. Das hieße von der Seite, nach der hin Ware und Geld Sachen sind, ihrem Gebrauchswert, zu sagen, sie sei Gebrauchswert und zugleich Nicht-Gebrauchswert/Wert. Die Ware, so Wolf, existiert aber nicht in dieser Gebrauchswert und Wert ›mystisch-irrational‹ konfundierenden Weise als Einheit dieser beiden Bestimmungen. Waren werden vielmehr im Austausch »*in zwei voneinander verschiedenen Hinsichten* aufeinander bezogen« (Wolf 1985: 243). Es existiere damit kein logischer Widerspruch zwischen Gebrauchswert und Wert: Werteigenschaft erhalten Produkte erst in einem spezifischen gesellschaftlichen Zusammenhang, während ihr Gebrauchswert etwas ist, was sie auch außerhalb des Austauschs besitzen[51].

Wenn Colletti davon spricht, Ware und Geld würden als Sache real werden, dann ist dies in Wolfs Perspektive absurd, weil sie in ihrer Gebrauchswertgestalt immer schon wirkliche Sachen sind (vgl. ebd.: 243). Als Sache real werde höchstens, recht verstanden, die Wertdimension der Waren in der Gebrauchswertdimension des Geldes, aber nicht im Sinne eines Wert-Werdens seines Gebrauchswerts, sondern im Sinne der gegenständlichen *Repräsentation* eines Ungegenständlichen, also des *Geltens* als etwas, das er selbst nicht unmittelbar ist. Auch hier ist also nach Wolf ein logischer Widerspruch nicht anzutreffen (vgl. ebd.: 244). Es geht hier also zentral um die Problematik der genuin dialektischen Kategorie der Vermittlung oder Einheit von Gegensätzen.

Wolf zufolge begreift Marx nun, vor dem Hintergrund seiner Kritik des idealistischen Widerspruchskonzepts Hegels – in dem der absolute Geist als über den Gegensatz von endlichem Geist und Natur übergreifendes Drittes gefasst wird, wobei dieses Dritte aus einer Seite des Widerspruchs besteht, die über sich und ihren Gegensatz übergreift (ebd.: 298) – ›Vermittlung‹ in den Frühschriften noch ausschließlich als mystische Konfundierung von Extremen, während er als ›wirklichen Gegensatz‹ nur den aus nicht vermittelbaren Extremen bestehenden akzeptiere[52]. Das Vermittlungsmodell werde aber später im ›Kapital‹ in nichtidealistischer Manier adaptiert. Dabei lasse sich der Gegensatz zwischen konkreter und abstrakter Arbeit als ›Differenz innerhalb der Existenz eines Wesens‹ – ein in einem Dritten vermittelter Gegensatz – fassen, der sich erst im Kapitalismus, wenn abstrakte Arbeit die gesellschaftliche Form der konkreten Arbeiten darstellt und sich als Bestimmung real verselbständigt, zu einem ›wirklichen Gegensatz‹ entwickelt:

50 Dies geschieht auch – in explizitem Anschluss an Colletti – bei Anselm Jappe. Dieser versteigt sich sogar zu der Behauptung, die Ware sei »gleichzeitig Sein und Nichtsein« (2005: 193). Nach Wolf kann der sprachliche Ausdruck dialektischer Widersprüche zwar durchaus kontradiktorische Formen annehmen, ist aber auch für den warenimmanenten Gegensatz von Gebrauchswert und Wert »vollkommen falsch bestimmt, wenn er darin bestehen soll, dass von einem ›Sachverhalt zugleich sein Gegenteil‹ ausgesagt wird« (Wolf 1985: 187).

51 Vgl. ebd.: (143, 243,) 187: »Zwischen dem Gebrauchswert und dem Wert der Ware besteht der Widerspruch nicht deshalb, weil der Gebrauchswert zugleich Wert und der Wert zugleich Gebrauchswert ist, sondern weil die Ware in einer gesellschaftlich-unspezifischen Hinsicht Gebrauchswert, d. h. ein Stück bearbeiteter Natur ist, und in einer gesellschaftlich-spezifischen Hinsicht Wert.«

52 Vgl. ebd.: 309. Vgl. auch MEW 1: 292 ff.

Gebrauchswert und Wert sind also nach Wolf als ›*Differenz innerhalb der Existenz eines Wesens*‹ bestimmbar, weil es ein und dieselbe Arbeit ist, die im Kapitalismus verschieden und entgegengesetzt bestimmt ist (vgl. Wolf 1985: 187, 243, 313 ff). Zu einem ›*wirklichen Gegensatz*‹ werden sie unter den Bedingungen privat-arbeitsteiliger Produktion. Den Unterschied zwischen konkreter und abstrakter Arbeit gibt es Wolf zufolge zwar in allen Gemeinwesen und zwar entweder als vom theoretischen Betrachter gedanklich fixierte Eigenschaft aller konkreten Arbeiten, auch menschliche schlechthin zu sein (vgl. ebd.: 47), oder als Beziehung der konkreten Arbeiten aufeinander als abstrakte im Zuge der proportionellen Verteilung der gesellschaftlichen Gesamtarbeit (ebd.: 50, 59). Erst in verallgemeinerten privat-arbeitsteiligen Produktionsverhältnissen erhalte abstrakte Arbeit aber die Funktion, gesellschaftlich-allgemeine Form der konkreten Arbeiten zu sein, womit der abstrakten Arbeit eine Eigenständigkeit zuteil werde, die sonst »nur dem von ihr verschiedenen gesellschaftlichen Zusammenhang zukommt« (ebd.: 317), und unterscheiden sich konkrete und abstrakte Arbeit schließlich wie zwei unterschiedliche Wesen voneinander[53]. Während der soziale Zusammenhang also stets a priori selbständig gegenüber den konkreten Arbeiten existiere, z. B. als Geflecht von Normen und Gewalt, müsse sich abstrakte Arbeit als spezifische Form sozialer Synthesis erst den konkreten Arbeiten gegenüber verselbständigen, »d. h. in ihrer durch den gesellschaftlich-allgemeinen Charakter gewonnenen Eigenständigkeit so selbständig [...] existieren wie eine zweite ›Sorte‹ Arbeit, obgleich sie keine solche ist« (ebd.). Auf welche Weise sie selbständig existiere, sei durch den nachträglichen Bezug der Arbeiten aufeinander über den Austausch der Arbeitsprodukte determiniert[54]. In der Wertform existierten Gebrauchswert und Wert, stofflicher Inhalt und soziale Form, als unterschiedliche Qualitäten »unabhängig voneinander und auf die gleiche selbständige Weise in Form zweier voneinander verschiedener Gebrauchswerte« (ebd.: 318). Sie seien zu Beginn der Darstellung zunächst nicht vermittelte, ›wirkliche Extreme‹[55]: Sie haben ›nichts miteinander gemein‹, sind als Konkret-Stoffliches und Abstrakt-Gesellschaftliches von absolut verschiedener Qualität – Wert enthält »kein Atom Naturstoff«[56]. Sie ›verlangen einander nicht‹. Zwar seien konkrete Arbeit und gesellschaftlicher Zusammenhang konstitutiv aufeinander verwiesen, aber nicht notwendigerweise konkrete

53 »Die konkret-nützliche und die abstrakt-menschliche Arbeit müssen sich so voneinander unterscheiden, wie sich sonst die einzelnen [...] Arbeiten – die jede für sich genommen, konkret-nützliche und abstrakt-menschliche [...] sind – von dem gesellschaftlichen Zusammenhang, in dem sie verausgabt werden, unterscheiden. Während der gesellschaftliche Zusammenhang schon immer selbständig existiert wie die in ihm verausgabten, einzelnen Arbeiten, existiert die abstrakt-menschliche Arbeit in einem nicht aus dem Austausch der Arbeitsprodukte bestehenden gesellschaftlichen Zusammenhang niemals selbständig für sich« (ebd.).

54 Vgl. dazu Wolfs ausführliche Schilderung des Übergangs von der Wertsubstanz zur Wertform (ebd.: 106-120).

55 Marx charakterisiert diese wie folgt: »Wirkliche Extreme können nicht miteinander vermittelt werden, eben weil sie wirkliche Extreme sind. Aber sie bedürfen auch keiner Vermittelung, denn sie sind entgegengesetzten Wesens. Sie haben nichts miteinander gemein, sie verlangen einander nicht, sie ergänzen einander nicht. Das eine hat nicht in seinem eigenen Schoß die Sehnsucht, das Bedürfnis, die Antizipation des andern« (MEW 1: 292).

56 MEW 23: 62. Vgl. Wolf 1985: 318.

Arbeit und soziale Einheit in Gestalt abstrakter Arbeit (ebd.: 319). Der Gegensatz beinhalte die ›gleiche Stellung der Extreme‹. Wolf zieht als Beleg dieser Symmetrie allerdings exakt die Stelle aus dem zweiten Kapitel des ›Kapital‹ heran – die Waren müssen sich als Werte realisieren, bevor sie sich als Gebrauchswerte realisieren können und vice versa[57] –, die ihm zuvor (Vgl. Wolf 1985: 100 f.) als Kriterium für die innere notwendige Zusammengehörigkeit von Gebrauchswert und Wert gedient hat.

Wie schon die Auseinandersetzung mit Colletti gezeigt hat, ist es Wolfs Bestreben, auch die *Einheitsdimension von Gebrauchswert und Wert* – sowohl in der ›Ware an sich‹ als auch in der Wertform – grundlegend von einer ›mystisch-irrationalen‹ Vermischung beider Extreme, die die Ware zum logischen Widerspruch verklärt und gerade den von Marx kritisierten Fetischismus ausmacht, zu unterscheiden (ebd.: 140). Zunächst gilt ihm der *Wert* selbst als gesellschaftliche Einheitsdimension von Privatprodukten. Die isoliert voneinander produzierten Güter werden als Waren, das heißt durch das Absehen von ihren Gebrauchswerten und das Reduzieren auf Produkte abstrakter Arbeit, in ihrer Wertdimension aufeinander bezogen und so vergesellschaftet. Davon zu unterscheiden sei die *Ware* als Einheit von Gebrauchswert und Wert, die zunächst nur das vermittlungslose Nebeneinanderbestehen zweier verschiedener Bestimmungen – stofflicher und gesellschaftlicher – desselben Gegenstands meine. Als Einheit von Gebrauchswert und Wert kann sich eine Ware nur im Verhältnis zu anderen darstellen (Vgl. MEGA II/5: 29). Durch diese Darstellung des Werts von Ware A im Gebrauchswert von B entstehe nun eine, von der Eigenschaft beider Waren jeweils für sich als Einheit von Gebrauchswert und Wert zu unterscheidende – »›*Vereinigung*‹ *des Werts der ersten mit dem Gebrauchswert der zweiten Ware*« (Wolf 1985: 137, Hervorhebung IE). Die Naturalform von B gelte in diesem Verhältnis als Wertform von A. Weder der Wert von A, so Wolf, verwandelt sich in den Gebrauchswert von B, noch der Gebrauchswert von B in den Wert von A. Dies würde gerade den Warenfetisch bezeichnen, in dem die gesellschaftliche Funktion, die einer Ware nur in einem historisch-spezifischen Verhältnis als Reflexionsbestimmung zukommt, als Natureigenschaft der Ware erscheint (vgl. ebd.: 139). Das »*Repräsentationsverhältnis*« (ebd.: 142), in dem der Gebrauchswert von B (bzw. die in ihm verausgabte konkrete, private Arbeit) als Erscheinungsform seines Gegenteils, des Werts (bzw. der abstrakten, gesellschaftlichen Arbeit) fungiere, sei nicht als Gleichsetzung oder Verschmelzung von Gebrauchswert und Wert zu begreifen, wie eine Vielzahl marxistischer und nichtmarxistischer Interpreten unterstelle. Es »besteht keine [...] *seinslogische Identität*«[58] zwischen diesen Bestimmungen.

57 Vgl. ebd.: 321. Vgl. auch MEW 23: 100 f.

58 Ebd. Marx' Dialektik kann als eine bezeichnet werden, »die bleibende Differenzen innerhalb der Vermittlung« (Arndt 2004: 43) der Gegensätze geltend macht.

Wolfs Orientierung am sachlichen Gehalt der ökonomiekritischen Entwicklung wird zwar mit einer fehlenden metatheoretischen Explikation erkauft. In welchem Zusammenhang logische und dialektische Widersprüche generell stehen oder ob es verschiedene Widerspruchstypen im Marxschen Werk gibt, wird nicht thematisiert. Mit Ausnahme o. g. Unklarheit gelingt es Wolf aber, in engster Anlehnung an die materiale Darstellung im ›Kapital‹, den Begriff des Widerspruchs als dialektischen, nicht-logischen zu explizieren. Dabei wird eine Problematik insbesondere des hegelmarxistischen Diskurses (nicht nur) der Bundesrepublik kritisch zurechtgerückt: Dialektisches Denken impliziert nicht selten eine emphatische Unterscheidung von Verstand und Vernunft. Verständiges Denken ist dabei als solches definiert, das bei unvermittelten Gegensätzen stehen bleibt und sie fixiert (also nur ›Realoppositionen‹ kennt), vernünftiges aber als eines, das zudem deren Vermittlungen/Einheit/Zusammengehörigkeit berücksichtigt[59]. Wolfs Arbeit zeigt in dieser Hinsicht, dass alles darauf ankommt, wie der Begriff der Vermittlung/Einheit/Zusammengehörigkeit verstanden wird. Das scheint der Kernpunkt der Frage zu sein, inwiefern der Gegenstand des ›Kapital‹ ein rational (im Sinne von vernünftig) begreifbarer ist. In der *Marxschen* Dialektik ist, folgt man der Rekonstruktion Wolfs, ein Vernunfttypus präsent, der innere Vermittlungen (Dialektik?) denkt und zugleich auf »bleibende Differenz[en] innerhalb der Vermittlung« (Arndt 2004: 42) pocht (und sich so von hölzernen Eisen oder Dingen, die zugleich und in derselben Hinsicht Gesellschaftliches und Ungesellschaftliches sind, unterscheidet).

Zum Abschluss dieses stark selektiven und kursorischen Blicks auf die Methodendebatte soll mit *Michael Heinrichs* Bemerkungen über dialektische Darstellung als Form wissenschaftlicher Begründung wieder eine stärker metatheoretische Perspektive eingenommen werden: Heinrich deutet Hegels Dialektik als eine der Selbstbewegung des Begriffs, die Marxsche dagegen als »Zusammenhang von Begriffen [...], die empirisches Material verarbeiten, ohne dabei [...] in bloß nominalistischen Abstraktionen aufzugehen« (Heinrich 1999: 172). Solche Begriffsentwicklung impliziere mithin die Herstellung einer Ordnung von Begriffen, die »wesentliche Beziehungen« (ebd.) derselben ausdrücke. Sie sei dabei vom Gegenstand selbst, einem System sich wechselseitig voraussetzender Formen, erfordert. Um dieses System zu erklären, »muß dieses wechselseitige Voraussetzen begrifflich aufgesprengt«[60] werden. Zu diesem Zweck erfolge die Unterscheidung in einfache und komplizierte Kategorien, wobei erstere zunächst ohne Bezug auf letztere einzuführen seien, obwohl beide in einem *realen* Verweisungszusammen-

59 Vgl. Hegel 1995, § 80-82: »Das Denken als Verstand bleibt bei der festen Bestimmung und der Unterschiedenheit derselben gegen andere stehen« (§ 80). »Das Spekulative oder Positiv-Vernünftige faßt die Einheit der Bestimmungen in ihrer Entgegensetzung« (§ 82).

60 Ebd.: 173. Vgl. auch bereits Arndt 1985: 140: Im Prozess dialektischer Darstellung »werden die gleichzeitig existierenden und einander stützenden Elemente des Ganzen zwangsläufig in ein darstellungslogisch bedingtes Nacheinander gesetzt.«

hang stehen. Dieser mache sich an den einfachen, theoretische Abstraktionen darstellenden, Kategorien als darstellungslogisch notwendiger Mangel bzw. Unterbestimmtheit geltend. Dieser Mangel aber »weist über sich selbst hinaus« (Heinrich 1999: 173) und liefert so den Übergang zu einer weiteren Bestimmung. Es entstehe so ein »Begründungszusammenhang« zwischen ihnen, der einen »spezifischen Informationsgehalt« (ebd.) besitze. Der Mangel einer Kategorie bezeichne den Widerspruch ihrer verschiedenen Bestimmungen, der die Einführung einer spezifischen neuen Kategorie erfordere, die als komplexere die Widersprüche der einfacheren löse. In der Realität der bürgerlichen Gesellschaft seien diese aber »immer schon ›gelöst'« (ebd.: 175). Es werden dort nur die Resultate, resp. empirischen Erscheinungsformen innerer Zusammenhänge gesamtgesellschaftlicher Art sichtbar, die sich damit als Unvermitteltes, schlicht Gegebenes präsentieren. Allein die »theoretische Konstruktion« (ebd.) dialektischer Darstellung kann, so Heinrich, diesen Schein der Unmittelbarkeit eines tatsächlich gesellschaftlich Vermittelten aufweisen und ist als *Darstellung* somit zugleich *Kritik*[61] mystifizierter Auffassungen von Reichtumsformen.

Dialektische Darstellung als Herstellung eines notwendigen Zusammenhangs von Begriffen stellt zwar nach Heinrich die »begriffliche Reproduktion« der »Ordnung des wirklichen Objekts« (Heinrich 1999: 175) dar, ist aber als solche gerade nicht als empiristische Widerspiegelung konzipiert, die dem Schein der Unmittelbarkeit der Formen gerade aufsitzen würde. Sie ist Wesenserkenntnis im Sinne einer Rekonstruktion eines empirisch nicht unmittelbar erfassbaren gesellschaftlichen Struktur- und Handlungszusammenhangs, der Erarbeitung von »nicht-empirischen Begriffsbildungen, die das Begreifen der empirisch erscheinenden erst ermöglichen«[62]. Weder die einzelnen Kategorien der inneren Struktur noch deren Zusammenhänge (Übergänge) besitzen damit »unmittelbare empirische Referenten« (ebd.). Heinrich scheint aber nur zunächst ein rein analytisch-methodologisches Dialektik-Konzept zu verfolgen[63]. Denn modelltheoretische Deutungen[64] verfehlen in seinen Augen gerade die Spezifik dialektischer Darstellung, die im Gegensatz zu rein äußerlich-didaktischen Kriterien erst durch die ›Entwicklung‹ der Begriffe deren realen Zusammenhang begründet. Nur durch die »gesamte Abfolge der begrifflichen Entwicklung« (ebd.: 176) sind demnach die Gesetze der bürgerlichen Ökonomie zu begreifen. Zugleich werde durch den

61 Vgl. dazu Marx‹ vielzitierte Äußerung im Brief an Lassalle vom 22.2.1858: »Die Arbeit, um die es sich zunächst handelt, ist *Kritik der ökonomischen Kategorien* oder, if you like, das System der bürgerlichen Ökonomie kritisch dargestellt. Es ist zugleich Darstellung des Systems und durch die Darstellung Kritik desselben« (MEW 29: 550).

62 Ebd. Vgl. auch bereits Brinkmann 1975: 180 f.

63 Vgl. seine These, Realdialektik-Positionen hätten vornehmlich in Engels‹ ›Anti-Dühring‹ und ›Dialektik der Natur‹ ihr Vorbild (ebd.: 164).

64 Heinrich bezieht sich dabei v.a. auf Christof Helberger 1974: 190. Dieser spricht davon, dass es »letztlich nicht auf die einzelnen Aufbaustufen einer Theorie ankommt noch darauf, in welcher Reihenfolge die Gesetze der endgültigen Theorie aufgeführt werden« und »letztlich entscheidend [...] nur die endgültige Formulierung der Theorie« sei.

eigentümlichen Zirkellauf der Darstellung der systemische Reproduktionscharakter der kapitalistischen Produktionsweise erfasst. Heinrich geht also sehr wohl davon aus, dass die Eigentümlichkeit der Methode von der Eigentümlichkeit des Gegenstands erfordert ist (ebd.: 172) und die Ordnung der Kategorien somit die des Objekts reproduziert. Zwar seien die Kategorien der Wesensebene nichtempirische, aber damit noch keineswegs rein nominalistische Abstraktionen (ebd.), sondern vielmehr gedankliche Erkenntnis realer Allgemeinheiten (ebd.: 155).

3. Schlüsse?

Welche Schlüsse lassen sich aus diesem kurzen und selektiven Ausflug in die methodologische Debatte um ein sozialtheoretisch brauchbares Dialektik-Konzept ziehen?

Zunächst können einige Thesen der analytischen Perspektive durchaus Plausibilität beanspruchen. So vollzieht das – zu Recht – vielzitierte ›Aufsteigen vom Abstrakten zum Konkreten‹, das Marx als die »wissenschaftlich richtige Methode« (MEW 42: 35) zur Analyse der bürgerlichen Gesellschaft betrachtet, durchaus keinen Bruch mit dem traditionellen, seit Descartes gängigen, Methodenverständnis. Sogar die darstellungsstrategisch grundlegende Einführung komplexerer Kategorien mittels einer ›Widerspruchsentwicklung‹ ist, wie der Beitrag Steinvorths zeigt, deduktiv-nomologisch übersetzbar. Die Probleme des analytischen Zugangs sind aber in der hier anzutreffenden, im vorliegenden Text nur beiläufig erwähnten, modelltheoretischen Deutung versteckt, die dialektische Konstruktionen des Zusammenhangs von Kategorien letztlich wieder auf »dritt- und viertrangige[...]« (Helberger 1974: 16) didaktische Fragen der kognitionspädagogisch sinnvollen Hinführung des Lesers/der Leserin zu realistischen Deutungsmustern herunterbrechen und letztlich einen nominalistischen Hintergrund aufweisen, der Marx‹ Anspruch, mittels dialektischer Darstellung reale Zusammenhänge der ökonomischen Formen offen zu legen, nicht gerecht wird (ein Abglanz findet sich noch bei Steinvorth, der von nicht-wirklichen Widersprüchen redet). Auch Prämissen, wie der methodologische Individualismus, der explizit bei Popper zu finden ist (Popper 1987: 107, 123), aber in einer abgeschwächten Form als handlungstheoretischer Reduktionismus, auch noch Steinvorths Rekonstruktionsversuch prägt, widersprechen dem Marxschen Denken zutiefst. Dieses begreift Gesellschaft »nicht [als] aus Individuen« bestehend, sondern als strukturiertes Ganzes gegenständlich vermittelter »Beziehungen, Verhältnisse, worin diese Individuen zueinander stehen« (MEW 42: 189) und deutet den Gang der Darstellung im ›Kapital‹ als adäquate Rekonstruktion einer Form von Vergesellschaftung, in der die Handlungen der Menschen von undurchschauten und ihrer Kontrolle entzogenen Strukturen bestimmt werden (die freilich nur durch ihr Handeln hindurch immer wieder re-/produziert werden)[65]. Die strukturelle, anonyme Zwangsordnung des Kapitalismus, in der die Individuen (und Kollektive) »von *Abstraktionen* beherrscht werden« (ebd.: 97), ist mit einseitig handlungstheoretischen Modellen oder dem methodologischen Individualismus genauso wenig zu fassen, wie die historische Spezifität der Handlungslogiken der den Marktimperativen unterworfenen Akteure[66].

Schließlich lässt sich zeigen, dass alternative Konzeptionen von Dialektik nicht ›hegelmarxistisch‹ im Sinne einer identitätsphilosophischen Konzeption sein müssen[67]. Metatheoretisch ist ihr Verhältnis zum deduktiv-nomologischen Wissenschaftsprogramm aber bisher noch nicht hinreichend geklärt worden. Mit der weltanschaulich aufgeladenen ›Positivismuskeule‹, die zu schwingen in der sich kritisch dünkenden akademischen Linken vor allem in der 70er Jahren Mode war, wird man aber nicht weit kommen, so viel ist klar.

65 Deshalb beginnt Marx das ›Kapital‹ auch nicht mit den Warenbesitzern, sondern den Waren. In deren Verhältnissen, die von den Menschen unter bestimmten, nicht selbstgewählten Bedingungen hervorgebracht werden, geschieht die Verselbständigung und Versachlichung ihres eigenen Vergesellschaftungszusammenhangs zu einem ihrer Kontrolle entzogenen Prozess. Vgl. dazu Wolf 2004 und Heinrich 2004.

66 Vgl. MEW 42: 19 f: der vereinzelte Einzelne der ökonomischen Wissenschaften ist nach Marx Resultat einer ganzen historisch-gesellschaftlichen Formation.

67 Dies widerlegt das in der Literatur der 1980er und 90er Jahre weit verbreitete und gut gepflegte Vorurteil, ein emphatischer Bezug auf dialektische Darstellung laufe per se auf Hegelianismus hinaus. Als Beispiel für solche Literatur seien genannt: Kallscheuer 1986 und – als extremste Variante – Holz 1993. Neuerdings auch wieder Henning 2005.

Literatur

Améry, Jean: Jargon der Dialektik, in: ders.: Werke, Bd. 6: Aufsätze zur Philosophie, Stuttgart 2004 [1967], S. 265-296.

Arndt, Andreas: Karl Marx. Versuch über den Zusammenhang seiner Theorie, Bochum 1985.

Ders.: Unmittelbarkeit, Bielefeld 2004.

Backhaus, Hans-Georg: Materialien zur Rekonstruktion der Marxschen Werttheorie, Teil IV, in: ders.: Dialektik der Wertform, Freiburg 1997, S. 229-298.

Bader, Veit Michael/Ganßmann, Heiner et al: Krise und Kapitalismus bei Marx, Bd.1, Ff/M 1975.

Bensch, Hans-Georg: Vom Reichtum der Gesellschaften. Mehrprodukt und Reproduktion als Freiheit und Notwendigkeit in der Kritik der politischen Ökonomie, Lüneburg 1995.

Brinkmann, Heinrich: Die Ware. Zu Fragen der Logik und Methode im ›Kapital‹. Eine Einführung, Gießen 1975.

Brentel, Helmut: Soziale Form und ökonomisches Objekt. Studien zum Gegenstands- und Methodenverständnis der Kritik der politischen Ökonomie, Opladen 1989.

Colletti, Lucio: Marxismus und Dialektik, in: ders.: Marxismus und Dialektik, Ff/M./ Berlin/Wien 1977 [ital. 1974], S. 5-41.

Elbe, Ingo: Zwischen Marx, Marxismus und Marxismen. Lesarten der Marxschen Theorie, in: J. Hoff/A. Petrioli/ I. Stützle/F. O. Wolf (Hrsg.): Das Kapital neu lesen. Beiträge zur radikalen Philosophie, Münster 2006, S. 52-71.

Elbe, Ingo: Marxismus-Mystizismus oder: Die Verwandlung der Marxschen Theorie in deutsche Ideologie, in: Berliner Verein zur Förderung der MEGA-Edition (Hg.), Wissenschaftliche Mitteilungen, Heft 7: Gesellschaftliche Praxis und ihre wissenschaftliche Darstellung. Beiträge zur ›Kapital‹-Diskussion, Berlin 2008.

Göhler, Gerhard: Die Reduktion der Dialektik durch Marx. Strukturveränderungen der dialektischen Entwicklung in der Kritik der politischen Ökonomie, Stuttgart 1980.

Grondin, Jean: Einführung in die philosophische Hermeneutik, Darmstadt 1991.

Haussmann, Thomas: Erklären und Verstehen: Zur Theorie und Pragmatik der Geschichtswissenschaft. Mit einer Fallstudie über die Geschichtsschreibung zum deutschen Kaiserreich 1871-1918, Ff/M 1991.

Hegel, Georg Wilhelm Friedrich: Enzyklopädie der philosophischen Wissenschaften, Bd. 1, Ff/M 1995 [1830].

Heinrich, Michael: Die Wissenschaft vom Wert. Die Marxsche Kritik der politischen Ökonomie zwischen wissenschaftlicher Revolution und klassischer Tradition, Münster 1999 [1991].

Ders.: Über »Praxeologie«, »Ableitungen aus dem Begriff« und die Lektüre von Texten. Antwort auf W.F. Haug, in: Das Argument, 2004, H. 254, S. 92-101.

Helberger, Christof: Marxismus als Methode. Wissenschaftstheoretische Untersuchungen zur Methode der marxistischen politischen Ökonomie, Ff/M 1974.

Henning, Christoph: Philosophie nach Marx. 100 Jahre Marx-Rezeption und die normative Sozialphilosophie der Gegenwart in der Kritik, Bielefeld 2005.

Holz, Klaus: Historisierung der Gesellschaftstheorie. Zur Erkenntniskritik marxistischer und kritischer Theorie, Pfaffenweiler 1993.

Holzkamp, Klaus: Die historische Methode des wissenschaftlichen Sozialismus und ihre Verkennung durch J. Bischoff, in: Das Argument, 1974, H. 84, S. 1-75.

Horkheimer, Max: Traditionelle und kritische Theorie, in: ders.: Gesammelte Schriften Bd. 4, Ff/M. 1988 [1937], S. 162-235.

Hubig, Christoph: Dialektik und Wissenschaftslogik. Eine sprachphilosophisch-handlungstheoretische Analyse, Berlin/New York 1978.

Initiative Sozialistisches Forum (ISf.): Der Theoretiker ist der Wert. Eine ideologiekritische Skizze der Wert- und Krisentheorie der Krisis-Gruppe, Freiburg 2000.

Jappe, Anselm: Die Abenteuer der Ware. Für eine neue Wertkritik, Münster 2005.

Kallscheuer, Otto: Marxismus und Erkenntnistheorie in Westeuropa. Eine politische Philosophiegeschichte, Ff/M./New York 1986.

Kittsteiner, Heinz Dieter: »Logisch« und »Historisch«. Über Differenzen des Marxschen und Engelsschen Systems der Wissenschaft (Engels‹ Rezension »Zur Kritik der politischen Ökonomie« von 1959), in: IWK, 1977, Jg. 13, S. 1-47.

Kocyba, Hermann: Widerspruch und Theoriestruktur. Zur Darstellungsmethode im Marxschen ›Kapital‹, Ff/M. 1979.

Kuhne, Frank: Begriff und Zitat bei Marx. Die idealistische Struktur des Kapitals und ihre nicht-idealistische Darstellung, Lüneburg 1995.

Narski, Igor Sergeewitsch: Dialektischer Widerspruch und Erkenntnislogik, Berlin 1973 [russ. 1969].

Popper, Karl R.: Was ist Dialektik?, in: E. Topitsch (Hrsg.): Logik der Sozialwissenschaften, Köln 1966 [engl. 1940], S. 262-288.

Ders.: Das Elend des Historizismus, Tübingen 1987 [1960].

Projekt Klassenanalyse (PKA): Leninismus – neue Stufe des wissenschaftlichen Sozialismus? Zum Verhältnis von Marxscher Theorie, Klassenanalyse und revolutionärer Taktik bei W.I. Lenin, Berlin 1972.
Reichelt, Helmut: Zur logischen Struktur des Kapitalbegriffs bei Karl Marx, Ff/M. 1973 [1970]
Ritsert, Jürgen: Kleines Lehrbuch der Dialektik, Darmstadt 1997.
Ritsert, Jürgen/Reusswig, Fritz: Marxsche Dialektik. Stichworte zu einer unendlichen Geschichte (Seminarmaterialien 11), 1991. Online: http://ritsert-online.de
Rosental, M.M.: Die dialektische Methode der politischen Ökonomie von Karl Marx, Berlin 1973 [russ. 1955].
Rottleuthner, Hubert: Marxistische und analytische Rechtstheorie, in: ders. (Hrsg.): Probleme der marxistischen Rechtstheorie, Ff/M. 1975, S. 159-311.
Scholtz, Gunter: Was ist und seit wann gibt es »hermeneutische Philosophie«?, in: F. Rodi (Hrsg.): Dilthey-Jahrbuch für Philosophie und Geisteswissenschaften, Bd. 8, 1993, S. 93-119.
Simon-Schaefer, Roland: Dialektik. Kritik eines Wortgebrauchs, Stuttgart-Bad Cannstatt 1973.
Ders.: Karl Marx – Dialektiker oder Positivist?, in: G. Lührs (Hrsg.): Beiträge zur Theorie-Diskussion 2, Berlin/Bonn-Bad Godesberg 1974, S. 207-229.
Ders.: Analytische Wissenschaftstheorie und Dialektik, in: Erkenntnis, 1977, H. 11, S. 365-382.
Ders.: Marxismus, in: H. Seiffert/G. Radnitzky (Hrsg.): Handlexikon zur Wissenschaftstheorie, 1994 [1989], S. 199-206.
Steinvorth, Ulrich: Eine analytische Interpretation der Marxschen Dialektik, Meisenheim am Glan 1977a.
Ders.: Böhm-Bawerks Marx-Kritik. Eine Kritik ihrer Engelsschen Voraussetzungen, in: Zeitschrift für Soziologie, 1977b, Jg. 6, H. 3, S. 302-314.
Wolf, Dieter: Ware und Geld. Der dialektische Widerspruch im Kapital, Hamburg 1985.
Ders.: Kritische Theorie und Kritik der politischen Ökonomie, in: Berliner Verein zur Förderung der MEGA-Edition (Hrsg.): Wissenschaftliche Mitteilungen, Heft 3: Zur Konfusion des Wertbegriffs, Berlin 2004, S. 9-190.
Ders.: Semantik, Struktur und Handlung im »Kapital«, 2005. Online: http://www.dieterwolf.net /seiten/vortrag_4.html
Wolf, Frieder Otto: Schwierigkeiten mit der materialistischen Dialektik (Fragmente), in: ders.: Umwege. Politische Theorie in der Krise des Marxismus, Hannover 1983, S. 101-125.
Ders.: Marx' Konzept der ›Grenzen der dialektischen Darstellung‹, in: J. Hoff/A. Petrioli/I. Stützle/F. O. Wolf (Hrsg.): Das Kapital neu lesen. Beiträge zur radikalen Philosophie, Münster 2006, S. 159-188.
Zelený, Jindrich: Die Wissenschaftslogik bei Marx und »Das Kapital«, Frankfurt/M. 1973 [tsch. 1962]

AutorInnen

Daniel Bartel,
Diplompsychologe, tätig als Trainer und Berater im Antidiskriminierungsbüro Sachsen. Arbeitsschwerpunkte: Rassismus, Intersektionalität von Ungleichheitsdimensionen, Managing Diversity in Verwaltungen/Behörden und im dritten Sektor. Kontakt: daba@supergiro.de

Antonia Davidovic,
promovierte in Frankfurt am Main im Fach Kulturanthropologie und Europäische Ethnologie zum Thema »Perspektiven der Kulturanthropologie auf archäologische Wissenspraxen«. Forscht über die Herstellung von Wissen am Beispiel volkskundlicher und soziologischer Gemeindeforschung.

Kornelia Ehrlich,
Studium der Kulturwissenschaften und Hispanistik in Leipzig und Salamanca, Schwerpunkte: Kultursoziologie/Stadt- und Architektursoziologie.

Ingo Elbe,
hat zum Thema »Die neue Marx-Lektüre in der Bundesrepublik« promoviert. Veröffentlichungen zur Kritik der politischen Ökonomie, Rechts- und Staatstheorie sowie zur Selbstkritik der Linken. Online-Texte unter www.rote-ruhr-uni.com

Ulrike Freikamp,
Diplompsychologin und Promotionsstudentin im Bereich Klinische Psychologie und Gemeindepsychologie an der Freien Universität Berlin, arbeitet zum Thema des Prozesses der ambulanten Krisenintervention. Tätig im gemeindepsychiatrischen Bereich von Berlin. Kontakt: freikamp@zedat.fu-berlin.de

Ludwig Gasteiger,
M. A. Soziologie, Studium der Soziologie, Philosophie und Psychologie in Augsburg, promoviert derzeit in Augsburg. Arbeits- und Interessenschwerpunkte: Diskurs- und Dispositivanalyse, Soziologie des Sozialstaates, Soziologie sozialer Ungleichheit, insbesondere Exklusion und Prekarisierung.

Antje Krueger,
Kulturwissenschaftlerin und Soziologin, arbeitet zurzeit an ihrem Dissertationsprojekt zum Thema »Ethnopsychoanalytische Ansätze in der Betreuung von psychisch belasteten MigrantInnen am Fallbeispiel des Ethnologisch Psychologischen Zentrums Zürich«.

Matthias Leanza,
studiert Soziologie in Bielefeld und beschäftigt sich in seiner Diplomarbeit mit den Theorien Niklas Luhmanns und Michel Foucaults.

Janne Mende,
studiert Ethnologie, Politikwissenschaft und Psychologie in Berlin. Tätig in der politischen Bildung, beim DGB und bei reflect! e.V. Schwerpunkte: Kritische Psychologie, materialistische Staats- und Gesellschaftstheorien, Postcolonial Studies, (Anti)Rassismustheorien.

Stefan Müller,
studierte in Frankfurt am Main Soziologie, Philosophie, Psychoanalyse und Sozialpsychologie und promoviert über die Bedeutung und Kritik der Dialektik in den Sozialwissenschaften. Kontakt: muellers@uni-frankfurt.de

Tobias Pieper,
Dr. phil., Politikwissenschaftler und Psychologe, Lehrbeauftragter an der FU zu Migration und Rassismus in der Einwanderungsgesellschaft, Mitarbeiter bei der Opferperspektive Brandenburg, aktiv in der antirassistischen Bewegung und bei reflect!

Katrin Reimer,
Diplompsychologin, arbeitete bei der mobilen Beratung gegen Rechtsextremismus in Berlin. Promotion: Praxisforschung zu Widersprüchen antirassistischer/interkultureller Bildungsarbeit im trans-nationalen High-Tech-Kapitalismus.

Irina Schmitt,
Dr. phil., arbeitet im Bereich der Jugend-, Migrations- und Geschlechterforschung, mit feministischen, queeren, multi-transkulturellen und postkolonialen Theorien, zur Herstellung (nationaler) Zugehörigkeiten besonderes in der Bundesrepublik Deutschland und in Kanada.

Christoph H. Schwarz,
studierte in Freiburg im Breisgau und Frankfurt am Main Soziologie und Pädagogik sowie Spanisch und Sozialkunde.

Peter Ullrich,
Kulturwissenschaftler/Soziologe, Wissenschaftlicher Mitarbeiter an der Universität Leipzig (Selbständige Abteilung für Sozialmedizin), Arbeitsschwerpunkte: Diskursforschung, Qualitative Methoden, Rezeption des Nahostkonflikts, die Linke in Deutschland und Großbritannien, Videoüberwachung.
Kontakt: ullrich@uni-leipzig.de

Heinz-Jürgen Voß,
Dipl.-Biologin, seit 2000 gender- und queer-politisch aktiv, promoviert in Soziologie an der Universität Bremen zu »Geschlechterdekonstruktion aus bio/medizinischer Perspektive«. Forschungsschwerpunkte: feministische Wissenschaftskritik, Konstituierung von Geschlecht in modernen biologisch-medizinischen Wissenschaften.
Kontakt: loxxel@web.de